·许元雄先生留影·

许元雄先生于北京郊区

许元雄先生各个时期的照片

与旧友在卢沟桥合影

在昆明与战友合影

·部分好友赠许元雄先生的字画、横幅·

1958 年何香凝先生赠画

1958 年何香凝先生赠画

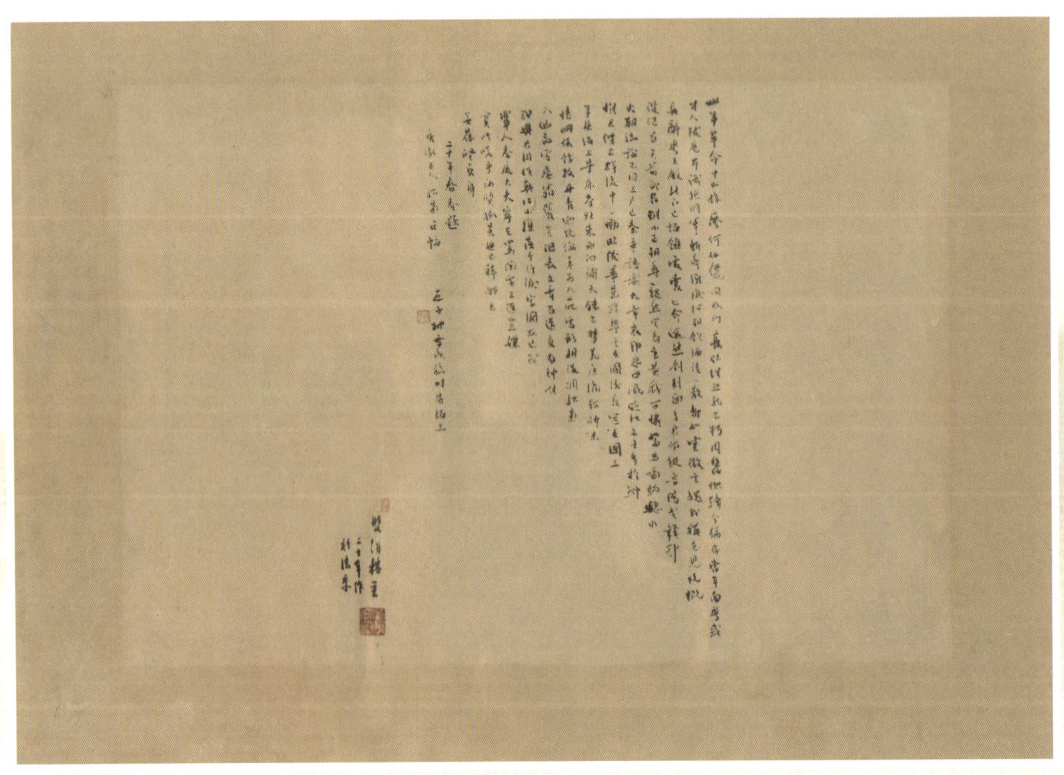

柳亚子先生在何香凝先生上幅赠画背面题词

1953年，彭泽民先生赠许元雄先生书作（大字为许先生赓和邱及先生之作《柳梢青》，倒数第2行小字为彭先生所赋七绝

杨抒先生赠许元雄先生国画

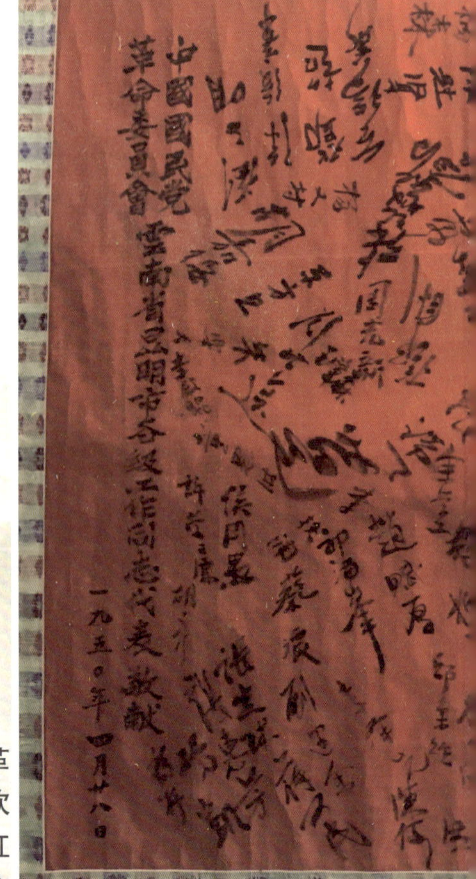

1950 年 4 月 28 日，民革云南昆明市各级工作同志代表欢送许元雄先生赴京，在一幅大红布上签名，致献许先生作为纪念

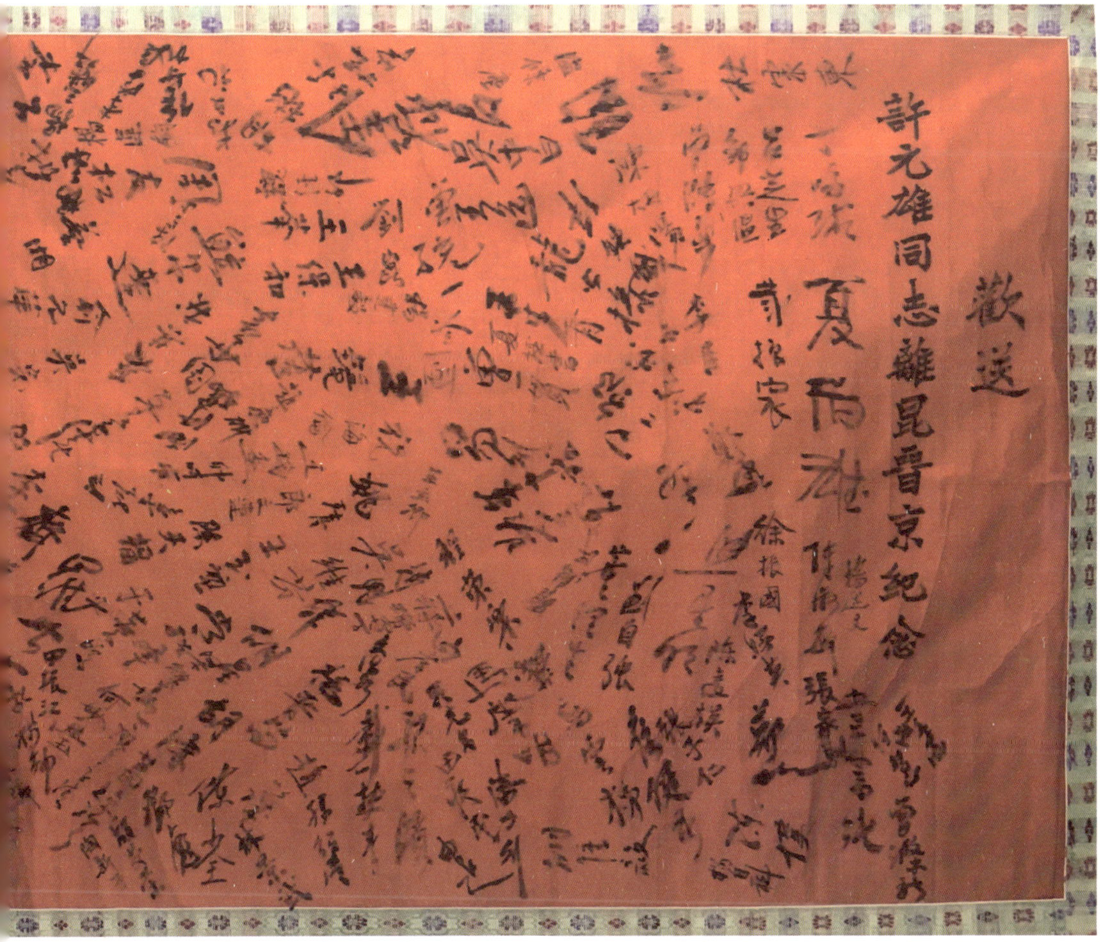

歡送

許元雄同志離昆晉京紀念

·许元雄先生著作剪影·

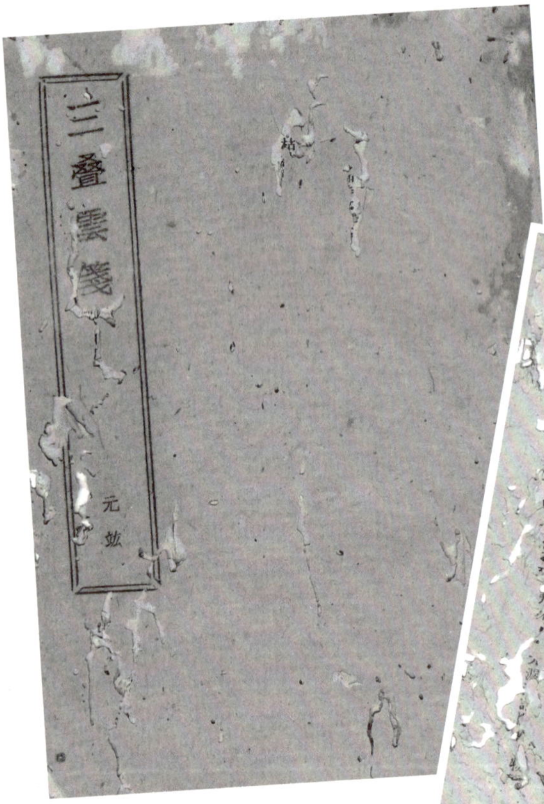

《三叠云笺》封面

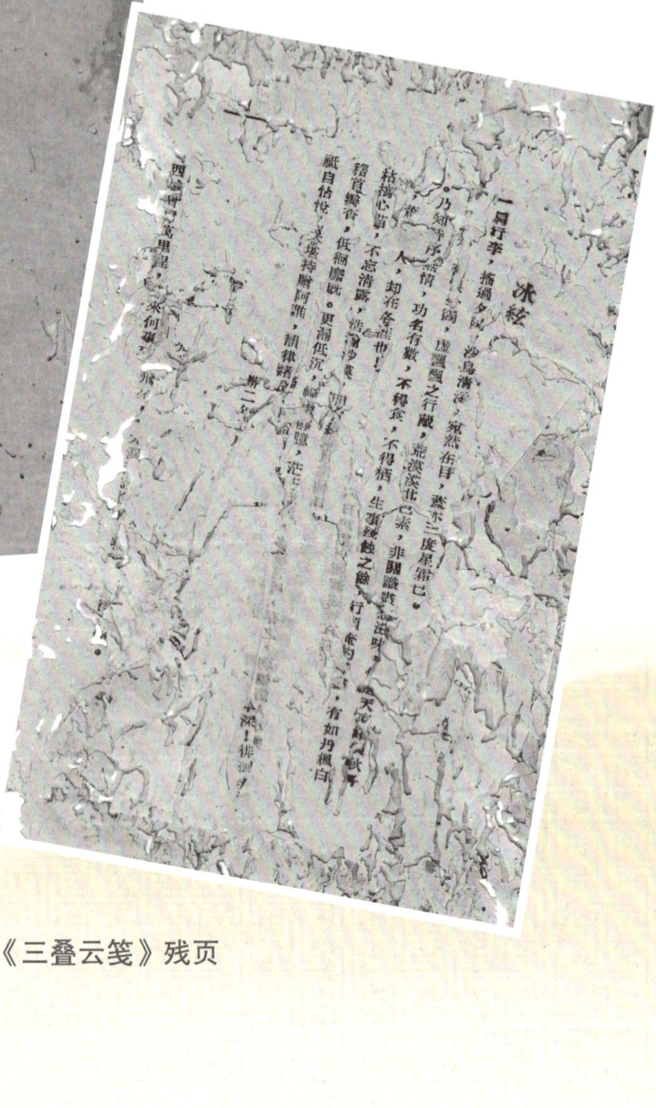

冰絃

一肩行李，攜過夕陽，沙鳥清溪，宛然在目，蓋亦三度星霜已。

[illegible]閣，虛飄飄之行蹤，荒漠漠北已素，非關識[illegible]滋味，[illegible]

[illegible]乃知[illegible]序[illegible]情，功名有數，不得食，不得栖，生事殘蝕之餘，行[illegible]，有如丹楓白

[illegible]人，却在各涯也！

枯攜心苗，不忘清露，浩[illegible]沙[illegible]

稽首瓣香，低徊趣既。更漏低沉，[illegible]

祇自怡悅，[illegible]持贈阿誰，韻律諧[illegible]

[illegible]

《三叠云笺》残页

《三叠云笺》（1944 年 3 月广西日报出版社出版）
《湖上风裁》（1946 年 3 月泰国暹京越迪文化铸字印刷公司出版印行）
《光影在萱园》（1947 年 10 月泰国暹京大众文化公司出版印行）

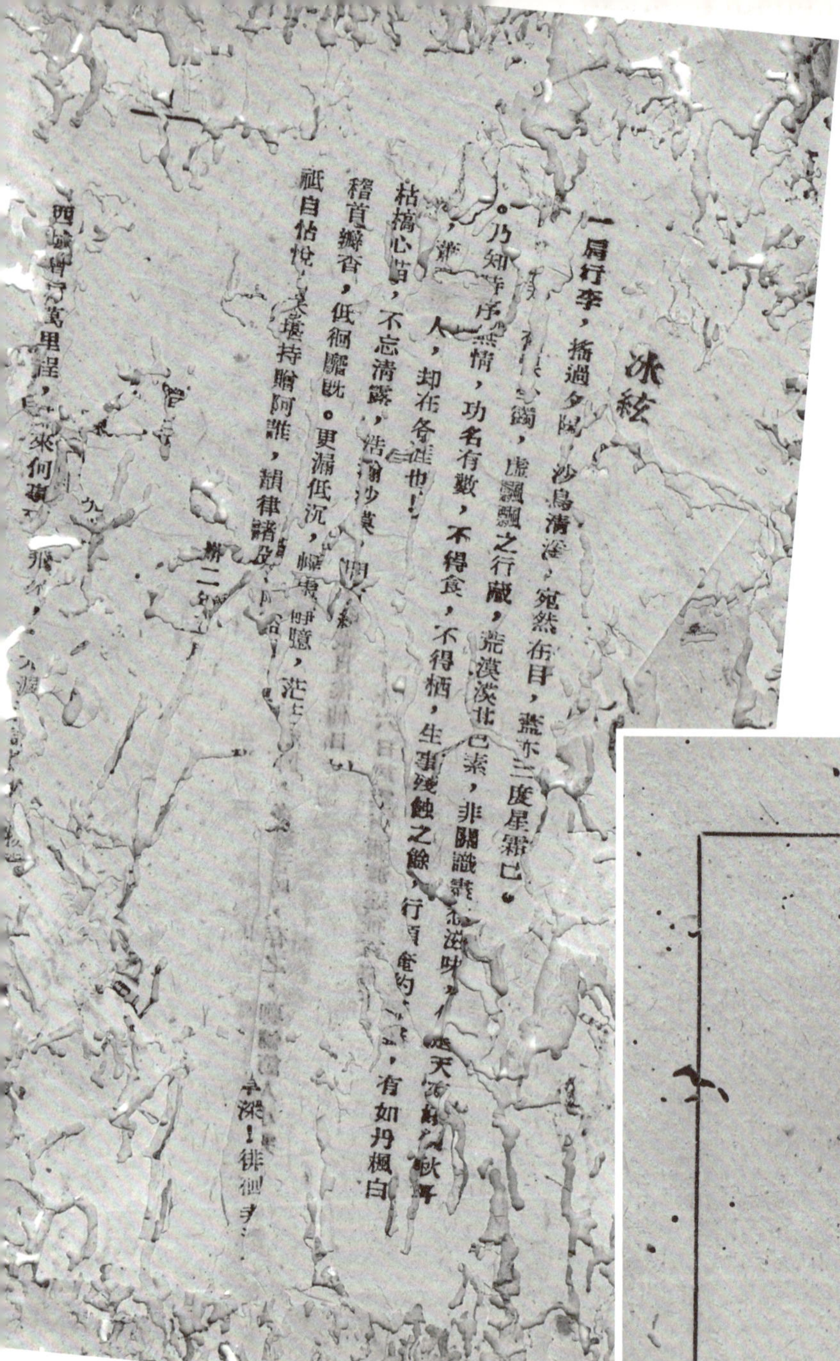

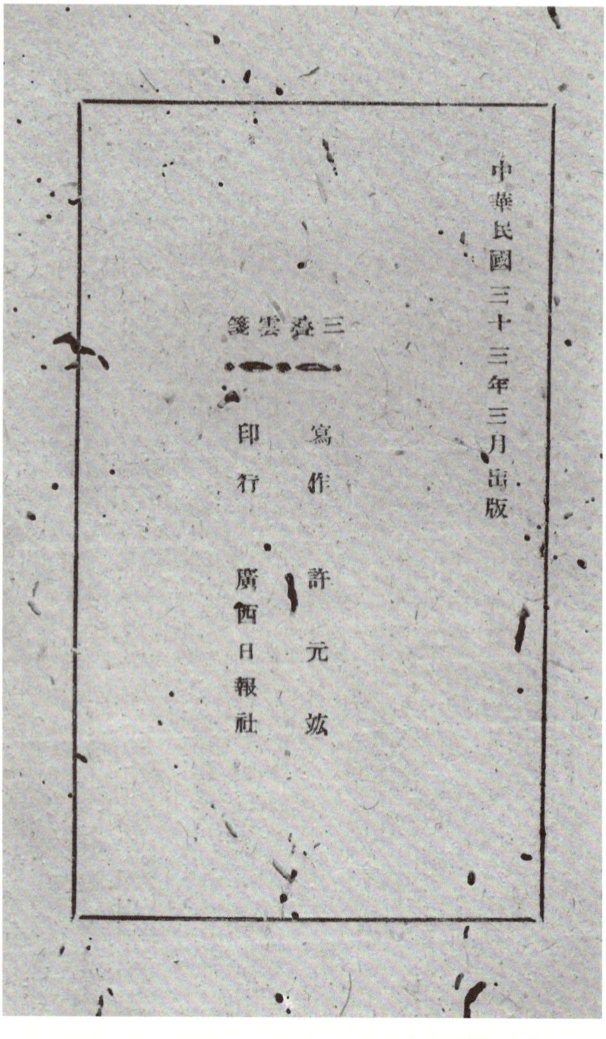

中華民國三十三年三月出版

三疊雲箋

寫作 許元竑

印行 廣西日報社

《三叠云笺》内文及版权页剪影

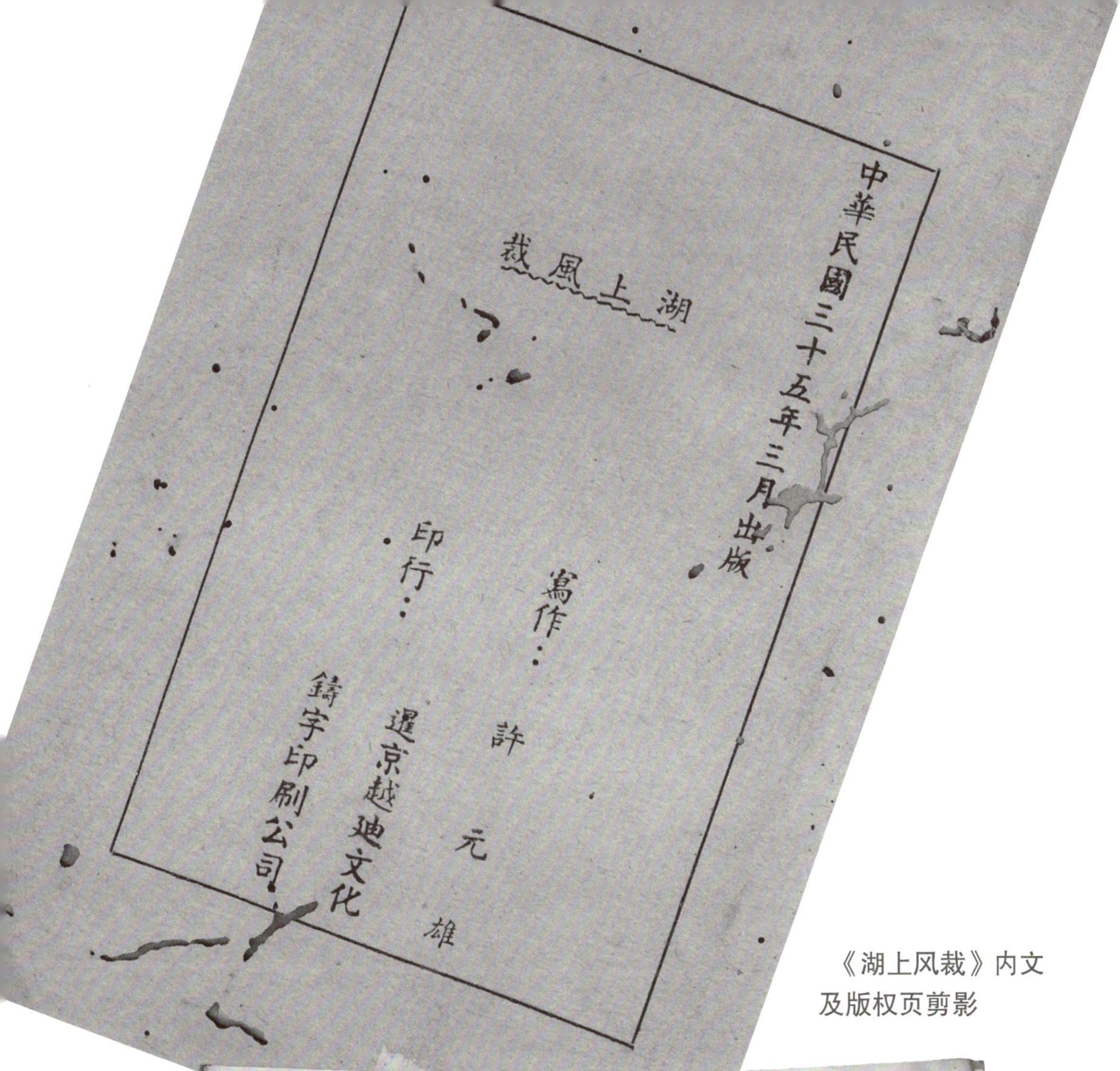

湖上風裁

中華民國三十五年三月出版

寫作：許元雄

印行：暹京越迪文化鑄字印刷公司

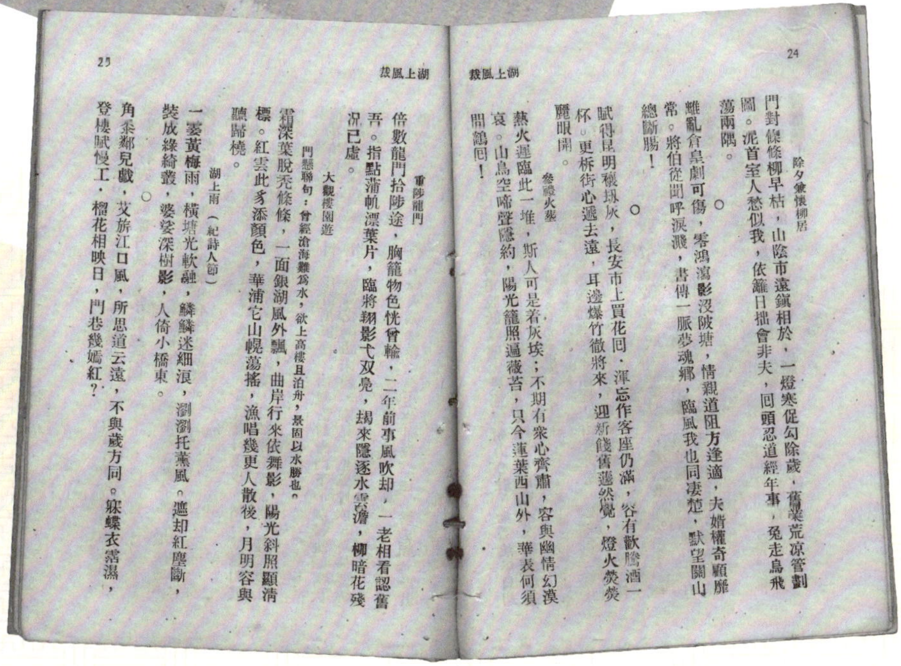

24　湖上風裁

除夕兼懷柳居

門對條條柳早枯，山陰市遠鎮相於，一燈寒促勾除歲，舊業荒凉管劃圖。泥首室人愁似我，依籬日拙會非夫，回頭忍道經年事，兔走烏飛蕩兩隅。

○

離亂倉皇劇可傷，零鴻瀉影沒陂塘，情親道阻方逢適，夫婿權奇顧靡常。將伯從聞呼淚濺，書傳一脈夢魂鄉，臨風我也同淒楚，默望關山總斷腸！

○

賦得昆明䄟刼灰，長安市上買花回，渾忘作客座仍滿，谷有歡騰酒一杯。更柝街心遞去遠，耳邊爆竹徹將來，迎新餞舊遽然覺，燈火熒熒麗眼開。

參禮火葬

熱火遲臨此一堆，斯人可是着灰埃；不期有衆心齊肅，容與幽情幻漠哀。山鳥空啼聲隱約，陽光籠照遍薇苔，只今蓮葉西山外，華表何須問鶴回！

25　湖上風裁

重陟龍門

倍數龍門拾陟途，胸籠物色恍曾輪，二年前事風吹却，一老相看認舊吾。指點蒲帆漂葉片，臨將翱影弋双凫，揭來隱逐水雲滯，柳暗花殘况已虛。

大觀樓園遊

門懸聯句：曾經滄海難爲水，欲上高樓且泊舟，景固以水勝也。

霜深葉脫禿條條，一面銀湖風外飄，曲岸行來依舞影，陽光斜照顯清標。紅雲此豸添顏色，華浦它山幌蕩搖，漁唱幾更人散後，月明容與聽歸橈。

湖上雨（紀詩人節）

一霎黃梅雨，橫塘光軟融，鱗鱗迷細浪，瀏瀏托薰風。遮却紅塵斷，裝成綠綺叢，婆娑深樹影，人倚小橋東。

○

角黍鄰兒戲，艾旂江口風，所思道云遠，不與歲方同。寐蝶衣霑濕，登樓賦慢工，榴花相映日，門巷幾嫣紅？

《湖上风裁》内文及版权页剪影

竟滯素旺，奉函叩候，又不知曾否得達左右？時光閃速，半載睽違，渺渺余懷，良深惆悵！

憶初來時，囑咐於此間各方面，儘量聯絡之後，再過馬來亞及爪哇一行，回頭於南京廣州晤面，意氣之盛，頓壯行色！仍仗鼎函紹介，透過同鄉友誼關係，還中交接，實繁有徒，救荒運動，亦以湊湊熱鬧。後更省委詹君蒞止，陪同宣慰，備列歡迎，在公方面，總算尚免隕越。祗以來時未奉省府訓令附文，迭上報告，迄未蒙覆，鑑於冠蓋過往，浮薄應酬之外，多不見重視，自不便孟浪擅釘名義，過別地方，致招物議；一直滯留於茲，良非初意所及料！

此數月間，甘苦備嘗，藉政治任務之餘氣，與乎個人結識虛聲，文化界中，略爲近道。而派別之門，畸輕畸重，易生磨擦，惹起是非，省府詹委員來時，即有人進說閒話以謂雄亦染有色彩，經莊××兄從旁解釋，事後始行相告，雄自苦笑置之。在莊兄雅意，邀同回國一行，待嚮的確使命，再過活動，雄以往返耗費，已成問題，對粵關係，不絕如縷，素又不善奔走，誠恐於路線走不通，侯門懸望，曳尾濡塗，爲太難過。兼自汕輪頻駛，鄉里人來，刼後家園，分外蕭瑟，行屆中年，百端交集，愈益領略人生滋味，與乎負累乏趣，而又欲罷不能，煩惱心田，適成沉鬱，用期克服。凡此動向，知公深愛，無妨一併罄塵。

尊況諒佳，得時旣駕，渴聆後命，示慰仰懷！某某諸兄，想均蒞止五羊，珠江月夕，裙屐增勝矣。不盡一一。

三十五年七月十六日

函十二

晴窗分綠，遙挹清徽，謝××兄飛來，爲道過往省港，時叩崇堦，並述及×公曾承親詢，對雄是否涉及黨派色彩問題，有所疑慮，不覺喟然！溯及詹委員××兄蒞暹，早有悠悠之口，終以三青團×××兄，友情篤摯，從容釋說，旋更由總商會聘爲該會主任秘書，迄今四月有餘，支持會務，乃至僑團諸務，在資產集團之僑領間，倘表敬信有加，當不啻事實上解答矣。雄不待詞費。祗自反省，掛名府中參議，無所貢獻，歉愧殊深，初來時，於救荒一節，僑領週旋，藉湊熱鬧，還幸不致有所假借，以作局外活動。日久淡忘，自起信用，方寸可告無愧。而自一直南遊，同人不棄，從而籌辦學校，參加文化團體，發表刊物文字，均其結習未忘，文化姿態；不虞之譽，求全之毀，兼而有之，是非龐雜，頗難釐定，祗當盡其在己，摒却怨尤，外間一切，聽之而已。曾於送人回國詩一首，又登刊寄懷詩二首，其詞云云，微抒一片心聲，叨屬部曲，垂後一函，似無妨一併呈獻，用誌殘痕。茲旣無所効用，亦復不事假借，揆諸道義分際，合懇辭去省府參議名義，以明責任，以免貽累盛德。今後純以文化人在野身份，自力更生，拓殖文化領域，徜徉海外，容與避秦，隨緣它日，互信道生，再圖報稱於萬一是幸！臨風忱禱，不

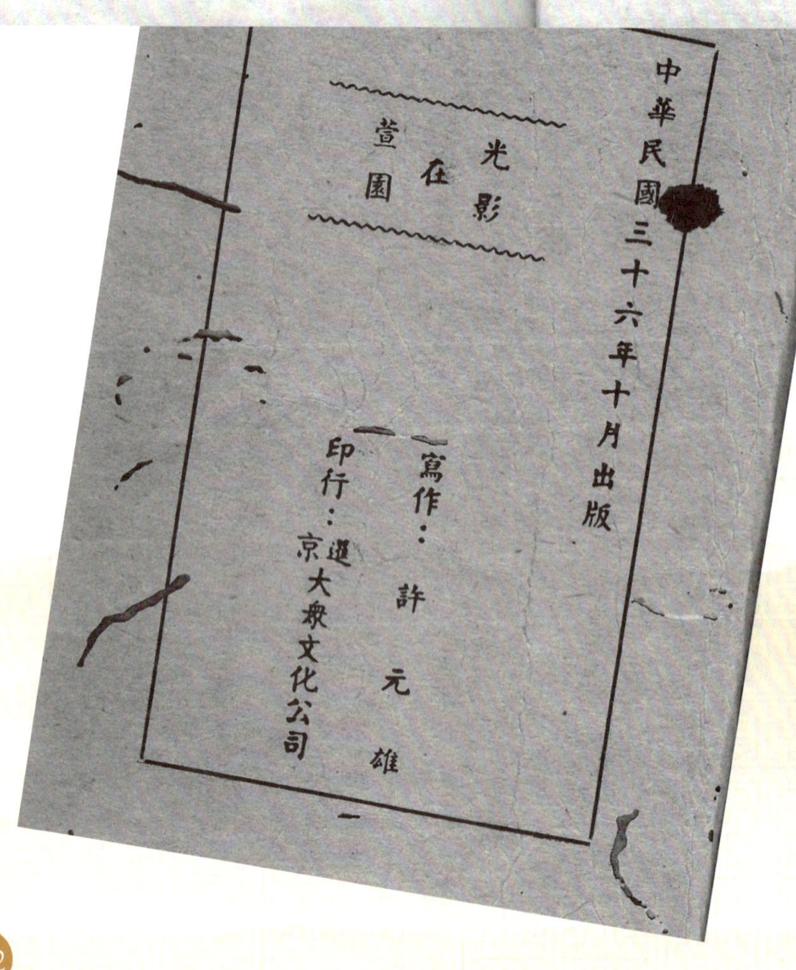
中華民國三十六年十月出版

光影在萱園

寫作：許元雄

印行：暹京大衆文化公司

《光影在萱园》内文及版权页剪影

《啬园藏稿》所有手稿

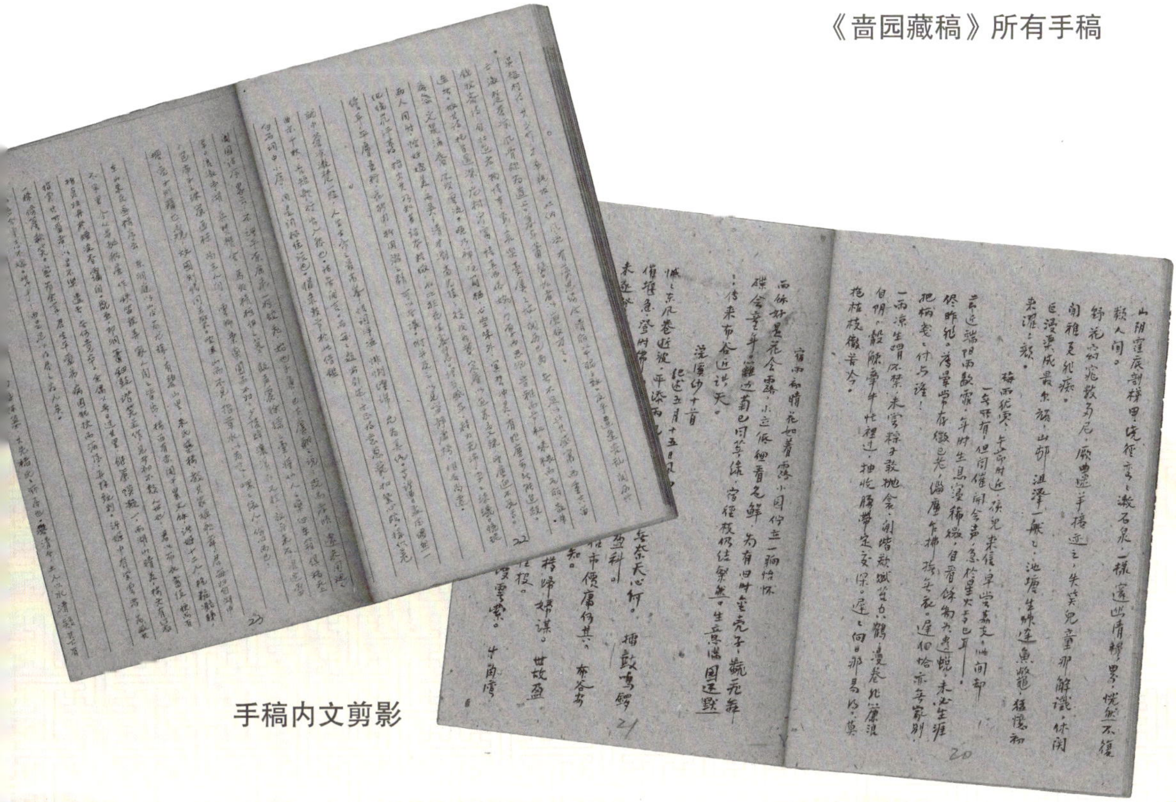

手稿内文剪影

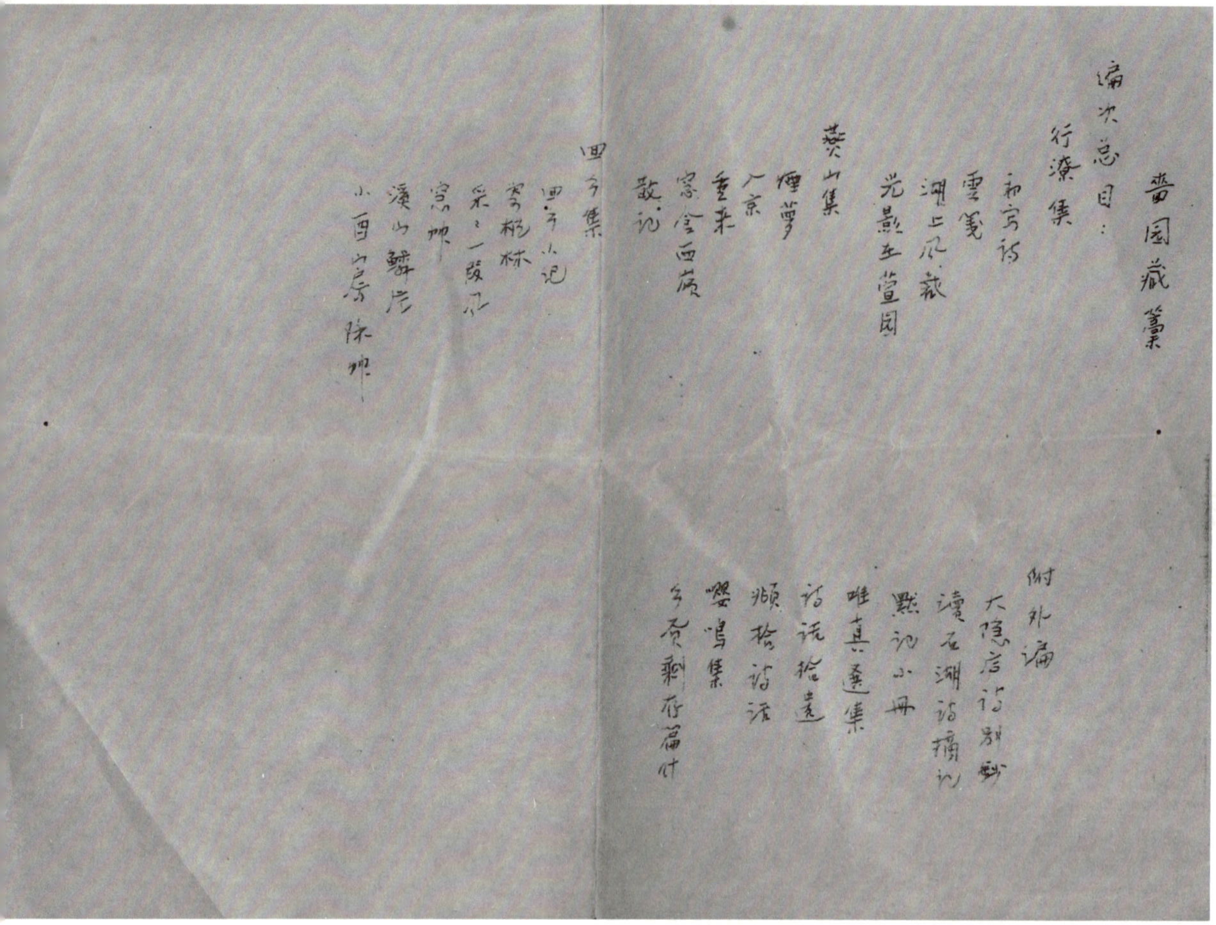

作者晚年自编的《啬园藏稿·编次总目》（草稿）

许元雄先生故里

玉湖镇浮山村鸟瞰图

揭阳玉湖镇浮山村许元雄先生纪念亭

始建于南宋绍兴年间位于揭阳市揭东区新亭镇的蓝田书院，于 1906 年改为蓝田高级小学，为许元雄先生母校

许元雄先生先祖祠堂（浮山双抛池）

许元雄先生居住地儒林第（大厝内）外貌

儒林第（大厝内）

儒林第（大厝内）公厅大门

儒林第（大厝内）南巷
（许元雄先生故居地）

许元雄先生故居

嗇園藏藁

许元雄 著

陈作宏 主编

广东高等教育出版社
Guangdong Higher Education Press
·广州·

图书在版编目（CIP）数据

啬园藏稿/许元雄著，陈作宏主编. —广州：广东高等教育出版社，2020.4

ISBN 978-7-5361-6643-1

Ⅰ. ①啬…　Ⅱ. ①许…②陈…　Ⅲ. ①中国文学-当代文学-作品综合集　Ⅳ. ①I217.2

中国版本图书馆CIP数据核字（2019）第296371号

啬园藏稿

SEYUAN CANGGAO

广东高等教育出版社出版发行

地址：广州市天河区林和西横路

邮编：510500　电话：（020）87554153

网址：www.gdgjs.com.cn

广东鹏腾宇文化创新有限公司印刷

787毫米×1092毫米　1/16开本　44.5印张　16插页　650千字

2020年4月第1版　2020年4月第1次印刷

定价：188.00元

藏稿 编委会名单

前　言

《啬园藏稿》系已故老一辈爱国民主人士、中国国民党革命委员会（简称“民革”）中央委员会原候补委员、中华人民共和国中央人民政府华侨事务委员会（简称“中央华侨事务委员会”）原参事许元雄先生生前撰著的诗文别集。

许元雄（1901—1971），原名雄石，粤东揭阳市揭东区玉湖镇浮山村人，为浮山许氏开基祖许汝南十二世孙。少年时期就读于家乡蓝田高级小学，学习国文。21 岁考进广州法政专门学校，历四年毕业，于大革命期间在汕头艺术师范学校担任文学主任，兼任当地华侨组织的海外同志会文牍。蒋介石反共“清党”时，该会以涉嫌“赤色”被封。许元雄先生旋同友人筹办《汕头日报》，兼任大同中学教员。此后赴香港，受聘为《南方日报》总编辑至停刊。1930 年 8 月，赴北平参加国民党反蒋派组织召开的“国民党中央党部扩大会议”。1931 年“九一八”事变后，于同年 11 月，赴广州出席国民党反蒋派组织的“国民党第四次全国代表大会”（即西南非常会议），翌年赴南宁后返粤。1932 年“一·二八”淞沪抗日战事后，许元雄先生满怀悲愤地在广州创办《活跃》旬刊。1933 年，赴香港参加李济深领导的抗日运动。时十九路军蒋光鼐、蔡廷锴、徐名鸿等联合李济深揭起反蒋大旗，于福建成立中华共和国人民革命政府，许元雄先生任侨务委员会秘书长。越年 1 月，“闽变”失败，遂与李济深等流亡香港。

1936 年 7—10 月，在南宁积极参加“六一反蒋运动”[①]。“七七”事变后，全国掀起抗日浪潮。翌年，成立以翁照垣、陈卓凡为正副主任的潮汕民众抗日自卫团统率委员会，许元雄先生任该民众抗日自卫团参议，积极参加抗日运动，先后赴暹罗（泰国）募集华侨救护总队，赴星洲（新加坡）、马来西亚、越南募捐防空设备，并在星洲率领华侨青年回国服务团返汕头，于潮安意溪组成华侨救卫队，开始从事抗日工作。1939 年 6 月，潮汕沦陷，许元雄先生辗转于揭阳、韶关、桂林、衡阳等地开展抗日活动。1941 年，李济深在桂林就任国民政府军事委员会委员、桂林行营主任，许元雄先生任办公厅秘书室秘书。后到重庆、昆明等地过着半流亡的艰苦生活。1942 年赴印度任远征军中文秘书，随军转战于中印、中缅边境。旋转昆明，任越南革命同盟会云南分会主任，协助胡志明等开展抗日及独立革命运动。抗日战争胜利后，奉国民党广东省政府主席罗卓英之命，以广东省政府参议名义，赴河内转暹罗动员华侨捐款、捐粮回国救荒。时逢同乡、中共党员邱及等在暹罗开展华侨爱国民主运动，发动华侨配合祖国人民和各民主党派反对蒋介石发动内战及其法西斯独裁统治，促进成立民主联合政府的斗争。许元雄先生利用其人脉关系积极配合，致力于团结华侨，兴办华文教育事业，参与创办曼谷南洋中学，与黄声等创办《曼谷商报》。在暹罗期间，曾任南洋中学创校委员会主任、中华总商会主任秘书、暹罗华侨教育协会主席、曼谷商报社社长。1948 年 1 月，宋庆龄、李济深、何香凝、柳亚子等国民党民主派联合其他爱国民主力量，在香港成立中国国民党革命委员会，许元雄先生出席会议，当选为民革中央监察委员会委员，并任民革暹罗总分会召集人。同年 6 月 15 日，暹罗反共政府逮捕民主人士，许元雄先生被捕入狱，两个多月后被驱逐出境，至香港又被港英当局以“没有中国护照”为由拒绝入境并扣留，解送回暹罗监禁。10 月，在中共地

① 1936 年 6 月 1 日，国民党广西新桂系和广东的陈济棠粤系，以抗日运动名义，反对不积极抗日、却一直处心积虑要消灭两广地方派系的国民政府中央首领蒋介石。这一政治事件从 6 月持续至 9 月，史称“两广事件”“六一事变”或“六一反蒋运动”。

下党同志和国际友人的帮助下，出狱离开暹境，辗转缅甸，于景栋停留一段时间后，旋与内地云南沧澜解放区取得联系，入境后几经辗转抵达沧澜政府所在地佛房，又转徙圈糯，再转昆明，于1950年5月到达北京。旋出任中央人民政府华侨事务委员会参事、民革中央团结委员会委员，1956年当选为民革中央候补委员。1958年4月因病获准离休回揭阳老家。回乡后许元雄先生生活简朴，以一介平民融入乡村社会，安贫守拙，洁身自好，平易近人，与乡人和睦相处，同甘共苦，常解囊资助左邻右舍，深得乡人爱戴。1971年因病逝世，终年71岁。时处“文化大革命”时期，浮山大队广大干部群众仍为其召开追悼会并修墓立墓碑，后乡里又为其修建纪念亭，以垂永久。

许元雄先生少年时期受业于清末拔贡黄钟（1868—1945，曾授直隶州州判，其以清廷腐败拒不赴任，终身任教，著有《删存草》诗集行世），接受国学和传统诗词教育和熏陶。少年、青年时期其对文学创作产生了强烈的兴趣，梦想着今后当一名诗人。几十年在离乡背井、走南闯北、奔波劳碌之余，许元雄先生如饥似渴地阅读古今书籍，勤于笔耕，写下了大量的诗词、散文、随笔、读书笔记等作品。1944年3月由广西日报社出版诗文集《三叠云笺》；1946年3月，由暹罗暹京越迪文化铸字印刷公司出版诗文集《湖上风裁》；1947年10月，由暹京大众文化公司出版诗文集《光影在萱园》。此后于20世纪40年代末由暹罗，经缅甸，入云南，赴北京，至1958年因病回乡养老直至1971年逝世的20多年间，他又创作了大量的诗词、散文、杂记、随笔、诗话、读书笔记以及抄录了部分前人撰著片段名句诗词精品等。回乡养老期间，他一边继续笔耕，一边整理、抄写往年积累的作品，卒成厚薄不等的手抄本共39册，除《黄花明日录》一册用钢笔横抄外，全部为字如米大、笔迹娟秀、密密麻麻的用钢笔或毛笔直行书写的手抄本。每册手抄本多定有题目如《初写诗（汇旧编）》《烟萝前夕之笺》《入京复出京》《重来以后》《窗含西岭一年间》《人去后，一钩残月天如水》《散记》《回乡小记》《调寄枫林》《采采一段风》《窗草》《溪山鳞片》《小西山房除草》《大隐庐诗别钞》《读石湖诗摘记》《默记小册》《唯真选集》《诗话拾遗》《枫叶青时人已飞》《续流水账》

《身边琐记》《小采风录》《嘤鸣集》《乡贤剩存篇什》等。其中附有一页拟定书名为《啬园藏稿》的全书“编次总目”（草稿），计划全书分成《行潦集》《燕山集》《回乡集》和《附外篇》四个部分，将上述42本小册子（含前出版3册）中的27册编进这四个集子中。1967年（丁未年），他还为《啬园藏稿》一书用毛笔题写了书名。可以看出，许元雄先生晚年一方面努力创作，另一方面为其生平的作品有朝一日能够出版进行谋划，费尽了大量心血。惜天不假年，老先生未能等到这本书的出版就与世长辞。幸而先生长子许宜皋先生（现年80岁），将老先生这些遗存下来的手抄本连同《三叠云笺》《湖上风裁》《光影在萱园》三册印本完整珍藏至今。这批珍藏的遗稿，为编辑出版《啬园藏稿》提供了十分珍贵的完整资料。

几年前，本人曾于主编揭阳市历代诗歌总集《古今揭阳吟》（岭南美术出版社2013年9月出版）时，登门拜访许宜皋先生，希望将许老先生的部分诗作入编。宜皋先生很高兴地拿出上述3册印本和部分手抄本供选，当时一共选了12首诗，并在由孙淑彦选注、出版于1986年的选本小册子《许元雄吟笺》中再选7首，合共19首诗编入《古今揭阳吟》。事后，本人觉得许元雄先生的所有遗作未能合集出版是一件大憾事。2016年7月，有幸偶遇揭阳市邱瑞宏先生（许元雄先生揭阳玉湖同乡）谈及此事。身为中华诗词学会会员的邱先生热心乡邦文献，他听后立刻爽快表示愿意当一名策划人，为玉成此事奔走，旋即找到揭阳市揭东区人大常委会主任许列群先生（许元雄先生故乡浮山村人），和浮山村党总支书记许树发等村领导商量，并得到中共玉湖镇委王拥新书记的大力支持，毅然决定力邀我们负责编辑事宜，并成立编委会为此书的编辑出版筹款并提供其他后勤保证。接着，邱先生偕村领导与编者一起往汕头拜访许宜皋先生道明意图。宜皋先生即将许老先生所有遗著手稿连同20世纪40年代出版的《三叠云笺》《湖上风裁》《光影在萱园》交给本人与袁仲友先生进行编辑。

作者所有手抄稿均为正度32开本，用行笺纸或白纸线装成小册子，内用钢笔或毛笔以行草字体直行书写，字体细小，繁简字相间兼杂不少异体字，诗文混抄，字距行距密密麻麻，层次难分，交揭阳一家印刷厂进行文字输入，因打字员限于水平有很多不懂为何字，且细小的字体也让编者在阅读时眼力不堪重负眼睛十分疲劳，于是我们决定由印刷厂先将所有抄本用A4纸以16开本规格扫描放大打印成册，再由我们逐册、逐篇、逐行、逐字进行披阅过滤，凡估计打字员不懂或难以认清的文字我们先用规范的简体字进行密集旁注，再交打字员逐册进行文字输入。经多次反复文字校对后每册均打印成文字本，在此基础上我们再启动编辑程序，这个过程花去了大量的时间和精力。

在编辑许元雄先生遗稿的过程中，我们发现，作者原《编次总目》中列入《行潦集》的各册，均为20世纪20年代在羊城读书至中华人民共和国成立前的作品；列入《燕山集》的各册，均系中华人民共和国成立后作者赴京在京任职至1958年离休前写成；列入《回乡集》的各册，均系1958年回乡养老期间的撰著。遗稿中除了《行潦集》里《初写诗》《三叠云笺》《湖上风裁》和《光影在萱园》各册，诗、词、散文、书信等有体裁分类外，其他绝大多数小册子均为诗词、散文、杂记、随笔、读书笔记、诗话、书信等混编，且散文、随笔、杂记中又夹杂着作者的另一部分诗词，全书体例按体裁分类进行编辑难度很大，且若按此体例，则大量作品也很难让读者理解其写作时代背景。遗稿中除了部分书信、给组织的报告等有署写作年月外，其余均无标明，以编年体作为体例来编辑这部书也无法编次。于是决定尊重作者原编辑意图，按作者原来的思路，以不同创作时期为界将各个册子分别编入《行潦集》《燕山集》和《回乡集》各卷。将作者《编次总目》中《附外编》撤销，对其中各册连同还未计划编入的有关各册加以甄别，凡属于在北京任职时期的作品并入《燕山集》一卷，凡属回乡养老时期创作的各册另立《回乡续集》一卷予以入编。遗稿中有抄本为两本重复则二取其一，不同册子中有作品重复，则取其一后将重复者删去。部分先贤作品摘抄、前人诗话抄录则不予入编。有些册子系友人作品抄录如《大隐庐诗摘抄》《嘤鸣集》，也不予入编，仅将其中吟赠许元雄先生的诗作编入本书的《附录》。卷前则编入许元雄先生及其有关的一些历史照片，何香凝、柳亚子、彭泽民等的赠画赠字、本书手稿书影以及浮山村许元雄先生纪念亭的照片等。经过一整年的努力，本书编辑工作终告完成，于是委托印刷厂制成书样，并交付出版社审核出版。

《啬园藏稿》一书，系许元雄先生一生从事文学创作心血的结晶，记录着他作为一位民主人士忧国忧民，反对蒋介石独裁专制，积极参加抗日战争，赴南洋动员华侨积极投入抗战，投身华侨爱国民主运动，兴办华文教育事业，弘扬中华民族传统文化，参与民革创建，热爱祖国，拥护共产党的领导，于中华人民共和国成立后积极参加祖国建设，热心统战侨务工作，晚年回乡养老期间以平民身份融入乡村社会，洁身自好，安贫乐道，乐于助人，勤奋学习和写作，在清苦的生活环境中终其晚年的人生轨迹和心路历程。他诗情横溢，文思泉涌，有生之年创作了大量的旧体诗词和散文、小品、杂记。其诗歌不论是对旧中国军阀混战造成民生凋敝的披露，还是对日本帝国主义发动侵华战争，造成神州山河破碎，给中国人民带来深重灾难的罪恶的谴责；不论是身处南洋时对祖国的怀念眷恋，还是中华人民共和国成立后对新中国的歌颂和向往；不论是对中华传统文化的热切追求，还是对祖国大好河山的深情赞叹；不论是对异国风情的描绘，还是对乡土田园和民间习俗的抒写；不论是给旧日诗友的吟赠，还是对故里乡亲的人文关怀，无不感情真挚，有感而发。其诗词文字流畅，风格沉稳，朴实自然，善用典故，体现其国学功底的深厚。有些作品或有不合律处（作者本人也承认），这恐怕与作者具有“不以辞害意”的创作思想和来不及加工修改提高有关。其散文、小品、杂记、随笔和书札等记录了大量其本人所亲历的人和事，几乎是有闻必记，夹叙夹议，说真话，谈感受，且引经据典，侃侃而谈。其中有些篇章，对于研究抗日战争和解放战争时期东南亚侨史、华侨爱国民主运动史以及中国共产党统一战线工作史，民革、中国民主同盟、中国农工民主党等民主党派的创建发展史，有难得的史料价值。1958 年，参加过扩大化的“反右”运动后养老回乡的许元雄先生，又在老家和乡亲一起度过了 14 年的岁月，亲历了公社化、“大跃进”、三年经济困难、“四清”运动和“文化大革命”的前 5 年，目睹了那段特殊时期一些极左政策、荒唐做法，特别是“文化大革命”给农村带来不得人心的严重后果，在一些文章中表达了不解、担忧、质疑、反思、不满，甚至持强烈的批判态度，皆表现其作为一位正直、善良的，在农村与农民同甘共苦，深知民心民意的民主人士和爱国知识分子难得的忧国忧民的情怀。假如先生能多活十几年，亲眼见证“四人帮”倒台“文化大革命”结束，目睹祖国改革开放的大好形势，相信其会兴奋地创作一批诗文，予以热情讴歌。先生的散文、小品、杂记、诗话等，引用了大量前人的诗文片段，说明他博学多才、博闻强记，有深厚的古典文学、史学和经学（研究《周易》《诗经》等）修养，这和他不断读书学习、活到老学到老的精神息息相关，值得后人敬佩。

许元雄先生对组织忠诚，胸怀坦荡。他于1950年从云南转到北京，即向中央华侨事务委员会和民革中央常务委员会写出“自述”等及有关补充材料，毫无保留地详细报告本人的出身、历史、所经历的历史事件以及本人在这些事件中的表现（见《燕山集·黄花明日录》）。他对开始工作安排未有着落，返粤在广州或汕头谋求职位碰到困难所产生的消极思想，也如实向组织坦露，检讨这是“小资产阶级意识”和自己存在的“旧式文人那一套”在作怪，说明他具有自知之明，勇于解剖自己。诚然，作为一位在旧社会过来的知识分子，在碰到困难和挫折的时候，其思想上的弱点也会让他在人生观上产生消极作用。比如，退休回乡之后，历经农村各项政治运动和经济生活的困难，在《回乡集》和《回乡续集》的一些随笔或致友人的书信中，有时就自觉或不自觉地流露出对前景有些灰心消极和某种“怀才不遇”的情绪。作为一位民主人士，我们无意苛求，但对这一点，也必须实事求是地指出。然尽管如此，这位慈祥的长者，当年在乡里的表现，却受到了村民和邻里的普遍敬重。

《啬园藏稿》一书，为后人研究许元雄先生的生平、思想、创作生涯及其文学上的成败得失提供了丰富的资料，作为一部乡邦文献，它无疑是地方历史文化宝库的一笔珍贵遗产。这就是我们编辑出版这部书，将其推介给读者和研究者的意义所在。

陈作宏

2017年7月

凡　例

一、本书据许元雄先生长子许宜皋先生珍藏之20世纪40年代广西日报出版社、暹罗有关出版公司出版之《三叠云笺》《湖上风裁 》和《光影在萱园》3本集子以及作者所有手抄小册子编辑而成。凡不属先生自己创作之古人诗词诗话、潮汕先贤诗作、友人诗词等摘抄以及一些政治学习笔记、报刊摘抄整理而成的史料不予入编。历史上作者或在各地报刊上发表有诗作或文章，因手头缺乏资料，暂不考虑搜集编入。

二、本书遵照作者晚年所拟定《啬园藏稿·编次总目》（草稿）以历史分期（中华人民共和国成立前、成立后北京任职时期和回乡养老时期）编辑结集的休例思路进行编辑，将全书分为《行潦集》《燕山集》《回乡集》《回乡续集》共4卷，后加《附录》1卷，卷前附有历史照片和书影。各卷中入编小册子题名除个别与内容不相吻合由编者改名，或无命名由编者定名外，均照作者命名不变。其中《回乡续集》为新设卷，作者原《编次总目》里所列《附外编》卷名取消。原编入《附外编》之《默记小册》《唯真选集》《诗话拾遗》《读石湖诗摘记》以及未列入《编次总目》之《续流水账》、《杂体》（原无命名，此为编者所加）、《回乡偶拾》（原名《回乡诗话》）、《小采风录》等小册子，均为作者回乡养老时期所作，一律编入第四卷《回乡续集》。原未列入《编次总目》之小册子《文献二则》以及《唯真选集》中之《寄滇南友人信一》《寄滇南友人信二》，因系1955年之作，故抽出编入卷二《燕山集》中之《黄花明日录》一册。

三、原小册子中的诗词作品，他册有重复抄入者不再入编。

四、书中散文、笔记、随笔、诗话等，多处引用了前人文字，编辑时尽量查找原文予以核对，凡有错漏者予以补正，无法查到原文者引文则保留原状。

五、书中诗词作品偶见有出韵或平仄不协之处，均保留原状不予修改。个别错字别字则予以订正。

六、本书一律以简体汉字排印，原稿用繁体字而无简化字代替者，该繁体字予以保留。

七、原稿均用直行抄写，偶有上文引一首诗，续文出现“右诗”或“右一首诗”等短语。本书改以横排，遇此情况则用“右（上）诗”或“右（上）一首诗”代替。

八、卷一《行潦集》中《三叠云笺》，因印行至今已70多年，保管欠善，横遭虫蛀，前10页文字几乎被蛀光，其诗作只能从该书第11页起编，其余偶有因蛀而缺字者，本书用“□”代替。原手抄本中偶有个别文字辨认不清者，也照此办理。

九、本书中之散文、随笔、杂记、诗话等，常为一段话记一事，没有标题，只能采用每段间隔空一行的方式加以分开，不另加标题。

十、本书凡有民国纪年者，编者一律在括号中加公元纪年。

十一、本书中作者所写信函，（含别人的复函）凡没署年份的，考得出者由编者于页底加注。部分没署年月日者不能妄加，读者请自识之。

十二、书中作者部分作品末尾，凡冠以“附记”等文字，均为作者原文。脚注中凡冠以“作者注”的文字，均为作者自注。凡卷首冠以“编者按”的文字及脚注中未冠以“作者注”的注释，均为本书编者所加。

目　录

目录

卷三　回乡集 /359

第一编　回乡小记 /361

绪言三则

其　一

行潦，地上流水也，等于脚跟无线随蓬转；也即中年听雨客舟中，江阔帆低，断雁警西风那么孤鸿唳引，草草劳人的意味。

向曾在京整抄初稿后题记云：原始之作，肇自羊城就学，到抗战年头，遥遥廿余年间，所有精神产物，就算剩这一点点，说不上敝帚自珍，却也认识了个人面目，和一段冗长的漫漫长夜光景。总之根基不足，挺不起胸膛，发育不全，畸零状态，活现墙阴一株小草，压迫底下，委顿堪怜！不合仰攀那些原上草，生生不息，一度野火烧不尽，接着春风吹又生也！

初稿之后，接连写作付印的有：《三叠云笺》《湖上风裁》和《光影在萱园》三种。差不多十年间。包括大半个活动过程，接触面较广，个人仅有一些业绩，亦算以此而已。可谓之壮盛期和收获期。但究之内里因素，辗转悲凉，一如旧贯，并没有似乎得意也者。所以上述一段话，还是适用。

其　二

“敝帚千金敢自珍，倘来借得一枝春。山中甲子仍征记，容与柯棋坐滞人。”右（这）一首诗，写于《烟萝》页首。时在穷荒山谷中，离流转徙，动态未定，用以自譬自解，殆即抱残守缺之意。迨至入京复出京，坐用经年。然后回家照顾，闲曹安置，一直寄迹京华，凡六七年，生活安定，宜谓乎是。不过聊佐滋味，不复有所作为，一幕行藏，人便垂垂老去。

这一段时间，如实反映近水楼台，不管有病无病而短歌微吟。要之日之云昃，光景凉凉，秋收冬藏，已成定局。释题：人有不自知其陋者，得石，什袭珍藏，以为宝也！恰落于燕，数典不忘，合自嘲嘲。舍石而山，从其类也。亦由古典而转归现实云尔。

其　　三

把回乡后所写作，作为家珍毕数之，计《回乡小记》《寄枫林》《采采一段风》《窗草》和《溪山鳞片》等。体制不殊，其致一也。无非小言戋戋，曲子自家唱，胡诌一些不合规格的出韵诗，或类似小品散文之类的笔札，聊用遣怀。楼头风雨，看看未阑，月落乌啼，潮归退汐，当此之际，力弱秋蝉，残声宛曳，如是专已。抑所谓身后长物也哉！

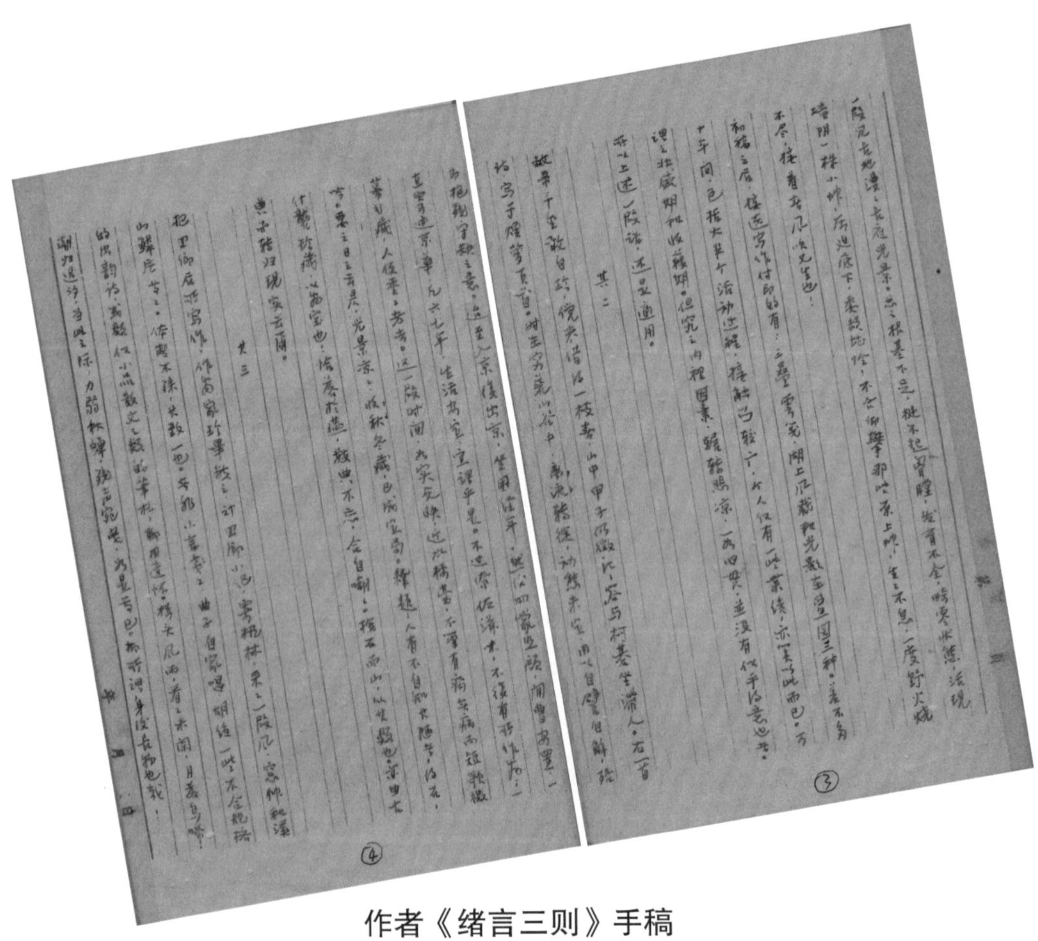

作者《绪言三则》手稿

寄园藏稿 卷一

行潦集

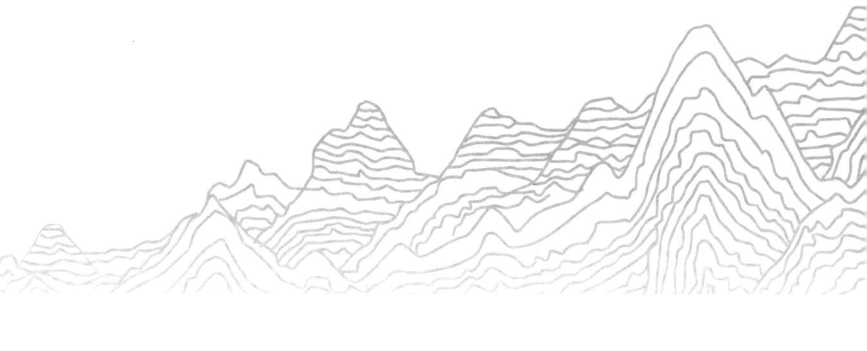

……西垂一夕晚风吹。

照眼明镫之艳鲜，红尘依约又照前，飘摇异日知何处，留与清樽枕梦边。

题影

又复悠悠荡返，万千心事难言，尘烟拂拭泪痕乾，看取眉头叠上。　借问條间

一片，风光好自栖迟，霜寒迷雾雨丝丝，十字街头可是。

偶成

行意上身刺激昏，飘飘浪迹故重温，天寒北口宛歌声，仔细清樽有泪痕！

园花

乍暖银辉淡洒，花园跨入风光，纵然游子无多添，个个挺新模样。　几处青苍

微雨路，眼前帅气灰黄，隆冬此际正收藏，寒意枕枝托上。

雪路迷离

淡淡光和胧胧风，平芜无那翡翠蓬，孤山过后湖烟楼，指点名花入画中。

微波叶落淡悠悠，柳畔溪干人荡舟，塔影孤悬天外里，鬼就亦不悔漂流！

也有合生流依稀，江云霭霭未青离，枝上无巢怀旧侣，禽鸣只解叫相思。

画对苍然谁着笔，晴空依约散离愁，君今看取眼前道，南北东西无尽期。

一日寒感心上侵，眼前物物隐要森，魂灵满比残秋帅，引叙悲悲黯恨深！

连山一派起伏奔，嵘日晦明凭划分，但愿夕阳无限好，替人留照到都门。

鸡鸣寺游踪

《啬园藏稿》手稿剪影之一

第一编　初写诗（汇旧编）

诗　序

蒲柳未秋陋劣姿，飘飘摇落向污池。早知生事怀霜苦，惭愧人丛着一枝。

泪湿尤应衣上牵，春华短景迅如弦。花明柳暗吹成阵，茅店鸡声过客边。

饮啄飞栖在露田，仰槐巢幕益迁延。几回意态销沉歇，搔首无何只付眠。

多事奚囊觅废词，情苗曾是吐丝丝。纵然一样鸿飞去，好自爪泥复按之。

一九三九年秋困守家园时作

春　之　夜

光径颤摇风有约，疏钟断续犬吠声。露珠沾湿凉侵屦，何事村前村后行！

早 上 浮 舟

一缕心情淡悠悠，看山看水急抬头。天色微茫山四寂，长河荡荡自东流。

北　行

离船复登车，黄沙道上遮。入世是非改，关怀却荒遐。相将人逼仄，行客总咨嗟。到来车蠕动，便赴天之涯。人心行已定，倚坐语亦喧。残阳浑闲煞，景物何纷纷。郊原满干燥，禾黍遍晴园。晚风吹落叶，秋气老几分。风土今宜变，帝阍认前门。扣关将息稳，灯前待细论。

行 路 难

几度相推阻，车行复迟迟。麇集一窝里，渐渐力不支。倚借难成寐，相对语依稀。幽凉当此夜，隆隆便奔驰。青青灯照树，瑟瑟野风吹。野外渺无际，但去何凄迷！

清晨抵车站，寒威袭薄人。不敢窥窗外，朝阳弱不胜。摇摇风吹旆，缩首是兵丁。瘦马车厢立，不复类奔腾。萧索生意尽，吾徒独长征！

到来方暮夜，路台几盏灯。逻者亦惨淡，荷枪不顾人。忽地佸消息，再乘车远行。相将挈行李，倦态犹奋兴。车中缘未断，栖息夜来频。可怜霜露重，可怜孱弱身！

清早百不适，夜来记呻吟。山中路不尽，朔气何棱棱！只道衾儿薄，又觉内雷鸣。觅食唯生果，一睡病却成。从此怀虚弱，颤摇风里灯。

附记：漠北风寒，各人躲在车中，缩缩瑟瑟地，挨过了一天一夜。车窗外寒风凛凛，白煤累累，堆置车旁，山鸟不闻唬叫一声。这样一程又一程，遍地皆山，冉冉微茫的日光，刚从山头漏露出现。树木俱已凋零，山上本来就像没有点儿青草，管自荒漠枯燥和幽哀！有的蚁穴一般傍山屋庐，穴居野处之风，依稀尚在。

并 州 之 什

天意谁知彻骨寒，四边定后夜漫漫。柝声寥落空中响，渐渐门前转向弯。

迎面尘沙漠漠看，树荫栖止又幽寒。萧萧木叶风前舞，风日前头只苦颜。

古色城高土半坍，到来意兴欲阑珊。羊肠栈道百回转，又为离人一往还！

观音山晨早

凉风起山际，木叶何萧萧。开襟迎北望，累累满寂寥。淡烟笼远景，赤道一条条。烟囱倦欲吐，当空靡漫飘。我来秋已艾，岑冷似今朝。晨鸡声犹叫，清旷未可聊。

沙河漫步

为有清阴萦绿绕，漫无尘虑点滴牵。几人款款荡将进，风景依稀我犹怜。

云烟缥缈暗中窥，茂树离离拂水池。还忆采菱人去远，西邮一夕晚风吹。

照眼明灯色逾鲜，红尘依约又跟前。飘摇异日知何处，留与清樽枕梦边。

西江月·题影

又复悠悠荡返，万千心事难言。尘烟拂拭泪痕干，看取眉头鬓上。　　借得余闲一片，风光好自栖迟。薄寒迷雾雨丝丝，十字街头可是？

偶　　成

待惹一身刺欲昏，飘飘浪迹故重温。天寒北国宛歌去，仔细清樽有泪痕！

西江月·园苑

乍暖银辉淡洒，名园跨入风光。虽然游子无多添，个个挺新模样。　　几处青苍微露，眼前草色灰黄。隆冬此际是收藏，寒意枯枝托上。

云路迷离

淡淡光和脉脉风，平芜无那转飞蓬。孤山过后湖烟接，指点名花入望中。

微波叶落淡悠悠，柳畔溪干人荡舟。塔影孤悬天外照，夷犹应不悔漂流！

也有含生绿依稀，江云霭霭未去离。枝上危巢怀旧侣，飞鸣只解叫相思。

画野苍茫谁着笔，晴空依约散离披。君今看取眼前道，南北东西无尽期。

自寒威心上侵，眼前物物隐忧森。魂灵满比残秋草，引顾茫茫黯恨深！

连山一派起纷奔，衔日晦明凭割分。但愿夕阳无限好，替人留照到都门。

鸡鸣寺游踪

何须鸡鸣候，此际便清幽。萧萧鸣古木，废瓦枕墟丘。有井深深黑，无人与凝眸。台城人饿死，我佛足千秋。曲径苔痕满，阳光寂寞浮。焚香都袅袅，庙貌俨悠悠。我形殊藐小，我愿未许求。慈云拜稽首，菩萨管低头。

城垣一步跨，颠风掠鬓华。漂浮空上走，顾盼怯荒遐。竹青微点缀，四际草栖鸦。灰漠河山远，愁云靡漫遮。残冬天也苦，浪迹人无家！城高湖水冻，敲掷碎冰哗。有怀持珠玉，待赠天之涯！感之欲叹息，摇摇日影斜。

燕子矶引眺

二水分裁八卦洲，芦花白荻映清秋。燕子不来云雁游，人间历阅尽矶头。

附　寄　怀

岁寒凋谢见孤贞，辗转风光不染尘。启我愚蒙增我志，迷津何幸遇斯人。

欲语还休苦自怨，红尘烦扰怅何之。眉间鬓上愁多少，脉脉心弦付与谁。

摇摇落叶挂孤桐，柳折花残色已空。黯黯愁云天欲泣，游魂何处觉飞鸿？

柳丝无力系行骖，娓娓心情付玉函。莫对萧森嗟雪地，行看春色遍江南。

浣溪沙·除夕

一年岁月剩今宵，烛影愁颜意气消，未堪怀臆客心遥。　此地真成世外世，荒凉静僻山之坳，屋角滩头望市朝。

有泪无何浑欲飘，分明没落太憔寥，凛冽寒威未肯饶。　索索只应窝里宿，万千心事散条条，更长漏永灯晕摇！

莫愁湖上

有泪从心又郁吞，娇枝小鸟啰啼喧。婀婀陌柳鹅黄吐，低拂迎人到白门。

寻得莫愁隐合烟，青葱渐染浅清杨。渔翁篙艇鱼横跃，山色湖光脉脉间。

入秋荷满湖风香，奕世崇华显画廊。得意尊前歌小小，采菱应是水中央。

而今风月是耶非，瓦缶盈堆笛韵微。寂寂楼空僧鹤杳，旧题依约认斜晖。

蔓草荒芜鬼守围，一番霸气今灰飞。将军落拓及身受，佛法宁堪问盛衰。

爱挹个侬弗顾它，平添春色影婆娑。素修旖旎同风发，富贵功勋待云何！

一回沉醉梦经过，几盼伦音着入魔。我欲来时君可去？天涯泪落青衫多。

雪　　怀

飘飘沾缀粉痕妆，吹拂轻风舞欲狂。但愿有情千闭冷，分明飞絮引云乡。
神鲜怅望人如玉，路远迷茫梦也香！鸿雁不来天一色，几曾凝泪映君前。

附一首诀绝词：

参透因缘了恨怀，尘埃无地觅明台。宵来月静花无语，一任春风扬劫灰！

减字木兰花·播迁

风凄带雨，淅淅潇潇窗傍户。帘幕当空，迷烟靡曼戚愁容。　角声唳紧，只度萧条寒阵阵。冷落天街，甲车驰骤叫旋来。

连天炮火，剩脱灾黎没处躲。啼饥号寒，憧憧虚影过前川。　国杭道上，逃难人来弓舄样。昨夜炮声，今朝战舰又喧腾。

浮家我也，襆被泥泞漂泊者。一旦城亡，刀光剑影落何方！　门前塘水，部署未遑聊顾此。枝干参差，没些生意冥漠时。

迟徊古屋，几许辛酸添落寞。残雨犹零，纸窗索瑟管撩人。　沉沉似此，大地阴风怀抱里。末日无多，芜城看取奈愁何！

鸡 鸣 寺 畔

一敲钟磬洗尘心，酌彼清泉风满襟。乘得苔阶缘树下，更无俗客此间寻。风有韵，绿成荫。小驻无言蹊径深。看它杲杲边前日，寂寞鸡声透外林。

重过鸡鸣寺

湖山乎如是，迎风人倚楼。淡阳悠悠候，芳草五浮洲。叶叶窗前舞，雨余洗色幽。鸣蛙吐暖意，含珠花欲愁。重来物如许，菩萨那应求。莫话天台事，闲云一段收！

遣 怀

春雨犹零冷瑟宵，梦痕销尽句全抛。僧如退院思残叶，鸡不司人警未饶。独揽青衫灯后泪，漏侵霜鬓镜光描。怎堪重省伊怀事，响歇声沉天路遥。

柔条叶绿近依依，满望风光絮乱飞。怕易飘零轻弱质，竟难将主素心违！栖迟朝对横波碧，冥漠心悲引泪挥。还是从头归去好，此间驻久未忘机。

微冷清晨蕴着春，隔篱小巷卖花声。楼头余雨天阴湿，帘幕轻风凄拂频。展卷难忘华叶句，吟声端出梦魂人。伤心今古竟谁是，留候年年草漫青！

扬 子 江 头

临江风太急，黑波白浪头。颠摇桥板上，待挽百尺舟。胸怀殊漠漠，送客与迎愁。有恨倾海水，无颜话楚囚。何因心事重，头颅转不休。水声鸣浩浩，风声恣拍浮。绿杨攀折插，人狗共一丘。今日是清明，念念暗泪流！

途 上

料想靡途深复深，者来无事觅同心。一条客到防更犬，两袖风清付楚吟。用免梁巢盘结识，情知挑水杜推寻。新生有命但空起，云野苍苍看到今！

减字木兰花·清晨

清晨岑冷，依约月痕笼屋顶。哑哑啼鸦，无因声噪羁人家。　凄凉枕上，一寸相思灰死样。宛转哀鸣，风前空旷共堪听。

谁人起早，短笛愁吟轻草草。曲罢清虚，寒蛩唧唧起墙隅。　心旌摇漾，寂寞生涯何处遣。乍起旋休，续寻残梦理新愁。

旅夜登舟

细雨霏霏风瑟凄，夜凉如许奈何其。行行踏破人间影，十字街头到底迷。

听得滩头搏浪声，寂无人语四边清。灯光透射浑垂泪，照对个侬贸贸行。

聊且稽迟一站中，无家偎倚几条同。街头仍是潇潇雨，车过笛残人亦空。

水暗茫茫乘客舟，回看死寂岸边楼。宵深独自魂飞苦，万汇无情只么休！

对月客舟中

秀句从今敲已难，一堆心事委然间。粼粼水月襟怀里，瑟瑟风愁更度阑。地近关山灯一点，人当迷雾锁千般。蛟龙水底深相忆，此际泥君还不还？

一样晚游

草长平芜绿满围，黄昏垂后乱萤飞。伊人得共于时节，踏向芳丛款款归。

迟来说甚寒宫锁，华叶茫茫认故人。君去我归犹日夕，眼前光景奈何春。

元夕近

不敢开窗望，凉月何凄清。疏星漏几点，萧萧风树声。噤然人倚立，揾遍阑干湿。整日雨丝飘，傍晚鸟飞急。漠漠霭霭天，含春大可怜。晕痕旧隐约，宅意带寒绵。簇心只泪颗，尘途饥驱火。摇摇一身轻，支撑如何我？花爆响侵凌，儿时见彩灯。花市元夕近，何计慰飘零！

山村待去时

雨散天微凉，乌云白云透月光。一灯如豆空庭际，祖道依稀认惘茫。意兴萧疏人语浅，阴威伏莽俨相向。消息传来二而三，釜底游鱼浮一片。从知家国两泪催，落拓晚风荡旋来。旧林相识尽多在，犬吠更残剧可哀！明朝收拾挂帆去，白水青山空复慕。几度修齐竹语嘶，平堤今后忍回顾！

春　睡　起

优适程途付枕眠，十分春色几枝牵。岭头密雾初笼日，雨后探山逢杜鹃。凄瑟旌旗风里动，静怀杨柳觉沉香。但教日色随空转，一度风花又一年。

阑　　夜

瑟瑟风凄月影痕，山头绿树静宵分。飘来木屐街心响，吹送幽鸣笛韵闻。

添得蛩阴秋意态，凭轩唧唧管愁人。几回零露催寒近，底处秋声彻耳听。

一抹心痕便杳然，尘沙混混殢因缘。中宵有韵星河泪，信道飘零落人间。

鸭　绿　洲

荡摇一叶渡江村，萧散人寰昼不喧。叹息尔来都非旧，伴它瑟瑟风吹云。

楼上晚怀

日暮渔舟归，软凉山色暝。无心类薄云，渌水披明镜。楼上淡自看，不觉风吹澜。一声怀铁笛，数点鸦惊寒。叹息人应老，落叶满溪山。

岁晚访山居

树深山逾静，清水浸成湾。门前罗菜圃，犬吠短篱间。驱鸡缘树木，惊枕拍鱼滩。萧萧夹蕉竹，漠漠愁云寒！清景亦云至，寂寞来无端。此中有真隐，一住到颓颜。

南星楼上宿

黯黯渔灯江底眠，星光寥落远浮天。定应鬼哭当遥夜，不把人愁挟瑟倡。
座久方知怀客冷，城高曾是听更传。南宁意态犹当似，只是时阑卜逝川。

离　　闽

江上斜阳乍别离，狐威依约罩东西。可怜欲问八千士，剩与人间一把旗！
失意樽前魂悄悄，故溪潭水绿凄凄。从头不敢分明记，道是天涯未有涯！

晚过侯王庙

夕阳红已透风凄，庙貌丛林鸟自知。滴落屐声来曲径，软凉心事诉神祇。
升沉注定君平卜，玉脉持将暗示诗。堕海寻山俱泛泛，鞭丝轮影两离离。

感　　旧

摇滑行舟绿水涯，屏山丽日闪旌旗。风光最好春三月，骀宕心情柳一堤。
梦落沧江烟起处，魂牵红树别丁时。可怜数载翻前觉，只度登临脉脉思。

有　　题

浪掷明珠腼腆羞，桃花有幸引孤舟。不愁不恼花颜面，谁道无情傍水头！

荡过方场又陌阡，青芜浅草韵犹香。悠风看取篱边竹，春意撩人握手绵。
软语温馨缘浪转，忘怀得失梦云乡。灵犀借得团新火，恰是清明寒食天。

黄　岐　行

黄岐山上簇流霞，黄岐山下是儿家。蝶使蜂媒弄消息，花香草媚隐若耶。刘郎寻芳近何许，阿母颜开翠眉妩。小鸟娇痴步乍停，翩鸿引去却回顾。从知阿姊话非非，虚名浪播到荆扉。仰槐夜绩思良苦，陌柳迟人望久违！世事浮云双转毂，难解蚕丝添络续。盟心何竟负娉婷，暮春三月记踏青！

一　索　后

儿饥儿哭岁寒天，一堕红尘总惘然。书剑飘零君且住，月明沧海泪珠悬！

闭置芸窗灯影昏，将雏脉脉病犹存。心怜弱息愁将落，相彼室人知所云。贸贸然来衣上泪，茫茫归路月余痕。旅途泥我如迎壁，谁道花明别有村！

旅　况

一阵羁愁风兼雨，真同豹响犬吠声。凄沉之后鸡啼彻，好是劳人听最清。

有　赠

白石街心痕梦差，桃花人面数芳期。成阴解道阶前舞，玉脉心扉扣款时。仙岛赋归沦小谪，榕城更鼓夜何其。寒凉莫漫伤时节，月露春蚕但转丝！

清　明

草色递看湿泪痕，清明如梦落纷纷。墦间故有过行客，时鸟唬人又一村。未及资生敢事鬼，无因春恨识回文。斜风细雨潇潇下，我独无言脚无根！

南　山　行

涧谷溪流彻底清，佳时逐队率鱼行。神机综合山深处，茂草迷离迭闻莺。回转丹青衔日下，巅崖云树簇疑兵。凭隅竟亦成孤困，负尔前锋及试人。

飓　风

　　不但摧铁马，震撼屋欲倾。呜呜风力满，呦呦鬼啸声。闪烁电光袭，遥空笛长鸣。如撞丧钟报，如跨瞎马行。颠摇危阁上，沙沙触搏频。黯惨叫声厉，邻右忽颓崩。一方天色改，赤城火焰升。只闻车驰骤，又是玻璃拼。风波殊未已，淋雨竟飘零。

撼窗风雨的愁人，浸假波涛彻耳鸣。地尽变翻号叫惨，怀当危殆栋榱崩。俨同厉鬼凭虚啸，始信先民对必兴。风色去年真个是，怒潮舒卷何曾平。

离　汕

入暮水声喧，峰回暂泊止。市廛隐在望，灯火黯然起。容有荒鸡喔喔啼，人心风雨梦楼时。番船去国须回顾，待得来时安可知！

抵安南山

水滨山色并青葱，锦绣云屏列望中。如此风光如此日，越裳不见九州同。

失　题

漫卷蚕丝不自由，南荒无计逗淹留。暖风吹得人如醉，绿水迢迢绕客舟。

西江月·观海

委觉沉匀叠奏，潮音平荡宽哗。四垂无际是天涯，未许尘怀沾挂。　　水作碧蓝鲜色，鱼如梭子飞飘。和风丽日泛迢迢，几朵百花浮绕。

瀑　布

云深绝壑水声淙，茂树茸茸透碧峰。料是山灵持玉带，飞飘隐现化游龙。戏耍群猿神话里，钩辀鸟语密篁中。原林寂历君须记，因有獠牙首拍篷。

双林禅寺

穿插无人听木鱼，寂寞境界太冲虚。迟徊门外青青树，叶脉吟风浪自如。

村　落

市桥斜径影中趋，问讯乡音爱照呼。行过云泥风叶满，杏花时节雨晴初。

船栏引望

浏浏风清刚雨后，茫茫人去倚栏中。岸边野树怀凄绿，犹有鲜花数点红。

陌路修齐烟乍笼，晨曦堤畔漾青葱。屐痕清晰自留取，临去秋波一霎逢。

留 别 词

静里清阴覆满围，衡门蕉径冶风微。眼前倘亦人偕隐，相对犹应凭息机。

燕子呢喃话细详，偶逢佳节款新尝。问渠那得亲如许，不是异乡是故乡。

绿脉波摇俨向风，迟人隐在渺无中。宵来月上虫声唧，添叶俚谣便不同。

心香一瓣知何日，检点青衫剩泪痕。密树层层斜径去，安排肠断到黄昏！

茫 茫 海 上

心如槁木灰燃尽，影对浮鸥还杳茫。黑海幽森千万顷，月痕隐约奈何乡！未应结业存空相，几度销沉到墓田。我也沙虫当此际，何须惜逝栋前川！

遇 寇

耽耽敌舰列山隈，谁道虎狼口不开。炮响示声船泊上，几条梭艇荡将来。一时心影黑云怖，刀俎鱼肉畀仇虏。作色伊谁不自由，摊书且自挨愁度。及门剥啄转泰然，问讯几回钉恨牵。肤色同看宁做贼，骑成虎背莫思迁。等闲待得将肉吐，慢慢放船行返顾。万山首上浪旗翻，弱水凄鸣和泪闻！

入 国 情 怀

露冷鸡啼欲曙天，此情故国始犹然。风波叠叠枕疑荡，船上生涯到逾年。

山川依旧呈萧索，铁鸟凌空警又传。入夜市容何黯惨，荒街抹角逗幽光。

无眠好自数残更，逝水情怀淡似冰。灼灼秾华南国远，教人怎不首回频！

曳 涂

雨声凄断听连宵，接淅征途不可聊。每到临头还独自，几回前事恨沉销。辞将蜡泪擎遮伞，穿过荒街影荡摇。刁斗犹严天未曙，郊干淫雨彻潇潇。

雨讯犹零江色凄，淡烟疏旷引离披。如何一片寻春画，也被催成弓鸟啼。
寂寂余寒刚病怯，摇摇塔影纳云迷。旅途好是清斋处，多少丛残堕泪碑！

野色青青阴雨晴，漠寒犹带晚烟腾。江山看取都如梦，过往离愁几度生。
春思难言魂化蝶，臣心如水寂然平。虚飘洞彻浑无似，萍梗从教泛浪行。

亡鸟三匝赋飘零，细雨萧凄凭谛听。滴滴愁人蕉叶耳，飕飕风讯纸窗轻。
依篱心事吹蝉翅，信宿空桑转绿萍。仍是长安行不得，可怜范叔竟长贫！

汕岛一幕尾声

小站乘车无可乘，乱离终竟未归人。蜗庐迟我不曾到，隔宿仍将帐幕陈。
待得来时刚道去，徒闻几日一场惊。只今风鹤笼周匝，何处相逢问苦辛！

秋寂之感

渐觉凉生袂，萧萧树有声。晨兴看雾合，愁锁薄秋冥。
皋羽宵余泣，离怀静里听。欲摊诗卷读，缠困迄未能。

蜗庐凭守拙，伸缩头俱难。角黍日当午，匏瓜风引阑。
秋原怀寂寞，消息撼关山。永夜沉沉尽，人心灰样残！

沟塍上

绿荫稀疏漏影中，迢递前路月当风。萧萧野况锵寒竹，行到桥边又不同。

篝火通红鬼谷般，云山缭绕渺无间。中天悬对一孤月，委化谁应长苦颜！

数月栖迟篱下意，一方无奈泪偷弹。秋风吹透陇头道，惆怅尘心亦竟阑！

旧家除夕

寂寥门巷冷风残，岁序沉沉梦样删。浊酒无言原是泪，龙钟双袖敢曾干。
将离情绪依前席，事到阑珊良独难。但愿儿娘须莫泣，胸怀我已尽心酸！

《三叠云笺》封面

第二编 三叠云笺

编者按：《三叠云笺》系作者撰著并于1944年3月由广西日报社出版印行的一册诗文集，书小32开本，共96页，外加一页勘误表。由于该书被虫所蛀，第1～10页页面破碎，文字几无保存，故本书只能从第11页编起，其他页面也有些文字阙如，只能用“□”代替。

诗

秋风乍起

林梢声里酝愁深，一夕西风卷到今。雨讯微零偏易断，天涯羁客恍前临。凄凉怀抱会三省，篱落天鸡断远音。待起迷离仍梦寐，漠寒只自恋孤衾。

庭树波涛碎叶音，纸张吹散落沉沉。乍凉衣袋交成缓，入室萧条一片心。临立几堪摇落尽，新来秋讯结愁吟。后生终竟劳篱聚，叵耐尘途深复深！

听　雨

夜阑只有雨声喧，一片潇潇木叶存。枕簟凉波栖未稳，明灯虚映壁成纹。自怜瘦损柴枯立，同调梯山老病猿。光景摇摇如欲堕，果谁最后张其军！

题　影

莫问心情镜里花，漫随飞絮遍天涯。相看鬓也皤皤白，匹马西风沐影斜。

晚上舟横

水面风凉解客舟，几星篝火出前头。愀然几暮归巢思，两鬓飘萧寄远游。

秋夜月明

月白风凄树有声，孤衾踏影过空庭。萧疏旅思今何似？山鬼山花并结邻！

草露如珠湿屐凉，寂寥添个雁浮天。秋怀远思同冲淡，入海还谁细纪年？

赠友一

一枝移得倍相亲，慷慨丛中尚有人。匹马短衣秋正肃，横看书剑揽风尘。

赠友二

温润凝看年少风，知君的雨花浓。衡阳归雁惊时节，回首云山一万重！

桂幕贺诗

翩翩海燕画堂斜，商略营巢长者家。丹桂飘香供满院，重阳疏雨湿黄花。明桩秀爽传秋讯，种玉心田近得瓜。爱抚兰阶迟日色，故应盛世话桑麻。

九月风高仙乐声，灵乌乍噪报西聆。三星耀影低寻户，一簇红云看满城。艺苑耕耘歌缓缓，菱花掩映展盈盈。蛮牌教作画眉课，道是新人是旧人！

清早莅渝

云牵雾锁霭神京，陌上花开阵阵行。绿绮如酥看不足，预支风月等闲情。

土桥递接海棠溪，名字清词风飐微。华叶匀抛同柳絮，十年心事未全非。

妩媚风光花满林，地绿春暖种芳心。修途不比灞陵岸，折赠悠悠酿别吟。

一滩河广水沄沄，舟子宛如浮梦痕。但使心情寻幻化，武陵间有桃源村！

菊花辰

蒙蒙雨意含春意，寂寂他乡落梦乡。刻版文章工唱罢，生涯逝水逐流年！
晓鸡啼彻声仍曼，黄菊开时欲举觞。认得生身又岁日，枕衾余泪映君前！

青琐仪曹幻自看，歌声客树月痕寒。从知计拙难营窟，漫向风前怅百端。
剩彼牛衣空啜泣，尔来坟土应会干。十年心事都喻尽，枯瘦谁堪再驻颜！

题石菊

特立风前绰约姿，翩翩偏不傍娥眉。提调惊雁相啼切，寂寞河山拥鼓鼙！

芳渡洲

溪回洲渚始娟娟，旧有名亭满碧天。五眼联桥晃荡影，一般芳草淡斜阳！
只今零落数枯树，历劫谁知斩梵王？燕子堂前怀去后，寻常巷口印沧桑。

旅途杂诗

郊原清寂类晨妆，过往深情揉客肠。相送同人挥手罢，青衫红叶两翩翩！

云烟霭霭漫无边，静镇丛林着日光。信是天南风色美，出笼雏鸟任回翔。

百雾蒙蒙雨乍收，青山如衲出前头。拾余残梦鸡声唱，落得生涯付远游。

引领斜坡泥滑滑，夜阑刚唱雨潇潇。艰难旅思怀春日，黯尔云山总寂寥！

邃古巨人一例看，连峰飞鸟绝回还。奔驰不记风刀阻，绾领千山与万山。

日色离离蔼可亲，鸟声清脆缀青藤。山灵此际朝天早，景物随同栩栩生。

筑垣小景

雨霰如毛轻着地，阴阴天色寝幽寒。长教人在不明里，黯淡无边引□□。

爱日山头几朵青，风回枯草飒声声。登高聊也怀清绝，消受晴光一息停。

春　　郊

夏态迷蒙甚，薰篱落小家。枯枝来雀噪，陌上着梅花。
人缘边芜径，车于静处哗。薄寒怀伫立，惆怅漠烟斜。

途　　中

雨丝凉并瑟风飘，白雾空蒙隐寂寥。浪转山阴泥滑滑，难将车子定摇摇。

鸟啄途漫车不□，人缘款段蚁般行。生生微物欣然遂，不但郊原蔓草青。

飘白摘红舞陌开，菜花绿绮绽金钗。春寒斜峭门犹闭，不见游踪踏踏来。

乍布旸光色最鲜，一川渌水绮情牵。入山深处偏春早，蝴蝶飞飞并眼前。

纸灰飘挂荒坟上，渌水萦洄山更青。一路恍游君可似？出门道是看花人。

清　　明

漠漠清寒雨乍收，一天萧索雾迟留。岭头陌上青多少？摇漾春阴引上楼。

苔痕沮泽儿蛙叫，麦垄朝鲜雏鸟啼。何事年年灰与蝶，替清明作羁魂栖。

留　　别

翩翩俪影掩行踪，旨酒寒宵相映红。但使云程轻万里，重来斟酌待春风。

酬　　韵

满地空蒙隔岸来，风飘一叶思悠哉！但教色在天将晓，不许愁牵客里催。
旧雨惊看如梦寐，绨袍厚我匪怜才。微温心事同春气，可待绿杨拂酒杯。

露　台　上

入夜星辰浸碧漪，月光凉并软风欹。楼头灯火浑如醉，旧国山川衍古悲！
更柝敲残羌未寝，青衫着破漫天涯。来朝又是雾烟合，何似移昏作昼时。

杜　　鹃

红压空山白飐披，杜鹃花惹杜鹃啼。迷魂处处怀凄切，留取春阴护弱枝。

山 城 一 早

宅边小树也青青，遮莫楼中烟雾横。红日一轮吞吐出，新蟾如梦衍余生。
竟同罗海羌无涘，不道迷离系旧名。叹息时阑风会散，萧郎今已鬓如星！

一早绕江滨

叶露清和尔许声，侵朝走马蜀江滨。露绿温暖充花气，日尚空蒙绊绮城。
春水浮天船上坐，绿茵席地蝶轻盈。更须一枕蒙庄梦，栩栩游风换死生。

锦 城 依 韵

杜老诗成锦里先，陶公胸次落园田。良辰指点都清趣，大好肥原话府天。
流水春阴声带滑，荒村鸡黍俗犹贤。未知四海为家日，且向人间觅纪年。

奉题梦境写真

不梦周公梦武侯，襟怀落落占先忧。大旗落日卢沟畔，蝴蝶庄周境界幽。
故有红颜工杀敌，岂于多士尽能柔。王师誓扫扶桑去，听取先生一枕头！

踪迹茫茫肇夙因，挥戈讵谓鲁无人？疆场赤帜纷飘出，蛮触移时耗用兵！
自是精忱仪叔子，意同香草说灵均。随缘野鹿旋有又，羽扇纶巾寄远情。

怀与挽

月光不驻驻灯光，窸窣纸窗漏影前。永夜雨声羌未歇，伊人幽怨倩谁传？
梦痕不道关山远，稚子相牵涕泪行。何待流年春草绿，只今人鬼两茫茫！

怨重恩深别几年，生儿只自唤阿娘。问炊巧妇难为计，落叶庭槐尽化捐。
早剩游丝牵一缕，竭来病榻恣缠绵。情知痨瘵成呜咽，带恨遥遥揽碧天。

伤情我也叠离忧，宿负无偿白了头。已份生涯同退院，却因衔恨引浮沤。
鹧鸪枕畔啼偏切，时节端阳虚采舟。梅雨霏霏怀尽困，巴山添替古今愁！

黯淡星河逝影飞，幽风楼上绕相依。无眠滋味刚尝惯，有恨心头浑泪垂！
一幕行藏终草草，百年遇合算非非。忍将绝望酬希望，手挽二儿声息微。

负己负人业已多，衰颜无乃病维摩。凄沉更柝三敲静，雷雨红光一闪过。
历劫沙虫纷处是，及身满壑奈愁何！我妻饿毙流人谱，此曲辛酸载唱么？

旅途历历

十月四日离渝，直至十一月四日，由加城返兰伽，才算归巢小休。当中整整匝月期间，旅途历阅，过眼烟花，缀为小诗，无非存什一于千万，也以为生活过程，一段珍贵纪念！

草深如入常青国，春意犹临水一湾。蝴蝶芳心难舍却，看它飞去又飞还。

丛林烟叶野人家，雨后天阴路径斜。清寂心情浑得似，未须吸露与餐霞。

万绿丛中白鹭飞，无边秀色染征衣。因风不用奔流快，顾得摇摇驻翠微！

茅店鸡声分外清，沉沉空旷数残更。乍间一阵零啾雨，隔和窗儿似觉停。

青彩门旗列庆辰，帘纤雨洒溢凄清。但期穆肃同天意，好整戎装并日新。
忧患深时方若定，浮嚣洗却净无尘。新生事业如相与，记取驰驱第一程！

漠寒烟景近村家，竹实离离遍地遮。瓜架豆棚花乍著，恍然盛世话桑麻。

炯炯灯前导，黧然罩四围。野风衣袂袭，山外一星辉。
涉险方成趣，堕幽空烛微。长征人万里，不尽云胡归。

虫声鸣遍野，夜静碧天长。宿雨更凉讯，川原尽此疆。
无家休道别，人语落篱边。谛听鸡啼彻，寥寥总未央。

一阵门喧起，灯光漾血光。群心弦样紧，夜雨泣成行。
陌地思残寇，和衣躺卧床。盏灯吹又熄，光景黯潺湲。

淡淡光和脉脉风，山岭容与倩云封。晨鲜终竟好颜色，四处青阳妆点浓。

一入黔边草渐稀，日光隐曜拥云旗。阴阴又似天将雨，乌鹊乌鸦并噪啼。

稀疏星火似山村，习习风凉路上存。闲道萑苻曾剪径，人当吓煞我云云。

一晌阳光蔼可亲，冶游原不悔飘零！风波叠叠机流畅，噙得心头点点青。

驿道犹堪话旧题，木牛流马晋丁时。后方飞挽能为继，壁垒锋前信可知。

泉石潺潺复板桥，七星关口仰云遥。时来骤美直开道，犹复题名意象飘。

花塍疏林一径穿，上怀叠翠滴云天。盘旋浪转浑图里，怪煞如来五指悬！

一钩新月淡黄昏，千里关山瞻断魂！最是撩人归静秘，悠悠情调近春分。

连林稻实粲宜威，十里风驰一箭微。仍有蜻蜓旧相识，偶来泽畔弄飞飞。

广土平原尽此间，短衣匹马落人寰。斜阳冉冉天仪树，会作讴歌点壮颜！

意重难为咏，情亲隐旧家。萍踪此暂驻，羁客即天涯。
旨酒寻欢醉，蛮歌隔水花。凉凉新月色，不道乱如麻！

旅途历历转，生事尽波翻。余勇从君贾，胸怀向日暄。
飘零知已惯，书剑故犹存！留得诗囊在，风前待细论。

骎骎冷袭啸吼空，天马从它腾踔中。下有白云融一片，偶然斜顾只蒙蒙。

无疆短树夹黄花，入境晴光映影霞。漫目翔翔如大鸟，不沾不脱引为家。

虫鸣遍野绿粘天，四月清和是者边。月姐竭来相映带，陪人陌路绕跟前。

入幕乍知列远征，银辉树杪最关情。遥空不是抛来倦，直欲良宵坐到明！

天国当青语不虚，车行晃晃绿中趋。大千世界自然美，烦恼烦它一解除！

椰林挺立自飘风，尽在艳阳密布中。只度撩人温气息，恰曾相识又相逢！

船头月照看河豚，白浪翻翻凭口吞。怪底热流风物富，得氲氲处便孳存。

大星闪闪也流奔，月暗空山烙隐痕。一面摇光如火舌，是谁恶煞袭天门？

静静前临水不波，澄清彼岸戴青螺。长江那得仪如许，合是泱泱唱大歌。

吟得梢头月上初，梨黄沉浸暮天虚。车儿未赶仍栖住，容与心情唤底如！

星光渐引月痕□，芳草离离偃路坪。铁笛寥空旋耳畔，醒人神思是壮声。

流萤故故照人飞，良夜悠悠春不违。记得椰林风月定，聊翩裙屐绕将归。

南天欲曙月悠悠，端上香茗啜一瓯。匝月奔驰应戾止，百年故事此当头。
黄花比洁人犹瘦，陌地如翻不系舟。生我劬劳嗟已杳！墓门辞日寝三秋。

晨朝鹰隼慕风翔，淑气晴原展碧阡。好向大千寻结识，何须逐一照流年？
冥心尚守孤灯夜，缘法旋从缩地偏。莫问上林花锦日，草芳蝶乱总缠绵！

绿浸稽天闪露光，晨曦风软弄清妍。云桥指点好颜色，又到恒河古道边。

街市犹临海上花，蛛丝曼衍走龙蛇。百无一认番文物，姥姥当年漫笑嗟。

浅草如油拥绿柯，园林修洁影婆娑。方坪又是相邻接，疏密兼赅意若何。

柔淑郊原叶脉飞，出林啼鸟逐朝晖。恍然一派清秋意，南国风光故不违。

白鸟田畴相映飞，牛羊坡上适忘机。自然饶有闲欢趣，何事人歌怀采薇？

幽　怀

斜月升时夜已幽，微风袭袭冷光浮。谁知南渡炎荒里，仍是萧然沁肃秋？
一事弗牵怀尽寂，几时如梦任迁流。何须退院才僧似，寂寞生涯淡欲收！

一雨便成秋

五月飞霜古籍宽，雨声淅沥任清寒。怜它生事同萧寂，寻得词坛赛道坛。

木鱼清磐冷中敲，一阵轧机空外抛。叹息蚕梦浑不定，料应无计营其巢。

哑哑啼鸦雨乍禁，苍然云树郁成林。晚来适自丛坡过，淡月疏星醒客心。

遣　怀

乱无容理聚棼丝，事不由人将信疑。隐觉微生落泛泛，算来旧账总迟迟。
因花梦影寻相识，白昼形骸委鉴欺。叹息软凉风候改，斜阳已挂树梢时。

印幕贺诗

棨戟棠前蝶响飞，含生芳草绕相依。春情看取常青国，年少真成锦满围！
故是黉宫添燕侣，者来寰海衍仙矶。凌霄献赋趋遥对，载踏花林款款归。

花开直撷最高枝，桃李不言引自蹊。一霎裴航申密约，百年故事澄清时。
节箩烟日濡又藻，陌野牛羊广梦思。携得诗囊过圣地，翩翩俪影赓来迟！

难遣是今宵

草坪又见月当头，凉夜悠悠漫不收。本自雍和清乐地，却教萧索锁岑楼。
蛮歌入耳蕴何厚，心事撩人我欲愁！总是飘摇没处所，临风载浪任沉浮。

依依犹怜冷袭衣，萦洄浪转云胡归？昨宵风露今宜白，探首蹑寰意总违。
每回梦痕征骨肉，冉尤野帜试翔飞。行藏琐琐羌其叹，踯踖欻残按式微！

有　　题

草坪又见一年春，鼙鼓声中飞挽频。大地如环缘浪转，木牛流马揽前尘。

驰骤应知辔在飞，风毛雨血染行衣。战袍迟日清波洗，南渡苍苍怀翠微！

又　　题

永眠端有不眠情，匪特燐幽晴吐萌。风雨长楸征战地，渡河杀贼按飞声。

支布亚之夜

夜幕垂垂宿雨零，草棚的答响凄清。树如阴影站仍列，灯在房栊透未明。
一踯余豪年少客，方音纵送隔墙人。寂寥不并同消遣，还胜荒伧独惯经。

兰伽春早

仍有闲情咏落花，青青草树引痕赊。晨风吹动襟微冷，一派阳和润绛纱。

风光不爽南薰国，陌地油然乍吐春。满望旌旗舒展丽，花源缓缓纵归人！

夜傍场坪

落角荒原露月痕，森森凉夜寄幽魂。幡然大鸟扑旋起，笔直光芒扫影氛。

赋得矮屋人

矮屋人禽并一栖，个中活计颇可知。园林蠢蠢群工作，道路摇摇露幔帔。
入境昧盲风未采，奚囊装纳句空垂。荡游过眼都悠幻，宛似浮萍掠面吹。

送　友　行

只因意气拂行云，南服遥遥探夕曛。雨雪其零裳裹足，啼猿多是拊间闻。
尘襟海角初归我，建节中年恰羡君。一线递看携手处，炎荒春浪漫云云。

龙泉观

绿荫满径落英飞，郁郁春山草色肥。陪对阳和沾席地，鹧鸪底处唤将归。

古柏道坛俨翠苍，上浮云气下龙泉。遥怜孤月浸寒碧，为有幽人一瓣香！

山城点缀

枕上蛩吟近者边，草堂星月雨娟娟。纸窗斜照唯虚白，倩托梅花现影前。

菜花蝴蝶得春先，麦桄油油青可怜。田塍土香怀小坐，鸟声露气溢清妍！

浓泉汩汩荐相亲，沂上风回赛暮春。十里行云脚浪转，枝头红叶看入神。

市集犹凭村野风，曰傩社戏将毋同？熙熙物类欣然遂，碗大葵花插鬓红。

酿酒初尝泥眼昏，凉凉月色近将门。避人热闹兼寒怯，但闻山城叠鼓喧。

蚕豆绿遮野，行来番陌阡。清波堪没胫，光影着丝鞭。
柳蕊春初吐，桃花红最鲜。翩翩双粉蝶，风引却余妍。

月到中天白，风于静里凄。凉宵多古意，唧奏满虫儿。
景致亦良美，心扉胡竟迷？寥寥靡所骋，促促尚临岐。

出笼之鸟

风飙骞地卷楼兰，火列河鲂调尾丹。世事可怜波里簸，受灾多少落卑官。
竭来大难谁能援？失意人情自古难！莫道森森柯树影，幽窗彻夜响长叹。

乍觉炎威火样煎，沉阴雨歇浸秋旋。闲阶叶落声俱寂，宦海波翻见在田。
浅草平芜招近远，出笼鹰隼漫回翔。尘寰引领饶清绝，柳暗花明六六天。

题×清册

伊甸园中餐落英，乐天机杼调初成。飘然轶世仍谐世，妇孺从教识姓名。

摇曳歌残杨柳枝，苍茫独立惹相思！输它笠屐登临客，一样行云逐影驰。

无　题

不待妆台侍镜台，菱花飞絮晌相催。如何月静噤无语，独任东风扬劫灰！
缓缓俚歌归陌上，盈盈心影踱魂来。万千欲诉真愁绝，雁落碧空尽几回？

海滨烟淡谷纹平，杨柳阴笼拂浅清。拾石滩头儿趣永，插菁笠帽晃蛮英。
柔和一派春无艾，莲蕊野塘占近情。解我尘烦坚我素，参禅端合美人兵！

密坐温香车载驰，郊原绿绮满含姿。晴晖小鸟轻歌放，迅马春风着意迷。
泥眼相看刚不避，游丝骀荡斗闲词。情知一刻千金价，仙侣联翩试问伊！

佛说原来怨是亲，几番离即证尘因。花枝看取未须折，臣少何会不若人！
红杏粉墙丁远谪，青衫点缀泪痕新。飞飘两袖逢君弱，暮雨潇潇凄转频。

殢雨中

淫雨连朝冷气生，鸦啼树杪一声声。小楼过访偏言别，前路苍茫此独行！
生事沉沉羌欲倦，宦游草草拂衣轻。何当买得君余勇，整顿戎装并日晴？

夜　凉

怎堪凉露湿，还作梦魂游。淡淡星回汉，迢迢节届秋。
乡心愁见月，倦客独当楼。□□□□际，人该不系舟。

重九前游西山

心扉容与透风虚，迎取青青玉不如。但到山阳凝草树，移将沼泽润芙蕖。
花深禅院依柔寂，云淡红楼一角余。信是鸟鸣春不老，良宵幡引曳长裙。

飞阁层峦凿径幽，龙门涉足迥千秋！荡胸浩渺烟迷岸，齐物轻飘黑点浮。
端的吟魂新韵府，何如跨鹤上扬州？登华可待成追忆，凭插茱萸占满头。

留别词

心事如云漫弗收，间中岁月泛浮沤。几堪弹铗歌篱下，不道生涯白了头！
衍却余情花落句，竭来为政点沙鸥。昆华饶有佳山水，寝馈词坛第一流。

蒙蒙雨态赓前夜，寂寂花阴缀冶春。胜事恍然飞蝶梦，从头甘苦属伊人！
青衫掩映抛干泪，社燕萦回不辨秦。茂浅如酥风也醉，只凭缥缈认尘因。

残灰堕绪软于棉，风雨楼头爱释肩。无好心情兼骨肉，让它泣血与啼鹃。
求安底处寻抔土？计拙还教觅稻粱。尘网念来应便错，一团烧煞火中莲！

推衣让食两忘言，不但家贫易感恩。投报心知非汉子，倘来侠气自今存。
几频频废忽仍起，为有豪情着最温。书剑飘萧秋正肃，沉沉虚负怕提论。

委卸纷华面本真，无端泪血染痕新。故传溪谷问心曲，蓦地风波荡四邻。
满望云阴牵款瞑，琐窗绾领怯吹辰。老鸦偏向檐前噪，叵耐浮生太苦辛！

怀人隐在桂山椒，丛菊秋时竟寂寥。献赋十年期未就，文心一曲倩深描。
定应活计同艰苦，类是青衿懒见招。鸿影家山谁得似，凭有蜡泪两摇摇！

准拟岁华落便休，蘋蘩潭水证清修。红云隔岸纷如弄，老衲孤山合对愁。
插架旧征无友伴，行窝端许结虚丘。幽光野旷森森夜，散落扁舟天书头！

翠湖风软酿歌欢，近浦将迎皱碧澜。划小凫游轻泛泛，迟来月夕影姗姗。
自然旖旎摇摇手，粉蝶翩飞带笑看。撩得灵魂三叠转，乡心红雨恣清弹。

酧答

华浦遥遥泊大观，苍茫古树接皋干。幽人日出宜孤往，浊世风标戢羽翰。
矜式旧林生也晚，迢递南国昧枝安。只因梦寐寻相诉，流水高山调竟弹！

菊花辰

凉月盈盈落院幽，吟蛰响彻四边秋。一年容易光流驶，佛国轮回算旧游。
花锦上林恰莫问，芊眠绿野任兜留。行藏隐自同丝鬓，两宇飘萧协定谋。

四赋菊花将影重，托身依旧冷秋容。沙虫猿鹤噤愁叹，南北东西顿锷锋。心债无偿会日促，马蹄惯是滑霜浓。衔飞到竟缘何极，却恐更残散晓钟！

暮抵桂林

桂林旧约恍重看，叶落秋空兴已阑。三匝树枝飞影牓，颠风摇曳鬓痕酸。治丝不解翻仍乱，生事消磨罢更难。到竟登临多怅望，夕阳故故殢征鞍。

辜负恩波思可哀，只身何许着安排。家山曲破重重浪，老去春蚕寸寸灰。巢幕可怜新燕子，嘶风却是限驽骀。风光隐觉迷茫甚，苦道刘郎今复来！

词

浣溪沙·咋别离

只自牵萝霎倚篱，平添虚怯近临岐，多少恩情总负伊！　　心事传将苏醒样，酸酸掠眼首频低，背人寂寂夕阳迟。

剩水残山系者间，茫茫来日会何难，人面桃花未竟兰。　　细顾月台人已旧，翩翩几度任绵蛮，社燕归时泪始干！

浣溪沙·夜阑

永夜虫声静里听，悠悠凭对四边清，窗外星儿窗下人。　　无眠昧理心头事，偏有鼾牛近隔邻，人间哀乐算前因！

鹧鸪天·春忆去年人

小鸟风檐浪叫喧，都缘消息扣春阍。亭皋老树红飘绿，帘幕幽栖雨夹云。　　时过却，幻前村，衡阳归雁客思存。旧游辛苦冲飞散，憔悴笼阶剩遗君！

西江月·山深处

此地才闻鸟语，四围山色青葱。层峦叠翠俨相逢，各自云旗舒送。　　多莫人烟罕到，缅怀万古蒙蒙。暮鸦成阵响长空，为有山灵呼拥！

浣溪沙·兰溪乍引

绿素艳阳两映飞，山阴道上点清辉，风光脉脉寖悠微。　　秋波勺注蹄涔水，爱道阳和铺满围，陌野牛羊况未归。

浣溪沙·旅途

长松挺立山之阿，弱絮人前现袅娜，合是东皇恩爱多。　　山鸟山花饶意趣，凌风历历不烦它，闲抛道理按清歌。

缥缈白云丽碧天，消除残暑挂斜阳，判它两字是清妍。　　不昧长为车上客，霎时情绪带流光，俪黄配绿汇茫茫！

迎面石莲开满池，青禽丛里跃高低，一回清趣共神怡。　　放野牛羊间得似，天边短树真如荠，微风吹度草萋萋。

信美青原物类颐，乌遮白幔引离披，田家作苦不知疲。　　隐觉黔黎多贱役，蔽庐风雨半衣衣，果蔬粗粝毋尔饥！

浣溪沙·代题

筑垣遥忆去年间，受命端详缔造艰，护得机锋任往还。　　盟国旌旗彰丽影，新生昧旦定人寰，中华花草酿歌欢！

鹧鸪天·代题

曳得天星带女萝，招魂只在曲之阿。蛮烟瘴雨休愁结，水远山长引逝波。　　云起处，人挥戈，一心一德歼妖魔。从头收拾河山锦，多少健儿萃织梭。

西江月·听琴

琴韵弄来幽惋，悠优帘影重重。清阴院落响丁东，若有人兮愁拥！　适才艳阳遮道，青林香息融融。间嘘热浪透酥风，南国心情放纵。

减字木兰花·机上景照

浮花簇束，白沫浪头戏相逐。指引茫茫，安排云海匪人间。　轻纱宛约，绿树凭看辨翠屑。万亿陆沉，珊湖水府应如今！

鹧鸪天·离兰伽

香雾迷蒙雨乍收，漠寒春讯漾心头。闲阶宿草添离色，待得花时人弗留。　羌欲诉，锁烦忧，尘劳草草几回休。青衫柳色共飘荡，多莫旌麾旧酒楼！

西江月半阕·代题

鲜血染成碑记，绵南擂鼓精神。抚兹袍泽黯魂惊，顽寇芟除未尽！

减兰半阕

似曾相识，倩影伊谁闯梦臆。酒醒花慵，残云犹殢渺无峰。

霜天晓角·有怀

春归也未，寂寞难凭恃。陪得药炉丹灶，花颜面，淡如水。　堇离聊共倚，悠悠襟带水，野鹤稻粱谁寄？书剑□，频看视。

浪淘沙·寄恨

入梦不成悲，故事依稀，年荒马乱哺无糜。藐尔孤离延续否？只合天知。　芳草岁时姿，黯黯云飞，莲阳洲渚接天涯。虚负累累心上玉，谁与护持！

菩萨蛮·蟋蟀

豆花开落舒杳息，满园愁听清啼织。暮霭绕离边，金风阵阵牵。　闲情容寄与，斗草初如许。墙角即天涯，儿时不可追！

浪淘沙·昆明之夜

未稳听啼鸦，古干杈枒，满街踏月显清华。一片行云游碧海，两没妨遮。　十里软风加，油壁香车，灯红酒绿恣流霞。添得翩翩裙履侣，良夜堪夸。

蝶恋花·郊干避警

夹岸长松探曲径，风叶离披，晴日漏清影。倦态寻芳拘不定，机空轧轧连忙听。　一面明湖开似镜，簇拥葱茏，露出红楼顶。生事修藏敲玉磬，人间幅地谁家姓？

蝶恋花·翠湖

乱草荷塘穿小径，舞态欹欹，春树兰杆顶。濠上观鱼泥水性，浮光唼喋青萍影。　移就清阴茶碗静，嫋嫋抽烟，爱共诗魂证！埽绿摘词饶冶兴，如云儿女纷飞乘。

蝶恋花·大观园

瓌玮文章华浦证，肖得三潭，波月交相印。兼荡裙腰芳草剩，拈花微笑人苏醒。　修洁园林莺掌政，金碧妙香，飘杳楼台并。小小扁舟飞蝶竞，绿杨牵系迷烟暝。

临江仙·清晓

雨歇刊沟带汩，晓来露气犹重。遥看草色近帘栊。轻烟丽古树，闲倚小桥东。　曲径花开玉白，窗棂叶荫青葱。似会残泪衬芳容！悠悠塔影荡，脉脉鸟啼风。

临江仙·纪事

消息出林近似，门前景色鲜清。只今换却自由身。并肩行也健，感慨语微呻。　　世事未堪暗恶，当途摆布荆榛。从头忧患慢伤人！风花浮日色，且自拂埃尘。

临江仙·万人冢

旧事平添血记，万人冢瘗幽魂。当年双手弄翻云。宫廷方障日，蛮貊自称尊。　　剩有苍山雪拥，孤标冷冽黄昏。风诗古道故宜存！天心齐缟素，一字壮千军。

蝶恋花·□永

一样清凉歌水殿，叶素飞翩，绿影浮窗面。霁日离离光又眩，岑楼好是深深院。　　意马心猿都转遍，云树乡关，无处苦留恋。望眼争穿尘里线，回头休向人家羡。

蝶恋花·夜沉

清磬声沉敲古庙，礼佛谁家，钟钹旋相吊。曼引哀音勾逸调，死生大矣谁能料？　　月色朦胧茫下照，屋角天涯，莫道幽魂少。青草流年依旧肖，先生落拓又荒徼！

十六字令

牵，短笛黄牛吹未圆。杏花雨，村店惹新烟。

茫，塔影郊原飐翠苍。栏杆外，风轻翠斜阳。

临江仙·卧游

满地黄花狼藉，轻阴叶径风飘。清和四月浅愁描。丰碑凝煞气，啼鸟荡今朝。　　曼引云旗昭展，自由神像孤标。珠江映带晚来潮。汉家迟月色，趸户竞归挠。

临江仙·忆漓江

迎面山明桥板接，欣然蛙跃凫游。软风吹绿弄轻柔。山尖□簇拥，人倚木兰舟。　　出谷行云霎阵雨，淋漓□□沉浮。宛如□□莲塘鸥。迷蒙□舒卷，渺渺寄予愁。

临江仙·雨怀

满院浓阴赓宿雨，霏霏昼锁楼兰。凭将雏鸟报清残。闲愁□了却，只道路漫漫。　　寂寞襜帷低掩护，蘋香孤馆虚宽。潇湘花草调轻弹。青衫□梦里，检点泪痕干！

临江仙·旅遥

一抹轻烟村店近，雨余犹带寂清。向阳花坞漫关情。黄金铺满□，腴媚荐重茵。　　流水涓涓衣带汩，神鸦树杪声声。柴扉鸡黍旧芳邻！风飘丛莽□，嘶马绾长征。

临江仙·小憩

合道冈回水复，野田陌上青青。如临幽谷未迁莺。微温香里吐，薰沐梦痕频。　　间院红怡揽过，阴笼古树郊坰。唧哝雏鸟趁闲人。寂寥浮一片，缥缈寄余身。

临江仙·江沱

乘得水鸣舟慢转，丝风陌外青青。回看阛阓饫埃尘。篱边仍徙倚，衣袂幌摇轻。　　替换荒烟闲过了，江沱一带冥冥。疏林鸡犬向将迎。沉哀罹古树，咿喔习童声。

蝶恋花·里亭

陌上巾车摇未了，绿远平芜，雾气萦清晓。密树两行交径窈，出林引逗舒啼鸟。　　野外风轻描影表，小驻荒村，篱落鸡声绕。光影悠悠人语悄，一尘闲与祛尘扰。

蝶恋花·偶题

消息争知容易掉，时节江浔，迎面桃花窕。合有人兮春悄悄，重来蝶梦分飞了！　　似水柔情虹影杳，一种相思，肠断须多少？化石娉婷恰样肇，幽魂陪泪旋相绕。

蝶　恋　花

乍觉天畴蛙叫爽，少小多情，一缕和风晃。物态欣欣伸向往，阿会留滞花丝网。　　报道踏青存剩赏，声息杨梅，红雨纷途壤。待整行装谁念想？滴残清泪愁难仰。

采　桑　子

晨曦引领入湖里，晴翠依稀，雏鸟清啼，几日不来草长齐。　　南天喘得蛮荒意，一雨凉凘，丽日迟迟，终岁常新百衲衣。

池塘清浅牛游戏，隐臆童年，叶树风牵，照拂行人替释肩。　　郊原一色踏青好，芳草无边，生意油然，暂引飘萧近自然。

临江仙·寄雨

淅沥声传深远闭，醒来冷浸孤衾。袖鸦破晓触天心。料□应有恨，蒙昧契遥吟。　　心事一堆萦梦里，治丝挠乱寻侵。成阴结子堕初心！灾荒□此际，消息滴愁霖。

浣溪沙·梦怀

检点裳衣特地寒，梦痕啼彻恍汍澜，儿娘何事绕相干？　城市荒鸡声里寂，萧凄淫雨透更阑，不堪遥忆旧乡关。

折券推衣带缓宽，倚篱清客一般般，火炉和雨窝林峦。　社燕流年连怨结，未曾春赏报花残，于飞争度万重山？

踏莎行·忆湄南

船泊河湄，星辉闪视，夜凉不信炎荒里。明朝问禁试途登，撩人客子陌生地。　篝火丛深，鸡声篱寄，迷芜楚泽宜渔市。港灯滩浅暂勾留，森然一面椰风起。

踏莎行·蛮天

照眼黄帔，果腥委地，艳阳掩映菁森里。迷风佳景透酥魂，肉香妖媚欢然起。　火伞舒波，洋车媲美，飞翩况是天骄子！银灯璀璨拾层楼，悠悠寂夜凉於水。

南乡子

光景数当年，南园风花一味牵。柔静椰林疏日影，清妍！玉润莺歌近午天。　结构旧因缘，偕隐移时好释肩。圆月红妆恍又见，谁边？灯火阑珊泥影前。

临江仙

乍觉迷茫窗月白，四围酬对萧清。良宵曼衍系过鸣。春浓□意永，无那屐残更。　几度摒除仍恍现，个侬踪影盈盈！未工采赋仿曾经。梦呼□小字，不管恼飞琼。

临　江　仙

旖旎湖光轻粉腻，良宵皎月溶溶。菁林浅草蔚葱茏。翩鸿□漾影，回护倩东风。　　咫尺黉宫迷望眼，隔花人远帘栊。柳丝堤畔闪萍踪。心声□叠奏，无那幻飞蓬。

蝶　恋　花

依约羊车牵觌面，裁剪风华，绣出人儿伴。王母观成云曼衍，杏梁恰是巢新燕。　　漱玉诗情春唤转，山水名都，刘阮天台幻！载踏花林归陌甸，莺骄容与迷歌扇。

蝶恋花·怀

曲水滩头消日永，漂泊萍踪，几阵风吹警。倦羽归巢看又瞑，琐窗叶碎纷呶□。　　生事茫茫仍照等，云桂清湘，时接飞鸿影。展叠弦音圜外乘，灵扉一霎寻苏醒。

浪淘沙·挽

胜事乍阑珊，枝曳谁安？于飞燕燕殢濡翰。润土衔花闲里歇，冷怯衣单。　　引镜压愁颜，剑气痕珊，萧郎泪落溢漓湲！细数生涯萦逝水，俯仰都难！

蝶恋花·观泳

水藻荷塘梭过了，喽喋浮光，烟霭荡昏晓。杨柳轻堤遮袅袅，三潭入拥蛙浮佻。　　浅草重茵枝叶绕，避却嚣尘，仰对云缥缈。一面屏峰临镜沼，提鳌目纵归飞鸟。

临江仙·雨后翠湖泛舟

湖上残云收宿雨，依稀绿沁凉澌。红蕖袅袅茁清池。浮光□掠影，鱼水信相依。　　疏影叶阴摇岸过，明妆划艇闲嬉。虹桥斜日浸离离。青天□碧荡，摇晃两忘归。

临江仙·中秋月淡伴游翠湖

才是朦胧梢月吐，等闲倩却云遮。人游梦泽姿纷华。天心和畅□，容与透窗纱。　　秋思休关花密迩，前因合注天涯。团圆三五兴何赊！夜阑痕□淡，隐臆缬流霞。

临　江　仙

乍展晨妆天穆肃，露痕浅草常滋，贪看山色彷前蹊。灵鸟□点地，磔磔向人啼。　　如堕盘中拥大瓮，可真气宇恢奇！振衣石上嗡嘘时。云寰□缭绕，相率静初归。

蝶恋花·催妆

花阴丽日漾清影，陌上丝风，爱共阑干凭。画里新眉仍对镜，依稀香梦未须醒。　　桂蕊飞飘秋正胜，眼角天池，波没珍禽泳。水复山长牵近本，前因系住慢重省！

南国篱边厮画永，一蹴功成，红叶纷飞迸。收拾风华宵月定，教侬姿意怜芳景！　　胜事须寻寻乍等，笑煞渔郎，凉歇花蹊径。唱道标梅歌句剩，迎头锦绣齐齐整。

一　剪　梅

曳得闲情付邀游，径转仍幽，车吼似牛。银光细粉洒霜秋，万籁悠悠，中韵清愁！　　沉漠村墟吠未休，途戒心忧，盘谷兜留。徘徊恰是月当头！一阵风柔，无那华稠。

鹧　鸪　天

一树霓黄花绽开，山隈茅舍寄清裁。白芒拥絮纷飞起，绿素波翻逝不回。　　时寄与，心事灰，词坛留取爨焦材。脚跟无线蓬飘转，风日前头慢慢猜。

蝶恋花·坝陵桥

两岸奇峰遮欲暝，溪谷山陵，传写坝桥劲。古色斑斓濡藻井，涓涓流水恰幽倩。　　顾盼沿回云漠顶，盘削撑天，故是苗儿境。瘴雨蛮烟春带永，青青茵梦不曾醒。

前调·黄果树瀑布

白练长披标绝胜，下注寒潭，缭绕云烟并。滑石苔痕描黛剩，轻裾牵曳仙郎影。　　三桂南风故不竞，除却圆圆，百万填陷阱。[①] 怪道水鸣羌不定，阿谁暮夜悲沉凝！

前　　调

孤馆鸡声人境索，关山月照迷离，奇峰三两隙中窥。梦回魂□冷，草草枕衾携。　　寥落荒街沉野趣，霜华叶树未晞，残灯明灭薄河湄。幽怀□如诉，念念少寒衣！

浣　溪　沙

雨湿长楸天盖阴，枝枝摇曳吐风音，最难消受着寒噤。　　真个山山路不尽，寂寥容与约山禽，旅人肠断合孤吟！

带住轻阴拂晓过，苍冥岭上幻清波，休关描黛与青螺。　　寂寂只应心里托，骚魂闲引山之阿，耳根直是濯湄河。

---

① 作者注：传说吴三桂兵败，全部被围于兹，尽投潭死。

依旧河池况已稀，朝来无复众声嘶，情亲微份仿如斯。　还是阳和颜色吐，山光认取压窗低，水鸣活活赛当时。

不许幽人唤奈何，萧骚枕上雨经过，冷衾付店惯消磨！　鸡喔儿啼缘则甚？一声嘹亮笛长摩，沉沉空旷搅天和。

叠叠盆山黛色青，秋光才是未凋零，刘郎花坞两关情。　爱挹葱茏纷藻缋，平添丽日软于银，临风夭桥拂衣轻。

蕉叶栏边依荡摇，游魂佛国寻见招，薰风热浪仿痕描。　田亩悠然收艾后，野花疏落不为娇，南山风格任飘飘！

散　文

山行小纪

怪底在深山绝壑中行走，好久好久不见人烟，岭路迂回曲折，真像羊肠似的。一径凭穿过去，有时淙淙地闻及水声，和若断若续的一二鸟啼，越显得山间的清寂，用古文的说法，可以说：崇山峻岭，破屋几间，泉石潺潺，鸟声清脆，可是吧。

三家村，路头店，这样古色古香的作风。我来深深地领略，就在简陋的客店住宿。人物招待，还是朴厚，但物价支费，已随时势的变迁，昂贵得有点像样了。草草用完早膳之后，便在残灯未灭、凄凄风凉的境界中进发。

山径给朔风拂过，好像扫得精光，剩有粗沙浮露在上面，几条青绿色的长藤，蜿蜒爬上路边，显出挺生生地，也可见山径不会缘客扫，路痕隐是绝人行！正沉吟间，转角处闪一闪地，同伴登时站住，生怕彪出什么大汉来。但看看没甚声息，再细审视，恰是同样的赶路人。咳！在这山之阿，林之密，尽日峰回路转的古典作风，假使梁山泊的好汉们，移开一二三人肉店，那是再恰切没有的！

山间好似窒闷不过，透不出一口新空气来。看看山外还是山，重重叠叠，盘盘围住，在这当中的一些村落，傍在山脚，布着茂林，溪流可是没有的，教何时去向外间接触，露一露天日呢？这样的古代原始之风，给我真个阅读一页史册。

路旁烂着一具死尸，那是新兵模样，还是被枪杀不久的吧，山下近村落一带树林，蠕蠕流出一队壮士，空气显出别样的严肃，天色陪着阴阴愁颜，配合山原枯涩萧疏意味，不是古战场，也要使人坠泪哩！

曾有句：如何一片寻春画，也被催成弓鸟啼春！青心有是，秋意犹然。战争的弥漫火氛，侵袭了每个角落里，谁也不能漏免的。

微雨春寒阵阵

在春雨绵绵之间，谁都靡靡地没精打采，再加上些幽寒，便会显得寻点温饱，不出门，不上街，人们心里公认的一样事体。

春雨绵绵过前村！少小时风城省墓，踏过荒郊，春泥滑滑，细雨犹寒，而今隔了几多个年头了，剩句念来，倍觉有些惆怅哩。

又是，声声滴碎羁人心！不单指对芭蕉，就这番连天沥沥，冷冷清清，看它满天阴湿，听取淅沥声沉，一声声以永朝夕，人在此中，怎不愁闷欲绝，生出踽踽凉凉的感思？也好说：是非过眼都成幻，风雨楼头未曾寻！

那池塘草暖，漠漠水田，农人们相告耕耘插秧时候，忙得不也乐乎，门前一湾沟水，泊泊作声，春寒不曾勒住的话，便听到田间时时，尤其夜里的蛙鼓叠奏，显示大地回复了春和，温温气息，衬托个春之女神，无处不存在。只是钻不进我们的心坎里！人家说，几家门巷落花多，我却说，春到石田显色浅呢。

作间友人拾来一句“碧纱窗外晓寒多”，柔情优美，应无以过。可是有闲阶级的闲情，象牙塔里的玩意儿哩。

缀酒客的灵魂

一个忠厚小职员的妻室，却是青春焕发的少女——前些时的高才生，地方沦陷，随同逃难转徙，依于十里洋场过活。男的充当电力公司的书记，当然不够养活一家四口，还染上一身的肺病。那公司的职位，也快跟着失掉了。女的早就闹了一阵做服装多破费点钱的家庭活剧了，看看还是轮到女的出来挣钱，当名女招待，不些时，变成酒客的灵魂，花枝招展般，倾动了一般人物，也唯其如此，追逐献殷勤的可多，不知不觉地，袋里钞票充塞了进来，将就维持一下艰难的局面。但两个身心，成了多远的距离，各各形成了变态，于是吵闹又是不能免的了。女的回到家巢，检点自己女招待的勾当。婊子不像婊子，野鸡不像野鸡。男人们的心都是……不由滴下一滴清泪，但这样的清明夜气，不是常常占领着的，横竖既成了变态，成了无法安定生活的苦恼与复杂心情，让一切一切的诱惑前来，春风端的迷醉，酒意加紧的进攻，于是在无可无不可的半强状态底下堕落了！恰恰于堕落的那一宵，病人等候不来，心的激刺强烈，也有心无心地把沉疴缩短了过程，给他一个突变的猛烈的结束。等到日上竿头，花影阑珊，女人疲倦归来，摇摇旋转，一回静定，方始丢了赃物——钞票，扑向尸身，啕号地一阵痛哭……

一场故事的演进，都是渐渐地，复杂地，给环境支配着地，也好说是变态生活底下一般的悲哀。谁也不是生成的圣洁，不可侵犯，反而是，谁也不能免几分的野性和欲情，和虚荣外表一切的引诱，而总也不能忘掉清夜良心的谴责，硬邦邦的自尊理性不住地抬头，所以人生陷成充分的矛盾，个人行动，落得异样的苦闷彷徨。一切罪恶的剧幕，便也相随而表现出来了！

是谁的罪过呢？谁也不会忍心苛责了哪一方面，只有索性推到那挑起战神，破坏正常生活的万恶的魔鬼去吧！

春结庐

春之女神，轻飘飘地恍将去，而伊人们还是向她招手，唤声“江南赶上春，千万和春住”。终于娇慵不过，不信东风唤不回，一样地惆怅着。

渺无间，青苗点上心头，沙漠幻现绿洲，有四时不变的浅草，碧油油地展开怀抱，洗净柔肠，凝妆绰约，像是结绮与青萍，断却愁魔千万丈。就此，人长好，年长青，烘花窃月，落得个洒脱自由，宁非再好没有的春梦？但疑梦疑真，颇难拘定，聊应许这么期待吧。

系之以联：“艺苑有花留客住，人间何处慰飘零！”

挑灯容与送生涯

来时是六月十八，脱离是十二月二十，整整半年于兹。

过去无论如何，总算一段生活过去了。人生过程，一幕一幕地推移，重波接上重浪，充满了消逝幻惘的意味。

由今鸡声啼彻，夜色才敲三句钟，真个万籁森寂，只有山里一阵阵的风，大约枝头黄叶，总是纷纷地飘落了。凄寒，可说是凄寒，但人生作贱，勉强撑持，兀坐在案前，也遂不觉得什么了，吟想那“秋风清，秋月明，落叶聚还散，寒鸦栖复惊”之句，再加渲染些，可就配合于这之时的写照了。而今已是隆冬，寒意枯枝托上；萧森愁寂，兼而有之呢。

总想用行为作表现，不需要空句子、空间架，踏于章程国之讥，自身不能将主，狐埋狐掘，正不知演了几多回数，就如“战时状态”，“不眠滋味”，不也是申申自誓以过，而究之仍是泄沓如初，言之只益惭愧哩。

“台畔卧薪台上舞，可知同是不眠人。”以我辈环境周遭，如此这般，原不待再为申说，也只有看看实行如何而已，还争一口气，还知道耻辱的话，可也要尝尝胆的滋味，开速马力，以争取空间和岁月，凭将有限的生涯，生机活跃地碾个碎粉，拉倒！

屐痕川上

经过贵州硗瘠的地方，接连山岭之后，又是山岭。有时坠置大包围的大瓮里般地，令人仿似置身太古时代，和原始野鹿为邻，和现世的人间烟火，却是隔绝了另一世界，这之时，呼吸也是枯燥而窒塞，而且有种岩岩巉巉的威胁。

一入川境，土地变成平衍纡余，坡陀起伏，无非草色青青，分外显出肥美，满有那温润近人的意思。可以说，相对之下，初进来的印象，总是好的，莫怪昔人有“天府之国”之称号了。

我一路行来，总存这般感想，兼之淡妆浓抹的雾惘，真的“诗到朦胧诗意长！”幻景一般，浪漫滋味，尤其隐合底下人的一番陶醉：醉生梦死，到无尽头！

春水到时，江流已有滔滔然之慨了，几天溽暑逼人，跨上舟中，虽有丝丝风讯，仍不解消残热。舟行了，傍着流波，和岸上的青青草色，总算换上一口新鲜空气了。

随处山岗，都涌现短短树和青青芜，教人描绘吟哦不尽，真是春到人间，整个柔美世界！——但忽而起了一个疑怪：怎么没有高耸的古树，绿荫遮遍满园？山也不大高，不会凌厉挺势，引不起人沉郁隽快之感，有的是，纡余曼衍，稚气十足地点缀于其间，尽这些低芜矮树，至多不出三数载所栽种的吧？可是经过了一阵大劫灾，乔木蔼然无存，再从新从头种起，而仍不大起劲，好像分布些秧苗种子而已吗？

淋雨江头，登时顿换一番冷意，也正是一雨倏成秋了，迩来心境有如止水，什么都不会引触一点波纹，“我比老僧犹计短，只贪今夜一枕凉”。念念来，漠然置之，却也转觉有些感喟，可不是太不像人间况味了吗？

绿径逶迤，恰傍江干。一条不常人来的鸟道，慢悠悠地走将过，而总是没有尽头。看江流奔莽，春水乍涨，多半挟住黄泥波，映日粼粼滚转，而岸上的绿叶成荫，朝向依篱的银白日光，就显得十分清脆了。这当儿，不远的啼透一阵鹧鸪声，时序撩人，差不多“荷钱出水日初长”，人也恹恹闷困了哩！

一雨成秋，昨宵猛的风和雨，把纸窗都冲破了，还加上殷殷其雷，继以沉沉檐溜，人也不知不觉地醒复睡了。今早起来，真有点萧萧冷凉之致了。

斜坡上多少楼台，点缀短树青青，经雨一番洗过，说不尽的风流妩媚，朗吟句：春风十里扬州路，卷尽珠帘应不如——诗思迩来，也暗消沮以去呢。

琐窗叶碎

几次炸后的 ×× 南路，已是十室九空。虽则这一间，还巍然半存，而隔窗外，便是瓦砾场了。一丛野生的草花，傍近窗边，室内疏疏落落地十分简陋，椅桌都没有一张完整的。就这样一盏油灯，掩映其间，有时显出淅淅潇潇的冷雨，端吟一句："绿叶琐窗风摇碎！"不说是凄凉，总觉黯淡无光，不是生人过的生活呢。

主人偏偏好客，在这陋室当中，高朋低朋，惯常充满了座上，却气煞了伊，尽日在斗室回旋，腾不出一分清静时间，做她读书写作的活计，频频的受苦，也许无言的下泪！

剧幕垂垂地闭过，不知所终。人生，几人能够有色有光的呢？还不是一样的无聊，灰暗而已矣吗？

虚堂深静无人到

午间人们尽睡，静悄悄地独自一个人，凉风不时飘忽着，这之遭，仿同旧国清秋时节，并无热带熏蒸模样，配以绿叶长青，满园朝气，真是优美极了！

陶靖节的"尝言：五六月中，北窗下卧，遇凉风暂至，自谓是羲皇上人"的意境，便在这个地方，表现得最为尽致了。

过去桂林、重庆几个场合，都嫌浅隘，得不到曲径通幽，禅房花木的去处，大都聚处太冗杂，敷敷衍衍地把时光混过却了，总是浮浅，总是尘嚣罢哩。人有时独自深寻，真连自家妻子和小猫小狗，都会变成多余与妨碍。至于混杂于那众楚人咻之，无聊淡淡的俗气，三句不离本行，通体没有一点雅相的，更不消说了。乃知光景移人，欲于淤泥中种白莲，不是易易的一回事呢。又知"清离勤礼佛前灯"，擅自抉择一个窗明几净的地方，再从而心香一瓣并言清修，此物此志，端的可为宝贵的了。

漫忆星洲后港那个所在，郁林掩映，幽美有加，奈友人家中小孩子吵闹，兼之生活阴影度度紧迫，总莫能消受运用了它。小住几时，还是闲抛出林以去，迄今念及，犹觉一阵怃然呢！

花源想一想

从另一方面看，这是理乱不知、黜涉不闻的一个所在，报纸可以几天没有看见，外间消息，一点不会透将来。

一夕，散步恍游，犹然听到当地人们的舞乐。几处灯光掩约，大地却是悠悠。端合清和四月，春风楼外楼的那么迷人情调。

又是暮夜归来，四围柔淑，叶树茸茸耸起，满浸着一轮明月的辉光，偶然忆句“夜半归来月正中”，再浮现那个青年作家，续衍一句，“软杳裙带醉花风”，好是顺理成章。青年人惯有的浪漫作风，到处无非醉迷迷地，拈花惹笑，斗酒欢歌，就这之时，恰有令人陶醉的地步呢。

天气也真奇怪，一入夜晚，便清凉如许，寐寐满围，未应陶醉，却从何清醒地透视前头？我漫步过来，却不禁这么想想。

凭将别绪寄愁城

自家离开一个地方，还不觉得什么，心情总是淡漠得很，好似一片的轻云，转瞬便在空间消散了，怎么于人离开这地，反会觉得怅然呢？又不是什么情感系恋之类，却于零乱的东西，一室横陈，不知不觉地，会泛起一种荒哀，加重些，便成了人亡了的遗物那么似的，一样引人郁郁之感，一样人去楼空的韵味。

迩来心绪像似浮萍，虚飘飘地站不住脚，无从心安理得地安下去。一旦见有人远扬，不啻于脆弱的心田，碰了一个巨响，教心绪登时紊乱起来。咳！故园离□，日日迢遥，一般心事，无从说起，倘可能完了向平心愿，落得个轻松愉快，便个己的幸福割掉无份，早自收场也算呢，奈仍是可望而不可即，家书直抵万金，那呱呱的小生命，不知可能维持苟活到几时？伊人不是在这情境下断送了吗？又是……不堪回首处罢了！

“巫峡猿啼数行泪，衡阳归雁几封书。”

念念算过，我并非归巢性特地浓，顶可怜，即是失却了立足点，不知所据地，所奋飞，飘飘萍梗，依人碌碌，就不知何时才算得归计了。眼前总觉茫昧得很，一切又即形成十足的倦怠，懒洋洋地拖下来，一点没有起劲呢！

久违了的惆怅的感伤，可于灰漠里又一恍现了，可不是什么别离情绪呢。

秘　书　嘲

在渝某一位军人告诉我：秘书那有什么？不过于交际场所，应应酬，和主管人公余之暇，谈谈天罢了，这是把秘书画成一脸清客相。

十年前在沪见到报上征求私人秘书，主人大约属之巨公阶级，条件是要笔迹端雅，擅长书札，兼会做应酬诗，好陪同主人欢宴逛游之辅助工作。闲时，这一位需求的主人，还有太太的份，他看见应征及格的引见了，满不谓然，只得由先生的对客道歉，大意说：知道同志生活不安定，很想有所帮忙，只因舍下事情较烦，而同志又是瘦弱，恐不能堪，真觉抱歉之至！言下又知道所谓秘书条件，仍须面孔稍为漂亮而结实点，方能称责了。

一回，某长官巡视于其部属，绕过秘书室门庭，最为荒落，不觉摇摇头叹息一句，秘书老爷！这显然又是不修边幅，不够整齐严肃：吻合新生活的讥诮了。

秘书同志，就是这样的等闲，在人们眼中，变成轻松而闲逸的小品！

写 作 丛 谈

以咿呀蹙浅之语，而视为钟彝不朽之盛业，多见其不知量也！由这一词的引申，见得山林学究生涯，也不是多大好过。实在，视野有限，尽其意识活动范围，狭隘得很，意趣也仅仅限于枯燥的残书，怎会翻出什么新花样来呢？个己就会觉得单调，无聊，又怎容拿来问世，贻赠了人们共好呢？

一向被人推为品格较高的，像那吐纳烟霞的韵致，也形成涓涓泉石，幽咽自鸣，聊备人间的一格，在外居市尘的烦嚣里，偶然换换口味，未曾没有点儿清趣，但已是所占趣味分量过少了。揆之一般习惯，就会觉得它的太偏狭太单调了，所以这一类文字，终竟不能跻上盛大的主流，抑且降为“点心”，“偶一为之”而已足了。

诸多遗老，早知道上述生活的太为虚空，不值得安心立命的处所，为要消磨而寄托了于其精神，还是向历史翻翻，向典籍上博览，演为考证。《论衡》之类，比较坚实而有热力得多了，真的，空头的文学家，昔人已就不愿意接受，而要开拓其他较为广大的途径了。

林纾不识英文，却从人口述中，去翻译了许多西洋小说。他也是善于找题材。尽在道义圈套的古文调绕圈子，觉得太没意思，所以转个方向，辟出一新的园地，好造出意境葱茏的洋洋大观。新近一般文化人，也就是苦于找题材的困难，觉得乏写作对象，无话可说般的。有的偏向弱小民族，去寻不知名的文艺作品翻译过来，显然成功一种生色，反较耳熟能详的大作家的译本，为有意思得多呢。

南洋蛮貊风光，当然有其特异的生趣的动人处，本来于这一方面的发掘，写就文艺小品，也未始不是一个目的，奈我于各种方言文字，通通是门外汉，而又缺乏地道的媒介人，无由渗透一点人事关系于其间，纵为过眼青葱景色，也止于平面欣赏，不能入里几分，不能搅起生命之火，浸假也就滑过，不知什么所谓美好了，一样的，变成没甚欣感，写不出什么花样来了。

尽日伏在案头，或跳掷于周遭的近里，所谈所事，不出本位范围，写下文字，也止于固有的杂感之类，而且偏向内心的私淑，张或弛，升或降的刻画水准，寒暑表记载，枯燥之至，至多也等于旧式的语录罢了，文云乎哉？更哪里谈得上南洋的异国的描绘作品呢？

来时相当的生动，因为算是出国了，而且算得一个贤主人的依靠了。在抗战拖延了这多年，海口尽被封锁，人们闷住国内的任何地方，总是透不出一口气，得有个机会海外远扬，跳出了河山半壁的旧垒，意象可是相当的堂皇吧，所以，后者邻于声利感的不消说，尽管地位还是低微，而朋侪的期许，已自备至，有的更进一步说：“此去可有机会学梵文，宜勿错过。”他们这一份的礼物，可是隆厚极了！

惭愧，真是惭愧万分，我哪里配谈学梵文？连普通的英印口头会话，都不曾省识呢。这样的名虽到过国外，脱却了内地樊笼，也实在无异于移置了外头的樊笼，而且更加与外界隔绝，活动范围，更形狭窄而枯寂，照这样简直是坐井观天罢哩。

不过，这一个自修环境，总是不容抹杀的。不但食有鱼，出可安步当车，自然环境，委实比较国内为柔和与优美，你可以不用担心于柴米油盐的琐事，你可以得个寺院似的静幽去处，兼得大人先生的优容，还少烦冗的案牍劳形，可以说，这合是个清肃似的生活呢。

书本缺乏是可以补救的，文化环境的寂寞，也还不在乎。我又不是凑热闹的文化场中走卒，我是要尽其在己，心安理得地潜修算数，这当儿，心情勿太灰败了吧！勿辜负了这个美景当前，而要沉潜地运用了它才算吧！挣一分，算一分，和尚一日不离庵，也还是钟磬敲敲，等于风雨如晦的鸡鸣不已，这也算是仅有的一分精神吧！

转　变

“两岸猿声啼不住，轻舟已过万重山。”这是自然环境的动态。

议论未定，而金兵已渡河，又是人事上的变动了。

每于一个所在，自身无力解决，冲出那个闷氛围，管自纳闷，管自蹲守望望天花板，而外间忽来了一个消息，一个新的编配，便教于无可奈何中，自自然然地转过了另一个阶段，纯是外铄与被动，自身摇摇做不得将主，并且不限于恶劣的环境，就好的优适的，也不许一直流连下去。所谓恩爱方深奈别离，怃然于造化的太不情，世故的靡常态样，个人于是形成了藐小，谁则能以意识决定方向走走呢？还不是存在决定了意识，环境支配了整个人生而已么？

断　片

冷雨秋侵，画出了端阳萧寂之致，却于破屋间，漏出零落击磬的清音。

生命力之消失，有时至说一句话，都属多余，一点点意识概念，都不会栖留在心府里。但觉荒荒漠漠，一片凡海漂浮，乃如之人，真是顽木一个！

内之无裨于身心，外之摸不着事业，尽在机械而苟简的办公厅孜孜矻矻地摸下去，挨一程，又是一程，无尽无头，也复不冷不热，恰恰供给一口饭吃。这算是什么生活呢？应付态度还不够，简直是把人生拖下去而已。

爱弄权谋术数的，多把心田弄成僵了，一点人生的真挚的意味，近乎诗情的情感，好说是把他葬杀了。缩小而言，尽日在事业上面，应付、兜揽、条件等绕圈子，快把脑筋都机械化了。尽在旁观，也会感觉到个中，实在缺乏了一点软性近情的葱茏之感。最少，最常有的，也即感受到太形枯燥，让一时的心情，干涸欲绝，觉得不大好过，还不如念念诗，散步郊外，换点新鲜空气好呢。

清早临流望望，水在雨后的汩汩般在流。多少轻烟，还弥漫在高耸的树林上面。空气有点寂然，人心也自然地清醒了，好多时不识大自然的怀抱，而今可要脉脉地近乎溶解了吧！

急言竭论而其气不穷，最是修养够的表现和光辉，等于韧性的奋斗，也即其人的据点坚牢，神王气足，不容易穷匮，这才不算是那么浅薄者流了吧。

寂光，古寺的一个名称，试想旷野之际，当夜荒凉，腾出一盏佛灯，森森放光地寂寞着在，这要是多么的幽悄呢！又是多么的真神呢！

翠湖之夕

“事有难言天似海，魂应尽化月如烟。”

正当三五之夜，月色满湖，轻风这么柔和，草色这么青翠，教你踏将进来，便会有低回陶醉的感觉，真是太美丽了！太幻化了！这翠湖，清浅涟漪，月光笼照，好个静影沉璧，加上微微的金光，间有爱侣联翩，桨声荡漾，越显得湖面的盎然生趣了。

我不知所谓的，贸贸然来，只觉如烟如梦，最好是把身心一并溶化了去，让渣滓不会停留，让天地间不再有我这多余之一物。我也像一阵悠风，吹拂海于阴水际，萦回于绿耳须清歌，与天同化，与物俱尽，边行边想。竟于画间茶座，阴浓叶畔，露出了灿烂灯光。游人恰同过江之鲫，浮游般停着梭着，“从容出入，望若神仙”！联忆桂林暑天，简单陈设的草地会，哪里有这般优美入胜呢？也可见此地确够风华，天南物资，乃至胜概，合算大后方中首屈一指了。

由今夕之漫游，仿有点对昆明的恋恋，不忍遽离，更加伊尔迷宫，隔花人远。那么一个人儿，怎么心头活恍恍地，可能于此时此际，一并漫步以过，多么美！但看看水之涯，树之荫，可不是翩翩对对，且行且止，尽管向人骄傲吗？真个是，各有前因，也正是“此曲只应天上有，人间能得几回闻”呢！

拨开浮萍认性真

蚩蚩者岷，总是在平面上，肤浅上周旋。换言之，即是在社会的浮渣鬼混，所以终竟感觉到乏味呢。

他想去庵寺里住住几时，也非什么出尘一类的了不起思想，正坐日常社交往旋，总是无聊俗气居多，尽在浮薄平面上水磨，久而久之，遂觉厌腻了。反一方面，映出一个清寂处所，比较可以澄静心烦，向自身深一层的探讨的希冀，恰正是极自然的演进道理。

意想中一个虚静寺院，寄迹栖迟，并非贪图休逸，而实正是更加精进，精勤不懈的迈进。

世无一蹴即成，一成不败的美境。上清如其停滞下来，也应变成止水般混浊朽败了，故流水而后不腐，户枢才能不蠹。心灵乃至身体，中间而为情绪的精神的活动所有事，须要其自强不息，刮垢磨光，时时拂拭，蔚成为动的火轮般的晶体，方是上上乘。那夸轮一旦豁然贯通，而炯精不昧，本来纯洁，无处尘埃的说法，委系大言无当罢了。

一个地方，如其只就浮光掠影地游荡，初见也许新奇，浸假而成为平常得很了。若加些历史意味，这是美人的埋香处所，或是什么古战场的经过，那就值得人低回无既，绕有凭弓的深长远景了。

一个人如果仅在人事应付酬醉，绕圈子，凭其所使用的生产工具，与所过的生活方式，总跳不出封建或资产的时代范围，视线百数十里之间，接触邻里乡党般人，柴米油盐般琐屑，占满了整个脑神经，这么着，你要他长出什么奇葩花样呢？还不是俗气熏人，无聊懒散而已矣吗？

你如感觉得时俗生活，太所谓乏味了，把身边琐事搁过，越过五十步与百步的俗流，转而寻出一个深幽的处所，或是文艺，或是哲理等等，以为心灵的寄托地方，总觉步步入胜，“桃花潭水深千尺”，愈远而愈无穷，也愈广大优美，值得留人栖住，优哉游哉，聊以卒岁，这么不是一个纵深的更进一步的生活方式吗？

前者是平面，后者却是立体。换句话说，也就是“叶于边缘易枯萎，心于深处得滋生”了呀！

生活感觉倦息了的样子，可又不限于战时平时，在在可以呈现出来。至浅显的例，在你生活无着，蹲在亭子间，或向十字街头浮荡，托足无门，到处都是铜墙铁壁的当儿，你定会喟然叹息于人生的太“那个”哩，在老生常谈的求其在已，努力学识的葫勉高帽子，只当一阵耳边风，不会发生什么影响。至求激刺，激刺、舞场、戏院、醇酒、美人，又更是此曲只应新贵有，穷人没得半回闻了！所以，倦息是当然的宿命的了。

眼前发国难财的幸运人物，犹然免不了这番倦息，疲闷阴影的袭击，飘飘然立足不牢，仅把千金买笑，万金买掷，寝馈在极浓烈而糜烂的那么一个圈套上，当然是以求激刺，以增长其兴趣呀！而板起面孔的，已就加上多大的罪名，说什么“朱门酒肉臭，路有冻死骨”，什么前方血肉横飞，后方流离饥饿等等的煞风景不讨好的话头了。倘若纯就心理上，尤其病态的现代人立场上说，我还是觉得可为同感的呢。

“民生各有所乐兮，余独好修以为常。”还是赶紧觅个合适的地方，淑修好吧！等于清离勤礼佛前灯，以送生涯，以永朝夕，一样宁静淡泊的襟怀，赛过尘凡花草多多许了吧！

夜　深

东坡诗有“薄薄酒，胜茶汤”句，粗而不俗，因摄成一句，“且把茶汤当酒喝”，以对那，“最难风雨旧人来”的对子。均是粗枝大叶，且寓寒夜客来茶当酒的情味，一贯而下，似还不错，迨换一个森寂地方，于“最难风雨旧人来”句下，接上“恰好联床说鬼话”，斯真浑成之至呢。

风雨之夜，耐得住凄寒，最少也以脱却平凡的现实，进而为精森的寂醒的一个上清的境界。

记得王介甫一篇《游褒禅山记》，就是说，入洞愈近，游踪会多，景物也无了不得的出行，但越进越深，来的渐少，光景转居，以至于不可思议，因火把快要熄灭了，只得退了出来，不禁一阵喟叹。

顶平凡的群居终日，吃饭睡觉而外，了无他余，这么时间是浑沌的，一点不会起劲，像是平坡曼衍那么无聊殢气罢了。还是到夜深人静，尤其风雨满楼，芭蕉窗外，总会滴出一点深心，把凡庸转进了圣洁的地步。所以凄苦是值得深寻的，把握的，为其那儿可有真的生命，却不合踱返浅来，做个不痛不痒的等闲人呀！

放聪明点

佛说一个“着”字，通常最容易患，尤其谨愿狷介般人，处处求其周到，却不觉已经缠着下去，成为着迹等笨家伙了。昔人特标大事不糊涂，吟取疏落得野人之趣，无非流畅气机，使毋滞饫，也就是葆其性真的唯一法门了。

苦劳不倦，有的可以收敛放心，因其静致而生出真挚的赤诚，算是可为宝贵的上清境界。但不善体会，仅把心情机械化了，缀在枝枝节节的事物上面，浸假而成为麻木东西，一样的器皿工具，听令旋转算事，仅有的一缕清森夜气，而且会逃之夭夭，又恰所谓玩物丧志的了。

游云瞬息万变，灵扉稍启旋闭。善运用的，全凭直觉，捉住一霎的感情。不善运用，便是琐琐屑屑，忙个不了，等于议论未定，而金兵已自渡河了。唯其然，才有聪明与蠢笨划分，机先和坐失各别呢。

萋萋

含露鲜花，摘将来变成憔悴了。

在春和景明的时节，任何忧郁的人，总会霎时的开朗，反而在淫雨霏霏，连月不开了呢，那一般的闷闷欲绝，谁也提不起兴趣来。

无内心生活的，总像飘飘然为无主的游魂，再遇及环境的堵塞，真要索之于枯鱼之肆了。至多还不是醇酒妇人，没头没脑地葬送了事？

乃知外铄的属之虚空，到了紧要关头，方寸认识内省的深寻自得，有其取之无禁、用之不竭的自然美妙呢。淡泊明志，宁静致远，庶几近之乎！

阴雨如晦的吹琴声，犹然表现其闷闷未乐的怀抱，不比风清月白，一样的清朗撩人了吧。

这都是日光隐辉，山岳潜形之病态，怎不鼓起勇气来，把生命火旺盛撩燃，便也光明热烈一样猛进，没有什么阴影掩习了。

风雪长松，才是我的养活心灵的地方，胜过温室盆花多多许呀！

鸿音

宠诗再读，油然心生！先生襟怀冲淡，洒落大方，明朗而兼自然，浑合放翁，乐天，上追靖节，所谓得气之阳刚，中通外直，不曼不支者欤！

生熟境界，闻所未闻，拳拳服膺。

自审作风，偏于阴柔成分为多，呻吟吐属，依约韶致，又颇受钱牧斋、李商隐一流影响。每于细腻风光，愈益曲折而深挚，韶有余音，“诗到朦胧诗意长”，“离愁渐远渐无穷，迢迢不断如春水”，赶向依稀近似。

但以含蕴未充，生吞痕迹，远背青纯，复以半新不旧，格律韵对，行多不受拘束。欲以诗意神韵擅场，竟忽略宗风轨范，疵病繁多，无腔曲子，适成一粲！

顷过江北，描摸光景，缀为小词，窃肖尊旨寄兴所存，并录呈政。不过，词非所谙，音律望而却步，一向无非以诗意填词，仍以词调柔婉，转纳之诗而已。李清照及东坡词，为句读不葺之诗，与后人诗，只供目睹欣赏，而不合谱入声歌，皆此类也。

去岁□□，曾掀起一场新旧诗论战波澜。应乎草成一篇，笼括梗概，语涉粗糙外围，非纯于诗里有何表见，姑以一贯心旌，大致未改，附渎清尘，依于孔门各言尔志之义，抑亦先生所为莞尔矣乎！

第三编　湖上风裁

编者按：《湖上风裁》系作者撰著并于1946年3月出版的一本小册子，由泰国暹京越迪文化铸字印刷公司印行。

丝　风

春风驴背删诗草，何敢云然？顾苍茫旅思，酿就诗情，却往往有是也。

风雨飘摇，信道疲乏，满拟于湖上，受廛为氓，晓风清露，荡涤烦襟。而奈人事鞅掌，生计拘牵，总成海上神山，可望而不可即。野狐狸待将蜕化，其实匪易。

此其间，牵萝补屋，如以谓：文艺为苦闷之象征，时代之反映，则类此戋戋，无乃隐系某一阶层，适逢苦难之属性之所有物？别有再现，渲染云云，于以踱开颠危马上所在，缓缓调理，斐然成章，等于极度紧张状熊略略舒放之余之复写。事实放诸题前，头绪几分冷静，殆亦言之近里。非然者，无声之悲，甚于痛哭，一切暗自咽受了事；更何劳播为声诗，修其羽翰，为夫子之不惮烦若是哉！

逝者如斯，镜中非我，尽有新吾许傲旧吾。看取一潭秋月，慧业攸悬，瓣香宛在，可不嫌却瑕疵瘦影，贻人累赘。但愿后之视今，不仍今之视昔，一直新啼痕压旧啼痕，缠着沉沦，不能自拔，斯为幸多矣！受用宏矣！窃未能信焉尔。

胜利声喧一夕于昆明

又一阵

图南假借，送我河防，德业荡荒，惄焉如捣！初还拟议：椰风吹透诗魂，多少南国景光，满含优美情调，好自消受，改变作风，亦复谈何容易！凡胎未化，依旧浊浪排空；一介蓬门，等闲萧萧落木。剩下凄促心弦，正仍压过轻盈雅奏也。吴梅村句，庄舄丛残自越吟，入越时暂，枯肠萎败，零星叶片，采不盈筐，附赘于兹，聊当鸿爪。

同年圣诞节日于河内

柳　浪

柳江清寄

寄迹柳江，约莫半年以上，一般景色，自冬之春，浮桥寒沙，亦复惹人深致。小庐闲傍山隈，门前一湾塘水，碧桃抽茁，掩映窗楣，淫雨潇潇，多生离索；间有吟哦吐属，描抒风怀，迄于疏散，心旌云瘁，略加缀葺，留将漠漠残痕。

——小　引

小院联

北窗下卧，遇凉风渐至，木叶翛翛，此境端不会给肉眼觑见吧。

过山坡那面，一落结茅而居，题署也是草庐，挂一联语云：“院小有余香，芝兰气味松篁韵；窗明无别趣，芭蕉情绪海棠心。”可不谓朝市中一个有心人哉！

我要岸柳墙花，草桥茅店，润润人底意致。

我要清凉一室，寂寞地透出幽光。

桃 花 谣

斜风细雨粉桃开，野色青青烟漫回。至竟春寒仍寂历，不教蜂蝶绕将来。

骀宕天心一转，变成馥馥地春意撩人，桃花也正是含烟昼暖足精神了。看她夹岸绽开，看她嫣红含笑，娇姿可掬，真个枝头春意闹那么似底酣畅。小儿群争着攀缘采撷，采采盈颐，也赛似春到人间蝶恣采了。这之时，天地化氤，蝼蚁也知春色好，斯人未免有情，又是，梦魂不到旧乡来……

吟想间，好一个活泼跳荡底女儿郎，荡来妮就她底妈，曼声底唱："为花死，为花忙，为花跌落牛矢塘！"妈却报以微微一笑，扯着手儿，斜穿过去，隐隐还闻及适才底曼歌声。

春之女神巡礼遍

门前一行杨柳，几时不见，已就露眼含青。

尽管春雨移时托上凄寒，一到晌晴天气，温温情调，脉脉和风，春之女神，昭示人们伊响迩了。偶然于衣衫闪闪，拂拭旋去，却是一只灰色蝴蝶，好自摇风翻飞；草长庭除，阳光淡淡地笼照着。说不定绿窗人儿，还在恹恹地闷困呢。

春意人间，真撩起了万千情绪，犹之草树一般欣欣向荣，纵老去欢疏，年华掩约，这之时，已无温处恋，无人滞牵，漫荒荒地一片灰怀，却于微杳底风梢，静湛底苞蕊，泥人底土香气息，柔婉底阳和情天，教人总当醺醺，有点近乎闷醉！迩来心情太形淡寂了，也许微微有点儿悠哀。那出塞桓公，寄慨树犹如此，一种粗枝大叶，可有悲凉底劲气，我却瞠乎后哩。忆前年旅渝有句："何事年年花与蝶，替清明作羁魂栖？"而今越旬日，逼三春，又是寒食清明节届了，一番抚怀，不几复有惘惘然之感吗？

"三春去后诸芳尽，各自须寻各自门。"无端又忆起《红楼梦》里底诗句。

伤情无限，伤春无限，就杏花村馆底雨声中，过客魂消，牧童遥指，还是传杯竹叶，浪自浇醉罢了。人何曾有多大底劲魄呢？还不是绵羊般的脆弱？凄凉调子，就和杏花春雨，滴个终宵！

乍晴郊干乱闯，闯出了漫无边际的旷原，石山耸叠于其间，好像海上云波，梭滑飞迸过却，却涌现了洄漩凝注的浪花。那辽远辽远处，天边树真若荠，短短行行，宛然标致，这之间，人在苍茫独立，牛在引亢嘘风，大地显示着悠悠雍和，淡淡阳光，霓黄铺晒，草香气息，正自微温馨逸地撩人，撩人到了一个不知所谓的幻想：山灵故故，石破天开，鬼谷子先生到此来！

飘飘行脚，惯作无边际的涉思，和无结论的探讨，一些幻住心头的弱绪，碰上鸟鸣花放，又自登时冲破了。到来还是形骸依旧，不知所依归。踯躅仍教踯躅，日光筛遍满头，衣衫顿觉有点儿累坠，人也正漠漠地起了一阵眩晕，身子可是这么不行，恍虚，心灵之鸟，夭夭然更不知逃往哪儿去了。

阳舒而阴惨

偶然忆及一句：春暖池塘处处蛙。更联想上池塘生春草，新涨鸭先知，那么煦煦宜人，盎然生趣，纯任一片天机。你如不是生成的伤情病患者，定会及时爱景光，爱这清和若水，和气当春，是个饶有生命的处所了。

基于生理和习惯，生长南国的人，总觉怕冷，一遇寒威心上侵，便把当前美景减煞了。回忆一个秋冬之际，前往京华，见着一叶犹夷，清水涟漪，总因冷风阵阵吹拂，景物也已变成萧瑟，便觉心里头无可奈何地幻起黯淡之感，为其拗不过自然的冷冽，心灵早已受创伤呢。真当是阳舒而阴惨，是乐事或是悲秋，乃是于此划下鸿沟。

又忆贵阳天气，长是阴阴幽寒，加以萧森毛雨，俗语说它天无三日晴，旧时生长其间的，鸦片是唯一底消遣品，每于斗室密不通风，一炕横陈，火炉丝丝不息，好在拥絮高眠，吞云吐雾起来，小室弄成安乐窝，人也正在窝里头，不知有汉，无论魏晋了！他们是惯于陶醉，却也不折不扣地腐烂底生活哩。

安得生生之气，把寒沍解除，一起活泼泼地过生人样子呢！

丛残诗话

南番（即南洋）可是我底第二家乡，漫想那儿终年如夏，绿叶成荫，顶适合绮年人，尤其太平盛世似底过活哩。刚有人穿过几度封锁线，直自越南归来，扣关相访，带进那么久违了底温馨气息，教人心情顿觉兴焕，因属句云："故故薰风拂绿枝，蛮天如梦绰余思。旧欢新雨来相讯，恰是柳江舒眼时。"旋复为诗送云："绿水仪山远，离情曳去舟。因风吹尽皱，化作一江愁！"

江边峰峦拔起，临流浅水寒沙，分外清澈。入春来，青青苔痕草树，到处都可挹住，引人入胜，惹人神思，闲缀小诗："沙洲如月吐轻盈，柳岸经时拂浅清。但就凭高浏览处，云山故故荡虚灵。"又："石罅苔痕一色深，万千历劫到如今。螺丝合是水波皱，可奈何年浸陆沉？"有时淫雨霏霏，空蒙布满了山色，山下是泊泊流浪，日夜不住地长流。当地人们搭架浮桥，横跨渡过，偶经雨水泛滥，时便折冲片片滚将去了。爰纪以诗，"春水生时滚逝波，沙舟栉比截经过。当年铁锁凭冲破，彼妇频呼莫渡河。"不过，一般的没有那么狂猛，也正浮现出多少细腻的风光，另有作："细雨淫淫湿叶青，晨风瑟瑟催寒醒。人擎小伞翩然去，前度云山认惘冥。"两下对照，敢是"淡妆浓抹总相宜"。

怀当暮雨易沾衣！最难消遣的，是那索居无俚时节，刚逢苦雨潇凄，伴人滴个终宵永夜呢，于时意马心猿，漫成一律："旷野烟霏织雨中，窗棂开阖昼蒙蒙。琴音霏曼悠盈耳，客路泥泞望竟穷。微着丹霞依酒力，泥它魂梦弋游踪。潇潇滴沥仍催切，何似江湖听短篷？"

初阳开泰，告诉人们，腊尽春回，碧桃叶好未抽红，而茸茸浅草满含生意了。最好于草坪原野，一番荡恍过来，你可见到红雨空中，是这么："晴光微吐雨潇潇，春意方浓边树摇。浪就古欢寻比托，杏花村馆酒旗飘。"至如蔓草闲花，枝枝清露，也遂别饶韵致了。"冶花爱自野中开，未试清词盼屡回。地号幽兰枝艳李，更同明月引追陪。”都是脉脉含春，委备优美情调。

人事不齐，几人能够替花争发，一样欣欣向荣呢？偏有伤感无端，春到人间，身却似病了般，恹恹然地在唱：“融光筛满着花先，风讯几番浪滞牵。昨夜虫声新透碧，倘来芜陌暗飞绵。魂当亡后如苏醒，身任抛残乍晕悬。凭对温温春气息，恼人可待艳阳天！”又是愁不可聊的了。同样的，入夜清森，迷离特甚，那突兀峰巅，多辟洞天，结庐人境，仍带荒烟。就这么栖迟继以栖迟，藤萝烟月，满含着无限苍茫诗意，曾也抒写一诗：“只道宵深浥露滋，凉凉清影赓来迟。藤萝挂曼山隈屋，烟霭迷离水一涯。魂梦醒来休记取，灯窗掩罢懒寻思。鸣廓风叶旋相切，掠过南枝复北枝。”

吊古情浓，怀人道远，似这间峰峦叠叠，荡出何限幽思？赋为《踏莎行》半阕：“散荡逶迤，峰岚洵美，柳侯遗集曾拈记。洪丝岩洞彷罗蛮，掉臂风烟妖魅起！”可道着个中仿佛吧。说起柳侯，依然流风余韵，遗爱甘棠，落得一所柳侯公园，茂林深蒨，点缀亭台，也满够人栖迟不忍遽去。过游并纪以诗：“俊俏游踪柳柳州，百花园里衍清修。罗池遗墨应痕在，马鬣荒烟认一丘。斜日不辞鸦雀噪，冷风翻拂缁尘裘。我来挟册坟边挂，无那幽情问故侯！”

一片疏散声

脚跟无线，几回仆仆柳桂途中，念那“昔我往矣，杨柳依依。今我来思，雨雪霏霏”之句，等回头，可不是一泓匹练，界破邮程之感了吗？方当衡阳啼雁告紧，我人还在温番旧梦。青青陌上，只看到景色宜人，谱就《临江仙》词一阕：

“流水涓涓经始放，连天雨湿云痕，山原草树自缤纷。寂寥浮一片，春讯转几番？　芳草萋萋怀去远，微风拈着回纹，未临寒食欲销魂。鸠呼涂客侣，人引密篁村。”

又一阕是：

“容有闲愁赓落片，菜花三径将迎，黄金才绽染痕新。荒皋凝冷趣，幽赏更谁人？　　淡霭微温消息透，阿曾脉脉青青，楼头景色倍关情！天心胡不老？托兴又芬春。”这么言愁信愁，差可说春意阑珊，饶有游子回翔缱绻的余地。曾几何时，风声度度进逼，火药氛气味，弥漫到了周遭，无情的疏散令下，便无可奈何地，并作丧家之狗，并作落花委地飘飞，尽都惶惶然欲何之和可怜相了！

畸形的日夕繁华，谁都优养过惯了，这一来，“一旦刀兵齐举，旌旗拥，百万貔貅。长驱入。歌楼舞榭，风卷落花愁。”煞是可为诅咒的一回事。灾难于以临头，市场从而翻乱，饥寒压迫的颤声，撞车惨死的活剧，诸般杂糅无章，暗污恶孽社会机构的弊窦，举向当前揭穿而暴露了。我躬自领略参详，似此怨苦啼痕，罗织住寥寥的《浪淘沙》词里面，那够描摹万花筒的什么呢？总列一片疏散声中的零一片罢了。录词并于兹：

其　一

消息乍堪哀，古道疑猜，资生好去各安排。涸鲋漫寻如濡沫，换却涂埃。　　难系旧情怀，絮语衔杯，一场风雨荡成灾。回首可怜新燕子，遮莫重来！

其　二

水泽门前湾，茂草迷端，碧桃游子衬芳颜。容有幽人魂悄悄，摇曳偏安。　　烽火薄江干，疏散声残，投荒计已昧乡关。将伯提携呼不应，泪落襟寒！

其　三

漓水泛晴滩，呜咽难言，沙舟栉比竞攀缘。一样端阳时节好，恨压归航。　　突兀几重山，敢是金汤？烽烟啼雁断衡阳，四十万人仍解散，如此后方！

其　四

野况敛幽光，夜气未央，憧憧阴影绕前行。会得月台堆浪满，如蚁如山。　　离乱黯情伤！重小难量，风毛雨血姿沾裳，咄尔道旁零落者，望眼曾穿？

尾　声

客岁杪离昆，是方憩息日久，心生闷闷，乘柳州方面招邀，揭橥入越，亦便欣然，满觉前途一阵曙光。抵柳晤远征同仁，接踵而来，照岗位磋商，人事参差，颇费周折。其间过桂恍游数次，而业务迄在虚悬。迨衡阳啼雁，日逼日紧，山水名都，并以疏散闻。而先后昆友致意良厚，事既不如人愿，盍亦返合旧游？爰玉仓皇离散，复得某君部队促与偕行，六月廿九乘夜登车，兵荒马乱之际，到处彷徨。八月十七日，斜阳冉冉，鞭丝摇摇，倦影拖曳以入街道，入寓楼，主人依旧好客，游子未免衣单。惘惘征尘，昆明重到。由之，复按一段冗长而黯淡之生涯，支离破碎，心灰飞尽！自我参照：“月上窗棂扶树影，萧萧瑟瑟作秋声。”因以奠焉。

余　怀

临　江　仙

冷雨绵绵飞不歇，浸淫石壁苔滋。山隈何物最萧凄！飘然风叶度，滴落瓦檐时。　　只个年关闲过了，沉阴挂住疏篱。蛩音门雀近依稀。无聊频对酒，遮眼古源诗。

浣　溪　沙

阵阵春寒泛汨澜，草菁迷雾雨中看，寂参望远几重山？　　守着窗儿噤得黑，音波容与透歌欢，洋场十里梦回还。

初阳小景

偶傍山隈过，阳光淡淡铺。春心恍又到，暖意与之俱。
舒息风吹树，明眸水在湖。湖滨巢小屋，日出荷锄夫。

临　江　仙

啼彻离声仍阒寂，万方霜气森森。河梁前度恍登临。水漂凉月色，雁叫异乡音。　　缺陷泥天何日补？泪痕揾透孤衾。只身湖海思沉沉！风欹侵短鬓，灯灺托红心。

感　　遇

车乘弓旌漫见招，友朋怀畏薄鷦鷯。山限守岁沉沉下，暮雨侵春漠漠潮。欲壑依人焉足道？温情有限易成焦。胸中冰炭曾何了，旧剑残灯手自描！

临　江　仙

荷尽野塘烟漠绕，霜天恰是黄昏。疏林落叶向山村。天边笼彩笔，山势渍铅痕。　　人事悠悠宕过了，二年仪步将存。徘徊笑问捉诗魂？个侬宣偈道，退院让禽喧。

临　江　仙

一阵萧萧疑骤雨，寂寥惯是无眠。谛听铁笛曼声长。边庭怀宿昔，僧舍号因缘。　　援得清斋香瓣课，孤舟不系飘然！秋啼络纬对芸篇。残更敲未竟，饥鼠瞰灯前。

踏　莎　行

枕上涛声，夜阑风树，惺忪怕是销魂处。挑灯无奈照牢愁，颓然还卷巢窝去。　　散落蛩吟，闲阶低诉，生涯却被荒鸡误。柳江春讯近悠悠，凄寒频下潇潇雨！

踏　莎　行

净漱山坳，萦青纡紫，云烟霭霭光初霁。雨余春讯纵幽凉，人缘穴隙蠕如蚁。　　小院萧疏，负暄闲倚，吾王曝献舒奇丽。碧桃业嫩未抽红，茸茸浅草沾生意。

鹧　鸪　天

稻实收藏剩陇干，路痕沙砾碾轮盘。野花数点湛清露，无奈晨风特地寒！　　车辘辘，转坡滩，水鸣山鸟露头颜。文章大块舒神秘，寂历心旌绊往还。

临　江　仙

草着斜阳花着袂，蜻蜓点点晌飞。山间无主照丰徽。苍茫聊伫立，昭闪素光微。　　轶代苗儿今则是，连峰叠嶂何其？丸泥归鸟度来迟，衣风掀习习，游子落栖栖。

浣　溪　沙

霞彩江天挤眼红，寂寥更没雁浮空，撩人幽思渺无风。　　散布群山怀凛立，一方衰草敛愁容，剧怜时序荐残冬！

愠愠托熏风

野风来就脚边声，衰草离离系旧名。屋有桃符占岁首，人当景色映新晴。微温正好寻春讯，解愠何曾叶月令！却顾迷芜仍伫立，乘除加减未能平。

浪　淘　沙

嘘气出山隈，虎虎然来，铮鏦铁马显长才。兼有萧萧柯树影，掩袖沉哀。光景难安排，月下僧猜，石门多恐替君开？一阵啼猿纷泪落，冷霜丛台。

有怀大板桥

花鸟怡情系淑修，申申密约引重游。江东坐拥群儿辈，视野新拈照碧畴。暖波凡海君输注，冷落心田气尚秋。此际关山存远隔，尽教梦寐载清愁！

风裁草草

汽笛悠长变噩音，四更疏旷月将沉。扣关人士多于鲫，顾影萧萧引在林。

生愫分明缺有象，茫茫来日送凋颜。柳营也是销魂处，不道玉门难度关！

浣溪沙

旋似空蒙欲雨时，西山灵秀浸滇池，轻摇欸乃拨涟漪。　　斜日乍笼峰面转，楼台玉宇结幽栖，苍苍滴翠复盈颐。

山鸟深菁荡一声，入山浪转竟云程，登临恍觉置身轻。　　额角龙须飘仿佛，还将尺五达天听，清斋垂罢月华明！

怀一

妙香去后春无主，一抹残云天水涯。爱绿心情君记否？还从凡海洗莲花。

怀二

鸟啼花放自春深，南国人来舒短吟。但使梦魂归漱玉，仙源历历系知音。

鹧鸪天·贺新婚

山水名都引客舟，春深红杏拂墙头。世间儿女缘多事，笑煞仙翁醉未休。　　桥填鹊，月满楼，熏风微雨效绸缪。天心有意赓重闰，不许鸡人报晓筹！

鹧鸪天

绿浪粘天浸未休，仙峦簇簇占明眸。信知造化原非窄，唤取离人缴旧愁！　　轮疾转，月宵留，尘烟入梦总悠悠。余怀隐逐涧溪水，底事潺湲任聒流？

鹧 鸪 天

雨过青苗挺色鲜，野塘荷叶何田田？牧童最好闲功课，茂草唇边绾牛羊。　　烟袅缕，绮篱偏，疏林花坞共缠绵。耦耕旧有幽人约，销尽轮蹄秃尽鞭！

车行即景

雨霁红光近情亲，青芜浅草溢精神。夕阳冉冉垂霞彩，谁道黄昏暗袭人？

列岫栖烟景最舒，清奇雪絮遍吹嘘。渐升皎月空兼色，疑有人兮曳长裾。

凝阵风凉花气浮，流萤故故荡芳洲。只今大地神行似，人倚栏杆月仰眸。

长山侧岭

虎啸龙腾万万般，大千真个倩谁抟？犹临绝壁探穷谷，绕侧梯山恰堕盘。叠翠围屏仍竦立，白云天际怯虚寒。仙人黄鹤飞何处？迟我升时结古欢！

向阳山色中

下下高高一派菁，油然容与契幽盟。寻山深处愁无侣，揽物谁知恰有情。白鸟稀才凝色秀，林风好自拂尘缨。阳和遮布山阴道，直是阴阴又却晴。

暮 行 车

一路看山到幻洲，明当解佩赠灵修。含生有幸怜芳草，粉蝶无眠漫是愁。石罅凉生湛露湿，宵深梦醒托蜉游。芒鞋竹杖寻行处，风月何时挂尽头？

临 江 仙

乍吐轻烟斜绾领，千岩弱照犹笼。是谁装点涌宠炊。神奇搜物外，原始播悠风。　　洼泽水田呈一转，川流缓带溶溶。结庐人境近相逢。鸡栖篱落下，梢系夕阳红。

临　江　仙

猎袖昔归霜露白，遍山摇落萧然。几何岁序倏推迁。青青缘不尽，唤转有情天。　　三日不晴阴煞地，尔来一扫精光。向阳花草足余妍。人湛柔静里，蝶舞软风前。

临　江　仙

山果累累枝上挂，迎风叶舞翩翩。尚无猿猕耍边缘。山阴饶景寂，衣曝化除捐。　　牧马场荒沉古思，怪它滋蔓蕃昌。草肥马猾故依然。狼烟封未艾，啼雁度斜阳。

临　江　仙

天启晨扉和露湿，绿浮叶畔风嘶。清森一脉泛涟漪。烟霏宜淡淡，宅思也迟迟。　　采撷幽兰添润色，道旁弱柳依依。飞来红雨恣凄其！空蒙山色里，西子淡妆时。

雁阵惊寒

群雁嗥时欲曙天，霜空肃肃揽回沿。乍传烽火临郊垒，不信余粮尚遗田。旅梦惊残偏懒起，玉关斜度暗嘘牵。心输锻羽兼行迈，慎莫怀创堕控弦！

双十节引游山寺

稀疏柏树绕皋干，一脉清森露影抟。稻实收藏华蔽野，田家妇子并叨欢。晴光攸映义旗展，青彩迎辰合掌弹。放远流年当此际，雨丝风片落斑斑。

绿竹修齐一箭遥，悠风苏影淡痕描。虚堂镇日闲功课，禽鸟依林荡见招。杀伐未须移近里，天尊任是黯鹪鹩。时来裙屐山阴道，记取凌波飐翠翘！

蝶　恋　花

宜是幽篁穿玉阵，袅袅虚空，一缕凉澌引。晨寂须寻秋风紧，边声屋角安递迅。　　哑哑啼鸦休带很，稀薄阳光，旋出仍将隐。浪卜金钱都未准，山林漠霭遥相瞬。

蝶　恋　花

一纸窗幽风弄的，杲杲金乌，庭院挥行迹。睡起恹恹嫌阒寂，也应雁过无消息。　　不敢思量添日积，额发关山，秋际渺无极！九月衣裳堪护惜，寒蝉树梢愁边袭。

重重九客描

寥落鸡声凭谛听，探头戚戚风吹棂。可知夜色央犹未，还觉月光逗画屏。
漠角凄笳撩起处，嗡飞银翼几时停？只身长住劫灰里，怪底白天百不醒。

犬吠春墟是耶非？雍雍鸣雁掠晨扉。河梁霜月都萧瑟，栗里田园兴久违。
猛忆悬弧挝自北，平牵儿女涕沾衣。含生偏是形骸累，管又曳涂赋与归！

雨 休 山 色

爱倩江郎绣雨怀，青山漉漉荡肠回。叶如新洗方含泪，花倚篱边淡自开。
微光隐约须睛放，草海姿颜点绿钗。玉液波翻和梦转，马蹄何限十洲来。

中秋前一夕

葡萄笳管自边州，十五年前恍旧游。白石街心闲里过，月华如水浸清秋。

天南地北影婆娑，玉宇沉沉舒太和。若有人兮扬缟袂，那干泥醉抱嫦娥？

寸寸河山斫桂冠，偷灵我也注虚寒。钱塘汹涌三千弩，尽是波臣欲罢难！

白下风靡透影魂

一代文章百感生，小休多莫尚怦怦？燃灰浩劫红羊并，翻案题材敌友争。
宿草黄时歌有北，残峰摩日自边城。冤禽辗转缘何了，海上徒闻衔恨声。

仙岛樱花侍照娇，永眠人合慰憔寥。外臣馆舍杀青史，入塞风音冷玉箫。图甚荣圈劳草草，沦将辱井影迢迢。秦淮故是伤亡处，秋水平添几尺潮！

唐公墓园一转旋

时去园林掩寂寥，桃花软歇唤春娇。主人结业南天柱，护国声宣革命潮。六诏雄风多矫矫，一般斧影索迢迢。雕梁藻井斐然甚，难解月魂带恨箫！

豪华原不负当年，苏小风流步续篇。月榭影深歌宛在，丰碑垒固故昭然。佗城童习知元帅，行客飘蓬拜墓田。最是霸才招不得，苦留兰佩荐秋鲜。

附录：

赵启斋《洞庭春色》词二阕

一代声名，而今安在？凭吊唐公！想共和再造，五华生色；连横直上，八省歌功。六诏健儿好身手，这万里滇南虎气锺。斯时也，把长江锁住，尽服元戎。还更移师北指，笑谈间，收了关中。看声威显赫，金章紫绶，英姿飒爽，盘马弯弓。却怪周郎多韵事，顾满园春色曲未终。花灯夜，忽烽烟报警，断送英雄！

坏了长城，哭檀道济，吊霍骠姚。正撞沉吴锁，燕兵夜渡，打开蜀道，守吏先逃。南人自古称强矫，独不见飞军一代豪。到今日，叹长安无主，霸气潜销！功过盖棺论定，待它年，留话渔樵。算安危所系，厥推颇牧；指挥若定，应失萧曹。休笑夜郎夸自大，问谁似鲁连气节高？时移矣，便碧鸡金马，也觉萧条！

三十三年，岁聿云暮，师兄有事于粤闽，银翼腾飞，赣州引去；怅然赋此，用当送行。

浪转中原迹已频，黉宫甫脱饫风尘。投荒蛮貊仍心壮，奄滞流年负却身。雾里探花声带慢，时阑丽日软于银。东归趁取屠苏酒，雪色炉边绊远人！

适逢风季催飞集，合道沧溟卷暮涛。额发关山情可掬，鞭丝轮驭仰何高？洋场十里牵长蒨，倦客一枝试竟劳。光景离离浑未改，个侬憔悴赋萧骚。

立春初践数天，偶疾晕厥，躯虚似纸，凄然感赋

仿同僵化合风愁，呕尽心肝一索休。容有头颅随地转，更无爪趾任君由。
扶持胥叶羌为客，撑拒无端陷夙囚。生世鸿毛轻得似，海沧粒粟抚悠悠。

命飞甚惜恰忧患，待掣征帆迅莫攀。指顾道旁零落草，可堪曲破念家山！
鸡啼篱落宵依永，月照屋梁梦淡删。消息灵犀寻欲诉，几人尘土证欢颜！

除夕兼怀柳居

门对条条柳早枯，山阴市远镇相于。一灯寒促勾除岁，旧业荒凉管划图。
泥首室人愁似我，依篱日拙会非夫。回头忍道经年事，兔走乌飞荡两隅。

离乱仓皇剧可伤，零鸿泻影没陂塘。情亲道阻方逢适，夫婿权奇顾靡常。
将伯从闻呼泪溅，书传一脉梦魂乡。临风我也同凄楚，默望关山总断肠！

赋得昆明禳劫灰，长安市上买花回。浑忘作客座仍满，容有欢腾酒一杯。
更柝街心递去远，耳边爆竹彻将来。迎新饯旧蘧然觉，灯火荧荧丽眼开。

参礼火葬

爇火迟临此一堆，斯人可是着灰埃。不期有众心齐肃，容与幽情幻漠哀。
山鸟空啼声隐约，阳光笼照遍薇苔。只今莲叶西山外，华表何须问鹤回！

重陟龙门

倍数龙门拾陟途，胸笼物色恍曾输。二年前事风吹却，一老相看认旧吾。
指点蒲帆漂片叶，临将翔影弋双凫。揭来隐逐水云淡，柳暗花残况已虚。

大观楼园游

门悬联句：曾经沧海难为水，欲上高楼且泊舟。景固以水胜也。

霜深叶脱秃条条，一面银湖风外飘。曲岸行来依舞影，阳光斜照显清标。
红云此豸添颜色，华浦它山晃荡摇。渔唱几更人散后，月明容与听归桡。

湖上雨（纪诗人节）

一霎黄梅雨，横塘光软融。粼粼迷细浪，浏浏托熏风。
遮却红尘断，装成绿绮丛。婆娑深树影，人倚小桥东。

角黍邻儿戏，艾旗江口风。所思道云远，不与岁方同。
寐蝶衣沾湿，登楼赋慢工。榴花相映日，门巷几嫣红？

弦数仍哀郢，歌残云外希。三湘萦梦泽，古道信音非。
溽暑湛波玉，芰荷殢行衣。软凉占气息，小驻绿荫围。

待得茶烟熟，更堪凉月辉。雨余涓滴翠，鸣籁泄天机。
联就青青句，移将密密围。风怀飘淡永，不挂也忘归。

离昆杂缀

载誉归来是耶非？秋风依旧赋无衣。琐窗诗卷勾残梦，压石征帆闪道微。
陡觉黄埃团地转，晴开绿野浴光辉。自然饶有深深趣，佳节湖山信不违。

蒲花倚草等闲身，料无佳计茁风尘。栖迟恰对衡门下，驯扰谁知病伏鳞？
相彼墙蜗缘壳窄，怀哉夜雨话床亲。离昆百里风候改，莫漫霪霏殢煞人！

竹舍茅茨没径深，分明烽火商余黔。逃生修阻竟然遂，归去频烦一片心。
想见艰虞扶老幼，剧怜薪爨费沉吟。道旁看取乘风侣，相送犹征寸寸金。

黄埃飞上柳梢头，也似离人蓬鬓秋。赤道流将牛鼻喘，青山端为羁人留。
劳劳亭外依空翠，渺渺怀孤纳古愁。援就绿荫来一转，残峰废垒两悠悠。

楝花今已子累累，物色乡园俨荡飞。稻实黄时秋乍半，青光沾着旧征衣。
云天一抹呈冲淡，泉石何年浸息机？总是山山缘不尽，车驰直欲透幽微。

风飘绿素软凉多，叠叠岚峰现霭和。已向山灵齐下拜，谁人飞锡一经过？
回翔小鸟思丁令，遍插成荫昧橐驼。商略丰标浑不定，倘来微雨洒烟萝。

一阵淋漓战且宣，涔涔泪落暗前川。大千换却清凉界，劫火轮兹寂灭缘。
洗伐声中应尽瘁，迷离梦锁竟何边？从头载骋直如矢，才过中秋月影圆。

方塘月色浸寒沙，梦醒宵深倚望赊。地系芦墟刚荡过，人真浮雁落谁家？
南来琐琐纷飞异，岁月遥遥搅鬓华。敢道书生消薄福，几凭戎马送生涯！[①]

越　　吟

入　　境

平畴有稻解摇风，笔直星驰一径中。爱自襟期汪叔度，撑开物宝九州同。

岑　楼　上

底处蚯声气吐春，清和门禁不曾堙。玄都勾出绿洲渚，风袖何妨委俗尘？
眼角葱茏秋未艾，楼阑冷照月窥人。雅宜一枕琐窗外，淡淡星槎结胜邻。

剑　湖　之　滨

簇束猩红展笑嚬，草菁林荫并怀新。信知洵美南薰国，几度风回浅水滨。
故事月明三径夜，除将波影系情亲。翩翩好是轻飞蝶，何许花源载避秦！

感　　事

定远伊谁步绩尘？茫茫禹穴尚荆榛。穷年揽辔趋来日，数月扬波坐次人。
夙夜其劳虚划策，鸡声报罢也前因。君看貊地闲花草，多少河边盼幸频！

有　　赠

解佩风标树影前，英雄肝胆肃霜天。但寻一往凌霄气，好把尘襟并洒然！
思逐龙蛇飞影动，书传花朵梦魂牵。江云文藻聊相假，南国飘蓬肇纪年。

---

① 作者注：词句“惟有南来无数雁，和明月、宿芦花”，光景依稀，而情绪尚不欲若是其凄瑟也。

参大铜佛

湖水苍茫傍画望，一龛尊者俨形相。琳琅四壁华文物，不道他乡认旧乡。

浣溪沙·斜阳堤畔

漫绾长流闪逝波，凭轩爱唱大东歌，阳光笼照晃悠和。　岸阔青荠将润色，楼台郁郁起中阿，洋场十里荡回摩。

浣溪沙·晨早街声

寥落须寻杀五更，蒙蒙宿雾未含醒，昨宵微雨湿无声。　叫卖呼童旋破晓，天鸡下界赛先鸣，江南花巷委曾听。

浣溪沙·传国军让法人心惶惶

消息蓬门撩乱敲，王师中道挽回轺，沦将魑魅舞庖刀。　依约风光摇夕照，平林漠漠软枝梢，飞鸣底处营其巢！

索　居

新蟾掩翳渺无乡，寂寂楼空风影凉。不是幽人偏雪涕，分明冷况异寻常。

红烛摇摇吐寸光，阿曾愁绪引更长。僧如退院羌无物，人比辞柯叶更黄。

东徙有人暗示先，欲留无计去还怜。修途渺渺缘何届，梗泛萍飘堕几年！

阴　雨　中

苦雨楼头未肯除，浓阴带却软风余。芭蕉叶底声仍战，行迹倘来计已虚。
一霎满城惊伯有，平添黑手转侵渔。鸱鸮解唱阽危曲，夜夜寒涛泣子胥！

小　景

霭霭和光荡影初，榆林挺秀印清虚。红旗一片昭颜色，风曼翻飞态有余。

童子洋洋载踏歌，便将纠纠执干戈。春风桃李齐吹发，不信人间剩劫魔！

街头小播总关心，麇集盈群听好音。恰似卢沟争战起，人心汹涌迹初寻。

天阴望河桥

朵朵勾弧幻大观，卧虹宛自绕江干。不图鬼斧声增壮，旧有游魂水尚寒！
此日旌旗瞻草木，一炉冰炭可遑安？销沉城郭萦痕满，丁令迟来莫漫弹。

玉山寺巡礼

不厌湖上月，宛在水中央。看剑龙蛇舞，寻芳儿女忙。
衣风春鬓影，笠帽老沧浪。有道仍碑碣，星躔禹贡章。

凉　月　色

玉笛声扬袅袅风，月明闲浸一楼中。遥探星点天颜色，高处虚寒应不同。
楼栏隐自怯衣单，白露溘浓草未干。忆自笊篱坡下过，催衣促织稔时阑。

有怀保大逊位

略迹先朝剩影殷，盛衰兴替络纷纷。新生不把旧供奉，众志看成宁复言。
鸡犬尚怜将去后，铜仙惦记没斜曛。樊笼且自酬鹦鹉，晴日端开朵朵云。

展读大来诗册

掉笔淋漓合大来，神僧眉宇见风雷。横吞梦泽鲸为骑，坐拥苍崖雪浪皑。
旧国心情仍赤帜，吴宫花草委沉埃。绝惭诗少幽燕气，邂逅屠门首屡回。

湖心早荡旋

水榭栏风况乍稀，晨烟泼散绿修围。天方幂幂停云翳，湖面悠悠淡影徽。
世事看来都叔损，行藏老却舞裳衣。东陵瓜豆如何种，莫待成都诏式微。

夜凉如水

撼撼波扬曳一根，风声疑雨两思存。宵深顶觉凉如水，月淡还将白到门。
底处春墟传犬吠，更堪愁锁漠云痕。几更定后胥归醒，漫自无聊较息喧。

郊干素描

遮却修途复绿荫，仙人楼上乍迟临。小园引接邻家柳，静锁流将玉绮琴。

掩约珠帘堕好音，春风十里画痕深。飞琼不道人间识，杜牧三生浪自吟！

旋是飘飘仙袂姿，翩鸿泻影水纹骑。香尘映日花微喘，没入丛阴人不知。

笛韵微吟一阵过，叶阴笼月影婆娑。水滨教是伊人约，银汉迢迢看渡河。

钟声

作客几回度此声，耳边尘畔一根清。敲敲退院也劳止，晨夕替谁作鸡鸣？

椰林

爱挹萧疏名士姿，风襟和月耐寻思。蛮烟新野都笼遍，道是翘翘倬立时！

越南诗钞题感

阿曾佩玉曳长裾，嘘气如兰步引徐。花坞斜阳将淑影，吹弹不用费工夫。

也饶别绪把离觞，珠翠萦回须断肠。低按红牙儿女拍，轻轻笼得岁时芳。

台阁悠和态不殊，聊从静里映华腴。虽然为力无多着，一样南风竞最输！

熏风屐齿荡湄河

酒后斜阳只爱眠，青青草地着于绵。寻芳往事轻年少，尘虑何妨尽弃捐。
风致椰林疏夹竹，无边野况闲陌阡。迟君指点山荫道，矮屋人禽并永年。

泼绿飞飘一抹红，低原爱唱女儿风。情知秀美传佳句，宛忆州闾牧大同。
日夕牛羊纷欲下，远山岚气凝阵中。南凌恰笑人如燕，何处温风不再逢！

香雾撩人引望迷，葱葱滴翠复盈颐。一泓秋水波湛碧，晨寂江山鸟浪啼。
剩有神龛征邃古，临将海口浸沦漪。等闲便作跨登去，画意空蒙泼雨丝。

晴光红雨夹缠多，陌野温风如织梭。早见插秧寻物候，算来蛮貊最清和。
烟迷月窟旋经眼，泪洗椰林定守柯。六七年前旧风景，教人怎不叹蹉跎！

平芜尽处露春山，矮树栖云绊往还。一面银湖浮叫啸，跻攀绝顶照颓顽。
治安时仗纡筹策，樵采林深意象闲。疏落屋庐旋折转，依然鸡犬系人寰。

荒祠雨脚寄行休，淡寂修途神与游。等是僧庐依皈下，一般烟漠树林幽。
孤村掩约调宜古，篝火丛深人殢留。野渡舟横呼不得，沧江凭对水悠悠。

月黑江天逝水寒，雨声飒飒寖相干。客篷随处舟难系，潮汛来时夜已阑。
曳尾濡涂宽未卜，两三亲旧胜为欢。其南略得缠绵意，载听虫吟续续弹。

闲拈烟缕浅斟茶，相守途边野草花。茅舍近旁零细雨，江心痕白涌浮华。
绮怀一阵春流暖，归梦无因系水涯。拨桨声迟潮暗长，阿曾商妇泣琵琶？

虫鸣遍野得春先，兼复流泉拍浪宣。飞洒雨丝绵不断，谓行多露殢谁边？
宵征历历穷幽趣，夜气优优会自然。心事壮游行也改，金埔摇落话当年。

丛林摇却渺无风，杲日亭亭边照笼。已觉炎荒吟邃古，更无跫谷倩相逢。
兽蹄鸟迹添新注，野草闲花备补充。合就槐安寻梦转，称王称帝几人雄？

叶大如盘妥地依，奇禽礫叫悄四围。曾无消息传林下，疑有霜枫试蝶飞。
揽辔行迟仆马病，濡途致寇云胡归。烦劳蜀道今犹昔，多莫空山怀采薇！

掩映斜阳叶树鲜，伊园穿插漫无边。有情经眼都柔淑，无那吟怀趁玉鞭。
陌地软光明霎暗，酥风衣袂拂旋联。金丹烧煞成奇纪，怪道畸人逐万千。

明净波心丽眼开，扁舟一叶曳徘徊。平临川上风闲漾，荡着襟期散绿苔。
信有浮家随泛徙，泥它巢屋结林隈。悠悠恰近凉秋讯，爱道蛮天归去来！

漫　草

文心孤诣

记得一段记载：有个学琴的，从师习弄，久久而总觉差欠一着，师谓另寻其师，挈之远行，以至山陬水涘其间。师即先去探访，留他等待。但待及日暮，仍不见师来，森寂满围，只见海风荡荡，山鸟怨鸣，愀然以谓：“此殆师之移我情乎？”因之援琴而歌，别成一调，谈艺于是乎为叹观止了。

移情委系上上乘，恰所谓情动乎中，不知手之舞之，足之蹈之呀。也唯心境完全净化了，一点尘埃渣滓，都不会停滞，顶真挚也顶虚灵，发为音声，自然玉润冰清，娓娓动听。像草木繁英之飘风，鸟兽嗥音之拂耳，无论一霎化归虚空，而总不失其真醇天分的存在。短歌微吟不能长，可曾道着了个中仿佛吧。

较粗一层的说法，就像小苏上韩太尉书，所称引的养气和展拓境界。于以洗脱凡陋，不致局于樊笼那么似的，所谓“求田问舍，怕应羞见，刘郎才气”；所谓“自嫌诗少幽燕气，故作冰天跃马行”，都是于境界中求其屣拓，于凡体中加以提炼，俾臻裁汰过来的比较健全，比较坚实的种子。古今来游侠作风，豪气横溢，正饶救治奄奄懦弱的乡愿毛病。为人如是，所表现人的精神状态的文艺，何莫不然？

“神王者昌”，换句话说，生命力的充沛，才是人生的晶点的最高峰。有这般素质为前提，才能够盈科后进，沛然而莫之能御，使劲可就卓荦为杰，凝柔也就纡余为妍，恰像一颗流星，浑浩流转于天地间，容光必照，到处都可发现它的光和热。男儿到此合是豪雄呀！

人只见到陶靖节的冲淡和平，而不知此老初年，驰马试剑，煞有陶侃家风，迨既世故销磨，现实希望为不许可了，转而为野老的寄傲寄休，绝顶天姿，优游卒岁，怎怪造诣是那么精醇，那么文心透过禅悦，一样的不着凡响，以浮游于尘埃之外。“采菊东篱下，悠然见南山”，岂是轻易所能学步的么？

寄飘零

沙洲月上，黄昏恰对花模样；

野烧荒鸡，底处人家撩乱嘶？

每当一个时代乱离底下，听到多少惨痛而无告的声音。夫人，你还是其中的响亮者吧！在你袅袅如诉，飘零三载的过程，荆棘满围，拓殖一个小小的角落栖息所在。人非红袖，管自当炉，里巷人家，日常用品，乃至结习未忘的学生读物，做你琐屑的酬对和功课，当然这不是你的什么愿意，大约还许是生活问题，实逼处此。我不禁撩起一些联想，等于嘤嘤鸟鸣，似无妨撩乱倾吐：

一是生活和志趣，很难一致合拍，常时顺境已然，几人能够如其理想地安排一下生活方式呢？可不是春水生时，漂萍如寄，决之东方则东流，决之西方又西徙，一样的受环境支配，人事退归极其藐小而无权——当然不是一例于英雄好汉——于是幻灭就在所不免，管自强调挣扎，而总无奈于内里的创伤，夜阑灯灺地偷偷堕泪！

一是，下层地步的难以久处，无论艳阳桃李，人家热闹方酣，已独寂寂岑楼那么按捺难过。无论风飘破屋，偷儿还掠夺余物，剩得踽踽凉凉，那么丧家狗似的可怜。就只开门七事，粗细毕陈，回旋斗室当中，触目周遭环境，无非市侩、伧俗、龌龊、秽污，乱糟糟地地狱一般无二，分明非人所堪，偏来耳畔强自慰解私语：“这个年头，将就将就些儿吧！”还有什么话说？你不见沿途流离托足无门光景吗？这一来，折扣打了几圈，心理也似宽了多寡。其实，接着一个危险性，浸假以与环境同化，起居生活，混同一团，不见得此喜于彼，还不是一样的兜市场，做负贩，讲价钱，寻点温饱为事事？不但人们眼光投掷过来，当成一丘之貉，即引镜自照，也已褪却了旧有容仪，变成多么黧黑和消瘦了！简直浮现出一面伧俗相，一面可憎的镜子罢哩！咳，似水年华，人生梦梦，待醒来，不外吃饭穿衣，穿衣吃饭，一副平凡到极的衣架饭桶，还要时时顾影。觅食难，应付忙，忙得不知所谓，丝毫找不出点儿意义，心事片片灰飞，剩余赤裸裸地“人生道苦”四字，可真是我们一般所谓的小资产阶级意识的连根带本都毁灭了呢！

还有是，战氛方兴未艾，何时结束，谁都不肯定一句预言。眼前半壁河山，望乡关远隔几重山，几重水，倚门牵裾，泪痕隐隐，大有人在，究竟能够苟延残喘到几时？相对一方面，却又是游子衣单，凄风扑袖，惯于稻粱计拙，勉勉强强地篱寄依人，那有什么奇迹希冀，拨云雾而见青天之一日？尽生之日，救死不暇，看看又逼着疏散，逼着过流浪生涯！余生和风雪烽火声中搏斗，早已失却了将主，失却了自信心，那儿是生存生活的保障？所谓知识分子，却连谋生的本能，都没有把握了。环境乃至命运的压迫，残酷就至此极！这当儿，怨天尤人是不中用的，临溪叹羡，也是大可不必。端只有抖起心弦，噙将眼泪，做一日和尚，撞一日钟，让大时代异日祭台，留下碧血斑斑的踏基石，可是？

夫人，“愿受一廛”，“一着虽低差堪稳”，更兼你的刁劳，和诲人不倦，换句话说，即是自力更生。风雨飘摇如晦，从不表示困倦——人生的厌倦，这却是你的强固和贞干，是那风雪声中，幽兰谷里，饶有新生命的所在呢！

基于好奇心和一知半解的传闻，我们也曾步过青云街瞻观瞻观。某太太近拈糖果，胡扯一阵，伊其先生，也即贵某巨公的僚友，家珍毕数，耳熟能详。夫人，委系不平凡的一幕史剧，大千世界酿成的文艺鲜花，合照跟前小草的低鸣，寄声微茫而馨洁的忱慕！

聚散话穷尘

想到孤馆滋味，未晚先投宿，鸡鸣早看天，虽则近乎俚俗，而总有其逼真的尘劳鞅掌的反映。至如“鸡声茅店月，人迹板桥霜”，便进而雅醇化，引人到了优美化去了。

最忆蜀客“秋跨蹇驴风尚紧，静投孤店日初沈”之句，以为沧沧凉凉，穷而弥工。其全首为：“行行血泪洒尘襟，事逐东流渭水深。秋跨蹇驴风尚紧，静投孤店日初沈。一枝犹挂东堂梦，千里空驰北巷心。明月悲歌又前去，满城烟树噪春禽。”恍然一介落拓其人，怅然远引。那唐褚载诗：“流年怕老看将老，百计求安未得安。一卷新书满怀泪，频来门馆诉饥寒。”凄凉宛转，酷肖同调。

我于鮀江沦陷前夕，满怀憔悴，贸贸然来，杂纪以诗："野色青青宿雨晴，漠寒犹带晚烟萦。江山看取都如梦，过往离愁几度生？事有难言魂化蝶，臣心如水寂然平。虚瓢洞彻羌无似，萍梗从知缀浪行！"又："雨讯犹零江色吹，淡烟疏旷引离披。如何一片寻春画，也被催成弓鸟啼！寂寂余寒刚病怯，摇摇塔影逗痕移。旅途好是清斋处，多少丛残堕泪碑！"一样凄绝怀感，差点亡国之音哀以思矣乎？

新近登临送客，残月疏星，照临窗户，许久怕寒不惯早起的例外，心情分外觉得冷清和寂凄了。野外零露未晞，朝阳着地无力，一辆摇摇车乘，好些幽凉之致！待送将归有作："断魂流月渡河津，光景离离风袭辰。形迹相牵唯过雁，修途荡放更无人！乘车走影画摹古，零露溘浓草懒伸。生事年来多云瘁，送人人送总伤神！"又兼高原冷涩，老去欢疏的谓慨吧。

灵旗百尺春风

"但愿四海歌升平，我在甘州贫亦乐。"一味退休，做时代的奠基石，于以舍己从人，善与人同，仿同废墟淤泥里面，见到抽发新生的一朵花，满觉心情交代清楚了那么愉慰似的。这教心灵完全柔和净化了！

别有："我志未成人已苦，东南到处有啼痕！"却依然是沉郁的一副英雄泪。赛似"偶然一曲也千秋，长短歌行出入愁"的曹孟德。论起豪情横槊，会有时阑，到来满目疮痍，纵不完全为气泄的咨嗟，委合是苍茫迷惘得很呢。

最不堪是："君王掩面救不得，回看血泪相和流。"那真可怜透了。诸多母老家贫，降志辱身的，何莫非为了这一关吓煞，不期然而然地低头妥协？"到死犹能留气骨，有情何忍笑酸寒！"端合让梅花独步千古了。

现实，横竖不能避免的，只看谁的勇气能力高低，便是解决的难易险夷以判哩。照宿命论，也该在害无所避，利无所趋，唯尽其所当为而为罢了。所以，太上忘情，次也须要殉情，让泪洗过的赤裸裸的心灵，像剑气夹住清霜，像平湖一潭秋月，纯系炉火提炼过来的晶点与升华。纵不能遽尔学步，放轻剂些，也合道暮云收尽，一切躁妄缘销，援就人事里面，可也油然具存忠恕，省却人间多少怨尤，透进荒漠心田，以一阵淡淡春风，一番生生气息。所谓和平养无限天机，端的谓是。过此关头，人生观才有一个新的天地。

新诗掩罢自沉吟

水流花放皆文章，求则得之，不求可就失之了。不过，与其说为求，无宁说为遇，为触，来得恰当点。一个境地初临，觉分外新鲜，文艺性特地浓馥，待及浸淫下去，翻觉再而衰，三而竭，一样平平无奇，甚而厌腻不欲观了。

文章千古事，端合蜜咏恬吟，流连无尽藏，但一回有一回的感觉，一处有一处的峰峦，横看成岭侧成峰。或，同样采花蜂与蝶，一收花魄一花魂。又系其人的立场不同，而各呈各的印证。所以，见仁见智，浪和浪鸣，有需要放聪明点，把胸中的成竹廓清，让清虚心田，悠悠应和各该缘分，感官特地通灵，是非理智，尽且唤其回避。

他人酒杯，自己块垒，是最经济的移情法门，我不但“不好诣人贪客过，惯迟作答爱书来”，一样疏懒未除。自家小天地，无异三家村，简直酸溜溜地不堪指数，生活委系单调极哩。“蓬门未识绮罗香”，不加幻化渲染，忘怀身计，尚友古人，附庸那么风雅，寄情那么悠扬，栽花为邻，邀月作客，乘得四时佳景，也定不会忘我兼忘机，为屠门以外的一大陶醉！

血肉中人，凡胎未化，仍觉歌哭缠绵，为有点近乎人味。像那不吃人间烟火，一阵穆如清风，境非不高，但似相隔十万八千里，我还没有那个福分吧。

就所得于寄存诗笺，十九系不自己于言而言，生计艰虞，环境压迫，乃至事事物物的支离创伤，不如意事十常八九，为其外围捉弄。进而心灵洗发，愈逼而愈颤凉，万绪千般，畴能遣此？类属缺憾的伤感的情分为多，不得其平而鸣，却极少踌躇满志的健全节奏。信乎欢愉之词难工，而愁苦之言易好，如其于此领略了人生意味，那一边是轻清的心灵，一边是污浊的世界，还是累堕倾覆于后者。由之勾起一切纷扰，一切驳杂不醇，直接地说，罪恶浪潮，相随相伴于人世，可真是：“欲洁何曾洁？云空未必空。可怜金玉质，终陷淖泥中。”其信然吧。且向淤泥种白莲，待其一脚踏破莲中火，始信莲花原系九叶全呀。

文明属之浮表，那内里揭穿，总有不堪响迩的丑恶萦系着。个人方面，至少也带有其私生活，不甚高明的地方。充类至义之尽，那水过清则无鱼，总有无地自容，逼上首阳山去吃薇蕨的必要。说也奇怪，芸芸众生，一直相维相系于不堕，让粪壤污泥，好容易发生红艳的鲜花，这不能不说，升华，是预不可思议的了。你如无视一切，便以为举世皆浊己独清，适成其稚陋可哂了。我人等量齐观，还它一个本来面目，承认克念之余，谁都可以作圣。虽至下流不堪的，一旦转变忏悔过来，却猛然有其极真挚而动人的泪影，属之顶希罕的元气元音，为大人先生所不可企及。实在，尺有所短，寸有所长，物不杂不成文，人世也自然错综交互，劳劳鬼混，为应有的法则了。只可说，相对的觅殖一个乐园，饶合淑修的处所，是许有的，是容有福分修到的。而要紧便在操其在己，勿轻重失调，像隙中观斗，茫不知谁胜谁负。总要着眼在力的上面，一力战胜了自然，一力战胜了环境，制服人事诸般，夺取桂冠，显现雄风健儿，也即居高临下的襟度的本色。有这一来，自然所接触于林林总总，是美丽的，光明的一面，令人之意也消，不会漏出尾巴来。更何有于容光必照，照见粪溷那么难看呢？援句古话，君子之德风，礼不下庶人，神而明之，果能擅自抉择，恶居下流，仍可撷取芬芳，翩翩风流自赏呢！

涧溪沼沚之毛，蘋蘩蕴藻之菜，可荐于鬼神，可羞于王公。意思是说，在山泉水清，不比出山泉水浊呀。所以赤子之心，与乎亲丧自致于哀毁，是人生灵性表现，顶宝贵的一刹那。过此以往，人事越繁，尘网越牵越紧，本来面目，越翻越模糊；纵排场热闹，有浓馥，有欢娱，有淋漓尽致，或引亢悲歌，与沉哀凄绝，形形色色，逐步俱来，力量或许加宏，神思却反而褪色蒙埃，有的焦灼自焚自毙，杳不知人世有清凉境界；尽贸贸然为冒失的羔羊，老死仍在彷徨饥渴的泥淖，斯真可怜煞哉！

络络情怀，方其剧幕开时，“燕子时时度翠帘，柳寒犹未褪香绵。落花门巷家家雨，新火楼台处处烟。”饶有清新的锐感。等之是，“欲知湖上春多少，但看楼前柳浅深。”

“一年好景君须记，最是橙黄橘绿时。”往下几番辗转，人事归到山穷水尽的田地，始信风梭露杼为最关情，和着苍茫旅思，酿就诗情。端合唱，怀古情多，凭高望极，且将樽酒慰飘零为已足咧！

考亭终日静坐，欧阳方夜读书，万象悠悠，一眼觑着，该是这么淡寂为归依了吧。

有德的必有言，修辞本身首在立其诚，能够卓然于其生命力有所表现，同玉润冰清，清明在躬，志气如神，委系上上乘。至于技巧呢，那基于天分和功力涵养参半，心诚求之，仁远乎哉！尽有咏絮才高，初不假什么匠手。另有事业中人，肝胆用事，吐属总不离乎质实，实即笨拙而已。也有游扬白宫炉畔，巴西林风，风头十足的人物，缀为什么“半月记”之类，就像了不起的替艺林生色，而实，不外文告一套，嚼蜡无味，丝毫找不出些儿姿致。可真造化不轻予假人，丰于彼者又未始不啬于此。

我低回低回，青葱玉脉，也复含英咀华，是灵修之謇謇，和生命的抬头。象牙塔里，鼓翅女神，如更优容的话，那便为艺术而艺术，直把杭州作汴州，也蛮值得留人住的了。合宣偈：一叶蒹葭飞度外，风流浪说着衣多！

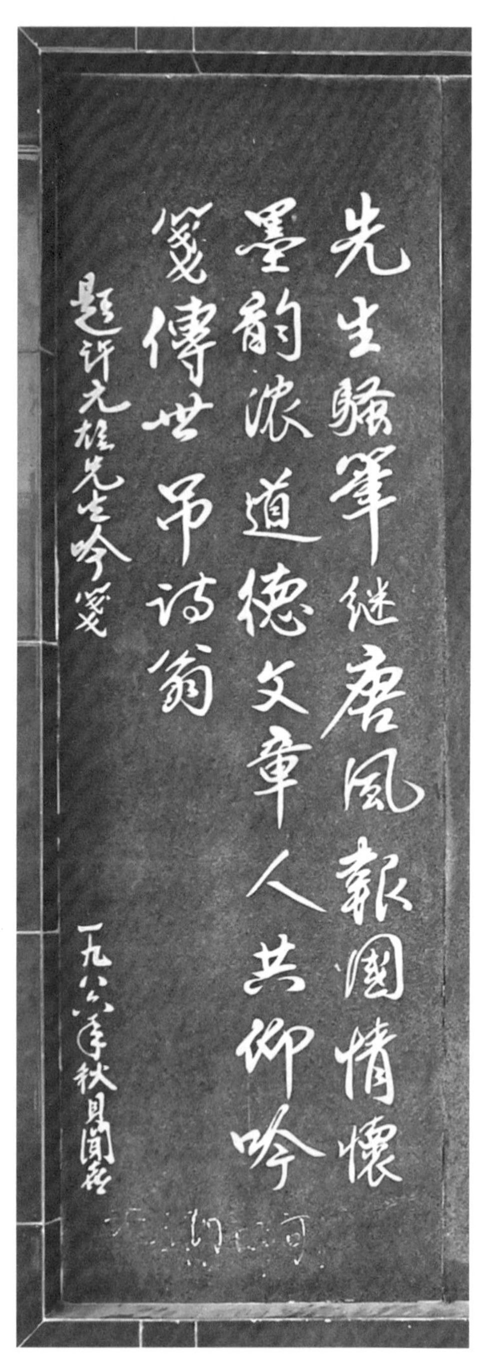

许元雄先生纪念亭中的碑刻之一

第四编　光影在萱园

编者按：《光影在萱园》系作者于一九四七年十月出版之一本小册子，由泰国逻京大众文化公司印行。

诗　　词

题　　笺

裂笛山阳曳影氛，排空唳羽自将群。寻声声诉含生苦，我也南来栖水云。

日夕居诸蓬眴飞，沉沉复压网中机。零缣败絮飘然拥，犹是雕阑旧舞衣！

草草劳入天一力，槿篱花小掩孤芳。绿章多莫分明记，留取春星带草堂。

浣　溪　沙

梦转何须揾泪痕，苔阶虚映绿成纹，摇摇台榭欲倾翻。　换羽移宫颜色改，一根风细袭余温，鸡声疑雨黯纷纷。

邱园老人六六鹤算依韵献颂

矍铄从知认乃翁，笑谈帷幄援残虹。一生所富唯书史，多难不磨是素衷。古道照今沾润饰，长松荫下仰贞忠。流觞曲引湄江水，莫罢西窗日影红。

临江仙·青年节特刊索题

吟得青青萦漫野，楼头景色窥人，艳阳花草四时春。湄江飞白练，滚滚足精神！　　宜有歌声浮海噬，管它陌地编氓？中华儿女此新生。风驱旋后劲，前路祓清尘。

遥寄天水涯

也有新凉意，朦胧月照门。起来庭院闭，端让虫声喧。
觅句醒忘却，怀人心上温。将雏存脉脉，已断十年魂！

寥落干戈后，生涯背负便。更无地用武，还是感中年。
源坞传音美，弓旌漫向前。将书默不语，我意纷徒然。

送庄××君回国

顿觉泉心涌，浑难置一词。天涯孤剑在，岁月两丸驰。
边徼陈征戍，昆华络梦思。柳营收束早，一局覆残棋！

待买君余勇，相期逆阵中。袖长依畏垒，翅薄怯凌风。
嘘燠心怜仲，飞鸣首向东。湄江携手处，骀宕素光融。

杨墨纷争厉，不阿良独难。投梭弄屡至，市虎浸相干。
本以枝为借，翻如寇踞坛。人生道云苦，双袖泪痕干！

是非成底事，肝胆见轮囷。此去君行迈，迷茫滞煞人。
艳阳将倩影，江草带余春。不信居夷陋，迟来合避秦。

寄　　怀

寻得词坛话战坛，蛮天花草斗清欢。一身已份为人役，撑腹何嫌五斗宽？待洗征袍川化赤，偶因泼墨怪犹寒。天涯历遍风波又，惭愧园林试未安。

母也天只唤不膺，远征徒侣溢飞腾。投荒任是光浮海，私淑心知尚式凭。十字街头般泛泛，萧疏椰树仰棱棱。孔怀夜雨如相诉，记取传经有续灯。

慕禅先生弄璋有庆词呈清粲幸不以秀才人情见哂也

堕地啼声浪试翁，南天一索彩垂虹。经堂消息旋生畅，梦笔低昂度玉衷。料得伊园真结妥，信同喜雨托名忠。会须绾领熏风阵，五月榴花丽眼红！

特　　赠

蒸凰吹透洱河滨，梅柳花源占渡春。鸣鹤有声皋未远，论交古道尚而入！

鹧鸪天・称觞

瑶宴递开瓜果时，蛮天伊咏系河湄。旧家风范宜乔树，画锦堂前照古稀。　　波潋滟，泛金卮，木兰之枻绰遐思。趋庭闲把儿童课，满径绿荫步学诗。

依韵写怀

泛泛徒登又一场，是非入耳转荒凉。莫传腐鼠纷相吓，等是风欹掠烛堂。叫蛤思寥归枕后，草窗绿满沁余香。画屏清浅亭亭忆，描得月魂照淡妆。

中秋三叠曲

忆前年，古滇门巷月娟娟。秋风惯促无衣赋，荡衍湖边听管弦。又是一年风递草，独山偏对月蛮好。戎装圆节两将存，劫后焚余歌远道。今夕浮云仍掩翳，湄江瓢落宛然寄。岁岁营巢竟不成，怕聆秋讯经憔悴。亮迹云澜况乍稀，嗷嗷梦寐莫须啼。鹡鸰原上声相绕，苦道荒园略树枝。

小驻绿围中

但寄蠡囚面壁东，草原楼上透轻风。渐看蝴蝶翻翻舞，隐觉波光艳艳红。洗耳故应依枕石，援琴浪自向虚空。漫怜琐琐堪惆怅，剥茧抽丝总未穷！

日色亭亭丽午天，如茵飘绿荐鲜妍。禽音漏落停清脆，风息低昂荡影前。别院移时深寂寞，冷怀谁系托芸篇。算它课罢纷飞侣，一样天机尚盎然。

何香凝花卉小品

一花一叶饶清绝，浩荡春心教化工。风雨未阑人欲老，年年南国衬枝红！

沉沉忆

儿女缘无尽，支离共此身。衣飘蔽刚膝，道远解怀人。
入梦频惊抚，浮搓肇夙因。料应相送罢，掩泪赛枫晨。

迢迢终自至，藐尔琐形猜。觌面旋牵涕，蓬门引乍开。
是非贫一字，话语爇余灰。哀感人间事，方衷昧剪裁。

娇啼何忍触，篱落见犹怜。闻过将存艾，投梭实拂偏。
传经心逾苦，舐犊馁残年。幼稚灯前灿，迟徊倍惘然！

浣溪沙

浅草如茵绕那边，一行矮树漠云天，遥牵吟啸立苍茫。　风骚袅袅嘘尘外，荇藻盈盈喋水香，悠怫松须面野塘。

膏雨匀凉逗昨宵，平芜嫩碧荡裙腰，云英争道去遥遥。　戏耍沂滨舒鬓影，华林宛约络阿娇，晴川瞬汐旋宜潮。

姑　嫂　鸟[1]

嫂嫂须啼煞野烟，杨梅开落四更天。情知饲虎无消息，唤断小姑张两翼。化石啼痕那可得！新番故事频频忆。乌啼如梦落晴川，只度清阴绿影圆。

街边夜奏恍忆残痕

静引天街风约轻，旋将貊调谱盈盈。春谣委巷胥原始，蕴厚苍凉漾楚声。戍影兰伽勾伙伴，啼猿叔夜警霜清。非干岸帻更楼上，漫自从头无限情。

港汊风引

枰叶葳蕤接水涯，椰风袅袅浮痕赊。蛮装一叶舟摇过，爰挹苍茫何处家？

光景度度清描

平林深处浪啼鸦，夹岸清阴列影斜。不道朝来偏爱静，恍然一水际天涯。

轻车浅草并晨晖，淑气方浓露未晞。迟得迷胡栖鸟调，寥寥解道不如归！

葱茏陌野漫粘天，南国深寻没纪年。万紫千红都已破，还从叶绿证因缘。

日软旋牵风阵加，幺弦无那觅旧家。豆棚瓜架凉凉去，坐拥郊原草木华。

步　凉　径

松须委径霎曾安，树树风欺顶漠寒。只自搜寻秋瑟态，翻思旭日近凭栏。纸张吹落休遑顾，黄叶凋零老病叹！光景山城存想象，西陲戎幕调轻弹。

---

① 作者注：俗传说有姑嫂二人，赌看杨梅花开。嫂乘夜往，为虎所噬。小姑怨啼，遍山寻觅，卒化为鸟，年年于杨梅时节出现。不图湄南仍习闻此声也。

岑楼一夕

肃肃岑楼挂未安，袭人霜气浩漫漫。星辉棋子谁占眼？犬吠更秋类已残！蛮貊无衣相卒岁，炎荒化骨委余瘫。剧怜北国抛离后，特地孱虚感避寒。

宵雨课愁眠

乙夜沉沉赓雨阑，昧然逆忆那回看。虚窗引逗修条影，凉月疑于醒梦干。滴碎心心兼入耳，调将滑滑按流滩。鸡鸣卜柝同凄警，寥落催人思竟残！

溪干

薄雾疏林渐散关，渌川新涨掩潺湲。爱凭梭滑舟如叶，泛彼沉浮云与山。傍岸嫣红常拂水，哓啼雏鸟调余闲。相看板屋应犹系，只在萱园淡霭间。

浣溪沙

椰风摇漾弄轻柔，牵惹篱边韵尚幽，信步前来勾小游。　拈出虫声初透碧，移将月姐下帘钩，新光如素锁清秋。

泥首赓番一局棋，回头柯烂几经时，流年宛抑况如斯。　微光熠熠寻萤火，风露淫淫漏乍稀，人倚楼栏暗湿衣。

濯缨濯足汛汛澜，槛外平添水一湾，温燠昼长引倦还。　少小无邪探出浴，人儿唤卖芥浮摊，西郊荔浦恍然间。

荡着郊原草绿柔，残阳热褪也优优，红花篱落展清休。　衣衫番汉宛如旧，南暨乡音凭对酬，情调幺弦那解愁！

端的肃然虔客心，无哗人自额沉吟，辉煌梵宇恣登临。　台城才有牺牲者，燕子惊飞轶上林，稽首慈云深复深。

蚁命些微何忍敲？短长亭畔剥离蕉，鞭丝笠影两摇摇。　霜气浓时司命客，得饶人处且饶饶，都缘无计避征徭！

沧桑一沃涣成尘，十载离离草蔓青，我也飘然雪鬓新。　　未嫁标梅牵弱絮，沓波燕子认情亲，麦舟惭沮窘如人！

森森砍净拂飞沙，近浦时阑省风华，宫冷空阶日影斜。　　五百汪洋奔客赋，大观楼上稔归鸦，更堪摇落引凄笳？

藤花点缀一门春，宿雾犹笼类欠伸，人傍滩头探渡声。　　终岁终年还似夏，桃符霁脸照元辰，应余淳厚旧乡情。

一抹斜阳风淡吹，青青草地落花飞，等闲消受纳凉时。　　犹忆小庭矜逐队，摘芳捉絮燕归迟，柳梢红已透窗西。

河上失踪人未回，离情漠漠泛疑猜，游鱼釜底思堪哀。　　湖光映煞凉风月，静美东方俏别裁，回首云程换劫灰！

无　题

蚯声和雨络深宵，四月清和晃荡摇。事到无何端已寂，薪如可析了余焦。
每于落叶寻行迹，为有诗情不可聊。敲罢鸣钟刚二点，问渠意态几时消？

劳生叵耐杂流形，扰扰人前羌不停。微命爰追千里足，梦魂宛自爇心经。
埋香春尽离离碧，望帝须啼刷刷零。老去蚕丝添作茧，解铃叩道系铃人！

市上箫人愁不骄，马毛长处瘦围腰。从今消尽飞腾意，旧事伤心流浪潮。
门下栖迟风已煞，嗟来情味最无聊。浮生那得长游衍，况复嗷嗷泪影飘！

自尊一拂也尘沙，待送穷时未许夸。挂步形移公等辈，青蛙塘底暗喧哗。
一钱不值才赓赋，四面交攻乱触麻。密密层层人困瘁，教从血海漾莲花。

晚潮旋涨送客舟，却引潇潇云雨稠。人世尽愁怀里黯，一年几见月当头！
天心梦转牵痕淡，浅草庭阴信步幽。惦记南番存令节，更随儿女过中秋。

萧散应知秋又深，薄寒只自拥孤衾。窗摇叶碎超超白，声曳树梢索索侵。
浪对荒鸡窥昧旦，几回残梦碾车音。河桥霜月深相忆，宿鸟迟人噪旧林。

书　信

函　一

陈课长 ×× 兄来，奉发派令二件，谨拜领，当经面向 × 公商示进行。查越暹两地，华侨众多，资力雄厚，果能一气运用，以与我粤建设拍合，裨益实匪浅鲜。遵 × 公雅嘱：一面留 ×× 在河内，以便对该侨社于经济上，文化上，有所联络策动；一面着元雄赶速赴暹[①]，加意考察，从而慰问，征集方案，报告备裁。兹适陈课长返粤，谨特先函奉陈，诸祈鉴照。

卅四年[②]（1945 年）十二月三十日于河内

函　二

河内于陈课长返粤时，奉上一函，报告来暹，× 公特加之意，准备筹办报馆于河内，以为南洋文化先驱，适旅暹客属会馆同人，前来相邀，因偕同杨专员 ×× 兄，联袂前来，业于一月廿七日，抵步曼谷。逐一拜访诸同乡侨领，至觉欣然。侨社姿态，极形庞杂，动荡，紧张之致，于欢迎代表团之热闹情形，具见一斑。现中暹协约签订，暹政府改组，所有混合宪警，经于新旧交替中结束。我中暹混合保安队，亦在其列。查该队甫告结束，迭复劫杀案件，不断发生，为应环境需要，该队自仍准备，候命继续，以为侨社服务也。

关于救济粮荒事，经善后总署代表过暹接洽，准予四千吨出口。现所捐募未达此数，但各侨领分头凑集米额，以备粤方有轮到时，即行启运。又际此农历年关，乘时举行种种游会，义卖献捐，情况殊盛，将来成绩，定益可观。同时，所与上项对峙，分途进行之建国救乡会一派，人数亦众，

① 暹，泰国旧名暹罗。

② 此为民国纪年，括号中公元纪年为编者所加。后同。

散布暹境各地，到处多有分会，网罗中下层侨界，发动救乡与建国事宜，备致活跃努力。窃以救荒事属公共，在我政府立场，似应不问派别，一并予以联络接纳，用臻集思广益，兼收并蓄之效。是否有当，乞赐示遵。

另有批业同人，以所交中国银行，汇返潮汕侨款，为数颇巨。该行耽延日久，迄未照付，侨眷啧有烦言；并谓，除向代表团，及海外部驻暹特派员办事处投诉外，拟恳我省政府，就近督促照付，用苏侨困。谨并奉陈。

三十五年（1946 年）二月二日于曼谷

函　　三（致 × 公）

抵素旺时，适有车返河内，匆匆由树华兄奉函报告，续行入暹，一直顺遂，业于二十七日安抵暹京，绨袍解卸，换着春衫，此后另是一番姿态出现矣！报务遵命进行，树华兄从详妥拟，并获客属同乡郭先生等之热情帮忙，冀得当有以报命也。此间大小报约十数家，刊物亦五六种，一律均须亏本，每月所亏暹币，动以万计。但每一家报纸，每一个社团，均有其集团背景，历历可稽。其中某氏拥官方优势，备极招摇，几于无所不包，无所不问。头脑简单者，亦每易受吓倒，而知识分子，无不嗤之以鼻。该办事处，时发报稿强登，如氏初到之通告悬挂国旗三天，近以代表团正式莅临，不便妄居外交席位，却自称国民外交，并擅派其所谓国民外交专员多人活动。又如粤省府托其来往电转发，原不过以其有电台方便之故，而径送报稿夸张，竟俨然以“应由”其机关转发、用威展风。凡此不一而足。顺并及之。

卅五年（1946 年）二月三日

函　　四

窃职于河内，奉到派令，赶即前来，业于一月二十七日抵步电陈，并于二月二日，奉上芜函，概将侨社各节动态，具报在案。查当日，陈课长告称，广东粮荒惨重，此去主席瞩盼，对诸侨社筹米一节，加促进行。复承 × 公处长，耳提面命，赐函介绍，俾对侨社，多所联络等指示。

黾勉遵照，未虞陨越。顷晤吕谘议××，由马来亚过暹，出示本府致暹文告，始恍然于职来时，手续尚欠完备；嗣后职留此间，应否确负何任务之处？合乞训示祗遵，藉资信守。

卅五年（1946年）三月一日

函　五

二月二日，奉函及电，琐琐渎尘，谅邀垂察。兹适救荒会理事长郑君，荣旋公洽。谨附芜函，藉申忱悃。郑君同诸侨领，登高声宏，热诚倡导，凡诸募集，仁浆义粟，斐然可观。至各社团间，经李铁铮团长，促成团结，合组侨联会，大致亦告就绪。所望循序渐进，俾臻成熟，斯则力量集中，将来于乡国建设之贡献，匪可限量。其详当由郑君促席前陈之也。×公发起河内创办建国日报一节，经此间客属同乡各位鼎助，先购置机器二副，配备新镌字粒，装成四十余箱，日内由杨××兄督运返河，赶行出版。而×公因公飞渝，谅最短期间，亦告引旋。

再者，领导作用，基于人格互信，与政治凭借参半，冠盖过从，类多敷衍，暹罗当局，会对外国记者谈话，以谓，中国代表何多？无从辨识。按即指招摇叫嚣之某某而发。侨社观感，亦一例看。故就海外工作而言，首重信用，有时无宁物色当地有力者直接充当，或更事半而功倍焉。叨注顺及，敬备清裁。

卅五年（1946年）三月一日

函　六

此间侨社各节动态，刘×兄耳熟能详，当彼混乱局面，几经曲折，建立该保安队，奠定中流砥柱，使侨社转危为安，外交途径，从容入胜，前驱作用，厥功至伟！×处长赐函奖饰，尤其津津乐道之。

伏读广东施政纲领第五项，于发展侨务，充实建设力量，不厌求详，列举宣慰侨胞，设立粤侨事业辅导机构，以及辅助归侨，畅通侨汇，发展海外航业，鼓励侨胞推销本省特产等等。具仰语重心长，与乎爱护侨胞之至意。窃忖一切事在人为，而问题症结，端在取得侨胞之密切联系，再质实言，如过去侨委会隶属下之侨务处、侨务局，或其他归侨辅导委员会之类，非不法良意美，但总似官自官而侨自侨，以循例行体制则然，若揆之实际运用，指臂交挥，吸收侨胞集中力量，充实新兴建设大业，殊觉膛乎未足以语此焉。故今后华侨事业之讲求，似有须于更深一层之策进，最好一面结集当地有力侨领，以为核心，以为凭借，使成为自动的对国内政治之联系，有其迫切需求，于此承纳侨社意志，人的充实为前提。再一面在政府方面，于中央体制不相抵触之下，或合并而加强，或另成立一有力的健全机构，赋予权限并专责，务使侨胞困难，迎刃而解，业务接洽，充分便利，机动运用，胜任愉快，所有辅导机构之设立，始显其能，亦始符合实际应用。约言之，即征集侨社主干，兼采国内贤达，共负辅导职责，而由当局遴派一人主挚其成。驯如是，政府与侨胞，拍合一致，汇成洪大主流，力量之宏，自堪想象。刻仍有须于侨社当中，支配干部，发生作用，尽量联络，争取向心，似属当务之急。职愚仅发其端，上备蕘荛，刘 × 兄为一有心人，此去葵倾，雅望有以为公借箸长筹，促席前道之也！风驰不尽尔缕。

卅五年（1946 年）三月六日

函　　七

奉读钧座在渝寅东，致此间救荒会郑理事长电一通，翌日续阅该会会议录，以由于此次发生事件（第一批四千吨中有被揭发“保升”不符者）所影响，咸抱谨慎从事，因之决议，应由理事长召集侨团大会处理之。忖知事实中有困难，询据会中侨领告称，该会此时募得总数，在三百余万铢，除支付第一批米四千吨值价外，余欵寄存银行者，只百万铢之谱，似此欲再赶购三千吨之米额，事实上尚虞不足。此其内容实在情形也。另查建国救乡会一派，分途进行，职于第一号函报告，已略有所陈，该会募得确数未详，一般估计，以为较之救荒会，略为减少，但以时间之久，范围之阔，成绩实有可观。该会于暹华侨社，自占相当地位，代表团来时，亦即亲临拜访，互商事件，而该会从而奔走供献，概不后人。其间不无左倾分子参加，但以无党派文化人，来自桂林，属之同乡亲旧为多，即该会会长，为故总商会主席之事业继承人，殊不属左派党籍，大抵资产集团，门户争雄，牢不可破，今犹沿此习气耳。只以与我粤政府，一向失却联络，形成脱节，职愚以为钧座领导百粤，侨胞信赖无间，对兹灾荒一节，痌瘝在抱，并集事功，似不妨直接致电该建救总会，本之公事大义，勖其効劳，俾获参加救济机会，用期共济于事。合亟陈明，祇候裁夺！不胜恳切待命。

三十五年（1946 年）三月十六日

函　八

谨将此间侨社最近动态，逐一奉陈：

一、粮食部近派其司长陈锡襄来暹，携带部发公事，委派侨领廿二名，以为劝募米粮救济祖国委员会委员，郑重其事，人颁一状，附一公函，另附谢作民私函，促各该侨领委员，协力奏功，并宣布奖励条例，公诸报端。职所接触三数侨领，对兹部状，颇侨得意。但事实上，欲别组一会，以与粮荒，建救二会鼎立。显有困难，欲合并二会，归之一手掌握，更谈不到。据某律师为言：此举系谢 ×× 氏所建议，意谓粮荒会，属之广东局部所发动，故来一个中央全国性之发动，而实不无重床架屋，与乎政出多门之憾。从此侨社，或将多一争取领导之分歧事态矣！是亦有识者之一番考语也。

二、建国救乡会方面，对职三月十六日所上报告，关于促请该会效劳一节，表示同意，径拍一电，并一呈文致粤，迄未接复。而该会于文化社团之活动，倍加努力，具获陈嘉庚、何香凝、彭泽民、宋庆龄等之同情奖借。近为进一步明了国内状况，经发起一回国考察团，即将启行。此项考察任务，首须抵粤。业经前来对职关照，请予届时介绍云。

上述二项，以其与我粤多少有关，谨特阐述情形，联同剪报二则，报告备裁。

卅五年（1946 年）四月十二日

函　九

此间华侨各界，雅拟明了祖国近况，实地灾情，特由建国救乡总会发起，征集中华总商会，报界公会等，组织回国考察团，由 ××× 君领率登程，进行调查、联络，并实施等工作。景仰风猷，谨合肃启奉尘，藉当绍介，至祈赐予示洽，俾内外沟通，辅翊救政大业为祷！

卅五年（1946年）五月十日

（该团中止进行函未照送）

函　十

云水泱泱，载深忱慕！忆初来时，×公嘱托殊殷，奈渠迅即飞渝。历久未返，河内之一据点，无由发踪指示，无由代言请示我公。有关侨运配合工作，仍有待于来日。职尽可能于文化方面发展，参同诸友，创办南洋中学一所，又暹罗华侨教育协会，二届扩征会员改选，并荷推出负责。嗣是于定期及不定期刊物，颇喜为文刊登。最近由暹方发起，邀同华方，组织中暹文化协会，彼由文化院、艺术厅、报界公会等参加，拟以蒙昭沙功亲王任会长，此间则由各党派，及教协、艺协等参加，征求及职，共同努力。现方在筹备进行立案，迟日正式成立。兹举果有所成，对于文化沟通，中暹亲善之前途，作用至伟，工作亦实艰巨！黾勉赴之而已。感念一介微末，拓植草莱，宁静操持，已成习惯，旧日远征同侪，正多追随左右，克奏肤功，而职也瞠乎其后，亦唯修其在己，以冀他日略有表现，不辱大君子之门，乃所馨愿。适詹委员××兄返旆五羊，附芜奉候起居，不胜区区向往之至！

三十五年（1946年）六月九日

函十一（致×公）

云旌遥引，指日羊城，越局一幕，从兹结束，诚不禁其低回感叹也！向以交通路阻，联络中疏，仅由树华兄一度透露佳讯，河内驾临有日。旋由曾啸兄偕维明先生返河，竟滞素旺。奉函叩候，又不知会否得达左右？时光闪速，半载暌违，渺渺余怀，良深惆怅！

忆初来时，嘱咐于此间各方面，尽量联络之后，再过马来亚及爪哇一行，回头于南京广州晤面，意气之盛，顿壮行色！仍仗鼎函绍介，透过同乡友谊关系，暹中交接，实繁有徒，救荒运动，亦以凑凑热闹。后更省委詹君莅止，陪同宣慰，备列欢迎，在公方面，总算尚免陨越。只以来时未奉省府训令附文，迭上报告，迄未蒙复，鉴于冠盖过往，浮薄应酬之外，多不见重视，自不便孟浪擅订名义，过别地方，致招物议。一直滞留于兹，良非初意所及料！

此数月间，甘苦备尝，借政治任务之余气，与乎个人结识虚声，文化界中，略为近道。而派别之门，畸轻畸重，易生摩擦，惹起是非。省府詹委员来时，即有人进说闲话以谓雄亦染有色彩，经庄 ×× 兄从旁解释，事后始行相告，雄自苦笑置之。在庄兄雅意，邀同回国一行，待衔的确使命，再过活动。雄以往返耗费，已成问题，对粤关系，不绝如缕，素又不善奔走，诚恐于路线走不通，侯门悬望，曳尾濡涂，为太难过。兼自汕轮频驶，乡里人来，劫后家园，分外萧瑟，行届中年，百端交集，愈益领略人生滋味，与乎负累乏趣，而又欲罢不能，烦恼心田，适成沉郁，用期克服。凡此动向，知公深爱，无妨一并罄尘。

尊况谅佳，得时既驾，渴聆后命，示慰仰怀！某某诸兄，想均莅止五羊，珠江月夕，裙屐增胜矣。不尽一一。

三十五年（1946 年）七月十六日

函十二[1]

晴窗分绿，遥挹清徽，谢 ×× 兄飞来，为道过往省港，时叩崇阶，并述及 × 公会承亲询，对雄是否涉及党派色彩问题，有所疑虑，不觉喟然！溯及詹委员 ×× 兄莅暹，早有悠悠之口，终以三青团 ××× 兄，友情笃挚，从容释说，旋更由总商会聘为该会主任秘书，迄今四月有余，支持会务，乃至侨团诸务，在资产集团之侨领间，尚表敬信有加，当不啻事实上解答矣。雄不待词费。只自反省，挂名府中参议，无所贡献，歉愧殊深。初来时，于救荒一节，侨领周旋，借凑热闹，还幸不致有所假借，以作局外活动。日久淡忘，自起信用，方寸可告无愧。而自一直南游，同人不弃，从而创办学校，参加文化团体，发表刊物文字，均其

① 此为许元雄于先生 1946 年 11 月 2 日致时任国民党广东省政府主席罗卓英的辞职函。附件为罗卓英先生复函。

结习未忘，文化姿态。不虞之誉，求全之毁，兼而有之，是非庞杂，颇难厘定，只当尽其在己，摒却怨尤，外间一切，听之而已。曾于送人回国诗一首，又登刊《寄怀诗》二首，其词云云，微抒一片心声，叨属部曲。垂后一函，似无妨一并呈献，用志残痕。兹既无所効用，亦复不事假借，揆诸道义分际，合恳辞去省府参议名义，以明责任，以免贻累盛德。今后纯以文化人在野身份，自力更生，拓殖文化领域，徜徉海外，容与避秦，随缘他日，互信道生，再图报称于万一是幸！临风忱祷，不尽瞻依。

卅五年（1946 年）十一月二日

附记： 元雄同志雅鉴：接展来函，备悉一是，披诵诗什，具见胸怀；同志潜心文化工作，省府参议，即难兼顾，所请辞职一节，自可照办。暹中侨况，仍希时告二一为盼。复颂旅祺。

罗卓英启

卅六年（1947 年）二月七日

致李济深先生信①

云旌遥止有日，翘首南天，心香一瓣！吴 ×× 先生数月驻足，促膝深谈，尤每津津乐道之也。间曾参阅玉照小片，与港中文化界几位合影，心广体胖，式维我仪，苍松长秀，晦鸣风雨，非公其谁与归！顷悉腐化集团，以公不利于其统治，摘除党籍，黑暗怕见光明，由来有是。从此泾渭毕判，大时代前头，仍不许东山高卧焉耳。

职于去年一月间，由越转暹，时因救荒孔亟，广东省府给予参议名义，来相推动。抵埠，会晤诸旧日文化同人，先后来自桂林、昆明、香港，不谋而合，创办南洋中学一所，扩大教育协会组织，均以职挂名为其主干。又适彭老先生于民盟南方总支部，派冯 ×× 陈 ×× 等莅暹，星洲民盟代表黄 × 赶到，建立该盟暹罗支部，发刊民主新闻，职俗习未忘，以文会友，颇常附庸刊登。而顽固方面，已为侧目，当省委詹朝阳氏前来，

① 致李济深先生信两封及所附李济深复信原稿均没署年份。联系以上各函，均应为民国卅六年即 1947 年。

遂启悠悠之口，播为党派色彩闲话，相将传达省府。职则以合则留，不合则去，在资产阶级侨领，尚多敬信往旋，而省府反致歧视，殊不值得，业于客岁十一月间，径函辞却该参议名义矣。

此间侨社复杂，不啻国内纷争之缩影。民主人士，实繁有徒，纯以刻苦耐劳精神，配合较高度之文化水准，各该部门，分奠基础。就职所较有关系者言之：如建救总会，为反日大同盟所改组，山吧处处，遍布分会，形成新兴势力之堡垒。又如教育协会，所有领导各地华校，达六七十单位。即南洋中学，经发展至学生一千五百余人，凌厉向前，生气蓬勃，为私立华校中树立楷模。新办商报，服务市民阶层，尤为有力之言论机关。此其彰明较著者也。

自桂林拜别，倏忽几年，人事沧桑，低回感喟！南来草草，力短心长，叨注殷优，满望进而教之，时赐示策，长为我光明之前导，为幸奚如！临风忱祷，不尽尔缕。

五月十九日

又

十一日，吴 ×× 兄南来，接诵手示，戴深感奋！旋即偕 ×× 兄会晤诸民主人士，畅谈殊欢。据某负责人表示：此间不少商人老党员，憎恶政治腐化，不愿意参加顽固集团，亦不欲径向左派，诚得如公及宋庆龄先生等，开明领袖，登高一呼，加以组织，收效自宏。复阅报章，拜读公与何香凝先生及冯玉祥先生，连日发表之谈话，告海外同志侨胞书等，翔实痛切，草上风披，凡诸同侨，具存良好印象，以知启发同感之处，有足多者。一俟时机成熟，公开领导，亦定相当可以凑拍完成也。

×× 兄昨转赴星洲，渠因鉴于此间环境，不甚适合，而星洲方面，声气互通，必更有所贡献，适有便轮，随成行矣。顺闻。

六月廿八日

附录：

李先生示札二通

其　一

元雄吾兄道席：一别数年，耿耿未尝去怀！忽接惠书，喜慰无量，华侨为革命之母，彪炳于中华革命史乘。迩者，国难尤殷，得兄与侨领诸君子，领导其间，民主前途，实多利赖！顷吴××兄南来，即在兄处工作，国内详情，可报一切，弟况亦托面报，至希赐予指导，维获一切为祷！匆复，敬颂道祺

弟李济深拜启

六月二日

其　二

国事日亟，民生欲绝，独裁统治者，变本加厉，发布总动员令，不惜以国家土地主权，及全国民命，付之一掷。今日之形势，国家与四万万五千万人民，与独裁政权，实处于绝对对立地位，有独裁政权，则国家与人民，实难存在；反之，国家与人民欲存在，则必须将独裁推翻乃可，而欲推翻独裁政权，必须集中海内外同胞力量。因派××，××两兄南来，商洽一切，希有以助教之，为祷！

八月十三日

散　文

怀忆昆明的伙伴

圆通山造成了园林，我最爱去向那水池旁边，草坪坐坐，可以晒日光，看看书，这样便把余闲的日子支付过。归途经过的北门街，新开一家北门书店，看样子，很简单明了，外间不容易找的刊物，像《群众周刊》之类，那儿可以商量一下而找出来。转眼出入其间的，也不像书店老板之流，后来打听，才知道是李公朴等的小经营了。

事恰无独有偶，在我近邻的威远街，可有一间精致的小茶馆，招牌是郭沫若题标的“文艺沙龙”，门前玻璃橱中，摆卖着新颖的刊物杂志，

谁也不晓得里面是悠闲的茶话地方。我第一次探访去，是由国际电台的一位朋友，充当向导。他笑说："请参观我们的机关吧！果然不同于一般茶馆，闲杂人等，这儿是绝迹的，有的是学生模样，和稀稀松松的文化人，他可以拿上薄薄的书刊，陪着一杯清茶，悠然自适其适，或娓娓对谈，像咬嚼什么问题似的。高兴起来，还加上爽朗的笑声，秩序是蛮好，地方也清幽。自然环境，比不上翠湖绿荫树下摆设的茶座，而人们没有科头箕踞那么杂沓，这儿要是雅得多了。听他说，每一星期间，民主同盟有个小组于此，大的约会，也就在这儿举行。

这位国际电台的朋友，吴 × 彦先生，他是《民主周刊》十六人基本撰述之一，一面在电台当主管，一面还在中法大学教书，他的工作，相当忙碌。适才爆竹声响彻了胜利和平。一清早，他特来拜访，迎面就说："胜利了！胜利了！"活现小孩子的天真，我回说："国民党胜利，你们可是失败了。"他略为错愕一下，换成严肃的语调："不会的，你以为国民党可以坐享其成了吗？我们正提出联合政府的组织，包管国民党不能不接受，民主潮流，一定大大的成功。"我时疑信参半，只说"很好很好"，转为轻松的不离本题的，又翻到什么写作的话匣子。

过几天，一些越南同志过来商量，要由越南革命同盟会，召开一个旅滇的全越人士，热烈回国，促成独立运动。我以挂名指导的身份，自然无不赞成。是日先找吴先生说："请你也参加我们的大会，看看我的领导工作吧。"他笑答："好的，好的，我一定参加。"但临时转来向我关照："还是让你完成你的杰作好了。"他不参加，理由是，既假座云南省党部，又有各个机关代表莅场，而他民主同盟的色彩太浓厚，恐怕一说话，会惹当地老爷们的饶舌，对于越南同志，满望中国当局的援助，转为妨碍吧。我说："也好，那么要你另一方面帮忙了。"会开过，我便拉了王明芳、李涛、范明生几个越南好兄弟，过访吴先生，报告了一番会场经过，还要他代拍国际中英美苏及联合国的几番电文，呼吁争取越南的独立。他一口答应，一手译成英文，按下叫钟，径付工役交拍，不消二十分钟，已把这宗事情办妥了。他仍殷殷款留越南几位同志，问他们如何武装，如何组织民众，并民族解放会几个单位的活动情形怎么样？这一来，也让我们这几位同志，大放厥词了。一直坐满个把钟头，方始兴辞而去。

从此，越南一般同志，已在纷纷地束装赶程，我也话别了吴先生，离开昆明以去了。

和特务纠缠了一阵

入越接收，给云南部队占上风。旁的属于侨务而实含有军事性质的本机关，退居从属地位，横被压迫。而越局胡志明氏，向为革命同盟会之一分子，因先潜入做地下工作，拥有实地各个党团群众，另树起越盟党的旗帜，让落后的旅居中国的同盟会和国民党，剩下一块空招牌。我这一来，两边都不着边际，就只有以客卿态度，游荡游荡了。

一个灯火阑姗的晚上，碰到刚从昆明来的谢 × 因，他是变成纠纠的武装了。他热情地握手，表示十二分高兴，问明我住的地方，约于明天一早，过来看我。届时还带了一姓什么的华侨，说是挽他带路的，便在一边坐下来。老谢人是相当爽快的，他们于昆明计划着，随军入越，做点文化工作，我也晓得，并且先我启程，却到开远等飞机，终等不到，改搭军车，再改为跑腿，足足花了一个多月，方才抵达目的地。不消说，大事已定，仅有的一个可以接收的小型报具，早被人捷足先登接去了，别的什么文化影子都没有。他们部队，也不需要它这些玩意儿。他只合躺在特务团里，当翻译，实在是没有事做。老白呢？我插上一句问话；不错，他也同来，今天头晕，改天就来拜访你了。

白 × 浪来时，还是那一位土生华侨带领，白把他支付开了，静悄悄地小房间，吐露他的忧郁之感。他带来某先生一封介绍函，要找我的本家子兄，商量一下之后，继续几度来过，连子兄几个朋友，都共吃过饭，谈谈天。昆明随后又添凑一个老笃来了，更加热闹。可是好景不长，沉阴也不会拖延过久，这在我和子兄的应约前往特务团，已听到白的默默的苦涩心弦了。他感到环境不合适，他要急促地离开。又过了几天，谢决定同老笃去搭便轮赴港。而白还是勾留着，一面对我关照，要单独一个人去，我暗地里心知，他的一番困难，希望时间赶快过将去。

不速之客的那个土华侨，闯进了我的房间，见我不在，留下一张字条，交给房里的老方。待我回时，老方一口咬定，适才来的，看他鬼头鬼脑，是个十足的特字头，留字是要我去他们的团部奉商什么的。我当然不理。但待过了所约定时间，他又来了，我问他干什么？他却嬉皮笑脸地，问白先生来踪去迹，等我说不大清楚，他还硬要我，如他（指白先生）来时，好打电话某某号通知他，意思不言而喻。我心里漠漠地引起一阵愁云。

恰是上灯时分，郊外散步归来，一踏进旅舍之门，柜头围住几个大兵，像喧说些什么。掌柜的把手一招，许先生，找你的。我一眼看去，是云南部队，夹着一位见过面的文化人，和那个鬼鬼祟祟的小鬼，一起六七人，我也就大模大样地，邀请楼上坐坐，先投递一张名片，给他官样的两个。他们看看了后，礼尚往来，也交给我二张名片，一是少校副营长，一是上尉连长，统统属于特务团的。登时小鬼头，又拉着少校出去了。就让识面的这个文化人，用方言和我说说，知道老白已被扣留，他本人也已失却自由，总是什么人捏报的党派嫌疑一回事。还暗示我，他们特来调查，你就说以前不认识算了。不一会，少校走进来了，文化人径自述说了一遍，我不加赞一词，大约还许是阶级的对比吧，他行了个军礼，声称打扰打扰就一起去了。

旅社般人，捏了一把汗。我不觉问题的轻松，照例，各有主管机关的，遇事须要关照，才能下手，这其一；又老白即经落网，而老谢还在海防，尤非急急传个消息不可。这回老方自告奋勇，等看天色微明，便自搭车去海防一走。好容易挨及暮夜，老方归来，一天愁云黯淡，继以暴风雨的袭击。拉我过了别的地方，才诉说，如此这般，老谢也已被捕，由两个特务，把老谢夹住中间，押解另一架车上，同时送达河内，说不定两个对照问讯，又会惹出多少夹缠来呢！

当夜便在这个易地暂住，一连几天，仍是老方好意，不令回巢，也就在这个时间，闲着整理一些残稿，作为后来付印的《湖上风裁》，端的值得纪念。偶于一晚回到旅舍，事有凑巧，女佣报告，今天有个军人，一连找你三次，还留下字条，你看看吧。那也是一个陌生客，还写过别字，分明是个老粗，但怎么办呢？太示弱也不行，我又只好戎装待客了。如期剥剥地扣门，我叫进来，而进来却是立正，行礼，报告谢先生唤他来的一番经过。事情是这样的，是某某特字头指证他们二位，是《云南日报》记者，《观察报》记者，兼中苏文化协会在昆明的负责人，和写过印度独立运动与甘地先生思想（之）类，总而言之，是要不得的分子，所以移交过云南部队，亲自扣留了。终于说，问题并不严重，谢先生务请外间朋友放心。

事隔多时，再无别的消息，我已离开河内，过来佛国地方。最近有人见过白×浪，刚在香港，谢×因也在海防，自由自在，想不会错的吧？我不禁为之色喜。默祝他俩的脱却了樊笼，和异地平安！

怅惘话越南

越南恰称南国之风，那旖旎而温暖的情调，令人怀挹不尽。只要驱车去郊干一转，就可见到脉脉的田畴，禾稻摇风，穿插萧洒椰林，和疏落小屋，吐露些清脆的鸟声，恍忆唐诗上“觉来盼庭前，一鸟花间鸣”的清穆境界。

我总觉越南是可爱的，是东方的静美，是秀丽江南的余衍而更加秀丽，比如女人的袅娜宫装，为其文物特征，恰是礼失求之野。我们由这些，可以瞻仰祖国的多少残痕。听说，中圻顺化宫室所在，尤其十足的中国化了。底下一般人们，虽有的偏于懒怠，有时稍嫌躁急点，但勇气满是有的，技巧也委实不让人。就这样于最短期间，播下革命的种子，让胡志明这位天骄，汇成普遍而活跃的独立运动来了。

诚然，越南给法国铁蹄蹂践了逾七八十年，一旦抬了头重见天日，谁都有其兴国般神色，只看小学生队伍，踏步唱歌，怪动听的。他们民族，本来就富于音乐天才，新近把歌词改编，把靡曼的低抑的亡国之音，一变而为愉快发扬的了。他们的口号是：“宁死不再做亡国奴！”也是恰到好处。

适才侨务处长办公室，我和个中领导者之一的黎松山君，相逢话旧，他手提一张越文报纸，很小心地动问：“中国政府要和法国妥协，让越南交给法国统治吗？”我不假思索地说，不至于吧！但萧处长不同这个见解，他说：“国际形势，确是于越不利，而内部还是不团结，真是危险万分。”黎君听罢默然，我心领这个借题施教罢了。接着越盟党办的《新越南》刊物，径以《我们信任中国》为标题。征引孙中山先生扶助弱小民族的经典，并剖析所传的条件利害，像海防划为自由港，和滇越路的滇段归中国接收，均系微乎其微，岂有贤明政府，不直接向越承批，转而向法国乞讨之理？终于断然相信，中国是不会出卖越南的。一方声调唱得激切，另一方却透露了这个消息的空穴来风。

最值得纪念的一夕，是萧公馆里面，群英毕集。依于萧处长的调解完成，举凡代表越盟党的胡志明，代表同盟会的阮海臣，和代表国民党的武洪卿等等，都在愉快的融和的空气中签了字，成为越局的新的大团结了。就在七亩湖滨，乐韵悠扬，舞态翩翩，柔和的彩灯，悠映着庭花、野草，尽都欣欣然一阵陶醉吧。

曾几何时，谣传的变成为事实，中法果然签约，对越真的无领土野心了，连扶助弱小民族独立，仅仅成为道义上的词令了，一时人心惶惶，连华侨也在内的不怀好感了。胡志明落得忍辱负重，沿曲线持续进行，先来一个自治，再组织了一个考察团，亲自赴法请命了。实在，中国可恃而不可恃，不如此委曲求全，怎么办呢？但激烈的阮海臣一派，却不顾一切地脱离以去了。而自此法国军队，长驱开入，俨然自居征服者，旧主人，神气十足。底下一般民众，又只有默默无言，按捺一下凌辱、冲突，和无情的残杀。像老挝几处的地方，一幕接连一幕地排演，暗云一阵阵祭起，什么是自由神像的钟声，这里却缥缈茫昧得很，连梦都不曾碰到呢。

附记：尔后局面还是破裂，法帝国主义者，现出獠牙爪舞的原形，实为殖民地的奴隶政策，一直不变，而越盟党领导下的独立运动，也复坚强地奋斗起来；看来局势还方兴未艾呢！

献　　词

——对于进修班毕业诸同学

为其外间的气氛，太形扰扰，一踏进这个园地，弦诵新起的地方，顿觉心境宽舒了许多，仿似置身一个绿荫所在，可以优哉游哉！

不是说，学校等诸山林，等诸逃避现实，恰相反，而是学以致用，而是把前人宝贵的经验，传播给后人，作为生活生存力的把握。在进修班同人，迅即将其所学，付之实施，去向荒芜已久的侨教之门问津，尽其一份播种工作，这最涵着浓厚的现实意味了。

恍忆好多年前，国内有句，“轮回教育”。意思说，文科毕业的当教员，法科毕业的当教员，工科商科等等，仍是当教员，而所教育产生出来的，等同头，又是一样的当教员，活像走马灯式的团团转，堪称“轮回教育”。这对教育界，自然是带点幽默、诮笑。而实，对当局的不能发展工商实业，不能因材器用，驯至学非所用的多着呢。

有一个时期，需要学生运动，拼命地鼓舞，把学生带出街头，呐喊，造成一般风气，浮荡得很，但过了另一时期，又是压之唯恐不力。学生只合读死书，国家大事，用不着管。兼之党团一类的从而统制，快把学生当成女人，通通赶入厨下算数那么似的了。出乎尔而反乎尔，也正令人莫名其妙。

就外围的粗枝大叶拉来，似有“兴学如扶醉人，扶得东来西又倒”之慨。再朝内里探讨，和侨教的特殊情形，委实更难说了。如所周知，侨社顶要紧的，还在普遍的大众教育，以及商业工业的专科职业学校，才是学贵适用，也才是对策文化水准低落的侨群，较之普通中小学的林立，更形当务之急了。却并无须乎统筹统制，强为形式区分。实在，华校对于政府，尚不致寄存多大希望，经费自筹，教材依照采择，催侨教条例一些困难，希望政治力量可能予以解决，已就万分高兴了。

本来，人是感情的动物，也是政治的产物，对于当前政治社会的动态的解答，满足于其求知欲，有时抑不住热切的感情，发为正义感的呼声，谁也不能认为过分吧。但学习与实践，终竟有个距离，尽有充分准备的优游地步，所以，教育至上，自由研究的蔚为风气，确是必要的了。

我还觉得，南国多少有其旖旎的风光，人们相当任情与放纵，尤其青年的活泼愉快，求知，求进步，一定不落人后。果能实地开发，把文化水准提高，真的显出大国民风度，多么好！就近之又近的，清淑园林，琴韵歌声，虽在极其粗犷的，接受洗礼过来，也觉油然浮现人生的亲爱情绪，泯然以与同化了。论教育的间接影响功能，和移风易俗作用，尤堪想象。

好，风雨如晦、鸡鸣不已的时代，已成为过去。今后呢，满望明朗的展开，春风桃李齐开放，吹遍湄南一地花！

前　奏

——春暖花开草发芽！

第二届师资进修班，六个月为期，转瞬旋告毕了业。侨教萌发了一束新芽，随时散布到湄南处处，替广泛的侨教当播种服务，总算于风雨声中，于阴霾四布下面，潜滋茁壮起来了。

我们不会忘记，这一段期间，是本会同其他教育界人士，进行所谓扩大改组，终竟遭受了毁败。另是相辅而行的南洋中学，完成了迁校计划。当前一般华校，渐渐走上常轨，形成雨后春笋般敷荣，却无疑的，支持度度困难，笼罩下来的经济阴影，极少数能够舒吐一口气。这证明：内里的危机，并未逐一解除，并未按照合理的步调，向前推进。有之，值得自信的，像这个师资班，一期复一期地完成，具体而微的奋斗前途，象征着顽强的努力！

当然时间是这么短暂，修养学科还未够充分，同学们也定不会感到满足，只是一贯作风，一股勇气，定是一面学习，一面实践，仍将实践了，更加反复学习，养成读书习惯，贯彻学问为终身事业的旨趣，所以终竟人生，恰是一部奋斗的历史呢！不嫌词费，再谱成三部曲：

我们首先要认识当前的潮流，当成奋斗的指标，不应蒙住鼓里，当一头驯顺的奴隶，再缓缓爬上奴隶总管为已足。反而是，一面不辱没了个性——自由，同时尊重了人家——平等，放进民主的科学的进步思潮，去摧毁封建偶像的废垒。翘首祖国我们的导师，站紧时代前头，有如鲁迅、郭沫若、黄炎培、茅盾，乃至全国文化协会般人，他们的言论丰（风）采，不是已经指导一条光明的路线了？又岂无聊的肥肠厚脑之流，只知谀媚取悦权贵，根本谈不上精神食粮，所能妄事干涉的么？

认清潮流，因以确定个人的动向，和人生观点，是进步或是开倒车？这是起码的应有准绳了。往下接着一个问题，却是争取优良的环境，以做驰骋回旋的园地。比如，法西斯气氛太浓厚了，低级的趣味熏染，红帽子满天乱飞，随便加予压迫，毒害，委实不成样子。“人之好善，谁不如我”，不能够好好地创造，偏忌妒人们的进修成果，一边又不服气地抹杀为“门可罗雀”，一边却大惊小怪，生怕教育文化团体，尽给把持了。我们虽则不与计较，可是多少蒙受一阵恶影响，留下不良的印象，总不是事。最要紧还是叫它滚开，尽量摆脱，腾出一片干净土、自由天，陶养清淑的心田，配合充分有利条件，那么，顺理成章，业绩自自然然地呈现了。也就是“君子道长，小人道消”，光明面委系压倒了黑暗的一面，那冥顽不灵的废物，终竟会给澎湃怒潮所推卷覆没了的！

还有一着特地申明的，就是加强主观的努力，去克服客观的困难。看看当前的逆流，还相当暗恶，不但煮鹤焚琴，熟视无睹，显出獠牙舞爪的原形，并把中间公正人士，一起扼杀才快。这样一来，端合提高了警惕性，扩张其正义感，布满万千愤怒的火把，酿造新生自由的鲜花，且卑之无甚高论，就如学校这回，尽管风雨如晦，诬蔑、破坏、封锁，交逼而来，但我们纯以不变应万变，以认真作业的成绩为解答，务使一般家长，目睹子弟回来，一样着着实实，勤习功课，不致荒嬉，也不致对家庭有什么不敬的地方，于是流言止于智者，事实胜过雄辩。这么一力挽住狂澜，争取侨社的同情认识，是顶可珍贵的，是应该持续把握的。凭将刻苦耐劳的精神，演为严肃正大的风气，展开一道光明，与乎一支新生力量。

满想教育离开政治，但也不便离却人生，就广义而言，该是贯彻了奋斗的人生过程呢！这当儿，尤其不应逃避现实，也许大可美化人生，把调子放轻松些，一番莘莘学子，一往脉脉追求，殷勤陶冶，春暖花开草发芽，多么的绮丽清扬，富满了新的血输，更富满了氤氲生生气息，这度就算破题儿端出第一声吧！

绿荫漫话

绿荫修影一丝丝，微雨熏风络在斯。寄语园丁添护惜，落花将去作春泥。

就在今年这个椰林风下，纪念古老的教师节，可是七年封闭以旋的一个新纪元，是接着胜利，和平，亲善，团结，一连串声中的佳日子，怪不得斯文人物，分外的兴高采烈哩。

当然侨居异地的，合有特殊的环境和需要，新生事业，也不是一蹴即就。眼看一般艺苑园丁，总在辛勤地披伐荆棘，剔除蔓草，去播种桃李之芳园，凡百都是伊始，还待努力，那列在教育条例的障碍物，就有待于外交途径去清理，去争取一个完满教育子女的自由。其他师资、教材、经费等等，所需要着眼着力的地方多着了。

不容不认，一切缔造维艰，葺补工夫未遑，这地战后气氛，委实并未宁息，尽在覆雨翻云地摆布，况兼不景气挟上灾荒，把周遭环境，紧紧地笼住，教你生活上、精神上，都要感受无限的苦闷、压迫，不让轻松地舒吐一口气，好好地安定过活，以便献身神圣事业；却反而时刻担心，好像门外大有入图侬，一般人事纠缠，一番艺林黯影，谁为为之？孰令致之？只有天晓得！

早经高明人士提示过来，华侨最好自成一个单位，保持力量，对于祖国政治，但取监视督促地位。那么，以言侨教，尤其理合“超然”，不要混入政治漩涡，而政争魔手，也勿来拉扯，腾出一片干净土、自由天，让活泼的下一代英才，尽情地以乐以育，套句名句：“救救孩子吧！”我们犹然要向衮衮诸公，这度祈求！这度争取！

满望在恬静的乐园，祓除不祥，尽欣欣向荣的情绪，去采行教育政策，去接受世界潮流，更密切伊迩的中暹文化，导入交流，国民外交，益臻亲善，这儿就算一曲前奏了吧！

漫想菁菁

老昔诗人，于乐育人才这边，托兴在“菁菁者莪”，看它春草碧色、欣欣向荣的姿态，令人油然心生一番美感了吧。有句倒转运用“种树如培佳子弟”，也合是微雨温风，曲尽天心调护的一回事。

虽然学问是件苦功夫。掌教席的，尤多少存点严肃意味，但基本却须建筑在爱和乐上面，尽管拥皋比的俨然大儒，也要“即之也温”，相对有点温暖，透露了整个杏坛以生生地春之气息，所以谓“名教有乐地”“园林无俗情”呀！记得孔老先生道过武城，触耳弦歌声音，知道他们的教化起了作用，不觉为之莞尔。又一回表现得更加酣畅，同情他的老门生的提议：“暮春者，春服既成，冠者五六人，童子六七人，浴乎沂，风乎舞雩，咏而归。”那是多么浪漫和优美的情调，随将意解神飘！谁道古圣人专坐冷板凳，一样槁木死灰而已矣吗？

真的，和平养无限天机，那么清淑的心田，优良的环境，才能够养成一片天机活泼而愉快，一切寻求事理，也才有个把柄，有其着落，好去领略栖迟，浸润而无闲，或者表而出之，向活生生的人海周旋学习，也定其具在我，大可以择善而从，不致失却张主，受外间所支配。好像众楚人咻之，于其情绪焦烦，学习断断不会成功的了。又像内里发生毛病，同在老师当前，而一心以为有鸿鹄之将至，思援弓缴而弋之，这一来，也定是言者谆谆，听之渺渺，根本没有交关。总之，紧要关头，端在主客配合，一以贯之，换句话说：可要找个较适宜于淑修的读书环境，从而集中心情，迎头赶上去吧。再申说：合有个自由发展的新天地。而对那不自然的统制，党化奴化等类法西斯气氛，可就不堪承教了。

回转话题，诗人对于化民成俗，取譬如风，犹之说，这一阵和风，一阵穆如清风，而恰好自北南，有的挟策南来，也胜似南风熏兮，吾道其南了。偶吟臆："春风十里扬州路，卷上珠帘总不如。"又"暮春三月，江南草长，杂花生树，群莺乱飞"，和"岸芷汀兰，郁郁青青"，凑上"菁菁者莪，在彼中阿"。一连串的娓娓词调。近征南国，这儿黄金半岛，尤其有的是，青葱未艾，满径绿荫，人在其中，鱼戏其间，怎不优哉游哉，一直忘忧卒岁呢！但我正低回求之，形诸寤寐，却始终茫昧得很，寻不着个中美梦哩！

还有，先生们不甘落寞，早定六月六日为教师令节，可是在抗战期间，把它改掉了，大约六月六，不比三月三，那么清新并叶吉祥，改了才对。改成八月廿七日，叨着圣人之光，也以显示师道之传，由来已久，漪欤盛哉！

蘋蘩沼沚荐清香

从文学观点上，以看看寿序一类的文章，都觉不很起劲，连大文豪韩昌黎、归熙甫，都为了集子里多了这一些文字，令它不少减色。就说诗经上面，那些《雅》《颂》皇皇大文，何如《国风》劳人思妇，花鸟虫鱼，来得生机活泼，生趣动人呢？

欢愉之词难工，而穷苦之言易好，非关人情偏于残缺美，而忽略了健全的美，不过像煞介事的近乎头巾气，有点那个罢了。比如说：仕宦而至将相，富贵而归旧乡，欧阳修的赞美，未曾不够地，而总有其清新之气，回旋荡漾于其间，多少令人体会到一种风标，忱然生起感想。本来一个成功的果实，让它橄榄似的回味，满觉味甘，步步踏实过程，参互客观印证，得之匪易，愈觉一将功成之可宝贵，也遂不至于居之不疑，踌躇满志的虚夸，而为坚强地，那么疾风劲草一般，演进而为苍凉郁勃的气度，所谓木鸡养到时了。

“安危他日终须仗，甘苦来时要共尝。”不是过来人磊荦胸怀，哪容有这般吐属。孙中山先生毕竟是敻乎不可企呢！记得廿年前，有某一家杂志，称赞过孙先生，不说别的，却说他留给一件美术珍品在人间，可就是他的相片。因为中国人媕婀懦弱，浸成风尚，一向流为梅兰芳式的爱好，连骨头都软瘫透了，得孙先生这个俊爽之风一振，不是大大地改观了吗？也就是说：听惯了十七八女郎红牙清唱之余，加以关西大汉的铁绰板，亢歌大江东去，那才爽然大快人意表呢。

如今某公六十寿辰，如照比拟的话，那么，以其刚德迈往、百折不挠的精神，个性无限坚强，恰是雄风健儿、黄魂华胄的特征。以此，整肃一下典型，作算肇述孙中山先生留给人世间珍贵的美术品那么似的，也就够了。当然见仁见智，横看成岭侧成峰，远近看山了不同。大人物是多方面的，让历史家去缓缓咀嚼，下注脚，横竖某公可是不世出的人豪，无妨听任蜉蝣去推撼，也不须游夏之徒的多赞一词。

我仍觉得，民亦劳止，迄可小康，把话头再缩小了来，便成为对当前炎荒溽暑的厌倦，让尘劳，让烦嚣，和热锣密鼓的喧扰，收拾以去。剩下静寂的心田，播为渔樵的闲话，定较疏落、隽永，为有点情致。不信么，且举个罗斯福为例，在他的炉边闲话，大可话出世界大题材，但却不愿意戴高帽子，那么俨然神气，申申而道，还是出之优闲情调，不着边际的漫谈，胜似风月无边，今夕只谈风月，他的神秀、意胜，游刃有余，煞是大政治家的风度。

留得清悠滋味在心头，于以采蘩，于沼子沚，可荐于鬼神，可羞于王公，一样流风余韵，在人，在乎山水之间，何必形而下的金碧辉煌，例同生祠陈设，然后为丽，为美，而顶礼膜拜乎哉！

一年来侨社动态的透视

我来暹较迟，于和平实现后，一段人心浮动，社会陧杌不安，演成吓诈、冲突、血案等等暴风雨的袭击，总成过去了。剂下一些痕迹，像中暹混合保安队的机构，也就不久宣告取消了。时下较显著的动态，就是人们视线，已多移向祖国的灾荒问题，掀起一道救荒运动的轩然大波了。

听说救荒救家乡的集会，老早就在酝酿组织，直待省府罗主席于重庆未赴任时，交给马参议灿荣一封公函，转给王甦先生“邮差”带到这间，于是而业经准备的一个预会，暂告保留，以让大面子给省府，好像公函到了才应命组织了般的，这自无关宏旨。所憾是，经接头合拢开成的一个会，首先就为了意见庞杂，登时分开成为两个单位，一是接近官方的粮荒会，一为在野似的建救，两个分道扬镳，拍演都很热闹。

接着，我才于河内衔省府使命前来，先向萧 × 先生请示，是不是两方面都去联络？他坦然地说，在广东人公共立场，做救济慈善事体，是无所用其分门别户的。好吧，我就一直和人家周旋，称赞大家的努力成绩，当然说不上什么推动，要以凑凑热闹就是了。看看一般侨领，也不会嫌其多事的。至建救方面呢，另由一个学生引导去探访，恰巧碰上旧日于桂林混过的几个文化人，就在内里参同负责，这一来，由公转到私，谈吐自觉方便，也更了然于其内容，是由大同盟之类的改组，到处都有分会，也尚着实而平常，不像外间所传的那么特色，不过外间渲染还是有的。又如春节舞狮发生冲突了以后，也还不断发生摩擦与纠纷，俨然形成侨社的两边壁垒。

适罗主席由渝三月一日来电，呼吁于粮荒会第一批赈米四千吨去后，请再配运赈米三千吨，一时粮荒会尚觉为难，兼以第一批发生“保升”[①]事件所影响，咸抱谨慎从事，须待召集侨团大会，再为处理。我因别出心裁，径函呈报，请由省府明文给建救方面，加以勖励，并代解决出口运输等问题，三千吨米额，便由其负责好了。旋再对建救方面关照，他

① “保升”，泰语成数之意。如十成（足量）叫“十保升”，三成叫“三保升”。所谓“保升事件”，应是发生有些米包欠量的事件。

们一口赞成，经一度会议决定，仍自投呈省府，附拍电文，照上缘由去声请在案。还很乐观地估计，这一节办通，将来两个救荒团体，尽可由省府所派人员，促成合作，归于一起大团结吧。

可是，省府对于该项公事，不予致复一词，休说更大计划的进行侨社团结那么事体，时间渐渐冲淡，对这个希望，也遂成为幻想破灭了。我极自量力，人微言轻，不在话下，嗣后省府特地派出詹期阳委员，走马莅暹，并和建救会长蚁君亲自谈过，他们也正进行回国放赈这回事，但终无法替他解决困难，现实事情还是未克。再后来粮食部派来陈锡襄司长，着意组织募粮会，协助救济，大可以向盟方说话，和支配赈米运额了。建救而从请求，分给若干吨米数，由其效劳，经他答应照办之后，依然内里不知如何阻格，公事等诸具文，一直搁置下去，成为僵局。建救方面，于此路走不通，也自别寻出路，先后得到陈嘉庚、彭泽民、何香凝、宋庆龄，乃至中国福利基金委员会，华南救济协会，汕头存心善堂等的联络贯通，汇款救济，也改由这等方面派送。无疑的，同声相应，同气相求，在那么气氛相投合之下，联成一条在野的自由民主的阵势，和拥有相当力量的据点。

我深深地体认到：官方和侨胞之间，一向是不大密切的，所有关系，十之九就在钱字上面。侨方应付国内各种各式的募捐，老实感到厌倦，所谓再而衰，三而竭，人情实在也难怪得。就说救荒一节，那时一般感觉还新锐，有钱出钱的才属于首先的第一二次，商情也未见得坏，大都不感到棘手，尤其开宗明义地对和平初展的家乡，劫后疮痍满目的可惨，尽一分余力，救活一条性命，题材较是清醒，又是侨社甫告安定，各属侨领初归集合，旧日地下工作的固有集团，也正适合换一部门，以做努力的机会，同时以争取各该领导权，所以，在这客观条件反映，与乎人们内心需要当中，救荒风声一播，便热烈澎湃地发动起来。完全是一个风气，一种潮流，不是任何私人作用所能为力，更绝不是虚有其表的官方委蛇，纯就上层会所客套酬酢的所能助长于毫末，怪可怜的贸贸然不求甚解，一踏出国门，便以为什么了不起，受人过分供养不计，还把人们的血汗数字，填入个己的功名簿，夹上苡米似的佳珍盈归，厚脸皮未免太难看哩！话转头来，侨胞继自动的救荒组织，还有陈锡襄氏的募粮会，由中央正式委派侨领二十余人将其事，但这个已有点尴旋，各侨领颇真有“闻封面喜，问募而逃”之慨。待及陈氏回国，这个会所也让尘封，连结束会都召开不成，一任无形荡散了事。所有在陈氏面前认捐的米包，更懒得完缴了，令人啼笑皆非！也好，这个合照给国内的大人先生们一面脸相看看！

同时，尤痛心地认识到，侨社舆论，太不健全，有的简直失却了报格，那么浮薄的，躁妄的，无理取闹，一味泼妇骂街般叫骂，用以取悦于其同侪，对事毫不负责，尽管悻悻然造谣，滋事，诬蔑，中伤，唯恐天下不乱，唯恐侨社有一个完人，满以为这一来，人才惧怕，可以造成了他的权威世界。又适这是寄人篱下的异国，法律解决不很有灵，社团更是空虚没有制裁能力，不是侨联会的裁定，还咬上侨联会臭骂一顿么？经它一手组织而来的好意召开，不是反唇相讥，以为“咄咄怪事”了么？这之间，文化水准委实太低，任谁一件不负责的造谣谩骂，也仍有人当真，恰恰合其低级的胃口，这有什么办法？由这一来，从而洋洋得意，意气用事太盛，是非理智蒙蔽，什么蛮横的口号都可嚷嚷，任何下流的场合，都可参加，指挥，运用，只求目的而不择手段。而事实上，哪有这般如意算盘？有的以牙还牙，有的逼成斗殴，有的虽不见行动，而愤怒到极。诉诸有良心的朋友，多少透露一阵恶气氛，一股怨毒郁积盘旋着在，总不是好现象。眼看这个现象，正在日形伸展，随着国内政潮，夹杂外交逆转，各斗法宝，加重困难，酝酿着再度暴风雨的前夕，随时可以爆发！

接连事件，越弄越糟，侨社形势越呈动荡，地位越降低落，内里脱不了经济关系为中心，为其动力的根源，问题的症结。南洋本来就是资本社会，资本支配了一切，旧有的经济集团，新起的公司组织，掺合官僚半官僚的作风鬼混，活现五花八门的妙致。说不定会有官僚资本，向华侨市场垄断起来，像抗战期间国内几个大城市，给官僚资本支配了金融一般模样。虽欲单纯的在商言商，已不可能，谁则不感到苦恼，谁则不感受无形的威胁、压迫，而憬然于什么漩涡和背景的相临，隐隐有人，呼之欲出了么？这个姑不具谈。且说当前救荒事项，嚷嚷也都倦了，填补这个主流，换合侨胞口胃的，要算教育问题为最当行的了。当然动机纯全为教育而教育的，还估少数。比较苦干的，愿为教学奠基础的，却不免被某些人贬为“门可罗雀”，实在情形是不是这样，他们可不在乎，他们是只顾门以内有人，门以外无物，更绝不相信外间大有其人，会比门内奴才高明得多，让侨教的新起嫩芽，无端遭受这些人的毒汁喷害，可是太不合理的。再如山巴处处，学校当成营垒、机关，谁拥得学校，谁像是占得领导权。各该支持经费，并不见得若何充分，一般私立无帮派辅助的，更加苦恼，不景气已经来临，筹措愈不容易，辛辛苦苦而来，匆促创办于侨教七年荒废的废墟中，根基脆弱已极。倘经外面一阵雨打风摧，无法进行交涉强迫条例之类，那杏坛春尽，定是憔悴飘零尽致了！

至教育界团结问题，我已旧有教协挂名负责人，就数月间进行扩大改组的经过，无妨略为说明：实在教育同人，还是畏事，怕惹是非的多，就事论事，也无何成见，就所有筹组的十七人，开过无数次会，尚无一次意见冲突，截至主席团声明，对“取消中正学校一些选举票，会方并无不合”之日，还是无何意见发生，而突于翌日纷纷宣布退出解体，在外间看来，真觉太突然了。其实正因外围的忌妒气氛，这来一个尾巴，那又一鼻孔出气，不负责任的乱弹，谁也想避之大吉，心事法弱，顿起疑团，这个那个，还是被骂的对象，不敢放心接近，于是而色彩恐怖病，闹遍了满城，没有互信回旋的余地，充其极，就只合极少数的自号中间人，包而办之，才得避免嫌疑。而多数人眼看他们不当之为善类，忍让也自有其限度，到头还是自扫门前雪斯为愈了。往后大使馆想就外表斡旋，根本如果不能解除笼罩的氛围、压迫和中伤，谁也不愿意再多事的。即教协同人，也当然敬谢不勉了。

这个年头，说话真不容易，你有公理，他有婆理，形成了是非蜂起。我想，还是各行其是，道并行而不相悖，保持了人与人间应有的信义道德，暂时相安下去，各自分途发展，以待将来春和景明时，容有机缘，再进行大团结。眼前纵不能有所贡献于人，于所在地的侨社，但至少也不应恶意地忌嫉地破坏，使之同归于尽。心地放放宽了吧！朋友有朋友的忠恕，政争有政争的风度，宜勿错认了对手方，连在山野的羊群，一起当成敌人，而奋斗而截击起来，显示唐·吉诃德先生的威风呀！我还再正告居高在位的先生们，观人观其所兴，得道者多助，失道者寡助，古有明训如斯，印证到当前侨社，比对数月前的动态，是好还是坏？是否有些得力于诸公的领导，各该业务的臻进繁荣？抑还是心劳日拙，在暴力政策之下溃退了，就同国内大致上不能够以武力统一中国一个模样呢？时代的齿轮，争向自由醒觉推赶，尤其海外的潮流汹涌，一般感觉触觉，总较锐敏而机动，不容禁锢在一个圈子里，努力迈进，多少有其同情，有其新生的联合阵线，自由民主的新天地，乘着恶势力不易侵袭的居留地方，眼看融和的炎荒花草，黄金半岛，就胜似第二故乡。纯站住隔岸的一个单位，好在领略优游，展拓大自然的怀抱，沟通两族的文化交流，也许对于人生和对世界的贡献还多，还有意义。我是这样的期求着，展望着！

附记：前文发表于建救总会周年刊上，为时迄今，又差不多成年了，往后的侨社各该动态如何？合再从详检讨。可是这个课题，已经不感兴趣了。

一般上说：一年不如一年，一蟹不及一蟹，商场的逐渐陷入不景气，经济起恐慌，处处都要蒙受影响，人情也就比较淡漠多了。眼看出入口商叫苦，跟着汇兑业倾颓，一时的商店倒风，胜似一阵暴风雨。有的肝火冲动，破口大骂其“丧品”，又有播为传声筒，不敬国币，水准低落，正义消沉等官腔，当然也惹起一番反感，一面反唇相讥，恐怕沉和落的善状，恰恰为夫子所自道也！

一个新起的经济集团，可以拉拢许多人马，联甲倒乙，施展手腕，把将一面威胁，一面利诱的套数，操纵其间。旧有阵容，呈现错综分化了，忠实同志，特地投扣异党老板之门，鼓其如簧说服了。封建的地方色彩，渣滓残余，无非变成趋时的新风气了。如此这般，都是令人不很愉快的。

光明面的力量，可未见显著进步，还是自和平过后，那个狂飙似的高潮褪下去了，大家都在潜伏着。而今，谁都有其生活忙，有其社团经济不够活动，也就是一般不景气的笼罩所苦恼了。所以，继救荒之后的水灾筹赈，这回两边都不见得起劲了，虽则初时还意识到争取什么领导权，但经不过自然条件的限制，和内战贪污等恶氛，因而不甚踊跃地降为低落了。

党派之间，实也鼓不起打硬仗了，尽在密云不雨的阴沉沉之中，情面越撑越距离，意气更加不可响迩了。只要狭路相逢，目睹对方人物，便觉厌恶溢上心头，至于是非问题，已不在话下了。诚然，内战方酣，势不两立，除非拼个你死我活，才有话说呢。这一来，侨社的团结话头，最好免开尊口。姑退一步，勿相侵犯，各自发展文化各等工作，尽把服务侨群，当作无形竞赛，已就够了。

个人因为太不争气，参加社会工作，绝少绝少，漫无心情去分析，去如数家珍了呀！这些补缀，无非杂感衍文，也只好就此搁笔。

杂　　写

叔　　夜

一入暮夜，天气总是悠悠凉爽之至，恰像清和四月的江南风景好！

白昼为其太闷热，人情也觉染成一样烦躁而急促，甚则酗酒好斗，活现个野蛮时代那么悻悻小丈夫，或者冲昏了头脑，换成恹恹倦怠了。因有人说：像这般终年如夏，没有四时交替，没有刺激过脑神经，生活上委实太板滞，近乎麻木不仁，我也爱作如是观。

街头人物，急忙忙的幢幢过往，很少找出一些闲人。又谁知闲情雅致的大有人在，大有充分时时，只看一日之内，一宫之间，而气候不齐了，而也不必待至风雨声，已就把炎荒残暑消褪了，送上些荷净纳凉时的优美情调来了。真的是，昔人秉烛夜游，良有以也！俾夜作昼，消受那个不夜天，也许不尽属荒唐的吧！

莫　　闲

楼下卧薪楼上舞，可知俱是不眠人。两个方向的发展，各各呈现了他的人生观，支付了他的整个生命力。只是差之毫厘，便失以千里，便成功失败以判了。但仍可见各人生命力的充沛，一边是刻苦耐劳，一边是沉酣享乐，总之，各有千秋。

顶可怜的是，奄奄一息，持不起劲，变成为神经衰弱的懦夫，或是白痴般的心死已久。比如，饱食终日而无所用心，懒散散的一些废物，虽在度量宽宏的圣人，本来不责备人过于苛刻的，也还是看不过眼，把这些人摇摇头，嗟叹气，声称没有办法——难矣哉！

深寻自觉分晓

有个好为人师的，盗袭那“三日不看书，面现伧俗相”的一套，却引用了字句不符，成为生硬不顺口，读不下去之外，还加添一回蛇足，什么手不摸摸书，口不念念有词，都俗，都不可救药了。其实问问先生：“出辞气，斯远鄙倍”，该作何解？昔人于修词立其诚，诚于中而形于外，无不痛下功夫，以免陷于粗犷习气。进而为气盛言宜，也才斐然成章。而这位先生，恰恰未扪及秀气，而甚俗态可嗤，一样委琐形骸，只是他不相信镜子罢哩。

我想，口头禅中什么用呢？在那深人无浅语的对面，也就是浅人无深语，狗嘴长不出象牙来。凭他浅陋的立场出发，压根儿不晓得什么叫读书，硬把读死书，读书死，当成一头蹇驴，镇日里在臭草堆中，教它嚼啮以图温饱，并不离开槽子半步，这算什么意思？普通一个人，尽在黄色新闻杂志兜圈子，所得几何？怕不使其人的灵性完全窒塞才怪呢！

如何调剂生活？如何静里深寻？能够确实有了心得，并且天机活泼流畅，取之无禁，用之不竭，永无穷匮的一派源泉，那才沛乎莫之能御呢。也正是个人进修上应有的事，终身由之之事，像梁任公标出的“养成读书习惯”一语，为庶几近之。神而明之，存乎其人，和疏落得野人之趣，合是注脚。这般消息，可不会给他们知道的了。

人在蕉林浸月光

蕉林映上月亮，白晃晃地神色清绝，人在当中独立，也叨着分外潇洒了！

每觉青草地，红花前，少小人儿，戏耍台阶，为有点儿生趣。奈人事靡常，一推二宕，已到了老大的荒漠地步。再回头，园林春尽，管它鸟花啼风，也胜似耳边风，一阵拂耳过却，丝毫不会撩触及性灵深处，引起共鸣共感，更哪有恬适心情，去闲看儿童捉柳花呢？

一丘一壑也风流，尽向大自然的怀抱混进，青青草地，也都光景移人。不是么？只看风摇叶绿，添着萧疏细雨，月色还是溶溶，今夕蕉园里面，就显得十分绮丽了！遥忆峭拔的独秀峰前，一个雨余悄悄的夜里，独去漫步栖迟，引领峰巅，正适行云河汉，淡月疏星，满园却是萧萧风叶作答。因微吟“月溶溶，风沧沧，雨潇潇”的调子，犹觉一阵悠然神远哩！

残灯思旧事

残灯未灭，和茅店鸡声的滋味，合在这个晨朝早起，重新一度领略着。

月色临阶上，邻儿饥哭声，炊烟人起早，喔喔鸡声频。是个粗枝大叶的描写乡村小景，也是我的习作诗句，往后可就无端伤感，不同元音了。

记得一回写着：“草房寂寂月华明，影挂银河夜气清。为有闲愁消未得，起来痴坐数残更。”又：“花径颤摇风有约，春墟断续犬吠声。露珠沾湿凉侵履，何事村前村后行？”再忆句“明月前溪后溪”，都有点撩人不可聊奈似的。少小多愁，应否祸根，不必过细咀嚼，只是低回往事，渺渺残痕，简直成了隔世的样子！

晚上是乐园

池滨一片草坪，歇息着，凉风习习地吹，就好像玉箫清引，引人到了遐思；端合触及的是，“冰肌玉骨清无汗，水殿风来暗香满”的韵调。至如“清风徐来，水波不兴”等句，还嫌太粗糙，而不够熨帖了。

实在的，心之精微，口不能言，一种境地栖迟，原只合诉诸感官，诉诸直觉，大可不必为外人道呀。我真蒙住埃尘，心扉一直蔽上厚膜，偶然落得一个清凉境界，也满不知所感觉，所怀思，和什么诗情逸兴，心心交印。却老是疲倦之余，拖着一条懒洋洋的影子，纳头便睡了事。待抬头，细看看，绿灯点缀高低，人在斜风轻拂，衣袂翩翩，可有绮年人，喁喁私语，不知有汉，无论魏晋哩。“只恐夜深花睡去，故烧红烛照新妆。”念念来好些轻盈之致！

因想祖国的那些草地会，桂林和昆明处处，都要逊色多多许了。

一局分明再来一局

盛衰兴废之感，刚在同一地方，吃过喜酒，也送过离筵，好个人事靡常，尤其上了年纪的人，愈觉有世故沧桑之慨。

圬者王承福，替人建造华屋园苑，却于转瞬之间，主人势败而查封而易手，或者颓毁以去了。真是炎炎者灭，高明之家，鬼瞰其室。谁敢担保一成而永终不变呢？还不是其进锐者退也速，冥冥中，盈虚倚伏为有数呢！

鸟之将，人之将，在浮华外衣卸尽，方才赤裸裸地显示本真，像泪洗过的良心，就是十分清净。古今来卓绝而真挚的感情，都于此间认识认识。秦穆公兵败于殽，遗留一篇忏悔誓词，琅琅音悱，俾删诗书的孔圣人，也须让给他一席地位了。

人有悲欢离合，月有阴晴圆缺，此事古难全，但愿人长久，千里共婵娟！但愿哀兵得胜，来日方长，凭君洗盏更酌，正不必太泥于情感悲伤，那儿感情用事，委系太脆弱哩！

吊钟花及其他

听说罗浮山一个住持老和尚垂将死了，他的一些小沙弥，哀哀哭诉，怕以后生活，煞成问题，纠缠得不开交。老和尚一阵醒转，才告诉了他们：“遍山有的是吊钟花，恰在年关含苞待放，这些小花卉，浸过水，也够活命持续地开花；便把它茎茎砍下，献给过新年的施主们，当成瑞花意思，总不吝啬一份代价的。”这么演成一番惯例，年年于除旧布新时光，人家都去市上买花，移插胆瓶，吊钟花可是最当行的了。

从极坏的一个联想，老头子倒下去了，那些老妍头、小媳妇，都争着抢了他的遗产，怪难看的。当然和上面的有点雅致，迥乎不可同日而语。但纯从唯物的生活上估量，那么，生计迫人，委实严重极哩！一些低能儿，无力解决自身问题，全靠依人吃饭，一旦靠山或冰山倒了，他的颠连失所，无办法生存的懦弱性和尴尬相，斯真可怜煞哉！

南风话片

我于教育为门外汉，虽则初出校门，也曾教过书，那时年纪还轻，和学生不相上下，大家摸得茫茫然。而且跟着“五四”狂飙时代之后，不自觉地花儿草儿呀，大谈其新诗。由今追忆，当然幼稚得可笑，也等于虚无缥缈的一回事了。

去年春初，偶然一个机会来暹，有感于郭天任先生的几句话说：“以谓，我辈已无工夫任教职了，也唯从旁做些辅助工作，好让朋友们完成功课。”不禁为之肃然！在郭先生自然流露，委系个人谦虚，但一片冲和恳挚，这么成功不必自我，恍然一样武训先生的作风，也正是无名英雄的本色哩！

南中[①]就在他们这几位七手八脚地凑将起来。他们都是无名英雄，都是手无寸铁的文化斗士，好几个早在桂林结识，牵引连类到当地的几位游击教师，一见面，拉拉手，都靠得上朋友相信，还以我马齿加长，在我们的礼义之邦，对外就让老大顶名好了，这也无关宏旨吧。

眼看南中一天过一天地茁壮，旧校因为“门可罗雀”，某些人的诅咒不灵，委实还不敷分配，只得另行扩充，又是仗这般伙伴，经之营之，把个新校舍构成，搬迁过去。这就是现有的粗具规模的南中，适才桃李满园。一年春事以届了。

和平不可分割，一语道破，由于国内的不和平、不民主、不真正统一，影响到海外侨胞，蒙上一阵灰黯的阴影的气氛。人与人，和交互事物，也很少情理可讲，援句旧话，恰所谓“乖气致异”呢。文化教育事业，在这个不幸气息中滋长，兼之本身先天的脆弱，夹上条例钳制，当然困难重重。一切一切，有待于自信力去冲破，去创造一个乐园，而且不容漠视外围的国家大事。一向以为对政治没相干，而实际上却是息息相关，让它认识认识，总是必要的。

朝有媕婀之老，会使靡靡从风，昔人已就人格教育，三致意了。我真不解那奴化党化般人，尽日伺候于不义财富者门下，而自诩得计的，

① 南中，指泰国曼谷华侨所办的南洋中学。

会不会诒学生以羞耻？我们南中，这个庶几免的了！那建风运动，虽尚平实无奇，而同学们活跃表现，颇有凌厉无前的风气，值得自信自傲的呀！

我仍像一个观众去观光，去祝望，心情满是恬静的。记得一个差不多的故事，那是民国廿七年（1938）间，广东有个民众抗日自卫团，潮汕分属八九两区，也就是暹华这些同人，四出奔走，回去在八区的，创办南侨中学，在九区的，组织了一支华侨救护总队。该队，我初是参同筹划，另再出洋，待领星洲一批人马莅潮，已经蔚成百多名，戎装齐整，列站欢迎。负责人很高兴地说："你看亲手播下的种子，却在生根发芽，衷心也觉满慰吧！"我无言可表，只是有点怃然，像诗一类的怀感。夸大些，可便似桓温出塞，见到昔年移柳，遍地合围，因以有"树犹如此，人何以堪"的引叹了。英雄事业，毕竟不凡，那么激越的慷慨悲歌，怎敢望其项背？不过，士大夫的小资产阶级意识未泯，缠绵悱恻，近乎脆弱，也许不无点点；勉强换成强调，用以自解的话，合套句："南凌恰笑人如燕，何处温风不再逢！"

后 记 二 则

一

满拟于行动上有□□现，随把笔砚的工作抛荒了，照三日不看书，面现伧俗相的说法，那我真当自顾怀惭，省识到内里的荒漠，悲哀，而无以自解。

人是政治的动物，暹华也好说是祖国的余绪余波，多少要受到国内的影响，所以，胜利两年来，民生越苦，政治越糟，弄到漆黑一团，腐烂不堪收拾的地步的气氛，跟着逃难似的新唐客，侵略一般的特种人物，带进了这间，加重了侨情的不景，和不相安的岌岌态势。从而个人业绩，也感受到四面夹攻，依然要度其苦闷、彷徨，与乎苦苦地挣扎着！

不晓得庸人自扰，要扰至何限度？比如前些时出席某联会某大会的，竟有堂堂官方，致电后台，捏称其为某党某派，或和某党某派有勾结，企图作政治活动，须要加以监视等烂说。又像某一员新贵，对人侈谈，异党的末日快到了，等他们派出大批特工，通通可以捉回国去了。前者是活见鬼，后者却连国际引渡的常识都没有，要是当局用作猫脚爪的话，那顶好！对于侨界的和平团结，已就奠下一块礁石，更哪里谈到政争风度呢？

风波激荡，煞是火坑。往日的友情么？可在筋脉偾兴的倾轧下抛弃了！人与人相与之间，都有个善意回旋的余地，何苦焦灼自焚，根本不容许人存在呢？除却一手封植的炉下弟子之外，别的总是不行，总不放入眼里，如其稍稍吐露情实，伸张正义感的，便无论什么有名学者，公正老人，都同国内一起加以诬蔑、打击，不可理喻的斗争，这个究有什么好处！只可谓人生道苦，世道人心，于是乎浮现了一大变。

二

这个小册子，编成已久，也因不当成什么，懒得张罗印刷费，一直拦置行箧，饱吃尘埃，由今复阅，更是明日黄花一例看了。

修己未遑，何暇与问是非闲事？爱玩火的，自然给火弄伤，也自然棋逢敌手，有另一派新生力量和他对比。血气之伦，就在这个矛盾冲突的过程中，互相消长，不断地克服演进，不着魔，也不见得道呀！只当冷静参详，不必急煞，像惹一身芒刺那么不舒服似的，却是自苦和不达了。

困于琐琐人事，尽日在尘劳交织中，离却本来的清绿心田，越来越远了。自身不淑，遑论其余？所谓舍其田而耘人之田，所谓逐末者不宏，务本者常胜，个中消息，饶值得深长思之也。固然不是说，躲在象牙塔里算事，纯尽小资产阶级意识的灵感崇奉而已矣。

总之，植根不深，每易枯萎，且凭智慧，导我前行。旧有躁妄因缘，就当它一回陈迹掩过，往下南国深□，有待拓殖之处还多呢！

耆园藏稿 卷二

燕山集

《啬园藏稿》手稿剪影之二

第一编　烟萝前夕之笺

笳　吹

敝帚千金敢自珍，倘来借得一枝春。山中甲子仍征记，容与柯棋坐殢人。

飞鸢堕水趋时节，草阁钩玄也守初。为问行藏羌不管，行行且自衍游余。

途次燕坊信宿

永夜潺湲彻耳听，棱棱木竹拂吹辰。山岚煞气方愁涨，襆被萧条恰似僧。
几度投荒翻覆本，寻侵沙鬼策孤灯。教从茅店鸡声外，踧踖凄寒稔未曾。

途断舍车徒步

驮马银铃荡客心，识途云径古垂今。淙淙泉石峨溪涧，霭霭晴光轶上林。
修竹千丛峰面立，佩刀番汉晃摇深。者回森寂容小憩，独对悠悠风树吟。

邂逅某君款款将近诗以为赠

门外啼鸦占晓寒，云林隐着一枝安。相攸伯有撩余影，入世鱼鳞悄自看。
竟夕芦花头白早，千寻桃水调凄弹。投荒我欲嗟缅漠，剩得清欢伴往还！

小景凡五

纷鸦傍地旋相绕，从竹森森滴露滋。只度幽寒人乍起，晨烟靡缦眼前迷。

觑着山禽不避人，家鸡相逐也相亲。疏林结个小茅屋，蔓草荒烟是契邻。

一面湖光四面渌，行行爱是少人行。蛮天宅思倘然健，绾领花源淡荡春。

拈花逐队将晨淑，衣彩长裾巧样装。恍在画中红日里，翩翩直是礼梵王。

月痕如素也如霜，万绿丛中浸幽芳。却是清寒难久立，归来与结梦魂乡。

闲　居　赋

息影离离长闭关，风吹叶乱拂其间。图侬可奈都门外，负曝从知只苦颜。岁晚伊人牵绿竹，宵征轣辘转坡滩。敲残心事犹君弱，莫道苍然鬓已斑！

一段野游归

平林旋彻响萧萧，爱日丛边荡影招。冬至有心传北讯，春墟依约带番标。适才牧野牛羊下，曳得翔禽道路遥。淡霭仪风终有致，欲将清况倩人描。

扫叶庭院间

扫叶荒台也景光，树荫掩翳近苍黄。几人篱菊凉秋采，合道山城落影茫。故有蚕丛休问讯，者来闲易绕孤芳。风帘宿昔君能赋，秀色围屏兴巳长。

往事思量着

故曾瘴疠供奠基，始露条条大路披。有水护田开绿绕，而今汩汩薄河湄。缅服接连云土司，曰猛曰猡与摆夷。黎卡倮黑纷廿数，弱小多傍山瘠栖。边疆族类真别致，千百斯年终勿替。诸葛大名宇宙垂，犹传亲丁装饰异。更有七擒纵后人，曰歹踪迹湄河滨。大城还被缅锋镝，纱臂郑王乃崛兴。王朝建仅百余载，林林偏比字厥秦。宗风可待成追溯，会须更仆磬尘因。

访菜圃主人

屏却营营老学耕，绕畦蔬色足怡情。需时满百旋收获，识草编篱计款轻。一碧池塘匀照影，及门鸡犬恰将迎。负暄闲与乡亲说，不道天涯也比邻！

摇 落 感 怀

剧怜风叶两飘萧，徙倚斜阳冷气招。驹影一天寻过隙，幽居何计卜迁乔。出笼之后篱和窟，山鬼凭将暮复朝。太息凉波奚逆袭，周遭愁锁并憔寥！

小 景 六

烟衔水面肖晨炊，数点珍禽浪自夷。偏有童心投石子，惊飞拍翅白披披。

土 风 舞

独树恢奇茁照间，茸茸坡岭向回环。神祇有托凭依止，夷俗无猜盍往观。篝火夜深群取暖，曰傩社鼓挝音单。从知礼失求诸野，率舞僛僛纵乐欢。

闻戴和尚圆寂

琐琐牵缠也隐忧，河鱼失水逾沟头。形骸参相疑枯蜡，落叶鸣廊声带秋。屈指年华旋一梦，覆巢那得及身谋。庄生故事寻蝴蝶，犹似东园载酒游。

人情似纸薄微偏，蚂蚁热锅急煞将。已辨焚余交草木，未临寒食裹香绵。潮音巷口哓清磬，铅泪东皋省墓田。劳燕分飞都未了，六榕前记月如烟！

小 景 七

菁楚晨鲜淡霭光，平冈结构现微茫。楼居我自无仙份，引顾悠悠荡上旋。

市集晨烟乘过旋

日上竿头光影微，浓烟深锁络霏霏。草菁露滴饶清瑟，市集蜂窠旬涣飞。

采色庬奇方外致，蛮花婉娈未全非。相将迟日仍熙会，负着筥筐缓缓归。

小景八

浴罢温馨听野风，四围景色透青葱。当年弥渡犹相似，陡觉无欢处处同。

夜归人

夜半敲门未息机，一钱为命汲相依。求生旅食我犹愧，露杼风梭人引归。
闻道河梁茶有价，曾经关市话旋非。邻家稚子饥啼哭，啼彻鸡声悄满围。

小景九

晒日篱边照绿华，无猜伉俪引为家。谁人识得休遑寄，掩约宾鸿傍影斜。

清朝素描

漉漉野丛含露滋，纷鸦哑哑怀树枝。人当置散惟依枕，天意方寒类启迟。
似水行藏生事减，无多幽兴托孤蹊。今朝又是夷场会，好去消闲逗少时。

得刘清书却寄

传有清音影树间，旧人弓舄息枝安。满畦蔬色湛然绿，数月园丁境尚宽。
流水涓涓篱外转，莳花悄悄雨中看。教从别后成追忆，林表回风想未阑。

题石庵先生画梅

驿使递将消息真，冷红嘘透一枝春。轩窗酬对消闲冶，衣袂遥牵陌上尘。
蛮触漫笼经始地，归园须忆未归人。沧澜之水浮新涨，可道临流照濯缨。

露台闲倚立

月痕委约着微霜，淡霭空蒙草息香。聊有虫声赓耳畔，正堪良夜立苍茫。
山坳昭闪流萤火，树荫清森沁大荒。情思只今湛止水，更无梦寐到江乡。

夜凉如水浸缁衣，息影乌鸦欠树枝。功课一天寻败絮，心肝可道拥淋漓。
也知陌野牵牛后，自是春风点绿丝。依谷出笼都泛泛，寂寥隐觉在山时。

晨夕杂缀

月痕萧散逗如霜，嘹朗啼禽声载扬。故事杨梅开合未，至今人许望江乡。

聚鸡声紧欲曙天，四句钟鸣霎悄然。门外儿童探起早，一星膏火散微凉。

数点鲜花扯笑人，晚凉茅屋漫舒神。随缘我也篱边过，光景依稀属暮春。

敲启心扉待细听，潇潇一阵雨来声。候虫响彻缘新霁，陇畔春深青入辰。

小景又二

乍觉陇头花影繁，东风只度近黄昏。心旌底事牵惆怅，浪转途边噤不言。

疏篱茅屋淡将存，文杏一株向夕曛。添着嬉嬉同戏耍，等闲春色到蓬门。

悼念王步昆七兄

清明只道纸灰飞，消息那边旋报归。故旧惊心侵鬼箓，音尘路阻黯风依。
连年阵马宜遵聘，几度湄光接素晖。怜弟怜兄同病瘵，情亲回首转幽微。

话里前闻移养居，又牵入境理区区。流亡稍自凭书讯，岁月方知略景殊。
小劫丛中犹隔世，旧游重演怕还无。微生怎不嗟行迈，已露半林落叶虚！

遣　　怀

梅雨乍晴浃午天，倚阑人自接酥烟。销沉绿野勾无那，浪转春蚕浑欲眠。
蒲剑搴门端日近，红花影里映当鲜。相将时节传佳胜，不解风怀并洒然！

一树梨黄叶正繁，风依脉脉透将存。斜阳不是无情思，倦态迎来恰是君。

柔条草色共依依，晒日犹应绿满围。小恙漫怜都不管，更无情绪但灰飞！

菩 萨 蛮

只道漫山云脚住，早行接淅宵残雨。出笼鸟漾飞，屏面绕青围。　　戛岛初停足，阳光笼树木。倦余一欠伸，浩渺记征程。

典叠瓷窑依旧址，雨季丁时收拾起。旋将秋再来，一样雁飞回。　　水草寻相适，三年如过翼。山头卡瓦人，饶具莽风情。

浣 溪 沙

野旷伊谁给指迷，羔羊踯躅浪何其，崦嵫残照近沉西。　　兽蹄鸟迹休寻觅，流水小桥识者师，遥指村林有马嘶。

沟头一泻马蹄轻，乱石泉流忽若崩，控制未谙魂已惊。　　游牧健儿才有数，骑驴细雨敢胜情，百无聊奈是诗人！

栈道羊肠类若斯，边行踯踖又临歧，怯看遗蜕委筐箕。　　谷深林密羌无底，浑觉森森安可知，瘴雨蛮烟乘尔时。

独木舟摇跨急流，马嘶人倦暮云稠，黯黯津亭锁百忧。　　闻道沧江悬线隔，料无蜂虿惹予谋，夜深月好照明楼。

裂裳裹足墨行艰，蚕茧何心缔往还，充耳徒闻溢潺湲。　　矫矫雄风存一诏，如猿野习厌平凡，合有人兮山之间。

山坳垂幕起篝烟，炊爨黄粱一枕凉，怕有虎狼寝味香。　　放马坡陀任归止，夜来膏雨倩端详，分外凄其稔异乡。

临 江 仙

古佛来参依破庙，华灯落尽光寒。梦回赓雨恣淋浪。兴悲望远道，何日到长安？　　不敢思量添故事，心旌晕转犹盘。马蹄一失路行难！前途沾滑滑，峻岭与崇山。

白鸟如花披绿树，递开景色郊垧。恼人时节雨旋晴。川流消逝去，寂寞带余声。　原始山岚存邃古，更堪默默菁菁。野丛一角露茆棚。泥泞荒外道，霎闻犬狺狺。

入浴定怜沂水上，蛮花婉娈神嬉。天涯信有弄潮儿。年年芳草绿，燕子不曾归。　仍是夕阳无限好，衔山暮霭依稀。林峦终竟扑迷离。悠风呈淡荡，吹送舞行衣。

蝶恋花·送行人于龙洞

接淅泥泞纷过了。一出红窗，曳却丝情袅。检点流光思悄悄，清宵报道星河杪。　不管蹉跎齐矫矫。容易来时，待去旋相绕。踰岭攀崖伤蜀鸟，茫茫尔后谁知晓！

佛房朝山

白雾蒙蒙雨黯飞，凄其人着旧征衣。故无三日晴和土，遮莫滇黔共一围。

佛房真个待僧敲，岑岭迢迢一线遥。料想当年筑寨者，金革凭陵定小朝。

征徭无计避山深，女手纤纤织细吟。任是风威侵两袖，更兼晦雨足沉阴。

拔帜未成人也苦，新生可待宁馨儿。音波陈阵催来急，剩水残山奏鼓鼙！

临江仙·题仙人洞

疑是扶摇花瓣上，一边尊者神虔。卦离虚辟幔重堂。搴帘迟绿荫，掩映霭晴天。　神马当涂如唤出，人猿逸态飘然。定应酋落肇荒唐。龙泉穿地肺，脉脉与玄玄。

临江仙·老厂矿区述游

拾级苔痕探古庙，迎将狮子雄姿。山灵故故荡幽奇。铅丹炉火熄，芜漠鸟声稀。　二百余年寻往事，人烟营幕交稽。残渣碎屑委离离。点金今有术，何事托啼饥。

浣 溪 沙

斜光如素也如沙，濡染山原草木华，添着牛羊几点加。　　叠嶂遥空杳莫测，满围生趣寂无哗，更无人倚女萝家。

一雨乍寒沁肃秋，月痕笼雾漾清愁，山岚瘴气隐沦幽。　　沙沙败叶飒然过，羁客荒台古殿阴，虎豹负隅夜啸吟。

丛莽铜铃听最清，斜阳霭霭空山青，何曾短笛背牛横。　　田间亦有蛙添鼓，物候悠悠景气新，绿舍青烟印笑迎。

篱落人家花正繁，征袍卸罢挹清樽，殷勤古道即犹温。　　流连小驻为佳耳，儿女情亲羌不言，弹指光阴觅故园。

乍晴原野袅青烟，漠漠闲云风息牵，万绿无声但沃然。
爱道中元人过节，庭阴深销近清寒，看它蝶舞落花间。

菩萨蛮·来斯募迺寨子

去年人负寻山约，偶来屐齿依然诺。人事荡成非，青林牵满围。　　因缘须料理，脉脉桃花似。敢道看花心，客途深复深。

山朝闲信步

露湿芳丛又鸟栖，清音好是带风嘶。飘然一样怀孤往，驻足还应静理儿。渐喜坡仙人不识，何须桃李会成蹊。日高影重身嫌累，涵着青葱待去迟。

得得马蹄痕

清早潇潇雨洒，漫天都是愁云。牵马预备整鞍，马却懒洋洋畏缩缩地，为的是冷，不想动呢！似这般天色，人又何曾想动呢？但不动程，尽耽搁在中途，又哪里行呢。

天寒日暮，真有点踽踽凉凉之慨。

尽走了五个多钟头，马也嘶，人也倦了。只觉一程之后，又是一程，一坡未平，一坡又起，雨又是跟人作对，淅淅潇潇，下个不停，累得泥滑滑，冷凄凄，路上老不逢着一个人行。尤觉萧条的是，过那斜坡，草长风摇，竟十足的飒飒秋意态了。挨到了彭姓的一家，家里没有男人，说是出征去，主妇很有相当礼貌，屋庐也还清洁，就在这儿歇宿。雨越发的下得密了，迷迷蒙蒙满望山间，寂寥寥像非人境。念及李清照词："寻寻觅觅，冷冷清清，凄凄惨惨戚戚……到黄昏点点滴滴。"好些落寞之感，不是闺人也泪垂呀！

一个小站地方，米都没有哩，将就拿些苞谷当饭吃，一早出门又还裹些，预备于中途无人家，聊备当午果腹。就在炎炎的烈日当头，拣个叶阴草际憩息，找不到一些泉水，马可渴得没办法。远远地隔山岭上，浮现一缕火烟，那是山人种植，伐木而焚的初步工作了。闻说这其间，向来不大平靖，行旅非有五七支枪随伴，都不敢冒昧闯过，而今要是许久不闻盗匪踪迹了。

大老笆招待所，算是顶体面的陈设，有些漆椅桌摆在中间，地方也较宽敞，司其事者，又系张老先生的旧人，这一来，总幻现了一点人情味。不过，他们吹洋烟的，睡得晚也起得迟，一早预备赶程，他们还是鸦雀无声，空空如也，不免叫醒了他的儿子，请其照晚间商量着的通知，派来几个人马护送。果然不消些时，调将数名雄赳赳的手挟弓箭的倮黑壮丁，就和一起走了。这恰有点像唐·吉诃德的神气，真的遇及砍人头的卡瓦来了的话，这个中什么用呢？但一上路摇摇摆摆，活像上古威风。

山间草丛处，看看一所佛教坟墓，说是前代有个人，借传教号召了好些倮黑，听其指挥，颇弄出一番局面。只今墓门大理石剩有一联云："淑照镜台分天下"，想就是指此而言。余则残蚀荡为荒烟矣。

"越阻寻幽山外山，引去复回环。"只涌现了这么两句，心旌摇荡，实在也疲倦到极，续不下去哩。这来煞像苦行头陀，究何所为，自问也无以自解，总觉神经衰弱，望望多些怖畏，几回怕要滚下马去。那么泥坡太陡，太滑油，还是跳将下来，而这一来，徒步还是跌了好几跤。昔人有的是裂裳裹足，恰恰于此得个印证。和什么席不暇暖，栖栖遑遑，尤其余事了呢。不过，无平不坡，无起不伏，尽在这山间，加以阴阳风雨晦明，变换得太倏忽、太逼真了。有时东边笼日，西边阴雨，有的南枝向暖，北枝犹寒；教你于一日之内，一山之间，而气候不齐，而意识异致。也正有乍晴缓辔徐行，或则仰怀长林丰草，未始不是微微清韵和景光，引人入胜到了深深处！只是好景靡常，心情尤难一直长青地并列水平线上罢了。

蛮蚌一宿，感于主人意厚，也复自我陶醉，因而写成数句，类于旧时人题壁作风："合有人兮山之阿，优优容与挂青萝。穷边一发递烟雨，可道零鸿曾落过！"又复南霪望雨，渺渺愁予，为之写照："撼撼都扬木叶声，沙沙雨阵急催辰。湿云靡缦天无色，叵耐层山黯殢人。"到了垂后一段，途径尚平，斜阳芳草，相将引去，张老先生有意邀过于其戚家老炭山村止宿，并缀一律用志余痕："绿荫清引画堂开，瓜桂前临月满阶。尽有青青齐挺秀，更教皓皓照熙台。主人闲治筹添算，游子兴怀酒一杯。爱道空桑缘可是，鞭丝遥指万峰回！"

折得山花逢驿使，报道游人今晚到募迺，经时二旬差近了。适会闰七中元，月光依约笼罩，遍山如纱如素，又是一片蒙蒙清景，现在眼前，不想什么题咏，等闲视之置之而已。

菊花生辰

偶然有个朋友到过，张老先生款客。各具一杯酒。友随手在丛菊采摘三两枝，摘将花瓣，散落酒杯中，那滟滟地充满一杯，就恰是黄花酒了。这和竹叶青梅，异曲而同工。这时，正是凉秋九月，饮菊花酒，饶有意思。

提到菊，自然会联想到陶元亮那"采菊东篱下，悠然见南山"的名句来。陶诗自然，不事修饰，一种田园风味，冲淡和平，令人想象一个闲易退居，散步经过的风态。王羲之手札，橘子几枚，霜未降，不可多得，寥寥数言，仍见作风。至如王勃的"时维九月，序属三秋，潦水尽而寒潭清，烟光凝而暮山紫"，句子着实提炼，还是有静谧渊懿的景光，昔人修养老到，虽则他那时还很年少。又《水浒传》“风流岂在着衣多”，粗中吐俗，都具不少风致。

大观园中女伴，胜似如花之貌，有的一一写照，说黛玉如兰，宝钗如牡丹，熙凤如海棠，湘云如水仙，惜春如菊，袭人如桃花等等。而如蝴蝶栩栩游于其中者，却是怡红公子也。恰好套句“穿花蛱蝶深深见”以见化工之妙，气机流畅，自然而然。再说看花一事，这些人中，才会有美感，至如园丁们，终日劳作，当成义务和商品，恐怕对于花事，也不会存在什么兴会的了。

这篱菊绽开，黄的白的，各自挺秀，而也疏疏薄薄，全其本真。主人移置一盆，来在楼栏当轩，和我伴对，小小山房，也胜似芝兰气味松篁韵，芭蕉情绪海棠心了。有一个时候，参观过菊花比赛，那盆土十分讲究，不知多少培养功夫，才把一茎茎笔直，一朵朵珠圆，焕然璀璨大观。高楼之上，和远风淡淡地吹，不愧是群英雅集。不过，过后感觉，总属之人事工巧，以视天然的篱边闲冶风格，毕竟各有各自，让人家去各自领略好了。

人在西风半倚栏，尽在悠闲小室，也不忘外边光景。好在山间自由自在，出门望望，可有顶触目的荞麦，吐出雪白花，呈现白茫茫的一片。小伙伴说，这东西长得出奇，有于一夜雨过功夫，早起来就抽茁盈尺了，真是“夜雨瞒人去润花”呢！我不管这么多，只觉怪好看的就是。还忆一回车行，快抵四川境界，土地变成腴沃，草色也涵青青，坡陀间，三径里，长满了金黄色的菜花，遍地黄金，柔美餐秀。车主人尤其好事，把将一枝红艳山花，插在车前玻璃屏间。迎风闪闪，平添春色几分，旅途中，聊慰尘劳寂寞之感。也就是在那旅况，印象特别的鲜明了。

湖山信美，饶有佳时节。秋月圆时，果园里面，柚顶大，橘和柑次第才黄，看它累累挂住枝头，掩映斜日，西风摇荡，让你过路人，沁沁香气，低回感想。一种软凉韵味，骎骎襟袖，透上心头，总有说不出的什么似的吧。由今再念什么摇落悲秋的调子，定嫌多事。只记“遍插茱萸少一人”“菊残犹有傲霜枝”，那么怀抱，还是人间未解缘的呢！

换一个场面，过去山坡探探仙人洞口，那便是鸦雀无声了。边境地旷人稀，夷多汉少，随在一个僻角，总是荒旷得近乎原始态样，山山回复，杳不见人。就在这之间，静悄悄地躺下来，满围蔓草，飒飒咻咻。远远山头，也有点缀一些草屋，声息是没有的，教人有遗世独立，与造物者游的幻觉。又其实，端在这些地带，呼吸都可辨析，感觉特地通灵，偶然觉察斜坡处所，有点小黑子蠕动蠕动，初意是谁的放牛，再看又是人的样子，待后真的移动了，掀翅起飞，那是一只老苍鹰呢！自家眼力昏花，已经到这地步，但也算解决了一个疑团。这之外，努力搜索，那里有什么人和别的动物类呢？山原深处，有的是耳边风，有的是寂寞荒凉的怀感罢了。看看那边笼日，这边阴影隐匿起来，却有一股凄黯萧索，近乎虚怯怯的遗绪，实在大地正陷荒茫，时序也进入秋深冷煞了。

夜间月上，这个如丝如素的光彩，袭袭凉凉的露华，满会叫人清醒的。有一回，乘着微醺酒意，步出外间草坪，未达街子其间，看些疏落草屋，点缀在月光下面，草丛当中，真的艺化美化，只怕城市过来人，连梦想都找不到的；还说什么稻香村，什么四时常青芳草，真是局于阛中，所见不广，这儿还不是俯拾即是，得来全不费功夫。不过，我还是站不稳，为谁风露栖迟伫立呢？可笑一阵幽寒，跟着吟虫唧唧，就把我自行送回宅里去。

“朝饮木兰之坠露兮，夕餐秋菊之落英。”这儿该是本色，不假外求。人事如环无端，看看创痕早就平复了，不再有什么不愉快的记忆牵缠着了，倒是何日归程？如何归去一些问题，委决不下。浸假都成惰性。不谈不问，不明不白一般，弄成混混的浑色和灰色，蒙住一团。咳！还是搁下去吧！待得闲愁消尽，擎杯在手，仍赶着黄花佳节，“惟庚寅吾以降”的此日，好去独立苍茫自咏诗！

杂　感

未卜居高临下姿，平林逐逐与栖栖。惊回株兔依空窟，长袖伊人善舞仪。借箸代筹嗟已杳，叨光夜绩类穷时。君看压指贫家女，纳叶萧萧理素丝。

讪笑人丛竟夕昏，荆榛肘下自将扪。横眉恁是千夫指，托足曾堪枝上存。历历山岚罗眼界，沉沉雨季沃愁痕。蛮花犵鸟寻相讯，容与蒙庄影过园。

风讯递将似弈棋，翼狙翔止萃登时。图存力辟仍基地，我去人来各所司。
岭峤由缘经反掌，边疆后定望提携。新蟾故有团栾意，向暖南枝异北枝。

鹅潭鸧鸹影前川，兔走乌飞日夕忙。一面西风萌肃杀，十年故事几沧桑？
黄花岗上依空荡，叫艇桥边定宛然。我本白云山外客，未须摇落吊兴亡。

一阵狺狺尚警予，谁欤怪啸引墙隅。山深到处仍多畏，月冷空庭浪自孤。
霜气袭人偏起懒，河梁前路况奚如？靖氛纵许人归去，百折盘陀欲望吁！

晨 淑 游 观

水碓翻轮也玩观，漙漙清露委丛间。向阳点点迎佳气，阴岭幽幽度未阑。
霜降时零寻败絮，遍山绿满驻丹颜。君看十月南边地，飞燕姗姗慢引还。

山 中 杂 咏

折荻为筹叶作盘，野餐草草逗幽欢。长菁蔓引山河寂，霎闻跫然转挂颜。

黑河深邃忽枪声，人马嘶呼萃一坪。管道咱家非寇至，难忘踟躇慢前行。

截竹中通注水痕，泉边木栅几根存。入山会得蛮番意，骡马侵晨便放门。

也同早起绕坡间，穷谷茫茫云海观。伫立遥将海样似，晨栖船泊未当还。

纪 事 二

暗里潜移变几更，明朝风鹤骤将迎。相惊致寇经巢幕，襆被仓皇驮马鸣。
只觉佩刀蜂拥至，旋闻塘口延烧平。封关赖有一丸在，刺竹河流奏苦声！

游徙空山乱击枪，不知敌果在何方。平舍多少书生调，临急还应佛脚香。
未惬人情终是憾，看它蜂虿带余芒。剧怜盘谷二三子，沦落鬼魂殢异乡！

山岭坐憩移时

凉风吹醒草坡间，泉石潺湲伴我顽。此外有声呼叱犊，移将疏影蚁蝼般。
山岚叠嶂噤岑寂，嘹唳啼鸦曳老残。传与山灵递脉息，几人埋首没松关！

大田子“开亮”

绵蕞看成结草蓬，几星篝火弄烘烘。荒郊一夕多霾雾，野马依林自啮丛。
朗满星光临近水，泬寥鸡唱五更春。隔坡仍有流人在，长啸相呼透碧穹。

杂咏又山中

一室烘烘火上温，晚行淋湿歇将存。纺纱不避生和熟，管自叨光缀细纹。

三两排行惯舞装，蛮儿阿巧却康强。条条抽出工摇晃，晃罢丝丝唱小腔。

花白如银百合开，芙蓉的皪响将来。看花心事下君马，蕙草兰根安照排。

野菊离离绽细黄，仙人洞口那寻常。登高胜罢延烽火，云散风流各一方！

寄文渊君留别

未解人间一段缘，音波娓娓碧遥天。先施泥友颜何厚，老去幽人宛见怜！
腾踔知君临骥足，襟怀曾对影灯前。遄征佐幕旋歌日，我也云峦度几千。

离圈糯一路纪行

一月三日午后起程，晚宿蛮本。

如潮如汐有回时，转觉拘墟失尔仪。一袭绨袍温旧梦，衍来弱绪照临歧。
只应花草无常相，未合人间久殢机。九十为期今日始，羊肠百折渐康夷。

明月圆时也引归，山间霜色漾征衣。飘然落叶临三径，指拟空华占四围。
遥夜撩人耐伫立，旅怀无寐却相依。栏边透出铃声响，彼物茫茫消息微。

四日行·宿杨水

荡荡临流是此间，丛菁秀耸两崖攀。川陵胜概宜今古，津渡叶舟待往还。
怪啸声扬森野寂，[①]沙洲白逗月痕看。澜沧过影如将记，为报山灵再见难！

① 作者注：民俗相传，水底有怪，驱马渡江，辄群起呼啸，鸣枪示威，山间音响回旋荡越，响歇犹觉一阵悚然！

五日行·宿猛主六日留宿

溪谷雾填漫不收，照临丽日霭光浮。山居疏落都凝淑，牧马荒陬任自由。
径上无人湓浥露，林中有鸟结绸缪。昨宵睡足神犹健，满望葱葱付客游。

幽壑斜阳叶叶青，前来默坐畔无声。原林树树含春色，野况悠悠远世情。
旋觉衣单怀尔缕，趁行步履羡飞轻。游踪我爱徐霞客，学得如猿信可人。

谁欤三友翼亭桥，点缀风光临近郊。市镇俨然撩色喜，田畴如素幌相招。
穷边一入山魈似，烟上难忘归路遥。共话十年流徙客，安家直是困鷦鹩。

先生卖画几文钱，剩有羊裘凭典旃。落得清风萦两袖，诒将业绩课儿郎。
人生薪水兼逃难，巢幕飘摇各一方。我自远行寻旧约，丘园修纂待何年！

附记：张石庵先生，前参与中缅划界公案，藏存文献一宗，客他家时，有意整编，而今已矣。

鸡声啼月并娟娟，座有吟蛩低抑扬。一阵清寒山绣幕，小园碧玉菜根香。
霜华翠袖须怜薄，湾角桃花召唤先。故事天街花重夜，犹应将及共赓年。

七日行·宿平掌

桃花色笑有情天，衣袂阳光照拂偏。曳却诗囊频采撷，不妨行脚到遐边。
萑苻剪径宵闲话，荡涤为怀岚影前。透迤疏疏篱落近，叨与山家茗细尝。

太阳略地定晨炊，山家晏起类如斯。只今绿满无冬夏，不许叶飞占岁时。

园中蚕豆茁青枝，蔬笋仪风傍屋低。看取斜湾三数辈，浴光闲放胜摊棋。

空山垂暮系牛铃，篝火通红探照邻。十九月痕浮慢慢，一般雾气已棱棱。

八日行·宿平寨

威远街头踏几年，谁知名系峭前川。湿云穿过呈新霁，俊彩绿波雅爱怜。

攀援萝径听流声，淡霭轻笼渺客情。黄叶飘萧江岸上，移将筏子度行人。

淫淫露滴雨来声，引顾空漾雾占盈。还是赶街人去早，悠悠驮马荡鸟铃。

死鹿白茅噫典坟，火边相与弄蹄豚。更堪日夕牛羊下，贴髻缠头认旧痕。

九日行·宿蛮蚌

露滴苍松韵最清，遍山虚静马蹄轻。振衣冈上风称快，云海平填白似银。
映日林峦凝秀爽，寻师童子幻将迎。大来忽忆残诗句，结个团团坐永生。

隐合腴词韵吐娇，绿荫丽日柏清标。边竹品藻忘方远，忽遇村墟仰寂寥。
彼妇纱梳缠足小，旅人灶下拨余焦。黄粱已熟徜徉过，犹挈青烟一缕遥。

十日行·宿旧寨河

底处山鸡时一声，岭坡遥引慢停停。塔梨揀摘栽生涩，草地残匀算藉茵。
独树萧骚吟拂冷，阳光躲匿暗怆神。旅途我欲消除却，还复幽忧绊客情。

近郊仿遇故人情，添得桃红看冶春。浮白菜花餐色秀，一湾塘水淡纹粼。
棕榈叶挺风摇曳，蛮蚌名垂迹怪神。雨露只今沾旱谷，莫从波浪点民兵。

萧疏架屋也山樵，露结为霜夜气迢。取暖添柴拾野趣，白葆煨火自将撩。

十一日·抵普洱，十二、十三、十四连日宿

风竹萧萧木叶飞，斜坡疏落护银晖。故传热水游春暖，红粲山花召腊归。
缠足依稀解让畔，秧歌童稚恰柴扉。风光城市今来是，惜别离巢看满围。

十五日行·抵磨黑，十六日继宿

窗棂遥引岭云高，流水潺湲泻韵涛。怪道山深月影黑，倘来磨剑气犹豪。
市廛看取成新世，盐井迹探佩伟劳。真个灵源资不爽，家家如素自煎熬。

十七日行·抵哨牌岭

霜气指寒味卷舒，一番绿染茁园蔬。爱从淡处寻相识，隐合灵山私淑徒。

丰碑载道关盐事，庙貌奕然怀李云。故是拓荒情最胜，称王称霸几人存。

衔山日吐便苍茫，径上背柴三两行。曳得牛铃斜谷响，疏林庐舍袅青烟。

十八日行·宿半坳坊

河流铁锁肇云桥，迹号把边镇寂寥。碑记遗存斜日暮，我来无事细摹描。

还牵蟋蟀野丛阴，边徼谁知物候深。踪迹聊应依水草，千回百折漫长林。

十九日行·宿路水井

沙滩涉尽复登攀，曲径盘陀行路难。也似一番缠苦战，风波几得钓船还！

习习雾霏细雨般，苍茫云海只遥看。穿林渐觉泉声响，厥曲迷羊思已难。

二十日行·宿碧溪

几株矮树挂山巅，屋角悠悠云雾旋。一面太阳光护惜，计程有米着“开烟”。

游龙恰在野中看，灯火荧荧绕画澜。想见升平寻故事，田家鼓乐尽开颜。

屋漏星辉独烂然，风咻稿荐不成眠。却在回首知何限，一介穷尘步几千！

廿一日行·宿干柴，廿二日行遇警，仍返宿

一夜不曾入睡，跳虱又多。苦没办法。耳听马槽啮啮声，马乎，似只有休息而无睡眠。清诗残句：“马啮刍鼠瞰灯”，写实正堪入画。只有一回，江上沙滩，阳光霭霭，马群偃卧目闭，状甚甜适，但霎时赶起渡江，又复旅途奔跑矣。又主人家一只雄鸡，供养如鸟，缠足架上，看看屋角茅檐，星光微白，鸡也喔喔拍翼曼啼，划破天空冷落离索。鸡鸣看天，赶马人催将造饭，相引出发。清诗另一首云：“晓觉茅檐片月低，依稀乡国梦中。世间何物催人老？半是鸡声半马啼。”人生境界，推勘过半，而韵味特浓，念念油然心生悱恻，不得不谓其于此中有三味处也。因而打作。

问讯泉台迥十年，半肩竹李尚萧然。丁时丧乱勾牢记，暗里门闾线引穿。
沙鸟清溪依旧系，黄花白雁判零行。欲寻重理芳园日，皓首生涯浪自伤！

旋见朝霞淡雅鲜，昨宵清泪照无眠。是非入世疑云集，梦寐将澄片瓣香。
浏浏褰衣风北厉，寥寥觅路影推迁。会看旭日丹轮转，万汇无愁各洒然。

岭上云烟阵阵飞，鸣铃班马扣晨扉。红旗映日昭颜色，衰草颠风滚满围。
一入穷边森怪趣，殢人沉黑谷川微。跨登突兀真无赖，万转千回总未归！

山风如啸复如涛，月黑沉沉煞气高。黯惨人间存一面，沙场黄狗讵能嗥。
长围困兽思难越，天意亡秦待引刀。扫墓首丘都已矣，田横孤岛便成牢。

廿三日绕道行·宿板桥

琐窗人寂寞，燕子调啁啾。好向炉边火，山茶啜两瓯。
别样蛮番子，冠巾大珥环。磨沙名也异，平屋托如盘。

廿四日行·宿南渡江边

沙洲边际绿几株，落日山头修影余。姓字元江我昵识，夷然绣出辋川图。

联马嘶鸣唤渡江，可知水怪也都降。诗心哪得同刚健，一叶摇摇欲荡膛。

廿五日行·宿脚底塘，廿六日行·宿新平

落叶飘萧伴去怀，劳劳没处妥安排。采樵人语如相慰，但转新平坝子开。

楼台隐隐着轻烟，衣带遥牵绕复旋。配个俪黄兼色素，野田风引菜花香。

白石街心旧景光，渐繁烟市属中滇。一回觌面一回胜，出谷啼禽声载扬。

菩萨蛮·廿七日行，宿坡脚，兼程百廿里

啼鹃底处依深蒨，出林柴女差成阵。涧谷自幽鸣，牵梦缔结邻。　朝阳洵可爱，霭霭霓光态。村店饭初香，端来唤客尝。

月痕隐约笼沙路，荒林不见人家处。透得冷风凄，行行思欲迷。　草棚幌又过，明子星星火。百廿里呵成，舒它一口轻。

菩萨蛮·廿九日抵玉溪，三十、卅一两日连宿

临皋绕树几行起，菜花斜日烟光里。宁不忆昆明 玉溪沾近情。华堂征惠泽，塘水澄澄碧。涵静自由天，君听风外缘。

中庭明月清霜影，抱残襆被噤然醒。微恙转舒迟，形神敝可知。思量堪太息，前度刘郎臆。花样算翻新，虚襟袭薄人。

菩萨蛮·二月二日抵昆明

经过呈贡陌痕路，蜜桃胜赏看何处。往事荡如烟，重来思惘然。油油麦秀美，远树连江汜。风晚怯愁人，车行也苦辛。

牧牛人卧牛背上，麦场敲打镳铲样。柴舍仿同归，城栏牵入围。灯火灿明电，年余才瞥见。端的又昆明，劫灰莫细陈。

啼鸦向曙都嘹唳，疏林栖影款将记。流水月桥西，问津故已迷。闲情须料理，叫卖街心起。还踏马蹄声，悠悠远客情。

天阴镇日兼零雨，绵花雪色依空舞。客舍溢萧清，青灯短梦萦。小庭谁戏要，端惹瓢承大。好是少年游，寒威一笑休。

瓦檐处处依新皓，阳光露出连声好。斯世盼温情，天寒盖幂层。行人擎伞举，街上如膏雨。记取索萧辰，浮家契燕邻。

残荷依水委枯败，满园叶脱些儿摆。时序忒无情，隆冬易怆神。淡光聊可爱，雪色消余态。只是朔风狂，茶亭势莫当。

观鱼唼喋依纹水，摘匀飘绿袅风起。胜事隔年华，梦痕扣转赊。栖迟旋绕再，门径生疏改。莫待荡成灰，君今能几回！

月痕逗出阶前白，吟蛩啼到虚空寂。此际信如何，夜长衾枕和。百花登市阵，好事年关近。一霎荐芳时，湖山脉脉思。

迎人是冷风

浓阴天色浸幽寒，谡谡风飘透幕阑。故国重临三日地，湍波荡转一身闲。
巢窝只好寻炉火，剪径徒闻杜客辗。此去驿程深几许，困人如晦奈刀环！

即　　景

一阵微温渐启封，青烟几缕野丛中。离离来日旋看又，霭霭晴光恰再逢。
太息人情齐向暖，亏它春意未舒融。栖迟多少衡门客，端为蓬山路万重！

杏梁燕子知春

燕子呢喃拂晓寒，春来细雨洒人间。种花天气赓和煦，浅草郊原引照看。
凭倚琐窗闲里适，好将微恙寄偷安。愿花长好春常在，我也踏青任过还。

除　前　夕

故是怀创闻控弦，风摇一树静无缘。相牵一发须连及，暗里编排每独先。
聊自惊心移飒草，也应致寇漫涂田。天阴凝闭将除日，柳暗花明待隔年。

回头真个落穷边，到得岸登又惘然。雨雪其零勾岁暮，萑苻遍地卜斯迁。
新知旧雨存濡沫，井渫心田欲窘僵。可是磨坊驴子似，一程辛苦一程延。

樱花有约重来

嫣然一样娇无那，南国须寻最可人。裙屐联翩闲韵致，晌阳开暖足精神。
蓬莱影里深深种，紫陌丛中馥馥春。我也徜徉花下过，为君含笑释轻尘。

过游圆通山

叉径海棠花正繁，风扬片片落缤纷。青衫沾着休除去，留取春心一缕魂！

芳坞茶烟略坐时，软红如盖召神移。盘姗将影日斑驳，招展花枝与玉枝。

嫩白开迟委淡妆，樱花红艳挂高冈。东君思被今来遍，碧玉娉婷并向阳。

红白夭桃又一畦，穿花迎面下成蹊。沿边森绿枝柯挺，故是虬髯顾小眉。

垂幕天阴一阵飘，花魂无奈逗风招。行行旋觉飞云散，依约阳和仔细描。

花径新栽嫩计生，风狂簌簌引飞轻。迟来几日芳园闭，对此如何倩护铃！

大观园步过

湖滨招引傍丘园，绿透春风第几番。台榭漫怜谁是主，寻常燕子擅将门。

一般生意沁园林，拳石都宠丘壑深。孔雀为屏罽粟丽，清阴径里幌前临。

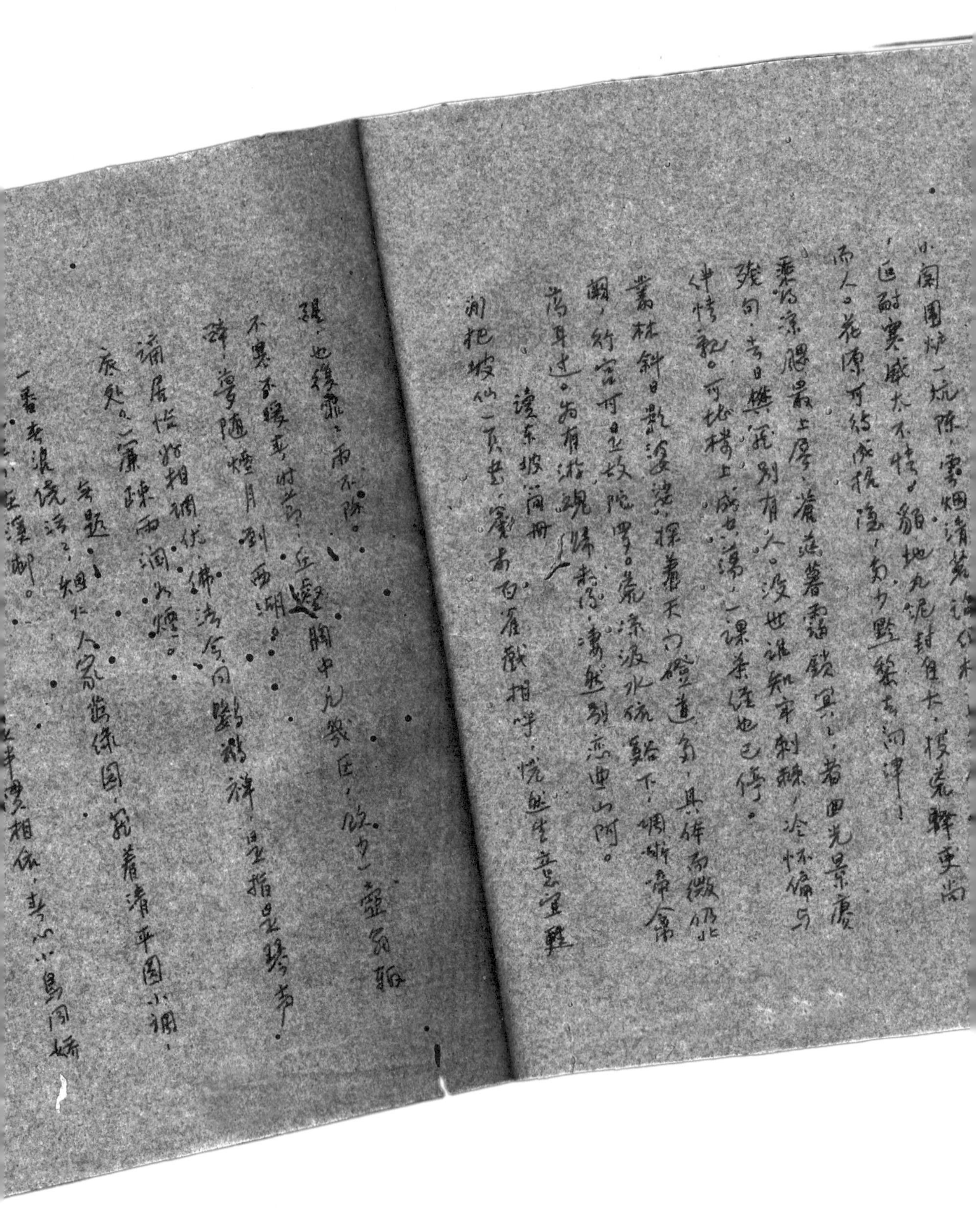

《啬园藏稿》手稿剪影之三

第二编 入京复出京

过 渝

殢留旧梦恰重温，几处履痕爱过存。生讶空台飞羽鹤，漫怜孤客步江渍。
渺茫有恨经尝味，热暑如心召自焚。今夕星辰非昨日，好从佳景挹清芬。

江上所见

四布飞泉百尺悬，有人巢屋在峰巅。青葱腴美宜于止，浪滚波腾并眼前。
竞渡忆将佳节近，吟风吹透艳阳天。静观华实流牛放，物类悠悠会自然。

杂述二首

濡濡殢雨陌途中，只道春深花影浓。解识楝花开毕早，一番风讯转南风。

织就葵花昼又阴，龙髯一堕结沉吟。休干驿路音尘阻，多恐仙郎没处寻。

夜 泊

丝风吹冷入江云，幕夜前头百不闻。已到潮平两岸阔，别无渔火照孤村。
魂灵只解勾长夜，消息逝将弱水纹。船泊撩人谁则甚？古来才调何纷纷！

即 景

华实盈畴树碧鲜，分明一片广斯仓。郑州载籍无穷思，留取清阴认细详。

平滩洗洗款行车，铁锁黄河气韵赊。莫道洪波连海泛，沙虫猿鹤与鱼虾。

一字无题处

消息梦痕久剃删，竭来浓烈透灰寒。青梅结子深深溅，黑海从它邈邈欢。
叵耐昙花刚一晃，朦胧淡月悄相看。草桥也是安阳驿，篱落清啼夜色阑。

首过颐和园

留探落叶响长廊，十七眼桥滟滟光。仿佛昆明湖也未？我来才是彩云乡。

布谷啼树间

休关谷麦出珍禽，四月南风惬素心。洵美诗人拈逸句，扶疏绕屋绿阴阴。

挽李华舟君

又听奄忽眼前人，客舍迟留一夕灯。入世悠悠真莫问，到头草草委轻尘。
桂林岩下君怀素，海国寰中我绕频。还去故园深几许，秋坟续守诵弦声。

七七过卢沟桥

临皋绿野沁优优，一晌驱车风拍浮。传有卢沟移晓月，焕乎栏楯聚貔貅。
碑痕自昔称全盛，浊浪犹今解急流。离乱八年星宿海，谓行那得不回头！

夜　游　归

渐牵风引拂行衣，雪色梢头映照微。带月离魂芳草剩，生涯神女暮莺飞。
众生何日方无碍，一面横塘漾素辉。闲过萧疏林宅掩，更无人处绕将归。

偶　　成

携将天使小玲珑，慰我尘途落寞中。入世油然存煦爱，离家契阔教飘蓬。
面□至竟开生面，白绿舒齐播远风。爷有新诗归莫诉，更添一语岂终穷！

附记：出京站时，车上管理员，带将一无亲眷之女孩，托为照顾。小鸟玲珑，晨夕与共，聊慰尘途寂寞，也自不无携幼入室之感耳。

除夕在广州

也同守岁度更阑，毕剥声喧处处弹。忍以无眠添反侧，分明此际欠遑安。闻鸡差喜清篱落，花市将迎宛序班。最是上林花锦日，春风燕子梦回环。

清辉将引尽更阑

茑萝丝映碧，窗畔一灯孤。月浸深秋白，风宜树杪呼。
无衣兼卒岁，有梦落边隅。寥寥玄唳鹤，光景恰愁予。

是非尘也淡，何意转槐安。瓶罄仍罍耻，端居溢苦颜。
风梭凌古渡，曲破念家山。不寐吹箫侣，芦花江水寒。

云散风流后，重来审旧容。桃花千观里，才命一钱同。
楼下卧薪悄，斯人舞袖浓。结缘各有托，那羡出墙红？

猎猎风儿劲，沉沉更漏残。经时辍吟课，心事太阑珊。
寻得香忱缕，须开菊满坛。虚飘丹桂引，月窟仰曾攀。

飒飒叶旋落，萧萧树复声。寒光侵户牖，伸首探星辰。
雾细牵无外，飞沉俱可矜。河干谁云广，一苇渡帆人！

凉燠情犹乍，君今怵展眉。桃穠争馥馥，舞袖揽凄凄。
本作添炊计，端承假却师。风声萦草木，相顾覆残棋。

将军故化碧，祖道竟寥寥。功利不遑顾，风波荡去遥。
天涯悬唳鹤，六诏拂星轺。习习搴旗影，边庭莫见招。

撩得秋意忞，方知宋王悲。诗魂依寂寞，冠盖自离披。
王有细腰兆，宫多饿死儿？环城更秉烛，不见一男儿！

南风故自竞，菁楚尚怀新。一日泥为长，相逢默怆神。

支离牵只影，蛮昧邈无因。觌面疑仿佛，君须恕醉人。

过拜彭泽老伴逛公园

略带风标过此园，牡丹花落漾春魂。先生爱是投林鸟，鹤发酡颜即更温。

故宫一转

青锁上林恍旧观，诗笺引证却酸寒。高怀渺渺天家物，漫自人前一味看。

赠六榕居士

故有成都卖卜人，孤悬塔影委风辰。长廊叶落占闲永，曲径幽寻转绿新。
人世无如心最险，旅途那得钓为邻？烟波一棹江湖阔，欲把津亭更问津！

对雨漫怀

雨丝潇洒绿丛中，故是洋场兼郁葱。叫艇声迟消冶习，竹桥西畔泊楼红。
泮溪槛外田田叶，荔子湾头浅浅风。可道繁华如梦寐，白云不并汉仪容。

感赋

客自远方来，几经转折，取道仰光，万附轮绕马来亚以归。回溯共难分手，数年景拣一幕，沧桑丕变，感而赋此。

梦痕许挂树啼鸦，玉露淫淫屋角遮。曾是望门托钵处，何因颓落那人家？

风云匕首两相惊，宵遁犹牵咄咄声。替谢狼封太赏识，更楼岸帻若而人！

倾巢雏捕汰其余，悻悻偏怜小丈夫。浪扣帝阍没处所，银铛瘦影系居诸。

林岚遥指便交攻，蛮触谁时胜负中。从此穷边成绝塞，间关难与觅飞鸿。

遗孑条条罗汉身，攀山入伙道无因。家书作别成何语，四十仍教妻适人。

升旗颂像总纷哗！闭会抛将斗白蛇。慕隐先生好事者，烟霞何莫倚为家？

弦歌声杳替人非，故是绿杨牵满围。斜径悠悠风拂袖，更无人引步将归。

枫叶风凉片面山，芸窗红映渺无间。空桑后约知何似？花谢水流不记还。

越秀山重九

犹有浮云冒太空，山阴透得渺无风。艳阳杲杲缠边树，秋草离离带倦容。
隅坐只应人也鹤，登高哪管影如幢。越王台畔昂然首，阅尽繁华岭表中。

谁与健者试啼鸦，把酒临风故交加。元龙百尺依空锁，细柳一围望却遮。
尚得联翩游屐齿，可无孤塔挂烟霞。避灾笑遂归时候，古道摇摇踏影斜。

友家共度七夕

乞巧天孙思已赊，年来儿女纵纷华。庭前瓜果盘新粲，烛下金针簇彩霞。
人事绣花同料理，银河乌鹊引为家。恍然一梦疑槐市，半是封残落影斜。

装成七姐列门楣，往事迎将络络思。艺不因人饥可忍，贫无令节过移时。
识途谁与开三面，投阁漫怜插一枝。故有佳人兼弱者，云山风雨任凄其！

月色迷蒙雨乍收，君今看取上楼头。凄沉一样天无那，凉讯经过算早秋。
老去欢疏仍下厩，怀当落后话牵牛。闲愁付与娃儿伴，曼调偷声索唱酬。

纳凉沙面

新月如人喜乍逢，水滨淡荡摇轻风。相将席地闲经眼，灯火移船一粲红。

中秋有忆

猛忆南来逾一春，东郊离落度佳辰。主人阶下噤无语，永夜萧骚月尚明。

一雨便成冬

寒衣典尽休刀尺，人在嗟来衡宇间。头白辽东行有此，桴浮海上迹空还。

粤讴怨曼都盈耳，黄菊开迟感棘冠。又是颤凉风阵阵，应无人往荡街摊。

人心风雨梦阑时，伯有惊看复滞稽。句觅丛残萌偏侧，思沉骚楚挹江蓠。爰方北辙赓行迈，多莫徐吾解绩丝。待了何曾了公案？东皋落叶总凄迷！

杂 忆 诗

乍艺香烟味可亲，萧条茶馆甫霜辰。攀车客侣犹浮影，古道烧痕自写真。山鸟冶花深寂寂，青岚瘴气叠棱棱。旅途经过寨模样，又听涧流夹吠声。

小阁围炉一炕陈，云烟清茗论纵横。也知腐蚀了生事，叵耐寒威太不情。貊地丸泥封自大，投荒驿吏尚而人。花源可待成招隐，多少黔黎去问律！

乘得凉飔最上层，苍茫暮霭锁冥冥。者回光景赓残句，去日樊笼别有人。没世谁知牢刺棘，冷怀偏与伴情亲。可堪楼上成空荡，一课茶经也已停。

丛林斜日影婆娑，探着天门磴道多。具体而微仍北阙，行宫可是故陀罗。荒凉汲水依溪下，啁哳啼禽荡耳过。为有游魂归未得，凄然别恋曲山阿。

元日登六榕寺塔

犹荡孤踪过六榕，袈裟人卸恰相逢。高情招引登临去，胜概凭将杳霭中。槛外棋枰撩淑气，腋生羽翼缀悠风。破题儿合迎春记，拂拭尘襟金字峰。

叶径无心自在凉，清晨元日与禅房。游人旋逐看花似，膏火曾传郁篆香。萧寺丁时宽百亩，镌铜历劫尽三迁。教从定后寻方物，人事纷华万万千。

小 诗 遣 怀

迟迟幽雨酿春寒，窗扇懒推莫倚栏。却有呢喃双燕子，营巢商略定其间。

故把闲情咏落花，真娘墓畔素馨斜。清明还忆潇潇雨，我也沙河省物华。

鸟啼花放是春心，秀句怀人不可寻。最是川原晴绣出，佛灯北阁会登临。

牡丹含蕊半曾开，南国情深辇转来。又复元宵灯节近，可无人解霁心怀。

海 珠 桥 畔

几回傍过海珠桥，栖徙人丛昼复宵。为甚方忙劳草草，虚将星影漾迢迢。风声岁暮怀孤冷，驿路人稀恍荡摇。还忆平堤烟月色，歌管灯船久寂寥！

读东坡简册

闲把坡仙一页书，檐前百雀戏相呼。恍然生意宜苏醒，也复霏霏雨不除。

不寒不暖春时节，丘壑胸中凡几区。饮少一壶翁辄醉，梦随烟月到西湖。

谪居恰好相调伏，佛法今同鹦鹉禅。是指是琴声底处？一帘疏雨润如烟。

无　　题

一番春浪绕沄沄，烟火人家茁绿园。笼着清平圆小调，个侬生小在溪村。

浅草柔茵露未晞，跟前堤畔惯相依。春心小鸟同娇怯，贪看风帆入惘微。

尔后伤亲事事非，仳离犹自曳罗衣。蚕丝宛转杏花雨，旗鼓收残共一围。

珠江月色暗将神，许道残秋剩劫尘。一曲琵琶输又去，只回难与觅真真。

风尘我也伤心者，几度相逢了夙因。浊酒一杯和泪滴，可知俱是异乡人！

观音山春游小记

流花桥近畔下车，即是观音山脚。沿坡而上，刚是山阴，斜阳冉冉风缠树，自家摘句，仍不妨自吹自拍实在。夕阳古道，拂袖轻风，山间虚邈无人，尽可任栖迟独步。景物特地清淑，凭高望远，神与造物主游，至少也飘飘然一洗人世尘氛千百斛也。

五层楼开放时间已过，但门面焕然一新，一对斑驳石狮子，蹲在门前昂首。记得旧日门联集句：“五岭南来，珠海最宜明月夜；层楼远眺，白云仍是汉宫秋。”时代不同，今也一并除去。唯镇海楼匾额健存，笔法疏隽，自然阔气。由兹判若分水岭，山后是洼田矮树，脉脉悠悠；山前是新辟广场坪，层级如鳞如栉，排比伟观。也还有三五健者，追逐游戏于其间。我们闲闲荡过，摇曳风吹，迎首丰碑，傍径绕砌，踱将下去。指点炮筒，一边偶倚，一架绿亭，奕然新映。友言中山先生治事处，魂兮百世不磨，其信然吧。

时下难得有闲人，像如此抽身即景，不让尘冗牵挽，总属清缘。偶忆前人往行，钓船斜系草堂开，又如吕文靖绝句："贺家湖上天花寺，一一轩窗向水开。不用闭门防俗客，爱闲能有几人来。"虽乐水乐山，住与行殊，而意致却一；当其欣于所寓，暂得于已，曾何暇计及柴米油盐也哉！

友又言：旧游去处，合对河人口，也逾百万，面积似比这儿为宽。因彼平地多，不须高筑，家家略有小庭园，绿荫满径，繁英缤纷，人在其间，赛比极乐。不过好景靡常，风云吹透，谁也难以逆料。旁边事，谁管得，我们还是踏影归途，归引堤畔明楼，权作座中宾主。重报道："醉翁之意不在酒。"

第三编　重来以后（一）

新竹枝词

白薇花细静含香，只度轻阴入夕凉。君去中庭闲伫立，不须风露便噤然。

又是南风麦秀颐，来何匆卒去嫌迟。青楼别唱同心曲，还解绕朝策赠伊。

千人诺诺事竟参，蕉鹿场中一索探。挟瑟声迟花落院，龟年犹幸到江南。

含沙将影浪相猜，菜圃羊儿触一回。替问旧情今在否？小心翼翼下堂来。

细雨织春寒

丁香雨湿柳垂丝，庭院沉沉沃绿凄。伴得离人将起早，数声飞跃鸟来迟。

春寒料峭锁幽幽，故是人间沙漠愁。报道今天四月四，踏青挑菜系河洲。

啼　鹃

杜鹃啼向四更天，端的离人欹枕眠。窗外朦胧探一瞥，软凉心事信如烟。

梅雨乍过

梅雨乍过沃绿水，几天溽暑歇然消。牡丹刚好辞春讯，芍药丁时揽二乔。
会得红烟笼旭日，宜将鱼鸟逗清朝。洋洋人自柳塘上，低拂长条更短条。

园中少长咸集

古相参天渺望间，一瓯清茗衍闲闲。叶边火伞舒亭午，藤架抽芽展翠澜。不欲片言依默坐，只缘微恙托姑安。回归更探花消息，零艳几枝剩牡丹。

窗畔初日

零露未晞滴晓清，柳荫穿日态盈盈。须臾一阵风吹晃，还似回澜叠浪声。

送客归

已份无何谁殢牵，零鸿社燕绻因缘。未阴趁作绸缪计，东徙疑将面壁前。乍曳泥中还尔力，爰临岐上引离觞。风光正好绿兼素，各对飘萧诉断肠！

一夕话

肝胆相看雅爱怜，请宵访戴也由缘。龃龉莲幕宁非拙，悱恻心弦许毕宣。顾我犹寒存坦率，迹君余恙昧推迁。年来濡沫无穷恨，那得江湖各洒然！

秋月篇

促促虚将当日足，斯人憔悴燕山曲。篱下都成侧耳看，黄花可待后来续。漫怜时序过如风，才过艳阳又秋中。月冷中庭霜后白，寻幽影挂孤飞鸿。那知欢喜自人间，今夕通宵舞未阑。桃李当筵开得胜，三秋落叶掷空还。盈虚消长良有以，欲寻故事须料理。浮鸥将影何杳茫，莫把泪涛溢海水！叵耐无心还有心，风住尘收夜气深。月明如水浸疏林！

怀归日

凉风瑟瑟荐登时，朔雁南飞惹梦思。事到临头仍抹角，人当夕秀倚东篱。幽燕有劲惭犹少，玄冻未探近可知。携得诗囊行乞处，云烟都与一丝丝。

清时无事是无能，不道瓜田学耦耕。巢幕孔劳淹卒岁，束身无计寄飞甍。散材只合食为伴，老去聊当客若卿。还是一枝低处稳，会看霜叶飒然惊！

五岭苍苍对海洋，回归多莫为怀乡。是非耳畔水清浅，枳橘淮中味细尝。
酿就百花须自况，算来人事有由缘。三迁两转孤云杳，记取游丝络永年。

附记： 十月八日，即农历八月二十是日寒露。面承人事部接谈，决定侨务岗位，派赴广州。从此生活过程，另是一幕呈转矣。自四月四日，寄客侨联，历经半载，日下余痕，眼前光景，渺渺余怀，曷胜惆怅；但已淡然置之，活力稀微，非关识尽愁滋味也。

九日第一次大寒流入侵，温度骤降，风雨交加，有些地方，降至摄氏零度左右，换成冬令时节。这之时，念念昔我往矣，杨柳依依，今我来思，雨雪霏霏，真不禁其惘然若失也！十三领取介绍信之后，翌日踵至侨会，等于报到。可是事有可笑者，会里并没意思派遣他往，一面照顾留京，以待后会。于此恍忆属句，事到临头仍抹角一语，颇亦有预兆矣乎？茫昧中，以为极则生变，怎知适成幻转，中止行程，有如转弯抹角云尔。琐琐行藏，不由将主，仍复如是。

拟落叶聚还散

乃知霜后叶，无奈久愁阴。满阶闲不扫，一夕浪萦吟。
唧奏蛩儿伴，萧条北里深。迟君何处所？切切复寻寻！

读江淹《恨赋》

凉月斜侵到榻边，宫车晏出会喧然。桓公五子莫纷乱，管子一书世尚贤。
六六流年胥定霸，恢恢大漠荡胡烟。平明却赋恨多少，人事尽时信有天。

献　花　谣

弹指天孙未掩扉，拈将色笑荷筐归。谁人解道凋零节，犹是花香簇满围。

阿侬爱撒露筛筛，底处风前挈柳枝。一草一花饶意态，山遥水复尽清夷。

低回好自傍仙家，花萼交辉略景斜。簌簌槐厅闲里过，恍然一觉话桑麻。

前身合是看袈裟，不管人间富贵花。秋水长天牵一色，超超还予拥南华。

四 咏

我所思兮在天鹅，家雁遥遥顶上过。族类仪同今则异，西风寥廓堕魂多。

我所思兮在羚羊，纷纷雪落山之巅。悬崖特立寒无匹，俯视圜中何混茫。

也有放猿返故林，重逢汲水涧溪深。稻粱阿是将余意，认得啼痕一缕心。

也有雪车负而趋，种本天狼狗却如。厥曲迷阳山北向，嗥鸣掉首求其徒。

北海看冰

几日不来来便亲，寒威端出玉麒麟。满园花事谁将主，败絮蒙头暗里颦。

凝脂略定小汪洋，淡日稀微带色黄。都付群儿寻戏耍，凌波不是是飞田。

千里说封缩照看，秃枝乌鹊萦其间。曰归占得影斜后，一阵凄凄袭漠寒。

乍晴步园探视春讯

一脉华魂托嫩茵，枝头荡着几分春。昨宵雨过襟微冷，晴日薰笼静却尘。
细蕊含苞偏处是，鹅黄凌碧淡旋匀。怎知时节清明了，可道看花阵阵人！

来 迟 感

一阵浮飘点绿枝，红酣白冶揽风姿。芳园几日不曾到，花讯已非全盛时。
寂寂余寒偏易感，累累藤架总相宜。乍传雹过还无迹，人事休烦惹梦思。

中 秋

一年一度又中秋，北海登临影拍浮。莫把玉盘山比小，非关原上长乐游。
联翩裙屐同仙侣，鱼跃鸢飞竟自由。我也随缘赓泛泛，几人骑鹤上扬州！

屈 原

泽畔行吟已恨长，枯将涕泪与沧浪。一泓棹阔消渔父，九岁龟蒙殢异乡。

敢是羊蓑归便得，聊因闾橘未成忘。圜中风火千轮下，换取新声入教坊。

九日西郊

欲把郊游比登高，秋阳杲杲转一遭。惜无余绪风吹帽，犹欠清阴解郁陶。

走兽负隅类壮观，飞禽展翼折遮栏。心痕冉冉存何许？彼其生涯在狴犴。

赋得牡丹亭上兮，花开须待隔年时。半残枝叶无颜色，霜降人间已可知。

擎花出门忽尔飘落一晌怅然

只度相逢绰约姿，都将门槛落纷披。越怜委地娇犹滴，故是花钿背尔时。
雌虎清凉争避面，堕楼影杳酷相思。多应丽质唯天国，不许缁尘浪触持。

记取菊花展

贫家女作嫁时衣，调入秋声思杳微。欲把玉田差近曲，虚将银汉旧支机。
背人寂寂席隅坐，矫首遥遥雁向飞。正是西楼当月夕，风梭露杼泛成围。

引对茫茫玉宇高，古城于止又似曹。一番红紫常为伴，九转襟期敢告劳？
黄土送归同过隙，白杨影里自萧骚。凉秋近事都如许，朔气凌人凛佩刀。

剩得闲情绕菊花，轻阴收束蜜阳遮。分明爱日移冬令，结托心香付朵霞。
笼就东篱胥有改，倘来慢步匪无车。玉瓶嘉卉旋相接，信道鹤梅亦本家。

有怀旧侣感赋木瓜

殢雨霏霏五岭深，叱羊射虎迹骎骎。覆巢难与补亡计，长袖看它拂笑吟。
红叶乍传来陌地，青灯挑尽话同心。尔时一借东风面，飞上枝头变玉禽。

谁知消息隔云林，鸿雁何曾递远音。篱菊两开亡印证，南冠一系结沉吟。
爱呼天只薄言诉，偏有佳人贼可任。莫是弯笼赓未断，直教滋味到投簪。

座上客还阶下寻，翻云覆雨古垂今。一声镌错都完了，九折良医费酌斟。
剩得摇摇风影曳，更牵漉漉滴残心。赋闲好忆年前侣，相绕云山毕水浔。

遣怀二首

言愁信愁君所知，乱无由理治棼丝。秃枝入暮仍萧瑟，新月如钩欲堕时。
人逐南飞怀雁阵，影侵霜鬓向星儿。沉沉一室消无那，寥落莎鸡恁怨咿。

钟鸣漏锁星烂滋，悄悄屧廊引步迟。卧榻那容偎倚久，孤衾曾是肃霜持。
缁尘到处迷鸦色，慧业从头理素丝。纳尽残灰收尽涕，一天光景复凄其！

嘲药栏

海隅风正高，花药韵宜陶。栏槛移春影，京尘秃凤毛。
淘金沙点点，时论溢滔滔。一饱宁余事，如篁也已劳。

杂诗

绕过坡陀省旧痕，几些垒石兀将存。场荒不见离离草，那识桑麻别有村。

漠漠无愁亦寡欢，新雏戏耍逐回环。桃林合是消闲处，莫道成蹊始沃颜。

蟾影当窗睡醒时，空庭白雾隐离披。谁人不共心莹彻，底处幽怀让郁伊？

趺坐不疑地上霜，近将月亮胜花黄。浑身只觉凉如水，况复沉沉天一方。

即景

白雾乍笼遂漫漫，轩窗待启怯犹寒。昨宵雨歇晨萧寂，柳叶舒青未引澜。

偶成

帘幕斜穿旭日红，脚跟无线转如蓬。劳人草草嗟犹及，天意明明慑未终。
闻道冰封萌解冻，更探菊隐粲邻翁。题襟那管崔前在，没字诗心自置筒。

春假步园乱点花谱戏游之什

绕来花坞尚流连，真个看花不厌缠。仙客幻形充怪相，杜鹃濡泪隐含烟。
群芳指点都名色，春意如将傍眼前。许也低栏闲倚处，海棠一树影翩翩。

雁阵遥天丽抹红，迎春婢子玉屏封。移时铁树都能语，一现昙花未是空。
近水偏宜濠濮思，青岚浑觉渺无峰。槐根梅月原虚恍，只自伊人感不同。

元夕北新桥

边爆儿童纳彩频，花灯时节道无因。却看皓魄离离起，只是幽寒管袭人。
月影半墙觅句真，桐阴深巷引伊邻。剩将散帙摩挲处，宛亦悠悠客岁春。

雪　　诗

客岁雪花稀，入春来接替。飘飘断复连，日夕牵无际。物候有温氛，寒飙亦既厉。隔窗成独客，默默弄牙慧。坐我天一方，寥寥长河闭。所思故云遥，将以寻吾契。

弹与征鸿

伤残不管让忧深，漓水汤汤休短吟。叶落山根思有致，云依岫阁出无心。
敲诗月下归常晚，托迹龙门况自斟。信是一人方有庆，尽教寒士坐鸣琴。

引去寥寥叠转赊，嘘将心肺毒于蛇。寻山深处方无外，毫发稀微计靡差。
溅泪不辞花上露，臣心恰似水为涯。自由罪恶原妖物，欲问夫人缔一家。

呼牛呼鬼假犹真，落地为泥座宜茵。却是须眉怀尽剃，管它冶跃尚而人。
寒威看取萦无际，休燠于今孰是亲？曹郐无讥还则甚！许寻野马与埃尘。

会将乞讨唾余身，侮弄阑时宽贵神。仔细公公头抢地，酣嬉濈濈众方驯。
逢场似此非关戏，后至防闲趁着春。只手持经边执剑，思君何憾遇斯人！

一回黑压辨黔黎，八比传宣某在斯。问学鸿儒甘下拜，从今古道恰相师。
濡时辍业微多事，射的鸣弦会指颐。故有人心溪样似，任它收拾尚差池。

城南地僻俨行宫，燕子飞飞日映红。解道樊笼春尚闭，何如广漠斗掀风。沉哀只许人丛弱，凝练还它一抹同。准拟含生劳草草，从头都在荡摇中。

清明恰值三月三未杲游衍晚访友家

阳光都已淡穿云，春在枝头凡几分。况又水滨赓丽阵，无因草地蹴回纹。北园傍过心犹系，入暮柴扉话尚欣。笑道菜花开也未？室人移插数茎芬。

浣　溪　沙

新柳宜人垂绿腰，满园不住向相招，淡淡春光将韵遥。　　几日到来萦别调，一般酥意衬痕描，翠裹红装分外娇。

咏瓜叶菊并引

花市携将瓜叶菊，绚烂满盈，路过旁人，交头艳羡。正想着只度同情烘托，等于祝福一般，顿把灵界提升多许也。须臾回家，安插瓶中渐渐萎垂，一夜听风，醒时非故，泼以净水，总是恹恹。许时丰姿，而今安在？相对一阵默默低头，微微叹息！

阿是无情物，移来恐未安。繁英舒艳帜，一息萎阑珊。
相对心魂沮，低头粉泪残。那时携汝过，目逆成追欢！

偶　　题

墙低露出树青青，雨过今朝寒未更。正自心旌怀肃慎，临兹京观剧场坪。蠕移才定仪威风，云海翻澜会孟津。雅不见人当白昼，杂然工巧奏流形。

槛外探引花枝数朵

累累花朵拂楼阑，手折数枝度自看。为避风狂低护惜，却教月影转虚寒。小闲一室清如许，静止微闻香缕般。总也有情同寂守，鹤梅不用掉长叹。

五月九日游明十三陵

到了山前不见山，稀疏翁仲陌途间。野田无水活禾黍，败垩崇封揽客颜。
肯构尚存宫样子，登临不觉梦空还。教从一往魂深处，古柏森森长闭关！

亭午骄阳燥有余，过临台殿半丘墟。一株乔木斜穿砌，四际松风浪自于。
为问山陵多寂寞，算来兴废定何如？沧桑又是前朝尽，恰对元戎此下车。

附记： 出德胜门，引见郊原草树青青，心胸为之一豁。诚然，久泊市廛，满目屋构，兼之人事混磨，性灵钝滞到极，至此乃觉大自然之可爱。浸润些时，呼吸泥土草香气息，再来一阵脉脉苏醒，顿觉灵根尚有点点缘分，感官为之锐敏，滋味特地凄清。

历历郊原写意游，却并非踏青挑菜之类；山脚才到，一转陵园，砥道虽平，荒烟难免。而自此一直趋进，历数石像、华表，以及碑坊，朽腐意味，心境沉沉，死样袭人，魂兮低压。怃然于万乘九五之尊，大限来时，也不过剩将山原一座土木，渥丹残褪之坟墓，正合诗人咏叹：“长陵亦是闲丘陇，异日谁知与仲多？”但另一想法：迄今五六百年，遗物尚存，毕竟比人耐得许久，而在它威稜消失，形体湮灰，犹然惰性牵连，支持不堕，不更令人想像活生世界一个权势统治之支配为何如乎？又是日恰有某风云人物同莅游，故诗末句及之。

我总带着怀古之幽情，益以历史余痕之暗示，与乎光景委实荒凉，凑泊心头。未能遣此，亭午燥热，墓木风悲，循此衍去，殊不好过。只得赶速回头，抽身绿荫树下，坐啜瓯茶，调剂身心，不让劳悴。待及一路归来，渐引渐纷，青葱渐鲜，灰漠阛阓，迎将进者，从兹灵爽，转形蒙昧，可是混入众生关矣！

晴日牡丹开放

绿荫树下盏茶斟，花气袭人不外寻。爱道秾华敷巨丽，倘来芳讯会沉吟。
三春亭畔初开日，一面游蜂恣采心。恰带轻风萦柳絮，任它吹着漫盈襟。

隔窗将影何娟娟，绕坞嫣红白绿偏。物候撩人君记取，者回齐放百花前。

碗大琼华别样鲜，旧曾相识许相怜。飘飘二叟神髯白，映对丛阴胜少年。

题笺却寄

一春消息乍阑珊，故有闲情干皱澜。除却彤云冷月外，谁人不道我清欢。

颐和园游什

隐然一处结山林，衣带盈盈探窈深。道是苏州疏落致，曾添店肆悦君心。

几些髫稚唱低音，松调悠悠相和吟。地僻无多过客至，迟徊好便卸尘襟。

湖滨缭绕叠虹桥，草长平芜沁绿腰。此际方知野趣永，有时更觉天风遥。

水如碧玉匪夷思，潋滟波光西子词。一样春明娇客侣，桃根桃叶渡丁时。

犹自长廊耆旧痕，艳阳琪树密遮存。名花开落仍重数，芍药递将影渐繁。

绿浪翻翻浸梦思，平牵漠漠接环基。迎头却是缁尘满，始信不如放诞时。

乍起庭阴沾湿叶畔堕珠正知夜来膏雨

一风一燥还飘雨，今早轩窗许静安。天也世情多变化，花心红泪照清弹。

乍晴天气柔淑伫立花阴芍药开灿

宿雨润花韵倍鲜，绿风丽日冶情天。编篱一面迎新粲，粉白嫣红态万千。

只度低回脉脉光，丰盈故故逗晨妆。满园春色都如许，好替花王殿后芳。

看花人纪胜

乍情乍雨近梅天，占着轻寒须影怜。引去园林清历历，凭将大树说千年。

数到荼蘼未尽时，药栏端的赓来迟。红云绡雾荡如海，吹绿仪风旋皱漪。

影是影非俏一般，向阳开暖踱回环。怪来谁与相贻赠，遍插瓶薇待我还！

倚雨楼中惠逢花使即以为谢

名花剩者小牡丹，持赠多君成二难。便欲遥今萦纫佩，何心霏雨浸楼阑。
绿凄作态情微弱，膜网迷天锁这般。许就愁中寻比兴，罗衾不暖五更寒。

夜静月朦明

出岫无心月自明，倚楼窗畔逗盈盈。一天晦雨勾除过，万顷星河澈底清。
饥渴惹怀刚夜半，莎鸡冷处佐幽鸣。敲诗又把魔驱遣，柔淑者回睡不成。

陶然诗游衍戏步前修

低垂帘幕度花朝，时节深时影寂寥。几处晓莺犹碧树，谁家新燕即栏桥。
绮怀如水迢迢尽，眉黛远山淡淡描。递与城南诸伙伴，踏青挑菜近相邀。

落花心事敢忆伊，脉脉人愁待遣谁。好向轩窗吟秀野，平添弱水皱涟漪。
承平有序占闲放，旖旎诒怀雪素丝。我自风前寻着处，不知春去几多时。

花阴杂咏

幽花不绾绾丰花，折入何因白社家。哪怕诗人添寂寞，身边待遣两鬟丫。
迷天有恨娲难补，泥酒为怀厉转加。若道忘情山木客，满间淑气浸荒遐。

男子佩兰稔不芳，用何消沮用何狂？黄花去日输颜色，霜鬓撩人自悒伤。
纵使夕阳缘分在，也应羞煞插头忙。归家正对滢滢月，一样窥窗影半墙。

花间剩着一枝红，晦雨楼台叶叶风。瞬息繁华飘宕了，谒来蟾影漾当空。
盈虚入梦纷然异，消瘦芳心素尚同。且看伶仃疏隽也，不须惆怅故宫丛。

已份伤残冷壑风，更兼承露手扶铜。图依叵耐都门外，载鬼负涂匪媾通。
宋玉无言蒙诟耻，墙东有耳贴樊笼。阿谁省识花颜面，总在旁敲侧击中。

风起蘋蘩叠皱漪，怀人总是楚云西。生生缘会迸将迸，拾拾堕欢负却伊。
若问亲知无一个，每逢寂夜漫萦思。十洲三岛来何地，徙倚阑干影自移。

故有翻飞蝶化身，芝兰气吐逗芳春。如何人世非天国，驯令香魂委陌尘。梦里犹从歌幻幻，回头难与觅真真。只今灰漠盈天地，何处绿洲映照频？

谁欤牵合坐陪牢，浊浪滔滔气似豪。花影一帘羞见客，良医三折嗓宜逃。出头蜗角登行色，八十太公毋乃劳。料是撑持非得已，朱门那比蓬门高！

都缘叔宝夙无心，六月飞霜管殢淫。为有锦帔然宝树，休将流水乱弹琴。跫音只许撩余影，席地方惊落叶深。护惜无何仄径去，者回剩我发孤吟？

附记： 漫想藏头露尾，把迩来郁积于中之乱绪，因花起兴，乙乙烘托，而总未能。一则绪苗灰败，不容易捉住晶凝，一则天机不可分明说，说出恐更索然和罪过。内中第五首，为看话剧《雷雨》一点微弱绪余，主人翁之一的蘩漪，迟暮之年，一团似火，最深度而亦最接近“阶级”同情，借却酒杯，好自沉醉。第六首为看越剧《梁山伯与祝英台》，本属绮罗情调，也复浸荐感伤。吾佛山人，一切净化，却于此游丝荡漾，尚带渺渺幽愁，余韵绕梁，锵尔未歇。其他夹杂一些人事懊恼，光景支离，驾言轻车，用寻吾契。

西　江　月

纹徽涂抹脸上，悫实那叶世经。神鸦彻夜向人鸣，盼煞乌头白净。　冶跃仍须按捺，无言胜比偾兴。楼头风雨恁纵横，宝马淋漓凄定。

寄五羊旧游伴

素馨故袅沙河条，枝干木棉茁暮朝。陌路人稀阴尚闭，珠江水碧绕微潮。三年羁客经余倦，北望燕云等梦遥。几度欲来来未得，花间番讯转飘飘。

题 红 叶 图

窗影丛林多谷风，飘飘叶树舞酣红。回头那是六年事，瘴雨蛮烟一望中。

占得园林无俗情

小塘荷叶夹荷花，淡霭轻扬也浣纱。耽着鸣蝉枝上彻，晃然静锁致方遐。

南薰波暖袅风加，徙倚都寻密绿遮。小驻正宜修竹院，算它蝶梦客为家。

红莲浥露蝶翻飞，草长平芜牵满围。隐曜浮云头一片，不曾催雨用无归。

莲　花　灯

救母目连须可怜！佛家粲法舌为鲜。只今瓜果圆佳节，犹散灯花到海田。
水际青光浮素月，石桥荡往例行仙。却看蚁阵纷纷下，清气消除浊气缠。

奉怀宗先生率赋一首

记得上清寺畔居，小庭花竹映萧疏。素笺贻我充行箧，云水渡人十载余。
硕果存时风可即，随缘北阙雁来初。新诗别后都盈帙，胜比东皋种树书。

附　酬　答

连朝酷热苦相侵，差喜庭槐借薄阴。得读君诗如饮露，清芬甘洌洗烦襟。

中秋却寄

绕遍矮篱闻草香，枝槎结网蝠飞忙。离离屋角白微吐，只度油然忆故乡。

夜气舒风展叶青，窗间柔淑浸渟渟。玉盘正自静标致，哪管无声共探听。

何处秋光无月明，只缘才调感多生。坡仙此夜仍惆怅，一样茫茫未了情。

海上仙人恍旧居，诗笺叠寄讯何如。却看明月羌无语，寂寞庭槐叶落初。

每对紫城临望，辄起黯然怀古之思，春水方生，秋风瑟剪，一年容易几度流连，聊用赋此

宫墙之外水洋洋，秋寂无哗只自凉。想见当年人散后，更凭羽翼气何昂。

唯心能把轮千转，时命难逃劫一场。许就史公存默识，眼前光景几沧桑。

采菊忆将降辰琐琐写赋

征士杳归去，蔓引向东篱。我来怀采撷，簇束满繁枝。沃以清净水。点缀尚依稀。不为人所爱，徒令粲者嗤。宛是贫家女，寒凉促素丝。

多君假借漫寻思，消瘦黄花自不知。篱落两开耽作客，秋风一拂溯寒时。枝条摇曳惊旋歇，枳棘梧桐肯辨枝！乘着主家欢喜庆，闲疏督责淡些儿。

任是梦痕无觅处，也应习习复拳拳。书童逃学常心悸，贱子难参乏未禅。隐觉世途非我份，益知人面有修权。白头倾盖伦方物，不道惺惺欠煞缘！

朝三暮四玩重重，腐鼠矜持称典庸。待欲幡然抛径去，到头唯诺合相从。凄凄直任风扬袂，洒洒都无物殢胸。此去观人观己相，可曾粉墨一般浓？

独向纷拏把静机，移情我弄送回晖。词笺展卷跟前读，万汇厖奇任涣飞。等是疲劳赓轰炸，更兼人主演仪威。俳优率舞同儿戏，清浊故应判两围。

入室犹然剩我孤，好凭寂守透敷腴。颓龄制菊非虚诞，看取经霜花不殊。

叠番九日泥重阳，侧帽风高会大荒。栗里问年不为夭，之生之死概茫茫。

有怀乡先生前辈

孤馆长门一例愁，填词人自寄沦幽。标梅有女歌恩怨，生意无俚叶落稠。博局不随翻白黑，骊珠一抱任沉浮。更知待遣垂垂尽，榕水低回照客舟。

秋分近过北海

风起园林沁目谋，虽然叶绿依旧稠。白杨早彻萧萧意，杨柳边垂漠漠愁。聊遣石栏闲倚立，困人斜日暖波头。数盆莳菊寻开粲，秀色凝将是艳秋。

秋声今日赋

窗间闪烁亮光盈，风透叶残仿雨声。欲共欧公收一笔，夜阑无寐飒然惊！

小　诗

些些叠石小丘山，木竹扶疏展翠环。落日悠风仍爽瑟，恍然秋意遍人间。

踏　莎　行

斜日稀疏，凉飔林表，秋光漠漠呈分晓。为谁一阵向飘萧，黄蝶儿旋踉别绕。　闻道霜枫，香山窈窕，当年还寄碧云杳。来朝寻得雅悠然，不管蚕丛余悄悄。

下弦月出四更天

下弦月剩画痕钩，沁沁凉凉煞气幽。此际谁人凭觉察，空余虫韵四边秋。明星有粲窥窗牖，月令移时不露手。午门待漏四更天，日高犹枕纸窗眠。个中光景有分教，无奈欲罢无园田。带月锄云故云高，倦鸟归林息有巢。自从网罟施天际，不把人间落一毛。

小园即事

偌大丽花簇簇枝，直从四月开经时。行看霜降威无匹，芜蓉百芳了可知。

爪菊几盆正绽金，垂狮好结海棠心。秋娘绕过差成拟，昔日青青头白吟。

践就香山之游

数点棉花尚可人，郊原野旷引情亲。晴光便面供新剪，古意方芫叶远神。一径只因伤匠斫，及门刚好沁清粼。中山纵合先知者，泉石膏肓始结邻。

不见空山红叶飞，向前古刹认依稀。丛阴背坐耽愚石，疏影吟风调式微。差觉气凉添落寞，半缘荒塞未忘机。人间至竟多枨触，隐合衰残占满围。

菊展

伙颐织锦漫盈车，馥郁都将鼻观舒。海派千头斯别致，一枝逞秀也纡余。
斜阳好便烘花暖，泓水端成曳客裾。阿是生辰同采菊，群芳拥得意何如！

无题

吐纳丝蚕倦欲眠，大槐国里转因缘。鲰生有命无非幻，征兆来时定惘然。
香草何心寻缱绻，鸡鸣敢是着鞭先？却看雾网真如海，永夜相思人在田。

孤鸿海上来翩翩，报道围炉岁月边。好共诗心同玉磬，谁教控堕又弓弦。
千人石听非经诵，一叶风吁悄向天。纵也由缘甘草草，碧梧栖徙是何年？

每到临歧别样情，辞枝叶便舞萦萦。倚筵那有不曾散，世事都于暗里更。
只怪愁中沦日驭，更从月窟省凄清。天寒影杳孤城闭，踯躅输君赋独行。

有叟园中足已瘫，凭它子弟犂异观。余生修得亦云幸，只顾支离伤老残。
金石质非宁以免，千年干古郁犹盘。萧萧软影经前过，时节从知透暮寒。

阑珊灯火夜何其，车子摇摇风掠吹。有泪迷茫浑欲堕，回头脉息并燃犀。
歌残燕市浩然气，赋就柴街近所思。初宇刑场同一处，莫争得失在登时。

孔怀恰是宋裳衣，文苑清词近贴伊。一样幽愁赓别调，更堪沦落逗河湄。
是非掌上分叉异，冷暖丛中南北枝。管自修途寻物色，湘兰沅芷溢凄其！

初雪霏将夹雨丝，迷蒙天似敛容仪。偶然孤影啼旋过，未遂飘零叶懒垂。
话就炉边须静致，装成缟素晃离披。沉沉总也消无那，不解人间有展眉。

如银世界以为期，海上仙缘寝昧思。青鸟遥将云杳杳，散花剩着女丝丝。
平临别院牵门第，怨苦物华换岁时。正自天寒添弱袖，白头闲话至今疑。

附记：前三首，才真是无题，以其题中不易言，言之不得，换成虚无缥缈，托兴香草美人，知我者谓我心忧，不知我者谓我何求，即此之谓。以次五首，都甚明显写实，不过亦自有其实感，且或超乎题域之外，借桑话槐，不干实际。比如《孽海花》一幕，以彼古装，歌词幽惋，召唤回魂，而在时代社会观点，正其要不得者；所以有句：“是非掌上分叉异”也。咏雪仍就余绪，扩而充之，今年初见，即象还新，对此茫茫院宇，鸦雀无声，气色空蒙，如晦如闭，人在其间，便修得幽谷佳人，亦复何足为愿，不几黯尔默息而已乎？近过某处防空洞，入其门，愁云幕幕，零落枯阴，为之气沮，因谓内中人，无半点阳光，无一丝生气，如何了局？他更补充一句，是进坟墓已耳。亦就是式微式微，低音似诉，个中光景，大可人怜！但不是容易所能挣脱。白头宫女，闲话玄宗，一方吊其索然残影，一方衍为不可知之数，荡出渺渺哀愁！移步换形，一襟余恨，等于刘姥姥进大观园，还是描将侧影，沾染侧寒，不能以已，姑作如是观。

《啬园藏稿》手稿剪影之四

第四编　重来以后（二）

冱寒偶过北海

这回只让数园丁，收拾端相未妥停。花也如人真弱质，四围好结护花铃。

风如锋利刮人耳，日本容光敷力微。一夕枝头叶尽脱，寒鸦声警荡前飞。

池中皱得粼粼浪，水际裁成薄薄冰。残粉天孙弹指歇，尽教人世化衣绫。

雪后园林镇寂寥，寒威冽冽向人飘。我来不自怀孤怯，仍有吟魂伴去遥。

有怀二首

几度六榕礼塔来，市廛许皈一枝栽。仍须补领生前债，尘网何曾拂面开。

三年幽谷敢啼呻！戢翼归巢了夙因。长记竹丝岗下住，秋原寂寞鬼依邻。

出东郭门景象萧然怀古情多新生安在感而赋之

沟水仍牵浅浅流，杈枒剩影透飕飕。古原只度逢冬令，废垒何年似垤浮。
故有驱车同驻马，竟无烟突照通修。寒鸦数点昭阳色，零落于今共貉丘。

矮屋残阳恍见招，一氓我自寄墟瓢。正知结习非人世，独引机锋远市朝。
雪色未消头易白，寒威浸袭况无憀。劳劳亭畔蹇驴客，日暮还堪归路遥。

话　　旧

红花相对展清欢，寂寂楼中调乍弹。湖海余云浮坐客，荆榛梦雨借栖鸾。簇束治丝纷不管，窗棂飞絮渐靡漫。怪来心事如渟水，尤为偏风惹漠澜。

遣戍投荒骨肉缘，枝头含露信由天。无情那怪治圬者，掩面端详君马前。尔后迢遥翻岁月，算他杞柳变杯棬。沙虫猿鹤纷然是，瘴雨蛮烟默纪年。

雪色霏霏落更深，萧疏灯火茁街心。送人与客都清致，柳絮和盐并秀吟。打扫门前需记取，留将玉局照孤斟。如银世界经飘净，莫漫缁尘点滴侵。

我所思兮在郁南

一饭荒江定夙因，五羊迁谷切频频。音传户外依空格，冷数画梁几度春。东徙鸣禽原不解，北冥雪色正凄辰。兔丝樛木岂相附，念尔飘蓬断梗人！

偶　　成

霁色微和转一弯，寻君不遇但空还。买花聊得闲心计，独立斜阳带雪看。

懊恼怀尘襟扑扑临池祓濯未能也

往年爱凭冰上行，今年寒甚未敢登。消息偶然流春暖，逮及元日化春冰。溜冰儿戏收拾起，满望茫茫光照棱。我来倚坐阑干曲，五龙亭畔日光浴。入耳异调播歌声，蚁队纷纷牵近目。总无风泉浥袖清，曰归曰归掩病足。

雨雪其零我行载涂

迷蒙呈一片，邃古肇开初。滑滑路沾湿，飘飘花满裾。
幽凉亦云至，暗爽恰相如。好便同麋鹿，巅崖梦只且。

附记： 彭老座上，盆花供赏。我来觌面，四度敷荣。初疑梅萼，后云碧桃。忆昆明时，圆通寺产，一树亭亭，复瓣凝白，询之以谓观音桃，无乃即此？多识鸟兽草木之名，学诗于我仍愧。但以囫囵带过，取足怡情，闲易轻拈，寒梅借讯，并附昔人“花非花，雾非雾”“是耶非耶？立而望之”，一般幻化灵镜，饶自清妙，好伴幽独。亦即老先生句：“慰寒犹自侧相依”也。又是日适逢春雪飘飞，枝上绿青含吐，年年岁岁花相似，岁岁年年人不同。辗转清缘，不无微微感喟！聊抒四韵诗，时在乙未春仲。

犹有闲情共看花，管他烟雾是非耶。洁鲜许道观音似，俏丽犹然二月加。倩女浪飘窗外影，春心早茁一枝芽。相将觅句头堪白，数载清缘客京华！

寒甚偶歇出永定门外野眺

乘得和光风乍停，者来绕郭向郊坰。寒烟消瘦都无际，沟水潜流按可听。许照萧条原野寂，恍然怡悦梦痕醒。自然我和骙儿子，不道归林却过庭。

遣　　怀

望里柳丝近欲黄，冬眠渐是浸风光。未曾解愠思南国，聊得阳和换日长。结习空时休令苦，药囊可待探元方。（彭老劝令学医为安心立命处所）头衔新署上人也，瑟瑟溪间雅自藏。

一盆冷水照寒灰

投刺知君拟伐柯，踌躇我见伤如何！六亲自昔才成好，一面于今判尽魔。那有绨袍存范叔，苦无薇蕨定山阿。栖栖夫子仍为佞，永夜相思总未和。

红梅碧桃雅相似到来花坞乱点成吟

只有此间得气偏，百盆齐放并鲜妍。红芳触目宜瓜菊，怨苦啼痕数杜鹃。榆叶梅犹征爽适，碧桃花与俱缠绵。乃知向者叟家粲，得句分标亦偶然。

漫步掇所见

药栏新解发红芽，浅草茸茸稚又加。几度看花供暖室，有朝春意遍天涯。

负喧一晌人闲倚，戏耍旋牵近笑哗。正自风吹密密透，不知光景落谁家。

和病中遣怀

铁老病中属句，语多沉挚，感慨系之。如“不似庭柯霜雪后，春来依旧茁新芽！”用广其意。

一春花讯会冥冥，桃未抽红柳未青。乍觉白花开顷刻，忆从陌上语叮咛。（陌上花开可以缓缓归矣，借为医院还家之意）曰归有愿脾为蜜，清梦阑时风满棂。算是坡仙沦小谪，闭关七七恰曾经。

等闲拈着浪淘沙，也逐无涯与有涯。静里推寻都宝筏，向前光景上阳花。乘除开阖应犹健，管领襟期未是赊。为报心中消息好，药栏昨过发红芽！

钝根只合浸恣园林深处 让其默化无声沉沉知觉

倒影陂塘柳乍青，曲栏回合擫然亭。移将阑夜月宜语，浪哢帝魂愁里听。一自灵扉抛去后，却牵尘土殢流形。无人此际湛隅坐，吹落杏花息息醒。

每对柳丝漠漠觉有杳芜之感用拈此解

数朵杏花兼李花，红苞未放信桃华。晨曦软歇丝偏曳，烟霭迷离思靡涯。只度庭园闲引过，无须栏槛任凭斜。君听禽鸟声清脆，不是枝头便缔家。

新柳楼前怃怀属句

只道才匀最可怜，楼头脉脉复娟娟。笼烟初卷迎朝日，艳体裁成传薛笺。好是静怀人寂寂，看它芳草影绵绵。如何韶秀同根弱，一任风扬竟放颠！

烈日照临易成浊谛西郊有忆以当仆游

前度人来绿未阴，出头炎日怕登临。牡丹亭畔茶烟熟，生草池塘笛韵吟。静理无何须自得，风埃一触类成淫。寥寥我爱徐霞客，竹杖笠鞋托素心。

即景小诗

聊有闲情绕此来，小阳天气影低回。清阴初展洋洋柳，将引茶烟歇露台。

榆梅浴日暖精神，间有黄花映照频。也似沟塍临曲水，陇头惹着几枝春。

许时冰冻经行处，旋皱油油缀冶蘋。为问新来雏鸭子，似曾肥遁却迷津。

千金立柱仍多事，烟景前头历历新。恰爱满园娇客少，绿杨丝曳素心人！

北门锁钥赋登临

屋脊云屏度已赊，来斯应不忝中华。非干卜筑供王戍，且自凭临数暮鸦。
势去鬓痕移塞草，时阑鞭影走金蛇。沉沉偃卧二千载，阅尽兴亡是您家。

留取天心春乍延，锦城花事影翩翩。出关那便马头转，词客仍探敕勒川。
朔漠黄云差仿佛，苍茫古况任沉绵。披襟直与通明诉，臣在下风莫惘然。

春山无处不青萦，揽辔居庸缓缓行。埭堞荒凉勾人梦，野芳生长召繁英。
如盘百折后方路，接战当年宵肃征。报道北门锁钥也，举头岑岭挂纵横。

掠得巅风信步跨，茫茫宅思雾烟斜。却缘弱线牵蓬转，独倚边城隐闻笳。
一壁装成皆有意，泪痕哭损岂无华。君看尔日胜游客，浪彩山花赛朵霞！

附缀小文数节

过居庸关，埭堞圮废，古色斑斓，一路山岚叠嶂，却是春来无不萦带青痕。最醒人目的，为崖畔的黄的白的细微花大约近于野菊之类，虽不像庭园培养丰盈，这儿峣崤荒间，风日交战，而还站得住挺得起一股清神，生生不息，自然也有它的道理。

是日天公作美，阳光不会太露，保持一色淡淡清和，兼之笼罩一些烟雾，登陴次第风高，凭着远眺，浩然无限历史性的暗示默感；不欲有“英雄气概”之嫌，用不着那么大言炎炎，只是感觉到脚力太差，一身未健，临风恍恍惚惚地，尤其走下时，不禁有些颤巍巍的样子。脚跟无线随蓬转，等是怯弱堪怜，那牧马悲笳，风云人物，只合风前寄莫而已。

忽忆起孟姜女哭倒长城的故事，那么传说神话，无稽亦自有稽，比如化蝶化花，不知多少，这正是美化的人生，升华了的人情味；对诸胜游仕女，杲杲山花，悠然致其咏叹。

生为中国人，不看万里长城，自觉缺憾，于兹数典而不忘祖的话，那是二千五百余年间的遗物了。八达岭亦即居庸关，为重要关隘之一。到来巡礼，面相塞外的垒上款题，赫然有"北门锁钥"四字，这和我悬揣中的屋脊云屏，不期巧合。回头更忆起来时处，那是从缅甸东北隅，进入云南接壤的澜沧地方，当时就习闻边区什么的一类词句，直想是个南天门，和今天之北天门，正是遥遥相对。尤其不可思议的，都是万山丛沓，峰回路转，一线人天，令人郁伊，令人灵淑，令人充满了幽邃荒奥的怪怪奇奇的感想。我已不是掇拾太史公游天下名山大川的一套，更不是藐尔形骸，有何值得矜夸，乃正唯其自视藐小，愈感觉到大地的崇复广大，悠久无疆，地北天南，天涯海角，默默凝望着，都会撩起无限的无可奈何的愁怀，和虚无缥缈般的怅惘呢！所以这来瞻仰，犹然是礼佛拜塔一样心情，一片瓣香虔敬，清清泠泠！

从残诗话

写了一首吊亡诗什，带过友人处共阅，适他案上存页诗笺，那是七绝。听他说：当日参加追悼后，心情惘惘，觉人生泡幻，回首皆非，因之便题在同两陈老先生合影照片属句："花讯正当二月暮，且偕二老摄春晖。"春晖自然指留影之意，也就执着，而劲朗化。我不觉代为溶解，换成："已是春光三月暮，还凭二老照清辉。"一转而为油然悠邈之情调。再视以诗，亦恰有合。他说一是对死，一乃朝生。我却以诗言诗，无宁谓一则主情，一以气胜可乎？

园中柏树，动逾数百年物，由之引见一角宫墙，埭堞绕矗，最惹人怀古深思。添夹树林荫下，有些操太极拳的，悠悠学道滋味，宜即老一辈的遗风。此外烈日炎炎，竟是尘的世界了。我爱就树根隅坐，掩映水塘，想就“最苦西飞双燕子，回头不见旧宫墙”。那是沧桑过后的余绪，用不着套袭；转念“寻得幽幽人不到，欲将清泪诉红兰”，却又嫌近乎儿女态了。

漫写四韵，如是我云：“孔怀恰对故宫墙，兼有韦弦弄一场。金石质非期不坏，疏林影落浸摇光。除它鸥鸟谁宜伴，只合天书晦闻臧。咨尔洛阳尘里谪，莫将清梦锁陶唐。”

续缀四韵，不知所云：“无言有泪息夫人，隐觉心花映照频。名节词连矜字改，西湖虽好怎吟春？只今三伏宣犹炙，故道炎荒懒比伦。千日中山远莫致，徐吾猥自倚阴邻。”

附记：何慭此东壁之余光，不使贫乏者得蒙其惠耶？李吾然其言，乃与徐吾共识，哀之也。

怪底堂上一声小犬小犊，咄口而出，都可令堂下为之踧踖不安，伺候唯恐弗及；乃知忧能伤人，悲者不可为累唏，思者不可为叹息，良有以也。而得饶人时且饶人，却正所望于君子也矣，姑按下不表。

园中花事，次第开谢，几日不来，另是一番景色，而今大宗的名花都过却了，剩下来绿叶垂阴，需待来年，方始一度一敷荣，一花一世界。最怜牡丹卸后，间或一朵两朵残余，尽在叶下躲躲闪闪，也复消缩挣不起颜色了。照对满园芍药方浓妖冶临风，真当气沮！不过转眼一阵重来，药栏又经滥漶萎败，憔悴堪怜，好像说“无常”也有了您！向的花王，固然踪影不留，可是一样美人迟暮，不旋踵已就轮番交替，四时之序，成功者退，教人顿作如是观，昔日青青今在否？回黄转绿无定时，世事反复君所知！

热极则风，于兹益信，日来就因太热，太郁塞，发而为风暴，真是风狂到极，尘沙滚滚飞扬，汇成一大堆，迎面扑起，而又横冲直撞扫将去，所谓飞沙走石可是。古人说虎啸而风烈，看来风威，正是虎虎生气，令人怖畏，不是受人欢迎的东西。

相形之下，一向接迹凡温，只晓得春风风人，南风熏兮，衍之为鸾旗百尺春风，太平有象，情调归纳在那么清和上面，美则美矣，其如婞弱何；所以一碰上朔风的劲，终风的暴，真个不得了，歌楼舞榭，风卷落花愁。

山雨欲来风满楼之后，夜凉如水，微吟客话，言愁始愁，拈赋二首：
风住尘收片月幽，寥寥凉意袭光浮。长青一色篱偏活，淡寂无人思满楼。
几度披衣滥浥露，愀然虫韵彻边秋。自歌自答长如此，若问生涯水样流。

都缘漏永话堪搜，呖呖银铃解系愁。轻蔑声中咻座客，曰归飞侣杂鸣鸠。
须眉早比公亡后，佛郁何须强出头？不信亮光抛一瞥，上林总有复书邮。

窗外远远望去的花圃，一朵大红花，正临风映照着，有客来时指出，我向漫不经意，也就半开玩笑地说：旧时人家对面，贴上红纸条，写些吉祥好话，如对我生财之类，而这，是美人蕉，援美人香草之例，合是风骚将降于其人了吧。又照现实来说：今年不曾买花，为的是节约，室内的沙发，听说都为了节约要收回去，连住的房子，合照缩成亭子间以为适合，一切一切，去丰从啬，理所当然，我因之得了一个体会是很好的。就说花吧，花不插瓶，可是移植大地，寄托心头，天涯何处无芳草呢，这只在你的缘分领会如何罢了。又况如苦行头陀，对诸物质宜不在乎，愈啬愈好，为的可以减少物累，到了谷都可辟了，那也庶几养到时了。

过某老先生处清谈，他转了一个大弯归来，为道在灵谷寺时，一株古代残梅，树身大半给虫蛀蚀，变成槁木死灰，都有一节梢末，年时微微着花，表示它含有生命。寺中一口智井，让个老僧日间抱瓶水，绠短则接以破布条，慢吞吞地取出饮用，恍然抱瓮遗风，朴拙一如其人，一如其梅，似非尘世所有。这么说来，恰好相师。

不过，老先生不是这么回事，他接着一个例证：香港扶林道上，人们凿山构屋，阶砌铺平，都要垫以很厚很坚的大石块，胶固而赤条条，本来绝无草木滋生之理。可是年代还不久，那罅隙中，有竟发芽，渐引渐伸，根穿叶茁，几经奋斗过来，居然长成亭亭一株茂树，晨夕好供鸟儿叽叽喳喳，白昼人行炎倦，也便于此歇一歇脚，它的功德还是无量，它的服务显得充分。我只合另就一方面去叹观止了。

昨宵下了一阵雨，今早雨又来，但晌午日转晴，并且艳阳杲杲，不过午睡刚一醒来，正想出去，又一阵阴笼，倏地飘雨，这分明换成乍晴乍雨的黄梅天，天心也诚易变了！

黄梅天最易惹人闷困，和那古愁情味结不解缘，不但脉脉娇慵只自怜的女郎沾染，就是士君子，不还是日长睡起无情思吗？所以遁世无闷，战胜自肥，须要有一番功夫的了。独来穷山中，此岂无得而然哉？斯言得之矣。

犹忆《孽海花》里头那个女主角，送别情郎去后，自身留着孤馆，不再卖唱，生活维艰，居停主人迫得她住的地方，由当轩好帘栊，转入后院黑房子去，这一来，平添一段新愁，让这花枝越来越憔悴。那般光景，一例的恹恹愁困，更加可怕的低沉气氛，虽生犹死，差点亡国之音哀以思吧。

山间静悄悄地，月光笼罩，门前草长，牛栏归息，尽让一群女孩们，天使般的载歌载舞，乐此不疲，做客的我也觉一阵忘忧，融化于那悠和的微妙的神境去。偶然忆及，顺并缀此。

又山家嘲笑我，随口编出像是歌谣：“上坡不骑马，下坡马不骑。平地牵马走，马会跳嘻嘻！”因亦联想旧话说道：“南人驶船如驶马，北人驱马如驱羊。”乐水乐山，习与性成，由来如此，却于山中莽健之风，尤堪低回想象了。

一块昆仑石，是艮岳移来，是宋时汴京沦陷，为辽所收，不遗在远，把它运到燕京宴游之地，算来已有千年历史，石兄离别山门，磨折尘渣，也就是这么久谪了。倘米南宫到此，可不知要如何沉吟下拜！——某老先生拾得雨花台石数枚，养之清水盆钵供赏，我也曾到过雨花台，还习闻宋徽宗爱玩花石的故事！这回触及，自然逸趣横生。再者，宝玉非人也，实一块顽石也；三生石上，是人是石，谁能分辨得一清二楚呢！

“又得浮生半日闲”，衍之可为“长日惟消一局棋”，都是诗人们的兴到语。但辗转而为过一天，算一天，和“今朝有酒今朝醉”就不太简单了。说不定伤心人别有怀抱的反腔了。再在上头的，几人能够省察，如得其情，则哀矜而勿喜。而在下面的，踽踽凉凉，寒蝉一般若断若续，“问嫦娥、于我肯从容，同圆缺”的哀鸣，可多可多。这也是人世不平衡，一个凄刻活现的对照着。

偶因殢雨，念着曼殊“春雨楼台尺八箫，何时归看浙江潮？芒鞋破钵无人识，踏过樱花第几桥”为之怡悦。隐觉韵调轻扬，含情旖旎，的是诗人之诗。说者谓他脱胎龚定庵，故此流畅凄清，缠绵悱恻。我仍觉其似偏于痴，多看了并以其稚气，委实未遒。摘句尚可，如“莫愁此夕情有限？指点荒烟锁石城。……多谢刘三问消息，尚留微命作诗僧”也恰所谓声几欲下，一如“轻薄桃花逐水流”也。

怀刘三之什为多，以见两人交谊之厚。《西湖韬光庵夜闻鹃声柬刘三》云：“刘三旧是多情种，浪迹烟波又一年。近日诗肠饶几许？何妨伴我听啼鹃。”这里曼殊眼中的刘三，自饶风趣，原来少年时代，赋性风流，爱喝花酒，曼殊曾于答书逗出：“昨夕于佩公筵上，得一晤梨花馆。彼殷殷为问刘三何处，兄其速来一醉谢彼否乎？”可知伴我听啼鹃，加以隐晦，而实却是浪迹花丛，征歌逐队之类，文人狡狯，一经烘托，寄蒙于艺，便觉无上风光。除却冬烘先生，自然不以为怪。不过现实境界，还是值得探讨，以定诣归。彼时风气，挟瑟寻欢，流连忘返，纵使心中无伎也，许参禅须用美人兵，终竟不是上乘高致。所以气息所囿，便显得那么嫕翳，笼烟作态，却不当藐孤仙子，风神绰约，仪态万方。

至如刘三这人，比较持重多了，他虽也名士派作风，但一早是在日本学习过骑科，清末酝酿革命，他是热情参加的一个，苏根事件发生，章太炎被捕，邹容毅然以赴，瘐死狱中，刘三毫无顾忌，收了邹容的尸，暗地里运回自己的家乡埋葬。这一回事，落得后来太炎撰文，都要称他为义士了。他后来担任过浦东中国，持志大学，乃至复旦、北大的教席，文学修养很好，还临了手好书法，绘画也精，而其宦途挂号，仅仅是监察院的委员，自从有了监院当起，一直到他民国廿七年（1938）逝世为止，称为老监委，显得这么闲散萧疏。

有一段印象记，好当注脚：这位饱历风霜的著名人物，两发已斑，说话慢吞吞地，在谈话中，知道他居京十分清闲，年来仍不脱老习惯，喝酒、写字、吟诗，有时在家觉得闷气，便到外面去看湖光山色，自朝至晚，入暮始归。此其“浪迹烟花又一年”之余绪矣。

街上早摆卖了粽子，又当蒲节将临，又正梅雨旋霏旋歇，人在睡起时，窗外艳阳光影，更感恹恹慵困了。宗先生递将鸿雁，勾出一句：“荔子香飘忆故园。”想来故乡之恋，恍恍悠悠，岭南风物，我忆犹愁，也自不知何以故吧。

端出古话来说，昔：“钟仪幽而楚奏兮，庄舄显而越吟。人情同于怀土兮，岂穷达而异心！”又如某氏词云：“西风鲈脍耐人寻。天涯历遍，依旧故园心！”而五层楼集句对子：“珠海最宜明月夜，白云仍是汉宫秋。”一般的都可为不作岭南人的岭南人，当前临风共挥洒之也。

陡忆西楚英雄，临风陨涕，说道：“纵江东父兄怜而王我，我何面目见之？”一个怜字，真是扣人心坎。实在，条件丧失无余，纵某处朋友，心存照拂，仍然拉了一把，也定没甚意思了。算了算了，“江山代有人才出，各领风骚数百年”。缩小之，尽可谓剧幕瞬息，向日登场，今成座客，彼一时而此一时，天意安排已定如此。

人一涉学，不用说夸，已就显得飘飘然脚不着地，语不由衷，一派油滑可鄙。像晏子的御者，还单纯点，仅表现为意气扬扬甚自得也。在他的妻子，冷眼旁观，已觉太不顺眼，愤然要与他离异。可见这一类尊容，实在讨厌，连黄脸婆都瞒不过去的。

相反一面，吉人词寡，静谧中常会透出一种真粹盎然，可亲可爱。尤其经得起苦难磨折，或是忏悔收泪过来，那么真挚最容易感人，那么廉悍幽光，更要令人肃然起敬了。

脸谱尽有多般，只此一浮一沉，一张一噏，也即散荡与涵养，儇薄与蹇修，委系人生一个分水岭，以判别它的善恶和美丑。当然事物是常相悖而相成，比如后者大都属于静者相，静女洵美，早见风诗，但常识告诉我们，一回静止，持续而不变化，钝滞綦难，好像燕子蹲下来是很丑的，就要它凌风翩翩，方才美好。从前有个女友，特地取名燕凌，未死时曾相赠一首诗，很值得纪念的："十年局促牢笼里，您本东山野鹤群。今日飘然归去也，一声孤唳入秋云！"

由鸡放须求，而想起求其放心。当然也可援例，由寻找此心此理，而譬如追亡羊，愈进而愈分歧，以至茫昧找不着头绪。由来陷于理障，"不识庐山真面目，只缘身在此山中"。

解人不言，正面搬演，恐怕不是聪明人所应有。道在迩而求诸远，最简单的办法，还不是求其自得而已？有得于心，也便充实，否则都是外缘假缘，无当于其人的受用；所谓祖宗虽阔，无救于子孙的贫愚呀！反之，椎牛而祭，不如菽水承欢，留得春晖，会将情话，那便是乐在其中，虽万户侯不与易焉。

最好让此心自致于青绿的伊甸园中，不要抛在外头，任受风摧日曝，混向粗糙而灰败的氛围，枯燥乏味的味道，乃至茫无际涯的尘埃中活生受罪，活像一只迷途的羔羊！

醒闻啼鹁兼忆出城晚眺天边树若荠因足成之

入耳不烦占尔清，都将密句向人赓。朦胧一片津迷渡，待漏依稀鸡既鸣。犬吠荒村存记省，天边树色缀连横。迟君野况乘凉处，薄暮东郊浪自行。

自君之出矣

避暑颐园去处佳，涵波淼演纳冲怀。只须闲引云阶下，秀爽西山响照排。

绿荫低锁壁门开，故道兰簪月下猜。托迹仍应寻净土，非关岛上有蓬莱。

不言看取息夫人，举目何曾略可亲。着破青毡六月雪，一回风雨一回颦！

涧边幽草理无生，都被封姨蹴落英。多致淮王行去远，莫将鸡犬难为情！

写在端节前日

临午节，听啼鹁，添缀着黄梅天气，或更临水滨看弄潮儿水上游嬉，这都是我向来的一些接触，说来平淡之至。静言思之，还隐隐有近于依黯情绪，不是什么好过。

较近的一回记忆，那是已经来京，寄迹侨联，那时风季还未了，庭除绿满掀翻，懒得出门作客，只在睡起时，倚窗寄盼——不是寄傲，仍单调而卑怯地，度过了这个日子。

再向前推一宗心影，那是潮汕沦陷之前夕，距午节为差近，许时我在意溪，和人跑十几二十里路，进入山里，颇幽僻，去访那儿的别峰庵。心情懒散底下，听听啼鹄，有些黯然，草长阴笼，踏步径去，蝴蝶儿似的瘦影，偏惹人怜。当然事实上是离题太远了，也就是太不健全的病态算了。越是无聊，越想安慰，到头落得闷困与空虚，添凑了惆怅和哀愁，其他一点没有。

这地方，后来听说一个没落的官僚兼文化人，逃难至此，寄食些时，有的竟说他在别峰出家了，总也不会久的。生活即其一个困难问题，那儿去城不会太远，敌寇搜索那容轻轻放过，下又一定无法连续去。同时，听说这县境内，某处山里，还有个土著部落百数十人口，过其原始生活。向来不和外面接触着。可是，也在抗战期间，被人发现了，当然这一来也就不安于所居了。乃知入山深处方难，桃源，只合魏晋以上人物，清谈中才许有呢！

回转头来，自行提示，这是诗人节呀，和荆楚岁时记什么的，好教萌发一些印象来；又况住过三年，堪称安适二字，诗也写得不少了。这当儿，绿杨窗外，脉脉悠悠，怀古么，可是杳然，清淑么，也许有点；而实却是羌无所有，一张白纸而已。这当儿，自然不想再会有什么波澜，像汨罗江畔去腾翻。但如唐诗唱的：“日高犹掩水窗眠，枕簟清凉八月天。……退身江海应无用，忧国朝廷自有贤。”一般退院生涯，恐亦不容易消受吧。虽则我还不至那么“无用”地步。

只有一节，最为切近，逗唤回魂，那便是：“豆棚瓜架雨丝丝”和“乍晴之下，鹧鸪还是耳边啼”！

赋得诗人节

江潭渔父也寒盟，鼓枻旋闻逝歌声。只让三闾归独客，素波翻出芙蓉城。

世无肫挚词安用，人本孤贞却友生。聊得修兰湘水曲，风裳云佩揽余情。

欲雨不成天又阴，郁陶都付羁人心。一程系缆月初堕，入梦更知何处寻？

娥眉纷诼画屏深，故是楚宫瘦不禁。剩把蘋蘩纡角黍，九嶷和泪诉行吟！

附记：有明才子之评《西厢记》，谓其人必有大不得意于君臣朋友间者，故托张生之奇遇，叹今人之如土。准是以观，涉世愈复，噏合愈难，人心不同，各如其面，充其量，非弄至踽踽凉凉之孤单不止。这就要看其人之担当如何矣。冥心孤往，正所赖于苦行头陀，黾以求之，未必能逮，只此“一卷新书满怀泪”，因于长恨，寄以短歌。

少小离家老大回清话

一个四十余年乡园萦念的人，归途是有那么感想的，比如，“儿童相见不相识，笑问客从何处来”和“夜阑更秉烛，相对如梦寐”的迷离光景，兼而有之；便是及门凝望：“识否风尘渺渺人！”

暌隔田泥气息已久，又适亢旱方殷，入耳鸣蛙，分外清晰，浑觉蝈蝈蛙儿彻夜鸣。

黄花岗，红花岗，回首前尘，忠坟无恙，个中犹记天南话别时；旧题重觅，如梦如烟，千丝万缕。

快人快事是，居然归来毕赋，黄童白叟，攘攘熙熙，擎花搴旗，欢迎道左，爆竹声中，人丛絮语，庞眉两袖故清风！这合是无上的礼赞，配上某水某山，童子钓游，同其吟哦兴赏的。

庐墓一样乔木瞻依，呼儿无状，音容窈窅，何来再度闻一声声乎！想见茔畔怆然，怀省孺慕之致已远。

里闬情亲，欢娱俄顷，四日归期匆过了，道阻者还不及走一看，剩得啼痕，换将泡影，人事算来如是。我陪着结托两句旧话：“定知此后相思处，赢得清樽夜夜倾。”

日下题襟

曾傍边缘逗少时，争知蠡测近天池，大鱼失水刚行地，寸木岑楼寄所司。好是柳江赓信宿，还牵南国绿参差。十年故事都休矣，伫看先生舞风姿！

附缀一段故事

连日报载欢腾，越南民主共和国胡志明主席，率领访问团，翩然莅止，洋洋国宾。我向与有一段接触因缘，下风犹觉兴起异样情感。那是抗战期间，一九四四年春，时到柳州，投辖四战区萧文先生处，商觅工作未定。而越南革命同盟会，方在萧先生主持之下，召开大会，胡志明亦其成员之一。不久以前，胡氏奔走边境，活动革命，为当局误会扣留，解送四战区，赖萧先生之力获释，两人了解互信有加。曾于萧寓晤面介绍，悉其为人，旋在该同盟会会场，萧公开介绍我，谓他本人事务太忙，特请“我的朋友”许某君代为整理会后报告会议记录各项工作，各位有关情况，可向之请教云。胡志明同时在座。我翻阅该会报告文件，以胡氏单位一篇，写得最好最生动，自然因其具体情况之外，中文向来修养有素，其他单位，有的中文程度太差，我因对胡说：“胡先生，请你替它修改好吧？”他很谦虚而有礼貌地说：“不敢！这是要许先生才能动笔的。”我顿忆这是权限范围，他凛于法度，不便越俎代庖，而其态度中和，词调流畅，正自令人引起油然美感的。这一印象，历久还新。往后日本投降，河内一转，剑湖流连，萧文以侨务岗位协助接收，调停越南对立派阮海臣，促成合作得力，被誉为“越南之友”。但不久而法军入越，局面改观，战事拖延，直至去年日内瓦签订协定才止。风云人物，尽人皆知。忆在曼谷时，听过一句口头语：“英雄见惯亦常人。”我于胡先生颇有这番感觉，异样幽思。迄今萧文先生仅在广州闲曹安置，迹近退休，谅参加到站欢迎的身份都赶不上，我更藐小，不值一提，前后对照，怪有趣的。却断断不在乎沾什么光彩也矣。

续丛残诗话

某老先生回乡，人们于穗城告诉他，那可预备两只桶子带去，老先生初尚茫然。这个人说：地方久旱，叫苦连天，您老人家此去，便当成亲人和菩萨，一定会环绕着泪痕挥洒，不带东西去装置哪里行呀！恰巧他老到家之日，天公作美，下了甘霖，人家相告，这是老伯伯带来的，悲剧一变而为喜剧。不过，回想那句新颖话柄，也还另有情调，我为之说："预将双桶子，装满一乡愁！"

"也曾小立在花间，人与嫣红各等闲。"本来是说心情淡漠，花自花而人自人，不相干涉，不知眷爱，却是不容易表达出来，所以下联便续不下去。一经灰败，恍同白纸，懒着色素，并透不出一些影痕，此之谓幻灭也欤？

若说奥区，这儿是相当盎郁的，旧式街巷，幽僻仍存，森列古垣，怀想无限，更于雾膜开时，一派云山缭绕缥缈，大约那是明十三陵了。算来总有千年史实，历代帝王，生斯长斯，来时茵缛，归去北邙，尽在凭栏一望间，深深印证。陡忆王粲登楼句子："北弥陶牧，西接昭邱。华实蔽野，黍稷盈畴。"而这其间，隔墙高矗，城外多不多禾黍，还引望不见，不过烟囱突出却是有的。总合野外景光，悠悠古原，撩人意远。这正可以登临毕赋，怎奈仆病未能，恹恹无绪。续念"虽信美而非吾土兮，曾何足以少留"也复不很拍合。还是置之，让古人去独美于前吧。

目逆而送之，的是香艳，道路以目，可是枯焦，再引申之，慎莫近前丞相嗔，令人一想念着，还作三日呕呢。这和落雁沉鱼之与雁杳鱼沉，一倒转间，移步换形，别有所本。文字游戏，许如是观。但愿不要太当真，世事由来如是，横竖等诸文字游戏罢了。那些失态，不情，顺以为正，妾妇之道，彼亦何乐于有是哉？下流推迁，习焉不察，抑所谓剥与消之用事，一时迷住心灵，浸假而夜凉如水，一番冲洗，总会慢慢回复的。

胡志明游八达岭，高兴作中国诗云："听说长城万里长，头连东海尾西疆。几千百万劳动者，建筑斯城镇一方。"这和冯玉祥的作风，有点近似。同是头尾二字，移置吴山楚水的吴头楚尾，那是古香古色，不同凡响。又如不说此城，而袭兹城，也许有点像初解缠足的有时扭捏作态也乎？时代一变，风气顿殊，恍觉我北门锁钥写赋，古调今人多不弹矣。

还是依黯啼禽度最清，在那晨起忙乱一阵，歇下来，一杯清茗，乍听啼鹍，心扉淑静，赛过氛围。能得几时烦恼消歇，人境庐下，好“临清流而赋诗”，或亦“独立苍茫自咏诗”！

一株古干，经春涉夏，不见抽芽，便以为真死了。几天不予留意，忽又茁发一根绿茎和红心，还很荏弱，摇摇风摆，看来已庆生还，群芳丛里，还有它的份儿。这当儿，夏木阴阴，满围绿绕，风仙花婆娑遮映，照对底下多的是莳艺花苗，夜静行过，便可闻着一缕缕的清香；那昂首向风的巨杨，也正垂丝爱抚，越显出那么昵人情态了。

情牵兼怀寂寞，一个老年人，退院似的在渡他苦涩的生涯，而今又过了些时不通信，杳不知其消息了。病，是可能的，意外万一，想还不至于；但这个时光，一切难道，一切唯有听诸天吧！又是情牵，憧憧过影，漫不去怀，教何从收拾得，而后无挂无碍呢！

公园又经半月不曾莅止，光景常新，仿佛更加修洁了。那五色草挑组成的图案，就同锦绣方缛一般；红的夹竹桃，迎人一边掩映。犹觉百子兰最为出色，兰叶葳蕤，抽长枝茎，缀上碎瓣的蓝花。盆中君子，也正次第地红莲白莲舒放了。我巡礼过来，徙倚柏林深处，就躺在躺椅上憩息，引见白云飘扬，漏落数声啼鹍，如其说除却石狮子外，这合是充分的自由自在；一阵沉沉若将睡去。

醒时有作：

晚来桧柏自苍苍，透见白云许荡扬。偃卧不图真入梦，分明倦态暗形相。低头颜子时哉习，触树玄蝉有底忙？还是啼鹍声漏落，欲寻密荫可无方。

淫淫雨，徙倚楼台，许作如是观：

默对雨丝如许长，疏林梳洗了容光。楼台漠漠兹深锁，埭堞悠悠何晃茫。犹有炊烟荒里吐，却牵泪眼照千行。山岚故是经行处，多莫离人易感伤！

游颐和园，缀下一些花絮，系出冷门，不当家珍云云。

雨后郊游，路犹沾湿，绿却满园了。记得上回这路行，才是雪后，景物萧疏，那会知道一霎眼间，换来这般丰草绿缛而争茂，佳木葱茏而可悦呢？这么着，一年一度一敷荣，眼睁睁地触见，任是钝根，也正参透了几分盈虚消息了。

颐和园，偏从北宫门进入，照眼绿荫周遭，套句大浸稽天的话，这回绿浸真如海了。又复鹧鸪啼向晓晴天，分外撩人清致，接着而来的，当是蝉鸣树荫，和夏木阴阴的盛夏季节来临了。

人家散去，各自寻芳，剩我独自一边品茗，正知外缘散后，落得的是孤凄。比方抗战年头，南洋一转，热烘烘的场所掠过，归来却是半肩行李，只手亲提，小小轮中，依归卖唱，低音似诉，顿教游子比量齐观，那么踽踽凉凉之感！也是归真返璞，人生应有的去处，耐得你仔细寻思。还是活动活动好些，信步而行，眼前生趣，绿遍晴园，大有“山中方七日，世上已千年”的怀想。因以谓湛然此静适，外面几经时？似此常川留客住，定是容易过日子的。仍一直绕了一大圈环，向阳开敞，风光十足。举头引见一联：“天外是银河，烟波宛转；云中开翠幄，香雨霏微。”差近细致。诸多台阁体制，斫丧无余，一点生人气息不曾有，以视蒹葭苻菜之风咏，恰恰有类于生花与剪彩，不可同日而语。还又转入奥区，觅块石头，静寂闲坐，瞥见一湾涧溪，时有划艇摇过，对岸密密疏疏，游人三五，丛阴恍现，就像叶茎绻草荡旋，不消说人在画中行，更率真地合道，人在茎中行。这其间，斜铺石片，引导泻流，昨宵雨过，沙痕隐约，登时记拾《北山移文》：“石径荒凉徒延伫！”一边人们跟前走过，不遵正规步态，那恍然是个跳跃式的麋鹿行踪了。我更添抹一笔，于这个幽僻所在，寂寞于林度叶声！

不管奥区也罢，显敞也罢，待及返时一回候车滋味，无俚巡绕万寿山后乎。一道浊水沟，封土筑墙，看似丘垤，引望最高峰，亦不觉什么俊伟，向的穿插沟头，绿荫满径，以为有什么了不起的神妙，却正如蜂房蚁穴一般；乃知大槐国里，梦里多姿，醒时剩为草桥店而已。无奈混假于真，仍有得说的：“四十年中公与侯，虽然是梦也风流。我今落魄邯郸道，要向先生借枕头！”

是为记。写至此，又是当夜一阵雨潇潇。

偶话草桥店，自然会忆起西厢，和其他一样的文人无行，杨升庵引述一阕小令说：“‘孙飞虎好色，柳盗跖贪财。’这贼牛两般儿都爱！”骂得庶几近之。

人生问题，下文难道，只想想一介相国，殁才些时，家小扶榇归里，权厝萧寺，换成冷落凄凉；还赖他生前结缘，老僧道义照应，其他亲谊安在？连个内侄许配婚姻其人，亦杳同黄鹤，尽让眈眈逐逐者，乱打其主意。如此下场，死而心灵有在，定够惨了！

上溯帝王如宋道君，本是个承平天子，兼又多才多艺，看他微行眷恋着李师师，“纤手破新橙”“相对坐调笙”，韵事诚然有的，可不曾得到满足。城上三更，马滑霜浓，还是要悄悄归去的。夜分而来，未明即去，“来如春梦不多时，去似朝云无觅处”。乌在其为万乘之尊哉！后来陷虏，驱入荒寒的五国城，阅宋人所记悲愤录，那简直过的非人样子，鞭挞耻辱，下民不如，造物小儿，真也捉弄得太厉害了。而身婴其遇的，一点不容张主，无能为力，并万万不会料想得到的。天有不测的风云，人有无定的祸福，俗话也自至理。所憾者，天地不仁，人却是这样微不足道的东西！

带留声机去兜风景，播送时流歌曲，这和昔时一些风雅士，好挟妓去登山，同一豪兴，同一欠雅！我却由之想起，内廷供奉，选色征歌，人间酣恣，定是玩得够了，腻了，他们未必便能戒欲，亦并不果虔诚地皈依，可是好些名区，由来已久。都点缀着崇奉着古刹，藉资矜式；分明是推出一层上清境界，以收灵的寄托攸归，这不能不说是生活的乃至精神的提高作用吧。一介寒士，禅悦简栖，不假外慕，总会有其是处。

一雨成阴，乍晴人倦，北窗下卧，凉风骤至，浑不是羲和上人，陶靖节迥矣不可追冀。惊起披衣，怃怀属句：

北窗风紧卷晴初，六月犹寒天怎如。可道羲和裁半面，平教困扰到华胥。

金乌灰妾闲阶上，齐女愁多庭树嘘。如此荒唐拍枕畔，漆园何臭化吾鱼？

心情要保持绿清，才能养活。一涉□躁和焦枯，自然无一是处。眼看天时冷暖无定，早起风凉，宿雨乍收，晌午艳阳风住，又是这么逼迫了。

街巷荡过一些叫卖声，恰像午后引亢啼鸡，带着倦意，总无好怀。再远些学生时代，一回暑假，寄迹东山烟墩新街的生涯，也就一幕恍现了。念之叹息，何处是乐乡！拿“小楼一夜听春雨，深巷明朝卖杏花”对照着，那么一片冰心，脉脉情致，信是“此曲只应天上有”呢！

伍崇曜《沙河逸老小稿跋》云：“夫维扬财赋之区，又当南北冲途，往来晋谒，吟花啸竹……互相唱酬，其门如市。顾相与揽环结佩，大抵皆淹雅恬退之人，阒寂荒凉之辈……诗词俱未算名家，要亦翛然绝俗。”录之以资观省。

偶题绝句一首：“广漠中天一息停，无边草色络青青。北宫门外思量着，却恐迟徊雨欲零。”

听妇言，是相当哀怨的，家有一弟，劳役三年，迄未省释，她帮助他，仅靠手工编织毛衣，尽日继夜，弄眼昏花，五七日工夫，才织成一件，值二元余，公家挑剔很苛，吞满一肚子的气。她说同伴中，亦有转而去收衣服洗的，但所得报酬更其少之又少了。

看她案头垫下一页诗笺，是她家先生的手笔。此老穷愁顽硬，托为鸟鸣不平，连连劝说：“生既不逢尧舜孔，何如从此作诗人！”颇嫌拗拙。我暗地替他改易，修饰一番，变成这样：“不平底事烦啼鸟，暮暮朝朝工唱频。三五晃悠非世出，直将余事作诗人。”

《左传》有句：“谋及妇人，宜其死也。”这当是指幼稚和非其类之谓。揆诸道不同不相为谋的原理，谁也不能违犯着。故如对牛弹琴，至多还是它听不懂而已，无大妨碍。实则动物类都有共通性，象犬其灵敏了悟，牛也正有神话里头的牛鸣，而草还有向日，含羞等感觉，连矿质顽石，不也有听说法而点头的吗？就只有人，有城府，成定型，壁垒森严的特种人物，你当心点，不要乱碰他的钉子！

广州话有句：“最毒妇人心，黄蜂尾后针。”当属太偏，其实大可适用于恶毒的一般人心的说法。心这东西，到了无情，便成铁石无动于衷，什么都做得出手的。

人生情感，是最脆弱靠不住的，不消一夕风雨，已就摧残尽去，或是两下不言，也复沉沉无病告终。这只合归诸佛家所说的“缘”之一字罢了。狐卷子，对魏文侯以父子兄弟虽贤均不足恃，结语是：“望人者不至，恃人者不久。君欲治，从身始，人何可恃乎？”说得令人意兴阑珊。

某公馆为了粮食限定，平时一些人等，都不能再挨下吃饭了。身份顶高的一位，经几番设法，才安置在某个救济处，领获月薪糊口。一位最密迩的，同样有另一处救济方便，但他还挟有一手方术，还想借近水楼台，游扬一下，然后再从而问世。此外冠盖亦显得稀疏，主人老病，实在不合叨扰。看来此际：“荒凉宾客门空荡，残抱稻粱各自归！”

乱咬一口，是一套戏法，座上堂皇，阶下宛转，是另一出镜头，人世就是这般；你欲混得过去，习惯这些生活，最好能够“丈八蛇矛左右盘，十荡十决无当前”。否则的话，老实人合该受罪，君不见乎“羔羊”！

风雨时阑，心痕淡寂，写此遣怀：

阑夜灯心韵自移，漫般云卷叠何其。羯来五十常如此，便到百年已可知。
饮露餐英怀去远，灵山窟宅梦回时。鲰生一事堪陈说，还有天南系寄伊。

附记：云南边境，一度过从，留存印象，当地人士，未置恝然，辗转鸿音，寻问消息，人生难得因缘！更知淳朴之风，于我犹有默契焉耳。

泪尽罗巾梦不成，宫人良苦；胸中冰炭何时平，赋得小星。古今人同不同，未可知也。

衾裯夹抱尔小星，肃肃蒙头霜露零。七姐离群因粒米，牵牛负轭岂畦町。
天心未解怜幽草，时序都缘赭面刑。冷暖泥中交一跌，郑家诗婢失娉婷。

跟前小景，多彩多样，戏为竹枝词以写之：

抟土为人毁为泥，造化真同弄小儿。许时默默无言说，十目睽睽只路歧。

红日欲沉树叶青，縠纹唼喋戏鱼汀。何须濮上才观止，亦有微茫泛小舲。

罗刹海中点化乘，纳头膜拜战兢兢。不知花草寻何用，世味原来已似僧。

于飞燕燕几时阑，尽向丝风剪不完。入幕仍然歇下去，谅渠丑陋怕人看。

连林墨绿景阴阴，篝火丛中丽眼深。群小不知忙底事，者边走向那边寻。

途边犹闻人搬演，习习题材昼乍婴。莫道风吹一阵偃，更堪虎啸吓然惊！

一行记得菩提树，夜静灯幽缓缓过。声不侵时心正寂，尔来多莫定风波？

还闻呼我老人家，兀坐如将拥袈裟。多谢梵王施法处，可能凡海度生涯！

出浴凫鸥最可人，笑它簇束插腰身。弄潮儿合海滨去，记取烟波不染尘。

向晚花开绮路边，美人蕉共马蹄莲。楚骚韵思君能会，湖月湖风堕惘然！

已够十首，诗欤盛哉！不必添续，尝一脔而全鼎知味矣。还有绕住心头不肯放如："弄潮人去几时归，美人香草都诗思。人与柳丝缘不解，解佩江头况自稀。"衍之可无穷尽，让它去吧。让它"点点滴滴落大荒，石遗收拾待娲皇"。

仿古战场，替一个赢卒句咏，是可悯也，所谓乎沙虫：

荡决原头闪旆旌，临深履薄逾怦怦。鸡栖群下休嫌啄，蛙鼓阵中太不情。
寂夜令严称若定，弯弓引满叠疑兵。高高贵手余音诣，涕泪无端暗满盈！

"满楼风雨尽情啼"，只占一句，不知所谓。姑以当前光景，一阵飘风暴雨过来，窗棂格格，继之是夜凉如水，寂寞无欢，去向周末电影场溜过，也觉乏趣，返来情绪灰败，续句未能，就仅仅剩此残片已耳。

句要活，景要真，人不能道；心旌要不灰败，保持一脉绿清，却非一般人所能把握得住的。而唯其灵台一昧，其余变成枝节，无济于事，美景当前，将如彼何？纵使琼楼玉宇，亦正高处不胜寒，亦还是老不愉快可知；不幸人无法从兹挹注洞庭春色也。

一段笔记载：有教养的一位先生，显示随遇而安，而他的太太反是，满身珠宝气，偏偏心眼窄，挑剔苛，弄得月亮都不如其意，欲圆旋缺。先生歉然对客说："内人是个制造家。"客讶问是何出品？这才补足一句：专门制造不愉快！此言虽小，可以喻大。

鸟鸣山更幽，蝉噪却亦显得更静，显得夏日愔愔；夹杂一团，载赓一阕：

幽碧鸣蝉络树荫，艳阳杲杲照前临。牛车引过应余喘，稚子摩挲托老心。
几处向隅沾可念，人间风上话披襟。玄冠鬓影君何憾，任抱高枝彻晓吟！

乡贤有句："吟诗与点诗，各持一支笔。能知吟者苦，方知点者逸。"推此类也，能知下面的惴惴不安，才显出上头的雍容可贵了。一回树荫偶憩，间有长者，抚字小孩，和易相处，温情有加，又安得扩而充之，胜似广厦千万间，尽使所属皆欢颜的呢？因蝉兴起，西陆南冠，事同一体，合之可是"露重飞难进，风多响易沉"。分之仍是"玄鬓影"对"白头吟"，任抱高枝彻晓吟。兼之嘒嘒清森，一片天机流畅，亦复何憾之有？合为蝉颂，却替人怜！

偶出城厢，穿小径，即现田畴，原野风色，油然眼里，亦实久违了呢。正知叶落归根，我自农村中来，应向农村中去，大地是我的皈依，绿草是我的伴侣，一朝相对，不期然而然地泛起了亲昵之感；当然接踵而来的，也就无限的幽愁，没落的与生俱来的隐哀。兼荡着人家唱唱京调，这个调子，在街坊间还不觉得什么，一到村落下里巴人，就变成原始采风，撩人意远，个中蕴厚，耐人寻思。本该浸淫深深领略一下，又怕已近黄昏，赶不着什么场会了，只好抽身打转，等于一现昙花，心旌不昧，凭寄着这些滋味在心头，在后回，也即在前奏。还写了一首诗，以志弗谖：

如睹亲人面，油然涌绿洲。夕阳浮淡霭，芳草散离忧。
州间依旧会，疏落稔先畴。未失求诸野，平添一调愁！

云南土话有句，一天一天挨了，意思是说挨近的歇后语。当其跟马帮赶程，未晚先投宿，鸡鸣早看天，还不像路头店的讲究，而是更原始的草草算过。跑过十天八天之后，日子很容易忘记，但有的互相安然，总以为快挨近目的地就是。不过也有更进一步的连这个念头都放弃。就像孩子行在雨中，人家要他走得快点，他却不慌不忙地说，前面还不是一样的雨！这真正显现哲学家的神气了。忆及题句：

犹有山花展客红，跨鞍朝出暮张篷。劝君莫料几时了，管在程途风雨中。

记得山行久了，尽日在坡陀溪谷间绕转，偶尔瞥见一片小田坪，和较为像样点的墟集，便也欣然色喜，以为接近生人气息了。仅仅陇头一株小桃花，也觉迎人笑脸，那儿一定会有人家的。看来情感——心理状态，是互相倚伏的；你如厌烦城市，就喜欢山林，山林待久，又何曾不向往热闹？尤其过惯城市的过来人，教他如山樵木客一样枯淡过却生涯，恐怕很难做到。所谓逃空谷者，闻人足音，则跫然而喜，可为例证。连孔老夫子都说："鸟兽不可与同群，吾非斯人之徒与而谁与？"总可见谁都不能离群索居，也即谁都未能免俗。这一来，不是向的什么高尚其事，通通要改观了吗？

"但能安处即为乡。"东坡一语最为得当。《楚辞》："民生各有所乐兮，余独好修以为常。"那舍形求质的话，也定是贵乎灵淑，而不在乎嚣尘。清浊毕竟有其缘分，不合混为一谈，所以，沉者自沉，浮者自浮。洪乔无事替人作带书邮！诗是诉之感性的，着之则滞。至求诸理解，斯愈逃之夭夭了。只要灵台不昧，大扣大鸣，小扣小鸣，悱恻心弦，噏合无间，也复稍纵即逝，不是株守不离。云烟缥缈，悟者无失其机；刻舟求剑，乃为下乘。故如意存隽句，往往斫伤元气而不自知，好谈理论，多非善于创作，先天后天，其揆自在。尽管醰醰滋味住心头，解人不言，言者不解，不须以口舌争，转落第二义焉。

四层楼相当高耸，一面北窗，临街灯影斜照，仍带夹树影，透将上来，风摇影动，一样姗姗。《诗经》有句："鹤鸣于九皋，声闻于天。"萌发在此，响应在彼，他山攻错，击鼓援桴，都化吟味无尽藏呢。

俗传韩信点兵，三人同行数一数，再来个五树梅花，添凑着七子团圆，之后，除却特定数目，全盘人马，了如指掌。又闻朱一贵饲养鸭群，加以兵法部勒，鸭竿提起，一纵一横，务使该鸭，供其摆布，有忤不听命的，竿头一敲，晕倒过去，久而无不指挥如意，洋洋大观。英雄人物，晓得钢铁是怎样炼成的；而被提炼的对象呢，却完全的物化、简化，充其量，不过鸭子和数字。

“清风江上洒然来，我欲因之寄微慕。”黄仲则毕竟不凡，闲闲指点，风神晃现。大致也自先生之风，山高水长，倒转脱化了来吧。陶诗“平畴交远风，良苗亦怀新”则纯乎天了。我凭楼高旷，晨兴淑静，悠悠迎凉，凡诸意境，将罗备具，是用款记。

《诗经》五月鸣蜩，又如蜩如螗，又螓首蛾眉，除后者外，皆蝉类也。月令仲夏之月蝉始鸣，孟秋之月寒蝉鸣，在夏的称蝉，在秋的却称寒蝉，亦称寒螀。此外记载：蝉其蜕变如禅，舍卑秽，趋高洁，其禅足道也。另传一段故事：“齐王后忿而死，尸变为蝉，登庭树嘒唳而鸣，王悔恨，故世名蝉曰‘齐女’也。”陆云为之赋云：“头上有緌，则其文也。含气饮露，则其清也。黍稷不享，则其廉也，处不巢居，则其俭也。应候守常，则其信也。加以冠冕，取其容也。”现予识别：黑色的名铁蝉，灰青色的名铜蝉，绿衣仙女似的名观音蝉。

晓风残月的风格不算高，不过在赶不上高人的看来，也自够感兴消受的。顶早的童年记忆，还诌了几句：“月色临阶上，邻儿饥哭声。炊烟人早起，喔喔鸡声频。”这连处女作剩稿都不曾收存，偶然再现，也觉朴实近乎原始，为之一笑。接着晓得看《西厢》，到了惊梦初醒，柳丝长咫尺，情牵惹，水声幽，仿佛人呜咽，斜月残灯。半明半灭，旧恨新愁，连绵郁结，那度渲染之下，心情脆弱，顿现了感伤意味。更难忘的，初出茅庐，栖栖遑遑觅食。乍到南宁，临楼旅店，夜半寂寥，江干游艇傍泊，灯火印照阑珊，引望茫然，不觉凄黯！这就写下了零落的第一遭。往后“鸡声茅店月，人迹板桥霜”，算是频频经惯，但可就挺劲了多少，所不敢说。只今凭对北楼，未明时节，底下人家，稀疏星火，光影森森吐露，一番显示寂寞晨凄。等下天色微明，灯光次第消失，终至完全没有了，一碧丛中点缀，店舍无烟，朝晖未出，分外寂静。这当儿，庭院沉沉无声，更无游丝别绪，人是这么垂垂老去了。

“我志未成人已苦，东南到处有啼痕！”英雄忏悔语也。“众生一日不成佛，我梦终宵有泪痕！”那合是入地狱，背十字架的教主精神，向往迈进。我都不能赞一词；却于前者心灵深处，荡着隐哀，尤觉有合，撩人微杳而真挚，低回留之，不忍遽去。

听蝉之后，也联想到听蛙，即雨余气爽，晚凉阁阁荡着蛙鸣，唐诗“黄梅时节家家雨，青草池塘处处蛙”二句，最为亲切。也就是要在水滨田亩，才有听取的缘分。记得一回山限，南方卑湿，响彻梧州的蛤蚧，声声“克苦克苦”①！这恍然又是那处蛮番所谓的“笨头公鸡”，告诫新唐客的一段神话了。

如有烦恼，请大自然替你解除吧！这是很远以前的一回清音，胜似“欸乃一声山水绿”。又如“店舍无烟宫树绿”和“五更疏欲断，一树碧无情”，都可演为旁证，以漱素心的。

旅外时，曾贺人新婚题句：“并蒂花开香满地。”友人笑说，浸水莲臭可是真。其实不会，香还是真实。像这儿，几时不来，满池荷叶田田茂密，高与人齐，引望红的白的，抽茁迎风，既潇洒，也鲜洁，也就静致清芳，教人闲闲雅观，她却亭亭净植！相对之间，尽在晚凉草际，席地而坐，谈吐悠悠，无拘无碍，大都变成雅人雅致了。

《易》不终于“既济”，而终于“未济”，其故自值得深长思的。实在事物都无穷尽，就像堤防止截，也还有漏泄，衍为涓涓细流。或改头换面，生生不息，所谓“落红不是无情物，化作春泥更护花”也。不过为方便识别，发展到一段落，划它一道痕迹，也许必要；否则任它拖泥带水下去，也自不了了之，“蝉曳残声过别枝”，等于尾声罢了。审乎此，人是随时随地都可结束的，也就随时随地都仍延续伸展的，结论

① 克苦，潮州话，忍耐着吃苦之意。

不结论，还不是一样？这其间，荡漾着一缕生命力，可便是“作《易》者其有忧患乎”！

不会忘记的，到西郊去向老鹰访问。下午天气，真的闷热。看它蹲在板架一边，嘴口张张地，显得渴了，燥了，飞过那边，等于换一换岗位，其实总是五十步与百步之比，总在这高空架屋的樊笼。只有一层，地底下原有树木，已转成清阴，也就有些小丛林的意思了。榜上说：内中共有黑秃鹫、黄鹫和白雕三种类并栖，它们都能够相安无事，亦属奇迹。我还向背后绕一周，有个小朋友，当我不同陌生，指指说说，这老鹰已经八十多岁了。我笑问你怎么知道？他说，刚才有人和他解释的。又说到它吃的是牛肉，当真，笼底石头便停留些肉屑，好待它们受用。我称赞小朋友真聪明，踱了过去。

躺椅面向荷塘，一样碧鲜，着以摇摇几朵红白花，满园柳柏之属，挺翠垂丝，环绕别致的短篱，且看当中一勾绿水，出没凫鸥，小岛上荡出一群鹅，鹅行缓步，还添些长嘴的另一族类。记得前回来时，这才雪消改辟，放水洼地，养些小鸭，而今一转眼间，顿换丰缛满盈如许了。我不觉流露着那么湖山主和荷花公主的雅典来。照对几处小桥，若隐若现，引望绿霭深深，杳不知人间何世，湛然静适，暂充一份君子爱莲花，虽则外边还是艳阳满布。

夜里闷热不过，老睡不着，透不出一些丝风，今年以来，恐怕以这回为最了。兼之晚间人来谈话，太过兴奋，牵惹烦扰，心情宁静不得，另起咀嚼一番，这都是教我无眠的因素。窗外么，黯处街灯，点缀森然，一扇门户，旋开旋闭，告诉我起来凡几遭了。正在朦胧，突闻人声啼哭，越来越惨凄，终于认为是谁家的新丧了。人生一局就是如此！怪不得永夜无眠，失常状态，鬼气幽幽，可不是替这之人弥留挣扎而难过着？我也伤情如此际，不知光景竟谁怜！

晌午天气特地炎炙，哀乐声沉，传自后院，知是死者方在含殓和亲友们的吊唁中。因系以诗：

韵调低沉夹哭声，浮生朝露比谁轻。丧家偏与牵邻并，死者从耽一夕情。

人世艰难歌永诀，泪痕瘦损吊余生。更看火伞炎炎下，泛鹤殊怜上太清。

忆在昆明时，曾一次过杨老先生家，有个老年人，神色恍惚，入门语无伦次，连拉杨老衣裾，阿哥阿哥地乱叫，一见座上有客，缩瑟一团，期期艾艾地。杨老频频温慰，不要紧，不要紧，还简单介绍，这是朋友某先生，都是自己人，他这才坐下去。杨老转向我低声说，敝戚被迫成这样子，神经失常了！言下微微叹气，我也兴辞而归。

好戏有时重演，假戏有时也会真做，只看轮番交迫之下，受不了，真真受不了，也就拼着热泪悲啼；乌在其为老儒耐得住考验也哉？但此等事，最好还是阙疑，天地之大，存而不论。不要自作聪明，不要乱闯谜底。

这几天来，风吹似火，人如蚂蚁缘热锅，热度都超过一百度了。听说沙漠的风，就像火气筒吹出一般，京都还是少见，最少在我到来三年，就不曾经过。天地真个大蘧炉，冱寒酷暑交替，大开大阖起来。昨接家讯，恰话及此，寄声珍重，为套唐诗句云：“遥怜小儿女，未解忆长安！”

“泪痕惯如枝上叶，每逢风引便声声！”午梦得此，不知所云。顷才从纳兰词中句拾：“衔恨愿为天上月，年年犹得向郎圆！”大约无意习染，酿就此调，亦说不定。又复昨天拍演，脉脉心头，印象还深，那便是一枝含露滴，双泪落君前！错综复合而出之之故耳。

六月六日，俗号鬼节，有明才子挖苦其俦侣说：“我昔沐浴三月三，君今沐浴六月六。”极嬉笑之能事！天分不便追陪，这当儿，却是热得厉害，南洋有的是海风，一般热度也不过九十几度为止，而今乃突出百零八度了，整天如处蒸笼，汗流如注，沐浴可不限几回数的了。还合晚来北海之滨，五龙亭畔，解衣磅礴，倚阑舒伸，让它风吹水际，皱皱回纹，未尽散热，总微凉些。又景山开放，未及践游，恰于此暮霭苍茫，冈亭屹立，幻成数点峰青；为念九嶷斑斑泪滴，可应替这煤山毕命人，分题叠咏之也。不过说过就算，我是不在乎的。乱点故实，未成嬉笑，笨伯之故；当散漫谣：

故道尾生抱信深，期人不至溺桥阴。又传商妇衰时节，绕月空船奏苦吟。世事聿来波云靡，人心难测竟如此！六六兼知是鬼辰，避炙乘凉到水滨。软风拂拂吹未褪，淡月微微光照粼。临流别有漪澜兴，也似九嶷数点青。

读史一首，一滑而滑到汉家天子身上去：

不戢自焚剧可哀，养成功狗赛如豺。正知入世人情少，徒令先生裸国猜。七杀有条文跌宕，一春无计化蒿莱。潢池盗弄寻思反，剩把元音望子台！

按帝好大喜功，风云变色，天道好还，卒至自戕其子，然后追悔莫及。以见天理尚在人心，亦彼伦常不泯，方始使然。世故有能发能收，如僚之于丸，玩弄人于股掌之上，而终无悔意者；抑亦可以觇世变矣。

又谈到自焚，仍忆李勣的一段故事：姐病替她煮粥，偶一失慎，弄到火燃其须。姐过意不去说，婢妾多矣，何自苦若是！他却悱恻透露，顾姐老，勣亦老，虽欲长为姐煮粥，其可得耶！可谓洋溢人情味也者。

明智、勇敢和高度的忍耐，才适合人世生存，书生却是瞠乎后矣。一朝见辱，勃然而怒，究竟一度兴奋过后，换来的更其倦怠不堪，“风雨飘摇，我疲乏了”。而且解决不了问题，连消极的自杀，还是办不到，还要被妻子的朽绳索拉转来，懒洋洋地活下去，人生就是这样的大败，可怜可叹！

一回见他焦躁得太厉害，拉他出来散散步，步过东华门时，他顿忆起崇祯死后，停尸就在这个地方，整整三天，待到李闯下令，才把他收殓了去的。绕过近畔，略有些矮树草坪，围住宫墙的水塘，透上风吹，较有些凉意，莫怪人们就在这一带，凑成晚凉的场合了。他漫不经意地说，这儿水有多深，还说了别的有水地方，如昆明池之类，就是王国维这些人的毕命处所。我杂以他语，意在撑开，但实在无能解除他的心头郁积的万一。能死还是直截了当的，而如此——我又安能不悲从中来，不可断绝呢！

焚香观化，付断简于埃尘，隐几闭关，等一楼于宇宙。彼其之子，能够有这些条件，静言思之，合是极乐国呢！岂如憔悴斯人，长安居不易，乃至非长安而无可居者；那么情形可惨！那么艰难苦渡的火轮下生活呢！

仿生祭之例，为词以挽之，所谓长歌之悲，甚于痛哭！凡二首：

欲向彭咸爰卜居，郁陶命也定何如。腰肢低折微升斗，强项当年肯相于。
已自心旌无缩处，尽教待罪若刑余。君家识作工犹未，偏不大归放里闾。

也应有泪吊先生，野祭须迟落日程。似此关头冲过却，霎时冥漠任飞轻。
燔书且了忧患债，断稿莫将时世名。只是尘缘牵一缕，谁人啜泣独行行！

你咬他一口，他还敬你一口，用漫画式的眼光看来，那是微不足道的。用不着太书生气，直以为什么卖友和伤厚道的那么傻念头上面去。此调不弹久矣，翻开话本一道：比如其父攘羊，其子证之，这衍为法家精神。相对的父为子隐，子为父隐，那是儒家的温情主义。两派激荡并进，后者落为鲁治亲亲，后世积弱。前者成为齐国尊贤，后世必有弑其君者。更进而为秦之尚首功，惨核少恩，到了商君失败逃走时，人家都不敢居留他，所谓作法自毙，请君入瓮可是？斯者发展的最高峰了。另有第三派，也许和前一派有点香火缘，即是富于人情味，义侠隽快豪迈的作风，战国时此风特盛，单看虞卿一宗故事，有客患难相投，度主不理，他宁可抛却相印偕客一道流亡。又如樊於期，荆轲知他是个汉子，道出刺秦王计划，愿借将军头这一条件，他慨然自刎，举头相赠，促成壮举。其他“向风刎颈送公子，七十老翁何所求”和“芦中人，芦中人，岂非穷士乎”，心灵感召，一掷为轻，千载下读之，犹觉凛凛有生气。正所谓贪夫廉，懦夫立，和国于天地必有与立；更远之为天地正气，民族气节，人与人间的高尚感情，何莫不是于此征之呢！

大言炎炎之后，还合小言戋戋。儿时还忆有只小牛，给人们追赶急迫，走入一室之内，追者接踵亦到，是要拿下宰杀的。主人家心生悱恻，不忍眼睁睁地看他觳觫就烹，把它买了来放生，寄存邻近庵寺，时时还去看它。人孰无情，物犹如此，这就逗出一句俗话，叫作投生无投死。风俗之淳厚，亦其本色遗风。

故传《西厢记》作者，写至“碧云天，黄花地，西风紧，北雁南飞”，构思太苦，绝笔而逝。后来续作，才替它添缀两句：“晓来谁染枫林醉？

总是离人泪。”足成了一阕。鸡林故事，可怜如是。

又忆词句：“向莫愁、村畔话离愁，真奇绝！”是奇句也是警语。冷漠人生，形影相吊，莫愁正是善愁人。却不合浪向人间乞讨耳。烈火鸿毛，浑无其事，感之叹息，为赋此章：

烈火鸿毛事可伤，濯缨濯足仰沧浪。凌波不许人头顶，顷刻仍牵作业坊。
札札耳根尖逼仄，悠悠阳世转苍茫。无情只看阶苌楚，犹得当涂浥露光！

“隰有苌楚，猗傩其枝。夭之沃沃，乐子之无知。”风诗消极至此，难乎其为下去矣。

因为神经衰弱，就想休息，就想过安定幽静生活。其实，司命之神定不许可的。只看覆车者不在丹崖峻坂，羊肠小道，偏偏在较为平坦的旅途，这在大后方奔走时，就亲眼见过多多许了。

而今宣布运动是长期的，改造是终身事业，到死方休，也好，把脑筋绑紧起来，面临现实生活，时时是在兢兢业业中，也即时时过着紧张状态的战时生活。不让你一个空闲，一席苟安，当然适当的作息时间分配，还是有的；不过不让你有一心情愿地林下风态罢了。

老先生说得好，你不是不可以做点事的，你还是活动活动吧！为什么一辈子要给人家“照顾”呢？长者之言，爱人以德，谨当拳拳服膺勿替。又恍忆什么宿命注定一句，病虎山前露爪牙！虽然是病，而迫之已甚，也定露出爪牙的！

“晨风瑟瑟透空帏。”偶然拈着这句，不是指的风去楼空，而是空无所有；因为这儿是无须帐具陈设，空空如也。风凉一阵，宛亦凄沉，浸假雨脚云痕，蒙蒙漠漠，天色变成一样铅灰愁锁了。终于两下，淅淅潇潇，一室凉沁，偃几窗前，摊诗遮眼，昔人远矣，尚友如斯，韵叶余音，裁兹短咏：

缭绕后山闻鸟啼，孤踪一触首频低。只因噙着去留意，还向风徽认旧题。

荡出平堤水接天，几回栖止浑垂怜。仍嫌涉足淤泥了，不比葬身有白莲。

迷茫向日近黄昏，过影稀疏咽泪吞。底事牵衣桥上立，更无好语送王孙。

凫鸥只羡江头杳，尘世无由出窍门。喘息凭将官里去，从头羞恨欲何言。

求全匪易死犹艰，终古伤心是阿蛮。面冷灯昏人啜泣，我来遥奠送君还！

莎翁《沉珠记》一段对话说：要是你所经历的困苦，果然可以抵得上我的千分之一的不幸，那么你是一个男子，我却像一个女孩似的，受不起人世的煎磨；可是你，瞧上去却像忍耐女神一样，凝视着君王们的坟墓，把一切苦难付之一笑！

“若有人兮山之阿，被薜荔兮带女萝。”衍之以为：中有一人，自戕不遂，接受苦难，仿若背负十字架者，别有一样森然之光；我也合十遥遥向其默祷！

悲天悯人我何敢，仅作个已亡悯歌行云：

放着一息闲，从头收拾废书摊。此闲匪易得，譬如陟岭歇余酸。立秋阴雨零零委，侵朝清泪赓铅水。无言只自对楼头，有恨恰凭风讯起。谓予不信尚□穷，柳州一慨楚骚同。惊心更似鬼扪壁，夜半宣召仰惺忪。人生人生忧患始！刀旁刀下炫奇字。稻粱不管海田荒，嘹唳孤鸿诉断肠！

第五编　窗含西岭一年间

幡　　引

事到无何，人奚处说，只看月影上窗纱。

此其间，一派骏奔，山陵默望。客岁雪稀，仅下三数回。入春转而洋溢，今则寒早，雪落纷纷，醒人心目，一年光景，认得回环。人生亦显得微杳脆弱，几时要随风归去！再引前推，时则某些气氛未煞，人家意下，笼住浓厚暗云，虽经过却，而暴风雨之下，自然只有凄凉苍瑟余音！

身边琐琐，描写戋戋，间近郁塞，语不成腔，苦心一个。录存观省，是象非华。适彼负筐妇，楚调行讴，依旧客窗引过，惹人一阵沉思。语有之，吾以名吾亭，即以名吾窗，未曾不可。并缀数言。

一九五六年十一月

重九节前日作

一树叶黄赛叶丹，兼它晨淑引风澜。谈瀛好便消闲却，不管徘徊歇鸟看。

提将早日度重阳，还过窑台绕一场。我自笔臻意不到，登临只度小丘冈。

园讯几番丕变生，树犹如此绿依盈。这回栏楯亦增胜，差觉阳乌沃似醒。

旧曾来处晃回廊，酿熟菊芳罗景光。一种风流原不爽，好凭尢底探诗囊。

九日景山登临

斜阳冉冉空山青，一面仍探列五亭。脚力知疲堪叹息，搀扶杖者独伶俜。采风相与寻阳九，此地犹应冷画屏。看取黄徽流屋瓦，有人遥指树边经！

也曾枷锁当囚牢，天谴今言落闯曹。翻手只应云雨过，棘心终竟汗青高。果甡充囿安能抹？万寿名堂略等毛。我自行来存默默，前时知了汝休劳。

附记：蝉号知了，上回来时，才是蝉鸣树荫，而今却连曳残都杳。

漏夜拈小诗

夜深片月袭幽幽，露杼星梭夹上头。本为羲和迟肃驭，却教虫韵奏清愁！

一度曼声哭耶歌？鸡鸣之后寂如何。劝君休作歇余想，刚有更敲接替过。

荒鸡喔喔总含哀，一自无眠谛屡回。老鹘不殊人咳叹，但非岩谷是楼台。

过周口店览猿人遗蜕时正重阳过后淡霭辉光惬人幽兴

寻常一角瘦丘山，林壑未深濯濯颜。此外放墟堆望眼，纵然生息定痌瘝。洪荒悲像应何似，化骨埋藏逾万般。敢是娲皇怀抱里，几番蝼蚁恣游盘。

野旷风烟并可观，秋光袅袅漾云峦。西山毓秀神偏昵，胜日遥临步自宽。聊有残棉今叠见，宜将农隙即物欢。恍然我也同根者，占得山花俪菊寒。

附记：上年秋季游香山，道上属句："数点棉花尚可人，郊原野旷引情亲。"这回重见依稀，风光一筹更胜。

出北小豁口面野绕行冬令时节景物萧索作长句以纪之

已觉冻痕薄陇干，枯黄匝地落为欢。人家肩负思行迈，衣袂飘萧引路难。绕郭水流仍一带，紫垣斜日照余瘢。简青活册新来是，无那幽怀话老残。

泠然一样肃霜秋，策蹇如斯惯道周。大地孔怀生计啬，荒烟栖软帝王州。边行客子迷途似，几点矮庐著影浮。不是出城谁晓得，野原端惹古今愁！

水涸鱼浮塘沼中，玻璃薄薄透嘶风。观人濠濮殊差远，驻足凫鸥此会同。浑觉阳和光可爱，怕它壁立漫阴笼。寒威起粟寻消受，只合胡儿尚弯弓。

叠叠云澜转一弯，东皋薄暮仰曾攀。纳凉栖止光流隙，禾黍平临故未闲。在莒输君怀漱省，空弦欲堕泪痕潸。玉门且自低回着，凉月升时洒客颜！

附记： 忆初夏晚凉，常出东直门外旷坪，杂居民为伍，优闲散荡。再过桥，穿小径，即现田畴，油然默望，以谓得小佳趣。不过此地仅来两回，迨运动事起，大家情绪紧张，无复闲情及此，连门外场所熙会，踪迹先绝；算来匆匆遂逾半年。而今重游过此，低回琐故，正自不禁今昔之感！

菊花生辰杂述

落英秋菊赋登时，写入林樊乍见之。未遂严装留粉本，忆将前度粲千枝。晨兴袅袅都含露，浪转拳拳尚尔仪。却过疏篱闲歇处，茶烟招引复丝丝。

临将水畔漫寻思，响彻萧萧落叶时。许傍黯分风下立，更堪梳柳荡成漪。去年莫把酒垆面，残稿新裁捆束丝。留得夕阳赓度影，苍茫凝睇隐离离。

看花都与共徘徊，故道垂杨拂酒杯。世事弄来恍有意，修途沾染未全灰。晴光正好迎人意，节序分明判一回。满架叶黄方记省，那时串串紫藤开。

楚水流年旷度身，古公辖下二毛人。朱颜镜里愁非我，遗躅岩幽觉已陈。碌碌真当何日足，悠悠不假逗渔津。僧寮鸵鸟原虚负，憔悴还牵莽莽尘！

假日出城漫野远眺茫茫百端感慨系之续纪以诗

芦花浩荡亦潜收，陌望犹应似麦秋。平地败窑何代起，待搬功篑费人谋。正知漠北关山道，如此生涯岁暮愁。宿昔征途未税驾，一车两马掩沦幽。

小调行讴款段称，可人幽惋慢腾腾。春墟委巷风犹系，耕凿邃悠迹可征。对此辘轳寒井汲，许同踯躅失羊曾。陇头画地窥还避，那比宛邱任客乘。

十一月六日初雪

黎明递缟素，天意转寒轻。一夕敷工巧，尘寰氿漱清。
窗前遥倚眺，群玉寂无声。忽忆程门下，贞魂自契成。

却扫儿为戏，焉知谁底门。寥寥鸦着树，默默晓边村。
叫卖都余倦，无憀室懒温。愿言新霁色，残菊探花魂。

斜阳烘室外，屏暖品茶华。为爱开仍粲，应怜朵似霞。
风飕移耳畔，雪色遍池遮。浮动雕栏影，恍疑马走纱。

一片凌波白，归途显萧骚。寒鸦寻叫噪，逐队尔儿曹。
落日临城角，阴威绕树号。行来何所似，休得冒余豪。

朔　风　行

谁道朔风哀？修眉略尽为伊开。谁道朔风厉？情如刀割飒然至。别时惶恐会时艰，永夜催人行路难。魂来叶青去水黑，忧心悄悄诚难测！故有石尤风，君今膏沐将毋同？仍有南来雁，飞鸣聚宿芦花中。人生苦乐亦天意，莫信当年失马翁。

杂　诗

坠楼吞炭毁尘因，半载蠕蠕复屈伸。真个艰难输一着，伤心岂特息夫人！

愠愠笼阴欲雪般，非干袖薄怯幽寒。古城森矗纷无数，尽向离人阁子看。

蛮中椎结如喑哑，楫客陆生颜乍开。一老入城一出舍，可知俱不耐成灰。

十扣柴扉意云倦，山阴苦茗歇清裁。结缘毕竟无非分，咫尺天涯胡浪猜？

翻翻云雨有阑时，衔戢圣明浑泪垂。它日相逢无别语，更无羞愧要君知！

烟突匀匀淡淡翻，悄无人处空中存。天心倘亦将凝闭，未到申时便已昏。

冬至杂诗

引车卖酱郁沉沉，门巷寂寥漏落音。况复夜来光景异，森森星火对城阴。

踏月犹然满地华，漠寒正自感荒遐。今宵算是一阳长，教道离人勿忆家。

前年赓古调，曲奏蝶双飞。今来刚此夕，排场趣非非。阿是韵悠永，此却活近依。各各所生事，泾渭判两围。一笑缘亦了，无复脉忘归。归来拉杂甚，弦索管奋飞。欲寐不成寐，坐落轰炸机。连把闲愁都折尽，更无明月印窗扉！

什刹海之滨偶寄

栅栏迤外是坚冰，戏要儿童踏踏登。蓦地相逢心一旷，此中光景记来曾。

待觅楼阑又觉疏，莲庵不是对门居。相公一去成陈迹，红粉飘零今底如。

过重辅诗翁偕往广济寺展谒玄奘头骨默然者久，我时吐露清净二字，法师应声佛地无清净，再无清净地，感而赋此章

稽首慈云大士前（句借），更参玉骨僧庐偏。须弥芥子原无碍，天地菁英许荡旋。拈着清规贻话本，偶谈自太西方莲。坐牵坐障刚如织，慊我默悲未却缘。

除是佛门清净地，重来初地故依然。一番尊者丝长绣，（上回于此拜见虚云和尚）数盏山茶景后贤。词客播言都鹦鹉，臣心如水只诚虔。但愁瘦弱微花影，辗转随风剧可怜！

新历除前夕作

尚无除夕意，只自照华颠。嚼蜡书闲置，心灰倦未眠。
森森浮穗焰，默默浸寒渊。料想关头过，淫氛定可怜！

闲阻宜亲份，缘悭可奈何。庄公悲叔段，悱恻不烦多。
枝叶冬零节，严凉水逝波。风前愁得似，双袖掩滂沱！

寥寥天未曙，离落引鸡啼。辰宿浸如水，窗棂漏影低。
梦回温别恋，灯闪绿含凄。展叠愁忙里，一天漫始稽。

元旦承光殿参拜玉佛

二十年前奉钵城，神光好是照人情。钦迟默默饶余子，佛印心心自不名。
覆臂袈裟曾小劫，一团琼玖丽天生。降阶迎得负暄日，倘许蒙庄符梦萦。

附记： 团城昔曾来过，印象颇为模糊，似乎无着袈裟，臂上亦似未见伤痕，胸中斜挂贴带，饰以绿珠。而今焕彩一新，披上黄绢袈裟，不露左臂。顽童照简介套说，是乃负伤之故。带饰亦换成金光灿灿。面貌庄肃而叶人情，更呈美懿之感。星移物换，多少沧桑，屈指已届廿六个年头矣。

杂　　题

为爱迎春好，花黄衬绿鲜。外间零落尽，一处足余妍。
伫立宜相识，含情并輾然。汝蛇休喈喈，蜷伏只园边。

车载鬼盈涂，相于面貌殊。引邻狂足走，抵舍吓惊呼。
章甫无啥用，人心比险无？出幽还入谷，哀怨数啼鸪。

鸡声曼却引愁人，灯火阑珊略似燐。太息违生差未死，城阴底处鬼依邻。

彤云密雾结成阴，雀早倾巢默息音。待雪不来人亦窘，一声叫卖引沉沉。

途边小憩渴斯茶，亦似荒凉傍野家。指点阳桥连旧苑，白头闲话瞬昙花。

除前一日风日交争幽寒阵阵掇取孤吟

信步迎春乍，盆梅亦粲开。兼之温馥阵，正逐群芳来。
呼啸寒威比，滩头雪未灰。天功仍巧夺，恩怨叠疑猜。

垂暮怯余威，青毡难久依。掩灯寻枕畔，时暂梦无归。

方忆除前夕，旋牵耳挂机。风波千万顷，惆怅素心违！

鹧鸪天·除夕

风静，人醒，夜未央，莎鸡啜泣，写此倚声。

乘得更阑浑不眠，欲将唧唧倩诗传。哪知心已同白纸，设色终嫌多事焉。　　真个淡，叠过年，忻戚无何敢情牵。算它花市传喧夜，暗里须寻到五羊。

元　　日

晴日踏荒郊，屋庐存古意。旱田遍黄枯，寥寥中天寄。行行忽已迷，残雪仍散被。漏落人负暄，亦复双辫子。农社尽丕更，难忘者席地。独立何苍茫，怆然怀雪涕！

奉题乡先生前辈

十千美酒系前身，矍铄风中剩有人。雨雪归途丁暮夜，心香一瓣释埃尘。衡门乍喜枝头借，敝缊还堪抚念频。手折驿梅寻寄讯，倘来旬日是新春。

曲江竹枝词

万寿无疆祝圣明，山呼万岁叠声声。谁人不道新中国，古典流徽认最真。

表功有丑举扬觞，拍拍掌声彻一场。好并琼林宴媲美，霓灯辉映幔垂堂。

有人适过故宫来，口若悬河汗漫猜。八百年间心脏地，神州脉搏任安排。

凭将鹦鹉衔丹诏，万国衣冠拜冕旒。双穗千斤齐报喜，黄河之水泛清流。

百闻一现定今宵，驻跸传宣到外僚。个个足恭还雀跃，欢呼直上干云霄。

尔羊濈濈牛濈濈，鹭序鸳行手宠执。宛亦传胪陛见看，龙门额点都感泣！

故事全凭优孟冠，养成千日纳为欢。竿头挂步挑模选，杞柳杯棬学阿蛮。

少不如人老可知，轻拢漫撚唱竹枝。燕喜堂前红蜡泪，替谁肖妙牵多时！

春　雪

只因地气暖，谁把岁寒心。顶上裁新被，皤然弗可寻。
时机浸已失，蛰候报将临。还逐絮飞似，儿童咥不禁。

夕阳依阳照，曲巷卖声沉。日日浑如昨，悠悠结思深。
灰残依郭静，独客向窗临。等是无由理，听它风线吟。

卜卜鱼为韵，犹然夕院阴。曲中桃扇合，望里南朝淫。
倩女肩依并，断桥谶喻今。不堪魂返日，孤负一生心！

入暮仍纷霏，凄然沾着衣。中庭闲步过，曲调转幽微。
愠愠含天意，骎骎敢息机？一灯凝寂守，何彼得同归！

春早偶怀并引

乍过北海，大致冰融，雾霭轻笼，春心渐染。一年一度都相似，腊底春来竟无诗。应知活力稀微，情绪钝殢。诸多诗卷，难乎其后，断续声残，精丧已久，弥足哀悯！哪得长如梅花风格，到死犹能留气韵，有情何忍笑酸寒也乎！

横塘又见渌差差，含蕾一行渐着枝。怪底岁寒羌不死，添些鹅粉带看时。
乘除加减年来惯，腊尽春回莫费词。老去诗人占彼此，式微生意说堪思。

近郊晚步所见

又到朦胧月上头，思逐游魂宕悠悠。树梢笼着轻鹅粉，沟水平牵带浅流。
未有倪蛙候沮泽，先将栏畔问黄牛。孩儿晓得踏歌转，总是春来一气浮。

野行照应纪晓岚句“破屋荒林亦自殊”

磨坊剩歇委丛祠，槁木赭垣带绕之。自是豳风原始地，却牵一角会城池。登临莫怪仲宣赋，摇落殊怜宋玉悲。我也出林忘径返，萧寥踯躅探多时。

去春得句寄养疴人云“为报山中消息好，牡丹近已发红芽”，而今斯人依样物候重翻，插花清兴，亦并荒歇，正知生涯寂寞，感不绝于予心

解冻药栏尽绕过，探将风讯近如何。红芽乍吐旧枝理，报道斯人仍养疴。香坞纵然征烂漫，胆瓶久矣废吟哦。微生寂寞行堪记，指日清明丽影梭。

偶　　成

邻家一树白敷荣，含蕊桃红踵又生。尽在楼阑凭倚处，几番凉燠此中更。

柳冶窥人滴滴青，丝风微冷拂窗棂。儿童一早寻欢去，报道杏花开满庭。

配白俪红得春先，新柳才匀须可怜。我自名园闲信步，向人光霭入时妍。

清明日步出东直门，野草初生水流汩汩，春讯到来，大地行看，无客不思家，是耶非耶？又杨升庵句“春愁窈窕回青女，乡梦依稀到锦官”，语殊蕴挚掬赋一章

转绿回黄是这遭，几番消息探东皋。踏青叵耐尨也吠，生意濒临学许逃。泥客思家觇尔日，墦间有土竟谁号？行行浑觉迷芜甚，况复风于揽郁陶！

它常在坟墓里住怕荒间飘飘荡荡风露太冷对语依稀醒时属句

篝火丛深一径幽，荒祠画壁语啾啾。梦中勾影饶奇绝，人世如何得讨求！

稀疏残雪记省今朝

时阑犹自雪花飞，入地无声化惘微。十七年前深夜里，江城鼓角唤将归。水田汩汩蛙相切，寒食迷迷梦未非。一面可怜方属纩，只今凄影荡银辉。

附记：二月十五日，为先妣忌辰。时正抗战年头，汕岛沦陷，榕城面临前线，新摄县政者双木氏，因有一面之雅，地方多故，商请未遑，羁栖店舍。忽一夕，堂弟来临，告以母病危殆，促即归去。于时连绵雨歇，寒食销魂，旅途不靖，兼之遥夜三十里上路，有林某兄，义形于色，挟械相随，月影蒙蒙，蛙鸣阁阁，遍绕坡陀，连同阡陌，鸡啼而后，以抵家园。至则门面全非，一息未断，人影灯光，摇摇黯惨，延及微明，魂兮永诀，从兹一幕，抱憾终天！谨并牢记。

出濠濮间小丘缭绕桃杏缤纷伫立移时写照

此地曾经驻帝家，三春依约醉流霞。日长似岁牵常静，花本宜香径正斜。辘辘小车推过却，悠悠晴雪落交加。青衫沾着仍添句，留取迷魂未是赊。①

芳林一片叠绒茵，剪白裁红簇簇新。篱下有人勾倩影，玄都无客转千春。亭皋正好耽隅坐，蜂蝶谁知入幕频。也定盟鸥情得似，我来算作等闲人。

八大处 并序

香火乃丛林之灾难，山灵胜日，定是逃之夭夭。八大处去年爽约而今践游，随缘绕进第二处，了无足殊，顺迤而下，是为涧溪，石头兀坐，懒再跨登，偶向迩一角红墙，听取八处所在，鼓勇攀援，却有秘魔崖之胜，壁间题诗清丽可喜。想招止亭，想彼其人，携妻子栖息山居，晨夕徘徊，清缘信匪易得。爰纪以诗：

谁人晨夕得徘徊，杖策山扉旋扣开。更好夜深风雨至，禅房花木与灵台。远公舟止于名亭，鸡犬前村结数楹。来斯桃杏花开日，想见破屋俱生春。秘魔崖边多题字，佳木繁荫萧萧意。我自埃尘扑索人，溯洄涧溪先洗耳。乱石滩干踏踏登，麋途樵径豁岩青。尽是西山秀杰处，云烟

① 作者注：曾有句“青衫沾着休除去，留取春心一缕魂”。

缥缈带斜横。屏却人丛成独往，屐踪罕便若晨星。真君洞入吓然异，无头神像显狰狞。公主瘗幽疑此间，欹倾岭上怯跻攀。手触芒刺聊示警，俗客那容辱松关。逡巡而罢浴日多，山原燥息吁如何。还复前头车马歇，尘网飞飞类织梭。

附录：

秘魔崖题壁诗

君不见天台桥畔第三松，枝松偃仰参虬龙。又不见上皇山前一品石，八十一穴吼清风。翠微山中泉石秀，云蒸霞蔚封岩岫。传说毒龙喷妖氛，卢师大展乾坤袖。至今古迹播岩阿，怪石崚嶒护薜萝。风摧雨蚀招提古，钟鼓楼颓燕雀窝。别有洞天据远峙，金碧辉煌称福地。香车宝马游春来，息肩尽往香界寺。宝珠洞，龙泉庵，半山兰若号三山。法相庄严花木地，丹甍绣闼俯青峦。长安队队繁华子，雕鞍络绎娱山水。尽向丛林礼法王，扪崖谁访坍基址？我亦三涂烦恼人，金粟如来岂后身。偏爱灵台方寸地，清静寂灭超红尘。戴笠攀援访幽谷，一声长啸放寥廓。风雨为我从天来，洗却山中多少俗。

丁未秋初偶游翠微山日暮借榻秘魔崖古刹茂林氏德克金布题镌

景山行并引

下坡栖止树荫，正想有日去也。人尽无情，世非我分，记诵“细柳新蒲为谁绿”和“满山花鸟尚缠绵”之句，默默神伤！却不只以为冥漠君恸而已。

狂风透古柏，郁郁何苍苍。颠危凭伫立，弥切阵昏黄。仓皇虚辞庙，隳突见阻当。君王牛马走，只手荷欃枪。城上红光起，院落懒陟冈。依迟矮树下，余影挂风裳。白驹行过隙，宾主会茫茫。蒲柳沿谁绿，莺花空断肠。我亦伤情怀去日，当涂瑟瑟判分行！

从来看在半开时盛极转难着笔聊将侧影敢云坐花

留得竿头淡霭光，迟徊缓步冶风裳。三春锦绣丁全盛，一阵梨魂影过墙。花径落英声正寂，柳塘风引静闻香。药栏恰笑人情熟，只自含苞绕几行。

附记：药栏单指牡丹，旬日之间，抽芽含苞，一齐发展，我来凡几番矣。更想，曾几何时，草地青青，绿柳垂匀，成行丁香，兼之梨李，西府海棠，夹上紫荆敷荣，藤花含蓄伸架，园林望去，春色满怀！每欲撩触花魂，装成小品，“坐花”依样，“生花”未由。尘下那登大雅，亦既缘悭焉耳。兹什聊缀什一于千万，并以夕阳无限，缓缓行来，光景宜人，差比怡悦，足成一页兜罗记。

五年前离穗北上剩遗诗册持赠卢君，辗转仍存巽老处，屋乌护惜，函告纱笼，感赋一章茫茫交集

回雁衔将一抹尘，六榕萧寺暗怆神。东门欲种瓜犹未，赠策还从困里伸。暮雨沧江春带急，锦囊觅句转行频。缃缥宛亦同波泽，旧我移时认是真！

附记：巽老贻书，告以卢君近顷罢卜归田，为之惘惘回忆：许时羊石坐困，萧寺流连，再加五反风雨飘摇，凄惶恰似丧家之狗！占之得吉，贾勇撑开，卢君精神提策之力为多。当前有句：“人世无如心最险，旅途那得钓为邻。风波一棹江湖阔，欲把津亭更问津！”

“五五”放晴公园却步，以今晚有园游会故尔断绝游人，转忆隔篱文化宫，花事具体而微盍往观乎，至则方知昨天雨过牡丹开放，舒齐如许矣。徘徊花下属句

聊对花丛一写神，盈盈碗大付芳春。稷园枉自迟车驾，太庙于今祀庶人。偏有游蜂痴入阵，却看村女影疑真。（有女攀花凝对镜头视之乃一印度美人）风光流转纨然鼓，宿雨兼催赛洛尘！

晚上郊垌

汩汩沟流水，蛙鸣遍野塘。时阑征物候，心旌惘漠乡。君今聊看取，牧羊仍女郎。凿冰审前日，舁置窖中藏。晚凉风犹厉，好便浮月光。幽森罗鬼趣，城郭溢苍茫。独怜此外连丘陇，几回晨夕绕成行？

楼外春雨绵绵，怅忆花坞牡丹添开几许，得无憔悴，年年过度感切回魂裁兹芜什

料峭春寒湿柳条，泪痕轻付雨丝飘。东君着意烘花发，妃子重逢昼乍娇。三两枝头将色相，红妆傅粉尚前朝。年华至竟消行乐，鬓影玄冠愁见招！

园中杂咏

指点游蜂也蠢才，何如蝴蝶歇魂才。蜻蜓点水轻轻似，一霎凌波胡浪猜！

累累引接紫藤花，瓜架豆棚度比差。还复尘稀堪后院，满围清荫绿交加。

风吹万点拂长条，乍觉杨花离乱飘。节序须寻初夏去，丁香结落已无聊。

递看红冶足精神，金粉摇风一色新。白玉堂前仍清粲，状元昨日却含颦。

赵粉移时貌亦输，紫云仙子魏姑姑。昆山可待红绒剪，传语几番花讯殊。

参观监狱题感

压轴淋漓一幕中，陇头沟水各西东。南音入耳犹当怨，岁月催人首向风。故事铁扉深裹足，信它花草带愁红！欲寻画地伤痕在，无那心挥槛外鸿。（借思援弓缴而弋之意）

许时儿女共沾衣，漂荡杨花逐影飞。聊有馆甥存濡沫，却牵亲故转稀微。旧恩只合寺为报，貊地何曾人载归？剩把诗囊投驿使，其南多道素心违！

附记： 待把鸾膝续断弦，是何年！此语亦自适合于一般世故。睽离之后，填补缘悭，人事限制，时不我与，诸多厚爱亲友，已经纷纷凋丧。正知昔人图建报恩寺圆恩寺之类，为有深痛隐憾存焉耳。

颐和园访牡丹迟暮之感

我来合唱倦寻芳，无那濡迟杜牧狂。一色殊怜开尽相，阿娇慵染俭梳妆。台前偏许痴然坐，罣步正知落片忙。为揽众香魂可是，遥遥默望数徐娘。

湖滨矮树静含青，漾漾沄沄注水经。莫道兴亡征往事，几回飞絮化流萍。波翻太液词何碍？便面江南展入屏。八百长廊闲信步，算它旖旎定仪型。①

方夜瀹茗窗外玉兰清香喷溢信幽致也附庸此章连缀琐之

玉兰花对水仙茶，为有幽人是本家。清早也曾缘几席，轻风调引透窗纱。仍拈细蕊含苞嗅，谢却丰华一束霞。世事话来君莫笑，荒庄经岁斫残芽！

雨　　后

雨过郊原草木柔，黄昏未暝落悠悠。纳凉短凳初排出，底处鸣蛙按拍浮。相彼木寮栖亦得，当之淑气沁然谋。麦田稻实浑相似，一笑还应问老牛。

附记：雨后物候悠悠，偶出城晚步，面临野旷，顿觉一阵清新之感。兼之绿满田畴，油油麦秀，恰和稻实初结一个样子。伫立其间，泥草含湿，不是稻香，亦是土香，最为撩惹农家风味；不过农家子仍不辨菽麦何！更行行，向日痕径，草茎铺满，竟忘去处，左右撞都不通，还是按照原途折返，可笑也。而意致自佳。

蒲节过后夜雨写怀

惐惐琐窗夜云阑，凉侵枕簟雨声残。寻思宿梦痕犹湿，底事啼禽亦未安！

绿舞长条更短条，楼前望望叠魂销。只因嫁却灵和殿，和雨和烟到六朝。

---

① 作者注：几坞牡丹开齐，等于日中过昃，垂垂欲皱，间有后起之秀，躲影花阴，虽尚娇俏，但以混于慵困有众，受染受累，拗不过一派颓风。通体而言，遥遥望去，还觉可人，近之却形憔悴，不见生色。犹然是徐娘半面妆，丰韵犹存已耳。立石刻“国花台”，置牡丹层径上，刚有女郎倚坐其间，绕步过旋，见残瓣萎落片片矣。

宋代一皇帝，见词臣“太液波翻”句，不以为然，谓何不改作“太液波澄”！

乾隆下江南，随带画师绘西湖风景数百，归而饰诸长廊。又廊长凡八百余公尺。

人情每况掠行舟，五月汨罗羌不留。渔父有心还径去，江潭古道邈悠悠。

乍晴乍雨黄梅天，稻谷登时艳炙偏。最忆田家操作苦，远游无奈几经年。

白杨将雨彻萧萧，北海同来稔暮朝。一面镜波重记取，童心石子试轻描。

草地青青带汉南，信风开尽默毵毵。园丁纵夺篱边巧，我佛前头小乘参。

越鸟摇摇无定枝，衾裯肃肃命从之。回头若是依空谷，犹得朝昏自把持。

铜柱宫中却避人，滔滔一阵最伤神。死生肺腑举非故，岂独尘容两鬓新。

忘情合是逗青春，魅力收藏林荫振。何用余波缘不解，披岚带障贰行频。

隔世端疑对老苍，此生如梦况茫茫。旅途我欲收篙去，君尚淹留星斗光！

附记：第九首为看“仙笛”童话，对该吹风笛少年之母露珠而写照。露珠原亦森林少女，仙魅之流，其私生儿子交牧羊人抚养，而身依森林女王禁律，不得和儿露面，仍保有其青春。但母性爱蕴而必泄，暗中默佐，冒昧突破关头，自非骨肉乖违，中年怀抱，不能体会其真切意味。犹之看《雷雨》一剧，偏对迟暮之感的蘩漪，发抒同情，为可异也。又一启示：原林生活中，偷情犯罪之后，却把它魅力收回去，总是异征。

又稼轩词：“君如星斗，灿中天，密密疏疏。荒草外，自怜萤火，清光暂有还无！”

八月二日偶拾

去年今日擂大鼓，朱点花名排队伍。钳束直应到髓颅，羔羊胜之宁不武？返旆收钲一局中，衅血方知落九空。下阶俦侣咻咻诉，制曰公允将毋庸。我谓文饰亦良美，不然格杀谁与拟。剩将雷雨忆前朝，尔羊濈濈休荡摇！

零雨其蒙热褪兮，一年前事愠含凄。只今淅淅犹天意，隔个窗儿不住啼！

杂　　诗

卖酱个侬调惯听，街头日炙总亭亭。胡风胡雨当年事，莫漫胡然一味经。

算是君家亲长者，犹然空壳套敷词。一鞭见血知何许，只合心心自得师。

髦矣都劳疲炸观，淘金沙砾向来难。中庭引过不成步，午梦鸡声亦已阑。

鸭子游形浑沌初，是谁生命弄吹嘘。经过度度樊中物，可道池塘春晃余。

虫飞管自绕窗窥，待入吾庐又觉疑。跕跕飞鸢方记忆，困人天气近河湄。

燕子城头无数飞，苍茫古思叠乌衣。晚凉我自信闲步，不问寻常尚帝畿。

雨　怀

雨讯淫淫下，风威淅淅阑。使车濡出昼，破屋足千间。
陌树递寒食，葵花歆向栏。彼苍缘底事，满腹楚骚弹。

何心寻胜赏，一片渺无间。羃羃天疑闭，淋淋溢泪澜。
京尘兹已杳，人事讵相攀！宛亦中山酒，陆沉乘去还！

倪蛙征两部，齐女绕声飔。雨霁饶余韵，凄然暗绿枝。
北林看信美，烟突倦游移。此际存枯淡，竟无一字师。

擎伞入园里，夜凉迹已稀。从深光透树，残滴溅人衣。
一勺虚怀抱，百盆自偃旎。正知风力满，行看雨霏霏。

附记：北海此夕已无人划船，大盆花树，园丁把它卧倒，以避风灾。

偶　成

斗鸡走狗萃基枰，郁热熏笼一局更。深巷影斜人正困，只今引过卖车声。①

---

① 作者注：斗争时节，炎暑逼人，日长似岁，人心亦似沉沉死水般浸在茺荡里。楼高愁窘，谁也不能鼾睡。剩有彼妇叫卖声。

曼长引过，音调凄绝！而今重闻，恍有余痛

村落儿童幻莫追，艳阳和雨稻登时。家家忙里风檐下，麻叶为羹疗渴饥。

世风历历我能道，接触创疤念尔曹。生活艰时情更啬，榆钱满地枉词劳。

卜柝聊当鱼呗清，从容金马与躬耕。陇头漠漠无非雨，亦复横空一响晴。

昙花瞬息，我来嫌迟，敬诌一首，续貂附于彭老几座

休当全盛揽昙花，世事疾于入蛰蛇。开罢垂垂数凡六，尚余今夜卜些些。张老善颂称二七（张难先老笑谓彭老，家里七朵征祥，包管你可活到一百四十岁），我忆银河星影斜（是晚适逢七夕）。赏花正好清庭院，社燕年年匪无家（穿帘燕子，借以自况，兼谢主人）。更绎零谦翻片玉，琢磨人比猗猗绿。满庭花草尽余闲，手撚一枝看最笃！

修门感事

时来燕子凌郊飞，露闪生花簇满围。此际应知匪易得，回头雪色络霏霏。

断烂残机恋有余，路旁幸免洒襟裾。都缘差欠风云气，儿女春愁水样如。

是非恩怨叠般般，地到无锥立已难。寄语蛮溪诸旅伴，柳林不任一壶餐。

又听负筐声惋扬，定应酸泪伴伊行。北窗端惹北邙顾，城草离离渐欲霜。

镜框借套换鞭鞯，我自移花接木缘。尔后茫茫谁管得？人生几个别经年！（离职一年）

大树榄花花揽花（山歌句），浓荫隐合傍人遮。微生终与间方便，赢得东门白种瓜。

院静月圆秋乍征，倚楼人醒近瞢腾。游仙觅句堪垂涕，高处方寒恐不胜！

浮芥蹄涔味转旋，槐根结梦昼犹怜。冥冥倘亦安排着，哪有人间不散筵！

庭前玉兰二株忽一垂垂枯萎，寻讯花匠，莫明所以。主人豁达谅亦不无怅然。乃者夙恙时萌，一日晕厥急舁入院，征兆由来，感之太息，为赋此章

玉树亭亭偏就萎，主人晨夕管护持。分香还忆拈余蕊，入室曾闻风下吹。胜事非常秋浸至，蝉声未老逗将移。怎知一叶寻相似，金井惊飘泥卜医。

赋得中元节

荷叶田田花已稀，儿童浪自点灯徽。斜街正好映成阵，诸野犹然傩引围。城窟影深人裹足，奈何桥锁鬼何依？憧憧许道非人世，今夜星辉都惘微。

雨未歇人倚楼

烟窗倦里吐，叆叇尚迷楼。宿雨收仍散，深菁着欲浮。
无憀人北阁，天际入归舟。添忆离魂句，生花插满头！

小鸟入室行

午夜门偶开，有物飒然至。翩翻疑蝠飞，明灯乃珍翠。夫何羁牢笼，窗扉爽不试。啪啪终徒劳，犹应光为厉。掩灯就寝息，黎明仍闭置。喘息帘幕间，玻璃隔重关。主人替引渡，送汝归故山。北林亦良美，慎勿烟市还。

西郊池上品茗

绿荷亦已夹黄萎，坐久秋思别有思。帝所魂灵勾欲去，臣心摇落尽丁时。蜻蜓一只飞经眼，杨柳千条困舞丝。咏得裙儿叶手摘[①]，隔池何似倩相宜！

---

① 作者注：手摘绿荷盖舞裙，而女子临池手短难攀，应改倩摘为合也。

有　　感

近里方知弱禁风，只身摇晃欲飘空。花花叶叶无情思，一度来时便不同！

述　事　一

六年定负轭，苦苦厌追随。秀才唯所怕，谁则秦皇痴。一旦冰山涣，宗主尚改移。政也已不正，史笔泥阿谁。太上占有事，小人乃咸嬉。迩来呈缓缓，调瑟类鼓希。九月塾童厄，反尔视清规。得闲亦已幸，遑言是和非！

述　事　二

风风雨雨一楼攀，节序秋侵浸未闲。敢是毒蚊时出窟，咄哉雷火助夫蛮。十年一觉狂犹小，之死靡它迹不还。已到无言唯有恨，九州月子向弯弯。

述　事　三

梦魂扰扰病为灾，暗里衰侵剧可哀。每觉晨兴差适意，却愁斜影傍墙隈。无慘阴雨日交替，不定终风变屡回。更是北窗消息厉，冷凉袭袭沁将来。

中秋前夕

踏月中庭露湿衣，四边人静绿荫围。天台有事寻终幻，蚁穴贻怀生息微。圆缺一轮行处是，风花千叠云胡归！年年记取凝秋节，瓜果灯前几影徽。

小诗二首

柏林一径显萧清，步步凌波探月明。行到一边怀伫立，隔墙曲调有商声。

数着名花乙乙般，众香馥馥尚蹒跚。先秋莳菊倘然异，未若东篱带醉看。

夕晴月朗难得中秋出城面野低回归而写照

不道当头分外明，槿篱茅舍自萧清。虽然农隙仍余事，好是临畴未远城。

行露正知沾近湿，候虫寻得草间鸣。迟徊何莫添惆怅，缥缈高楼昧帝京。

人前浪转奠营营，花月还它尚冷生。院落影斜刚有韵，柳丝曳锁竟无声。已伤头白乌难觅，肯信悬河槎可名？八月衣裳催又速，却看霜履暗然惊！

九日过陶然亭湖上含烟木叶犹绿引人幽胜亭垣一角旧有石刻“城市山林”四字并系重阳所书因以兴起

湖水湖烟何太茫，伊人许在水中央。晨曦量着竿头上，秋气仍将夹地霜。我自边行闲泛泛，鱼知可乐信洋洋。新诗有句差能会，静却尘襟一味凉。

赋得登临发未稀，须眉先与度迟迟。正知野老存佳节，漫管茱萸插几枝。陪大丽花多绚烂，近垂杨岸照离披。也来江令吟觞馆，酿熟菊芳系曩时。[1]

无　题　吟

花搬暖宝今来又，凉月平临上树初。一袭缁衣寒沁透，晃摇孤影定何如。郊干待转偏无力，风厉褰裳浪自嘘。乍去自崖人已远，这回落叶满阶除。

人事纷番成代谢，何曾止水殢魂灵。豆棚瓜架风摇曳，素酒生刍眼照青。草木兴怀原寂寂，霜华入夜漫停停。行来正自城边道，古直楼阑幻画屏。

明朝便是吾生日，却送先生归道山。今古两轮劳草草，死生一发况闲闲。佗经枕藉薪宜火，诗意苍凉句未删。最是昙华成绝唱，秋风庭院燕飞还。

凄风拂拭泪痕干，老去无心强自宽。揽辔也知会日促，黄花细数那余欢！尚存口店猿人蜕，陡觉星槎日暮澜。（去年此际同该友参观周口店猿人。今则请准出国乘风远行。）世事悠悠讵可测，流行坎止一缘观。

乘彼窑台好息肩，故应野老伴茶烟。窗棂一角风缠树，秋兴萧疏态自偏。也就小山依石块，几回大丽数余妍。逊它瑟瑟撩人甚，暗里心心独泛然。

举头月魄总迷蒙，露湿青衫按已融。野况清森难更进，背人披忽咄相逢。

---

① 作者注：草乃山川之毛发。是日早有老者数辈徘徊其间。

凌虚为有鹤孤唳，堕地无因曲未终。记得劬劳连影杳，剩余游子转飞蓬。

蓟门寒早雁南归，木落秋空一字徽。仰见布帆风日下，莫寻宿昔稻粱肥。
黄冠得请谷依永，割席无言金淡挥。欲把宫人三叠调，汪汪云水弹幽微。

大地笼阴愁永昼，飘萧黄叶委长亭。临深凭得一棺面，此别如何不泪零！
故事悲欢都已矣，薤歌隐约荡虚灵。名山归骨从今罢，留候年年草蔓青。

附记：送客引归，满怀怏悒，继闻鸦啼，亲厚殂丧，间适生日，鲰生出头，情网交织，触绪悲凉纪以韵语，浑不辨南北东西也。

绝句二首

水上波摇滟滟光，一边古树透斜阳。但看黄叶飘飘舞，疑是蝶飞落近庄。

牡丹叶剪枝仍秃，丛菊新寒会粲然。几日不来风景异，偏惊物候又今年。

杂诗

稻陇收藏现已荒，儿家戏耍不成行。从知附郭非它比，亦自逢人一冷场。

茸茸屋角芟夷后，认得轻扬小树疏。再度风霜棱且切，萧条客况定何如？

影照原头深寂寞，多应故鬼与孤墩。微生一去同秋草，万里黄沙卷断魂。

边是斑垣充古调，平临风物显萧骚。斜阳驴背行行是，可道诗心写郁陶。

鸡啼夜逾寂，卜柝显萧清。待漏沉沉下，天际几疏星。一梦愁催醒，再寐寐不成。冷凉当此际，寒衣空复情。叹息重叹息，莎鸡隅唧唧。应亦有余缘，钟鸣欲尽天。

黄叶萧飒枝头忆初回觅食上国面接寒威风日前头树间移坐算来几成隔世矣

小立移时亦已劳，淡阳依水不宜涛。草荒聊复萧然意，寓目无何只近皋。
就里翩其黄叶反，向前并土阵云高。那时雏鷇试飞似，卅载残余落羽毛。

伊以永怀为孙中山先生九十诞辰作

南高曾与坐春风，只觉词源涌靡穷。没世莲花传舌粲，碧云虚笼（仄）尚行宫。庄生窃负提如面，亚陆钟鸣耳有聋。叵耐崖山半壁也，强颜翊赞郑成功。

杀青原已定悠悠，潮落潮生古渡头，陟岵兴怀年正少，丹枫觅句冷经秋。虞宾可道思君子，田襶犹凭祝满篝。幕府宛然当日事，珠江明月荡清愁！

附记： 北大南高，为从前学府著称。后者系广东高师，孙中山先生演讲三民主义，即于其处。中山陵肖钟型。当紫金山展谒时，满林霜枫，秋意萧洒，回首已是廿余年前事矣。广州对岸河南，为当日是大元帅府所在地。

寒威荡拂一晌阳和园中看菊林木萧凄归而写照

乘得微和过稷园，昨宵风紧凛余痕。阳光底下人浮艺，故老夷然沐曝恩。丛菊今来笼七径，刘郎前度接花幡。闲襟倘许存佳句，众楚前头噤不言。

花神容与大罗天，绰约丰腴态尽妍。不为凌霜兼傲岸，须知一瓣定清圆。直观不住迎餐秀，小立回栏比玉肩。胜事算它三叠转，都门寒近又今年。

菊化丽花雀展屏，出门丛坞却冥冥。风梭露杼多憔悴，古柏虬龙剩翠青。亦既幽寒萦败絮，可堪弱绪向边亭。君看黄叶枝头战，消息人间此惯经。

十月初十日过碧云寺

一箭长林弄影纷，秋光冉冉挹清芬。堕钗隐觉人怀道，碎玉声沉久不闻①。

紫竹院过认昔朝，庄严宝刹迹潜消。晴光我爱原头好，村舍疏疏镇寂寥。

石塔凭临又一秋，不曾红叶映陬丘。苍苍郁柏都如许，静锁人间窅漠愁。

灵帏曩昔忒诚虔，圣洁悲孀架字缘。一种兴亡千古事，碧云遥引魏忠贤。

① 作者注：某夫人偶尔堕钗，闲语侍者，久不闻碎玉声矣。

附记： 碧云寺预为生祠而不果，故章太炎句仍谓，碧云应比魏忠贤也。用法眼视之，总属一代兴替。

又中山先生当日。停柩于寺，灵前将影，印象特深。尚存联云：“功高华盛顿，识迈马克思，行易知难，并有史言传海内；骨瘗紫金山，灵栖碧云寺，地维天柱，永留浩气在人间。”

黄华一束荐寒泉（时人刘契园句），为有诗人句朗宣。月露风云淡过却，朅来依旧槿篱边。

十月既望初雪

闲庭花草歇，入室复凄凄。主人杳何许，消瘦妪在斯。近亦罹疾疹，刚始脱巫医。如蜗负空壳，涎避宁几时。收拾匪易事，况是雪交霏。

吾本农家子，大地寄所生。独行郊垧上，于以怀远情。洼泽成蹊径，水滨缀薄冰。萧残芦花坞，瑟瑟度风声。一带坝河流，经冬向不停。由之充古调，桥栏取次听。宵来尽封闭，端居觅去程。

晕晕天疑醉，寥寥海样深。相看亦已惯，不惹白头吟。客窗无一事，乱绪费千寻。诸多蠢尔相，掩盖尽沉沉。枝条秃散后，顷刻茁花心。梅魂亦良美，轻裾曳上林。

翌日雪霁

晴日殊怜雪满堆，清凉直是玉楼台。树梢飘堕些些子，亦似铜仙一息灰。

赏菊小咏

棐几湘帘契静缘，幽花遍插胆瓶鲜。晨光未出来宜早，若待盛时迹已阒。

好花终与受和光，教洒露珠滴滴芳。侬自伙颐涉不管，管它称号复称王。

入室悬崖无乃乖，黄金瓦亦绊空阶。无情颠倒花如许，怎怪朱衣浪点牌。

大丽花原隶菊科，休关叶脉素如何。笑拈一朵微微似，免得袈裟事更多。

附记：①室内而摆悬崖菊，又黄金瓦雅名近古，奚落空阶，等是矛盾现象。

②前时泥于大丽菊之名，便以为菊接大丽花种，叶存原状，而实不是，可发一笑。尔后但当拈花微笑，不言而喻为佳也。

郊原惨淡过往人稀顿换隆冬画幅

残雪乱抛野未消，一冬景物此萧条。黄云匝地同灰败，固泽新来莫叫嚣。
但觉酸风欺指冻，更堪入暮带魂遥。矮庐疏落真如垤，兼得牛栏影外飘。

悼　　词

珠襦玉柙忒含悲，肃慎仪容瞻尔时。万有因缘都定矣，一泓清泪浸凉漪！
床前长记手牢执，遗命诒将线卷诗。剩我孤吟仍属句，夜台无计得相期！

玉兰无主影窗前，每念犹存物在缘。移植后庭差得所，人生传舍霎时迁。
山陵一旦知何限？触手成灰隐墓田。我也伤亡耽寂夜，鸡声如雨漠遮天。

引对群鸦一阵移，可无衰草伴寒吹。故人从此青山面，荷锸封残各自归！
只道幽忧怀亦困，分明冬令气凝脂。回头更过销魂寺，收拾风幡两不知！

附记：

挽　　联

风木正幽燕，魂魄山灵同气壮；椰林多遗爱，素车白马点行频。

冬 至 偶 拾

纵囚定是复来归，帝室方隆罩四围。且看雨中行走者，谁人免得雨阴霏！

已莫寒窗事困伸，更非飞絮座生春。相逢何必寻相识，同是圈圈圈里人！

冬至今宵暖有余，一阳消长召来初。梨园演奏三番曲，合在心头校底如。

膳堂乍闻吃元宵，幕落徒然手向招。还是中天北海过，闲酬佳节已先调。

冬日步园，有一庄稼人氏，迎面而来，问我哪儿是生花所在。知其还未曾到此，笑以示之。却悦然遥指杏花村也

百花落尽有余芳，暖室氤氲俨向阳。我也一来刚道过，君今问讯落何方？
门前童子篙撑滑，挟弹枯枝鹊起慌。此际满园真寂寂，庄周蝴蝶管飞忙。

双虹榭负暄偶憩

玻璃厅上日浮华，岁暮一瓯自呷茶。小景参详凡几度，帝乡老矣莫须夸。
人情信比孤云淡，托足移将银海蛇。合是客心抛未得，寒林处处闻啼鸦。

晨 起 一 课

残月如钩审下弦，鸡鸣欲曙未曙天。鱼更垂尽仍余柝，邸舍凄沉敢恋眠？
从此矛头然蜡集，安排鹭序化僧缘。微生琐琐辍其叹，行不苦饥何望焉！

郊行见所见

凄绝冰澌结水花，儿童拾块掷成哗。一边黄叟行犹却，几处萧条着是家。
好自清斋留画稿，教从淡泊寄生涯。豳风一课今重读，古道摇摇没影斜。

腊月初三雪即景

雪花飞洒默将神，亦既满铺白似银。院宇沉沉堪入梦，但期此梦逾千春。
渐渐晴和吐日光，人间依旧认伊行。乾坤袖卷无余蕴，添得风狂不可当。

句

寒雨一来还带雪，夕阳虽好只烘花。

小恙不适对雪漫怀

鼻观濡濡感奈何！纸窗灰白透由它。谁家调引空中断，铲雪庭除落复多。

堞埭向前牵灭没，昏鸦一阵但啼过。天心满比人憔悴，叠字双声伴短哦。

何时免却渊明羞，托钵沿将蛇阵头。饮啄定应呼尔致，稻粱原不任人谋。
纥干山下寻难返，薄怒泥中命与仇。叨得区区称曝背，新来故老召歌讴。

优孟衣冠拜杏坛，人情信有万千般。闲抛岁月宁非计，拈着足恭为既安。
虫臂唯从天赋予，鼠牙幸免壁轻弹。伤心早已巢君屋，犹作徘徊怪鸟看！
（借吴梅村句）

思深不觉涕涟涟，总合孱虚未了缘。帘外声收人静夜，灯花影落句传笺。
无憀每自追牛鬼，得救多应近洒然。何事沾沾还慊慊①，月痕看取丽诸天。

阙题八首

避人避世两无讥，事到无何细味之。母老家贫连子幼，辱身降志是丁时。
难忘故国甘荼苦，颂圣俳优拾废词。手挟金诗聊一慨，何曾终洁负莲伊！②
辽东飘引一栖安，蓝缕溪干抛累难。有口向阳声隐约，如悬枯磬仰壶餐。
新荒待垦嗟行迈，铁棘为篱莫挂冠。迟我飞升缘则甚？欲将清泪诉汍澜！③
历历人情泼水般，敢嫌叔宝别心肝。界疆自昔严王度，率土多应弱草弹。
朔漠风寒真似刮，缊袍绨著总疑单。萧然只度北窗下，漫把羲和一例看。

风威虎虎最伤神，有约临期又逡巡。踯踖一楼无是处，管它晴日软于银。
寒炉抽炭昭其俭，客邸无花那当春？正是萧斋默寂守，倘寻空谷同幽人。

吹寒直与透隆冬，垂静宵分又陡逢。底事封姨何太泼，顿教青帝若为容。
一枝驿使吟常早，数点烟村挂影重。太息东君闲假借，可能归我旧时踪！

---

① 作者注：沾沾自喜，或慊慊常若不足，均属器小；所谓把舵放船，无开阔手段也。

② 作者注：散原老人作《金诗纪事叙》，语多沉痛。乃者神州陆沉，文人藐尔，无所为计，徒以不忘故国，事泄遭烹者累累，为可慨耳！又《红楼梦》写一妙尼，为暴徒所劫，下落不明，系之以诗云："欲洁何曾洁？云空未又空。可怜金玉质，终陷淖泥中！"

③ 作者注：俗语乞丐过溪行李多，谓穷人流徙之累堕也。

宫声教唱梅花落，里巷偷弹桑濮风。一样嗜痂趋向异，恍然设色有无中。
从知笑里张帘子，莫以訾言貌乃公。终竟市桥人悄悄，结缘只问老蟫虫。

迎面轻红榆叶梅，亏它元素失相陪。个侬偏昵碧桃好，恰亦嫣然彼粲开。
暖室微怜矜意匠，冰澌垂解召春回。牡丹故是寺中种，为宝为华的的猜。[①]

见月凄然冷画屏，四边呜籁饶堪听。梦如可续邯郸去，人本劳薪灶下停。
宵泣莎鸡仍带诉，凭栏风露即幽灵。诸天台步周而转，又到河阳探柳青！

① 作者注：夫玉蕴石而珠涵渊，精气所存，品物斯贵。古寺之有牡丹，亦犹借重之谓欤？

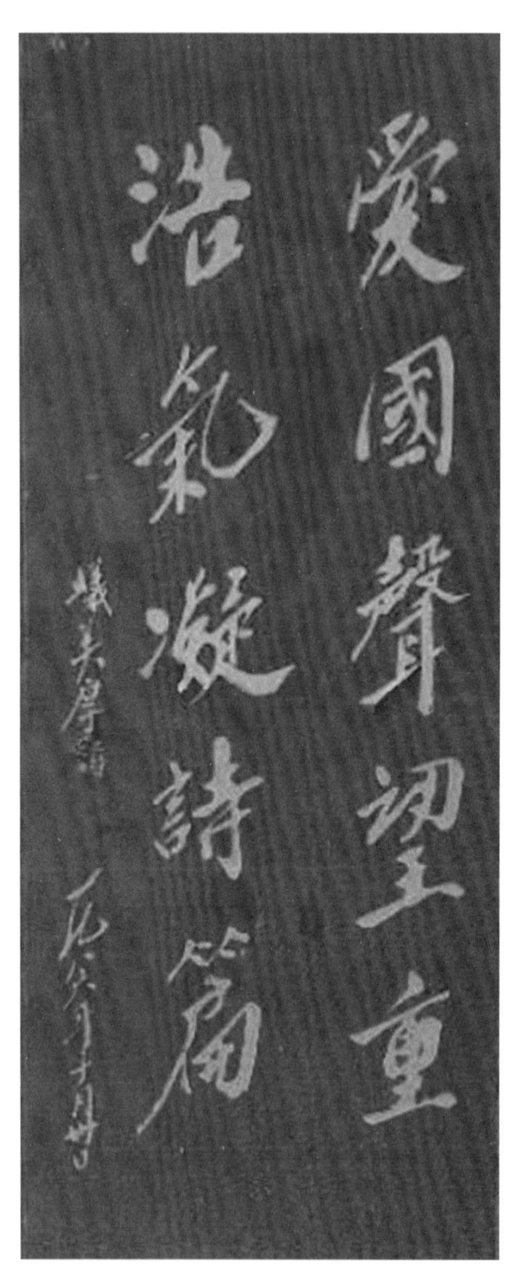

许元雄先生纪念亭中蚁美厚先生题词

第六编　人去后，一钩残月天如水

闰八月二十夜作

月痕笼古淡，寂夜仍迢迢。卜柝空中响，迷糊隐汨潮。
人间行去日，宿处俱非遥。只顾眼前道，风麾漠见招。

身及自崖际，更无恨可消。儿曹休啜泣，生计助乎苗。
乍闻鬻书价，旋看补被凹。墙阴相切切，应是官私谣。

西风移雁阵，思苦歇难宣。似此不祥物，凄凉掩袂篇。
有怀方唾玉，无计得穷年。本拟援孤拜，谁知鞭着先。

黄公墟下冷，吟想菊花鲜。半日余欢永，浮生稔薄缘。
无言托行逊，蜡尽焰垂然。不敢欺亡友，妻孥管释肩。

函　一

来函奉到几天，日来因诗友孟津先生之死，心情惘惘致稽裁答。孟老即前一函偶然提及在政协听印尼前副总统演说同坐的那一位。过后还有一次会面，亦都高高兴兴。上星期二在民革内中昏倒，送入医院，隔几天由医院中人电话通知，我赶到视，早已不能言语，家人谓系脑出血，宣告无效，翌晨竟逝。

人生道苦，历历影痕。在我箧中所存留的笔迹诗笺，除先生之外，有彭老、李铁民先生，及这位孟先生，而今他们都作古人，在我密切接触中分手以去了。孟老年六十余，江苏人，颇有一些书呆气，亦自更为率真。他图书满架，旧学渊源，为龙积之老先生弟子，李任公桂林办一中学，即交其主持，对他相当看得起。而在民革，向受压迫，性既刚介，牢骚不平。到最近几月前，才算把关系好转。家眷仅一妻一养女，曾见家内一领破被单，太不像样，谓其太太何不另买一领？他太太始告以每月存留薪水不过十余元，哪买得起。他的不治家计，不辨菽麦类如是。亦正是今之古人。在他妻子来说，“死者算安，生者愈苦”！在朋友来说，却是“为念死者，躬自悼耳”！

又我整理后之诗稿，本来交他校阅，告以缓缓看，不急收回。内意颇有人事靡常，或者几时遭受打击倒下去，该稿即算付托了他，以他笃实定不负所托也。死后向他家里取回，他妻说，未入医院前些时，天天阅过，有时摇头摆脑，短叹长吁。我检认折痕，知其所阅过半。几年前，亦同此菊花天气，曾和他偕另一位老者，邀约北海小集，恰值我的生辰，剩句以谓：“残稿每思收拾得，酒垆那易引相亲。秋高记遂重重九，未必后回许照凭！”真是风流云散，不堪回首！

我仅默默写下几首诗，聊以纪哀。尽我绵薄，赠给未亡人二百元。人世因缘，就此告一结束。念之何胜喟悒！

函　二

附来函：日昨始闻孟老病逝之耗，仁者不禄，至切伤悼！兹勉成五律一章挽之，录呈郢正。但不知孟夫人今后生活如何解决？颇以为念也。暇乞赐示为幸。

丁酉秋月继承淡师噩耗之后又痛闻孟锤父讣音勉成五律悼之

承公方溘逝，锤父遽云亡。师友依如命，人琴痛且伤！
深情倾万语，遗墨灿千行。惭负忘年契，临风奠一觞。

奉函惘惘，并读挽诗，不觉其言之痛也！孟老最后一次会面是在民革市委听报告，我与并肩，遥望您亦在座，后亦碰见泽甫先生。会后匆匆出门，握手而别。他几月来，心情开朗，谓治好了两种病，身体上和心理上，已经与人无尤，民革同人相对表示好感，如此算了。更不复发牢骚。对学习却是小心翼翼，曾翻出六项标准，叫我抄起，马虎不得，这是生死关头，谁也不能保障。言下我自有一番体味，心想，孟老殆亦神经衰弱矣。

又当九月廿四日，在政协听印尼哈达的演讲时，适亦同座，告诉我，诗稿已整抄一册，共一百八十余首，交陈老先生兄弟（德心和畅清）校阅。我说，我的装置一个书套，颇精致。当晚送去他家存阅。要他缓缓看，不急收回。事后听他太太说，未入医院前些时，天天看，有时摇头摆脑。我知其同感之处为多也。

本月十三日（星期日）下午，由隆福医院来电话通知，我赶去时，早已不能说话，呼吸作声，翌晨竟逝。又翌日运送火葬。梅龚彬、阎熔冰、陈劭先、楚溪春等十余人，莅临医院行个礼。为了节省，仅总部一个花圈和我一个花圈，摆在棺盖上面，小板车推行，凄凉冷落如是。以视“鹿车荷锸葬刘伶”。犹觉酸溜溜过之。孟夫人初不同意火葬，但经说服，好节省下几十块钱，留为家人生活。听吴德銮同志说，将来总部抚恤和预诸同志送礼，大约总有数百元之谱。住所仍旧下去。是为经过一切情况，谨特奉闻。

我于医院返时，“为念死者，躬自悼耳”！夜不成寐，风露凭栏，写就数诗，聊以纪哀，附录呈阅。余不尽臆。

过后七日有作

道我新来瘦，平康总未臻。相逢犹以目，一笑解书绅。
绕指柔何憾，金刚炼又屯。机中传密息，无乃缘伯仁。

僵直惨然顾，形骸故已非。星光一夕改，陨石散周围。
辘辘板车子，累累引自归。登仙而羽化，此地卜稀微。

逝者还安矣，余生亦孔哀。重阳多晦雨，摧丧落庭槐。

投杼惊曾母，匡床着死灰。银河含泪溅，昨夜望天台。

无觅山深处，相思援鼓琴。流水汤汤调，伊人渺渺心。
黄冠凭借问，萧瑟到云林。真若子虚子，白头空和吟。

落　　片

下午时分，就南馆废园兜转，行人殊稀，日光斜照，躺在一边枯黄的草地，悄悄儿歇息，总觉有种寂寞荒凉之感。时节也正侵袭了人，令人为之虚怯怯，软飕飕，心头撩触。隐合唐人句：“秋草独寻人去后，寒林空见日斜时。”

事到无言，人犹有恨，二句恰好成对；衍绎下来，索然意尽，只有向往于那“隰有苌楚，猗傩其枝。夭之沃沃，乐子之无知”。

“心地如濡花气暖，家贫还是老妻贤。”好久以前，把这两句投赠，博得满怀兴赏，认为知人之言。

引绳而绝之，其绝必有处，总是到了油尽灯枯，随时随地都可以倒下去的。君今得请归故乡，我却石径荒凉徒延伫！

如见亲人面，迎来拭泪痕，是当日的逼真情景。人生难得肫挚处，况是天涯同路人！

说迷信也许是迷信，好久以前，孟老听了人家敦促，把它家由外面搬进宿舍。告诉我：“下回要我搬出。除非是汽车才行。”我明白他是什么意思，即非比较阔气一点以资扬眉吐气不可吧。怎知这次突然昏厥，人家便把内头专车送他到医院去，冥冥中何莫非谶呢！

半月后，为了转述一句亲友交代的话，去访他家，门是阖上的，问邻居人可在内？邻居点点头，我便进而叩门。不由脱口而出“孟先生”，这一句惯常来访的先声！还好内里是不会听清楚的。我却不觉为之惘然若失。

一位老者七十之年，自缮笺启，踵门不得要领，问讯方知人已逝了，同家人周旋之后，告达本来想邀其题词以留纪念的。仍把原函留下。太太初不肯接，但见其人长厚，谅无他异，亦就无话。我谓这极难得，等于挂剑徐陵之风！

第七编 散 记

一 回 看

那是遥远遥远的一幕了，一个夜晚，悄悄地偷渡过来，由小朋友带领着，穿过篱笆，涉过水泽，蔓草茸茸刺触着；连方便鞋拖都拿起，都赤着脚跟，惊弓之鸟似的掠过。大约昨宵以前，这儿还下过雨，所以破田间，还涓涓汩汩地水流呢。“惟有南来无数雁，和明月、宿芦花！”这人凄清的象征景物，可真十足的幻现了。

到来一个草棚茅屋，惊魂甫定而又不定。夜里哪里来的枪声，日间瞭望台上，好像有人窥伺着，担心着，恰好还是多余的。过了一波又一波，偶然一个陌生的过客，斜穿径去，那真受惊受吓，非同小可；加以有时篝火丛边，夹着汪汪的犬吠声，让你不寒而栗的。就在这么危疑的状态中，挨过了差不多半个月光景，才转换了另一个圈地里去。

一路仿似探险者，没有车辆，只自涉足投荒，找个三五家村，就投宿下去。山岚里面，泉石潺潺，特地聒耳，再荒漠也没有了。一早鸡鸣看天，便肃肃地首途，许久许久不曾旅行，走上一程山路，已觉支持不住，但一程算过一程，好容易才投了像个墟集的所在。真笑话，当晚接着离开，像碰了什么鬼！黑黖黖登车，驶不过几里路程，车又发生毛病，弄了几个钟头之后才行，到达一个河边站，刚刚听报鸡啼，一直就挨过了天亮。又须继续跑腿，累得慌，拖着有气没力的脚跟，哪里会像飞蓬辗转呢？好容易算是到达了另一个去处。

一宗故事影响，蝉翼般的，转瞬已就灰飞幻灭了。一阵热烘烘地，曾几何时，也还给人淡忘下去，时间老人，淘汰而淹没了它。我也听之算了，有一分热，发一分光，何必骸骨迷恋那么追寻一个影子呢！

小驻为佳耳

人们睡后，一间变成静寂寂地萧斋风味，再引申去，那便成衡门之下，可以栖迟了。光景真的无常，早晚都有不同的评价，当其车子来了，货搬上了，乱哄哄地满间，潮涌起来，喧闹庞杂之至；我不是什么优越感，尤其自知之明，不宜喧宾夺主，只是分明有点不习惯，有点太闷浊了的感觉，委系实在。不过，这般光景，总不会停留多久，不消些时，车走人稀，白昼乃至夜里，竟是鸦雀无声，好些自由自在。

待找个清绿园林，明窗净几的境界，可是不会有的了。全面不可能觅得，姑存点和线的领略，透透一点凄清滋味，无疑的还可以把握得住。放聪明点，天涯何处无芳草呢。否则长林古木，振振以高风，照之以明月，也只合骚人墨客，唏嘘愁叹而已矣。

风　影　动

大家都陷于神经衰弱，所以不必过度慌张的，而也慌张起来。他于此闻及友朋找到我的住所，一起搬去，生怕牵引连累，让巢穴给人窥破了，那么不妥当，而转而离开到别地方去，躲在一个山头，供劳作，辛苦备至，斯文人物到了这遭，实在太不习惯了。况兼从此缩住丛里，不敢和外间接触，孤陋寡闻，加上寂寞枯槁的生活，那是不好过的。

另一上了年纪的，有时紧张，有时闷住，从篱笆之内窥伺外面人影，时不时地一闪一现，无非草木皆兵！再幻想外面风声多么可怕，把个人影照落在官方的登记表，那还了得？满觉太危险性了。而其实离却实际情形，奚啻十万八千里？人家是行所无事，潦草塞责，随把登记囫囵过去了。

姑以自恕的话，那接二连三的震惊，客观环境未免太恶劣，而且出于我所能忍受的程度以外，仿系受了创的，闻及金革之音，幻现杯弓蛇影，也所难怪，所以胆汁一点都不受用呢。还是听之，委之无可奈何，待及环境转变，踱上春和景明有时光，再有话说吧。

春风要共人憔悴

香烟不吸也罢了，偶然拈上，才吸上一两口，刺激脑神经，便觉一阵发晕，天旋地转般，为之吃惊，身躯竟是这么虚弱，神经这么不济事了吗？又如稍稍劳动，都会有这个形态。夜间起来解手，虚飘飘地脚不着地，急着扶栏倚壁，生怕陨越下去。可知古人有句，“弱不禁风”，不是说得过火的。

事不亲身体验的，怎会相信得牢？昨间有个告诉我，他于偶然见到囚犯们的银铛脚镣，不觉吓了一跳，心情好久好久，都感觉不舒服，真的谈虎色变可是？一样的心情渲染作用，脉脉自知，那是不堪为局外人道理。

晚风淡淡地吹来，已含有和暖的气息，教人感受着春到人间了，一位友眷又害病了，说是时令的交换节季，起居不慎所致。咳，这合是时代病吧！熏风解愠，谁说的？还不一样的怅怅愁人，春暮绾愁人，人愁绾暮春，交相织着吗？尤况躯虚似纸，似银样镴枪头，那么不中用的我和你和她！

颂蛮夷大长

汉时崇尚黄老，恬适无为，就是其所依归，文帝的俭朴寡欲，当然不愿意后启争端的了，即赵佗答复书词，老气横秋，冲淡备至，于人情味，无所谓的风度，盎然可掬，何曾意味到必以侵汉为能事哉！

蛮夷中无可语者，一语正中端的，此老胸中块垒，已于卅余年僻居域外，文化低落，而松懈了去；实在正是无限的孤独，提不起劲头。前些时群雄角逐，中原鼎沸，未尝不技痒痒地，除收拾了近边几个部落外，一顾及内里弱点，干部全无，也只好罢手了。孤悬一个域外，椎结徒跣，习为蛮化，窃帝号聊以自娱，作用仅止于此而已。并且抱孙了，垂垂老之将至了，人生意味，宜其勘破，又是汉廷照顾于其家族，保全祖宗坟墓，这样有意买账，不为已甚，一个空头衔——帝号，有什么要紧？一面答应去掉，兵争可不会兴起，从此保境安民，各司其事，各享其成，绝不会像后人的动辄干涉内政，和经济的榨取，这就算完成了对方的统一大业，戴起高帽子，合乎精神上的胜利了。这方还不是一样的自娱、自尊和自满足？一言协定，各得其所，何乐而不为？横竖是当成戏焉已耳。

舞乐硿硿

小铜锑声硿硿然又听到了，真奇怪，这样单调又古朴的音响，说不上什么美好，但听惯了，却有点异样的感情，登时联想及的，又是佛堂里面什么布施雅集了，或简单的场合，像东门之枌，宛邱之栩，子仲之子，婆娑其下了。

说到佛堂，那夜半的钟声清磬，非不沉深，引人遐想，而总似太严肃了。不如这番带点人情味，有血有肉，和易近人，自由闲放，兼而有之。所以谓礼失求诸野，又谓先进于礼乐，野人也；后进于礼乐，君子也。如用之，则我从先进。连圣人都有这般主张了。

起居注

乌鸦在这个境地，偏觉有点感情，就是林叶萧疏，听它哑哑地啼声，和玄裳车盖般旋飞旋歇，教你于琐窗底下，不自觉地意味着一种山林深处之感。

市声可是没有哩，枫林红叶，放在眼前，清晨静寂寂地，只觉露重未晞，恍然萧斋风味。入夜一阵清寒袭人，当然不甚好过，但实在却是一样不寻常不凡近的感觉，那么寥落旷虚，星辉闪闪，风息惯有些些，大有微妙深致。有时透着轻纱似的月光，更觉清森得近乎鬼趣了。

这儿生活极其简单，没有什么花样雅态，纳倒头便睡，一枕蘧蘧了事。本来依稀天籁，入耳不烦，乘着夜长人不寐，声声和月到帘栊，虽非丝竹管弦之品类，而也同样可以洗耳谛听的。可以漾出袅袅地渺渺地一段清愁。又奈贱躯怯弱，时会自行晕转，不可以风露把立，想来尤要叹一口长气！似此不中用的形骸，快要不中用了，许久冀望的追求的一脉长青，不会衰歇，以谓一泓秋水般的清神，不是越来越糟，越打折扣，驯至于蒙昧不可收拾了吗？时不我与，事不由人，竟连自身本来可以把握住的驼马精神，也会向自身捣个大蛋，谓之何哉！

戋　戋

郊干桃杏之属，已在绽开花蕊，一展嫣然的报告，春到人间了。那“梅柳渡江春”句，恍现了春寒料峭，柔条迎曳的姿态，多少含点春之淑气，和潜隐之幽情。接着而来的，可是恹恹倦怠，生怕困人天气日初长了。

“绿荫记种是亲邻”，本“绿杨宜作两家春”句，也饶意致。眼前青青未艾，光景常新，春到人间，恰是清和柔淑那么荡漾着。于那炎威火伞之外，刀光剑影之余，另有个人情味，有的清境别致，令人低回留之，不忍遽去。

婆婆梦：戴笠骑驴，在室中绕壁上走，腰背后面小鼓鼓冬冬。醒来话给大小媳妇辩解，大的说不祥，小的说大吉，都是以意为之。我想原始农村状态，加之心理错综残痕，漫无组织地反映出来，可是活生生的意象画了。好像“君乘车，我戴笠，他日相逢下车揖；君担簦，我跨马，他日相逢为君下”。那么贫贱丁年，预先约定的交道，不还是白昼做梦，和这个梦中相仿佛了吗？

“千山摇古渡，一箭试秋风。”半眠状态中得此二句，颇觉苍劲，起而记之。后见滇志于两关水东磨崖题云：“此水可当兵十万，昔人空有客三千。”毕竟气象不同。

“犬吠声犹厉，风呼雨欲来。”夜半听犬吠声，凄厉之至，用取山雨欲来风满楼语意，足成以对。

“数点乌鸦栖绿树，一天雨意带愁痕。”则就眼前一样指点成文。

偶替艺真主人撰一联云：“艺华顷刻开生面，真幻从头仔细看。”于摄影一门，加以刻画，差觉有点意思。还忆往昔撰明珠影院一联：“明知啥事都成幻，珠玉为心掷与人。”却更现成而生动了。据主人谓：少时塾师出一对子“贫士文章富”迄今许久都无得对。我想斯语并不难对，只在贫富二字相映而已，就词句组织，也仍粗糙，不见什么风姿。随把“旧园景色新”，或“白门杨柳青”对之，不是将就对得过，并觉细腻了些吧？

乍觉枝头已在含苞欲吐，春意撩人苏醒，词华俯拾即是。郁郁青青，汀兰岸芷和什么鹦鹉洲，白露洲，桃叶桃根渡口，只要拈着名字，也便齿颊生香。休烦恼，何须低唱“杨柳青青莫上楼”呢！遥忆江南江北，春回大地，界线特地分明，过去冬眠状态，一变而为启蛰新生了。池塘草长，鸭子先知，轻鲦出水，春山眉黛，真的天机清妙者，盍亦从与游乎！

四月闹会，也就是个赌场，野况清宵，人们穿梭似的赶去，怪热闹的。因有句“灯火阑珊移近市，娥场一掷也千金”。又，“蚩蚩可道升平世，楚楚还应尽解禁”。随缘过去一转，那是郊外一带草坪，向来有塔，即将一年一度闹会所抽收的款子，把塔装修添上一层又一层，不期于某年间，该塔倒塌下去了，登时人心慌乱起来，故王就在这个年头被暗杀。有的说：塔倒了不久时间，日本兵就南进了，王室流离逃散，迄今经轰炸的颓垣剩瓦，还触目斑斑可考呢。

以却暑气

午睡后，斜阳冉冉，风叶飘飘，时节算是阳春二月。而此地接近暹罗，刚是宋干节垂近，为一年间最炎热的时光，所以午后恹恹地困人。不过倘一出门，快给火伞炙得满头星火，不如躺在屋里，静里偷闲，还容易过些。

一回薄暮，我们三个人，步仄径，临清池，多少桃杏之类的红花，点缀在那路边绿处，就让静寂这回，容有点春意闹了。只是不一瞬，已就夜幕垂垂黄昏，一个说：这里四面屏山，日头很快就看不见了，比却别处，提早不止个把钟头，也没有往常的落日晚霞看看，诚然是了。但这个于我似不在乎，还觉青青未艾，并特地恬静无哗，憬然是个原始和清平的世界。随意绕过坡丛，不着边际地漫谈，总是悠悠沁人的情调。

绕过绿荫又绿荫，热带风光，俯拾即是。恍忆寒凉的滇黔上面，车行过处，未尝没有长青的竹树，散布在古驿途边，人马疲倦，歇歇息，那是刮饶意味清趣的。森寂其间，添着群鸦声噪，偶然也荡出一些驮马铃音，真的幽阒寥夐，不可具状。加咏句："鸟鸣山更幽"和"山花红欲燃"，偶尔拈来，也胜似一服清凉散呢！

山岚下翻翻旧纸堆

入山唯恐不深，入林唯恐不密，这些说辞，还是心存芥蒂于其间，而且曾否能够安之若素，不作无病的呻吟？哪尤难于办到，而今，眼看一些少数民族，栖住山头，有的十家八家，有的简直只有一间草屋，他们就这样长年累月，方生方死地过活，当然养生工具，极其陋劣不完，自然，野兽还有那砍人头的野蛮毒害，都仗自力撑开应付下去，真像神乎莫测。论隐逸乃至遁世无闷一层，谁可和它比拟着呢？

环境所限，没有阔大的场面，可供挹注咀嚼，尚友古人，一鳞一爪，一样朴素的零星写照，也觉较为清晰有味。

昌黎谓："穷居而野处，升高而望远，坐茂树以终日，濯清泉以自洁。采于山，美可茹；钓于水，鲜可食。起居无时，惟适之安。"

子厚谓："嘉木立，美竹露，奇石显。由其中以望，则山之高，云之浮，溪之流，鸟兽之遨游，举熙熙然回巧献技，以效兹丘之下。枕席而卧，则清冷冷状与目谋，瀯瀯之声与耳谋，悠然而虚者与神谋，渊然而静者与心谋。"

等是漱纳万物，牢笼百态，而无所避之。诚能善自得师，如王安石所称引："古人之观于天地、山川、草木、虫鱼、鸟兽，往往有得，以其求思之深而无不在也。夫夷以近，则游者众；险以远，则至者少。而世之奇伟、瑰怪、非常之观，常在于险远，而人之所罕至焉。"无奈人事心情，多少不能维持这个好学深思的平衡状态，于是有托而逃，而跌宕大文章，可就多多许了。

子厚于谪贬之余，昌黎称道其"居闲，益自刻苦，务记览，为词章，泛滥停蓄，为深博无涯涘，而自肆于山水间”。

欧阳修序梅圣俞诗，这样说：“凡士之蕴其所有，而不得施于世者，多喜自放于山巅水涯之外，见虫鱼草木风云鸟兽之状类，往往探其奇怪，内有忧思感愤之郁积，其兴于怨刺，以道羁臣寡妇之所叹，而写人情之难言。盖愈穷则愈工。然则非诗之能穷人，殆穷者而后工也。”

袁中郎记述徐文长，也就是说：“放浪曲蘖，恣情山水，走齐、鲁、燕、赵之地，穷览朔漠。其所见山奔海立，沙起雷行，雨鸣树偃，幽谷大都，人物鱼鸟，一切可惊可愕之状，一一皆达之于诗。”“其为诗，如嗔，如笑，如水鸣峡，如种出土，如寡妇之夜哭，羁人之寒起。”

宋濂实地体验，以谓：“跨马行，则篁竹间山高者，累旬日不见其巅际。临上而俯视，绝壑万仞，杳莫测其所穷，肝胆为之悼栗。”因而反映出：“非仕有力者，不可以游；非材有文者，纵游无所得；非壮强者，多老死于其地。嗜奇之士恨焉。”

小苏于《快哉亭记》，则更昌言之：“士生于世，使其中不自得，将何往而非病？使其中坦然，不以物伤性，将何适而非快？今张君不以谪为患，窃会计之余功，而自放山水之间，此其中宜有以过人者。将蓬户瓮牖无所不快；而况乎濯长江之清流，揖西山之白云，穷耳目之胜以自适也哉！”

大苏于《超然台记》，自我表现：“余自钱塘移守胶西，释舟楫之安，而服车马之劳；去雕墙之美，而蔽采椽之居；背湖山之观，而适桑麻之野。始至之日，岁比不登，盗贼满野，狱讼充斥；而斋厨索然，日食杞菊。人固疑予之不乐也。”

王禹偁《黄冈竹楼记》，着意渲染地说：“公退之暇，被鹤氅衣，戴华阳巾，手执《周易》一卷，焚香默坐，消遣世虑。江山之外，第见风帆沙鸟，烟云竹树而已。待其酒力醒，茶烟歇，送夕阳，迎素月，亦谪居之胜概也。”

一般的隐隐有人，呼之欲出，他们虽则强调其轻松，力求其解脱，而实则无声之悲，有时竟甚于痛哭，要所谓未尽释然者也。再征之王阳明龙场坐贬，《瘗旅文》一文，衷情挥洒，真是可泣可歌。这之间，崇峦叠嶂，依旧原始地带幽风，鸟无声兮山寂寂，夜正长兮风淅淅，展读之余，如闻真声，如看其人！

文云：“夫冲冒雾露，扳援崖壁，行万峰之顶，饥渴劳顿，筋骨疲惫，而又瘴疠侵其外，忧郁攻其中，其能以无死乎？吾固知尔之必死，然不谓若是其速，又不谓尔子尔仆亦遽然奄忽也。……纵不尔瘗，幽崖之狐成群，阴壑之虺如车轮，亦必能葬尔于腹，不致久暴露尔。尔既已无知，然吾何能违心乎？”

继为之歌云：“连峰际天兮，飞鸟不通。游子怀乡兮，莫知西东。莫知西东兮，维天则同。异域殊方兮，环海之中。达观随寓兮，奚必予宫。魂兮魂兮，无悲以恫。”“与尔皆乡土之离兮，蛮之人言语不相知兮，性命不可期。吾苟死于兹兮，率尔子仆。来从予兮，吾与尔遨以嬉兮。骖紫彪而乘文螭兮，望故乡而嘘唏兮。吾苟获生归兮，尔子尔仆，尚尔随兮，无以无侣为悲兮！道旁之冢累累兮，多中土之流离兮，相与呼啸而徘徊兮，餐风饮露，无尔饥兮。朝友麋鹿，暮猿与栖兮，尔安尔居兮，无为厉于兹墟兮！”

再引申之，如李陵《答苏武书》，所谓：“胡地玄冰，边土惨裂，但闻悲风萧条之声。凉秋九月，塞外草衰，夜不能寐，侧耳远听，胡笳互动，牧马悲鸣，吟啸成群，边声四起。晨坐听之，不觉泪下。”

又如李华《吊古战场文》，所报道的一节：“至若穷阴凝闭，凛冽海隅，积雪没胫，坚冰在须。鸷鸟休巢，征马踟蹰，缯纩无温，堕指裂肤。当此苦寒，天假强胡，凭陵杀气，以相剪屠。”总之是黯兮惨悴，愁不可聊的呢！

“千里黄云白日曛，北风吹雁雪纷纷，莫愁前路无知己，天下谁人不识君。”这么慰情娓娓，诗人温厚之至。而行役之苦，行路尤难，怎不令人望而兴叹哉！

上溯《庄子》：“送君者皆自崖而返，君自此远矣。”一样怅惘之情，而韵致自远，其神胜吧。

子华子一段伶俐吐属：“撞钧石之钟，六乐合奏于庭，所以写乐也，而隐忧者，临之而逾，悲不主乎乐故也。郁摇而行歌，促弦而急弹，所以写忧也。而安括者，得气而逾，欢不主于忧故也。然则忧乐在外也，所以主之者，内也。内之所感赭苍互色，东西留区而昧者，则不之知也。

故曰：观流水者，与水俱流，其目运而心逝者欤。”

另援一段故事：“黄帝之治天下也，百神出而受职于明堂之庭。帝乃采铜于首山，作大炉焉，铸神鼎于山上。鼎成，草龙下迎，乘彼白云，至于帝乡。群小臣不得上升，攀龙之胡，力颤而绝。帝之弓裘坠焉。于是百姓奉之以长号，故名之曰乌号之弓，而藏其衣冠于桥陵。”总亦引逗人的遐思。

《史记》上称：“余尝西至空峒，北过涿鹿，东渐于海，南浮江淮矣，至长老皆各往往称黄帝、尧、舜之处，风教固殊焉。”而《滑稽列传》里载：“道旁有禳田者，操一豚蹄，酒一盂，祝曰：‘瓯窭满篝，污邪满车，五谷蕃熟，穰穰满家。’”合之老子至治之极，邻国相望，鸡犬之声相闻，民各甘其食，美其服，安其俗，乐其业，至老死不相往来。恰好互相辉映成趣。归之是：“《诗》记山川、溪谷、禽兽、草木、牝牡、雌雄，故长于风。”

故有：“以鸟鸣春，以雷鸣夏，以虫鸣秋，以风鸣冬。”

故有：“涧溪沼沚之毛，蘋蘩薀藻之菜，筐筥锜釜之器，潢汙行潦之水，可荐于鬼神，可羞于王公。”

故有：“星月皎洁，明河在天，四无人声，声在树间”，又“丰草绿缛而争茂，佳木葱茏而可悦；草拂之而色变，木遭之而叶脱”。

故有：“碎瓦颓垣，昔日之歌楼舞馆也；荒榛断梗，昔日之琼蕤玉树也；露蛬风蝉，昔日之凤笙龙笛也；鬼磷萤火，昔日之金釭华烛也；秋荼春荠，昔日之象白驼峰也；丹枫白荻，昔日之蜀锦齐纨也。”

这般物类盛衰兴废苍凉之感；到了欧阳《祭石曼卿文》，定征淋漓尽致。照录斯文：

“呜呼曼卿！吾不见子久矣，犹能仿佛子之平生。其轩昂磊落，突兀峥嵘而埋藏于地下者，意其不化为朽壤，而为金玉之精。不然，生长松之千尺，产灵芝而九茎。奈何荒烟野蔓，荆棘纵横；风凄露下，走磷飞萤！但见牧童樵叟，歌吟上下，与夫惊禽骇兽，悲鸣踯躅而咿嘤。今固如此，更千秋而万岁兮，安知其不穴藏狐貉与鼯鼪？此自古圣贤亦皆然兮，独不见夫累累乎旷野与荒城！”

《文选》载称：“余声尘寂寞，世不吾知，魂魄一去，有同秋草。”

又有："见此茫茫，不觉百端交集！"

人情闭滞之下。自遣实难，日以眼泪洗面者，宜其更不消说。东坡抒论贾生，三致意焉。"观其过湘为赋以吊屈原，纡郁愤闷，趯然有远举之志。其后以自伤哭泣，至于夭绝。是亦不善处穷者也。夫谋之一不见用，则安知终不复用也？不知默默以待其变，而自残至此。呜呼！贾生志大而量小，才有余而识不足也。"

欧阳修送行，引琴为说："夫琴之为技小矣，及其至也，大者为宫，细者为羽，操弦骤作，忽然变之，急者凄然以促，缓者舒然以和，如崩崖裂石、高山出泉，而风雨夜至也。如怨夫寡妇之叹息，雌雄雍雍之相鸣也。其忧深思远，则舜与文王、孔子之遗音也；悲愁感愤，则伯奇孤子、屈原孤臣之所叹也。喜怒哀乐，动人必深。而纯古淡泊，与夫尧舜三代之言语、孔子之文章、《易》之忧患、《诗》之怨刺无以异。其能听之以耳，应之以手，取其和者，道其湮郁，写其幽思，则感人之际，亦有至者焉。"

于以暮云收尽溢清寒，潇洒出尘，归真返璞，翕合自然，落得本体清净。比如《石钟山记》载："至莫夜月明，独与迈乘小舟，至绝壁下。大石侧立千尺，如猛兽奇鬼，森严欲搏人；而山上栖鹘，闻人声亦惊起，磔磔云霄间；又有若老人咳且笑于山谷中者，或曰此鹳鹤也。"又《赤壁赋》前后："白露横江，水光接天。纵一苇之所如，凌万顷之茫然。""时夜将半，四顾寂寥，适有孤鹤，横江东来。翅如车轮，玄裳缟衣，戛然长鸣，掠予舟而西也。"无非于浮嚣中见静寂，于静寂里见性真。揆之人事，求其适称，那便是淡泊明志。再具体地说，可就是欧母衣钵，自其家少微时，治其家以俭约，其后常不使过之。曰，吾儿不能苟合于世，俭薄所以居患难也。这和敬姜论劳逸，同一机杼。《吕氏春秋》亦谓："富贵而不知道，适足以为患，不如贫贱；贫贱之致物也难，虽欲过之，奚由？"引而申之谓："出则以车，入则以辇，务以自佚，命之曰'招蹶之机'；肥肉厚酒，务以自强，命之曰'烂肠之食'；靡曼皓齿，郑、卫之音，务以自乐，命之曰'伐性之斧'，三患者，富贵之所致也。"又云："大甘、大酸、大苦、大辛、大咸，五者充形则生害矣；大喜、大怒、大忧、大恐、大哀，五者接神则生害矣；大寒、大热、大燥、大湿、大风、大霖、大雾，七者动精则生害矣。"由之从而骊龙探珠，九九还原以定说："精气之集也，必有入也。集于羽鸟，与为飞扬；集于走兽，与为流行；集于珠玉，与为精朗；集于树木，与为茂长；集于圣人，与为敻明。精气之来也，因轻而扬之，因走而行之，因美而良之，因长而养之，因智而明之。”反复申明以为，“流水不腐，户枢不蝼，动也。形气亦然。形不动则精不流，精不流则气郁。郁处头则为肿、为风，处耳则为挶、为聋，处目则为䁾、为盲，处鼻则为鼽、为窒，处腹则为张、为疛，处足则为痿、为蹶”，等等。论起学问上的本末终始，这合是本立道生也矣。

东坡接引孟子吾善养吾浩然之气而说：“是气也，寓于寻常之中，而塞乎天地之间”，“其必有不依形而立，不恃力而行，不待生而存，不随死而亡者矣。故在天为星辰，在地为河岳，幽则为鬼神，而明则复为人”。颇涉玄秘点，夸大点，但道理总无以易。至其题《凌虚台记》，则充沛翔实，具体道之了。故谓：“物之废兴成毁，不可得而知也，昔者荒草野田，霜露之所蒙翳，狐虺之所窜伏。方是时，岂知有凌虚台耶？废兴成毁，相寻于无穷，则台之复为荒草野田，皆不可知也。尝试与公登台而望，其东则秦穆之祈年、橐泉也，其南则汉武之长杨、五柞，而其北则隋之仁寿，唐之九成也。计其一时之盛，宏杰诡丽，坚固而不可动者，岂特百倍于台而已哉！然而数世之后，欲求其仿佛，而破瓦颓垣，无复存者，既已化为禾黍荆棘邱墟陇亩矣，而况于此台欤！夫台犹不足恃以长久，而况于人事之得丧，忽往而忽来者欤！而或者欲以夸世而自足，则过矣。盖世有足恃者，而不在乎台之存亡也。”这和其题六榕寺联“一塔有碑留博士，六榕无树记东坡”，可谓相得益彰，流朗疏畅，兼具积极性矣。

归有光于上半截同样发挥，而词更胜，其《沧浪亭记》云：“夫古今之变，朝市改易。尝登姑苏之台，望五湖之渺茫，群山之苍翠，太伯、虞仲之所建，阖闾、夫差之所争，子胥、种、蠡之所经营，今皆无有矣，庵与亭何为者哉？”

张而不弛，文武不能，严肃移时，还是轻松闲易以为胜。好些高岸为谷，深谷为陵，自然环奇腾踔，卓荦为杰的了。而一昼一夜，花开花谢，一冬一春，物故者新，又何曾不纡余委约旋妍呢！

归有光冲淡寂寞，见于《项脊轩志》一文云：“余稍为修葺，使不上漏。前辟四窗，垣墙周庭，以当南日，日影返照，室始洞然。又杂植兰桂竹木于庭，旧时栏楯，亦遂增胜。借书满架，偃仰啸歌，冥然兀坐，万籁有声；而庭阶寂寂，小鸟时来啄食，人至不去。三五之夜，明月半墙，桂影斑驳，风移影动，姗姗可爱。……其后六年，吾妻死，室坏不修。其后二年，余久卧病无聊，乃使人复葺南阁子，其制稍异于前。然自后余多在外，不常居。庭有枇杷树，吾妻死之年所手植也，今已亭亭如盖矣。”

吴敏树《说钓》：“当初夏中秋之月，蚤食后，出门而望，见村中塘水，晴碧泓然，疾理竿丝持篮而往。至乎塘岸，择水草空处投食其中。……日方午……见村人之田者，皆毕食以出，乃收竿持鱼以归，归而妻子劳问有鱼乎，余示以篮而一相笑也。”

人情甚相远，于垂钓之外，还有《战国策》一段小品：“王独不见夫蜻蛉乎？六足四翼，飞翔乎天地之间，俛啄蚊虻而食之，仰承甘露而饮之，自以为无患，与人无争也。不知夫五尺童子，方将调饴胶丝，加己乎四仞之上，而下为蝼蚁食也。”读之令人解颐！

《岳阳楼记》叙及：“春和景明，波澜不惊，上下天光，一碧万顷，沙鸥翔集，锦鳞游泳，岸芷汀兰，郁郁青青。而或长烟一空，皓月千里，浮光跃金，静影沉璧；渔歌互答，此乐何极！登斯楼也，则有心旷神怡，宠辱偕忘，把酒临风，其喜洋洋者矣。”

欧阳修仰而登山，俯而听泉，掇幽芳而荫乔木，风霜冰雪，刻露清秀，四时之景，无不可爱。“若夫日出而林霏开，云归而岩穴暝，晦明变化者，山间之朝暮也。野芳发而幽香，佳木秀而繁阴，风霜高洁，水落而石出者，山间之四时也。朝而往，暮而归，四时之景不同，而乐亦无穷也。”

昌黎称道：“杨侯始冠，举于其乡，歌《鹿鸣》而来也。今之归，指其树曰：‘某树，吾先人之所种；某水、某丘，吾童子时所钓游也。’”

王羲之修禊兰亭，“群贤毕至，少长咸集。此地有崇山峻岭，茂林修竹；又有清流激湍，映带左右，引以为流觞曲水，列坐其次。虽无丝竹管弦之盛，一觞一咏，亦足以畅叙幽情”。

陶渊明《归去来兮辞》：“舟遥遥以轻飏，风飘飘而吹衣。问征夫以前路，恨晨光之熹微。……或命巾车，或棹孤舟。既窈窕以寻壑，亦崎岖而经丘。”并记着桃花源：“缘溪行，忘路之远近。忽逢桃花林，夹岸数百步，中无杂树，芳草鲜美，落英缤纷……豁然开朗。土地平旷，屋舍俨然，有良田美池桑竹之属。阡陌交通，鸡犬相闻。其中往来种作，男女衣着，悉如外人。黄发垂髫，并怡然自乐。”

总觉清境宜人，襟度闲逸，好在羽扇斜阳之间，风吹落帽，载来歌咏一阕：

“鹤飞去兮西山之缺，高翔而下览兮择所适。翻然敛翼，宛将集兮，忽何所见，矫然而复击。独终日于涧谷之间兮，啄苍苔而履白石。鹤归来兮，东山之阴。其下有人兮，黄冠草履，葛衣而鼓琴。躬耕而食兮，其余以汝饱。归来归来兮，西山不可以久留。”

园游归后

圆通山樱花快已开了，一日座上听聆这番消息，心诚向往，便于翌日信步往游。

是怀旧？是矜新？自家都不大清楚，城边的一行灌木，久违了。往时避警常常绕过，而今依旧无恙，绿素长阴，可还有点眷恋。只是亭亭晌午，不由得困人微倦哩。

入其门，闲人也还不少，络绎往来，一路穿梭似的，寻寻觅觅，好些新来点缀。食品特地铺张，这无疑是元宵未改，仕女如云的供应，熙熙攘攘，我来嫌迟。

一面城栏引眺，远树连烟，齐齐整整，临皋端的撩人，任你六根尘蔽，尽于此飘飘吹散，凭高一为舒啸；犹之“登兹楼以四望兮，聊暇日以销忧”也。转折而下，迎面樱丛，大都含苞未放，疏疏落落，却有红艳的桃花，和一些观音化身的纯白复瓣桃，相映成趣。唐墓不值开放时候，记得那时桃花是没有的，剩句以谓：“时去园林掩寂寥！桃花软歇唤春娇。”又还记得《沁园春》词中几句：“却怪周郎多韵事，顾满园春色曲未终。花灯夜，忽烽烟报警，断送英雄！”算是故事一幕矣。当中云亭两畔，多少累累英魂，顶高矗的丰碑，为缅甸战役而建，可是题名的大人先生，已因时移物换，把它磨灭去了。

我总是浮光掠影，不假思存，拣个石凳憩息，刚好是一株扶疏的老树在上头，常绿叶素，萧萧遮盖，这儿默默地静坐移时，倾听友人牵引连类地话及筇竹寺，话及一个军人出身的在那里出了家，我也微引一段通志，那筇竹寺的来由，是有人隅见几个异僧所在，近前只是几株瘦竹，因就其地建为庵寺，里面还有唐梅宋柏，想见年代相当久远。又有宋湘一对对子：“护门惟遣白云，听钟声何处；依杖却分青霭，话竹色当年。”可以参证这一段因缘吧。

一边坐着有点凉意，起而行行，园林朗爽，教人多些留恋。过水塘坪上，犹忆曩时无聊之至，携带手册，倚在石头闲阅，让时光容易消瘦过去。拾级跨登，茶座依然剩在，诗清都为饮茶多，只看翠柏临阶，簇簇端映晴日，分外清致。又是多少余痕，脉脉慌一慌现，人事真是无端，算了吧。跟前两个妇人，搀扶着一位老丈，就在隔座一起喝茶。老的步履维艰，眼力也满昏花了，恐怕在家闲煞，闷得慌，出门散散步，趁着风光和丽，百花园里也步也趋，略略松开一下胸臆，心情终竟是多么的寂寞！人老真的没用，世界只有让给活泼泼的少年人了！

待归来，夹着炎炎日晒，委实也有些脆弱之感，竟发了一身的冷和热，睡足大半天，入夜方才清醒过来。

樱花有约重来

“嫣然一样娇无那，南国须寻最可人。裙履联翩闲韵致，晌阳开暖足精神。蓬莱影里深深种，紫陌丛中馥馥春。我也徜徉花下过，为君含笑释轻尘。”

自然优美，自在人间，人生何处不可寻求，自由自在，涵着天机？一涉论理，多陷理障，转成促促靡所骋，徒自苦耳。

樱花，在日本的樱花节，是最有名，最热闹和狂欢。彼其人，象征之即为热情，为求生的勇气，那是另一回事。我犹记得，南京后湖，洲渚涟漪，樱桃出产特盛，正好流连忘返，光景宜人。而这来，迎将丽日，参照花神，轻风阵阵吹拂，物候特地清新。添得海棠，繁英缤纷，食客花丛，红妆嬿美，如套句“过江名士多于鲫”的话，亦胜似：“鱼戏莲叶东，鱼戏莲叶西。鱼戏莲叶南，鱼戏莲叶北”了吧。间有纸鸢，凌风飞引，下下高高，又胜似庄周蝴蝶，一样地栩栩幻化可是？

杨老先生，风雅士也，偶然露将妙谛，以谓学医仍不大解脱人间烟火，继而学画，漱纳烟霞，自然挥洒。谁则知道半生戎马。当年虎虎有生气其为人者？

李卓吾聪明绝顶，为道：“《拜月西厢》，化工也；《琵琶》，画工也……今夫天之所生，地之所长，百卉具在，人见而爱之矣，至觅其工，了不可得。”所以风行水上之文，决不在于一字一句之奇，依于道理，合乎法度，种种禅病，皆所以语文，而皆不可以语于天下之至文也。闲闲指点，多么轻松闲易，气韵流畅！花鸟虫鱼，浑不入时，却自有不识不知，顺帝之则，出门俱是看花人，于以飘飘玉立清致，好自消受。

《人间词话》载：“‘君王枉把平陈业，换得雷塘数亩田’，政治家之言也；‘长陵亦是闲丘陇，异日谁知与仲多’，诗人之言也。政治家之眼，域于一人一事；诗人之眼，则通古今而观之。”只今社会革命，人文体制，根本变革翻新，不同于历来的政权交替而已。将来不做工者不吃饭，生活方式，换一范畴。其于我人，既不想不劳而获，也正满望清平有象，不须钩心斗角，而如其分量，各尽所能，仍有回旋余地，自得于山水之间。况其冷落心田，需要怅静，风雨飘摇，兼之疾病，愈觉热闹场所，相将厌倦，纵欲干时兴已慵，其是之谓；叹息何人返敝庐，适合依归。

至如春和景明，此身犹健，那便游于物之外，而不游于物之内，更不必焦灼自焚，庸人自扰，也且躁妄缘消，顿现一番清明境界。翁子穷经自不贫，抑亦无所谓消极积极，为己为人之为芥蒂矣。

袁中郎既见龙湖，始知一向掇拾陈言，株守俗见，死于古人语下，一段精光，不得披露。至是浩浩焉如鸿毛之遇顺风，巨鱼之纵大壑，能为心师，不师于心，能转古人，不为古转；发为言语，一一从胸襟流出，盖天盖地，如象截急流，电开蛰户，浸浸乎其未有涯也。又云：学问到透彻处，其言语都近情，不执定道理以律人。揆诸心得，熟极能流，有如是者。夫何暇随人较短长也哉！

闲 日 撮 记

曾过昆明胜迹之一的金殿，内中有一老道，垂垂七八十龄，很健康，也忘其老态。入门见其于持一册缩本小说，似乎《荡寇志》之类，优闲自阅。我问他，老先生太用功了！他说，无事消遣而已。我顿起一个联想，山陬荒僻所在，学道未成，生涯枯寂，垂死之年，犹然要食息蠕动，图此少消遣，人生真乃太乏味了。

聪明人不甘寂寞，外之为髀肉复生，内之为技痒求试，驯至更阑漏尽，百无作为。还是发愤著书，写其忧郁，藏之名山，尚自可人，过早表现，辄遭时忌。韩非说难，把将人生情伪，穷形尽相描出，揭发玄秘，至理名言，却因此得祸，身被杀害。有人指出：人君之操纵天下，自以为聪明绝顶，人莫予毒，并且人莫予知，出之不测，以掌权柄，一旦发觉有人了如指掌，自然很不舒服，生怕门外大有人图依，自非把这个眼中钉拔去不可；韩非失败，便由于此。

杀人如草不闻声，壮则壮矣，无乃蜂目狼声，忍人也哉！杀人以梃与刀，当然无大差异，所异者是，“吏呼一何怒！妇啼一何苦！”两般心事，一样人生，真不可以道里计哩。清人咏堕楼诗云：“一树秾花委地消！”把人惨死，当成侧艳词句，未免闲隔一层。安在其为物伤其类之比？又传有一可惨场面，若近若远，对外血债之余，奠定基址其间，高矗岑楼，面临砥道，午后日斜，凭窗飞影，一条条跃出，抛落街心，先抛一个六岁小孩，继抛一少女，又继之为扶其老母，颤危危地跃下，再后其妻其本身，四十余岁白皙人物，东家身份，一家五口，于是乎尽。当其首先一个堕地，警怕惊觉频频摇手，但跳者自跳，拼死冒冲，着地之际，动也不动，肝脑涂地，血肉模糊，如是而已。颇想属句以纪其事，而即景惨悼，不知从何说起，沉吟一下，还是不言为是，长留一片凄凉滋味，震栗心魂，总较描摹曲肖，东涂西抹之为愈也。

柳絮笼飞

“日长睡起无情思，闲看儿童捉柳花。”最能够把这个没情绪的影子，描摹得毕露。这之时，就一概都不执着，漠灰灰近似沙漠，青葱一点不会迟留，连酸溜溜之情愫都不会有，可真是幻灭了呢！也就在这其间，庭院阴阴，鸟飞才歇，柳丝稍带些风，却惹起——也好说是不经意地，团团花絮，轻扬淡荡，落向阿谁边？当然有一飞着裀褥之上，或堕粪溷当中，道是无心还有心呢？落花相与恨，到地一无声，可算轻约之至，但还不如堕飞絮无影，来得更悠微无物。隐隐吟味着，淡泊绵邈，那么尽而不尽的情调。

有个大孩子问我，哪里来的许多棉花？我笑说，怕是雪花吧！相对粲然，这才道出南洋没有见过，家乡也还少有，只看北方特产，杨柳高柯，柔条拂地，够叹观止。那叶叶青青的技头，含裹着如棉飞絮，吐将出来，漫天飞舞，有时随风滚作一团，拈着可是轻松不盈把握，不盈筥筐，想起命轻力微，正堪伦比，简直是无情物，再没有一些些的生命和活力。偏是人家会自作多情，沾泥惹恨去自寻苦恼罢了。

帘影写照

套取一帘花影，微微清韵。晨起阳光暖暖，庭轩淡寂无人，拈着这些句子，仍不经意去组成一首小诗；心绪悠悠，颇有余蕴，待着笔可没有这闲工夫。旋念盛世之音和以平，那么“穆如”境界，噙捉端不容易，一忽心花欣放，只落得个轻飘，去之又远。

浸淫佳什，留住醰醰况味，这要是清斋静里修淑，也只可自怡悦，不堪持赠君；一落言筌，转亏元素。东坡和陶，岂袭裘而念葛，盖得粗而丧微，为能道着仿佛。

含情刺激，合是低调小乘，少日书痴，中年病酒，晚岁诗愁，引而申之，“道旁杨柳依依，千丝万缕，抵不住、一分愁绪”和“能支江左偏安局，难遣中年以后情”。等是众生可怜相，解脱未能，轮回坐困者也。

但看纪昀于乌鲁木齐归来，盛名之下，仍手持苏诗评点，四易其稿，聊以消遣闲日。世事盈虚，倚伏莫测，日本南进当中，还不是一介鼎鼎大名侨领，避地番墟，亲磨豆腐，幸而得免。谁能保持一脉长春，永终不会废堕呢？也就是“树欲静而风不止”。人生，总沿着曲线波纹，倏起倏落，如环无端，不肯罢手，除却死去方休。所以，考终命，算是福分；留有余地步，惜福和这守约，不失微时本色，也才是把持本身的不二法门。

枯而实腴，淡而弥永，人文词笔，都可作一例看。

牡丹花下

昆山夜光，飘白如绡，大红剪绒，鲜明出色，两样花瓣都大，团焕如碗如盘，二乔清紫，别呈娇艳。[①]我绕过花阴，不尽花经眼，就最触目撩人于斯三者；当然，姚黄魏紫，赵粉胡红等等，各有各的风标，也正未易作为轩轾。

公园斜日如银，春光明媚。游人恰逢周末，自然多闲余兴，缓步回环，“盍往观乎，亦既观止”而由之，鱼鱼鸭鸭都成阵，出门俱是看花人！

时人句：“纵使牡丹称国色，与人无利负春风。”文人口慧，爱怎么说就怎么说，横竖于花无甚关系的。又如李唐以来，世人偏爱牡丹。为其富贵丰华，移情倾赏，所以“洛阳三月花如锦”，所以将物比兴，“云想衣裳花想容，春风拂槛露华浓”。倩女芳踪，呼之欲出。自非太白仙才，也未易出此春风词笔的。

有句：“同是采花蜂与蝶，一收花魄一花魂。”花丛冉冉，旋开旋谢，虫类连人，穿插其间，各各如其缘分分量，欢喜领略以去；看谁夺得锦标归？问谁是花知己？或者隔住墙儿，探头望望，心生技痒，召唤封姨，以供褊衷惬意，也复各随其愿，各遂尔私而已。花非花，个中影，恰是微笑无言。

风叶小题裁

风摇叶树，那么沙沙声，继之如滚如涛，一息还复声收潮汐，乂是倏断旋连，一阵推却一阵，碎切清越。而叶叶飘飘翩其反而，尤要摇漾生姿，丰神有致了。

我联想及的，是景栋那一个场合，住所窗外，一箭远光景，可有一株亭亭红叶树，就说是丹枫吧？下午惯有的山城回风，让它飘飘摇摇，迎面摇晃，顶美观，亦复凉侵衣袂，有了萧然微嫌寂历之感。这个自然，当日流亡到了这般境地，栖栖遑遑，可是没有一下安身处；而况住的地方太浅隘，进门便一览尢余，十目所视，潜虽伏矣，亦孔之昭昭；那里够得上这样的沉沉清院，外间尽管炎热，而这其间，独自幽凉闲适可比？

---

① 昆山夜光、大红剪绒、二乔等，皆牡丹种类。

初　闻　蝉

午睡醒来，乍闻蝉声，一直悠扬地萦住耳畔，好清新凉爽的感觉，加上衬托的话，那便是夏木荫荫。

偶阅有关考证，某些人说蝉说成知了知了，又谓它发音器特别大，占了全身大半，而不是从口出。又有谓，它是个聋子，从树下吓了一声土枪，它充耳不闻地咻鸣如旧。这要算是科学知识了。

我别有一番体会，记曾山行，大约是云贵高原的什么地方，车好像是坏了，几个人漫在荒原路径上旋转，下午时纷残热未休，草都温萎了去，一种山原气息，枯涩味儿，山间又是很少人家接触着，加添一阵荒杳和落寞。可就在这当儿，一处两处，从阴行过处，偶尔荡出这样的蝉声，怪清呖地，顿觉绕过绿荫又绿荫，虽然并不完全解脱了枯索情绪，也自有了丝丝生意。追忆起来，却又有点惘惘愁人！

点点滴滴

“一庭疏雨湿春愁。”秀句而带着静婉。最忆那回衡阳旅次，馆号蘋香，庭宇沉沉，檐牙勾拱，人在其间，闭置细雨春寒声里，真有点古愁风味。还吟想潇湘门，回雁峰，一些古典名字，照应到门外泥泞，柳绵才吐，街头磔磔地钉履声，不几令人弱绪萦徊，销沉了下去。杜诗：“正是江南好风景，落花时节又逢君！”又刘屏山《汴京纪事》诗：“辇毂繁华事可伤，师师垂老过湖湘。缕衣檀板无颜色，一曲当时动帝王。”美人迟暮清客飘零，同是一般情态可怜！

不敢思量往事，人今已白头！此际却是梅雨乍晴，蝉声呖呖，依约是沉沉清院，和飘萧无那地独自栖迟着在。待几回听听“蝉曳残声过别枝”呢？便翻了几个筋斗，还不是坠在五指山层里？我佛如来，教你活生生地折磨消受。

清早转过矮庐请益，老先生人是老了，似有点心事，默默寡言笑，为道诗稿送给某君一阅，总是有心人，另日须找谈谈。我不再多耽扰，但致微微慰藉之意，老先生请宽怀，外边散散步，大公子亦就不日旋归了。

有句“山鸟自呼名”，这是诗人的错了，名由人家杜撰，鸟那里会知道呢？不过念来怪有趣的。我不揣续貂：“鸟如有约频呼去，花不知名分外娇。”下句好像哪里见过，却已忘了。

合江有个万里桥，并万里亭，在成都城外，凡出蜀道的，即于此登舟。当孔明送费祎使吴，即景而说：“万里之行始于此！”因之杜子美诗的句：“门泊东吴万里船”所称万里，端系对吴而言。后来缔造桥亭，仍沿袭其称号，满含诗意，单就孔明这一句话，情词也正相当浓挚。照对曹老瞒的“春水方生，孤将去也”，都是一样的词林佳话，兼有情致。

芸窗琐记

文心或诗心，最是灵的表现，一触即发，稍纵又即逝，不可方物，不可究诘，所以兴之所在，偶因催租人来，遂即败煞清兴，再也不能接续下去了。有个人贸贸然来，座客笑说，俗物至，怕败乃公兴。这人也自不俗，随口应说，此自公等兴浅易败耳。真的，如臻深湛，推敲玩索，只手撑空佐势，连衙从人马呵叱，都不听见，哪里会一下子而败煞，惊煞，那么灵之鸟儿呢？

好久不见绿荫清径了，非不见也，众楚人咻之，日在嚣杂的环境中，情绪染成烦躁，坐也坐不稳，泛泛走上街头，又是心不在焉，所以自行不渗入这个境界，美景当前，一若于己无与。

今天叨着余闲，一个清缘结托，犹然于午睡后，朦胧间，隐几清晰，鸦雀无声哗，谛听窗外绿叶萧萧，光景掩映，再寻找着那么五六月间，北窗下卧，遇凉风渐至，自谓是羲皇上人的人境来。

今晚适是中元节，上年可是北海看放烟花，不知不觉就是两年光景了。

有朋自远方来，自蛮荒来，不期来晤，自然冲开了一番寂寞，特邀他晚上过逛公园，这才忆及佳时令节，还忆那么蛮番所在，中元拜好兄弟（即同侪死者）是顶热闹的，真不愧一个鬼节。

当晚月色朦胧，天上多少云片笼罩，漏下来只是淡淡的光，和隐隐约约的灯光渗互着，不大分别得出。随缘绕过树荫花荫，穿梭似的，人也鱼鲫般的，点缀于那大自然间，优优自在。傍近水涯，斜倚栏榭，友说，怪不得书上有载，夏天于这古柏荫浓，可没有一些暑气的。我谓这几天恰好回暖，在前些时，夜里园中漫步，已有了凉意了。又话到所谓太庙，相传长柏之巅，时有灰色鹤群来过，历数百年不爽。友问我可曾见到？我笑说，虽不曾亲见，但想想着，那个会出皇帝的祠堂，乃祖乃宗灵爽式凭，定是气脉顶顶旺盛的了。

有侧寒、侧身和侧足之三侧，援引解释，侧不正也，如春寒侧，及“侧侧轻寒剪剪风”，进而为词的侧艳，以别于温柔敦厚的诗品，到底各有各的领域，不可同日而语。侧身一语，却忆前辈陈老先生见赠诗有：“侧身天地无刘表”之句，等之是“霸才无主始怜君”也。侧足更不好过，有书为证，那便是重足而立，侧目而视，描摹得尽情尽致；常语说，贫无立锥，也很相像。再牵引连类，如《论语》说的“挟肩谄笑，病于夏畦”，文信国的“惶恐滩头说惶恐，伶仃洋里叹伶仃”，都合这么一套。或且不止一端，连同侧足，侧身以至孤寒料峭，都兼而有之，负而趋之，忧畏已极！人生何处才有安宅呢！

须弥与芥子

秋深了，每于街头闲步过，都觉瑟瑟风凉，绿荫未艾，有了芜惘之致了。

北海园林，自然更为清瑟，几个人不着边际地闲行，慢悠悠羌无所谓，也足以畅叙幽情。只是秋阳杲杲，晒人真不好过，满有意于茶亭歇歇脚，欣领一些轻风。静态中，风摇叶树，教人凉爽，默地神移，不知不觉就把一段时光支付过去了。安稳渡过彼岸，可不是一叶摇摇扁舟，舟子架上棚亭，犹仿佛画舫意思，也好说是具体而微的宫廷产物，台阁雏形。有闲工夫，从这儿找寻怀古情调，可多可多，什么回栏杰阁，奇石壁画之类，人云我亦云也。还是亭午艳阳光影，委实感到烦躁，所以一到了密树荫浓，清风吹送的庙门口，就大家不约而同地站住迎风，犹不嫌地面挨沙，就相与席地坐下去，看看联翩伴侣们，竟有的躺在树荫下、泥土中，养养神，分明还不够柔茵绿缛的有利条件呢。这有了一个解释，他们尽日在紧张工作中，脑筋都得不到休息，难得星期假日，到这儿放松点。也就是闲适情分，才不容易呢！

我无善可挥，一切浮现了漠漠，不大着意，倚栏观看鱼戏，也就是鱼儿洋洋好了。一行白杨树，风来掠过，白绿翩翩，满有神趣，说成什么调儿吗？那只合问诸水滨。

胜日人丛，类是逢场作戏，记曾阅过的碑碣也似走马看花，横竖时间于我是衍余的，便于一早仍去踵续前游。好奇怪，人多了。会觉烦嚣厌腻，独自又是有点孤零零、冷清清地，更显得分外萧然秋意态了。径去碑亭底下摩挲，却早有了一位老者，默默隅坐，看来也似有点心事。我瞻仰了皇皇大文，照抄一遍，那是白塔山总记：

“京都于唐为范阳，于北宋为燕山，辽始称京。金、元、明因之，虽城郭宫市建置沿革时或不同，而筥阳都会，居天下之上游，俯寰中之北拱，诚万载不易之金汤也。宫殿屏扆则曰景山，西苑作镇则曰白塔山，白塔山者，金之琼华岛也。《北平图经》载辽时名曰瑶屿，或即其地。元至元时改为万岁山，或曰万寿山。至明时，则互称之，或又谓之大山子。本朝曰白塔山者，以顺治年间建白塔于山顶。然考燕京而咏八景者，无不曰琼岛之春阴，故予于辛未年题碣山左，亦仍其旧，所为数典不忘之意耳。山四面皆有景，惜《春明梦余录》及《日下旧闻》所载广寒、仁智之殿，玉虹、金露之亭，其方隅曲折未能尽高下窈窕之致，使人一览若身步其地，而目睹其概。盖地既博而境既幽，且禁苑森严，外人或偶一窥视，或得之传闻，其不能睹之切而记之详亦宜。兹特界为四面，面各有记，如柳宗元之钴鉧、石城诸作，俾因文问景者若亲历其间，尝鼎一脔，足知全味云尔。”

末署“乾隆癸巳仲冬中浣御笔”。

另有好些题咏。不过他们高高在上的，承平台阁体制，头巾气居多。

我采葑采菲，略略剪裁得句如：“冬已半时梅馥馥，春将回处日融融”；又“已欣宿雨滋南亩，又见新云羃远林”。仍不惮烦，照录琼岛春阴碑一首：“艮岳移来石岌峨，千秋遗迹感怀多。倚岩松翠龙鳞蔚，入牖篁新凤尾娑。乐志讵因逢胜赏，悦心端为得嘉禾。当春最是耕犁急，每较阴晴发浩歌。”

总算是唯一的文献。我还忆西湖多丽词一阕，中有句云：“怀古情多，凭高望极，且将樽酒慰飘零”；又“澄碧生秋，闹红驻景，采菱新唱最堪听”。文情旖旎，韵致悠扬，余音犹要绕梁不绝。这么比对着板板的天家物，轩轾为何如者？也讶金玉与卉木不同科，并且丰于兹者啬于彼，我自草野中人，也只有归之后者蹊径，以自怡悦。低回留之小驻为佳。

附记： 偶于天王门前，“须弥春”亭畔兜凉，留存印象，因拟题为“须弥”，连同“芥子”，足成这个典故。意者谓大题材到小题材，而极小处却仍包含极大处也。

诗心一往会沉吟

归途惘惘，若有所失。晨起凉风缠树，旭日熹微，晴窗底下，重取贻赠诗稿，和所近作，浏览校阅，恍觉两个，刚柔别判。尊诗朴厚，如对古人，劲拔当中，有时加以气脉充沛，就觉硬语盘空。古香古色，如临魏晋以上燕赵人物。而失处，多少血枯，又似杈杈枒枒，枯枝简慢，无复风人意致，可谓学古而求为古人者欤？我则韶秀自喜，溶词于诗，置之词仍嫌太粗，号为诗却又近腻，不过不为绮罗芗泽，而为晴碧风光，短歌微吟，常带情感，在枯燥之人生旅途，当之亦自同情怡悦，不以为介。但所不足，就是未免脆弱，太少幽燕气息。两个风格，各有于止，本质既定，颇难改易。昔人谓：“我欲为子亦不能，子而学我亦病矣。”可能于异己中相对参详，他山之石，大可攻错，又未始不是涵育的当，熏沐同归。

“有意栽花花不开，无心插柳柳成荫”和谚所云“熟读唐诗三百首，不会作诗也会吟”同一机杼。读先人诗，只当采纳百花，自去酿蜜，一代有一代之色彩，个人有个人之风裁，复合变化，则诚有之。寝馈于兹，不知不觉而受所渲染，隐然同调，亦有之。所谓“读书破万卷，下笔如有神”，若专定一格，指学谁家，求其恰肖，恐非高明所出此。

美在内里，即其诗意。比如柳柳州山水游记，词林小品，诗意葱茏，是其一例。“欸乃一声山水绿”，有其象外余音，所谓神韵也者，又是一例。彼其人，初无定式，自抒心裁，也就熟极能流，各各如其分量浅深呈露出来是已。

明暗粘脱云云，铢两适称，摇曳矜奇，均其禅病。曾填词者，不但知有平仄，并知有阴阳与上去入，比诗更进一层，而要之，一句之韵调，高低叶律，有时可为全平，有时可为全仄，而恰到稳处，正以其音调中，渗合旋周所致。抑又值得称诗者所当细以求之乎？

学问之道，在求自得，诗尤其涵泳性情，不假外慕。果能时时保持一点凄清滋味在心头，静里看花，无非入妙，也即其人之灵扉不昧，吐属生华，一生受用不遗。推之悱恻肫挚，纯以人表，有如其人一生便是一首史诗，和不着一字，而风流自见，皆此俦也。外乎此，而求牵合辙迹，或涉功利范围，出之负气戟指，纵如雷门布鼓，豪酣十足，已落第二义，究非源泉本色。唯其如此，诗人之诗，才有真价，学者政治家，乃至步武古人，安排一席之专门家，以文为诗，以诗为名，名者实之宾也，定然不当上乘。

人事至繁，情态至复。日月两轮，万古千秋习见，而光景常新，就此有一般性，及个别特殊性，除非慧业通人，才能他人有心，予忖度之，发生同条共贯之感而外，却是人心不同，如其面焉，我安能谓子面如我面哉？即其不同角度者，难期同调共鸣。下至钝根茅寒之矣，一些美景当前，情绪�森郁，而仍视而不见，听而不闻，一若风马牛之不相及；无已，则白雪名山，委之因缘遇合，而以如响斯应，不扣不鸣，寄其深长思焉。

欣赏端不容易，好在诗非商品，一味求售者比；个人虚斋静适，汇合众流，善自得师，好自消受。比如十七八女郎，按红牙板，唱“晓风残月”，和关西大汉，援铁绰板，歌“大江东去”，各有攸佳，无事轩轾。前者浸假而厌腻，正需要后者一振，醒人神爽；而后者浸假而烦躁，亦正需要“自作新词韵最娇，小红低唱我吹箫”，旋觉轻松愉快。宽以济猛，猛以济宽，燮理有然，诗也人心性情之为政也，宜莫外此。

用特地标出者：如成连子之移情，于山陬水涯间，师去不返，但见海风荡荡，山鸟悲鸣，愀然以谓，此殆师之移我情乎！援琴而歌，调乃真绝。又如李卓吾所述，拜月西厢，化工也，月下窗虚，试取鸣琴而弹，乃觉一弹而叹，再弹而怨，三弹而怨叹俱忘矣。方此际，亦即“独坐幽篁里，弹琴复长啸。深林人不知，明月来相照”之境界。人世尘埃散尽性灵晃现，造化与我，穆穆悠悠，应无所住而生其心，禅悦诗心，同是一样心理状态，俯视人寰拘牵，敝于古人语下，直桎梏耳。也唯于此得大解脱，翻觉六经皆我注脚，其信然吧。

再卑之无甚高论，我人日常生活，琐琐形骸，但能安处即为乡，但能勿为物障，一本性真，春草秋花，随在苏醒，隐合天机；劳人思妇，委巷春谣，等是不得其平，自鸣天籁者也。三分人事七分天，加以艺化烘托，添色添香，也复更呈美好。以见“吟安一个字，撚断几茎须”。或索性谓文章天成，妙手偶得，可以不学而能者，皆其过分强调而已。“寻常一样窗前月，才有梅花便不同。”融情于景，取自感兴。“东风狼藉不归轩，新月盈盈自照门”；又“耦耕旧有高人约，带月相看并荷锄”，谁都觉其腴美生姿，娓娓有情致。正不必谓今人尽不如古人也！诗境贵宽，拈花微笑，许作如是观。

复有一则，为人情之纯驳问题。以东坡之仙才，兼之谪贬域外，生活既已丰富，又能妙解消犹，悠然物外，和陶之什，于以完成；而如花猪肉，猪肉粥之类，鄙俚实不成句，诗于何有？说者因谓其老年才气衰退，诸多诗作，不及壮盛当年之波澜隽美，信而有征，即此亦自可发人深省。同是一人，而心弦张弛，坡陀起伏，不能一直磅礴壮观，亦正有其平铺曼衍，欲于平谈处见真光，浩气依稀不爽，并且姜桂之性，老而弥辣的非易事。一般者，都不外草木繁英之飘风，鸟兽嗥音之过耳，一阵淋漓尽致，归之响歇声沉，或式微式微，随扯随淡，奄蜕仅存，有同秋槁。

至如，生就平凡，“蓬门未识绮罗香”，交游不出闾里中人，所见不过数百里间，习与为伍，粗糙囫囵，通体无一雅相，乃如之人，欲其发现根基，赓陶情愫，定是绝无仅有。所谓人未有自致者，必也亲丧乎？除此昙花一现之外，无非芸芸众生，随波逐浪，汩没以终身已耳。由兹体认，唯大人为能不失其赤子之心，唯诗人为能触心灵深处，生生色秀，焕乎其有文章。犹之乎日月星辰丽四时，和濯淖淤泥之中，亭亭净植者也！似此境界，栖住唯缘，冶性覃心，端有诸是。以其易涉理障言筌，只好搁笔。

补充淑修一课

记得一段记载。一个行脚僧，随伴一挑行李，力者偶问师父何为久念经？僧答以未自在。力者笑谓，你看我自在不自在？僧回顾，觉其通体无邪，盎然色粹，慊接行李自挑，而力者转念师父苦行如此，尚不自在，我何人竟能修到？茶然不安，神色顿沮。僧再顾道，行李还是由你挑去。

全乎天者其难如是！无心者与物冥，孩子折棰挝虎，虎不为害，遂谓孩子可以持续下去，永远不慑虎威，亦未免太天真了。唯圣妄念作狂，唯狂克念作圣，偶然变换，可为警予，但一阵豁朗或阴霾，亦正易于醒觉过来，而忘个干净，回复因有常态。犹之一池春水，一下石子投掷冲开，可不些时而波痕回合，沉沉状态如初矣。

一忽灵光之不可恃，所以困而学者，仍有取于蹇修，一贯孜孜，唯日不足，百里负涂，九十为半，时时拂拭，怕惹尘埃，从知无有侥幸中来之业绩也。于此即证无所住之真谛，亦即事理时在变动不居中。

录唐诗僧齐己《病中勉送小师往清凉山礼大圣》一首云：“丰衣足食处莫住，圣迹灵踪好遍寻。忽遇文殊开慧眼，他年应记老师心。”

阳光雪影

在日光中看雪影，也许即是晴雪之谓，觉奇丽飘洒，分外可观，并没有往时寒意，这要算雪花的另一光景。

念月溶溶，风淡淡，雨潇潇，光景清奇，词调入胜，教人有那脉脉回思。

张子野《木兰花·乙卯吴兴寒食》词句：“中庭月色正清明，无数杨花过无影。”这当要比所传三影而更胜。又咏梅者，类取材于暗香疏影，却有的以无影形容之，乃是夺胎之一法也。诗云：“玉蕊含风香，苔枝带霜冷。夜静月冥蒙，空庭卧无影。”

元宵后雨雪

一早天色阴阴，越笼越布，变成沉沉不开的样子。我在窗前，浏览杜甫传，为了把剩下的一气看完，耐住一股微冷，继续下去。看到他的终局，就在耒阳地方，舟行水涨，五天不得食物。县令闻知情况，使人赠送酒食，写信问候，他还有感谢县令的一首诗。但因水势不停，前进不得，等到水落，使人再去寻找，已不见他的踪迹。后来一段传说，就是说，杜甫得了这些丰盛的白酒牛肉，痛饮饱食之余，一晚上就死去了。县令也还在县境不远的地方，替他建造了一座空坟，算是这个悲剧的结煞。

正在神往古人之际，默默这儿间，窗外窸窸弄响，竟下起雨来了，开门引望，雨丝也还是飘雪，落下地来，融化为水了。墙边还有些不曾化的薄薄的粉碎呢。这要是春雨到来的第一遭。天气也旋觉冷峭，早上不曾烧炉，临时却找不到燃烧的木料起火，一室显得分外的冷清清了。雨还是不住地落，不知不觉，雪还是不住地飘，飘到密密层层的一阵，满地又是灰白如银的世界了。

买花佳话

“小楼一夜听春雨，深巷明朝卖杏花。”仍有点清寂之感荡漾着，所以成其为诗意。

我闲着无事，也惯过隆福寺买花，花匠如故相识，价钱都不讲究，有时拿多三朵两朵，不以为意。看旁的成双花客，恍似优闲摇晃以过，不知他们看我，曾否也作如是观？今天老的不在，有他年纪很轻的女儿当门，也解替客挑拣花枝，别出心裁，谓有含蕊未放的要好，另添足了一对大红花，簇簇盈把，我以为太多了，抽了一些去吧，她说不必，就照底价付钱，半买半赠可是？

车上要人让坐，初时好像不大愿意，等坐定了，瞥见我手上一束鲜花，转投了一个笑脸问号，这是什么花？入夜还会发香吗？无形间，意解颜开，同心同德了起来。下车，捧着花朵，又是闲庭信步，心知迎面和风吹拂，花枝招展上头，是有点美的意态的。却不料赏美者出之抱提的小孩，他牙牙学语，指着花好，连他妈都辗然一笑了。还有一位老太太，鬓发斑斑，慈祥可掬，她问我这是哪儿来的？值多少？我一一和悦以对，也似成个谦谦君子，心地总在悠和，人间也存了煦爱，无隔无碍。

记一回，深巷门边，群儿眼看携花人过，交声叫好，因有句：“一束擎来赢得处，儿童呼好拍将迎。”活生生地活现了群儿戏耍，和锦上添花的画意。以见人同此心，审美无邪，那么掷果盈车，何曾不是人之常情呢？再话转来，花间功课，习之能细，有时瓶稀，枝叶夹插，也还别致，友人笑说，你好像学习过园艺了的；我却古色古香地，撮拾句套：“前身便是种花人！”

池上看月食

夏历六月十六日晚，月有食之，十时许复圆。

又到了天王门前，丛丛绿荫，好风阵阵吹来，友说这是近来顶好的风了，市廛里面根本就遇不到。我也有这番感觉，也就是太阳炎炎，暑气熏笼，所以特地于这发现了绿洲似的了。

这草坪一角，席地隅坐，渐渐移时，浑觉身在草野，习与为伍，再加一度渲染，坐吃其间，日影斜后，透出悠悠物候，草长阶前绿不除，犹依稀沁人清趣。我不由托出一个意思，这边比那边好。为的那儿人工布设固然完整，却减少这儿疏落旷宕的一样趣致。友也表示同意。

绕过一程路径，待过那边，终竟又绕转过来；为的这边，近水楼台，面对东方，今夕看月食，恰好在这儿面临水际，看得仔细。夜幕垂垂黄昏，共凭一张躺椅，“向阳开泰”起来。初时隐隐透露一圈红丝晕影，渐觉一面边缘微微淡白，好些时，白痕浸渍，放出柔弱亮光，凉凉水面，漾出滟滟纹波叠彩。无端会忆起《春江花月夜》“春江潮水连海平，海上明月共潮生。滟滟随波千万里，何处春江无月明”的诗句来；那是撩起无可奈何的伤感的情调呢！我一面凭栏，遥对水月，心事悠悠，羌无所有，也就想，那么“思凡”一般的微弱低调，可不会有和不必要了吧。人间憧憧往来，各自嬉游，各有依归，在我看来许是相忘于湖海之间，道是有情，还是无情？抑系有无两忘之为恰当。不过这些妙谛，也就像月儿这回薄薄地稀微的一阵罢了。

援东坡的旧话来说：“自其变者而观之，则天地曾不能以一瞬；自其不变者而观之，则物与我皆无尽也。”我今换个调儿：自其既食之后，你如着意回圆，她偏慢条斯理地，活像等水不开，等女不大，煞像了痴汉子，但一面，时光不稍宽待，一霎凉生，拂衣言旋，又是不知不觉地，归途月色已胧明了。人生就在这两个状态中，互相牵引，互相制约的。

又，一行叶树，风起萧萧，向时以为叶脉像菩提，而今友替矫正了说，这正是北方特产的白杨呢。怪不得“白杨何萧萧”，有那么古典作风，古愁风调！

今夕只谈风月

如果说欢愉之词难工，并且光景一失后难摹，则这个课题，快把我难住而搁笔了吧。

稍稍登记突出的，当晚于那白塔旁边的茶座，这边初到游伴三数人，才在谈吐风生，偶尔瞧了隔座一对痴男女，默默无言，对酌片时之后，各各抹其手巾，眼眶都有点红晕。好久好久，游人越来越多，等着座位，女的绕过男边，似乎低声叫走，但终竟还是她懒洋洋独自去了，而男的不知几时才离开，我可不大清楚。浑觉掠过一阵薄薄的浮影，像是说，几家欢乐几家愁！

我们是高谈雄辩惊四筵的，阵容壮阔，统共十一位，中间三位女性，葡萄美酒，罗列果珍，连只手提螯，只手执壶的都有数；所差点，就是乌云白云，月圆虽从云缝里钻出来，而这儿面湖朝西，聪明的太太说，等待下半夜才是辉光照满湖呢。可是有的红楼一角，透出一片彩迷迷，南向一隅座位，得天独“赏”，这便惹起一位年纪轻的抢着说“喘月吴牛”的笑柄来。

乘着星月皎洁，一齐下山，有的欣赏“活电影”，出没于斜径花荫，我还是领略这无边风月，和水天一色。像这烟霭迷茫的周遭，我是惯会流连忘返，飞越虚无缥缈的天国，那么非非世界去的。“十二楼中月自明”和“月明飞锡下天风”都是羽翼，看我的蓝本唱和。但如今可不暇这一套了，人家一直飘飘然，我也只有也步也趋，凫游人海的浅清境界。

到来垂柳一湾，风依水面，好像忆起什么描写佳句，但一时总记不起。登陟斜坡，找个旧曾憩息的像是桑麻之野的所在，也就再发现一些“活电影”来。我们当中一位少奶奶，步入丛中，友伴偏说她在召唤，因之也要她爱人跟着去，好生表现一下“电影”，他可不同意，笑笑而已。就这样，石头和草坪，随人方便，倚着坐着，大家不着边际地漫谈，谁也不会记在心上，一下子就像耳边风，吹散得无影无踪了。我这才忆起“梦魂惯得无拘检，又踏杨花过谢桥”的句调，并实在体味着无拘检的轻松洒落，又恰恰像这个样了，谁都解放了，谁都显得活泼年青了。

一阵云层，随把月光掩翳了去，时间怕已不早，就此拔队归巢。穿过树荫，月儿又偷偷地溜出来了。白场坪的舞侣，还在旋奏交响乐，舞态婆娑未歇。待出后门一箭远光景，一行白杨树，风吹叶晃，响彻萧萧，教人意识清一清醒，这报道凉秋瑟瑟，还是夜深月影斜了。归来成纪事诗一首：“一年一度又中秋，北海登临影拍浮。莫把玉盘山比小，非关原上号乐游。联翩裙履同仙侣，鱼跃鸢飞竞自由。我也随缘赓泛泛，几人骑鹤上扬州！”

小品三则

“日日窗阴坐翠帘”，偶然拈此一句，虽触意境，嫌带脂粉气，犹之“杨柳青青莫上楼”也。但美人香草，故已有之，不纯属于写实；照眼前描绘，岑冷风吹，日前还下了一阵雪，冬令时节，已分幽寒，而庭前高柯柳树，绿丝犹曳，临风袅袅，自然把寒意托出。不过隔道玻璃窗儿，室内又是蕴着暖气管，一瓶花朵，经时常新，人在其中，无挂无碍。每把锦帘掀起，眼看楼前景物，有时是，“西楼望月几回圆”。而这来，晨曦乍吐，光霭和平，一番柳浪，恰饶姿态，翠帘之喻，也自有以，当成生活象征小品也得。

罗隐《鹦鹉》诗："莫恨雕笼翠羽残，江南地暖陇西寒。劝君不用分明语，语得分明出转难。"真不知此老胸中有多少丘壑。江南犹暖，陇西方寒，马后桃花马前雪，关门争得不回头！又十里清霜，一城冷雁，不许愁人不望乡！这还就外间光景而言。再进一层探讨深寻，那鹦鹉前头不敢言，人事悠悠，向来多难；唯孤臣孽子，其操心危，其虑患深，才能解脱万一耳。韩非说难为孤愤，毕竟是英气用事之过。

世事都有个缘，当其翕合，如石投水，心心相印，及其既衰，便如泼水难收。所以有人情历历如波云，极其消逝幻灭之感叹也。梅精肥婢，互相诮詈，也成词林妙趣，以其慧心绣口，不比蓬头乱发使然。较轻剂些，则如善戏谑兮，不为虐兮。《石头记》调笑史湘云，只恐石凉花睡去，抽将夜深二字为石凉，便把一个如花少女，醉后躺卧园坪的娇态，和盘表露出来。恰恰是良辰美景，赏心乐事。而到后来，三春去后群芳尽，各自须寻各自门，可是平添了多少怅惘愁致呢！虞美人诗："汉兵已略地，四面楚歌声。大王意气尽，贱妾何聊生。"缘尽而情牵，令人读之也觉一晌惘然。

随　笔

三九四九冰上走，时节到来，直到今天，才克践就这个谚语，也觉很有趣的。霭霭阳光，筛满枯秃秃的园林，凭栏凝睇，一大片白坪埕，射注阳光，又是白晃晃地，大约就所谓阳冰了。看那游人成阵，斜穿绕过，我也不用狐疑，生怕薄冰会陷下去，不过踏踏总有点异样的感觉，又且几回滑溜，还好站得住脚，虽不曾战战兢兢，也要小心翼翼。玩弄一回棉舄微微沾湿，这么着，完成了一段过程，跨登彼岸以去。

友人述，曾于车中雪落纷纷，旅途无伴，正自无俚，时车厢乘客稀少，斜对面座次，瞧一老头，像是庄稼般人，人很朴茂，也是独自个人，闲眺窗外雪景，后来微微吟哦有声，词不可解，以为北方人惯有哼小调的习气罢了。偶然一个机会，同他碰巧攀谈起来，因问他老人家刚才唱的是什么调？他笑笑说，我是在吟诗。欣然再请教一下，那是这么两句：“足下琼瑶随步碎，此生誓不履红尘！”

雪窗清课

文字从深心中流出，与从口头信口而出，显然不可同日而语。“貌言华也”，属于后者；“有德者必有言”，属于前者。

洗伐太精，反失疏落之致，文字之美，正唯其疏落有致，不求工而自工。加意琢炼，往往神趣索然。所贵乎天真，稚气者，亦就在此。

气机流畅，不在于一字一句之奇，率真口吻，本色人物，虽有瑕疵，并无多大妨碍，或正以其瑕而愈显出其瑜之美来。反之，看似无过，非之无可非，是也无可是，简直是乡愿而已。庸俗化而已。

每有通体文表端正，读过终篇，仍是不知所云，不浮一点印象，转不如蓬头散发者，乱滚一回，酸楚楚地为有动人心处，后者是有血有肉，前者却是木偶般人。

援富人上天堂，比骆驼穿针孔还难的例子。那么，肥脑厚脑者，根本对于灵之境界，就是缘悭，你要他入德之门，心弦扣紧，临风兴慕，临流赋诗，逗出本来真我面目，那是不会有的事。

“雪色小窗白似银，诗声近已无新制。”

等闲补缀成篇

过医院探访某公，承谓已是完全没有事了，难得这个休养机会，姑照医生劝告，多住几天。我顿忆起，优游林下一句话，前传欧洲某个魁首，于雷厉风行地发号施令之余，也就是独自在森林里面，轻便行走，此时伴着他的，只有一支手杖和一只爱犬而已。那是向大自然的广大无边的地方，去寻求灵的休养境界吧。

园林乍来春暖，也唯有余寒的凉意浸袭之下，套上一阵银光晴日，遂觉空气特地清新了。花坞里面，姹紫嫣红，争妍斗丽，我指着跟前的迎春说：新近在诗话见到，迎春即是辛夷，名字多美。友言，好些文学上名花芳草，会在身边滑过而不知觉，正坐我们这一番常识太过贫乏了。

又说，像这娇艳，再配上精致花钵，摆在几案前头，多少是可以提高神爽，慰人幽独的。我也表示同意。出门，还是蒙茸草苞，那些牡丹池中物，人们意会着，不久便将有春色到来。这和五声中，角即是触，阳气触着万物而孳生的逸注，不谋而合。别有大道旁边多少草苞，照眼前一般风气，花朵摆在外头，是不会被人偷摘可知。

一湾塘水，隔住一堵闸梁，下面水流活活，上头却还冰未曾澌，春日桃李绽开，夏季莲披水际，定饶光景流连清致。而这儿流水，却划了一下鸿沟，等于说，南枝向暖北枝寒，也正有抛下很长的钓丝，不知他们在钓些什么？难道冰才解泮，便会有鱼儿来上钓？但“惊蛰”到了，物类尽都出个头地了，怪不得游人如鲫，也跟着生动活泼起来了。

分明节序还早，柳丝迎面望去，才有些鹅黄意思，距却“绿柳才黄半未匀”的信息还很远。一棚紫藤花架，往时花串累累摇曳，而今一样在棚下品茗，却只有意味着，不久到来会有那一天。又像，豆棚瓜架雨丝丝，这儿旧梦，何妨重温一下？不过停歇些时，侵袭凉生，又觉不大舒适，还是起来引步，晒晒日头，转过方场，好让宜人光霭，没遮拦地迎将胜客。

归来风又起，迎面蒙蒙周遭，尘埃野马，惯和人结不解缘，走远了，还怕不装成一个泥人儿吗？水做和土做的妙谛，就此更加有了印证了。但是归家绻倒是真，一心想困些儿觉，不很远的萦绕当中，刚被钟鸣粒食叫转了。起来斜日窥窗，风已静息，一室气度微温，帘幕垂垂掀起，这就将演完了一整天功课了。

读诗短札

人生而静，天之性也，感于物而动，物之情也。当其动态靡定，苍凉激楚，词易为好，所谓“不平鸣”和“穷”也者；至于沉沉归静，寂寞孤光，浸假而为平淡无华，元和音调，却是欢愉之词难工矣。

秋景方中，天地正色，醰醰意味，把住实难，而知雄守雌，为溪为谷，大慈大悲，乃系乎是。向述：“日长睡起无情思，闲看儿童捉柳花。”遂以为生命力式微，真要皮相可哂。再证以东坡“午醉醒来无一事，只将春睡赏春晴”和“酒醒门外三竿日，卧看溪南十亩阴”。何莫非元音淡泊，无味而实天下之至味，不着色而浑然一色，渊穆幽光，不可迫视也者？其示闲暇，乃力有余。

“六一五”我记犹怜

一回去郊外旅行，带将小镜子和一把小梳，以备不时之需，谁知一直到游罢归来，连想都不曾想起，休说照一照颜面和去修饰的了。也就是年华老去，旧我遗忘，那么“顾影自怜”的稚态，久矣隔别了另一个世界了。

写将这件，当成楔子，再说到“六一五”被捕的大日子，距今恰好六个年头，老冯告诉我，现时留在北京的还有七八人，他提议届时大家聚拢了来，做个纪念。可是一直就是宕过了。隔天我碰到他，他说打电话都打不通，有的支支吾吾，不大着意，言下一笑。其实，当天我尽在房里，静静地有意重温，写些回忆杂感之类，但总形淡漠，带不起热切的感情，这样也就让它滑过了，一点东西都写不出来。真是，此一时，彼一时，时过境迁，新啼痕压旧啼痕，后浪盖住前浪，新陈代谢，一点不容假借的。谁也有新来的环境和心情去接替了。

我生活情调总是淡漠，不识忧，不识愁，委实没有酸素用事或热力为之推动，刺激吗，间或有之，也许刺得近乎麻痹了，横竖不过那么回事，听之算了。我犹时时沾着上心头，拂它不掉的，就像昆明一幕，许多新认识朋友，热情欢送，物质帮忙，以俾成行抵京，但是对他们的回答呢？却等于零。还可意想到的，大都七零八落，莫予援手。我白白地接受了一番人情，我没有道理吞没了这笔心债。可是，可如之何？还不是梦寐不安而已。又其一：旧乡亲友，多少灾难重重，好些地方，带着好浓厚的阴影，你宁有闲心情去荡愰一遭而无愧怍吗？所贵乎人与人相与之间，是能够共存共荣，才能打通交道，倘是一人向隅，举座都为之不欢。我默默联想：那儿田园，悠穆风吹，蛙鼓缭绕，纯粹的原野景色，只合向梦中寻找了。我再没有机缘，乘着春夜，走遍田畴，去访这边又那边，听听村落演梨所传播出来的乡土音调，那么清晰入耳。信知“此曲只存前日事，今番难得半回闻”！

啊！说到暹罗，那么两个小孩，也正时时萦绕着我的脑底，不过总无办法，将如之何？到头还不是让他自生自灭算事？这要比其余印象烙得深擘些；也已好久镀上一片铅灰色，越拉越淡，再不会有什么凄清，而是多少心痕冉冉，辐射出了荒漠和惘茫之致。

这之时，我一切都没执着，不复热情的维系，有时加上不愉快的压抑，就像丛中栖鸟，给一片枯枝落叶之类掷过来，吓煞起飞，旋复栖息，它是神经衰弱的了。同时，漫把风花雪月，花鸟虫鱼，作为酿诗资料，实在式微式微，不成样子，不成什么清趣，浸假而弄成油腔滑调，那真要属之自郐以下，无庸多道。

作诗正如追亡逋，清景一失后难摹，照眼前周遭，还是把握不牢，让它汩没以过，再远再远的方物，当然只有灰飞幻灭了，不可得而招来同住了。人生可不是沿着这个规律，像那不起劲的样子，长夜漫漫无声无臭，偶或荡出一缕游丝，晃一晃地闪过去，便神不知鬼不觉地，杳然一去无踪，再也无处寻觅！

回头仍替“六一五”这度创伤，渲染墨沉的话，那也等于告朔的饩羊罢了。

陶然亭过游杂缀

“更待菊黄家酝熟，共君一醉一陶然！”

这便是陶然亭依白香山句而得名。碑文叙述黑窑厂建寺，始在辽时，就中有某贵宦，辟筑名亭，岁时酬宴。

习闻中有关典故很少，亦只是说：那儿有香妃冢，鹦鹉冢，并八国联军入京时，有醇酒自殉的醉郭，和另后的赛金花都葬其中。向来有些骚人墨客，惯于此流连赋诗，当成胜游之地。

到京几年，还不曾去过，心痒痒地，就在一个星期假日，结伴三人。只因市廛住得腻了，出永定门，也即城南郊外，一望平旷，为之清怡。一条绕郭河沟，水流活活，泥土松松，就像乡间原野所有，不比夹在宫墙那么方塘死水所得而比拟了。我相当于不辨菽麦，看到这回麦穗垂黄，才忆田畴亲切缘分，实在我是农家子，亦是大自然的儿子。

出郭复入郭，转了一阵弯，各人都不曾走过，触目陌生反而色喜。

到了园林管理处近畔，茫然问讯陶然亭在哪儿？回说这就是了。原来这一带新辟公园，草莱荒径在摸索中。绕过几个小丘，引眺潆纡池塘，树未长茅，好在若干时候以后，光景定是不错的，大家默认这个评价。指着庙宇似的一处茶馆，好在歇歇脚，聊聊天。

从茶座的小冈踱下来，再绕了一回大弯，从头至尾，可以说都是漠漠无甚深印，却好还是“健康”的。不会萌发一些儿女态。

还未见所谓冢也者，偶露一处小碑塔，便以为在是了，到临却是和尚的。还有什么剧人的义园，残存界石，看来必是辟为公园，便把所有荒冢通通迁去了。但却在无意间发现那个象征化的香冢来。照抄碑阴题词，另一居士的《鹦鹉铭》附在，都如次：“浩浩愁，茫茫劫。短歌终，明月缺。郁郁佳城，中有碧血。碧亦有时尽，血亦有时灭。一缕烟痕无断绝，是耶非耶，化为蝴蝶！”

“飘飘风雨可怜生，香梦迷离绿满汀。落尽夭桃又秾李，不堪重读瘗花铭。”

“维年若月，有客自粤中来，遗鹦鹉殊慧，忽一日，不戒于狸奴，一搏而绝。吁！微物也，而亦有命焉。乃裹以练帙，盛以锴函，瘗城南香冢之侧。铭曰：文兮祸所伏，慧兮疠所生，呜呼作赋伤正平。”

由今复按，词甚哀艳，当然不是什么香妃，却分明是在葬落花。比之“宝玉非人也，实一块顽石也”之解更确。我一年来养花差不多成癖，颇能道出个中消息。而鹦鹉小小珍禽，以慧惹人怜，又以文采贾祸，一般心事，犹然“西湖虽好莫吟诗”之谓焉。

由兹可以人推想，往时文人优游脉息，踵事增华，因缘于一觞一咏之林，陶写于美人香草之什，从而荡涤一番，流连忘返，幽赏未已，高谈转清，其一种游目骋怀，闲情逸致，定会有池塘生草，触绪芳菲，不仅仅一醉为事为致。

形而上者最怕枯燥，亢龙有悔，过则为灾。似这般郁热犹存，人在新开的途径上走，树苗又还稀疏，遮不住一阵清阴，引人美好之感，还好日头也不会太晒，免得头昏眼黑。一忽云层浮罩，快把阳光藏躲了去，剩下来的风于草际，浅水涟漪，小立低回，隐隐有点异样感觉，说不定近乎怅然愁绪那么样。基于这类感情，还觉得这儿最好是“凉生萋萋芳草，曼歌晓风残月”或则“月明之夜，凝碧池头奏管弦”那度风悠，坐将广漠，不更渺渺清愁，耐人寻味无尽藏吗？不过，这是偶一及之，想象而已，而我今朝心理“健康”正是满不正乎，不识忧不识愁为何物。

就在池塘这边，遥对着对照面，刚才绕过的一个半弧，走时觉得土堆子沾泥着脚地，而今成为坡陁起伏的了。将来添些阴翳树木，还不是郁郁葱葱佳气浮吗？就连憩息那落茶馆，简陋不过，这回也变成虚无缥缈的楼台了。这合是“庐山烟雨浙江潮，未到千般恨不消。到得还来别无事，庐山烟雨浙江潮”，一般远景，总要在可望而不可即，才显得神秘，至少也于望望中比却躬临其境的，还来得兴味浓厚。这一来，又太不合乎现实主义了。一笑。

琐　记

立秋差近，今早起来，快有点软凉秋意了。也因今年夏季雨下得特别多，各地都闹水灾水泛，而我于这，叨着避免暑热，一往清调，未曾不适。念及花蕊夫人词：“冰肌玉骨清无汗，水殿风来暗香满”，末了说到“屈指西风几时来，只恐流年暗中换”，都有点怃然。这儿却真的秋意降临了，物犹如此，也即是离人秋早觉了。未曾经夏霎经秋，芦苇荻花唤白头，人世旅程，漏落一个空白，便是欠火，欠缺“艳阳桃李”当年。

昨过访健谈的某老先生，他有点疲乏，说是老态，气体虚弱，家人端出药碗，还是参汤，藉资补助。我登时受了感染，好些时不是晕碧旋红，成了脑神经的衰弱状态。而一向掩过，不愿提起示弱于人，并不愿向识途的老马请教，得过且过而已。我也伤残如此日，不堪霜叶向人飘！再想想：陶士行生当虚浮之俗，动而见尤，欲益反损，而乃运甓习劳，竹头木屑，孜孜不倦，用能恢廓才猷，立功立事。彼其豪杰之士，岂所语于蒲柳陋质者哉！

尽在陪听念经，一句述说都插不进，又像淘金于沙，一句性情真挚的话都找不着，这般酬应场所，抑亦不可以已乎？赛过众楚人咻之，尤为难过，以其浊浪滔滔，一而二，二而一，敬堪洗耳罢了。但现实如斯，何处能有清阴渌水，潆洄映带？习习从风，几曾见有疾风劲草，古道肝胆照人？乃知“犹吾大夫崔子也”，斯言是何味道！又像自我作践地说句：“此日长昏饮，非关养性灵。眼看人尽醉，何忍独为醒。”不禁摇曳唱叹出之。

过黑龙潭等散记

“尽教霏雨湿春愁！”无端会逗出这样句子。早上天色沉阴，散下疏疏几点雨，越来越像帘纤筛下了般，气温也就显著的低降；今年雨才是第一次见面，又且昨天恰是三月三，分明春讯传来到了大地。不过草青还没有，郊原树杪，隐隐望去有点儿黄，路上湿漉漉地套着雨脚云痕，更把本来清淑之气，换成一片凄愁罢了。

这来泥泞载道，无暇参详，但就所谓黑龙潭，圈入疗养所院内，山下激泉汇成小池一片，平凡清浅，有的不由己地说，潭并不深，那讲故事的却称：“龙之为物，可大可小。”使我忆起“山不在高，有仙则名；水不在深，有龙则灵”的雅典来了。但现实总是现实，平凡总归平凡，较之昆明的黑龙潭，密树阴笼，渊幽云引，煞是不可同日语。翻我十余年前旧游之作二首，以概一斑：“绿荫满径落英飞，郁郁春山草色肥。陪对阳和沾席地，鹧鸪底处唤将归？”“古柏道坛俨翠苍，上浮云气下龙泉。遥怜孤月浸寒碧，为有幽人一瓣香！（明亡时有士人薛尔望举家投潭死）”

而据记载，旧都黑龙潭是这样：潭在西直门外三十余里，金山之麓，潭水泓然，以深不泛不涸，前代时以亢旱祷望其地。潭之西北小山累累，迤北一冈，创建庙宇，以祀龙王，殿宇依山势高下，建筑俊伟，潭庙周隅，勒有台碑数座，复以碧瓦小亭。

另一段记载：金山口北八里，为黑龙潭，一丘一碑，碑曰天下大师之墓，相传即建文皇帝墓也。正统间自滇返京，迎入南内，号曰老佛，卒葬西山，不封不树，虽史迹淹没无可考证，而景陵在其南，龙祠在其北，黄甓绿树，碧殿丹垣，冈叠层螺，潭澄玄镜，幽晻情态，固可流连向往也矣。

自然以无缘流连为憾。不过建文于滇，别有香火缘，我于西山太华寺，就见到他的披剃一像，还在滇南诗卷存有几首诗，大都感慨苍凉之作，姑不具论。

至温泉处所，纳入学舍范围，布设平平，我见过的几处温泉如：弥渡、景栋和邻里的汤坑，山岚风物，都要好看得多，规模也远较幽邃而壮阔。有的生不见过温泉，欢喜无限，把瓢取出一些，试试洗手，聊当屠门大嚼可是？真是何所见之小哉！

山上浮冈，不逾三二百步，便可登临，冯玉祥氏于此建立一塔，纪念其所率领的辛亥滦州起义死难壮举，时代化为湮火，恐怕除他们本人而外，谁也不会记起那么多吧。倒合凭倚引眺，底下一弯泥径，载负牛车，乡村原始景物，晃映毕现。当然不是什么美感，还隐隐带着一阵幽寞愁人！

返过颐和园，傍水滨亭榭，闲坐品茗，歇歇疲劳气息，却是好的。天气也遂放晴，暖烟浮罩湖上，淡淡和光，配着悠悠舟子，闲引轻划，也还自由自在。我顿觉自家是那么困，委实大不自在。不过兹游还是很好的，满有收获的一阵愉快归来。

春明小品

“风干水际粼粼浪，人带桃林灼灼华。”

这是坐落石头上，默默移时，所为点缀凑成的对句。光景仿佛清秋，因为还有些凉意侵袭，但叶脉总是新嫩的，水滨几株迎风轻摇，含春意态，陪着底下的太阳光照，晃晃漾出鳞浪波纹，也就更显得标致了。

几时都是浮光掠影，囫囵过却生涯，不曾好好深寻，消磨镇日，以与自然静静投契，所谓投入大自然怀抱也者。信知山林清淑，造物不轻易予人，有甚于其他享受。却说，疲劳抛过，石径荒凉，端的而今，还觉清境隐约剩在人间，浮上心头，宛似枝头点缀着有点儿青青！

风悠良美，轻扬婉约，披曳到了这间，就在近畔斜坡，紫藤架下，一面簇簇地碧桃花或是榆叶梅，我分别不清楚，总合红芳灿烂就是了。引过几树白的复瓣花朵，一色开放，那我可以决定，她是观音桃了。恰在花径丛荫，低回小立，不妨附庸风雅的话，也许爱道人傍桃花，或云步入花林，卒之句斟字酌，说是人带桃林灼灼华！

过了小山岭上行，才忆及往常经过的一大片桃园，经冬见不出什么的，这来正好观光。怎知人面桃花——说确切些：“桃花已归何处去，人面依旧错春风。”那枝条叶叶青青，间有残褪剩朵，触目晃现，我来嫌迟了！也合是桃花命薄，过不了多少时光，等不着人来厮守呢。旋步一回，到了别处，又是白的复瓣大白花，隐映在幽坞里面，随有个雅人，躺在旁边长椅，四脚撩天起来，想是蝼蚁也知春色好，斯人未免有情，故此仰游醉赏着呢。一径而下，刚有两位鬓发飘萧的老年人，和道旁另一位（*也必是看花人*）打招呼，没有了，通通没有了。我了解他的意思，是对丛里桃花的传讯，并了解话中隐隐，还含有点儿怅惘之情！

另浮现霓黄的花朵，即叶即花，新近于诗话见到，这类辛夷，一名木笔，南人谓之迎春。好久以前，早就唐花坞先睹，而今春已将暮，此花叠叠迎来，赛比轻薄桃花，可是鹤长凫短。

不想多些撩触，我是无所用其心的。那归途一行白杨或曰菩提，还是绿未长齐，而和风丽日，已就蜜蜜周遮护惜了。忆昨间那个小天使，临别对语，祝您健康，祝您快快长大，也是满有趣的。

仍添了条蛇足，那是揽腰而过的人物，看来并不好看，老是一般傻里傻气地，并不伶俐，俏在那儿，美于何有？引而申之，绮罗芗泽，多半庸脂俗粉，欠缺天分清标，更远不及空谷佳人之天寒袖薄，一样花竹秀而野的了。唯其然，丰兹啬彼，一切都作如是观，殆不可以常理测，聊乐我云。

闰三日过陶然亭

今天是闰三月三，星期日，应该出外转转，便过西城，那儿主人不在，询悉了原是匆匆决定返广州去。念老人家许久就想要回去了，故乡之恋，谁也不能免，此去正是“少小离家老大回，乡音无改鬓毛衰”。料他日重来邸宅，可有一番闲话见告的。联想新近一个少奶奶，上头照顾她廿余年不曾旋归，给假归省，大约在家兜留上十天，转来未久，随报道她的大人去世了。我不由相信因果，似这般冥冥中，还让她父女俩，最后再见一面之缘！

闲话少叙，出门之后，我还是作汗漫游，向那许久浮上心头的陶然亭去了。并还有了预先填写的底稿：我是要缓缓行，且行且止，随意所之，却无所用其心，这才是“虚庵”的采纳办法。到来还证实了春来生意满，绿茁汀洲，虽则仍未齐楚，随在呈露赤裸裸的荒滩，正好是人工未尽整齐，有了些原野风趣，耐人寻思。套合某处楹联：“出城不求远，入山不求深，只此十亩园林，本弗避人岂避世；栽花以为邻，邀月以为友，乘得四时佳景，何妨忘我兼忘机！”亦颇几分近道。至陶然亭自有碑记，我抄出它的后半截说：“闲尝于春秋佳日，登楼纵目，近则陂泽潜演，菰芦所繁；远则窑台对峙，抱势争高；其南则周墙缭绕，古树云平，埭堞森列，实地之奥区神皋也。其西则积山万状，爽气豁眸，又天然一幅画图焉。景非一端，状乃万族，凡四时之开阖，雨晴之晦明，风月之清美，随时流览，无不见所见以去，则信乎其陶然也！”又亭为清部郎江藻所缔造，故又名江亭。

春日晴美，难得佳节重逢。旧都春季，却是容易刮风，尘沙扑扑，来时还不觉得，渐起突起，阵阵飘扬，也好，当成参证。天气又是不冷，只此一度顶着，变成劲朗化了吧。真的，一般花草，不只缠绵，不当温馨嫩怯，而分明映住阳光上面，现出一股清神，不落凡近，不教庸俗化。或者正唯其凉气渗透，才保持一晌柔和清佳，不起郁热含愠，未始不是风来调度，恰到好处。总之不像暖室的盆花供养，怕风怕日，弄成奄奄愁困那般。要是这来的发现，新生的肆应，坐微尘里以转大法轮。不太玄虚的话，也就是指挥若定，“永忆江湖归白发，欲回天地入扁舟”。

让游记写成这般调子，自觉好笑。应该交代的是：春草池塘，游人似鲫，还有桃花红，李花白，迎春黄，和不知名的向阳光好，艳艳流徽，任它封姨毒妒，她还是芳心脉脉，抖擞而撑持下去。比如，一树亭亭桃花较晚，我来仍及目睹灼灼敷荣，前度刘郎，玄都观里，用不着萦绪梦寐吧。又复人来人往，一样熙熙，满是无愁样子，我边行边止，几度流连，看它城垣奔绕，漫野苍烟，悠然意远。当中云亭，寥寥旷望，漏听两位老人闲话什么皇帝也者，终于说，我们下山吧。他正当成小山一般登临览胜呢。我先一步下山，巡礼于那冢香，念念瘗花词，而那老人跟着莅上，指着说，这度“赛”花词，不是赛金花，她墓则在那边处所，指指说说，我可不大懂得。后来还又在湖畔石头，无意间再和他们碰一碰面，留下心头一些漠漠的影痕。

拖泥带水混入理障，真是！今儿闰三，是春节的展延，理合赓唱“三月三日天气新”和什么“水滨多丽人”，别的不谈了吧。剩下写将四绝句记事诗，亦算改头换面，天机流畅了些吧。诗如次：“春水方生带滚流，一行高柳窈然深。出城隐觉真好许，倘去郊原定可寻。”“迤过宣南别有天，分明野况落跟前。树疏都与昭苏样，兼复花丛泥照边。”“阵阵风狂度未凉，却教丽日衬清扬。不同凡近行须记，衣带渐宽秘莫宣。”“荒丘将引小桃花，玉树缤纷闲白华。信是天风吹拂拂，似曾吹梦到西霞！”

花絮之一

向来很少机会作夜游，只度赶着看牡丹，怕她不久等待，又快要消失了。前两回看过，颇有点怏望，以为今年花不似去年好，许在尘嚣底下使然。这回却感意外，一入园篱，花气袭人，虽然夹有些藤花槐花之属，渲染助长，但花王的流风余韵，正是少不得，分不开的。我去徙倚药栏，夜幕低濛，灯光斜远，看不出红紫颜色，却是累累朵影，还又添了许多。小立些时，轻风拂拂，露气也似与之俱来，阵阵花香，清忱鼻观，登的一位友伴道破，色不分明味却胜。另绕过几处花丛，徘徊几度，偶尔灯光近处，一朵两朵嫩红，特地娇艳悦目。仍复随缘引过这边和那边。

花絮之二

园林乘着雨后，不会忘记的牡丹花畔伴往旋。当然经雨湿透，好些零落憔悴了，但那后起之秀，隐合轻绡般的昆山夜光，却正白晃晃，轻飘飘，闲闲舒放，配以大红剪绒和二乔，为最当行色了。今春看花，算是第四度，以这一回印象最佳，最够深刻，脉脉这儿间，仔细端详，了无滞碍。旧话牡丹花虽好，犹须绿叶扶持，而经雨洗过的叶脉素，斯真青翠欲滴，亦好说是寂寥里面，春寒消息，吐露出来的绿凄。愁者好便添愁，寂处无妨寂守。

花 絮 之 三

不容讳言，这一回怕是最后的了，几多残瓣萎谢，触目花丛，竟有些什么似的黯兮惨悴之感！这时垂垂黄昏，又好像尽日宣劳，叶脉都带倦容，挣不起劲儿，不同上面雨过光泽的样子。差喜凝白的昆山夜光，继踵增华，剩着几朵独标色秀。那红的大红剪绒，也还些少次第续开，二乔以降，却渐渐接近尾声了。有个花客，当我不是外行，和我攀谈花谱，说他在别处见过几本，数百年前物，花大如盘，胜比琼华。他指指点点，仍在跟前的观音面。同时我见着一边的豆绿，含苞未放，去年最后殿芳的，可就是这类匹俦了。总之，花事已近阑珊，就在满园萎败，几枝挺秀，也是拗不过颓风；教人情绪是悼惜的多，欣悦反少。说不定空桑叠过，未免有情，乍见盛时，一朝零落，于以有无可奈何的惆怅呢！

退院居不易白水缔心盟

友人谈某先生诗，无惊人之句，我附会地说，这如郑板桥说过的："题高则诗高，题矮则诗矮"。某先生退居蜗庐一室，生活是那么简单，接触面有限，精神活动亦自有限，你教他除了日常庭阶之外，再有什么入怀充诗料呢？他句如"朋旧不来无一事，消闲时取故书温"，正是他的实录写照，一不会走样，贫乏就是他的去处依归了。

有的生命力强的，身在江湖，心存魏阙，也会将出忧国忧民的题材，和想慕京华的情绪，这要看其人的怀抱何如了。但如闲散久了，这类心弦是会冲淡下去。脱离他的生活实际，尽悬想外头和上头，多少不很合拍，所以如实地表现，还是缩小范围，就身边琐事，来得亲切有味了些。这一来，也自然会简化淡化，安分守己当个江湖散人，不要说"实逼处此"。

李义山闲居诗："空余双蝶舞，竟绝一人来。"差不多是一行珠帘闲不卷，终日谁来之喟叹。凭他华腴才藻，极枯寂还写得那么生姿，但终竟是单调，干枯，内容并不怎样丰沛，光景移人，环境限制，只有到此地步而已。又且他不是长闲，这类的诗，不占多大篇幅，在过风云雷雨之余，点缀一些淡月疏星的小品，也未尝不别饶风趣。所谓久厌膏粱，反思藜藿是了。人生是多方面的，欲单独就退居闲适一面擅场，不陷入孤陋寡闻的孤寒相，实在戛戛乎其难哩！

淡最难持，多看这类诗什，就会感到白水无味，人亦恹恹持不起劲儿，此中光景未易居吧。陶诗纯全田园风味，但除了菊，麦苗，农人和亲戚之外，再有采取的话，就只有酒和药，充当第二食粮。这样生活内容，用现代话来说，是得不到充实的。反之却是空虚，至少也列贫乏枯涩的。还好，他是安之若素，把酒断送了生涯，借菊陶养了天性，结庐人境，心远地偏，于以悠然见南山，完成一介清标风格。

心地还带有点热衷的办不到，心事完全放任松散，又是颓败萎靡而不可收拾，还是不对头，它的闲适处，恐怕持不起劲儿，描不出色素，尽是不痛不痒，也复无气无力地垂垂幕闭告终。这在纪评苏诗中，作者到了晚年谪贬儋耳以后，就常常见到精力不继，空空荡荡地剩个空壳子那么样。这之诗，自然多余，个人生命也算活够了。似此，实在可不必要。哪比得上“到死犹能留气韵，有情何忍笑酸寒”的吗？

人是吃烟火过活的，不是蚯蚓上吸清露，下饮黄泉为已足，所以不能说一尘不染，有时人事的错综，饮食男女，悲欢离合，跟着作为不解缘，也以增加外铄资料，多彩多样，相推相挽，直到死去方休。这是未能免俗的一面。

另一面，却是叶落归根，人穷返本，世无不散的绮筵，尤其热闹遇合，最易收场，到头来，还是孤零零地剩遗一个赤裸裸的本相。总教你不能再恋栈，赶紧要回头，让个头地好给后来人去接替，于是而浩然赋归，以遂初服，方才心安理得。“闻道故林相识多，罢官昨日今如何”，不禁其唱叹出之！上述纪评苏诗的纪晓岚，以彼总纂《四库全书》，兼又扈从到乌鲁木齐晃耀过，文人风头之健，无与伦比。而一旦归来，静悄悄地校评苏诗，至四易其稿，犹然十年寒窗的老样子。乃知声华尽属等闲和身外物，个人的真实去处，用不着依傍，还是读我书！这合是白水盟心，皭然泥而不滓的了吧！

杂　记

殢雨声中，很想念云南边境。那时也正值雨季，跨马出门，尽在荒烟林谷间荡转，踏踏崎岖曲径，雨偏从林荫飘下来，洒满征衫。其实头戴笠帽，哪里遮得住雨？全身早就给雨淋透了，浑是常事。而且一雨成秋，浸假凉生，踯躅那些地带，杳无人烟，往往有如过原始生活之感。好容易挨到三家村借歇一下，燃起篝火，取暖烤茶，并烤干了一天的湿衣裤，虽还简陋受用，亦似乐在其中。饭后整鞍，满天阴雨，马还是懒洋洋畏缩缩地，人又何曾例外呢？只看接淅荒间，水流溅溅，肢体有点凄寒，加上心头一阵灰黯。

粗豪是伧夫，婉曼是妇人，清瘦是带蔬笋气，神韵又何曾不是摇曳弄姿？可知戴上有色眼镜以衡量人，便觉无一是处。最好还是他孤家寡人才对。

阳舒而阴惨，理无以易。《岳阳楼记》把这两方面对照着，最为活现。其一是："淫雨霏霏，连月不开；阴风怒号，浊浪排空；日星隐曜，山岳潜形；……薄暮冥冥，虎啸猿啼。登斯楼也，则有去国怀乡，忧谗畏讥，满目萧然，感极而悲者矣。"另一是："春和景明，波澜不惊，上下天光，一碧万顷。沙鸥翔集，锦鳞游泳。岸芷汀兰，郁郁青青。而或长烟一空，皓月千里，……渔歌互答，此乐何极！"

记得王荆公句"春风又绿江南岸"，拈一绿字，点醒无限春魂。因想春回大地，百花园里，人们都似脱却冬眠状态，蠕动起来，特地活泼天机，尤其年纪轻的，真个春风满面，一张笑脸，恰像给风吹开了来。正好对照着饱经世故的那些满面风霜，"人世难逢开口笑"也者。

可知"一阴一阳谓之道""几家欢乐几家愁"。再补充一解，还用古诗句道："愿君崇令德，随时爱景光！"

今夕是七夕，应该出外去转一转，顿忆北新桥，虽然名存实亡，但抽象化地引过，也胜似渡过一重桥了。乃所愿，还是到北海之滨，去实地坐船，一回渡过彼岸，以渲染于兹令节。

像平时一样，因其入夜了，踏踏纹路，随觉有点优美之感。灯火阑珊，赶上渡船，方才瞥见一片淡月，仅仅是青天的爪痕，不曾吐露光彩。水面也还黯黯幽幽，并不引起那粼粼微浪。却看满船年青的为多，有的兴致逗起一两句歌声。我默默这儿间，举头望月，暗地想，这就渡过了一般银汉了。那天河之水，正自迢迢，人间之水，也复遥遥。

不想多些去撩触，心情淡褪，无爱无憎。别有触目恍现的大红花，间夹白的，淡红的，都系一本所生托，夜静花荫，草长芜绿，也就越发可观了。这儿几回过却，临水柳条，逗漏好些生熟人影？过去者让它去吧。又忽兜上岭南风物，那么拜七姐，儿女粲灯前，不是转眼飘去成空了？而心头隐隐，也还不尽除却。人事就是这样纠缠搅不清的。

今年秋凉较早，才是艳阳猛炙，突过一百度的热度中，不消些时，就变成这般秋瑟瑟了。早晚都要穿上夹衣，夜里条被是少不掉的了。

“朝来入庭树，孤客最先闻”和“秋风又到洛阳城”之句，念来总有点黯淡愁惨，那么悲秋摇落的情调，正唯于此生其根而抒发出来，当然不是好过的。上了年纪的人，这份感情，又是特地鞭辟近里，可如之何呢。

街上摆卖的莲花灯，告诉人家七月半的中元节到了。淡淡这遭游目一过，吟想着：风俗习惯，饶有老远的渊源，灯前儿女，征逐于兹佳时令节，也自有其与时偕乐的神气。更象征地说：这合是所谓“风”，采风的“风”，和风化自北而南的一类“风”，很富人情味；也即状物之无穷，而感人之不可聊也欤？

一早天色阴阴，薄雾浓云愁永昼，接着却是一阵潇潇雨，隐合李清照词调所指的“佳节又重阳，玉枕纱厨，半夜凉初透”那么依稀近似。但说到“东篱把酒黄昏后，有暗香盈袖，莫道不销魂，帘卷西风，人比黄花瘦”，就只合让词仙去独步清致了。

晌午转晴，昨传耳边一度飞来之语，好去景山登高，心还记取，好便履行。从偏旁一门径进，适值山阴，人悄悄，映对斜阳，踏踏山坡丛草，满觉那儿接触过的尚遗一阵寂寞荒凉，因之荡出一句“斜阳冉冉空山冷”，但再也赓续不下去。迩来心情漠漠，语不成章，也就算了。还是攀引而上，山背颇陡，又久不曾爬山，好容易才陟到第二个亭子那儿，这才按步就级，接上轨道。一直踱到最高的大亭子。瞻仰莲座尊者，也许人间痴恨，冥然净释了般。却回头最触目的，又是故宫黄瓦，灿灿流光，昔日算是金碧辉煌，奈而今时移物换，剩遗殷墟，恰恰成为没落的黯淡愁绪，给人一阵不爽朗。又复这度景山，原名煤山，谁都清晰地记起崇祯自缢的一回史实，如其说地以人传，那这个处所，下下高高，恐怕都被这番泪痕血迹所浸透的了。以前元代也曾辟过苑囿，往后清廷把它改为景山，培植果林，饲养鹿鹤，仍建庙宇在后头，以供奉于其宗主画像，故又冠以什么果牲园和万寿山等类名堂，但看看就不会发生什么干系，人们意识千丝万缕，老是煤山！老是惨烈动人的皇帝上吊的场面！

我荒漠漠的心田，满不在乎，倒是想借这佳时令节，召唤一些影痕，就像倍思亲或减插一朵花朵之类之意，可是不觉亦已逃之夭夭了。

又，蝉号“知了”，上回来时，才是蝉鸣树荫，而今却连曳过别枝的残声都没有了，噤若寒蝉了。以见时节无情，到来诸般现象，尽都收拾以去完了。

北窗外，一带荒街僻巷所在，经常有的叫卖声，尤其一个妇人声调，曼引过前，不知所作何语，但觉特地撩人，一种古愁幽惋况味，脉脉荡漾于其间，教人悄然戚然，回复了里巷歌谣的意识去；这才是原始的面貌，是人生，是含生的滋味。哀怨中年，绵绵未断，以与冷风朔漠相搏斗，还未易下个断语，谁战胜了谁？

曲罢峰青，端在乎性灵一触，饶有余音，即所谓“机也”者。稍稍加意，便成滞着，灵也就逃之夭夭了。放聪明点，日涉成趣，小驻为佳，“来如春梦不多时，去似朝云无觅处。”再拈句例：“当时只记入山深，青溪几度到云林。春来遍是桃花水，不辨仙源何处寻！”又，“一着羊裘便有心，虚名浪说到如今。当时若着渔蓑去，烟水茫茫何处寻？”

草野布衣，诗格清标，一被王公贵人赏识，征逐于第宅宴会之林，习作应酬儒雅之滥调，久而滑而腻，一味俯仰依违，平平无复稀奇，真是活生生地弄熟化，亦遂庸俗化了。“在山泉水清，出山泉水浊。”莫怪昔人慧眼觑着。

治世之音和以平，亡国之音哀以思，中间包括乱世似乎激怒，衰世似乎销沉之谓。姑就两极言之，前者如乾隆，亦算是奕世英主了，顾所为诗，闲架拘牵，总不感兴趣，距离“穆如清风”之境界也远。至如后者，诸多苍凉激楚，哀音似诉，韵调一往而深，却可以追溯其人，如见其肺肝焉。鸟之将死，其鸣也哀，正唯外慕不存，盎然粹然，一片性真，珠光玉洁，不谓之有灵魂有生命不可。古往今来忏悔语最真挚，山阳裂笛，最回荡清切动人，未始不以此之故。

赵威后对齐使，问他国内一个姓于陵的，不事王侯，不交朋友，并不治生产，孤行怪癖，于世毫无用处，为什么还不把他杀掉？最毒妇人心，真不解外间一个隐君子，对之有何过不去，而发了这么大的火气！援这例子，那么权威扫荡过来，谁肯哀矜惩创，得饶人时且饶人，放任了一些野鹤闲鸥，在浅草芦花水滨，点缀点缀呢！

任何名园胜迹，日日溜熟了，自然撩触于性灵的感觉，越来越淡，乃至完全不感觉得什么，犹如一杯水那么平常。反而去三家村，路边亭，疏疏落落，枯陋酸寒，当然在艺术上不算什么美好，但反而吸住了深心，反映并构出了许多有趣的图案和感情，一心好像受了拂拭，显得特地清淑，灵也就赤森表现着自在。是何也？所谓贫者得福也！

凿冰一大块一大块，陈列郊原路边，这是预为窖藏，以备不时之需的。古书说“伐冰之家”，想来此风相当久远。我却于一边走过，映照日光，看它白晃晃亮晶晶地光芒四射，怪清趣的。联想它水本身，性本极柔，而一旦凝结了，变成坚冰，白石样似，和日头对视，毫无逊色。遍布江干，强制封闭划船，一角尖都赛如礁石，谁来碰它一下，包管你头破血流。即在未曾变化时候，一碧油油，有时借助风力，尽可呼啸一番，移山倒海，极其诡谲恣肆之能事。当然这不过小孩常识。但大人们常常蒙住心眼，视而不见，纵囫囵吞枣，比拟于众志成城，也疑信参半，不一定当真。

今年雪来得很少，前天已经立春，似此囫囵就将过冬了。今朝特地起早，提壶取水，指头微冻，天色渐明，瞥见枝头有些粉白，如霜如霰，浮浮黏着；越来天气越蒙，渲染得晃现一些凝白花了。牵引联类，也就突出那一句：“千树万树梨花开。”我掇取片面光景，赓续四句：“只有花着树，更无风飘絮。濛濛漠漠天，识就春愁处。”

纪晓岚有一短记云：“余曾泛舟严濑，浮岚掩映，清波见底，一樵一渔，一花一草，皆肃寥有世外意，以为胜西湖金碧山水。”故有句：“何须更说江山好，破屋荒林亦自殊。”

王船山诗话一则亦可喜。据云：“一解弈者，以诲人弈为游资，后遇一高手，与对弈至十数子，辄揶揄之曰：‘此教师棋耳！’诗文立门庭使人学已，人一学即似者，自诩为‘大家’，为‘才子’，亦艺苑教师而已。……才立一门庭，则但有其格局，更无性情，更无兴会，更无思致；自缚缚人，谁为之解者？……绝壁孤骞，无可攀蹑，人固望洋而返；而后以其亭亭岳岳之风神，与古人相辉映。次则……各擅胜场，沉酣自得。正以不悬牌开肆，充风雅牙行，要使光焰熊熊，莫能掩抑，岂与碌碌余子争市易之场哉？李文饶有云：‘好驴马不逐队行。’立门庭与依傍门庭者，皆逐队者也。”

明人小品擅场，识解超脱。如袁石公云：“前赋，为禅法道理所障，如老学究着深衣，通体是板。后赋直平叙去，有无限光景，只是人家小集，偶尔饤饾，欢笑自发，比特地排当者，其乐十倍。至末一段，即子瞻亦不知其所以妙，语言道绝，默契而已。”

《淳熙稿》载有一则：过生米市，舣舟求浴，望山巅有屋岿然，至石岸数步，宛转荒级，榜日钓矶。入门古坛对江上，则有独柏，余屋悉具体。问之云：施肩吾尝垂纶于此，柏则唐胡天师所植，他无碑记，唯华邦直则留题一诗，有石刻。……浴罢，理棹而去。时淳熙戊戌七夕前一日也。华诗句云：“一簇亭台瞰碧流，坐无尘土染衣裘。舟人来往风波里，指点神仙在上头。”

《蘋洲渔笛谱》中一小引云：丁卯岁末除三日，乘兴棹雪，访李商隐、周密于“余不”之滨（湖州府治，余不溪出天目山，水清澈，余则否，故名），主人喜余至，拥裘曳杖，相从于山巅水涯松云竹雪之间，酒酣促膝笑语，尽出笈中画、囊中诗以娱客，醉归船窗，绒然夜鼓半矣。归途再雪，万山玉立相映发，冰镜晃耀，照人毛发，洒洒清入肝鬲，凛然不自支，疑行清虚府中，奇绝景也！朅来故山，恍然隔岁，慨然怀思，何异神游梦适？因窃自念，人间世不乏清景，往往汩汩尘事，不暇领会，抑亦造物者，故为是靳靳乎？不然，戴溪之雪，赤壁之月，非有至高难行之举，何千载之下，寥寥无继之者耶？

《齐东野语》：扬州后土祠琼花，天下无二本，绝类聚八仙，色微黄而有香。仁宗庆历中，尝分植禁苑，明年辄枯，遂复载还祠中，敷荣如故。淳熙中，寿皇亦尝移植南内，逾年憔悴无花，仍送还之。其后宦者陈源命园丁取孙枝移接聚八仙根上，遂活，然其香色则大减矣。杭之褚家塘琼花园是也。今后土之花已薪，而人间所有者，特当时接本，仿佛似之耳。

《山房随笔》：扬州琼花，天下只一本，士大夫爱重，作亭花侧，榜曰“无双”。德祐乙亥，北师至，花遂不荣。赵棠国炎有绝句吊曰：“名擅无双气色雄，忍将一死报东风。他年我若修花史，合传琼妃烈女中！”

花讯几番过却，眼看桃杏之属，早就垂阴，梨李海棠，以及丁香紫荆，亦次第旋开旋谢，剩下已经褪无颜色。更无意间，柳絮随风飞起，报道初夏即将来临。

牡丹国色，前度来时，只见一枝两枝开，标出名字为状元红。间夹赵粉于叶茎之间晃现。这来不过几天，绚烂如许，旖旎堪怜！向之状元红，又归消沮减色，最当行乃是大金粉，花瓣飘飘。另有大魏紫，色鲜更艳，紫云仙同一模样，料是姐妹花。白玉淡装，相对辉映。那别枝茎上挂名之二乔，昆山夜光，大红剪绒，可是含苞未放，姗姗来迟。一番接替一番，后浪推盖前浪，道是无情，却还有情；但看来“一昼一夜，花开者谢，一冬一春，物故者新”，顿觉有种幻灭无常之感！

有句：“同是采花蜂与蝶，一收花魄一花魂！”北方春暮，蝴蝶仍稀，蜂则纷纷皆是，只要花发香浓，征采毕至，酿得百花成蜜，是其所长；但何如淡淡着烟，轻轻笼水之为得其神与韵？由兹别判，上下床成，折合看花人，钝根耽守，谓之沉醉，反之意领神飘，宜其凌波上乘也乎！但愿怡悦偶尔随缘，夫何暇花丛无厌贪恋，自缠自缚，亦粘亦脱。所谓牡丹之爱，宜乎众矣。（众人，泛泛之称，亦即蚩蚩者氓之谓）

只要遥遥瞥见，那药栏里面，丰盈餐秀，最惹人怜！渐引渐近，定更逼真，有的一本翘翘，遍地开花，而瓣大微摇，柔嫩添媚，不管是白，是红，是粉红和清紫，总觉色鲜可掬，不可思议。套句“巧笑倩兮，美目盼兮”，亦满近之；可以说远是凝神，近却细致。

《爱莲说》云：“香远益清，亭亭净植”写得最为入神。前人句如“行行步东皋，见菊眼为明”，又“五月榴花照眼明”，着一明字，无不风神活现，兼之兴趣交加，自非诗中画画中诗不办。有个不幸者躲居汕岛亲戚楼中，日间爱上露台栽花，谓偶然启扉一望，恍若群花迎笑，心与俱往，霎时开朗。我时还不曾体会到它的幽隐，一般泛泛者更从而非议，说成没落的色情狂，和什么阶级意识那一套硬性话。当然对它根本搔不着痒处。

牵扯某些阴暗面，实在有欠清雅，不适合题材，最好伊甸园活动，还是在花言花。忽又忆起西郊那个牡丹亭，一早驾言访游，寂寂萧晨，阳光微弱，不免仍有些冷意。首先绕过一边池塘，迎面回廊，透露着依稀花影，并有个人正坐着欣赏，可是巡礼来时，周遭颜色，已经逊却鲜艳，垂垂憔悴了，还给宿露浸透，差点黏滞奄萎的样子。真个三生杜牧，我来嫌迟！

待就阑干默默相对，仿似徐娘可以远观，近前却是要不得。另有一则，柳絮狂飞乱舞，把人卷做一团，心想尽让它去吧，不久以前，还不是给雪花这样包围过？有的说南人不识雪，问道是杨花，看来似可真似极，不过雪花着地不会旋起，而这却是旋卷旋飞，沾衣也觉烦腻，不会像那空花空空如也，不拂而自消。天下事总是这样的，截长补短，君不见："梅须逊雪三分白，雪却输梅一段香！"

昨宵偶尔遇到她，讷讷招呼了几句，不由勾起昆明湖自杀不死之一幕，实在情景太过凄刻了，镀上心影，不容易拂将去。

今早阳和可爱，一时不会刮风，因想颐和园牡丹，洋洋巨观，还未及见，那无异如八宝山空手归，也即等于未曾看花也者。个人屐齿无挂无碍，好便贸贸然来。这才算是独自郊外远游的第一遭。

郊原草长，脉脉影痕，好像有些触拨着。联想起皇帝其人，生于深宫之中，长于妇人之手，有时在驾出游，对此大自然景物，也定苏一苏醒的。途中有个碑亭，题云"蓟门烟树"，地名为黄亭子，定有一番怀人故事，仅就题字，已够意味深长。入园，直抵长廊门首，闲看碑文简介，知道修长凡几许，瑰丽而堂皇。昔乾隆帝下江南时，随带好多画师，描绘西湖风景，计凡五百多面，返而饰诸长廊。八国联军毁坏之余，重修还是相当精致。日伪占领期间，油漆粗陋，却多走样。这么一路而来，我不觉残存胸臆，又有了日伪阴影笼罩底下，老百姓过的是什么生活？曾几何时，也即是世事如棋日日新之感想吧。

就在此长廊雅淑，悠悠行走过来，一边傍水歇息喝喝茶。静静的湖上，一晌凝神。前人有句"天边树若荠，江畔洲如月"；又"野旷天低树，江清月近人"。看来洲渚那边，树显得特地矮小，但自脉脉翠葱。一泓春水，油油碧色，唯其故事浸润得太浓太深了，人们意识中，满以为雕栏玉砌，画艇湖烟，交织在一起；并且连同西太后的海军儿戏，更推而上，还有玉瓮佛光等，老远千数百年间，憧憧过影，尽在此历劫的昆明湖盘旋着。援句"秦淮一片呜胭脂水，尽是风流酝酿来"。那么，这度太液波澄，或是波翻，正不知滴下多少酸情泪！尤其帝子和珍妃和老佛爷辛辣前头！但是我此来，并不是想本之白头宫女，去闲话玄宗。好些游艇荡划，歌声如出金石，总合无愁，总合欢畅。时代判成两轮，这回小伙子，根本没有那些云雾渲染，种下怀古幽情，他们的心源，还是一张白纸，自然染于苍则苍，染于红则红，不期然而然地一边倒过去。这也是“各有前因莫羡人”！

“孤独时有我存在，口不能言心自知！”我还是向静里推寻，恰等于“雁啼云背月，人语水边村”。又记得莫愁湖一对对子：“说什么盖世功名，丞相空留遗像在；且消受一湖风月，莫愁正是善愁人！”就这样湖水湖烟，风于水际，树绕翠葱，默默于其间，凉透襟袖，总有点古愁滋味，撩人深处！“莫道不销魂，帘卷西风，人比黄花瘦”；“莫道忘情久，淡烟疏旷引离离”！比而附之，“水如碧玉山如黛”，“云想衣裳花想容”。颐和园毕竟值得这样称谓的——“绮丽”二字。又这回主要合是看牡丹，迟暮芳讯，别有诗纪一页不再。乃所有一息移情，怆然出涕，正唯在满湖春色，荡漾回魂，聊点缀述感于斯文！

颐园归来翌日，适逢星期，心想稷园花讯较迟，失之东隅者宜可补偿于桑榆，怎知事亦出人意料外。前者是一阵开齐，正在走下坡路，后者根本没有盛开过，参差代谢，此际荡晃其间，显得萎败零落堪怜！又复人尘杂沓，待及傍晚过临，残阳光影，衬不起她的精神，仿似经受一天委屈，满襟灰黯，向人浑无颜色，真不意相逢会是这般模样！那么衰残，简直比颐园还来得快哩！那芳园红酣的好景，算是一去不复返了！此来可不是欣赏沉吟，却换成临风惜惜罢了。

徘徊一度加以检点，那较为标出的，色秀的，一望而知：白的是昆山夜光，紫的是二乔，红的是大红剪绒，还添些浅笑胡红，四美俱备。姚黄带静致的道家装，大金粉之属，则真似红粉飘零沦落矣。这式式，往日有的迟迟稍待，而今也一并开放了，成为烟花最后之队伍了。一位老太婆眼力可高，悠闲指着，这朵好，那儿娇，我知道她清兴未减，不会给满园灰败之风所侵损的。有个比方，观人不能取“面”，便取“线”，再后就单取“点”好了。这才是聪明的一个办法，合乎采葑采菲，无以下体的诗裁。我却一向拖泥带水，不够洒脱，像出淤泥而不染的芙蓉；一触氛埃，满怀懊丧，所以人生如梦，活像梦游人，好像轻飘飘地不着地，不曾经春涉夏，好好消受，便入瑟瑟秋凉，抚躬摇落而已矣。又或者心理捉弄，先有个“底”，不够踵事增华，翻觉一年花事逊色一年。今年节候推迟，牡丹抽芽发叶，忙不及待，迅即含苞吐艳，几曾见有高枝茎和白绿叶之扶摇？再把颐园国花台场面对照，又真有了小巫见大巫之诮呢。只此盛筵难再，看花心事，又待来年；而权议中，前山总比后山高，到头“后之视今，亦犹今之视昔”，一蟹不如一蟹吧！

再，不有什么繁华，转过来奄落，还不免添些惆怅，陪下伤情泪，这都是人生脆弱之一证。最好养成个金刚不坏身，轩爽而臻劲朗，夫而后再不会受环境所折磨，不致某些情感的袭击，一味赏心乐事，乐此不疲，来者不拒，去者不追，胜固欣然，败也可喜。能如是，那便是安琪儿也矣哉！

虽则稀疏，却还齐楚，这是对一处较大花栏而说。来时，刚好园丁们在扫花径，残瓣盈堆，并把枝头萎谢的摘去，剩下稀稀疏疏，但经一番修饰，神采犹存，分明她还有逗留缘分，那便是二乔，大红剪绒等色色。

别的栏区，不免为残褪之朵所负累，所影响，滞着其间，意兴败煞，会人望望然有了“奈何许”之怨叹！也有众芳芜秽，凌白孤标，看来却又嫌太酸素了。我不觉已落窠臼，总觉红的、紫的，娇艳可爱，凝黄已不大喜欢，孤悬白素，未免太淡太酸苦的样子。最少也应采花交映，方才相得益彰。话来可笑，袈裟未着嫌多事，着了袈裟事更多。后者之事多，非真具体的事，正唯心猿意马，扰从中来，不能好好地安定下去，禅悦简栖，兴过枯淡生活。反而亟亟以图他徙，逗上心头，“思凡”起来，这哪里是出家人的本色呢？所以未能免俗，仍需要一些点缀排场，都是“血气之伦”的所有事。乃若山樵农父，岩野栖迟，终身偃蹇，到死未知绮罗香味，彼其人的耐心道力为何如者！

好久以来，心境漠漠，印象不牢，一切如过耳飘风，不会停留多久，更勾不起回肠荡气那么感情。红者稀，白者替，一度缤纷，朝花夕拾，艳阳笼下，彩遍阴浓，知它绿素较为主要成分，但亦不是久远，耐不了一阵秋风扫荡以去吧。天地无情，由无到有，由有还无，老早定律如斯，而仍惘惘不甘，有点执着。抑亦不知如何打包归去好，落得五浊尘里做个烦恼人！

记者先生告诉观众，来今雨轩曲阑干畔，有一本顶名贵的牡丹，叫“娇容三变”，还未开放。我好些怀疑，怎么穿插花间，从未及见？但为了好奇驱使，还是去走一遭。

引望绿叶成荫，名花剩存无几，挨近才见到稀疏衬影，也已花瓣不很完整了。检点白的，只有昆山夜光，红的大红剪绒和胡红，犹可念，首先花魁独占的状元红，此时此际，却还一朵残存，摇摇缀上枝头。别的区坞，也不过夹些银水金鳞和昔曾殿芳的一本豆绿是了。可以说：“花事到来零落尽，更谁善变觅元容！”

步过一边躲椅憩息，恰傍芍药花区，点点轻飘，这才忆起代替花线王的，可就是她了。那么叶脉舒齐，扫除芜秽，真有个新兴气象，牡丹则诚故家零落感哩！据说：牡丹凡卅余种，芍药仅栽六种，系属草本，花相似而略小，所以旧话，牡丹称为木芍药，芍药却号小牡丹。也许我是有了成见，总觉“曾经沧海难为水”，仿似婢对夫人。至少也当小家碧玉和大家闺秀一例看，一则轻佻，一则华贵，不可同日而语。不过回来院里，瞥见亭前一本花枝，应时开发，粉白缤纷，分外华赡，又快把成见修正了些。

屋边禾稻长齐，人在田塍走过，就恰似在画中了。不久以前，那儿才是一片濯濯，不毛之地，一转眼间，已变成绿化美化了。一头牛，悠闲地躲着，尽在嚼其残萏，看样子，不在乎果腹，聊以嚼嚼而已。也许日夕牛羊下，一如人们晚饭后，摆短凳子，乘乘凉的意思。不过，隐隐露出一条绁绳，在微微月影中荡漾着，它是安之若素，宜其不急切以求解脱。就这样，一辈子过牛生活，吃青草，榨牛奶，直至干瘪倒下去方才休止。

“月晓风清欲堕时！”咏莲诗于此最为高格。一般赏花，也正于零露未晞，才显得清韵和丰韵；虽在艳阳桃李，似火榴花，发展到了顶点，但人们心头，至少要保持一些清淑气，方才随缘接纳，否则便邻于亢而烦了。古语“朝气锐，昼气惰，暮气归”，恰好亦以划成心情三个态样。后者不用说它，最普通莫如中间性，如日之中，一不小心保养，便走下坡路，变成日长似岁，恹恹倦怠，甚而焦躁自焚，把一切美景当前，都格格驯至灰败下去了。

不道相逢太乙坛！这是去天坛，无意间觌面药栏，信口而说。唯其在无意间，有些惊喜。同时，工夫修整，枝茎长齐，花又团焕华馥，分外灿烂，照着骄阳，垂将柏影，就在这儿间，坐下休息，委系得气之清。斜看过游的三两闲人，客与徘徊，活系闲致而兼雅致。这和街头迫不及待的忙人，自然别有天地。即对胜日是寻芳，水滨多丽人的那么热闹场景，也正判若两环了。“隽永端合静中寻，清寒好自心里素”吧。

日过午，回家赶不及吃饭，便转而绕过公园，息一息肩，引望绿荫深处，坐它个把钟头，亦自值得。返时，顺又巡看花区，风起了，日又燥，迎面一阵尘沙，太不作美。这之时，芍药有的低头憔悴了，大都单瓣参差，不觉可儿，连重重叠叠的复瓣，也不会多么悦目。真是光景移人，委实在不可以道理喻呢。我与它，终竟隔了一层，花自花而人自人，两无干系，也复划成两个世界，怎怪得视之而不见，听之而不闻呢？还是三春去后，“各自须寻各自门”！

一位老头，看是庄稼人家，独坐草地堤畔上，静静地朝望水流。隔岸零星母羊，尽在水滨吃其青草，牧羊女郎扔在一边做她的玩意。点缀这个晨光熹微，露草未晞，越显得茜秀之美了！所为一忽划破静谧的，那是紫燕，回旋轻飘掠过水际，教道人们意识着，好是暮春到来。而其实，春天早就过去，不过在北方，这才算是燕子来临的好日子，并且要在郊原才瞥见了第一遭呢。

偶翻苍雪和尚诗，有酒楼一绝云：“木人无复有情痴，花鸟偷看何太疑。一自酒楼听曲罢，至今相别不相思。”这自然比“梦痕惯得无拘检，又踏杨花过谢桥”的，为道力高得多了。

一夕琼筵，别呈生面，蛮花髟鸟，有的是异乡情调，也自荡漾着一种冲情，胜似不设防的城市，骤婴一击，和夜半闻钟，令人把持不住的态样；从而脉脉余痕，不信相别便不相思那么爽脆。这也是我本来未能免俗之证。

晨风凄瑟，楼高犹易传闻，隔坊谁家，昨日吹响佛号治丧，今早又再晃一晃现，定是出殡以去。一下子亦遂寂然。替换了它，却是叫卖的低沉之声，缓缓如常穿过，如常过活，一样人生。

一冷一热相对之下，不觉逗出两句：“人家桃李艳阳下，谁解白门零泪痕！”

晨早朝窗外望，一片飘白，屋顶比比皆然，真个盖上一条大被（北谚大雪一条被）；因之起句，风烟寂静，人境双清。但细看来，不是那儿烟窗，淡淡地在吐露烟气，渐渐弥漫出来？这也没有什么关系吧。

从朝日出林，再忆起日暮归巢，尽在这其间，看看寒鸦成阵，都向眼前经过，不差一点儿。

今年药栏，把枝杈略略扎紧，可没有包裹外衣，告诉人们，天气并不十分冷吧。暖坞里有的是迎春，最为神采触目，盆梅虽有好些，但不觉得鲜丽，更说不上俏清。忆在衙座摆上几盆，亦都这个样子。这难怪，梅是要陪雪才精神的，更要在荒郊陇首，折将一枝，偶逢驿使，才显得幽谷佳人般清标韵致。一受人怜，藏之金屋，再日和凡夫俗子撕磨，那自然浸假以归乌有了。

向丛林荫径走过，积雪还铺，幽寒缕缕，袭上人来，正知明月照积雪，语不惊人，意自夐绝。向来只管在滑腻门径盘旋，灵犀闭殢已久，而今才一点点罅隙开启，认识了本来面目吧。挨御河，溜水乍停，人家正在扫冰上的浮雪，就像白坪埕给扫除一般。有两位老太，也从这儿兜过，看样子，都是六十过外人，她们还不怕冷，有此冷趣，愧煞须眉我辈可多。再折入幽径去，槿篱剪齐，顶上恰戴些凝雪，影似金人捧露盘。这儿有个中年人，管自一隅呆坐，人过都不稍动，真是干吗来呢？聊以见大千世界，多少是有些孤零零地畸零人！

“鸡声啼却警愁人。”无论在长夜漫漫，在无憀昼寝，荡悠悠地灰败情绪，谛听鸡声，亦觉寥漠中召唤回魂，一阵清醒，就像佛寺钟声那么样。某老先生在时，曾深讶听不到鸡鸣犬吠，可没诗意。我时笑谓，老先生这儿近毗都是伐冰之家，不察乎鸡豚，若就我那所在，地接城隈，蓬门之下，荒凉故在，鸡鸣乃至卜柝，可是习与为伍的。这也不啻说明：大自然剩给一份慧业在人间，唯贫者得之；富人却比骆驼穿针孔还难呢！

风露凭栏，景象最凄，这之时，虽则地面已是天将曙了，晨鸡也叫过好几弄了，而天上还是满星儿，远处残灯未灭，四围月色犹明，教人沉沉愁困，就像河梁握别时。更其冷风习习，拂袖添寒，分明不可以宵分伫立，并分明有种什么迷魅，隐隐地惹人幽哀，萦人裹抱，枨触其间，非烟非雾，亦复若即若离。于兹念着温飞卿的晓仙谣结句："雾盖狂尘亿兆家，世人犹作牵情梦。"可能道着个中仿佛了吧。

出城不远，便是一片荒冢，听说从前更多，新近人烟稠密，把它挤掉消失了去。我只觉有种吊古之意在荡旋，想象着：魂魄一去，有同秋草。也曾亲眼见过，小户人家出殡，把白棺载在牛车上，辘辘而行，除了孤孀妻子啜泣之外，别无他人。这样定然不会走远，横竖已经出城，有些荒地，还不是草草掩埋了事？日积月累，亦自累累，鬼浮于人，一个世界。但"无常"之劫，鬼是不能例外的。君不见古墓犁为田，松柏摧为薪，伤心事触目多的是。又况后之视今，亦犹今之视昔，一样用筐舁，一样请君入瓮，人生至此，满是凄黯难论！

向郊垌默望，才显得荒凉备至，寥寥野旷，缀上枯枝槎枒，荡出古屋在风影中，尤其危亭空空荡荡，寒态可掬，令人不由有点愀然而悲，黯然而什么似的情绪！但也好，总算心头飕飕地有了反应。不像事务家伙，三句不离本行，让生活一切都麻木硬化，一点痛痒，还是不自觉得那么钝根！那么陷入魔道！又像往时有的向咖啡馆去找刺激和灵感，实在未免五十步笑百步了，风神气韵，岂是在暖室盆花娇养中，人为地所能涌出来的吗？

《黄冈竹楼记》的作者王禹偁，其《对雪示嘉佑》诗我拈出几句云："胡为碌碌事文笔，歌时颂圣如俳优。一家衣食仰在我，纵得饱暖如狗偷。况我眼昏头渐白，安能隐几勤校雠？"酸溜溜的书生本色，恰好以为我辈中人书诸绅。

渊明为人最真，自挽以谓：“向来相送人，各自归其家。亲戚或余悲，他人亦已歌。死去何所道，托体同山阿。”是一面冷静明晰的世情镜。这面镜子，合有二句赞词，便是“阅世兴亡疑有眼，辨人好丑总无声”。至于一般的缘分，会有阑时，人情终竟不过尔尔。更递而下，行礼如仪，越扯越淡，可不消说。亦只合身受其人，好去深深体味，冷暖自知。

把心境廓清一下，变成真空地带，让浮光掠影得来的诗情画意装进去，这样浸淫再加浸淫，优游自得，纵还不是自行发光，亦正是借助它山，所为放出来的和光，醰醰滋味，尚友古人。至少总可以叶神游，不让意马心猿那些外魔来相搅扰。这就是我的笨拙旧方式，等于湛浸酝馥，含英咀华一例观。

整天雪落霏霏，向窗外望去，屋顶皆白，鸦雀无声，光景相当清寂。论气温并不比往日差多，而心里却执着幽寒一个。并且套上清斋静锁，和栩栩蹁跹，大地同时净化，不见尘埃半点侵，总是美好的。不过犹有了惘漠之感，比如城郭相距不远，郭外云山，看来就很模糊了。

没有兴致去外出寻梅或访戴，倒想到荒村古屋，乱雪堆门，这样天时，枯寂更加枯寂，有谁去移尊就教了他？我设身处地的话，那精神生活，离群索居之下，要等于零。而今却还等身诗卷以自拥的呢。不过聊以说说罢了。人到中年万事“硬”，不知谁改安上这个字，等于硬化，等于脱离了人间幸福，优美概无其分，剩下来的顽石木头一般枯兀兀的味道。真是一字讽刺得近乎了！而我岂能例外？

待要摆出什么闲愁，什么过了时的怀感，不愉快的一些东西，那有何必要呢？简直多余，亦已反正无关宏旨了。写至此，亦觉眼前一阵昏暗，一阵苍茫和广漠，夹着孤零零的独自个人！而亦不复赋诗！

浮薄燥气，是最下下乘的。比较有修养的，都能够喜怒不形于色，成其深沉，成其冷峻，也即真正的硬汉子。我于河内见过日本俘虏一个突出的形象，便是投降后，武装解除了，胜方叫他个别劳动，驾车或拖船，凭他技术和体力，终日操作不稍懈，脸上却没有点儿表情。好心肠的华侨，有的搭了他所拖的船过渡，过意不去，掏出些许酒钱酬劳，他一点都不接受，也还不露什么表情。但有一种凛然不可侵犯之慨，令人不敢挨近他。有个老华侨告诉我：当其日本兵占领期间，街头巷尾，仅仅一两个荷枪踏踏地脚步声行过，室内听着，不觉惴惴。这便是他的积威所劫了。怪不得古语说的，猛虎在深山，百兽震恐。和吓煞小儿啼。唯其如此，有那么“底子”，转过来而为阶下囚，不会泄气地摇尾乞怜。倒像背负十字架的沉重坚忍，撑持下去，能下人，有毅魄，去接受命运的灾难，不管它演至何时方休；他总是一直如骆驼般的，严肃宁耐，在莽原之中迈步前进！

只知一月份有卅一日，却忘记了三十是旧年关，待及围炉，方才恍悟，为之失笑。随想让今年过得较为像样些吧。即晚风寒稍霁，好去老远的西城，参加京剧联欢。

世事往往是曲折的，到会时碰着某君，招呼我坐在一起，返时可同坐其车。剧场中间本来一段休息，照我惯例，都是适可而止。抽身回去。因他这一番，转个念头，年终岁暮，最后这一宵，还不放胆图个酣恣些吗？卒之散场十一时许，这才知道因故没有车开来，我转邀他们乘坐公共汽车吧，但他知道这时汽车是没有了，一起去改搭电车。到站又再等等，午夜差近，猛听说这路电车亦没有了。姑转别的以到天安门再转。可是转是转了，待再转搭北新桥回家，又转不成功，最后一班开过，已经没有希望了。这当儿，天宇沉沉，夜风袭袭，北地特有的寒威，大显身手，教人当之如刀割，昨夜又不曾好睡，身子站住不牢，翻觉摇摇晃晃地。可知途穷踯躅，无所依归，是怎样的心境。勉强重阶雇辆三轮，冒风夹道，缩做一团，又想郊外旷野更当怎么样了。挨冻可真不容易呀！瞥眼路旁边有些行人，他们穿的不过短棉袄，似还不觉得什么。再后来见着一些小孩，仍在门前蹦跳，花爆响时，拍手喧呼起来，这分明和我打个对照，显得太相悬殊了。我气体受限制，挨到家门，已经冻成这个样子，真是可怜可笑！

今天报上登载了领袖的旧诗词十八首，我已一气拜读过了，恰积下来的报纸已有十天，就连这一张寄回家去，好让孩子们见识见识。再回头添购一张存底好了。以下是购报的过程：出门转弯胡同，碰上一头蠢驴，缠了一下，颇不高兴。到邮局把一束报投递之后，问及今天报纸，却通通卖完了。路上日晴融雪，湿漉漉地，我又穿的棉舄，这样把前去东四的念头打消，记得北小街口那一家新百货公司是挂牌代售报刊的，因之归途造访，但不见有甚报刊痕迹，姑闯一回东直门，也无卖报踪影，只好回家。解卸之后，心总痒痒地，时间还早，不由换了胶鞋，鼓勇登途，意在必得。一直以到东单站，心想这一个邮局较大规模，还会缺少一份报吗？可是不凑巧，回说话同前由。街边抹角一个摊子，摆有几份，挨近看时，又都是旧的，新的可没有。再行行到了煤渣胡同口那一家邮局，等等些时，才开口问，据女同志说：《北京日报》《人民日报》都光了。又是碰了一鼻灰！剩下来仅仅东四邮局未曾光顾，索性找完为止。这一来，还是所见略同。我见它柜头放一页青年报，随口说这是不是今天的？回答不错，仅仅这一份青年报，你要就拿。我可是要这干吗呢？扬长而出。又念东四人民市场去转一转吧，但不知时间早晏，折入邮局看了挂钟，钟即是悬在领袖像下面，我颇有些兴起之意。擦过报刊方面，恰有一学生手拿着那份青年报，我瞥见报背居然亦有了旧诗词十八首题目，这就凑过去，要多一份给我，而实我也明知仅仅硕果仅存了。售货员先问那位学生要不要？他却不在乎，转让予我承买下来。千回百折，恰恰于此算完成了任务，疲劳可不计较我过若干摊，绕过多少路，和整整花上三个钟头，为的是购买零售的这一份报纸，却买不到，没料到意外碰巧在这里得到，真是得来全不费功夫！亦正显示了辛勤一阵，铁鞋踏破，终竟是有了后果的呀！我是这样浮上一丝兴彩。

第八编 黄花明日录

先录皖北民歌弁诸卷首

什么圆圆圆上天？什么圆圆在水边？什么圆圆街上卖？什么圆圆姐眼前？
月亮圆圆圆上天，荷叶圆圆在水边，麻饼圆圆街上卖，戒指圆圆姐眼前。
什么弯弯弯上天？什么弯弯在水边？什么弯弯街上卖？什么弯弯姐眼前？
眉月弯弯弯上天，牛角弯弯在水边，镰刀弯弯街上卖，梳仔弯弯姐眼前。

说明：我爱它天真朴素，虽则上天下地搬来，却依然农家生活本色，所缺憾而吸引的是钱（戒指），所爱好的仍在修饰（梳仔）。

琐窗抄录，旧存丛杂，相当枯燥，并相当絮烦，颇有鸡肋意味；但以草草料理身边，甚而是料理身后，恰等于傻大姐，一阵东涂西抹般可哂！

上之可以附丽于“参差荇菜，左右采之”和“采采芣苢，薄言采之”，下之也复不无一点酸溜溜。犹忆黄梅时节，含泪整行装！

寄任潮[①]先生信

不通音问已久，每用风驰。某自之去年十月间，由暹离境，悄过缅界，旋进景栋，时以要赴仰光路线不能通过，暂寓景栋同侨店中。迨澜沧解放——先是同人分批进入，协助当地开明力量，所为搞起之新局面；而车里佛海方面，旧时伪九十三师残部，被迫退出以抵景栋。又曼谷前来之特务头子，方勾结泰缅反动派，贯通由暹北至滇边之交通路线，为

① 李济深，字任潮。

其活动范围，以作逃亡基地，空气紧张，环境恶劣。某以与澜沧方面，常任联络，不便再住下去，乃于七月雨季，偕最后一批同人，跟马帮取径跋涉，历十余日山行，以抵澜沧政治中心之佛房。当在佛房休息些时之后，适当地实业家张石庵先生，负责新政权之经济部门，盛意邀往参观其募迺老厂矿区，进而巡游遍访全属较重要地区，观其推动生产，考察品物，从而接触类乎原始之生活状态，蛮风野俗，并习闻所谓班洪等处银矿沿革，卡瓦、倮黑各少数民族争端，与乎中英勘界，当时即为此等关系而争执情形。张先生躬亲参加，耳熟能详，一些文件，还存参考。偕行匝月，某以不习骑马，亦复跨鞍跻攀，冒昧乱窜。边疆万山层叠，地旷人稀，尤其夷多汉少，此来顿换一番境界，补充孤陋寡闻，亦不为无意义也。返住他家，重温旧课，凡二阅月。最近帝国主义派下之教会，怂恿弱小民族，并落后汉人及特务、土司，一起活动之结果，企图死灰复燃，四处蠢动，捣乱地方，苦煞武装同志疲于应付。澜沧政治机构另行改组，又由佛房迁过圈糯张先生家募迺，亦经战事骚扰，某与俱同投奔圈糯，只得暂住于此。闻景谷方面，反动变起，暹狱同人中三人在彼工作，即因走脱不及，惨痛牺牲矣！

澜沧解放区与外间路线梗阻，信息无从传递，外间报纸亦莫阅及，只凭收音机听取大略报道。即我公等京华盛况，言论丰采，仍获谛聆，借资鼓舞。刻只有希望昆明迅速解放，届时由此途径赴昆，再行设法晋京请示。偶闻猛主有邮局转折可通，谨特修函报告，托人带转猛主付邮，不知能否寄达，或几时才能达到左右耳。风波一失，已在天涯，岁序无情，临风怀感！不尽区区尔缕。

一九四九年十一月廿八日于圈糯

在昆明欢送会上讲话

各位先生，各位同志：

今天得有机会参加这个盛会，真感到无限兴奋。说到欢送，我是不敢当，倒是今天这种场面，这种热情，先给我一个很好启示呢。以前人家常说，中国死沉沉地，是无声的中国，可是现在变成有声的中国了。

我于今天见到各同志这么精神洋溢，好像是一个缩影，一个新中国新生的缩影。虽在我一向比较沉静，比较消沉的，面临这种一番鼓舞，也好似变成年轻了。又把学习做欢送，难得同志想出这一个新的课题，我们无时无地，连一辈子，都是在学习中的，不但向前进人们学习，就是比较后退的，也正有可以学习的地方。这回毛主席号召的向党外人士学习，这一号召，给各党派人士很大的感动，其实如李副主席说的：“我们对于理论的认识，和实际的经验，需要向中共学习的地方，不知要多出若干倍呢！”其他几位老先生的响应谈话，都说得很好、很透彻，想各同志都注意阅过的了。这在学习过程中，也可得到许多项目和门径的指示。我同时也是来学习，一向只有做书本上的功夫，却很少有实际行动，有的场合，就等于挂名不做事了。李副主席很知道我的不够，所以仍叫我去北京学习，等有机会重来，再将学习所得，和各同志交换交换，现在可没有别的意见，可以贡献。好在今天友党几位先生，惠然肯临，我们中国革命是在共产党领导下成功的，几位先生又经过多年奋斗经验而来，正好给我们多多指导，现在就腾出多点时间，让我们各同志，一条心来倾听友党诸先生的讲话吧！最后祝各同志学习成功！祝各同志健康！

一九五〇年四月廿八日于昆明

附记：学习制度之来源，恰于此留下一个历史痕迹。又当时还称呼友党，未称呼领导党，亦照原稿存真。

向华侨事务委员会报告

一九四八年六月十五日，暹罗銮披汶反动政府，与中国伪大使馆特务党团勾结之下，大捕华侨民主人士，计有南洋中学、教育协会、建救总会、职工总会各单位，共四十二人（同时被捕而有双重国籍即在暹出生者数人经释放不计）。他们阴谋预定解回中国，交蒋匪帮接收，置之死地。当时经驻香港各民主党派、人权分会、学术团体等之抗议，结果暹方有所顾忌，迁延二月，竟以“不需要”为名，判定自由出境。最先准备出境手续，飞赴香港者，为许元雄一人，但以特务跟踪，勾结英帝，甫下机即被港政府扣留。托词谓无中国正式护照，不准入境。虽经民主党派方面，派萨空了先生向港督办交涉，无效，仍被解回暹罗监禁。在狱同侨，鉴于此次打击，知对出境走香港路线，已告不通；后乃由国际友人，同情协助中共地下工作人员，分批秘密接引，由暹北走入缅境，再过景栋，以抵云南边区。元雄后来亦同样走抵景栋。其先行数批同侨州卅余人，已由澜沧思普一带，鼓励地方开明力量，进行自卫解放，并由华南局正式介绍与余卫民第二纵队合并，归滇桂黔边纵领导，一直努力工作下去。另因滇边澜沧解放，赶出伪九十三师残部，退入景栋，时图反攻，元雄在景栋时，即以所得消息，对解放区负责同志通信联络。及暹罗蒋匪帮之特务头子，布置特务网，自暹北线至缅属景栋，沿及寮国，并及滇边之车里、佛海、南峤等处，为其活动范围，加以国际间谍混合一窝，所谓东南亚反共基地是也。元雄迫于环境恶劣，始由边区来人导入澜沧共住。时因交通梗塞，对外联络困难，无由通邮通电，仅于收音机听到人民政协开会，成立中央人民政府暨华侨事务委员会等好消息，异常感奋！中间因局部反动分子变乱，致同侨之中三人遇难牺牲。直待昆明解放，元雄与林志远、邹怡生一行，先后离开，前赴昆明。而尚在该处同侨，即共拟具致钧会代电一通，内容报告经过，并请求商同有关机关，调开边地，来京学习，以便将来再回南洋工作等由，交付昆明拍发。无奈抵昆电信尚未恢复，又征询中共省委会，对此批同侨，党及党外干部之调动，概由省委会与华南局商定办理矣。而嗣是由边区陆续告假抵昆，又十余人，都在昆候命。元雄一人，因奉李副主席电召来京学习，独自首途前来，留昆同侨，因嘱来京将暹罗“六一五”事件经过，面向钧会报告，谨略述经过情形如上，呈报存案。此上华侨事务委员会主任委员何。计开同侨名单一纸。

前暹罗华侨教育协会主席南洋中学创校委员会主席曼谷商报社长许元雄

一九五〇年五月三十日于北京

暹罗“六一五”事件同侨共四十二人名单

（一）一九四八年冬——一九四九年秋进入云南者：

卓　炯　邱秉经　邹怡生　许师谦　丁延陵　廖　钺　吴国英

李明德　郁自强　陈　陶　巫　峰　徐思舜　林志远　黄哲劲

王　松　李仲良　王永裕　宋何生　许金贤　王　瑚　魏　锋
谢　克　陈金兴　陈白沧　陈湘河　何　如　韩　三　韩　冠
陈君飞　蚁芝通　冯裕珍　郭　金　叶　德　黄河清　林盛谋
许元雄　共三十六人。

其中牺牲者三人：即黄河清　林盛谋　黄哲劲

（二）另在缅属大其力者二人：　白　冰　陈耀光
另在缅属景栋者一人：　王　平

（三）另在西贡者一人：陆仲元
另在素旺那曲者二人：许良勤　林××（名字不详）

向民革总部报告

一、在暹罗活动情形

我是到过南洋好几次的，抗战和平后，当时为广东救灾事情，来到暹罗推动侨胞捐米活动，侨情热烈得很，那时候，暹罗华侨已分成两个对立救济团体，一是接近官方的会馆派，一即民主分子自动组成的建国救乡联合总会。我因负这种任务，对两方面都有接头，都受欢迎。不过事情很凑巧，那建救总会里头的负责人，即是向在桂林、香港的好几位朋友；因此由公转到私，都有深一层的关系，拍合自然很好，而后来一切民主事业，也就于此做起点。至救灾方面，则前者成为官方的御用机构，后者成为民主的华南救济协会的有力支持机构。

中共代表邱及和一般民主思想同志，在暹罗做地下工作，已经有好几年，遍暹罗各属地方，都布置有据点组织，初时是抗日大同盟，和平后，代替名义，就是这个建救总会。同时各地区的建救分会，都办有华侨学校，而归纳参加在曼谷的教育协会，共七十余学校单位。我时到暹罗未久，适逢这个教协开大会，一般教育文化工作者，并推我担任主席，一直蝉联下去，二届、三届，都不变易，我负责这个岗位，顺理成章，也就做了一些文化工作，比如：经常出教育通讯刊物，开办了三期师资班，造就几百名小学教师，协助所属学校解决问题，等等。其中规模顶大的，要算南洋中学，创办时推我当创校委员会主席，聘请了中山大学教授卓炯先生当校长，学生发展至二千多人，一时蓬勃作风，占暹罗华校第一位，成为民主运动的中心堡垒。这时斗争已相当剧烈，中共领导的职工总会，对付反动集团的私派流氓特务，每每斗殴流血，景象甚凶；反映在支援华南前后的运动上，短兵相接，特地起劲。他们伪总支部、青年团，以至大使馆、总领事馆，都一起动员，初时还只对中共打击，后来连我都被骂为共产党了。但因社会关系，我于中上层颇有一些凭借，这又要回顾道我初抵暹时，是负推动救灾任务，是各个会馆开会欢迎的一段历史关系了。当中有个中华总商会，是历史最久最有威信的华侨总机构，向来没有总领事馆，即以总商会代替这类职权，所发商证，就当成护照使用。当时既左右派斗争尖锐，商会两面做人难，结果就该会主任秘书一席，还是由他们公意邀我担任，算是安定了一下局面。他们这些侨领一向相对都很客气，大家商量事件，亦正相得，一直到我筹办《曼谷商报》出版，忙不过来，才把这个秘书岗位辞掉，而他们仍送了一个名誉顾问名义给我，到我被捕出境之后，才算终止。这是我对上层活动的收获，留下一点良好的印象。

在暹罗做工作有一特点，就是：各党派及无党无派的民主人士，都是共同一起做事，没有什么界限，并没有什么争出风头。好像上述教协、南中、商报这几个单位，本来费尽苦心经营的，还是中共和一些朋友之力为多，他们有的不便露面，一方面认为我的社会关系较好，容易号召，所以通通都挂上我出名了。我们大家明白，实在不在乎。又好像后来工作范围，扩展到与暹方共产党及其民主人士共同组织一个中暹文化协会，中共、民盟都推我当华方领袖，但我鉴于两次数万人之集会，黄声主持得很好，给暹方一番新认识，结果还是由我提出尽让黄声去担任。可惜这个协会，厄于暹罗政治环境，还没有多大发展以完成其任务。

差不多是我们工作做得如火如荼的时候，本会在香港召开成立大会，我赶来参加，会后，主席仍派我回暹罗去，负责组织总分会。到这时期，暹罗环境已更加恶化，我又能力薄弱，一再迁延，没有把周围同情分子，正式加以组织起来，迨及“六一五”事件发生，被捕入狱，于是而一切业务，无形告一段落。

二、被捕及出境经过

一九四八年六月十五日，暹罗銮披汶反动政府，与中国伪大使馆特务党团勾结之下，大捕华侨民主人士，计有南洋中学、教育协会、建救总会、职工总会各单位，共四十二人（同时被捕的有双重国籍即在暹出生者数人经释放不计）。他们阴谋预定解回中国蒋管区接收，置之死地。当时经驻在香港各民主党派人权分会、学术团体等之抗议，结果暹方有所顾忌，迁延二月，竟以“不需要”为名，判定自由出境。最先准备出境手续，飞赴香港者，为我一人，但以特务跟踪，勾结英帝，甫下机即被港政府扣留，托词谓无中国正式护照，不准入境。虽经主席及友党诸先生，关切营救，派萨空了向港督办交涉无效，仍被解回暹罗监禁。而在狱同侨，鉴于此次打击，知对出境回香港之一路线，已告此路不通，后乃由国际友人同情协助中共地下工作人员，分批秘密引导，由暹北进入缅境，再过景栋，以抵云南边区。我后来也即同样走抵景栋。那先行的数批同侨卅余人，已入澜沧思普一带，鼓动当地开明力量，进行自卫解放，并由华南局正式介绍，以与余卫民之自卫军第二纵队汇合，归滇桂黔边纵指挥，同侨一直在彼分头工作。另因滇边澜沧方面解放，赶出伪九十三师残部，退入景栋，时图反攻，我于景栋时，即常把所得消息，和内地解放区负责同志通信联络。及暹罗蒋匪帮之特务头子，布置特务网，自暹北线至缅属景栋，沿及寮国，并及滇边之车里、佛海、南峤等处为其活动范围，加以国际间谍混合一窝，所谓东南亚反共基地者是。我首当其冲，受环境压迫威胁，不便再住下去，乃由内地解放区派人来接，冒着雨季，跋涉泥泞，进抵澜沧共住。时因交通梗塞，联络困难，无由通邮通电，向本会报告，只于收音机听到人民政协胜利开成，毛主席暨诸革命先进言论风采，为之雀跃起舞。中间边区少数反动分子、土司恶霸，再起变乱，企图死灰复燃，同侨之中三人惨被杀害，此为“六一五”事件所遗留下来的血花，我也转徙逃难，直待昆明解放，偕同邹怡生、林志远一行，先离边地，经过一个整月山行，抵达昆明。其他陆续抵昆者又十余人，或留昆工作，或调回广东去。我因奉主席电召，特自首途前来，于五月廿九日抵京，算是归依祖国的怀抱。谨陈其经过过程如上，报告备案，右呈革命委员会常务委员会李主席。

暹罗总分会召集人许元雄

一九五〇年六月一日

附记：报告中颇有强调美化之处，其实，所有场面，尚不如此简单。比如在总商会辞职一节，当时就不见得愉快；原因为主席易人，正拟内部调整，表面又不敢言，我知之，先提出书面辞职，当然照例挽留。中共代表人邱及以事业为重，劝我尽此表示已够，不必再辞，但我还是拂袖径去。至名誉顾问一节，乃系友人对该主席，“暗盘”用以敷衍情面而已。总之我仅是一介好好先生的姿态出现，实际毫无能力，左支右绌，困恼顿多，言念及此，犹堪喟叹！

自　述

我今年四十七岁（照党证），出生广东揭阳之浮山村，父亲早逝，家本小康，有一母，一姐，一弟，伶仃怯弱，横遭一次盗劫，遂告式微。亲堂伯叔，多在南洋经商，声应气求，亦遂早有华侨习染。毕业于广州法政专门学校，出任汕头艺术师范教师，及《汕头日报》副刊编辑，转任香港《南方日报》编辑。旋参加国民党扩大会议之局面，北上未及一月，转徙太原，返抵沪上栖住。翌年广州召开国民党第四次全国代表大会。以南洋英属代表资格参加，会后，即在广州创办刊物。历半年余，与越南总支部代表陈秋波前来香港慰问李任潮先生。因留港共同策划抗日工作。迨随入闽，参加人民革命，担任侨委会委员，兼秘书长，事败仍返香港，一直栖迟，格于内地通缉，不能引归。迨西南反蒋，广东先垮，广西继起作“六一”运动[①]，邀请任潮先生入邕主持，始由港相率前往，旋又风平浪息，怏怏而返。直到“七七”事变经年，广东当局有民众抗日自卫团之组织，乃以被聘自卫团参议身份，过往暹、越、星洲、庇能各地募捐，在暹号召成立一华侨救护总队，设于潮州，为其顾问。在星组织一华侨青年回国服务团，率领到汕，与中共领导之青抗会合流。不久而潮汕沦陷，辗转逃难，家母于忧悸中病逝，我料理丧葬后亦离家。至衡阳栖息于县政府，时任潮先生方任军委会桂林办公厅主任，惠函见邀，略送旅费，特入该办公厅秘书室服务。将息半年，给假赴渝，适中国派遣远征军印度整训，我得有机会充任中文秘书，由渝经昆飞印，驻扎蓝姆伽。旋调军法官。及该长官部调回云南之弥渡，竟辞去留驻昆明。

① 指1936年6月1日至当年9月之国民党粤系和桂系联合组织的“六一反蒋运动”。

曾返桂柳一行，于桂林重候任潮先生，于柳州以朋友性质，帮同当日越南革命同盟会在中国军委会指导代表即四战区指导之下召开的大会，代为整理一切，因与胡志明等越南革命同志认识。又适桂柳疏散，匆匆返昆，四战区特委派为该越南革命同盟会云南分会之驻会主任，负责指导越南同志活动进行。迨和平实现，渠等召开全越旅滇人士大会，分发回越，参加胡志明领导之革命运动，我亦首途入越，以抵河内。而广东省政府转送达一派令，以省府参议名义，派赴暹罗，推动华侨救灾事宜。我从此一路入暹，备受欢迎。由救灾而会晤中共朋友，及国内前往的诸多民主人士，掀起暹罗华侨蓬勃澎湃之民主运动，创办教育文化事业，与各种社团活动，均以虚声见推；挂名负责者，为华侨教育协会、南洋中学、曼谷商报。参加任务者，为中华总商会、建救总会、中暹文化协会等。所有工作协商，群众观点，亦于此特地发挥其作用。任潮先生时在香港，先后派黄精一、陈秋波同志过暹联络，民革在港召开大会，因之飞港参加被选为中央监委。一面带将暹罗活动各该单位刊物，与港中各民主人士交换意见联成一片。返暹并负责民革总分会筹备工作。但不久已因暹罗反动政权同中国伪大使馆特务党团勾结之下，于一九四八年六月十五日，大捕华侨民主人士一案发生，而入狱，而出境飞港，又被港政府扣留，解回暹罗，再经国际友人协助，偷渡缅境，进入滇边，栖迟于原始山城，同患难伙伴数十人，分头担任工作，教育民众，时听荒村儿童唱新歌，精神为之一快！今年元旦于澜沧写就小诗一首：

南风播种也堪夸，蔓引滇边子母芽。井水柳词传一遍，家家解唱自由花。

即其实录也。后来得与外间互通消息，取道昆明，前来北京，会晤一应同仁，算是归依祖国怀抱。流亡期间，已有年半，距抗战离家，则逾十年光景矣。自审乏善可陈，泛泛征逐，老之将至，常时身无长物，每于转徙流离之际，还是叨着社会同情，朋友帮助之力为多，尤觉身非我有，所望得当有以报称之耳。个己方面，亦尚朴素，无何嗜好，无何所长，读诗养性，几所写作出版者：有《三叠云笺》《湖上风裁》《光影在萱园》各一册，均系诗及小品散文。至家庭方面，则家里一妇，二小儿，一女孩。另长女在暹结婚，二弟并寄生活。消息隔断，概不详晰。

一九五〇年八月于北京

附记：关于年岁，我是辛丑年九月十八日生，即等于一九〇一年为准。一九五〇年来京，向组织填报，照旧俗计，该是五十岁，自行折实减去一年，认为四十九岁，而组织照例又核减两岁，变成四十七岁，填入党证。以后侨联会员证，亦照此岁数。一九五三年十二月普选，又核减一岁，一九五五年二月，侨委会改发出入证，又再核减一岁，适成五十。于是各证，互有参差。至填履历表时！迁就岁数，推算上去，遂更不符合公元原底所系之年岁矣。兹合一并厘正于此。

（照普选是标准计算法，上半年生者，扣减一岁，下半年生者，扣减两岁，又及。）

自　　传

在京时，曾经抒写一篇，存民革总部，兹照新定“自传内容”各点，逐一解答，务求详尽，交代清楚，不暇计及立体作风。一九五一年五月廿七日于广州——补充则在十一月底。

一、个人成分（照所规定，指下列姓名各项，而不是指阶级成分）

许元雄，四十九岁，广东揭阳，雄石，一九〇一年九月十八日生（月日仍照阴历），出生于揭阳浮山村。

二、家庭状况

家庭以前可说是小资产阶级，我十岁时（照旧俗称之岁数），父亲就去世了，家内有一祖母，一母，一姐，一弟，伶仃怯弱，曾遭一次盗劫。当时约田八亩，园十余亩，均租给人家，等到弟弟成年，有的田园收回来自耕作，兼营小生意。但人事食指日繁，我又出外读书耗费，到后来就仅存田一亩余，园二三亩而已。弟弟另挈其妻子渡暹罗谋生去了。

三、学历

我十六岁（照旧俗称之岁数）毕业于蓝田高级小学第一名，仍留校跟一位国文老师陈化成先生进修文学，这位老先生富有文藻，爱作诗，人亦和蔼，终老一世于教书生涯。旋跟一位宿儒黄钟先生，他治史学，人极严肃，恰与上一位老师，成个对照，前后三年我打下国学一点基础。

我近成年，就眼看叔父润周、润芳，过暹越各埠谋生，后来他们一在曼谷，一在金塔，都以劳瘁死去，这给我的印象很深，负荷家门之念亦愈切。我廿一岁进入广州法政专门学校（后改名法学院），该校为保守的法界先生们所办，无何生气，于大革命期间毕业。在校四年，均列第五名名次，坐在前排所与接近座位的同学黄大钧、张良修，常把进步书刊小册子送阅，我由于好奇心，也常略略看过，不过不大留意，还是爱好我的文学小说！不提防为监学觑见，上课无心听讲，偷偷摆在书桌下面的小说，一手拿去的事是常有的。我又订阅上海报的副刊《觉悟》和《学灯》之类，尤喜爱其中的小品文，也曾花儿鸟儿呀乱嚷一阵，实在幼稚可笑。并不会参加实际活动。那几个同学如黄大钧、陈林常等，参加广州学生会，跳出跳进，很出风头，后来不久闻其均被“清党”所牺牲了。

四、经历，连同五、六两项一并叙述

我毕业法校，即在汕头艺术师范担任文学主任，一面兼任当地华侨组织的潮州海外同志会文牍，正当“清党”前夕，我同该同志会里头一位老华侨陈星阁，来省交涉其汕头对面岩石的一片海坦（滩）事，羁留省垣，而反动的“清党”爆发，在汕该会以赤色被封了。迨事平息后返汕，协同友人创办《汕头日报》，并兼任大同中学教员（艺术师范所改办）。直至该报经费不能维持停刊，转赴香港，和王振民、郑省一、陈赞等友伴，挨过一段时间。及邓泽如倡办《南方日报》于香港，作反蒋宣传，乃由王振民介绍，入该报当副刊编辑，旋挂总编辑之职，也以困于经费，才四阅月而停刊。适北方扩大会议，已在掀起反蒋运动，即由《南方日报》的关系，和王振民等一行赴北平，尚未参加工作，而张学良出兵入关，扩大搬迁，又匆匆随同走入山西太原，又不消些时，而扩大局面完全垮了，几个人如丧家之狗，返抵上海赁屋法界租界贝勒路暂住，生活维艰。同伴郑省一（现改名郑辉，农工民主党汕头负责人），满有勇气，搞一南洋通讯社，虽未成功，却给各人精神上一点点鼓舞。正当上海大雪纷纷，因参加扩大反蒋之故，家乡不便归去，而家里急讯催归，祖母病逝，冒险回里，棺犹在堂，黯然泪下，于此有须补述者：我家境零落，母氏劬劳多病，我自幼多得祖母怜爱，带养成人，弥留盼我一面甚切，终于嘱我寡姐，俟我来诫我，好好教书，勿走政界，言罢而逝。这一回，留给我心灵深处，多少怆伤！

事毕再出香港，却在酝酿西南非常会议之一幕。事前郑省一等，在南洋早有团体组织，做反蒋运动，至是国民党第四次全国代表大会召开，即经审查合格，以南洋英属出席列席代表资格参加，我亦其中之一。该大会因与南京方面谈判宕延，我们特利用时间，发刊一种《呼声》周刊，凡出五期，会完才止。“九一八”事件，促成宁粤和谈，我们于开会后，也前往南京，希望参加实际工作，不久而淞沪战事发生，及后，满怀愤闷，仍复返粤。主办一家《活跃》旬刊，凡出十六期。时李任潮先生已在香港，我们于四全会时，曾由华侨代表联名电京请释，精神上早受所感召，因之偕同华侨陈秋波、林布方等，来港晋谒，致其诚挚慰问，并承示抗日大计进行。随把在省刊物结束，留港参加活动，对南洋方面筹划人力物力以资协助，一直住在香港的陈秋波同志家中。演进以至福建人民政府揭橥反蒋大旗，联袂前往参加，担任侨务委员及侨委会秘书长工作。未及展布，已因军事失利，厦门倒戈，我们躲避于鼓浪屿逾半月，终附外轮返抵香港，仍住陈秋波同志家中，并一直住足了冗长的岁月，生活张罗，备极困苦。这一段时间，李任潮先生已返梧州，香港方面同志，承命做民族革命同盟之组织，秘密活动。我曾受组织方面詹显哲同志派往汕头，假同兴公司商人姿态，联络一些人物，可是不善应付，该公司致被撤销，资本全部亏耗，负累有关戚友罢了。而且环境已不容再待。只得促装又走香港。再过些时，广西当局继续撑持反蒋，搞起“六一”运动，邀请李任潮先生命驾莅临南宁，陈秋波在梧州李公馆候我由港到梧，一起同去，宜园（任潮先生住的公馆）足迹，不会生疏，但终竟又是和南京言和，不知内里搞的是什么鬼，我同秋波，顺沿南路盘问翁照垣的新军，由北海返港，独住九龙的青年会，大约两三个月，心情较为静适。后来王振民在潮汕，承当局命组织抗日大队，我在港帮他募捐寒衣。再后广东成立所谓民众抗日自卫团，潮汕划成八、九两区，我接受其中参议之聘，遄往南洋各地：计（一）偕余洪业、贝子端过暹罗，募集华侨救护总队，建立于潮州，余、贝分任队长，我为顾问。（二）偕陈秋波过新加坡、庇能、越南为汕头市捐助防空设备。而后我独留新加坡，驻足后港椰园里面，终结集刘海平等一队青年回国服务团，由我商得船公司优待，率领到汕，备受欢迎。后来这一队同志，有的参加当时中共领导的青抗会，有的转做司机，于昆明时还有碰面，刘海平则于潮汕将近沦陷时赶回新加坡去。我也于此期间，退入家乡，人心惶惶，无法安措，家庭生活，更陷于极度凄凉，呆呆相守，一年过却，曾记以诗云：

寂寥门巷冷风残，岁序沉沉梦也删。浊酒无言原是泪，龙钟双袖几曾干。将离情绪依前席，事到阑珊良独难！但愿儿娘须莫泣，胸怀我已尽辛酸！

无何，家母于忧悸中病逝，我料理丧葬之后，略略安顿家庭，简单分爨，秋风道上，一肩行李出门；而自此家乡经过数次沦陷，并一直离家逾十年，这是后话。在我生命史上，于此却是一个转捩点，以前琐琐，本无足道——迄今也不曾有何贡献，只是人生观，好似面临了较为广大的场面。虽则尚在摸索，尚在流离转徙中感受人生旅途的磨折，到处为求生忙；但人同此心，已不是单独的一个环节，不但“已欲立而立人”，还应该体会其共通点，人已社会的共同解决。尤其患难之际，人们的同情，温暖，帮助和解决困难，愈感觉到人生友爱的可为宝贵；他们固无条件的，无所求于我，而只是站在人性的同情，正义感的心心相印而已矣呀！那么我有什么值得的呢？还好意思单为个人打算，而不大彻大悟地，认为此身非我有，是公共的产物，是社会的一分子，一粒细胞，所当忘我地献身于人群社会才对呢！话虽如此，我还是仅仅为生活奔走而忙，为一般工作而工作。

一九四〇年秋，离家到曲江，转赴衡阳，栖息于县政府，当名社会科长，差不多两个月，接到李任潮先生在桂林来函相邀，方始欣然就道，直趋桂林，在该军委会桂林办公厅秘书室，以中校附员服务。如常供职达半年余，情绪暂现低落，时适谢丰同志由渝贩货过桂，相逢倾盖，以为无妨改换空气，一起赴渝。我因向李任潮先生恳陈，他概允许。从此就在白雾迷蒙中过活，多了解战时后方的畸形状态，土桥等处的恐怖淫威。旋适中国派遣远征军印度整训，我乃由谢丰同志介绍于萧文先生，他时任副参谋长，同意引荐为该长官部中文秘书，乘风起程，飞赴印度，驻扎蓝姆伽，意气为之一振！出国人才缺乏，调我为军法处军法官，仍兼秘书一些文件工作。异乡花草，广大平原，恒河铁桥，都给我美的新的观瞻，还唤起一般怀古的情调，于抗战年头，飞机翼下，郁煞闷煞，至此大可舒一口长气吧！这时是一九四二年尾，长官部调回云南的弥渡地方，又驻了两个多月，长官调换，我也乘时辞去，留住昆明同乡同侨开创的大华胶鞋厂。我和该厂主人结缘良深，前后数次留住该厂敬爱有加，不下三年光景。中间承萧文先生由柳州相邀，返来柳州，桂林重游旧地，晋谒李任潮先生，时该厂办公正告结束，我的第一本诗集《三叠云笺》，就在桂林广西日报印行。萧文先生于柳州方面，对我工作商量未定，而桂林已行疏散，我于是重返昆明。萧文先生随后亦因公到昆，委托我以越南革命同盟会云南分会的指导事宜，凡越南同志返国参加革命工作的，即为之填发证明书，以当护照使用，陆续回去有数批。至日寇投降，越北接管，他们越南旅滇人士，特开一全体大会，号召回国协同胡志明解放越南，我以当然指导资格，出席讲话之后，亦遂取道贵州、南宁、东兴，以入海防河内，即与萧文先生领导的侨务处会师。在河内凡驻月余，格于环境，无何作为，萧文先生另荐以广东省政府参议名义，过渡暹罗，推动华侨救灾工作。于一九四六年一月抵埠，驻足安达公司（中共诸友所组织），以后便展开暹华民主运动的活生生的一幕。

事情是这样的：华侨于抗战胜利，情绪特别兴奋，对祖国希望极浓，我以工作便利，略具身份标榜之外，仍以过去社会关系，和个人浮薄虚声，到处受人欢迎，也即到处从而联络，并由救灾而会晤中共朋友，及国内前往的许多民主人士，共同掀起暹华蓬勃澎湃的民主运动壮观；创办教育文化事业，与各种社会活动，颇以客气见推挂名负责者，为华侨教育协会、南洋中学、曼谷商报。参加任务者，为中华总商会、建救总会、中暹文化协会等。所有工作协商，群众观点，也于此特地发挥其作用。李任潮先生时在香港，致函奖策，并先后派吴涵真先生、陈秋波同志等过暹，有所筹划。民革在港召开大会，因之应邀飞港参加，被选为中央监委。一面带将暹罗活动各该单位刊物，和连年续处的诗册，与留港中共（会晤许涤新及新侨、安达诸友），及民主人士（会晤彭泽民、章伯钧，及达德、培侨，华商报工作者），交换意见，联成一片。返暹仍负责民革总分会筹备工作。但不久却因暹罗銮披汶反动政权，同中国伪大使馆特务党团勾结之下，于一九四八年六月十五日，大捕华侨民主人士一案发生，而入狱，而出境飞港，又被港政府扣留，解回暹罗，再经国际友人协助，偷渡缅境，进入滇边，栖迟于原始山城，同患难伙伴数十人，分头担任工作，教育民众，时听荒村儿童唱唱新歌，不觉恍然回忆，这即是我们在暹早经采用的调儿呀！去年元旦，方在澜沧，写就一首。小诗云：

南风播种也堪夸，蔓引滇边子母芽。井水柳词传一遍，家家解唱自由花！

是其实录也。后来与外间互通消息，取道昆明，前往北京，会晤一应同仁，算是归依祖国的怀抱。流亡时间，已逾年半。再后接家电催归，不无怀乡之感，特向李主席告辞，准假回里一行。即于客腊参同处理马来亚难侨的同志们，回抵汕头，归抵家里，人事沧桑，所不消说。今年春，再由汕抵省，托足一家药厂，颇想就人事外围，有点帮忙，搞好中药草新事业，以迄现在，仍在其中。

七、是否被通缉、逮捕，或坐过牢

上面经历已经交代过，见之报纸通缉的，有参加福建人民政府一回。其余得之口传的，如参加扩大会议后，留沪不敢归家。又如在汕搞同兴公司，闻及侦缉黑名单，匆匆落船赴港。逮捕及坐牢，则以暹罗此次才遭受，坐牢约经四个月。

八、专长、技能、工作意见和兴趣

此项留待第十项，“自我批评”一并叙述。

九、目前形势、新中国、统线工作各等

此项似可简单而确定地说：目前形势，明显分成两个壁垒，即以苏联为首的爱好和平阵线，对照以美帝国主义为首的阴谋发动第三次战争的侵略阵线！所以绝无疑义的只有一面倒，即是拥护和平，反对侵略。

而新中国的前途，正在彻底铲除封建剥削，敷平工业化建设之路，具体表现，即为土地改革，和镇压反革命，在生产力增强，由新民主主义进入社会主义，这是内在。外围则是把爱国主义，结合国际主义，认识中国是和平阵线有力的一环，须要遏止帝国主义的侵略战争，所以抗美援朝，援助各殖民地的解放运动，以求全人类的解放，这样中国也才是真正的解放。断不是关门主义，陷于狭隘的民族主义范围，那是错误的。

至统一战线的工作，我们连年在暹罗早就做过，而且做得很好，我们因无私见，无派别门户之分，只有互相尊重，团结，对付共同敌人。目前的帝国主义、封建、官僚资本三大敌人，或多或少存在，我们正需要运用各阶层的社会关系，各该条件力量，也即各民主党派都有其一定的作用和任务，提供当前，集中火力，去向敌人进攻才是。绝不应该存留着关门的，本位的，或取消的错误作风。

十、自我批评，连同第八项技能和工作意见等

我先概括一句，我这个人是藐小之至的，我于事业是一无所成的。也不是有什么“不得志”牢骚可言，我还是欠人家的债、欠社会的情、欠家庭妻子的责任，到今没有补偿。我真是太自私了！太低能了！什么专长、技能，都不会有，科学基本学识太差，所以研究哲学之类，到了某一界限（如须佐证于自然科学等），就被搁住了。我的脑筋也最不耐烦，不耐太过深邃曲折地绞榨，就连本来学习的法学系，也觉得艰深枯燥而不感兴趣。勉强当感兴趣的，就只有文学诗词，穷年累月，断简残篇，以至山巅水涯，车尘马迹，总觉寄托于诗，而得到些微熨帖。我韵致悠扬，摛词丽则，洗脱了一切尘垢，而卓见孤贞。犹忆我母亲早寡，她是个旧式闺秀，工刺绣，爱唱潮州歌谣，我少时儿女灯前，鸣机绕侧，是甜是酸，只今也分别不出什么滋味。我的文学素质，根于母性遗传影响，似乎很深，性格也甚吻合，我满温情，带柔婉，不欲轻易得罪人，有时冲激流泪，也只是自怨自艾；坐此斗争情绪当然薄弱，不够劲，不够政治手腕，以发挥领导群众作用，只有一般的社会同情，却没有基本的坚强的干部意志。

在心理学言，我是属于内向性的一流，注重内心修养，而缺乏事实发挥。一向生活也还严肃，在过政治生活场合，只是摇旗呐喊，谈不到独当一面，自然谈不到享受，迄今也不图享受。个人生活，衣食住都力求简单朴素，别无嗜好，却有一点素养，即早起习惯，床上操坐式八段锦，如是不断已十余年，身体本来瘦弱，而很少疾病，或者即得力于此。经常习静看书，可以累日兀坐案头，扩而充之，殆亦可以遁世而无闷。有的朋友取笑我，在修苦行，在做苦雨萧斋里面人。

我也曾是做过罗曼史的梦，青春时期的写作，于这类情调颇多，但多偏于灵的、幻惘的方面，成为虚无缥缈的追逐。内行人指出我作风和李义山很相似，我无以应，倶引：“诗到朦胧诗意长”“离愁渐远渐无穷，迢迢不断如春水”以自况。曾谓词非所谙，音律望而却步，一向无非以诗意念词，仍以词调柔婉，转纳之诗而已。又是个人进境，步步牵缠，跋前疐后，本来已就脆弱，更兼环境险恶，就愈觉波腾跌宕，不几于淹没销沉者几希，剩下一脉源泉，涓涓自抱，此生合是诗人未？短歌微吟不能长！

政治生活，向来不感多大兴趣，虽则人是政治的动物，任谁都不能

离开政治，尤其时代进化，社会发展，到了这个接替大关头，还存在些小资产阶级意识的尾巴，还带有个人主义，自由主义，超阶级和超现实的色彩，便落得软弱无力，等于“无兵司令”。毛主席的启示，我是完全了解的。能够做到完全忘我的地步，献身社会，为孺子牛，为螺丝钉，方才是正确的做人必修课。我只当判别泾渭，努力追求，努力学习，从学习中去工作，从工作中再学习。

十一、最后一项，每个阶级，多列举戚友姓名

已详上述各段经历，凡事业工作有联系的，都尽量提及其人，若一般交游的朋友，则诚指不胜屈，也似无列举之必需。概要地说，我自福建人民政府之前夕以来，差不多二十年间，和李主席的关系，虽时有疏有密，而大体上，总不离开这条政治路线，奉为精神和实际的领导指针，故此，单举李主席一人，大可概括并深切了解我的一切了吧。

同志们有谓我自传中几处太过简略特加以补充说明

一、关于印度远征军任职

一九四二年，久居雾都重庆愁城中，精神甚形苦闷，一旦有机会出国，自然感到兴奋。一则是基于敌忾的抗日高潮，一则是满足我的文学滋养，展拓其境界。我在该长官部中，颇以文人姿态见称，曾举行一个追悼会，全场挽联文字，差不多出我一手挥洒，还记得半阕《西江月》词云：“碧血染成碑记，缅南擂鼓精神。抚兹袍泽黯魂惊，顽寇芟除未尽。”又有句云：“风雪长揪征战地，渡河杀贼按飞声。”个人方面，也不少轻清风致。《兰伽春早题诗》二首，其一：“犹有闲情咏落花，青青草树引痕赊。晨风吹动襟微冷，一派阳和润降纱。”其二：“风光不爽南薰国，陌地油然乍吐春。满望旌旗舒展丽，花源缓缓纵归人！”这都是我的生活内容的写照。至于挂名秘书，及什么军法官，不过倒行应付而已，无何足述。

二、关于越南革命同盟会

该会为越南各党派所组成，在柳州开过一次大会，由萧文同志主持

（伪军委会派张发奎为该会指导代表而萧文任该指导代表办公室主任），我时适到柳州，萧文邀我代其整理会后一切文件会议录，对越南诸领袖公开介绍，说各节可请教于我，当时被选人以张佩公为首，胡志明亦系中委之一，阮海臣为监委。我看其中党务报告，以胡志明一篇，写得最有内容。文字最犀利，其他有的中文实在写得不大好，我曾对胡志明说："胡先生，你可以替他们修改修改吧？"他很谦虚而有分寸地说："不敢，这是要许先生才能动笔的。"后来我在昆明，担任该会云南分会之主任（由张发奎萧文委派）处理简单事务，即对该各党派人士回越发给证明书，以代护照性质。及日寇投降，我初到河内，我亦曾拜会过胡志明主席。至该越南革命同盟会的演变，则张佩公死，而阮海臣继之把持，勾结重庆蒋政权，入越欲以空架子和胡志明领导的越盟对立，经萧文调停团结，结果仍复分散。

三、关于广东省政府参议

河内受降，事权操在卢汉手上，萧文之侨务处，备受掣肘，我到河内想靠萧文做事，更无何可为；当时萧文筹划在河内办报，而我驻在河内的安达公司（中共诸友所组织），诸友却邀去暹罗，因与谢丰同志商量，想出一个技术方式，由萧文荐委为广东省政府参议（同时谢丰同志，亦系被荐委为参议）到暹罗推动华侨救灾，一面从而筹捐报馆机器。直待伪省主席罗卓英同意所请，将委状二份送到河内交萧转给，即同萧文同乡一位暹侨黄国兴君偕往暹罗。黄君亦告奋勇，旬日之间，在该客属同侨募足报馆机器一副，不过萧文在河内之局面，已成尾声，不便殢留，来函告以该副机器停止运付。我初时自然借此参议救灾名义，在各属会馆活动，比较方便，但后经闲话传播，伪省府方面说我也是"老八"，索性去函将该参议名义辞掉，与罗卓英关系，至此断绝。

补述思想情况的变迁

我一直都是站在反蒋的立场上，不是说反蒋即等于革命，适当地分析，是基于人格上、道德上、正义感上，对蒋介石的独裁、弄权术、贪污腐化等，我大有"庆父不死，鲁难未已"之愤慨。较明显的象征，他是封建的残余，是曹操、袁世凯一类衣钵相传的国贼。所以闻及反蒋义旗，辄为之欣然向往，由“扩大会议”到“非常会议”，再到“福建人民政府”，我都乐得参加，说不上大张旗鼓，也还配合摇旗呐喊。不过那时的政治思想，却极模糊、笼统，恰像冯玉祥的十字诀：“你不好，打倒你，我来干；好！”是了。

革命口号，除反帝反封建外，其他每一次政争，所作为揭橥义旗的标榜，较前如“护国”“护法”以后如“非常会议”的提倡自治，反对独裁，初时也觉新鲜，但不久而褪色了，无何吸引了。抗日文献，较有重大意义，民族英雄之声，详详盈耳，可是这种锐感，也给名实不符的特权人物所糟蹋了，所涂污了。好话说尽，坏事做尽，待及眼光锐敏地把它揭穿，便愈觉得借抗日之名，来做排除异己，发国难财，与三征迫害人民的罪恶为不可饶恕的了。又如文艺思潮，除鲁迅先生左翼，一般人韧性奋斗之外，从狂飙时代的“五四”起，五花八门，科学和玄学鬼之战，实验、浪漫、写实，象征的此起彼伏，乃至民族，普罗大众的赶赴市场，赶到上海滩上的无聊、叫嚣、肉麻、总觉无一是处。由此酝酿着，酝酿着，满望有一阵暴风雨的到来，把它冲刷净尽，好涌现个雨过天晴。

我留住昆明时期，有一个朋友吴邦彦，他是中法大学教员，和国际无线电台主任，并《民主周刊》十六个基本撰述人之一，因为谈文学，大家谈得很要好。他常伴我到威远街郭沫若题的一家“文艺沙龙”（新式茶馆）去喝茶、漫谈，翻翻书刊，也就略略知道当时民盟的组织，和学生运动的内容。我领导越南革命同盟会云南分会的这些革命团体，他很高兴，曾帮助他们越南同志拍发国际电报，并对这些我介绍去见他的革命同志们问长问短，如何组织民众？如何配备武装？一席话头，给我印象很是深刻。我和吴君已于入越转暹而失却联络，去年我由昆经渝，在民盟座谈间，听说他仍在昆明，并以电局方面专家身份，曾出席重庆一个会议。

在我个人过程，要算暹罗一幕，为我发挥能力的最高峰，那时中共《真话报》代表人邱及，民盟主持人黄声，和许多活动进步分子，都是同声相应，同气相求，“以吾一日长乎尔”，他们并都客气相推许，每发动一件事，一个机构，有时即以我挂名带头，发展到配合国际，和暹共及其民主人士共同组织的一个中暹文化协会，暹方提出蒙昭沪功亲王为会长，华方预推一个代表人物当副会长，都一致以为非我莫属；虽经我申说不谙英文暹文，对国际交际诸多不方便，为谦逊理由，但他们终以为不要紧，而权作为定议。后来该会筹备拖得太长，环境多少变迁，等到正式成立，我还是推让黄声去担任这个副会长。又因政治关系，暹罗銮披汶反动政权压力之下，该会终无法展开，而归之停顿。我补述这一段故事，自然不在乎自我吹嘘，却说明暹罗一幕，民主运动，我有自信的，可以相信叫得起，可以对一般华侨有其感召作用，就人的影响，或者比其他同志为优；所以，实事求是，在外表上，还是把我为“表率”为“招牌”为“空头领袖”而无愧色。我当仁不让，借此体会了许多场面的斗争经验和掌握群众心理，我深深感觉到没有中共朋友做骨干，是不容易推动的，是没有活力生气与持久的。我和他们一起工作，一起过生活，并同样追求一个共同目标，愈益佩服他们的实践，劲干，枪法不乱，一种有步骤的配合集体化纪律化的一贯精神，朝向马列主义的真理前进；有生力量，如火如荼，那新中国的带路先锋，不给它桂冠戴还有谁呢！

我不善于实际行动，并且有时穷得要命，而一切举措，非起码活动费不行，我又不会运用张罗。所以由港返暹，衔民革总分会组织使命，迎头就是给我一番局促。继以中间一些误会，人事曲折，再后就是措手不及，让反动的黑暗势力，横施压迫，逮捕，所摧毁所吞没了。出境颠沛流离当中看到中共朋友在那个环境埋伏照应，细针密缝，妥为护送到了安全地带，个人的感激何消说，于此愈见到他们的实际毅力所在；我不过区区吃点苦头，算得什么？我一直地来到昆明，抵达北京，都是中共朋友机关的温暖招待，妥帖护送，我只有感到惭愧！感到兴奋！

离昆时，承诸同志省盛会欢送，寄予不少期望，并要求民革中央派我回滇领导工作。我京华莅止，无限兴怀，对新事物、新理论，虽不尽陌生，但个人已有点神经衰弱，一心想求安定，却又事不由人，有点急躁，接着家电催归，便拂袖径去，从此混迹市廛，寄托生活，侯门回望，仿似海深！这不是人遗弃我，而是我自行脱节，掉队，超出了现实，模糊了意识，不认真去和同志，和群众结合在一起，由今方才恍然悔悟，实在陷于孤立！实在藐小之至！

在穗以党员身份，参加民革小组学习，颇觉习惯以成自然，曾写信给邱及同志说：“我于现社会亦步亦趋，跟住小组学习，大约也不会落人们之后，这一点，用副雅望，以为‘老子’尚可教吧！”而邱及同志复信也就说：“弟等已于今年四月调部，工作忙杂，少与亲友通信，对兄亦疏音敬，采感歉疚。奉读八月六日来教，敬悉精神舒快，尤努力参加小组学习，不胜感奋！”可为心心相印。

另详述几段过程情况

一、关于暹罗出境

一九四八年“六一五”被捕一批民主人士四十余人，被禁约两个月期间，宣判自由出境。当时在狱内同人，本无什么组织，以控制一致行动，外间虽有援救临时组织，而格于恐怖环境，很难周密通知各人及其亲属，采取严格一致之步调。还是基于情感联络，互相慰勉，听人就所适宜港口，谋为去处。在暹惯例，凡被判自由出境者，均由外间亲友上呈领出搭船或搭车，而暹警监视到国境交界为止。这一批同人，有一人飞赴西贡，有二人转赴寮国他曲，我则飞赴香港，但遭挫折解返暹罗。事情经过是这样的：我较密切亲友王步青、侯泽宝、王梦非、张香松、纪明洁、许春敬及我胞弟女婿等，他们候判令一出，即向暹警方特别部进行入呈，指定出境要赴香港，一面与香港陈秋波同志取得联络，并报告李任潮先生，复信定妥，准备届时香港机场相接。而买飞机票时，却费一番曲折手续，即当时中国伪政府已与英暹等国串通，华侨须持有正式护照，才准出入境，我当时无法取得驻暹伪大使馆总领事馆发给的护照，适是年初春一月，我才由暹飞港，出席民革代表大会，系借中华总商会之商证，以代护照使用，惯例如此。自香港政府宣布须要中国正式护照，该项代替之商证，本已失效，航空公司亦不肯买票，就赖外间亲友巧为应付。居然用我原有商证，通过买票，一早送我到机场，候机起飞。可是不幸的是，早有反动派刘侯武，及他们一队球队，适于同时到达机场，并先搭一架机飞港，送客的反动侨领很多，亦于其间碰面，可能由此发生毛病。所以我所乘之机续到港，入关检查护照，算盖印过去，但另关员马上发现我不是正式护照，叫入房间，其办公桌上，早摆有我暹罗出境之红单（暹方照国际惯例，系将出境名单罪状相片，汇送有关各国口岸查照）对照相片，予以扣留。时陈秋波等已到机场迎接，由曹绵之同志（现在外交部工作）用英语向之询问无结果，之后，他们返去报告李任潮先生。翌日迄夜时间，任潮先生派萨空了先生，尽量向香港总督办交涉，终以格于护照问题，港督坚持所谓国际法，谓解返暹罗办有正式护照，即可入境。我候至第二晚达旦，英差着令上机，而萨空了、陈秋波二人，早在机场客室候晤，告诉交涉无效的经过，另持章伯钧先生给谢保樵（当时驻暹伪大使）信一封，内容要它顺替我办护照。又谓任潮先生可续写一信给谢保樵，同样说法，付邮寄暹罗王步青同志收，以便对谢保樵交涉。勉慰辛苦，握手道别。我由此颠簸，又到曼谷，带入囚牢，再晤难友，为之错愕叹息。终于护照交涉不得要领，反动使馆径不发给，香港路已走不通。外间中共同志，另计划走缅甸之一路线，后来逐批领出，我参加第二末批。

二、关于由滇抵京

前批卓炯同志等，经缅属景栋入澜沧，假教书为名，联络地方开明势力，起而打倒土司，建立周围数县的一个解放区，进而与思普方面第一纵队之余卫民部汇合，卓炯同志担任政治部主任，而澜沧区以邱秉经同志为行政专员。我则停留于景栋，和内地澜沧通信联络，尤注意伪九十三师残部动态时作报告。及他们特务网遍布景栋，住处不便，乃冒雨季行山径半月以抵澜沧政府所在地之佛房。中间又因地方恶霸叛变，转徙以过圈糯，再后昆明解放，乃由圈糯步行整月，抵达昆明。承四兵团招待在该谊安大厦。时与北京取得联络，李主席电召："希即来京学习。"即于五月初搭军用机，妥送重庆，住第二招待所胜利大厦，候轮半月，始赴宜昌，转汉口，另搭大车以到北京，住民革总部，仍由统战部以小灶支费招待，至我离京为止，凡三阅月。

在民革总部，初听丁毅忱秘书主任说："我党专召三同志，即上海杜重石，江西孙其名，和我三人，预备入革大学习，但均已过期了。"我首先晋谒李主席，温慰有加，第二次谒见，他即提出工作问题，谓费振东要它介绍一个秘书，你来恰好，先去和他谈谈。我晤费先生，引到他家里，对一般侨情，谈得很痛快。另日再过李公馆，主席问我工作如何？我说还未谈及。又谓北京初来，熟人也多，我很想各处逛逛，多了解一些情况之后，再就工作。主席点点头说，暂住定也好。从此真的忙于访友逛游，尤常和彭泽民老先生过从为密，曾在他公馆拍电于章伯钧先生，声称要过他那儿拜候，他却转过来彭老处把晤，见面很高兴，问我需要他做什么吗？我只谢谢。但他已自一面向李维汉部长关照，李部长交代连贯处长约我谈话，即由林之原同志引导前往中南海统战部会面。连贯处长说他曾在北京饭店打电话至民革总部邀约我，二次都接不通。时适他正要赴机场接客，匆匆寒暄之后，转交代林之原同志代为接谈。以后我和林之原、邱及、邹仑和革大郭天任、黄子安、黄明楷诸同志，常有接触。初时林之原同志征求我工作意见，我答以可能则派赴云南参加侨务工作，因我在该处社会关系较好。后来本题不谈，大家都是暹罗友好，转为私的方面，轻松漫谈为多。只有黄明楷同志，曾很认真诚恳地说我们很希望你同入革大学习。蚁美厚同志，对这问题，却谈过好几回。林之原同志仅婉词说，你如于唯物多研究些，可当名教授。又漫谈在京找个秘书参议之类，当然可以，如系外面独立岗位，则对于政策须要把握得紧，不可马虎。弦外之音，我殊了了，适接家里急电，心情不无波动，特向李主席告辞，他老人家初颇出意外，旋则慰以离家许久，回去看看亦佳。我另述及和统战部并诸友接谈情况，他微笑说，他们还要你学习！一语带过。转谓秘书之类，我也知在你无甚作用，将来马来亚民族解放问题，我还不清楚侨务和军事如何配合，你在南洋，尤其暹罗，有许多社会关系，可以发生相当作用，你将来还是去参加这种事业，更有意思。语重心长，实获我心。

彭老先生对我要走，也觉过意不去，邀我无妨搬过他公馆共住，就他老人家之浓厚情谊，便同家人一样，我以归计既决，留着余欢待后来，谨致衷心感谢而已。

三、返粤形成脱节

我到北京，除向民革书面并出席中常会报告外，对中央华侨事务委员会，亦同具书面报告“六一五”出境经过。何香凝主任，我于香港认识的，见面犹满老太太的温情，要我搬过他们宿舍里住，我报告已有招待住所，谢谢她的盛意。过后因无特别请示，尚少过门。此次回来，仅对民革总部同志，请其替我办手续，他们替我办妥一份证明书，重新填发一份党证，我亦觉得手续完备，兴辞而行。抵穗只以私人关系，和陈汝棠先生是早在香港有很好的友谊，特去拜访。又去广东华侨事务委员会，登门拜访过诸同志，因多系暹罗旧相识者。由后却听到此外一些闲话，谓我此来，系私人自由行动。对民革，对侨会，均无上面介绍信，认为不合。这一层，我委实缺乏经验，不曾想到，患了疏忽的过错。后来和邱及同志继续通信，要求他介绍工作，有一回，他信上说，已对广东有关方面提供意见，如有适当，他们会直接通知你。果然得着蚁美厚同志盛意攀去会见伍治之主任，伍主任态度很好，表示邱及同志有信给他，对我工作岗位问题，并送过一封信给统战部，却未有正式答复。目前为处理马来亚难侨事务，须要回汕，请你帮忙。并声明这是临时工作。我口直心快地说，我本来都想回汕，恰好借此机会，甚表同意。遂和他们一起成行返汕。暌别十一年的老家，自然渴想早点回去一视。但蚁美厚同志说，此刻还不好意思提起，待第一批难侨轮到后，安顿一下再说吧。我也就跟同入潮阳和平乡，那一夜，难侨初到，我同马龙曹同志负责车站接待，搬运行李，乘雨挨过夜里两点多钟，精神还是感觉兴奋。待过数天安顿就绪，第二批轮约须半月后，有这一段距离时间，正是回家机会，因对该负责同志何友逖处长关照之后，直出汕头，向伍治之主任报告，他尤其同情慰勉，知我疏于办理回乡手续，主动提出会交代侨务局代办，殷勤道别，我对于伍主任始终印象良佳。

回乡之后，情绪低落，家室饥寒，无法救助，加以乡里土地改革期间，是非意气杂沓，环来聒絮，为避免麻烦起见，只得急急离家出汕，寄住我旧老师之子倪克容等开设的泉丰昌行内。因忆在省时，民革中央通告二中全会开会，另团结委员会期，再行通告。时则蚁美厚同志见到民革二中无南洋代表列席，热情照顾及我，自动对华南民革负责同志谈及，何不邀我参加？他们委称向京请示。我时不便争取，但函李主席对暹罗新近一些动态报道，并谓别无其他意见贡献，留待团委会开时再晋京吧。于此还是念及北京温暖，愈想借团结委员会开会前往出席，特径函潮阳和平乡处理难侨委员会之何处长，以此理由，歉辞临时任务。不久却接谢丰同志函称，团结委员已在京合并二中会，不另召开，兹拟只得作罢。适杨雪立老先生，商议就该汕市升平路孔教会旧址，改办一间华侨小学，邀我担任校长，我概答应，一面去和文教当局商谈，他们亦甚赞成，又以筹备诸多阻隔困难，不能实现。至是乃转入药业之一问题——泉丰昌楼上，并设总代理广州星群中药提炼厂出品，业务相当发达，而广州叠函告急，要求汕方所派郑华尧副经理回厂，解决困难。时同诸友拟议，以为星群新药业，最好多取得投资，尤其公私合营，而我于这方面，或可予人事上帮忙。由这一来，遂决计郑华尧、蔡子萍（庵埠分代理经理）和我三人来省，于一月十六日抵埠。

四、药厂栖迟苦闷

该星群以科学方法，首创提炼逐味中药，前身是华大药厂，继之为晨波提炼所，后乃改为星群中药提炼厂。创办人为厂长丘晨波，经历张景述，及吴粤昌、张星符数人（后二人因政治关系被逮），联络中医生所组成。资本短绌，规模不大。郑华尧前在香港业医，曾买得该厂提炼药，试用奏效，因之入省参观，同情协助，返汕鼓励其通家友好泉丰昌投资，并承办潮汕总代理。每遇星群周转困难，作为有力支持，如是者数次，俾得搬迁厂址，扩大规模。照今年一月计算，全厂资本额为二亿三千万元，而汕头方面泉丰昌已占一亿零八百万元，约占一半。销路则以该潮汕总代理占七成左右，此其大概也。

我们抵厂，首先着意卫生局投资，我因与局长李达潮先生有点关系，随之拜访提及，但厂长丘晨波正面在卫生局实验室任事，投资问题，亦有拟议，以故纯由丘厂长自行接头，后来竟不成动作罢。我另邀香港民主人士杨右子来参观，邀该汕头抽纱帮投资，终亦不果。又对华南企业公司有所接头，经时颇久，未能如议。但该厂已由他方面助力，蓬勃发展，郑华尧随复返汕，进行筹办分厂业务。当其回汕之际，邀我权在经理室，帮忙其一部分写信工作，我也答应。但医药外行，信都不容易写，渐感阑珊厌倦，加以外间学习开会事忙，后来委之徐楚生同志（中医学会副主委，派入该厂任副经理）担任。上月第二届股东大会，汕方明白告诉，郑华尧因政治关系扣留，而将其解职。我于该厂就仅系汕头大股东方面一个客人驻厂罢了。在岗位上，我是快要一个转变的了。

该厂职工有两名，以反动党团分子被管制，全厂职工共六十余人，直接医务工会领导、小组、读报、政治大课、技术试验等都相当积极，业务影响遍全国，相信这种新事业，是一定有其前途的，是任谁都不能加以摧毁的。

总　　结

我明白我的缺点，在空疏，在不求甚解，陷于旧式文人的一套，也即是小资产阶级意识或多或少的唯心毒素在搞怪。我尤明白我的思想根源，偏于温情，富于情感，而形成了软弱无力，不够胆汁，并不够机警，每到紧要斗争关头，就不能把握得住，不耐一再打击，而容易消极，归之失败。今后只当脚踏实地，理论结合实践，从实践中去体认，去坚强自己的立场和意志，好好为人民服务，尽一分热发一分光。我也不忘掉我的优点，在刻苦耐劳，在有独立自尊的个性，兼以出身寒啬，过惯朴素生活，愈会对一般贫苦大众发生阶级同情，而拥护其利益。不过惭愧的是，一向生活力量所限，能够帮助人的机会还少，而受朋友以及社会一般的同情帮助，解决困难的地方，确实在多。这要教我偶一触及，全身都震动了！心灵纯粹而升华了！自私自利的残滓，哪还有存留的余地？所以衷心地、忘我地，要替人民群众尽点力、服点务，是自然而然的，不待什么勉强的。由此，我的自我陶醉、自赏孤芳的风格，一定要把它扬弃而扭转过来的。我今已逾中年，名位之心也觉淡漠，无何稀罕，不过要于淡处着眼，于水平线下着脚，尽管是风雨飘摇，我还是鸡鸣不已，尽管从热闹场所风头突出跌下来，以至于株守穷饿，我都不会无聊、叫嚣，而一样的自我考验，刻苦淬砺，立定脚跟做人，朝着社会主义的道路前进！

附年表：

1901 年 9 月 18 日	（月日仍照阴历）出生
1908—1914 年	入乡村小学
1915—1917 年	入蓝田高小
1917—1921 年	专修国文（1918 年结婚）
1921 年 7 月—1925 年 6 月	入广州法政专门学校
1925 年 7 月—1925 年 12 月	任汕头艺师教员兼海外同志会文牍
1926 年春—1927 年冬	偕海外同志会常委赴省交涉海滩事
1927 年冬—1928 年夏	任《汕头日报》编辑兼大同中学教员
1928 年秋—1929 年秋	香港赋闲经年
1929 年冬—1930 年春	任香港《南方日报》编辑
1930 年 6 月—1930 年 10 月	赴北平参加“扩大会议”
1931 年 8 月—1931 年 10 月	由港入粤出席国民党第四次全国代表大会
1931 年冬—1932 年 5 月	赴南京翌年返粤
1932 年 6 月—1932 年 12 月	广州办《活跃》旬刊
1933 年	留港参加李任潮先生领导的抗日运动
1933 年 7 月—1933 年 10 月	福建参加人民政府任侨委会秘书长
1933 年冬—1935 年	返港住陈秋波同志家中一面参加民族革命同盟
1935 年冬—1936 年春	汕头搞同兴公司生意秘密活动
1936 年 7 月—1936 年 10 月	南宁参加“六 ·”反蒋运动
1937 年 9 月—1938 年 12 月	“七七”后返汕任民众抗日自卫团参议
1938 年春—夏	赴暹罗募集华侨救护总队
1938 年夏—秋	赴新加坡、庇能、越南募捐汕头防空设备
1938 年冬	星洲率领华侨青年回国服务团返汕
1939 年夏—1940 年秋	汕头沦陷返乡困住年余
1940 年 9 月—1941 年 2 月	离家赴曲江
1941 年 3 月—1941 年 5 月	衡阳任县政府社会科长
1941 年 6 月—1941 年 12 月	桂林军委会办公厅秘书室服务
1942 年春—1942 年冬	重庆住同华商行

1942 年 10 月—1943 年 5 月	印度任远征军中文秘书
1943 年 5 月—1943 年 11 月	昆明住大华胶鞋厂
1943 年冬—1944 年夏	返柳州、桂林遇疏散再转昆明
1944 年 8 月—1945 年 9 月	昆明任越南革命同盟会云南分会主任
1945 年 11 月— 1946 年 12 月	赴河内转暹罗任广东省政府参议
1946 年 1 月—1948 年 10 月	暹罗搞民主运动办教育文化等事业 1. 南洋中学创校委员会主席 2. 中华总商会主任秘书 3. 暹罗华侨教育协会主席 4.《曼谷商报》社长
1948 年 1 月	民革中央监委，暹罗总分会召集人
1950 年—1956 年 3 月	民革第二届团结委员
1952 年 10 月	现职中央华侨事务委员会参事
1956 年 3 月	现职民革第三届候补中央委员

给暹罗卢君一封信

几年睽别，欲言不尽，只有念之在心，未敢言谢。近顷于蚁经理处，常谈及二兄，知去岁俱曾回国，公司则曾遭回禄之灾，方在重新继设，各节消息，为之忱往。蚁经理三句不离本行，谓国内贸易，大有盘可斟，并希望二兄能够前来接洽，利市三倍。旋又催促我有无通信相邀？常觉其意甚恳切，大约该“盘”必大有和，谨此奉达，请祈裁酌！

至我个人，现在一间药厂当伙计，还是仗旧社会一点关系，相引至此，该友回汕，我即权代其一些业务。不过一切外行，不感兴趣，聊以寄托生活，实际等于“咴邦”而已。几年流离转徙，少不如人老可知，曾以途中所存诗稿，就正于柳老先生，他笑说：“你还有这心情，我已一年余不曾作诗了。”适回粤，却真的有半年不曾写作，意兴萧疏，求生道苦，遂觉无须乎此耳。我不想赶凑热闹，但愿有机会再作南渡，寄迹椰林风下，有兴还读我书。

茫茫云海，我劳如何；诸维佛照，余何能尽！

一九五一年五月廿三日于广州

附记： 蚁君拟通过我关系，招邀卢君前来，以便商量布置那边工作；可是此信暗示性不强，后来方知渠接信时，还未体会及此。迄今恐怕亦尚无法知道。

再给卢君一封信

奉函并中国银行通知领款单，同时接到，惭感之余，竟不知涕泪之何从也！兄我侪健者，商场奔走，多少波折，终仗胜算长寿，克展旧观，“秀才”获此，不但兄透一口气，即在下风，亦与荣施矣！

弟乏善可陈，酸溜溜之生涯，活像畸形本色，初来该药厂，委实外行，旋便解除差使，仍复寄食其间，汕方股东笃念旧谊，观照该厂，每月膳费记其账下，一直“咴邦”经岁经年。家里以及友朋通信，一概懒写。蚁经理诸人，都以其忙于业务，晤面殊稀。念唐人诗“亲朋无一字，老病有孤舟”之句，微微同感。近作《海珠桥畔》一首，附录呈阅，此即弟之“雅况”也。“清时有味是无能”，言之滋愧。又“忍以穷鱼累故人”及“诗成知我尚为人”，如此这般，借花供案，以兄本系“秀才”，当不嫌其酸寒耳。诗教温柔敦厚，深寻自得，弟还是闲静观书，不无聊，不咨嗟，悠悠此心，力求淡泊，抑所谓苦行熏修也乎？只此聊当奉尘，乞舒锦注。并未敢言谢。

一九五一年十二月十二日于广州

又拟给卢君的一封信（因故未发）

算来又是经年，怀天兄回国晤面，备聆雅况，旋即北上，多承前辈先生不弃，寄托优闲，夏秋之间。世平兄来中国银行，几度过访，询谈及兄，商战健者，饶有办法，深叶忱慰。后来我也算赶上工作轨道，即和暹友区先生共同一起，隆情照顾之下，恍然又以清客姿态出现，一室静致，白首书生，可堪为故人道也！

茂群经理来京，晤谈之下，致意我兄，询问我有无音讯往还？屡嘱奉函，兜揽生意，区先生亦以为言，大约仗兄经济长才，市场货限，亟须物资交流，相得益彰。两位盛意，均甚恳切！我也本之暹罗致书，同心献赋，再効一次老红娘，好把针儿将线引，不知张生有意否乎？

燕市为兄旧游踪，文物鼎盛，焕然一新，北海公园，犹惯逐长桥短桥，闲看群儿溜冰游戏，曾和区先生即景之作有句："仙子凌波，滩头玉立，绾领寒冰。"想兄旧题重觅，亦将有如梦如烟之感耳。我连年栖徙，百无一用，及今晚景无多，黄花比洁，竹头木屑，聊尽方衷。更于人文渊薮，以诗会友，结识了些，用遣清寂，以言孟晋，坐拥诗城，固未能也。特以兄同是"秀才"，而我乏善可告，无妨酸溜拉杂陈之。

尊况谅佳，怀天兄不知同在擘画否？渺渺予怀，存之在臆。方便敬祈惠我德音，馨香祷俟！

一九五三年三月三日于北京

学习《实践论》的理解

学习《实践论》所接触到的意识范围相当广（深度和阔度），只当拳拳服膺，牢牢记取，以后再谈其他方面的结合。兹谨就简单而扼要地加以条理解述出来，是这样的。

它的基本：

人类的生产活动，是最基本的实践活动，是决定其他一切活动的东西。

它的范围：

社会实践，不限于生产活动一种形式，还有阶级斗争、政治斗争、科学和艺术的活动。

它的方法：

理论对实践的依赖关系——理论的基础是实践，又转过来为实践服务。

这一段加以说明是：

社会实践的继续，使人们在实践中引起感性和印象的东西（感性的阶段，就是感觉和印象的阶段）反复了多次，于是在人们的脑子里，生起了一个认识过程中的突变（即飞跃），产生了概念。概念这种东西，已经不是事物的现象，不是事物的各个片面，不是它们的外部联系，而是抓着了事物的全体，事物的内部联系了。循此继进，使用判断和推理的方法，就可产生出合乎理论的结论来。

更进一步的说明是：

唯物地而且辩证地提出了认识的深化的运动。

一切科学的抽象，都更深刻、更正确、更完全地反映着自然。

感觉到了的东西，我们不能立刻理解它，只有理解了的东西，才更深刻地感觉它。

以上是一般的道理；以下再应用到革命问题，我们可以体会到：

变革现实。

直接经验和间接经验。

自在的阶级和自为的阶级。

理性认识依赖于感性认识，感性认识有待于发展到理性认识。

概括一句，客观过程的反映，和主观能动性的作用。

提高——即强调能动性的作用：

十分重要的问题，不在于懂得了客观世界的规律性，因而能够解释世界。

而在于拿了这种对于客观规律性的认识，去能动地改造世界。

认识的能动作用，不但表现于从感性的认识，到理性的认识之能动的飞跃。

更重要的，还须表现于从理性的认识，到革命的实践的一个飞跃。

由于实践中发现前所未料情况，因而部分地（或全部地）改变思想、理论、计划、方案，也是有的。

再提高——适应变动的原理：

任何过程，不论是属于自然界的，和属于社会的，由于内部的矛盾和斗争，都是向前推移、向前发展的。

人们的认识运动，也应跟着推移和发展。

革命时期的变化是很急速的，如果革命党人的认识，不能随之而急速变化，就不能引导革命走向胜利。

思想落后于实际的事是常有的——顽固派。

思想超过客观过程的一定发展阶段——冒险主义。

归之哲学问题：

唯心论和机械唯物论，机会主义和冒险主义，都是以主观和客观相分裂，以认识和实践相脱离为特征的。

根据于一定的思想、理论、计划、方案，以从事于变革客观现实的实践，一次又一次地向前，人们对于客观现实的认识，也就一次又一次地深化。

客观现实世界的变化运动，永远没有完结，人们在实践中，对于真理的认识，也就永远没有完结。

马克思列宁主义，没有结束真理，而是在实践中，不断地开辟认识真理的道路。

特点是在改造：

无产阶级和革命人民改造世界的斗争，包括实现下述的任务——改造客观世界，也改造自己的主观世界（改造自己的认识能力），改造主观世界和客观世界的关系。

世界到了全人类都自觉地改造自己和改造世界的时候，那就是世界的共产主义时代。

总　结：

通过实践而发现真理，又通过实践而证实真理和发展真理，从感性认识而能动地发展到理性认识，又从理性认识而能动地指导革命实践，改造主观世界和客观世界；实践，认识，再实践，再认识，这种形式，循环往复以至无穷。而实践和认识之每一循环的内容，都比较地进到了高一级的程度。

这就是辩证唯物论的全部认识论。

这就是辩证唯物论的知行统一观。

一篇招惹是非的文字

题目《红棉侧影》，原文如次：

时代的齿轮，不住地朝向新的范畴，健全的前路走，一弹指间，突飞猛进，已告广州解放的二周年，也就是人民政协开成，“燕京定鼎”的二周年了。还记得柳亚子先生莅京伊始，群英会上，兴怀赋诗，有“中国于今有列斯，万方欣忭我吟诗”之句，想见其手舞足蹈，情词洋溢尽致。我那时是在万山层叠的滇边，曲曲折折，才于报端递阅，再过些时，尤感兴奋的是，广州都解放了，“去国十年余泪血，登舟三宿见旌旗”，郭沫若抗战时期的余绪，总觉有几分依稀近似；我巴不得马上遄归，瞻看久违了重光了的旧乡颜色。可是流亡转徙，到了那个瘴雨蛮烟，非非徼外，教将何日才赋归途？并且交通梗塞，如何归去？颇费了些踌躇盘算。这其间，多少反映，脉脉影痕，也自吐露一些心声，由于冷嘲反动派的仓皇搬家，引申有作：

鹅潭駊駊影前川，兔走乌飞日夕忙。一面西风萌肃杀，十年故事几沧桑？黄花岗上依空荡，叫艇桥边定宛然。我本白云山外客，未须摇落吊兴亡。

但涉及个己，于兴奋当中，又不免有点“那个”哩。以谓：“少陵蓟北初征讯，王粲楼中毕赋文。料是近乡情更怯，沙虫猿鹤络纷纷。”终之谓：“临风爱自怀孤往，此别江城换鬓华！”依约是个情不自聊，要不得的感伤意味。

旧诗本来已就要不得，有类于尾巴一条，需要割掉。旧有文人情绪，尤其作茧自缚，赶不上热烈澎湃的时代潮流，终竟要被时代人们所遗弃的。皆系自作之孽，待怨谁来，只当从头学起，改头换面为是。不过，除此之外，如其结习未忘，也似无妨旧瓶新装，等于业余游戏，一杯咖啡，一个节目消遣之类，未便遽加抹杀。我们不是拜读过毛主席的《沁园春》词，一样的丰神隽彩，“数风流人物，还看今朝”也哉！

一九五一年十月一日于广州

那是“华南民革”为了庆祝广州解放和国庆纪念，发刊了一期特刊，主编为谢丰兄，他屡次敦促我，写篇理论文字，表现表现，对于本人是有作用的。兼之留穗的委员们，通通都通告写了，更勿独遗。我终于在和他品茗余暇，交出这一点点短篇杂写，还说，久不写时下论文，就将这漫谈之类缀景，你看如不需要的话，便舍弃了它。他看了又看，称说这是不要紧的，不过也没有多大作用，当成补白也算。

这回登出，几个常时爱谈诗的同志，都颇赏识，说成轻松小品。我只以为涉笔游戏，东涂西抹，不当什么，光景一过也就忘了。翌年三月底，我来北京，又翌年一月，民革开了大会，广州来的代表谢丰兄，才告诉我那篇文字，发生一点乱子。说是民革总部，后来有文件对“华南民革”指摘，以谓那种文字，是封建的士大夫阶级意识，根本不宜登出，等语。还又说，当时不欲函知我是想我在京工作岗位未定，恐怕为这一点打击，而影响了情绪。其实这样闲公文，广州接着，也就归档了事。由今提及，就好像故事闲谈。我听着，也不觉得刺耳，付之一笑罢了。

近顷在李主席公馆，和麦朝枢晤面闲谈，偶谈到当时这段公案，他才指出是出之陈其瑗。陈这个软骨蛇，见面还嘻嘻哈哈，真想不到他会暗地里参了一本，投下一石，不消说像石沉海，根本不会损及被攻击者的一根毫毛，徒以自作小人而已。我却沉思静气地联想一下，发现了一些情况。

照陈其瑗这人，说话拖拖沓沓，不着边际，衬托其为人，一样阴柔没气骨，过惯美国式生活，享受是其本图，投机即其本领。麦朝枢“三反”当中，被拖落水，吃了陈其瑗加醋加油的大亏，几欲置之死地，到如今，案情大都平反，是非也就不辩自明了。麦朝枢最痛心地说：陈其瑗这个人，专搞小圈子，孤立主席，反对黄绍竑参加民革，打击舒勉斋，等等，无非对主席身边人物排挤，剩下孤家寡人；而他们蓄意搞其“小民革”，准备抬出谭平山，推倒李主席，气焰正在嚣张，可是给统战部获悉，很不高兴，召训他们这些人，这才缩做一盆冷水。但肚子里老不舒服，民革内部一直还是这般阴魂作怪，闹宗派，搞小圈子，迄今都在公开秘密地进行。

我犹记得：当去年八九月间，我因人事部久无消息，工作迄未派定，不无焦急，也即常过李公馆谈谈。主席安慰着说，问题总是要解决的。适民革总部中一个海外秘书出缺，他叫我可以入去担任，谓在明天，朱蕴山、梅龚彬他们要来公馆开常会，届时由他亲自提出好了。我于是等了明天又明天，一星期再一星期，都不见总部有叫我到差的通告，只待仍去公馆，婉问主席是否有可能？他很难为情地说句，他们在搞小圈子！这一来，我一切都明白了。怪不得前些时，海外秘书郭荫棠兄坐谈，说到总部内部职员，都是各有帮派，各有内幕任务的。又如华南陈汝棠、李民欣、萧隽英，各立门户，而对总部对主席的指示，却一般置之脑后。

来京开会时，而对主席声称，他们的不团结，回去后要好好检讨，将检讨书送呈主席，说得甜蜜之至，而到广州，也就忘个干净，旧态依然，根本没有什么检讨的一回事了。又如当会场上，山西一个基层代表，不负责任地乱弹，超过规定发言时间，越出报告底稿内容，一直扯到总部的不团结，要他们好好把问题摆在桌子上面，再延会几天来解决，博得场下一片的掌声。当然大都是幸灾乐祸的意味。连主席当夜邀李民欣款谈，还称痛快，痛快，群众意见不错。都可见一般闷气，借此发泄。都忘记了下面何曾不是一团糟呢？可以说，上无道揆，下无法守，上层丧失威信，下层不负责任，凑成了这个灰色满围的客串俱乐部局面；其去政治集团的性质，岂止十万八千里！

我抚之犹有余痛的一节：广州“五反”的暴风雨，把我淋出街头，要寄民革篱下栖宿几天，限于规定不许可。投奔北京总部，也复挡驾。这个地方前年来时，是政府优渥招待过的，而今便今昔时价不同了。时承主席授意，持将广州组织介绍函，于北京市组织负责人蒋光鼐，找他商量商量。而此老，一向机关拜访他不遇，二踵他公馆，虽在而嘱用书面传递，三适于总部张克明房间碰面之下，他连珠炮似的对开：“许同志，你要来京找工作，相当困难！相当困难！这里失业的有七八十人，而你又无经过训练，我劝你，自家打算打算。”张克明补充一句，住的地方是没有的。这般情形，落得让中共朋友，伸出援助之手，转介侨联会妥为招待。如鱼在水，冷暖自知！所可怜，国民党革命委员会，第一届中央监委，现届团委，而竟托足无门；所谓组织也者，连最低限度的照顾，都不能够，太暴露了无力、疏忽和空虚、麻木不仁的病态，各人自扫门前雪，竟无一顾及大体，这哪里谈得上什么组织，什么干部运用，和革命的友爱团结精神呢？！

民革内部素质，还可由最上层推引一说。那是某一个中常会上，邵力子同柳亚子两位老先生冲突起来，缘因邵先生为政治问题，报道孙中山先生的一段话，当场亚老抢白他说，孙先生说这话时，他在场，是如何如何，不像你这样说法。邵先生只得婉辞地说，亚子先生是个书生，书生观点，同政治观点，有时容有出入。实在说，亚老是对的，邵老也有他的苦衷。这一下，唇枪舌剑，交格不休，只得由主席宣布了散会。

就我所意味着的，民革气氛，向来就不大清爽利落，官僚气味很浓，兼之活动范围受限制，粥少僧多，宗派用事，钩心斗角，形成了猜忌，狭隘，焦躁和自私，那么不讨好地而又要共聚一窝。后来如丁毅忱和许闻天的交斗，张克明桃色败露的独幕剧检讨会，就演成了更加丑恶下流了。《东楼纪事》一诗说道：声华逝后牛难挽，生息附墉鼠斗牙。还复鳃鳃同濈濈，窥人眢井石频加！

均其不折不扣的实录。总之，磅礴正气不会有，清风亮节也绝少其人，一般的，就是略等于过去的官僚俱乐部；还不够处，那是一般已不能向外发展，所为盘踞的“防空洞”，以资保障，或外间略有地位，借此生根，固定了垫脚石。这些人明知忙个不了，无暇“扣鱼念经”，也只好糊里糊涂地滥竽吹过一阵，管它什么小组学习，什么革命理论，还不是念念有词，教条公式而已矣吗？这些人次等货色，就是陈其瑗之流，对外尽管摇摇尾巴，对内却又架子十足，不必要的闲事，偏要管，偏要过问。近曾以团委身份，一回列席他们的中常会，听听财政福利之类的报告数字，就是这位先生，陈其瑗宝贝，最不惮其烦地孜孜计较，推敲备至。俨然行使其常委职权似的，弄得一个琐屑等闲的议案，都花了个把钟头，谁也觉得厌倦了的样子。他有这么吹毛求疵的派头，对于文字，更会摆出学院派前辈架子，一个不关宏旨的人家涉笔成趣的小品，也像煞有介事地认为有什么重大错误，似乎不来这一套，便不足以表示他的博学能文，陈记老牌的尊脸。尤其要紧的一着，那便是主席一边的人物，分外眼红，打击唯恐不力，于是而小题大做，空穴来风，帽子满天飞，硬靠个封建的士大夫阶级，那还了得？不几成个大逆不道了吗？寄语陈其瑗，何竟狠心辣手乃尔！是否替你有点过不去的微嫌！

我也应自行检讨，什么士大夫，我是攀不上的，一向就不曾“真除”，也没有过“享受”，照存在决定意识来说，可真风马牛不相及呢。不过，文字上头，也即技巧方面，分明不合时宜，不当标准，我这非文非白，独创一格，只自怡悦，不堪示人。有个朋友说你的散文像诗，有个说，你独具风格，饶有情致，又有个半开玩笑地说，你这白话古文，却只宜于苦雨萧斋里面，拜读一下。总算是“实获我心”。新近有位中共同志，更进一步知爱而持平地说，你于古典文学，有一定的造诣，也不必废；

不过应用文，要另有一套，目前发表文章，如不模仿毛主席笔调，那是行不通的。比如说“向来如此”一词，便应该加重语气说：“现在是，将来也是。聪明人一隅三反，你都需要改造过来吧。”我很感激他的好意，并志于此谢谢。

又偶忆在暹罗总商会时，代替团体执笔，有时舞文弄墨，爱用古典，曾以“蒋山青”和“流觞”字样，就受了土包子的攻击，以为开罪了他们蒋皇帝，和用典错误、不通等罪名，委实严重。当时就有个好友笑说，他们是要夺你的秘书位置呢。虽则位置不曾因是丢掉，后来还是自家不干，那些一窍不通的攻击，也真像苍蝇之声，无伤大雅，蜉蝣撼树，太不自量。因为指出，以见我的文墨遭厄，不大不小凡两遭了。抑亦所谓命带摩蝎欠也乎？

一九五三年九月十三日于北京

附记：广州“五反”当中，我寄居广州星群药厂，该厂正在进行，一些厂经理人物，被列为资方，受职工监制，不断地斗争，连我所住楼上一间房子，都被拆去，扩为临时斗争会场。我朝出夜返，栖栖遑遑，春雨连绵，倍感凄黯！一夕有些工友汹汹地说：“我们在打老虎，你在这里住不方便，赶快搬迁吧。”但搬仍费了些曲折，方才搬出。先访民革党部，商量借宿几天，而不可得，理由是限于“非现职人员不得住内”之规定。转投朋友新开的南通商店，时为三月十五日，住过一个星期，廿二晚弄妥手续，登车去离，从此才算结束了广州浪迹凡十四阅月的一大段灰色生活。牢牢记取，何限怃然！

夹竹桃及其他

碧桃一名夹竹桃，有段笔记取消地说：“高士跌落胭脂窟！”这合所谓“若道风情老无分，夕阳不合照桃花”，同一想象而轩轾不同。后者拼命地争取，前者却是戏嘲出之。举例如清末名士王壬秋，晚年眷恋周妈，当其及门弟子拜见，不避猥亵，这不消说在他身份大大地打其折扣了。高士之格，纯以神行，不把清规掌握，一经下堕混杂，便自行断送去了。无形中精神用事，自然而然。以此验出公理自在人心，以此体会到鬼神之为德，视之而弗见，听之而弗闻，体物而不可遗，是什么一回事了。再回说一句："高士跌落胭脂窟，毕竟是高士之愚，之吃亏和倒霉！"

本来是属之同道，同样性质，也即是同其阶级的人们，却因互相责善，而越发距离；旧日小资产阶级意识中人，老是任性，不能容物，弄成了孤家寡人一个。这证之古往今来的较具德性的大人物，犹不能免。这一来，自然无法凝结成为一个集体力量去发挥了。

记得《左传》里头，晋齐两位极聘人物，好像叔向同什么宣子的，他们更阑秉烛，论及两方公家的亡在旦夕，待及一位请教："子将若何？"对方答以"无可奈何"。某又无子，用现代的语调，便是本人却没有干部，这还有什么可说的呢？可知此等零落感的悲凉深痛处了。下文自然逗出了一句："速死为幸！"续古文辞里也载有一节："秋风起则惊，扑笔起立，徘徊焉。复钞书，竟老于家。"将一个壮士暮年、雄心未死的情态，描摹得淋漓尽致。血气之伦，真亦何苦来呢？

老先生于其党不把他提名人代候选人之列，不由愤然介介于怀者久，直待转了个弯，由华侨方面提了出来，这才消了一口气。同时如某某，他们党都不给他提名，这在一般坏印象上，是因梁上君子，他强要出头拉扯，偏惹没趣，私生活又太烂污，快七十了的老人，还弄了一个有夫之妇，拖泥带水地出现人前，恬不知耻。又如某某，他们党亦不让提名。当小组长的某将军，叫称他在重庆一落房屋，本来要捐献抗美援朝的，而因公家后来不接受实物而停止，他却径自拍卖了。这一节，不得不如实地介绍，并不是他私人对他有甚过不去。在某某解释，委之是他儿子拍卖罢了。

总算是人家内幕，秘而不宣。但到后来，前者在广西，后者在云南，他都作为提名的一分子，亦都弥缝了一个圆局。

为着身份拘牵，撑持门面，务须汲汲于一个名额位置的保存，不尔几殆！在袖手旁观者看来，那有什么要紧呢？因又忆去年春初，我们党扩大会议，华南来的负责人，诸老之间，个个于领导地位之折冲，忙煞一阵，嗡嗡耳鸣，不禁为之齿冷。孟子说过："是亦不可以已乎！"

求其放心，亦即求其在我，兀坐冷蒲团，挹注清淑气，久而久之，顿觉寂寞孤光，森森冷彻。由兹俯视芸芸扰扰，直是尘土，一些情伪，一切有违法，都逃不过我佛如来的五个指头，当成玩偶晃现，多么可笑！再求其次，亦正如老子说的："知其雄，守其雌，为天下溪。"庄子从而衍为曳尾之龟，东方朔却成避世从容金马门。最最下乘，还够"本图宦达，不矜名节"。为禄而仕，像柳下惠之和，中间却含着多少酸辛泪。

读诗剩得摘句，附录于此："未须愁日暮，天际是轻阴"，"却将万字平戎策，换得东家种树书"。当然后联于我漫无干系之处，作者临死，仍嚣然于事物之不从心，"死去元知万事空"，而实未能空诸所有，接着"但悲不见九州同"，便是执着不化的佐证了。只当无所住以免生其心，待得此心滢然透彻，物我不存，自然无挂无碍，得大解脱。

强 作 解 语

不散不乱，可为上人，凝斯尚矣。

一经着迹，清光反晦，以至完全蔽滞而入蒙昧之乡，抑所谓障也。

儒家无终食之间违仁，造次必于是，颠沛必于是，有如易箦之际，犹然启予手，启予足，硁硁以示不损生身毫发，岌岌顾影又如把舵放船，总落局促下乘，无当于天马行空。

"有意栽花花不开，无心插柳柳成荫。"真境端在偶然一现，纯任天机，至微至忽，不可方物，若以为执券取钱，援度买屦，此笨伯之所为，终其身应抛之门墙以外。

唯日不足，栖栖遑遑，竟有企以求之，焦灼至不可向迩，其于为人，亦苦煞哉！毕竟才弱之病。倘居高视之，举重若轻，饶有余地，其神闲，其力亦自不匮，所谓役物而不役于物也已。

有渐与突，凡我所言，皆偏于顿悟之类；虽则铁砚磨穿，积厚流光，及其致也则一。

日记不足心记偏长

今早星期（天）起得迟，忙乱了一阵，也许昨晚余累尚存，身子总觉欠舒服，同友人出外喝豆浆之后，有个要去郊外玩观，我自然不克奉陪。返来继续整理了房间，接着就是吃饭去了。

饭吃过，要否出门拜访了某老先生？心里踌躇未决。却因有点累，躺在靠椅养养神，浸至迷糊入睡。但不多久，醒来精神爽适了些。还是去吧，还是不去？又有些交织胸中。今天日色大佳，也就是对着窗明几净，好些时以前，求之不得的一席环境——不是湫隘嚣尘，就是俗客接踵，而今得来全不费功夫，却不甚希罕，受用，漫想闯出外面，活像雏鸟争出樊笼。不出呢，又有点什么似的缘上蚂蚁，欠安宁的样子。乃知我的修己功夫，沉潜功果，实在浅之又浅，经不起小小的考验。

近顷接触到的一位七十余老翁，偶沾微恙，留滞藤床，就很觉不惯，形成了苦闷。另一位差近六十的老先生，进入医院养疴，其实也无所谓，不会什么疾痛，不过精神禁锢恰是真的。“三春锦绣人偏病，不比庭柯又发芽”，可见其撩触愁叹，不能以已。我正想广其意，为拈出一解，东坡坐关七七四十九日，以收拾其放心。可是说来容易，行却艰辛，对旁人说，利落了澈，反而求诸已呢，恐怕又不简单了。

再，新近有个掌故，指出日本在第二次世界大战中，到某一个阶段，显然已无远见，无想象力，距离崩溃之期亦不会远。这个令人凛然猛省！所谓的远见，想象力，应用到个人身上，也就是前途理想，如果通通失却了，显示了生命力的短促，气急败坏，沐猴而冠，还能够持续下去多久呢？其不为沉毒敌人所暗算者几希！翻出这类词典可有一大堆，单就个人方面不要说敌对，像生活无内容，空虚不充实，和古书中的鬼躁鬼幽什么的，委实可以未卜先知，教这些人注定了它的宿命——该死！

一涉“浮脚”，就忧引“邪”，以其悱恻真挚之精亡，剩下来的，就只剩为空壳子了。善言兵者每不会战兵，讲究格律章法的，偏偏不是创作能手。所以归宗一句，道在己何须求之人；修己未遑，悱恻心弦不至，反而贫穷夸祖德般的表示声华，炫其能博，多见其“可怜无补费精神”，即如数家珍，一泻无余，和道听而途说，一点涵养都不曾有，照例合是“德之弃也”而已。

还是求其在己吧！况其老去欢疏，事物相去已远，怎不安于退院，准备作禅悦简栖之为愈。耐得寂寞，槁木死灰，时也，命也，亦即缘分也。试想想，旧时读书人，内里书道不多，经史以及诗文集杂著，充其量不过数百册，却由之穷年矻矻，皓首穷经，再有余力旁溢为绘画医方，斯其人算是艺人通人矣。间有“公退之暇，被鹤氅衣，戴华阳巾，手执《周易》一卷，焚香默坐……待其酒力醒，茶烟歇，送夕阳，迎素月”，或是“秋风起则惊，扑笔起立，徘徊焉。复钞书，竟老于家”，一般情态，古道照人，令人多少沉沉感想。

只要自得于面，像“理义之悦我心”，亦即生活有无内容，衡门陋巷，都有人安稳随缘，况其差胜也者。所患心不在焉，魂不守舍，老是飘飘然，如棘心之夭夭，生有七子，仍不安于室，行年过半，满拟混迹欢场，花应羞上老人头，不知老之将至，煞是大可不必！亦复多事自苦，上述两老先生包括我一份，都于此地方，欠斟酌，欠躬体力行，纯致招惹“无聊”“苦闷”，那些魔竖之侵袭，不召而自来，不攻而自破，其于为人之操持壁垒为何如哉！

且自清斋勤礼佛前灯，枯中实腴，淡而能永，套句经典：“上帝和你同在！”

为欢几何掇记

楼前这些花树，经春过了许久，又是一阵花开花谢，继以叶绿替代了。当其春乍来时，老是冬眠状态的延续，寂寞无华，不由日日有点引盼，那样情味儿，“虽不得肉，亦且快意”！而今却是翻翻过了，一本青青，浸至匀匀，又似道地固然，不教异样感觉。犹之出山泉水，经过岩石阻激，淙淙吼鸣，到了河流沄沄和缓，合就行所无事，人也不会起什么惊叹的了。虽然有时目睹“逝者如斯”和“佳木秀而繁阴”，还自有它的评价，那是另一回事。我所谓的，是把一直线看来，定出感性上的新锐或者习腻了的程度等差。

“行到水穷处，坐看云起时。”毕竟雅人深致，不同凡近。我偶尔到近边园林，转一转弯，尘襟扑扑，待拣个不大喧杂的所在，默呆下去，而后见到水木明瑟的景光；仿同于陵子仲挨饿之下扪着虫食剩的果实，三咽而后耳有闻、目有见的样子。但仍一心放不下家里琐屑，顶多坐不过个把钟头，又快就拔步归巢去了。所以“浅尝辄止”“为欢几何”，不容已地自行唱叹了起来。

也许贪多务得为无当，少少许胜却多多许，端在慧业中来。能够湛浸酞郁，含英咀华，寻得醰醰滋味，身在水中央，愈游泳而愈夷犹，那是再好没有的。反而是，饱食终日，无所用心，闲得连双手都无法安放的懒汉，就让他守住伊甸园，恐怕还是无聊一个，领略不出一点什么的。又不如“园日涉以成趣”“春在枝头已十分”，恰只就偶然得之，稍纵又即逝了。所贵乎其人，像军书旁午的汉子，偶来驿站树根，歇一歇脚，对着苍茫野况，冥漠风悲，都兴会起一息天机的。所以然者，压胜也，顿解也。也就是经常有的度越险巇，放步坦途，方始觉轻松闲易之为美了。

人事如环，忧来无端，入世愈深，愈感觉人生脸谱的修短俏丑，不可以数计，怪不得如堕五里雾中，如入鲍鱼之肆，如什么似的，说穿了那不可以。好是天地之大，存而不论，食肉不食马肝，不为不知味，让它去吧。而如无聊无耻的氛围，教人不可以向迩，偏偏又非向迩不可；这一来，就看你的道力何如了。“秀才怕考”，向来一些人士，都时时要冒这一关的。再推而上，那午门之内，四五更天，正须虔诚鹄候着呢。要知食君之禄，磕磕头总是起码的仪式，少不得的。你如不信，那是草茅下士，自外于奕世编氓，根本不合登诸廊庙。

随着风呼阵阵，旧都百事无忌，就只春来风沙，最耐人烦的了。“怕上层楼，十日九风雨”，把雨字摘去，恰亦近似庶几。晃晃前头，纵然风静尘收，有时艳阳光影，也正闷热，逼上烦躁，顿把游子心情，一些清脉，都腐蚀以去了。换成一片灰漠漠，不耐烦，添憔悴！

有些游览过来人，却说看不到什么东西，无特殊品种奇伟壮观，问他怎不过花径那儿坐坐，他更是掉头不顾了。用这般粗线条去衡量风光，定要比骆驼穿针孔还难呢。如得其门而入，不该是门外汉的话，那郊外终竟比城里别致，草长花香，风吹浏浏，乘着假日之外，游人较稀，多少可以栖迟，消它一点清福的。可是几人识得静中趣，还不是凑热闹，逐皮相者，纷纷皆是？似此肉眼一例看，自然以为没有什么奇特了。其实，任何见过也都平平无奇，比如一巨册故都风物，照片多的是，却好像亭台水树，互相掩映，千篇一律，别无他余，北京不过尔尔。整个中国也不过尔尔。反而呢，一丘一壑，一草一花，都饶意态，引人凝思。自然结合，各有缘在，正不必要途人而强同，更所谓不足为外人道也。

篁棚瓜架漫谈诗

人情历历如波云，你如久居市廛，周旋油腻狡黠，偶来野外领略原始风吹，接触一些简陋朴拙色素，多少心地会澄清一下。它们并不优美，却是真善自在其间，只要你有缘去接受，去体味，便也相喻于无言。

靖节田园生活，令人景仰不置，就以诗言，它是直抒胸臆，不假雕饰，纯以闲易胜，更似出水芙蓉，天然本色。某老拘局过甚，平时就少自然休畅的格调。我知他一时兴到语，说要仿陶，假一席地，掇拾田园景物，写入诗篇，定是离题很远很远，不会有的。

我犹记忆“五四”初期，鼓吹新诗体其人，诗才有限，一本实验理解去处理诗，说是，要言之有物。描写要具体和所谓迫人性，像“五月桃花照眼明”，迫住眼前可是？切忌空疏和陈套的着议论，如“历览前贤国与家，成由勤俭破由奢”，那就不成其为诗了。我时幼稚容易受骗，满以为这至理名言，而今翻出后者全首，正是李义山《咏史》七律，诗云：

历览前贤国与家，成由勤俭败由奢。
何须琥珀方为枕，岂得真珠始是车。
运去不逢青海马，力穷难拔蜀山蛇。
几人曾预南薰曲，终古苍梧哭翠华！

通体却是蕴藉含蓄，静谧风光，略为考证，那是叹惋文宗而作，相当曲折。史称文宗恭俭性成，衣必三浣，可谓令主矣，迨受制家奴，自比周赧汉献。故言俭成奢败，国家常理，帝之俭德，岂有珀枕珠车之事，乃亦力不能庇一爱妃，以与亡国破家同耻辱，可胜浩叹！义山及第时，即于开成南薰之曲，恩赐诗题，文宗正复儒雅好诗，夏日曾与学士联句，帝讽柳公权“薰风自南来，殿阁生微凉”两句诗，曰“辞清意足，不可多得”，联类及之，故君之悲，托诸咏史，不禁一唱三叹焉。

似此前两句并不破坏通体的色调，而且正以居平易拙实，语不矜夸，更显示悲从中来，不可断绝。唐诗往往剩有古意，以不工整之句似拙，恰恰正是以拙胜；有时朴茂光辉，有时疏落有致，均非琢句整炼，乃至纤巧转伤元气者所得而比拟。推之汉魏以后才有人摘出佳句，古诗句却不容摘，像“荡子行不归，空床难独守”，几乎鄙俚不成话，但从未有人作此武断者。合以郑卫淫奔之诗，圣人采风，偏不遗弃，无他，心地净化而升华，所以寻常一样品物，一经点化，便流为艺苑仙葩的了。所以唯名将能用败兵，唯才人能用败笔，唯野人一般纯朴，不言而其意以传。又如数马而后对，何碍其为厚重钝拙呢？拙并不为病，漓乃真病，感人深处，尽在不言中也。

由之汲汲顾影者，每不敢走错一着，放松一字，拘策如斯，那还有天机流露？比如端正闺人，丰而无韵，和那非之不可非，是亦无可是，一样乡愿而已，庸脂俗粉而已，非所语于绰约仙姿也！唯其然，风行水上之文，不在于一字一句之奇。孟子说的是：“固哉，高叟之为诗也！”统照上述谈诗的先生们，我欲拟之高叟或低叟，谅也差不了许多。

三款认识一度清谈

每想有一回娓娓之谈，自倾自受，总因心绪太形粗糙了。“心之精微，口不能言，言之精微，笔不能道”，又只合临阵退缩了。而今再图试一试。

恍忆治符箓者流，他们都要凛于受戒，非至不得已时，不妄杀生，自身仅糊其口，不欲多取一点，倘有所犯，符咒也就不灵了。把它搬衍出来，好像仅仅为着资生，天也可以原谅，这样自奉甚啬，也正是善处患难，和有德者的律己精神。套句《左传》章法：“况敢凌天子乎！苟自救也，社稷无陨，多矣。”我且撇开那么国家大事大题材，单就小之又小的如书信一事来说：勿太陷于岑寂好了。逾时鸿音一转，聊以慰怯，怎敢期望过多，以自满足呢？也就是站在水平线下的定点，安于寂寞之滨，广漠之野，不必纯仗外铄，如烟酒之类激刺以过活。这一来正所谓“足乎己无待于外之谓德”呢。向内向外，上清下浊，苟于此划一道分水岭，用东坡的话来说是：“无使食无肉，不可居无竹。无肉令人瘦，无竹令人俗”是了。

少时看戏，听朋侪胡乱拉扯，比如一介红女伶，衫袖轻轻飘拂，已够悦人。那些丑角呢，尽管卖力，并不讨好，反喝起倒彩来了。这叫作各有前因莫羡人！亦实在才能高低，都有定分，驼负千钧，蚁扛一粒，丝毫不容勉强的。所以常语有“胜任愉快”和“好整以暇”，便是才有余之说明，反是多应感到力不从心的受窘。一般的且不谈，只就日常身边琐细来说，那么，何必急急追赶，筋脉价兴，活像一只猴子，务要攀到一枝枝，而后如释重负，喘一喘气呢？明知追赶的过程，态度并不好看，姑以为这一回是过渡，渡过之后再说，面实度度如斯，终其身在旋转，亟亟为忙，惴惴悬望，从无一回优适地恰到好处，表演艺化生活。由于长期的局促着，自家可怜相，翻觉向所瞧不起的慢吞吞，一样将事，若无所为，折旋中矩，周旋中规，委实得天独厚，亦复漂亮大方。虽则有的关于天分高，本领胜之故，但多少是船到桥头自会直，得来全不费功夫。天下本无事，庸人自扰耳，老不如居易以俟命，小之亦应俟其定，俟其成熟，夫而后事半功倍，绰绰乎游刃有余。且说，善是积来的，智勇辩力都经实际锻炼以出的，莫以善小而不为，莫以恶小而为之，莫以日偷一鸡，明知其不可而姑待来年才改掉，哪怕老是改不掉的。事同一理，尽日在面红耳赤追赶过渡中，却忘了争取上流闲易风度，驯使习与性成，硬把骨格降低到太不成器，太不像样的地步去了。有句俗语，笼括人生四个态样以定看法，说是：“大事难事看担当，逆境顺境看襟度。临喜临怒看涵养，群行群止看识见”，言简意赅，正好当作参证。

也是好久以前见过的一段笔记，说东坡诗，风趣多，情韵少，宜其晚来坎坷。东坡并非缺乏情调，这说者只是比较地说，也不必求其甚解，照此原则是可以成立的。即是情感胜者，多数温润，理智胜者，类属枯燥。乃至尚非理智用事，而只是刻薄寡恩，不近人情，这些人往往是不会好收场的。说也奇怪，我于芸芸众生，就无意碰到许多事例。有个谈论亲故不幸，一点没有戚容，甚而说到某间医院，也要搞它一下斗争，事实医院已划归另一范畴，不同商店之列，他还是老不服气。我真怪他于某医院负责人，一向感性哪里去了，何忍有此口吻？岂真反腔背调，连普通的人情都没有了吗？心知不祥，存记而已。后来不久，他被叫返他家所开设的商业地方，代他父亲受过，着实地被斗一阵，弄至精神失常，逢人便说："是！是！不敢！不敢！"我乃怵然于果报之说，冥冥中真难逆料，感叹无限！观人观其隐微，像这类幸灾乐祸要不得的心绪，终竟不是好味道的。说不定有朝一日，会"请君入瓮"，尝尝自己拉出的果实！就算幸而溜过，亦是斫丧其天性和良心（如果有天良的话），性漓情乖，与禽兽何择呢？向视和平养无限天机，一片祥和景色，莲花清粲，香远益清，只当自惭形秽，隔伊甸园之门可远了！

身边琐事谈谈

一回稠人座谈，有个搬弄他的留欧卓识，说社会主义什么的，资本主义什么的，终于说到同侪身上，如想混，混过几年就快死了，那就不用说，否则作为民主党派成员之一，便要赶上去，不要落在后头。夸夸其谈，我只觉得它"混"之一字，说得特别响。

谁也不想落后，谁也表示进步，比如册籍中适当的批评和自愿的学习马列主义之类，那适当和自愿等字样，便成为众矢之的，慷慨激昂，牛头马嘴，凑了一大阵，洋洋尽致。后来有个透露里因的说：这是领导党的意思。意思即是要认清楚分工，我们的分工对象，是对于旧社会分子，尺度自然要定得低些，以便容易接纳，否则纯全严格硬性，和领导党一模一样，哪怕它们望而却步，作用反而不大了。说得在场的先生们，口不能言，表现好些尴尬。

别处领略过来的一句话，叫作"乱弹琴"，我牢牢记取，莫认错场合，莫向人随便轻弹。冷静些看，是不是人的样子，还是非人的样子？是朋友的亲切款谈，还是门面的交际场，或等之议会的舌战场，装腔作势，如脂如韦，作为词令春云般展开？我不善说词，因为我是太拙了，装不出一套花言巧语的嘴脸，只得往往作壁上观，或索性望望然去之，落得耳根清净。同时，我还有点粗知，以附于孟子的“知言”，对那些不是友谊，不是由衷，不是肝胆相看的真挚之言，我是无法当成同侪而引以为快的。就像市场，剧场，乃至非人场所的五花八门，表演做作，我总是不耐烦，不高兴去同它们鬼混，这有什么办法呢？这就表示我心眼太窄，没有工夫周旋，坐它五七个钟头冷板凳，接受疲劳轰炸，再相应地十荡十决战过去，自不得不在这个舞台上宣告退却了！

我也想，真话易说，假话难描，正面的有真实性感的场合易与，反而如临大敌，按剑相防，愈要抖擞精神，一点不容大意，也复不能示弱，尽在退守旁观，它有时准会咬你一口的；人生道苦，于兹为烈！由这一来而漫发牢骚是无谓的，神经衰弱般的伤感是可耻的，较为近道的话，还是劲与淡兼，一以沉着应付为是。一局未了以前，还是要严阵以待，不能自掘堤防，自招灭顶。同时，物累力求减少，慧业力求扩充，也即超于理智以外的温情，不必滥用；以物还物，以其人之道还诸其人。无核者勿希望其发芽，蒲柳不教充当画栋，也自然不并它的烧火杂用都忘掉。居高临下，万物静观，得失寸心，不忧不惧，若是者，用句旧话表述，亦正君子人也哉！

寄滇南友人信一

奉函真同隔世之感！而天南有故人，时存锦注，尤觉精神无限愉慰也。向闻邱及同志说，您曾来京，又闻邹仑同志说，张石庵先生担任澜沧副主席佳讯，时即想通函奉候，而一搁便过，只合寄存心之深处。云南于我像有夙缘，澜沧栖迟一段，人情淳朴，挚谊交加，拾取余徽，衍为诗什，中心藏之，何日忘之！（一九）五〇年抵昆，省识抗战时期勾留友伴，仍和杨杰先生旧属好些同志（前期民革）盘旋，心感盛情属望，亦对他们预约，晋京之后，总希望有机会派回云南；而环境推移，未能如愿。南下引归，蹉跎又久，至（一九）五二年夏，始重返京，再经民革和人事部介绍之下，进入中央侨委会任参事，算是归于华侨岗位，并一直迄今，安定优适以过生活，这是我别后的一些情况。

旧游如梦，您犹不忘却我的写诗，令人惭感交并。对大时代别无工作表现与贡献，乘得人文荟萃，古典具存。取适推敲，间有同好，差不多亦支付了我大部分时间精神，等于是一个寄托，不过一样雕虫，无关宏旨。顺抄一二呈粲何如？

前曾闻傅先生系在普洱区搞民族事务委员会工作。未审后来和您一并莅昆，您于这方面驾轻就熟，贡献良多，精神亦定更为愉快可知。石庵先生古道照人，临风向慕，不晓得他邮址如何寄递？附函敬烦转致。满望尊处不遗在远，多多联系，有需什么出版书刊，为昆所欠缺者，尽请嘱咐在京代办。余像好多话要谈，一时可谈不了，谨订后期，于此敬致一瓣心香的敬礼！

一九五五年七月

寄滇南友人信二

违教多年，前尘如梦，敬维德躬清健，一贯以为人民服务，于此大时代大潮流中，的是硕果仅存，难能可贵。邹仑同志曾谈及您膺澜沧区佳讯，顷接晓村同志函，更悉选任省代，时到昆明开会，并荷存注雅怀，悠悠此心，忱然者久之！每忆募迺寨子，一段极不平凡之清寄生涯。不但主人好客，爱护有加，人间难得的结缘，即以征尘满面个中人，一回静适，漱纳烟岚，大块假我以文章，留得影月镜花，衍为临风吟想，亦正值得珍贵纪念！

我于（一九）五〇年五月抵京，想转回滇之拟，未能实现，径自南返，一再蹉跎。（一九）五二年四月，重来京华，旋进中央侨委会任参事，总算回温华侨本位，和民主人士适当依归。迄今三年，清适过活。于工作不忙之外，还好优游写诗。

府上谅都纳福！联芳兄弟业务遂心应手，小弟弟亦且成年，此际当已升大学了？人事真快，随同社会进步更快，闻从昆明到车里，都有公路可通车，倘天假之缘，重游旧地，可不再担心骑马问题，并且时间节省不少。只是我两人今已俱头白，那得相逢各洒然乎！

方便敬希时惠德音，借存謦欬。京华历历，亦拟移时并当炉边清话也。

一九五五年七月

致侨委会办公厅函稿

该函因故未发，但世无不散的绮筵，人生也应作如是观。我是时时准备着结束这一切的。

我今年五十四岁，一般虽不算老，但以身体素弱，不耐寒冻，早现衰老状态，常期宁静，以为依归。当（一九）五二年来京找工作时，先找邱及同志，渠问我目的何在？即告以拟入文史馆，渠极表同情，谓在国学基础上，和个人性格上，都很适合，怂恿我向李济深先生提出，请其介绍，后以限于规定，转介绍来侨委，备蒙照顾。一直三年于兹，除清简工作外，仍有大部分时间，优游于已所偏好之诗词古典方面，实即无异置身在文史馆中；自然由衷地感激！亦自然时时反省，分明无所贡献，感到惭愧！到最近整编和运动，更深刻感觉到：以后机关人员，定极精简，工作气氛，格外紧张，而我在此环境中，显得不调和，不适合。昨过彭老处问好，他老人家经月不见面，蔼然关切，谓廿余年的朋友了，无事不可谈，这些时，他就常记住我，以这个岗位，不便长此下去。恰和我心理所存，不谋而合。我因告诉他老人家，很想回广东入文史馆，该馆限制比较中央为宽，不一定要前清举人以上的条件，现时有些朋友在内当馆员，甚为得所。彭老说，是呀！他此次去广州，亦晤见该馆内一些老同志，生活情绪很好。因对我这一拟议请求，力加赞许，以为可解决我的晚节出处问题。我退而欣然，觉得倘能如此安排，更可以心安理得地守住整理国学一门，尽其所能，以供献于社会主义建设当中一粒螺丝钉的作用，公私均有是处。这是我的区区愿望，恳切提请组织赐予考虑采纳！

一九五五年八月一日稿

应补写自传，写的心声

我是事无不可对人言的，从前所写自传，所有事实经过，已觉倾囊倒箧而出，再无余蕴；实在也是平凡到极，庸陋到极，用不着“琵琶半遮面”。现借催写自传这回，却想对于主导思想，尤其现下说一说：我一向颇有正直的派头，想做个好人、善良人，以无负所生，和周围爱我的亲友。由这做出发，初时自想“成家立业”，后来接触面较广，知道“己欲立而立人，己欲达而达人”，不是孤立一环所能解决，仍须带动社会一同前进，亦就参加了政治斗争的队伍。但实在脆弱得很，仅可说是正义感跟着风气罢了。从一九三〇年的冯阎反蒋（扩大会议）到一九三一年的西南反蒋（非常会议），再到一九三三年的福建十九路军反蒋（人民政府），以至抗战胜利后，在暹罗的搞起民主运动，大体上奠定我的政治面貌，即对独裁反动的蒋介石集团誓不两立。当然不敢说，反蒋即就是革命。这一段概括地摘述之外，余都详前所写自传中，不拟多赘。

现所需要说的是我的为人，即性格才具方面。惭愧得很，我是相当温情，富正义感，容易激动，也带一些旧文人的才华。有时摇旗呐喊，尽管慷慨激昂，但不耐持续下去，魄力不够，临到辛辣前头，不免胆怯，遇着打击，尤其自己人的反唇相讥，很容易灰心弃去。我根本不会干实际活动，还是象征地基于敏感和热情，和文学素养，成就我的一介诗人。

我且如实地就诗言诗，对于诗的爱好很浓，一向也有些凑巧运用。在抗战期间，远征军最惹人注目，我以远征军秘书身份，归来即在桂林印其诗集，借地位以提高诗名；后在暹罗，前后续印诗集二种，却借诗名以巩固社会地位。再后名位两无希罕，似乎行其自然，力求深造而已。又当一九四八年初，由暹飞港参加民革成立代表大会，时柳亚子先生发起一“扶余诗社”，先时已看到我的诗册，邀去参加，有一段有趣插曲，他开口问我，可有五十岁？我说还差点。他接着说：“看你诗的凝练，是不会少过五十许人。”也谈到招人入社，不欲踏随园引诱年少良家之诮。又对于旧诗的态度，还把他的《怀旧集》和当年《南社诗词选集》，举以相赠。一九五〇年夏，我到北京，再晤柳老先生，特将别后流亡诗稿请教，他改口说，还是你心情好，他老人家却因多病荒歇久了。一九五二年我二次来京，入侨委会，一直数年，组织照顾，得以优游古典、文艺之林，从而整编积存诗稿一巨册，委系值得纪念。最近暹罗友好陈作武兄到京观光，我手抄一些代表作，通过党员阅后，转送给他，他极表高兴，归途传示于人，并谓返暹介绍大家，俾悉祖国的优美情调。我也觉得“吾道其南”不用多让。照此时暹罗华侨对大陆的新奇倾向（如不会喝酒的，都想购些大曲尝尝），加之我过去虚声，被捕出境，风动一时，迄今八年来，就胜似一个谜，带去诗人之音，吸引力定然可以想象的了！

我生平最为突出的，就算诗这一门，寝馈于兹，历廿余年如一日。每觉诗人风格，自赏孤芳，其他什么，都可抛弃。事业可以无所表现，地位尽管卑不足道，像扬雄当名执戟，纳兰性德身为侍卫之类——而他们的流风余韵，总不能抹杀的。我纵藐小，不配比拟，也许百数十年后，某些角落，仍有我的声音！这固然太过夸张，和自我陶醉了，但心理的支撑，翘然自喜，却是实在如此。鉴于马太同志的死，人生何时何地不可以了却？况在上了年纪的人？我是时时准备着有朝一日来临的。不过亦要“到死犹能留气骨，有情何忍笑酸寒”，一样梅花情韵就是了！

以上算是我的人生观，也即突出的主导思想。当然不管什么个性非议，和一般挂在口头上的为人民服务那么清规教条。我是这样最真挚地衷心表露着。至少是属于爱国的高级知识分子这一流。论作用和适当的去处，我自家都很明白。前些时见到新加坡南洋大学的教授名单，有的旧时相识，为之油然向往，一心想，那么学府挂名，讲授诗学，亦正值得。曾和接近的朋友谈及，友知环境条件都不可许，相与一笑置之。这些念头，无非表示我对于诗的自信，并对于南洋地方的憧憬所在。实在南洋恰是我的第二旧乡，我的儿女弟侄亲戚朋友，都在时时向我招手，希望找个机会，再度相逢！

另一是归入文史馆。我欠缺积极发挥的勇气，至于清斋淡泊的素养，却所优为。当1952年来京，即向李济深先生报告，要求介绍于文史馆，只因格于规定作罢。去年八月间，承彭泽民老先生的指示，满拟呈请侨委组织调往文史馆，仍以肃反当中，不便进行而中止。耿耿此心，时尚萦绕。所以然者，一则不愿尸位素餐，一则顾名思义，我分明是属于载籍典章人物，倘能如此安排，尽可以心安理得地守住整理国学岗位，尽其所能，推陈出新，以供献于社会主义建设大业中，一粒螺丝钉的应有作用，公私均有是处。谨特借此提出，好待组织加以考虑。

一九五六年六月三十日

作为个人立场的表示

听说在此整风之下，本委每一个干部，都要自己检查一下思想，投进这个运动。我因离职一年，参加社会主义学院学习，另须听其活动规律，不拟再参加本委的一切活动（同时询黄浩先生，亦不参加房管局的整风）。但检查思想，以供考核，并作为个人立场的表示，仍有必要。我在此期间，发言极少，当大鸣大放时候，因无特殊见解和什么不平鸣，只有当作旁听生。到了风气扭转，反右派分子进行斗争，我参加过几个大场合，吸取印象，提高认识。最近在民革小组会上说：用最简单的尺度，即认定党的领导，和社会主义目标。有违背这个原则的，如想搞设计院，撤销党委制，甚至轮流执政一套，定是不服从党的领导，不信任无产阶级的民主专政，一定属于右派分子。又如陶醉美国生活，强调个人自由，私营企业，一心想拉返资本主义的老道路，以至破坏国际的和平阵线，这和新中国社会建设事业，根本没有共同之处，亦一定是个右派分子。以此判别，划清界限，自然简单明了，这算是我的唯一发言。

回溯去年六月三十日补写自传，所为发表的一席话，至今还觉一贯如初。大体上，检查自我能力太差，是不会做实的业务活动的，只适合于比较虚的古典案头，凭借多少聪明，宁静淡泊，或尚可以整理一点东西出来。尤其旧诗一类。因之基于素愿，请调文史馆工作。这个亦可说是我的本质，差不多成了定型。人各有所长有所短，虽欲勉强而不可能。最近愈感觉年纪衰了，脑力退了，往往人们会面，问过姓名，一忽便忘个干净。至于报刊数目字，更无办法，随看随忘，记忆力太不中用了。说也奇怪，有时于很早念过的诗词，却又记忆如新，还可背诵得出。对这方面，感官特地锐敏，滋味分外鲜清。结习所存，陆续购得旧诗词集，已有数百册，孜孜不倦。自家亦就多少有点写作，海外友人，知之有素，盛意赠款，助其出版，总算一段佳话。该稿交广州民革同仁带去，未果印刷。

本月五日参加社会主义学院最末一次反右派斗争大会，下星期宣布放暑假，直至九月二十日才开始下学期学习。时间拖延，大约亦必逾期（原定十月）方能结业。满拟经过此次学习之后，有了辩证唯物主义的较为牢固基础，再以而整理古典，或更有得，适合用途。耿耿此心，凭借在是，个人贡献也许在是。这即是我的立场和人生观。谨特恳切重申表示，以备组织将来给我重新分配工作上，考虑和采纳！

一九五七年八月九日

附记：

复　函

××同志：

八月九日来信收悉！

关于要求重新分配工作的意见，已转请我委人事组研处。

此复。

一九五七年八月十日

开头一张大字报

我很惭愧，尸位素餐！前年六月，即曾向组织提出，以我的能力太差，仅对古典有些研究，请调用文史馆工作。事暂搁置。后转为同意我离职一年，进社会主义学院学习，即于是年十月入学。迄今还延期未结束。

至去年八月，再向组织提出，希望在我学习了唯物辩证的基础上，以整理古典文学为更合适，申请将来调文史馆。承批示已交我委人事组研处。这是我个人的情况。

本来拟俟机关即将紧缩人事机构时，自动提出，如调文史馆有困难，便照退休草案第二项办理。我已五十六足岁，自抗日时期离家，亦正欣望家人团聚，从农村中来，到农村中去，好同儿女做些轻微劳动，共享太平，一面即为国家减少一笔浪费。兹特公开答复同志们。并作为对组织诚恳地表示意见。

一九五八年三月四日

给中侨委领导信

请先让我致以衷心地感谢！我来侨委一直五年余，过了安定的舒适的生活，这在我一生流碌过程中，恍现了一段霓光焕彩，值得珍贵牢牢纪念！人非木石，孰能无情，我对党、对组织给我的优渥照顾，念之在心，若何可言！

两年前已经感到赶不上形势之发展，脑力迟钝，容易疲劳，自知之明，只好引退。此次亦即响应政府号召，机关紧缩人员，适龄者可以自愿退休，让新陈代谢，一面可为国家节省一笔经费。我委于干部下放之后，亦正次第办理这事。前天恰遇曼云主任，即将我答复大字报，诚恳表示意见一节，原稿交其转送人事组处理。并面向曼云主任申述区区悬悃至意。

关于社会主义学院学习一节，选科学员仅听大报告，不编入小组经常参加小组学习。并且理论课就停止。故此随时离开均无关系。

我遗传性根基薄弱，先父三十三而逝，先祖父四十五而逝，我已经超过了许多（照旧算为五十八），但一年来迅速衰退，头发遍白，情绪有时亦觉苍苍凉凉，满有怀乡恋旧之感！最小的一个小孩来信说，我（一九）五〇年尾回家匆匆，才第一次见面，以后何时再能去看他，言者听者，都觉惘然！人生会合，机缘去就，总有届时，几人能够保持晚节，以乡先生首丘家园，所谓自农村中来，到农村中去，端的不可多得！谨续陈情，不胜恳切待命！

一九五八年三月七日

给民革中常会信

我为了争取下乡劳动，安家落户，同时响应政府精简人员之号召起见；早经和机关组织，愉快地有所接头。近顷何香凝副主席，特地邀去她家里，作娓娓清谈，老人一片婆心，爱人以德，对我一段申述，略以“我是诚心诚意，实事求是。因徒挂参事之名，无何贡献，心殊不安；兼之年来身体衰弱，赶不上紧张，时虞陨越。而目前的生产建设“大跃进”，下乡劳动，蔚成高潮，我亦正受到鼓舞，联想家乡环境，向来优美，人情亲切，及时回去，犹可参加所能胜任的一些工作，如扫盲、文化、福利之类，以尽一分劳动力，虽小亦荣。便同农民兄弟一起过生活，并且得遂阔别多年的家人团聚，公私均有好处”。老人听后，慈颜色笑，完全同意。因之机关行政上，遵照以退休待遇办理。三月廿九日办公厅主任正式通知我，完满解决此一问题。正当江南春好，三月莺飞，眼看大地欣欣向荣，令人兴奋何为者！相应地报告我党中央准予备案。

一九五八年四月一日

给李任公信

久疏面候，每于会场见到步履安详、神采清泰，私心窃慰。

春来大地，景物欣欣，我亦有一大喜事奉陈，便是通过机关组织，同意我退休下乡，安家落户。事前何老太特邀去她家娓娓清谈，慈颜色笑，认为我所陈述为恰当。机关行政上，亦经对统战部和人事局联系清楚，乃由陈曼云大姐（民革交义党员、侨委办公厅副主任）正式通知我照办。我今天并具函向中常会报告备案矣。

兹事酝酿数月，机关内私人接谈，大都相当客气，表示慰留。但我自知至明，精力已经赶不上紧张，急流勇退，保持晚节，下乡仍可做些轻微劳动，同久别家园，灯前儿女共享太平生活，悠悠尔心，尚何可言！数年以来，前蒙政府优渥照顾，莫效涓埃，一则对党的栽培，谨致衷心地感谢！一则为我公和煦护惜，自然敷荣！此皆微生难得之遭逢，值得牢牢珍贵纪念者也！机关组织有意让我多轻松一阵，流连观赏，留得余思。拟俟迟日手续办妥，离京有期，再趋前候别，珍重启辞。兹不尽罄。

一九五八年四月一日

给姜实老信

几年疏阔，顷于泽甫先生处，出示近寄瑶笺，不觉忱往！蚌埠乔迁，微有所闻，而今字里行间，更征腕力犹健，清神疏隽为可喜也！天安门前盛会，主席带头，我亦同勉斋先生诸人列在前排，手提小旗帜，欢呼“把心交给党”等口号。老先生想想，别后阿蒙，不几“大跃进”矣乎！一笑。

人事变化至大，老先生应还记得，北海半日尽欢，我时嘱句：“残稿每思收拾得，酒垆那得引相亲。登高记遂重重九，未必后回许照凭！”孟老竟于客岁归道山。我今亦以衰弱退休，结束个人出处。此次多仗组织隆情照顾，完满收场，黄花比絜，人生得此，夫复何憾？顷过公馆面告，轻松愉快，亲送出门，温慰以后民革开会，仍有机会再来。拟于本月内离京，遄往广东原籍。谨特奉闻。

故乡有座黄岐山，山上有岩名竺岐岩，乡贤罗庸庵晚隐于此。又丁雨生前辈故里汤坑，寒灯苦读，后来庙堂告归，重访旧塾，感怀题一对子云："古佛又来参，八千里外初归客；旧题何觅处，五十年前此读书！"总是州闾之间流风余韵。我景仰前徽，低徊留之，偶成一首，并录呈璨：

穴窟幽幽赋遂初，竺岐涵景两相如。归来漫忆八千里，挂壁闲寻古篆书。

时令资君新得句，大欢稚子撷园蔬。从前一树榴花发，门巷番风凡几除！

一九五八年四月七日

给卢蔚民兄信

别逾半年，诸维运筹顺遂，起居清吉为祷！大燮兄处，时常过从，因亦常谈及兄，他比我劲朗得多，而伴游清话，每每忘倦。我年来体力迅速衰退，自知赶不上紧张生活，经上面同意，准予退休。黄花晚节，荣耀收场，回籍休养，还是叨领一半俸给。此皆照顾隆情，感愧无既！拟于本月内离京。今后赋就归来，定然息影寡交游，更有余暇以致力于古典之林，借资寄托，共享太平一面教育儿女。仍赖前回鼎赐挹注，免虞匮乏，悠悠此心，只合买丝长绣，却无从重逢木瓜图报矣！宋词云："君自星斗丽中天，密密疏疏；荒草外，自怜萤火，清光暂有还无！"低回雒诵，用当一瓣心香。余何能尽。

一九五八年四月七日

啬园藏稿 卷三

回乡集

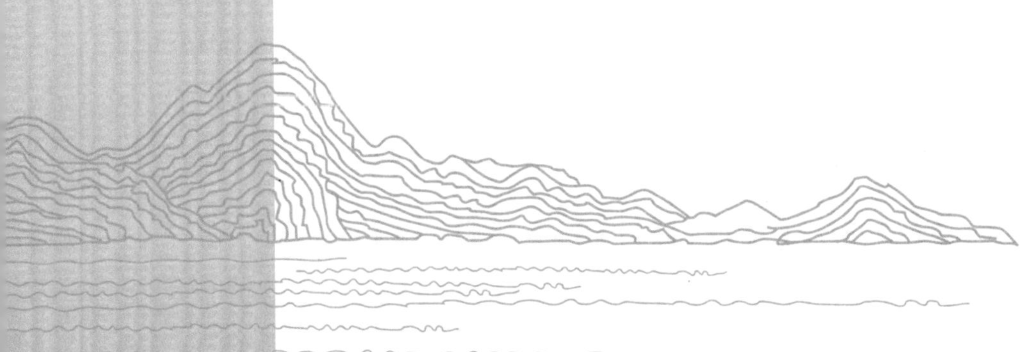

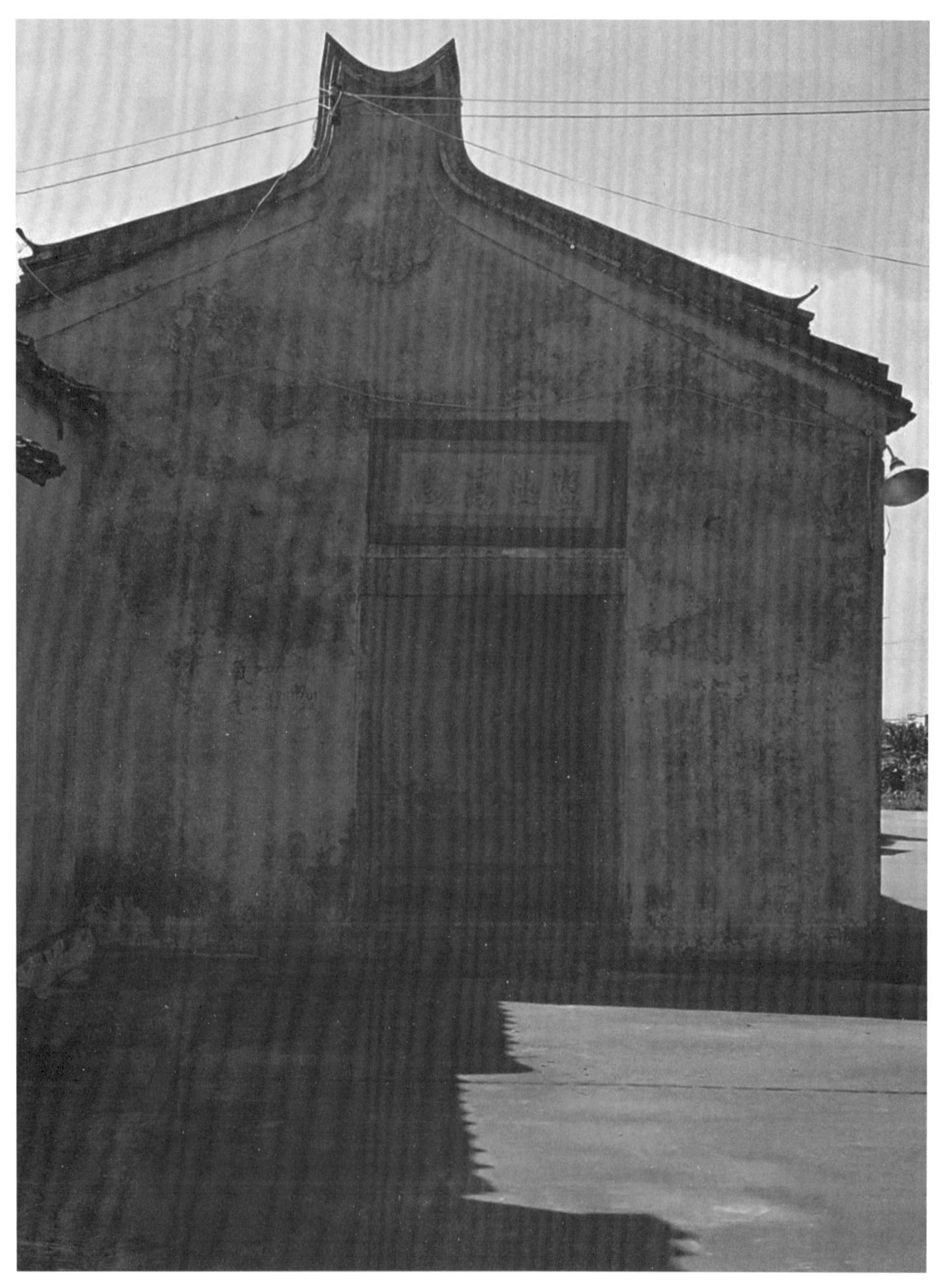

许元雄先生家乡浮山村寨门

第一编　回乡小记

京粤线上杂咏

剥甚难为继，星星火自亲。宛亦无家别，孤蓬万里征。残年窥镜是，耳喧警雀辰。含青楼上望，灯花卜远人。凄凄复凄凄，尔侬不须啼。莎翁传话本，清客显突梯。暮春刚登始，江南莺乱飞。诗灵应跳跃，不比送穷时。

永夜昏昏寐，更无泪可挥。晨起邯郸驿，一场梦是非？生年不满百，收拾自息机。岂便能息机？惆怅素心递！输它娃儿伴，青青草地依。无邪瓜学种，豳风况已微。

天色阴阴雨，麦田茁茁青。烟凄笼便面，零落诉归人。阁泪有时注，木强有时苏。从兹成永诀，怎不惘惘情！犹忆随园叟，花鸟浪呼名。丁令怀去日，黯歌叠渭城。

槐花夹道旁，俪白散芬芳。近风自摇曳，晨淑带余凉。
景物亦既适，春水满坡塘。载诵欣欣句，渊明独感伤！

燕草丝未碧，江南绿已肥。乘风列御寇，缩地俨飞飞。仙人怀黄鹤，黄鹤人姓名。宝玉乃顽石，端的并非人。虚幻云何道，斯人泥太真。

红紫茸茸翻可爱，曾闻南亩馌夫耕。插秧童稚今来是，明朝记得古清明。

北燕南鸿视塔峰，勾稽时令将毋同。阿自抽身先一著，几个就里密缝缝。

长沙徒忆贾才子，犹稔临湘吊屈词。词客有灵谁纫佩，狂风吹浪落江湄。

却见楝花尾讯风，春心南陌遍晴红。情知雪窖长相守，败絮蒙头老是翁。

小驻低回一纸书，廿年忧患总相濡。平安两字金为贵，社燕归时景不殊。自有难言深碧海，移将夕照沐昭苏。与君此际递佳讯，三月三日到君庐！①

西江月

燕子檐前掩映，凭谁传讯吱喳。不曾风雨任欹斜，巷口归家来者。　故事滴残心血，平翻戏耍生涯。白头村妪寄年华，醒梦一时都讶！

句

凭君晨夕啁啾语，赚我离愁一片清。

随笔

蔡京八十残年，再经贬谪，客死途中。曾见他写一首《西江月》，先叙他四度宣麻，煊赫备至，而归之“只因贪念此繁华，遂有如今事也”，何限感慨！何如“火轮下，抽身快，单单零零清凉界”那么得其所呢？

“而今听雨僧庐下，鬓已星星也。”老来寂寞，也固其所。最难得要算王荆公，罢相之后，依归半山栖止，有时入城骑一蹇驴，一奚童随后，如是代步而已。正知英雄自有真，外物之不能为所累也果矣。东坡《方山子传》亦云：“独来穷山中，此岂无得而然哉？”合是同一套。

“闻道故林相识多，罢官昨日今如何。”在凉燠世态，落得踽踽凉凉，斯语所以致其温慰。犹有故林相好多着，无嫌寂寞呀！到了生活浸成习惯，但能安处即为乡，也定觉得无所谓，有如指其树曰某树，我先人之所种，某木某丘，我童子时之所钓游也。再进而为“日高犹掩水窗眠，枕簟清凉八月天”和“自抛官后睡常足，不读书时老更闲”，却近乎散人逸致焉。

① 作者注：四月十八日乘车，廿一日即农历三月初三，抵达广州。

到处都撼及灵魂之隐，令人不可聊，人生真一是难解之谜呢！柴米夫妻，老去仳离，剩下一个老头，就业无望，向日靠其女郎教书，而今又是挂着什么？悬无了局。她只是哭哭啼啼，做爸的无语可慰，但说是非都是你命！蓬门之内，越显得萧凄，四壁青萤，一灯如豆，这般味道，让你命途多舛人，好去沉沉忍受。

偶因跌坐，背脊微驼，顿忆起虚云和尚的一幅影像。他既超乎百龄，又是道行高诣，但劫数来时，还是不能避免。又复联想六榕寺里的六祖铜像，历劫三千，一次几遭粉身碎骨，像自震动跌下，不啻仙人辞汉时，一时感动诸护法，醵资向当道赎颐，方才得免。凡事如是，难以逆料，臣鞠躬尽瘁，死而后已，可谓一个结煞。抑亦解脱一大法门。

退而不散，守名之筌。唐文萃这句金玉，由今听着，更觉亲切有味。真的筌可守乎？守筌忘鱼，买椟还珠，不太笨伯乎？况其引退之身，身之将隐，焉用文为？一任名心未化，卷进热中，孟子说的，是亦不可以已乎！

田畴交远风，麦苗亦怀新，景物原来不错，但心理总未遂愉悦，翻觉一阵茫然罢了。追寻其故，也许客子常畏人，人亦常畏客子，或更两者兼有。又如《诗经》上说，畏人之多言，真觉得一切距离太远了，如入异邦，人物显得太陌生了。古文一句“如麋鹿不可接”，又如什么似的，门外大有人图侬。那么幻象，当然事实并非如此。不过，这一来，淳古淡泊之风，和天机活泼愉快，已是一去不复返了。

原野此际，唤起夕阳无限，还望望天际云霞，轻扬隐约，薄胜如纱，清曲似水。多时不曾见过霞彩了，这些并非彩色缤纷，却自新鲜明晃晃地，连白的朵云，也显得纤净可爱，淡淡绵绵。同时附近北溪，一片孤帆，好自闲闲引过。向日沙溪修竹，形诸梦寐，这度前临，旧客重温，总是茫茫昧昧，凝对移时。再回头仰眺，浑不觉那些云彩，已经换了颜色，逗上几片铅灰晕痕。夜幕要就垂垂接迹黄昏。

海澨相逢便十年，楼栖弦诵断还连。都缘世故栽生涩，坐令花时染毒涎。解甲可怜移禁令，敝庐如梦葺余椽。中郎只道一佳女，却在彩云落日边。

右（上）一首诗，寄题某一个人。他年垂花甲，挈眷归来。十年前于岩石邂逅过。寂寂楼中，联床话雨，他自弄简单饮食，看看席位已经站不住了。后来闻尚有别的去处。剩将片影心头犹温。适闻其迟我一日，亦算归止，老妻病子，仍寄途中。另有消息，他是犯过错误的，回里还不是那么自在。

大道旁边不远，一处土墩，还有一穴古墓，有碑有亭，在软凉风轻散荡着。不由令人勾起鲁灵光，巍然独存的感想。

红路头，是不是当年兵荒马乱，给血染红了的，可说不定。到来路径已经生疏，一落茶寮，却是修饰过了，不意也有一条野蛇，缘土墙蠕蠕活动起来，差点吓了一跳。这是数十年前童子生活的一幕，那时奔避如恐不及，弟兄两人还好都告无恙。待回首什么也不见了。只这一霎痕影，逗人多少脉脉余思。

任何都到了幻灭之感！一位寡姊，听说我回来，也自高高兴兴地惠临，见面也自可为喜慰的。无奈耳朵特地聋，回话一点都听不进去，让她懵懵懂懂，瞎说了一顿。有时很不容易地交换了几句，又是答非所问，和意识距离至不可以道理计。真是形成了两个天地了，天之所限，人可奈何！还不是亲者无失其为亲，故者无失其为故，如是皮毛敷衍算数！骨肉之情吗？灵魂深处之隐吗？久矣逃之夭夭，再也没寻儿时仿佛了呀！

高岸为谷，深谷为陵。人事的变化太逼真了，今天有个来我家修理炉灶的，我实在不认识，待他走了，家人才告诉我，是某某人的儿子。是我昔时上其门登其堂，颐指气使当中，保姆在旁所为抱提的娇贵稚子，伸其小手爱索梨果者之一。总算面貌完全变了。生活方式根本改观了。

社会是个大熔炉，人是被熔化得藐不足道的一物呢。我只有遥遥暗祝你们的新生，此外更无别的可说。

梅雨天气记下两首小诗：

滞雨阴阴倦欠伸，鸡声古屋倚为邻。此间一切浑如闭，未若精庐占远神。

杨梅鸟尚啼声声，怨魄凄沉兀煞卿。只有鬼才轮不了，湿云晴树共关情。

车过海陆丰时，还有一些旱田未及插秧，报章特地提出来催促，而到了家乡，都长成一片绿油油了，并且有些结实累累成穗的了，这自然是提前跃进的效果。我巡礼过来，丛中伫立，也觉农家子满有缘分，逗上一片怡然素心。另一度月明之夕，绕过芳园，大道如砥，云山映对之下，更显得光景悠悠，大地寥寥静寂，十足地原野山村风味。回顾陪游伙伴，可曾常来散步？他说根本没有工夫，休说闲情逸致。说来可是老远以前的事，一些青青学子，到这草坪围坐吹箫，让它草露湿上衣裾，还不自觉，觉也不在乎。好景靡常，一转眼便都变为老头了。也就是此曲只应儿时有，老来能得几回闻呢！

雨霁，人家称庆，今夜清凉可以睡吧。这也有句对比，“我比老僧犹计短，只贪今夜一枕凉”。南方气候容易闷热，也复卑湿，所以几日不雨，便真不好过哩。尤有个特征，从北方来的，带黏糊的用具页册，任你藏在箱子里，却都软绵绵地潮湿，连晒日头晒干了，一下子还是不堪再整的，真没办法。到底南方就有南方的风格，好在阴霾既过，天气澄清，夕阳冉冉缠树，倍觉有情，应该补足二句：“天意怜幽草，人间重晚晴。”

车站候车，恰遇故乡人，他是认识我的，我也不好意思不相识。聊聊天，竟聊到他少时，亲见邻翁某家丧事，丧家焚烧冥镪纸钱，久久不见升化（灰飞象征死者来取之意），待我个人入吊，一忽腾腾飞扬，大家相顾诧异，亦即对我刮目相看。自然感谢他们把我神话了。同那个时候，还有一则：我从新加坡和一队回国服务团归来，船抵达港口，横被日本兵搜查一遍，吓煞在所不免，幸都平安。事后不晓得怎么传说，说成汕头妈屿口外，一只南洋船载客，尽被日本兵抛落海底去了。惊动许时的南京侨务当局来电查询，而新加坡亲友心里有数，满以为是我带头的那一对服务团闯出的祸了。经汕头市府忙了一阵辟谣之后，还接到南天音雁殷殷慰问，无疑地亦正构成了一段神话了。我哪有心自高自大，借此无稽神话，作为自我吹嘘！况其“宋玉年来伤积毁，登墙何事苦窥臣”，念念张船山词句，犹不禁为之怃然，而加戒慎和恐惧着呢！

《吊古战场》描述后来废墟：“鸟飞不下，兽铤亡群。”合以吾友少时属句：“金陵古代战争地，山色湖光定凛然！”良堪想象。只看人心过度地犹疑，不必要不合情理地崽崽过虑，这都是如实的一面镜子，不折不扣的反映；你如拂然抵触，那是你的浅薄和粗糙，还恐怕有时会上了大当。星星之火，可以燎原，由一些浮云片雾，何曾不可构成沛然大雨呢？管谁在讲理不讲理，总之落得个情绪问题，由情绪的不好，和人家对之印象欠佳，那聚蚊成雷，积毁销骨，下文有的就是！我应该牢牢记取，以勿惹是非为上着，况在身之将隐，闲散为人，更应该宁缺毋滥，尽蜻蜓点水般略略照应好了。

故国不在乔木，而在乎世臣，即老成人之谓。确是叶情叶理。且看往时一些伴侣没有了，几个比较密切的过从地方，可以闲坐一下的，不可复得了。除此泛泛而已，人面都不大认得，人亦像漂泊地浮在上面，不曾生根缀蒂了般。这样的感情维系，当然有限得很，简直落得个空虚！

偶因入城三十里旅程，不消半句钟光景可到。闲拈小景，写就两首小诗：

一丘一壑也风流，何处青山不照眸。弓鸟尚怜丁时节，淡烟疏旷雨中收。

雨后郊原草木柔，车行晨淑辗清幽。一篙恰对横波碧，欸乃谁赓古渡头？

托尔斯泰在俄国革命时流亡境外，晚年深感寂寞，觉得一个人不为世界所需要，人不过问，自己也像遗落世外的余物，真太空虚，太孤独了。往后妥协回国，这是一个里因。苏东坡却于谪居之次，爱自出游，旁人不识，轻易相对，他觉得很好，这一来回复了自由人身份，无挂无碍，是否属之暂时情态，姑不可知，倘能持续下去，以至于遁世无闷，那真彻头彻尾的畸零人了。人情大抵不甚相远，两番典型，都是一般的也是由衷地所应有。不管冷也好，热也好，静极的思动，动累了人想抽身，心里倚伏历历不爽。于此也显出真本领来，不是有了过人的操守，定是随波泛溢，载沉载浮，始终跳不出如来的五个指尖！

“安身立命入中年，何物堪娱祇心得。”海藏《寿曹缵衡生日》诗，亦是见道的一句老实话。保存天地正气，这一句投掷过来，分量太过沉重了。次之为不合时流，不受辱，不装小丑戴瓜皮小帽，还显欠妥当。最好夫子不言不笑，行所无事，所谓我欲载之空言，不若见之行事之为深切著明也。个人本身，便是一首史诗，见仁见智，留与梅花说短长好吧。

塾童书声，今昔也有所不同。记得旅居重庆时，曾一度偕友去访唐家沱，那是十足的乡僻了。离城还有一两点钟的小火轮行程，那时刚在敌机频频来袭，好多疏散到乡下去躲避，较安稳些。但到了那儿同乡之家，主人外出，家内念经礼佛，陈设莲花座，配以古屋萧疏，就更显得荒凉冷落之致。也就在那儿，听到隔邻的儿童诵书声，说是朗朗不如说是呦呦，或者幽幽楚调，给人镀上一种虚落无聊和人生道苦，欲诉不得而又欲罢不能，梗在方寸之间，总是芜惘地漠漠带上一阵隐哀！换现在的话来说，那是没落的悲哀！而今百年老屋，新来传诵书声，多少会使人宁静熨帖一点，时代精神通通转变了。

“正知负下未易居，垂白髡钳衣赭如。问字劬劳甘茹素，佳人作贼宁非虚？日归划地同窠守，寄恨营巢望只且。便欲过谈那可得，含沙射影怀其余。”这是替一个人的写照，不必再加注释。总之人生杳茫，命运捉弄人，委实难道，彼其之子，业无得就，六十余年，今后生活问题，可更迫紧，前时辛苦积蓄下来的一落房屋算是丢了。现下是由人家分配一间土屋，日来出现的影子，苍瘦得很，在沟头野畔散荡着，可未曾找过任何人。社会一个圈圈，一道墙壁，已把人隔得远远了。

田畴晚上来过，也自可人，那油油绿绿的一大片，令人一望怡然，心情清爽。再说，在京时，郊干散步，一回见到田里茸茸茂密，竟辨不出是禾是麦，真个五谷不分，笑煞了农家子的称号，而今可是不在乎了。渐渐夜幕垂昏，远远地几朵几十朵灯，渐来渐多，排成一行列，知道是捉飞蛾的了。伙伴说，看来好像海港一串灯光。我却晃忆旧时风习，元宵赛会最后的一夕，便是家家户户提灯，绕过田塍游转一遍，望去恰像一条游龙，又像点点火星，散落地上，怪有趣的。儿时往事，总算物换星移，断章取义，依稀剩在。

红路头，从前鬼话颇多，一口古墓显有灵应，赌花会的都向点字，还替它修筑一下坟面，但不晓其姓氏，只好成为没字碑。刚好坟头长起一棵老树，周围辟成种菜小圃，将就无碍于耕种，可以相安下去吧？大道那边，一座悬亭的明墓，标碣是什么将军的，却于前天发掘起去。听说胫骨特长，可以想象他的生前是个魁梧奇伟的汉子。不用说而今安在哉！

天心多么易变，一夜雷雨，晓来风警，乍起面临着芭蕉拂拂响声，大有了凉秋意味。一雨便成秋，不论天南地北，还是依样，正不必添写许多低调，话来仿似异乡人。

小铜钦硿硿然，这一简单的原始乐器，我在云南和缅甸边境也常听过，那儿是当作土风舞的按拍用的，所以耳边一听起来，便联想到一度乐欢了，心情为之开朗，听来倍觉有情。而今家乡也习以为常，没有一天不听到硿硿声，可是光景另外一回事，这是用为传达命令的，吩咐农村一般工作的。而工作，却又特地忙，命令特地多，听起来也就特地烦了。求其那儿清雅韵味，当然更不会有的了。

公园牡丹盛开，每当阳历五月开头，是丁时令节，花韵花影犹盘旋在脑际当中。那儿传递来的鸿音，也说报章宣传得很出色，而他却是不曾瞧瞧。这么近在咫尺，又复无所事事，还是提不起兴趣，怕触景伤情那么无谓，只得终日兀在家里而已。由这一来，别后故人的生活情调，又就思之过半了。

旧日有句：“为报山中消息好，牡丹近已发红芽。”那是对一位养疴的雅客而说。后来沉疴不治，一个冬季弃世，去年看花便少了一个人，今年花讯，却连我也不在场了。人事总是这么无常的。寄题一首：

稷园传花讯，君今怀感呻。生怕花经眼，相逢倍怆神。乍切红芽句，都成域外人。人事如转烛，影落只轻尘！匝月思迴隔，万里越迷津。蛮天欲有问，应知尚姓秦。

手头一部韩诗，把接近心事的摘将出来，真所谓古今不相及，其意岂异哉！录之如次：“人情忌殊异，世路多权诈。蹉跎颜遂低，摧折气愈下。”又：“孟轲分邪正，眸子看了眊。杳然粹而清，可以镇浮躁。”又：“自然忧气损天和，安得康强保天性。”

偶翻《人民日报》，见到云南一段消息，赫然呈露，宦海升沉无定，近十年来乡谊犹存之某君，也落得下场颇惨！感怀历历，爰记以诗：

犹感情亲一片温，西山凿道攀龙门。返来聚首庄田处，大碗风成狼虎吞。

圆通山畔唐家园，相送惠然君与存。一样殷殷情最胜，借花词令罗清樽。

尔后京华传莅止，都无缘会挹情芬。妙香古国依然是，南见时时寄彩云！

人生祸福总无根，大难来时安可论。正复海棠开烂满，赭衣染透定花魂！

梅雨天气杂诗遣怀，凡六首：

犹临阶月致娟娟，门巷寂寥羌不眠。一自尘寰飘堕后，几曾魂返到当年。

不敢过从端有故，一窝厮守太凄伤。圈圈兼得睽睽在，慎莫近前如探汤！

事到无何隐泪痕，不须来处管斯存。此中可是侬知了，改道软凉好个村。

时哉泥汝琼天去，再误罗敷贱嫁身。黑海伤痕今何道，黄金仍赎塞归人。

风雨满楼溢坐时，非关织作妇难为。虽然免却恶姑责，也复看成断藕丝。

撞钟汲水倘然事，打扫劈柴亦云为。为报曼云山长老，些微劳动总无欺。

末首为纪恳辞之际，曼云大姐脱口说道。回乡尚须劳动，意甚关切。而我陈情表上，亦正表示，好同儿女做些轻微劳动，共享太平。前后映照，宛作是观。

晚饭后，信步到田野去转一转，几天不曾来，稻实已经变成黄灿灿的了。又刚雨过，天气爽适宜人，远山岚岫，静静地呈现一番紫气色，也正显示消散而悠悠。路痕不会浸湿了，我却仍着木屐，为的是门巷还湿漉漉，方才有了过计。但也忆起苏东坡一幅画像，戴笠着屐，配以宽衣，倒也萧疏闲适之至，遗形取象，就觉更为好看了。渐渐入瞑，迎面人来，辨不清谁的面貌。伙伴说，可是老叟某阿叔，我直前道候了一声，见他衣着，单简轻松，称说晚上房子有些闷，蚊子又多，不如出来走走，换点新鲜空气也。好在他们出门即是野田，我亦常常出来散荡，算是同志。绕了一遍，四围景色，密密丛丛，总怀好感。我已准备归去，而他还在开头，待要绕过公路那边，夜幕垂垂，天色看来不早，老人兴致还是不浅。

树而号称将军，那这一棵大榕树，至少是数百年前的植物了。远远望去，亭亭如盖，可以标志着古屋所在，近前看，可有好些枝干被剪伐了。我记得很粗的一枝横柯，跨过沟头，覆及田稻，自然这个不利于稼植，需要收拾疏散一下的。我犹记得童年故事，有一次即是跨在这横柯上，飘飘然自鸣得意，可是转不下来，急得一把冷汗。后来缓缓地好容易才算解脱了，也从此不敢再攀缘上去了。

无聊只作时令诗。这一句，他人有心，予忖度之，可以想见其松散而不涉紧张的情态，道是无聊也是有聊，总算把此心有个着落处。至于大题材小题材，那有什么要紧，皇皇大文，不见得比之柳柳州那么清幽小品为差胜吧。

“汝耕江山畦畦雨，我含粒粒盘中餐，相期市野两无渐。”就某先生送女下放诗中，挑出这几句作为《浣溪沙》半阕。余不能逮。一行作吏，凡百都废，况其打躬作揖，趋走未遑，哪容有书生本色，清丽缠绵以为欣赏的呢！

为有凄然一色浮，拈将华实漫盈畴。荆州作赋思犹胜，牧野放归逊似牛。
此日膏肓牵逾瘦，传来啁哳急捎收。绨袍纵把故人份，无奈余波锁客愁！

右（上）一首诗，不知所谓，只好列为无题吟。

一般整风，和风细雨，有的怕整整又要整成右派了。某巨公安慰着说，我们是有原则性的。弦外之音，自堪玩索。又说到某些人士，初时示意过，叫他坦白交代，没有问题，待及报纸登出来，那时就无法帮助了。予取予夺之间，唯微唯危，若隐若现。

以下杂诗代记若干首

怀人岛上

它山善果忒相思，击石丁丁某在斯。直把牺牲供毕献，休关休沐尚宽期。
问年斑白刚涂路，有女中郎泣素丝。闻道欲来情也得，相看须待夜归时！

野游之什

刈后洼田又听蛙，浮萍水面漫交加。自然穰穰来封祝，天际悠悠都晚霞。

爱向溪边青草地，重茵坐对泛长流。布帆安稳篙撑子，何遽不如木兰舟！

跳白一条泊者边，有罾网起复临渊。寒江钓雪月痕白，莫道依稀不记年！

堤畔今已尽芭蕉，小楼兴替总如潮。只度登临我也客，冷怀故故不曾消。

田间偶成

天上流霞缀玉冥，田畴此际亦青青。村夫驻足相闲话，陇首微凉是露零。闻道披珠晨哉沛，偏它丛莽郁未醒。樊迟添与跟前竹，浪转团团劳尔形。

小诗

紫燕相看份情亲，蓬门端的迓嘉宾。未应忧患令人老，隐合平安许卜邻！

吊柳亚子先生

先生南社之诗人，书生结习最当真。三间大夫传画像，恰借先生是仪型。我生也晚拜香江，扶余盟会缀小邦。先是涵真已得介，撷将短什当诗筒。怀旧集送兼选词，带归盘谷未细披。“六一五”便狂风发，因风吹拂天之涯。蛮徼荒榛崎岖里，天音谛聆定鼎诗。厥后京华重载热，还好心情一字师。多病不曾勤问讯，形骸疏宕总如斯。先生精神却如一，留住芳衷莫影移。此夕骑鲸人去也，大雅云亡敢哭私！蓟门烟树回头望，西山白云溢清徽！

附记：一九四八年由暹飞港，始识先生。先是吴涵真过暹返港，与先生分住上下层，出视我诗册，爱而索去，至是由吴先生之介，一见欣然，如旧相识。因邀加入在港发起之扶余诗社并赠其《怀旧集》及当年《南社诗词选》，结下一段文字因缘。

溪干偶憩

落日江头悄若思，霓黄着水草萋萋。丁时吹绿犹嫌啬，大块浑涵老画师。

堤上行人短短些，云峰云树散流霞。御沟那得宽如许，一样临流看物华。

述 感

月地芸窗念也劳，含英咀华文上钞。吟诗点诗一支笔，兼复塾童声嘈嘈。

世事浮云双转毂，皓首归来颜相熟。我才差二君近稀，门引离离风满竹。

闲临鸦口认山坳，两处营巢总未遥。故有迟回宵达旦，只今清况便寥寥！

附记：①往时风俗淳朴，两个村舍相隔五六里程，以宗亲而兼友谊，过从甚密。传有一则，相送闲步往来，互为宾主，不知东方之既白。

②月地角书斋聘掌教席，我犹记得，挥春题字有“含英咀华”一语，又曾背诵乡贤句云：“吟诗与点诗，各持一支笔。能知吟者苦，方知点者逸。”静言思之，已属一幕故事，杳之又杳。

鸡栖于埘，和驱鸡缘树木，此风由来已久。我家养二伏雌，尚乏设备，日夕听其自投自宿，篱落纷飞。一回拟纳入鸡笼，但仅得其一，而一不知去向，时已昏黑，亦遂置之。翌早开门，见罩在笼底的，自然雌伏无聊，另一却站在旁边，宛似和它对语，依依模样。微物也，而亦有情致焉者。

前人有句：“故乡亦是惊魂处，只恐山禽尚未知！”清早偶闻啼声，惹人深思，用探进一层而咏叹出之。诗成四韵：

露重未晞草色滋，月痕收散待晨曦。一朝最是临皋望，引去犹然闭置时。

聊有清宵蚯蚓续，教从别畔鹧鸪啼。故乡更许归何处，却恐山禽亦未知。

即 事

莫问安时稔祸胎，王事靡盬于斯才。儿家生小无知识，愿借熏风解愠怀。

去时槁项知辛苦，来日清粹照颜开。仍共联翩引将去，多应羡煞老庭槐！

中元前一夕有题

时则药叟着参运动，乘夜奔走八里程，以达场所，如是者半月。

迢递相迟越界村，亦施雷雨掣乾坤。游鸿本自传天外，家鹜谁知一笼存。

渲染浅深均法度，银灰宕衍便云屯。莲河桥畔垂差近，暮夜潇潇触旅魂！

亩粿当门认旧家，苦烦人事重添些。近乡要是生情怯，入室徒然蠢鹿加。风雨楼头思暗溢，月痕淡白带轻纱。梅村正尔多忧畏，十载含酸灭齿牙！

荒鸡啼最警人愁，门巷几回省识真。只有众生缘不了，更无域外谷栖神。隆隆一阵车驰过，溯溯聊应炊爨频。还是低沉天若闭，无梁河鼓敢知津？

一觉醒来，夜色已深，风雨凄其也自有了寒意。听门外猪栏那只新来的贵宾，正在不安于位地叫唤着。提灯一照，见它围绕盘旋，分明是冷清清样子。随把些稿草投掷了去，它初时吓了一跳，但不旋踵也就在稿草中打转，寻歇宿，渐渐安定了些。

先时写了一篇小鸟入室行，寄给宗老先生，他说这是佛性的萌芽，我不便承当，只觉行其心之所安，也还有点戚戚呢。这自然是脆弱的象征罢了。许时一位友伴笑说，假如我就不让它飞去，要拿来玩玩些时再说。

记得一段记载，有种动物类，好像麋鹿之属，伉俪情笃，你如捉得其一，那另外一只也不走，还跟着啼啼哭哭，很明显，是祈求人家的哀释，但这样好心人总是很少数，猎户恰好不劳而获，连跟来的凑成两头。

前某大学校长李君，解放初期，都门羁困，典当萧然，最后连及书桌都变卖了。夫人不禁泪下，卒之跳楼自杀。话分两头，而今锡器铜具茶铛酒壶诸般，无非室人陪嫁时旧物，或先代所存，遗下子孙，眼看一一都作下堂妾以去，谁能忘情？但不同前例，而是出之自愿的，沽之哉！沽之哉！有诗为证：

眷　眷

如别亲人面，心心只自酸。当时陪嫁伴，舍之宁相忘？旧家行已丧，乔木亦毁伤。兰阶经风雨，摧折不成行。阿自诒厥祖，手泽示茶铛。晨炊云已免，况乃罗酒浆？纷如下堂妾，掩面李三郎。刚自浣溪返，无语俯衣裳！从知某也室，缄泪变精光。末后连书桌，卒之堕楼旁。意味深如是，谁短复谁长！

省　墓

漠怜蹊径已全疏，寂寂山灵盍启予。日影斜穿露正湿，碑文呈赫默相于。
儿时往事追寻处，历劫沙虫今有无？更复云屏都四面，是谁宾主辨区区！

山深犹及听啼鴂，为唤行人返敝庐。托庇墓门无恙在，廿年树木几迁除！
人生宿草同惆怅，老去首丘定幻虚。手折野花红簌簌，从头凭寄一枝余。

附记：先祖父墓在大岭岽，以山脊无用耕种，尚获保存原状。为念下月出门，人事悠悠，能否再返，都说不定；并且多年不曾参拜，乘此过从，等于辞庙，墓前伫立，撩触颇多。霎闻深处仍有鷓鴣啼，先灵有知，温慰好好回家去乎！

又，儿时扫墓，爱在浮沙晕痕，挑出小动物，名叫山牛。此时晕痕累累依旧，但已不想再行挑剔它。

返时随采摘些山花，自谓小灯笼近似，人谓之狗屎花，又有谓之鬼仔花，都存轻贱之意，我可不在乎。天下无正声，悦耳即为娱。人间无正色，悦目即为姝。似此作为解嘲亦得。

即 事 三 首

庸何扰扰乱如丝，肃肃宵征涂路歧。戴月披星今又汝，更无余泪湿裳衣。

附记：学子生涯，庸人自扰，不必要不近情之无眠苦役，忙个不休，夤夜出奔，赶赴任务，无言相送，一晌惘然！

东邻西舍尽搬家，室在人亡默怨嗟。合是空空莲舌粲，问谁宾主拌幽遐。

附记：东坡自儋北归，士人为置一宅，悉索敝赋。正当迁入之际，道逢老妪夜哭，扣询儿子不肖，百年老屋，一旦诀别，是以哭耳。按即所有，因以归居还妪。适才邻右哭声，食堂征用，物无将主，美人已属沙吧利，义士今无古押衙！又见空空荡荡，一室虚悬，感而赋之。

笳吹徒闻火样催，宛临前阵莫迟徊。同归乐国知何日，剩得沙虫未烬灰！

附记：草木皆兵，操练孔亟，晨早偶闻催号声，欲眠不得，自顾沙虫，何时归尽！

移樽就教，古已有之，食堂也不过归课重温，没有什么。第一个兴感是，那旧家底的烂蚀，慢吞吞、拖沓沓的作风，实在应该消逝去了。换上这个形式，不是委蛇退食，而是草草赶完任务，不就算了吗？当然也别想再度浅斟低酌那么生活趣味了。

庙堂搬开神龛，足足廿年不曾临过，乘这重临访问，百年老屋，旧梦依稀，尚有存焉者，虽则堂前燕子都不见了。又复宗亲人等，向无机缘接触，回来半载，有的碰面还是第一遭。老的少的，生的熟的，颇觉伙颐一堂，恰如某老头说的张公艺九世同居，漪欤盛哉！见面之下，点点头，打招呼，还现微微温慰，有点人情味。我纵不急“富贵徒夸一妇人”，亦正比较特殊也者，兼之垂垂老了，人家对待老人，和老人与老人之间，多少是会一团和气的。所以一句话，印象尚佳。

编排我的座位，是在当中左首，这便隐隐回忆旧日栖神所在，一些丧家设灵，每每位置于此。话来休怪，有生必有死，生于斯，哭于斯，只今却替换为食于斯；联聚国族于斯，不亦变换口吻为“同志们”了吗？世事如棋，人生代代，我仍快作古人，其他更何消说？

山行三首

毛草离离亦吐花，秋阳杲杲密相加。山灵照对人颜色，到处无欢靡有涯。

伐木梯山癣疥般，纵然绿水泊其湾。扁舟不是渔樵子，更莫诗心伴往还。

蚁阵移时便寝然，径痕水蚀已含烟。攀缘我也病猿侣，瘦淡秋容历历间。

茫茫寄臆

月白如银泻满阶，森森霜气袭然来。未交东令令人惨，便到何乡亦孔哀！
邸报乍披陈百戏，筑城有女恐崩颓。心怜一样嗟行役，尚少寒衣空送回！

附记：道逢八十老叟，送女于役，年半为期，为言闺女未曾出门，我谓到处不外一样劳动，意以广之。昔人云：“我与汝犹若也。”又云：“有如别良友，独念少寒衣。”阑夜不寐，月色茫茫，因而赋此。

生日方期吉兆，而一早刷折，继而表停且坏，为之色沮。但念象示缺憾，亦因其所，于以临祸临福看襟度焉。浮生半日，拈记两四韵言：

洗盏改弦卜乍惊，多生禁忌计无赢。谁知胆小真如鼠，况复图依井有仁。
舐犊白头传两妪，泰山饲虎及三人。幢幢幻影能销骨，莫道穷途阮步兵！

人情还算旧家香，结社鸡豚风味尝。丘嫂艰难兼折赠，归来闲话半柴桑。
秋风萧散同邻叟，晒背书喧负土墙。也是鲰生所有事，沉沉晚届在山乡。

京尘再转存什

惠 州 西 湖

荒丛底处觅朝云，默养堂悬手泽存。信是六榕无树了，坡仙姓字有余芬。①
太液波翻亦既陈，湖山边际绿含情，四时纵使长如夏，只度人稀觉冷生。

六 榕 古 寺

欢喜无边弥勒尊，逛游花塔语犹温。禅房花木来宜浅，拂拭多应旧日痕。

稽首慈云大士前，腾腾一瓣火中莲。霎时风雨愁如捣，哪得飘然似谪仙！

碧 云 寺 引 眺

去日朝山今载来，碧云有份此低回。疏林寂寂悲啼鸟，零雨飘飘酝雪灰。
已觉登临捎一着，欲寻诗思坐凡才。微生倘令同归止，暮鼓晨钟荡隐哀！

附记：今年春，得请归休，何老太邀进暖室闲话，翌晨陪参衣冠冢，自份殿后行踪，天气冱寒，至足纪念。星移物换，北辙南辕，民革代表大会召开，又以末席齐集首

① 作者注：这来不见朝云墓，知已铲除，但西湖点缀，故事依稀。另有默养堂匾尚存，东坡流风余韵具在。因忆其撰六榕寺联云：“一塔有碑留博士，六榕无树记东坡。”其自信如此，由后印证良然。

都，恰与十一月十二日旧寺献花之盛，萍踪聚散，颇难逆臆。但此回应是补充最后一课矣！凄然感赋。

越秀山之麓

曲曲园林水泊坳，霜姿篱畔未成娇。杜鹃却带凄颜色，为有从前流血桥！

湘　水　浔

烟霭仍笼丛薄间，磨旋蚁阵引幡竿。萧萧认得飘黄叶，林表余风去不还。

野花开遍皋垧

花白离离萃曲阿，油然雨露沃宜多。只有野人忘帝则，谅无蜂蝶引吟哦。

遥 夜 倚 楼

弯弯才对便盈盈，落叶萧骚怯冷生。等是无何依魏阙，人如可道飒然惊！
煞氛用免刀枪厉，金风词连掣搦情。正自微茫天未曙，疏星河汉度斜横。

附记：宋词有句："金风欲飞遭掣搦，情脉脉，看即玉楼云雨隔！"其情实伤。

北海仍看丛菊

怪底零鸿倒转过，北园依约撒条科。双虹聚景偏宜又（第一届菊展于此），篱下千头一例摩。餐秀诒怀思化雨，穷忙作客苦无多。黄花浪说凌霜好，人倚幽风态若何！

附记：覃异之兄和韵有句："身价岂容篱下老，芳名应比洛阳多！"语意双关，用志鸿爪，亦京尘中一点小佳话也。

重访稷园时入隆冬光景

唐花香坞尚幽欢，姹紫嫣红界两环。门外池塘看欲冻，飕飕衰柳仰谁攀？

迎面吴刚斧劈天，故园小别足千年。只缘白帝行威令，柏树无风亦自寒！

出　　都

诒将缺憾警遑安，淡淡幽燕白日盘。矮屋栖魂翻又是，野人设色在家山。

野　　火

野火通红焰亦寒，令严寂夜仰曾看。有因有果都深种，八骏瑶池何竞还！

西郊写照

冬零一袭浸寒漪，满经叶黄接迹之。为问重来惆怅客，故曾缘转几多时。

牡丹亭下剩枯凄，春尽人归昧识伊。真个相逢何处也，更堪来岁牡丹时！

抵家纪述

凉露淫淫浸碧天，鸡声慢更警无眠。事难了处唯依枕，相不犹人恐吓然。
指月秤钩称得句，遍墙蚯蚓亦涛笺。虚庵寂寞定谁省，故有投荒草太玄。

涕出而女于吴，这是大者，小之如鬻女当妾侍之类，不惜抛掷掌珠，换得口腹，听到颤声呼诉，卖儿还剩几多钱！任是铁石人，也应掉下眼泪的。其实莫须到此地步，仅仅如和亲时的遣女情景，其情可知，表面锣鼓喧天，内里掩袂啼痕，其一种难言之隐，无声之悲，比却送爱子兮沾罗裙，而更加曲折深痛之遭际之地步。

有聚必有散，来时不知其所以来，去也不知其何去也，恰如吴梅村说的："心血枉枯，骨肉安在。"惆怅者久之！更不用说宿草生刍一些话了。真个"人生代代无穷已，江月年年望相似。不知江月待何人，但见长江送流水"。念来何限怃然！

油瓶池，多尼岭，这些地方，距故乡差近，少时也听说过，耳熟能详，可是不曾涉足过，有个茹素的建庵于此，颇清幽，辟地种禾，取足自给。门前修竹成围，间夹花木，怡然自得，亦历历有年。两个年登耆宿的乡间老翁，惯常去访问，清茗或留午餐，看来乡树寂寞，别无消遣，借此流连，也许近乎灵的探讨的所有事。怎知好景靡常，大难来时，都成话柄，于是而树倒猢狲散了。造物所忌，人可奈何！山林朋友之乐，其难若是。

倦听午鸡唱，兼之村春慢慢，总教人有了荒漠无聊的感染，说是灰色生活，也许是吧。几人能够有声有光的呢？早间那位邻叟，负起土墙曝背，琅琅书声，旁若无人，他是世代相传的书香种子，自然安之若素，等于遁世无闻也者。他邀我入山深处观赏，我觉霜降叶脱，景物萧然，生怕引起幽愁，敬谢不敏。重念着："不怕慈乌头不白"和"不信离人不望乡"，本来下句已用不着，但真不知何处才是吾乡呢！似此飘飘然脚不着地的所在，屋庐如寄，如传舍，谁也不知明年，甚而不知明日，复在何处呢！

"裂笛山阳讵忍闻！"仅仅缀此一句，再也续不下去。心事郁悴，苗头萎败，宛似悲者不可为絫欷，思者不可为叹息那么样。好几天过后，凑成一章，离却灵扉色素已远，聊志余痕一二：

裂笛山阳故已烦，无多根子扎乾坤。不知来处遑论去，大米生涯在幻翻。三径就荒将更寂，应门五尺托空言。洞庭落木闲阶下，鸡犬无喧昼亦昏。

某氏妪迫于迁徙，震撼失常，儿子为备后事。感之叹息，属句云：

百年老屋妪所居，安得坡仙仍返欤！喃喃神思欠省初，大榕树下数渠且。江山道里连及吾，意思直云君子儒。当初夏时一造庐，印象剩存未肯除。潜藏意识良非虚，急时困时乱相呼！嗟予无补泥区区，菩萨过河梗样如！

一个从幼流落江西，垂廿余年，寻访故里居，却连乡里名称都不记得，许时才是八岁小孩，连童养媳四岁，两小无猜，一并卖落人家，而今满兴意地归来。所带一点川资用尽，还是茫无头绪。急着想转回头，却于途中冒暑发痧，倒了下去，剩他妻子孑然一身，旁边哭泣，惹起好心人替它舁入近毗村舍，救治清醒之后，又正追溯因由。村中有个老妪，触动心头隐隐，走过来睇视，当然事隔多年了，一切蒙昧得很。这个更不知父母是何形状，但还记得门前古树，景物依稀。因之带领妪家，如梦初觉，酸酸泪落。这回妪也拨动悱恻心弦，重圆了破镜回合。一场人事幻转，恐怕戏台上的装扮，亦不是过。而恰恰如实地发现在眼前，在我邻乡分水地方，存之以备风采。

也算是应该补的一课。从家乡赶集一条旧路，自有了坦荡公路，便绝迹不曾走走了。这回缓步当年，冬日可爱，觉得一切一切，都是久违了，如旧相识，也复多少变得陌生。光景大不如前，前时似乎熙往攘来，含生生意态，而今却是冷寂寂地，原野绝少人行。人亦无精打采，单调而乏味，寻找不出一丝丝笑脸，更不用说到风趣了。这么如入无人之境，正好默默重温，踏踏纹路中，数着数着有多少的童年足迹，翻出悠悠旧梦残痕！一根枯草、一度里程，都变成了触觉特别锐敏的事物，算是悲欢交织着。这当儿，我是把脆弱情绪冲淡过去了，姑让自我陶醉的话，四十年前一个藐焉小尔，那会想象得到人讫今存，还是高出侪辈许多，做个幸运儿，优游林下晚景呢！埕边一所题为“龙蟠”，可真漠漠云山底下，凡几人蝼屈蝼落，老死不能伸头露面一下呢？但是另一转轮，旧者已矣，包括我在内，根本没有缘分孳生于这个蜕变了的大千世界，虽信美而非吾土兮，曾何足以少留！拈韵些许如下：

阳光软约鸟声停，寂历途中旧里亭。四十年间恍又过，阿侬脚印此曾经。

狮冈高冢未曾颓，只欠当年石烛台。有泽可怜及枯骨，山前步步重迟徊。

幂幂云山悄可知，旗亭望望寄回思。槐安纵使缘如织，惜逝分飞沟水涯。

石登犹忆涨涟洏，川济梁成贵盛时。虚阁只今龛亦杳，问渠老树总应知。

此次莅京，突听说张某君之自杀，一时触绪颇多，实在太出意外了。最使我联想及的，几年前一个女同志跳昆明湖不死，回来给大家大斗特斗，有一次，即是张君亲自主持，他说，不要当生命是你的私有财产。当然有点辛辣意味，但出发点是要她不自杀，还是很善意的。后来这位同志问题消释，对他还说其好话。却不料剧幕一转，往日片言，倒难倒了自家，陷于自寻短见的绝路。又听说死状很惨，门房反锁，静静地躺在榻上，盖好被窝，用刀片隔断咽喉，嘴巴扎紧了手巾绑带，这样忍痛流血，血尽方休，弄得满床狼藉，草草纳进棺材，即抬出去火葬，化为乌有了！至于死的原因，谁也不愿多道，对外还不愿意声张，致命伤是受到离婚之妇很恶毒的一箭，套以极不名誉的告状，如此这般算了。他本来长期在青岛养疴，也就悠闲太久了，兼为这控案召返，冷暖人家对之变成两样，交代照一般干部给小房间住就得。曾几何时，他才是赫赫的部里第二把交椅人物呢！我尤不会忘记的，他对待外围人士，彬彬有礼，曾公开说到我，年纪大了，又不惯坐办公厅，我们不会要求过高，但希望提意见好了。这一来，几年客卿样子，恰恰照此方式行事。而今都成为故事了。也就是人事无端，烟消幻灭了。

一口鼎锅破破烂烂，不成样子，实在不好意思叫修补的了。还是邻右好意说，勉强补绽，以备烧水之用，较方便些，并代叫了匠工来，这个一见面，笑说还没有掉过，上回是他修的，并提议以后不消再费事了，快点换口新的才是。邻右从而替答，假如换了，也就拿去公用了，现在市店都没得买的。这样只得将就将就。我因而想想，抱残守缺，只好达到缺残不完整的份，再求美好，便索性地去了。这较不材者长存，成材者砍伐，合是更进一步的理解。

唐诗“萧相营第第，他年畏势家。岂知未央殿，壮丽只栖鸦”。以此知盈虚得丧一个规律。在萧何已经退一步安于偏僻，但亦何能免此？留侯仅仅请封小邑，而终伴赤松子游，方才得免。看来盛极而衰，变化固然，区区小民的一宅区，一结业，怎值得多大顾盼呢？也只好听之算之了。

“燕燕尔勿悲，尔当返自思。思尔为雏日，高飞背母时。当时父母念，今日尔应知。”浅浅语道出深深情，在自行泛飞的不消说，在被动的引去，又将如何？总似脚跟无线随篷转，隐隐有一条绖绳，套住人们颈上，任它牵去牵离，一点做不得张主。我更进一解，燕燕尔勿悲，寓形宇内复几时，春去秋来各自归！

想来总有一阵风暴要来，邻右好意要我离开暂避，但哪里是办法呢？我说，我是干部，只有服从分配，亦决不对邻右带头迫迁。抱这态度，还是持之以静，倘一动摇脚跟，那么人言可畏，什么无稽忖测，总是不美的。自然对诸亲邻爱莫能助，想象他们百年老屋，世代相传，目下继其他什么东西都不能保为己有了，都将步丧家之狗似的快被撵出去了。人生至此，天道宁论，也就只眼睁睁地看活电影是了。

新凿一口井，不难想象，是迫迁这些住户之后，为扩充食堂应用的。寄以无聊极思，希望新井淘不出泉来，那说不定会中止吧。可是恰恰相反，泉源滚滚涌将上来。再回溯毁掉神龛时候，有个凶兆，一夕神主都倾跌倒下，神也不安于位了。记得某御用文人歌颂说："管天管地管神仙。又喝令河流让路，高山低头！"这个比对"立马吴山第一峰"和"酾酒临江，横槊赋诗，固一世之雄也"还应雄过多少倍呢！

昨夜过半，天盖浮云，浸假零雨霏洒，早起门巷湿漉漉地，浑不觉得太冷，颇泄春天气息的样子。宅边一丛芭蕉，前几天朔风怒号，吹折两株，剩余其一，活现飘摇无依，索性把它斫了，小雨过来，减煞一些幽韵。但仍联想及的，春雨如丝，细细织成春恨，再春寒料峭，邈邈绵绵，老是不好过的。时序已届大寒，恰亦腊尽，过年改为春节，教从何处占得一枝春乎！最过意不去的，是阶上两只猪，公家分配在各人寄饲，因为脏得太厉害了，干部为了照顾我，亲自动手牵过隔邻一家，这便等于以邻为壑了。日日面临对照，在他家沿阶上，搞得乱七八糟，门前流成臭河，进出都不方便了。切身肤受之痛，人情上谁也难堪，却教我负了一宗沉重的心事。巷顶一家，新近派给一只野猪，听说轮过五六家门口都受不了的，不料灾难偏偏套落下来，这教如何熬得过去呢。

拉杂成腔数首：

马房讲肆话非非，怨毒于人及髓微。如此周遭容插足，应无缘与款灵扉。

屠门履道倘然事，王子身边几叹嗟。乍去大千偏折转，袈裟不着已无家。

合道朔风劲且哀，阴霾卷缦扫还来。大寒今日宣严怅，不许人间眉展开！

晚来风定墙阴鸣，月白星辉彻底清。只有如毛干扰客，虚堂聚讼尚营营。

宗老先生杖国高年，于我未抵家之际，惠函存注，以为必已到家；从函中亦领悉健康欠适，脑力衰退等现象。迨既归来，先函奉告，旋接上札，亦复裁答，均未接聆复音；人事天时，浑难臆测。心之忧矣，聊以永怀！

经冬丹橘定何如，青鸟不来昧起居。可有采薪忧一著，亦宜灵药霍然疏。
屋梁月色凌霄白，零雨风微近岁除。海上仙人寻得句，早传音讯到窊庐！

接到上海宗先生的来信，真为之色喜。好久等不到复音，担心着有了意外，七十过半的老年人了，而今领悉，恰恰进了医院，垂及二旬，幸好平安出院，重返旧庐，这才开始着笔。人生，说易也易，有如朝露过隙；说难也难，千回百折，总尚硕果保存，不谓之命也得乎！

"山家除夕无他事，插了梅花便过年"最饶清致。就如村居除夕围炉，象征家人团聚，一道旧家风味，耐人寻思。岂比于兹，共牢而食，就说新年，却连菜都没有两样，大家平平淡淡地，一点没有新的感觉，和笑逐颜开的份儿！犹记得迎神赛会，从新贴上春联彩旗飘飘，爆竹卜卜，儿童们蹦蹦跳跳，大人辈也都换上新衣，焚香虔候神的来临，那么雍熙欢庆的气氛，盘旋着在，正不仅仅"灯花浮瑞色，景美山青"的庙前点缀而已。

醒时枕上述作一首：

梦里何曾得少闲，亦如人世锁千般。几回入寝慌成阵，差到圆时倏已阑。
枕畔殊怜炊未熟，山中难觅酒为欢。漫漫长夜孤行客，可待鸡声替唤还！

"自是老怀多寂寞，非关儿女尽分飞。"只有这样的自解，还好儿女都是心理健康，不识忧不识愁为何物，那么我也何必透露衰飒心情，去影响去渲染了他呢？

岁暮杂诗三首：

水车轮引尚辚辚，岁暮求鱼竭泽登。最是儿童齐拍手，旋看春讯送流萍。

春入暮年近暖和，风云作态变宜多。劝君莫把裘轻换，时令朝来朝便过。

月浸庭阴白似霜，夜如何其断人肠。隔窗更那有知己，几朵梅魂伴惘茫！

附记：少时还忆旧家闺秀之作云：“榕城更鼓夜迢迢，一穗寒灯坐寂寥。只有梅花最知己，隔窗斜照两三梢。”渠善画梅，淡雅佳致，标梅不字，不知所终。

新春合有试笔之例，缀成二章：

红兰清露委汍澜，百计求安未得安！陇上桃花新点缀，一春鱼鸟变回环。
残年雪践东门外，白石柳营盍往观。任是东风吹不醒，形骸土块比都顽！

还有春寒四十五，生涯料峭耐须寻。空阶两滴宵深思，原野人归惘漠心。
七样菜花儿采摘，双飞燕子剪晴阴。余怀尽把它抛撇，来日青青郁邓林。

姜老先生从遥远的蚌埠寄来书，告以生活平善，除有时略略气喘之外，吃得睡得，看书阅报，以至访友聊聊天，无一不得，就起居注分解：早起牛或羊奶半磅，鸡蛋两个，葡萄糖三两杓，午晚餐都有鱼，肉则隔天一顿，饭量自然不多。这样对照之下，令人茫然不知所谓！我这里是惯于吃粥的。现下缩到仅一二两米挨度一餐，稀稀疏疏，渗些番薯罢了。此外日用必需品，几乎凤毛麟角，偶然得之，视为席上珍。怪可怜连农村中蓑笠木屐之类，也仍货缺无从购置。人呼负负，又是低头默默而已。

滇诗僧大来和尚有句：“旅食惟艰莫弃瓢。”其结句云：“相逢不必嗟摇落，担着清霜且过桥！”信乎要有了担当，有了定力，方才过得去，过渡到了彼岸以去吧。

试想想，一个女人，产后兼病困新愈，一点没有营养，猪肉之类，休想给予肉证，经常只靠稀稀的两碗粥吃，而呱呱在抱的一个小孩，缠着索乳，挨次较大还有三个。男人终日勤劳，也是得不到一饱。她就在这个灰败的气氛，心酸泪落地寻求短见以去了！事前几天，略略有些泄气话，顶大的一个女孩十四岁，紧紧跟着。这一天早上，她吃了一点粥，女儿不虞其他，抱着小孩外出一转，她便乘此人不知鬼不觉当中，偷偷割断喉咙，气绝了事。

公路旁边照例设一茶水站，也售卖些稀饭小食，以利便行人。迩来食堂谁也吃不饱的，本村人等便不约而同地趋向这方面打主意，出勤较近，偷偷溜走而来，不上十时左右，已经盈门如市了。司其事的无法应付，只准人吃一碗，一扫而光。抢不到碗的，自然垂涎向隅。真正过客到此歇脚，要是解决饥渴的话，亦只有望梅想想。

十八市斤粟，作为每人每月的标准，一个透过内里的低声说，某单元计算，到早稻收成，现存的仅仅达到每人三十市斤的谷，这么着，还有漫漫几个月光景，看来缩小成十市斤是肯定的。又隔邻一个村，粮食问题急转直下，已经定为每人每餐半市两，每日仅吃两餐，午顿纯吃番薯，其实早晚的半两米，仅仅煮成米汤，以配送番薯罢了。所以尽日是吃杂粮，所怕番薯也不是时时可有，那问题就太紧张了。

人们拿“走江西”的饥饿光景来对比，那时社会组织不好，优裕人家米是有的，却囤积不肯放出，坐令市场米荒，“兽相食，人食人”！当下情况，恰像古语说的“室如悬罄，野无青草”那么样，就原野中植物，未及成熟，已被人攘窃以去了。番薯没有等到地下产物，渐次采食浮在上面的茎和叶。芭蕉则控出根头，细切和盐煮吃。“草果草”化制之余，没有糖料，亦只得和咸囫囵吞咽。但其实纯是水分杂质，一点没有滋养料呢。

此时埔园还有番薯和甘蔗，人们一出勤，挨不过饿，最简单的办法，就躲在蔗园里，一支一支地咀嚼，聊以疗饥。随地都可发现盈堆的蔗渣抛弃着。较有组织的，却是挖取番薯，篝火温墩，从火中取栗一般取食。偶尔派出挨查，凑巧混合伙儿，大家一起嬉嬉然闹得不亦乐乎！

儿子是国家的，就只合听组织的话。家里虽则仅仅剩下两个老头，但已经有了公共食堂，就够欢欣愉快的了，回家结婚，以便照顾的话，简直是多余，而且观点落在旧家套和私人利益上面，更不像话。诚然诚然，“理实如兄言”！不过古诗里的兰芝，是循着出嫁，而这儿却是服从分配，暂缓拟婚。

昼寝半睡状态中，听到巷口有人行过，一个说，现在哪有什么要做的，过过日子算了！真是解脱之言。时下一切都有人安排，私人方面，再也休想发展什么，像旧时的勤勤恳恳，建立较为像样的家园。

几间瓦屋，临水近田，饲鸡插柳，老来退食其间，总也不太过分吧。前些时，有外汇的可以寄钱来鸠工盖建，照现在笼罩一切统计，要请求一点材料给予，那就很不容易了。连家私用具无非因陋就简，谁也没有新的陈设。最可笑不久以前，拆去铁窗一个运动之后，从此所有窗牖，仅仅支撑一些枯枝竹节之类充数，再也不加以修整和油刷了。可见人们生活，连稍稍讲究点的趣味都不会有了。

入春以来，连绵淫雨，偶尔放晴，顿觉气息温温，人感疲闷。涉笔写照一首：

一阵阳和春已多，虫声节奏近洼沱。水田汩汩新痕满，抽架苏苏长绿萝。莫道阴晴人易困，向来时命总由它！旧家认是归飞燕，不薄寒门晃人过。

八十老翁生日，过了几天才听说着，好些歉然！和一位老朋辈谈及，他亦觉遗漏了，未免过意不去。但转着想，假如先期闻知，可向何处买两枚鸡蛋呢？休说别的礼物了。

六十五岁的一位老医生，从前认识，此次仍有机会重逢，我称赞他治病救人，精神应付得很好。他谦逊地说：别的工作不会做，仅仅就此一点，聊尽寸心而已。也微露出支持不了。前些时曾向组织提过，请予退休，从旁协助，但组织加以一番慰勉，尽多少做多少。实际上，业务一经粘黏上，总不会轻松的。日连夜应诊，都无虚座。出诊越村，他是不会骑车，只得要求病家备一单车，附尾载去。这样做，又有了摆架子之嫌。每临晌午才出门，转个大弯，待返又赶不及食堂吃饭了（应该说是吃粥）。这度他语焉不详，我另从旁听说过，这时的医生，差不多等于清教徒，病家事实上不能具饭请客，连小点心都办不到，医生到门，照例仅可喝人家一杯茶水，别的不便叨扰。返去也是一样吃所属食堂的稀饭，赶不上的话，自然只好枵腹小食，一遭过了又一遭。

几个壮年人上墟赶任务，各各消费了一角钱的点心，出郊里许，顿觉饿了，打算回到家乡，已赶不及一顿吃，还是转回头去墟市里面，再吃一点点补充。

为其城市嚣尘，便想移家水滨，猛忆昔时村舍“十里梅花香到门”，定然向往之至。所谓穆如清风也。宗老先生这般诗思，我是能够理解的。不过先生离乡已久，往日珠江之微茫烟水，淳朴悠风，恐怕只合梦中追寻，今则此调清弹盖寡矣。

从侄某，次我二轮甲子，亦相（属）牛。忙于开会，春雨夜归，风寒感冒，兼之饥饿，乱咽木番薯果腹，致成热症不治，竟死。母老，一生老实辛苦，群雏待哺，少妇悲啼，即日草草掩葬于“七株冈”，俗名“七丛松柏”。近有新坟累累，如失盲某翁，刎颈某妇，都挨次于是。人因谓之凄凉也。再说，时下人生，有如摧枯拉朽，也复比狗还不值钱，佛言罪过！登临永别，写韵将记二首：

未到清明上陇阡，荒烟遗绪故绵绵。伤心那用春啼鸟，暖日薰笼倦欲眠。
新冢无幡寻簇立，薄棺荷锸卜斯迁。聿来托体依山尽，我亦相胥意惘然！

七株松剩几株存，杉仔埔联杨厝坟。名字儿时登记取，陌生晃入异坡村。
青青草色自回合，渺渺人生占断魂！信比水流还薄劣，欲凭刍狗话中论。

一所村塾的变革，历历过程在眼中。起始是“式维书屋”，用以纪念名贤祖先的。迨我童年，刚罢科举改为学堂，因之得名是“启新”。但我记忆的情调，总是静致的，悠美的，一对木雕的对联云：“虚左待知己，长怀寄古人。”天井一株老龙眼树，夏天蝉噪，入夜阴凉，两条石板凳，参差位置其间，拜亭即布置成一应接所。援句“往来无白丁”的旧话来说，那也是斯文人物的所在，赤脚大汉根本不会混进去的。又如春雨，庭前花草，墙壁苔青，恍然萧斋意味。再者门外流水涓涓，小桥依傍，面对广陌田畴，一边池塘水满，夜坐纳凉，静听虫蛙切切，星宿寥寥。有个胖子贪凉，睡在沟头石板凳上，一翻身倒落到水草泥中，还不骤觉，一时传为笑谈。这位胖先生，人今尚存，却已转过南洋处，浪迹多年，年纪总在七十差不多了。旧话重温，折对现实，那真距离得太远了。现在是学生乱糟糟地，尊卑长幼的礼貌概收起了，有的女教员给野学生臭骂得哭起来。斯文扫地，改成劳动观点，大家尽在外头扛的扛，挑的挑，不安于课室，顶多是平分一半，尽旋磨似的忙得团团转，由芸窗转成驴子一头头。至校名屡易，我已记不清楚，是否仍冠以村名，而村又是隶属什么“营”什么“队”了？真是“不识庐山真面目”呢！也就是“五十年前此读书”的母校，已经没有我的缘分了呢！

旧历四月廿六日，去年此日到家。也都汩没忘记了。小女颇有缘分，几回关节，都恰一转回来，聊慰空虚之感。但让她去后，才顿忆起此日良辰，机缘凑巧，稍纵即逝，两兼之矣。

由今再追忆在京的生活形态，已觉杳矣，如梦如烟，淡漠之至。横竖不过一年，而且客腊还是闯过一遭，实际不过隔离几个月，而却印象这么淡褪易忘。生活习惯，浸成下里巴人，再也不像午门待漏的个中人了。习俗移人，环境淹没，教你不知不觉已然了。甑既堕矣，便不可得而复返了！

食堂因为春雨连绵缺少燃料，不得已分给各人几顿餐之米，回家煮吃。这对食堂而言是例外的，形势所趋，不罢自罢的。想当初三令五申，不准人家端回去，需要在一起共牢而食，以便吩咐。有一女的，偶因故拿回，而掌管人不由分解，广播宣布其罪状，为破坏食堂，罚她下一餐不得食。她痛哭流涕而又振振有词地说：“由初级社进入高级社，宣布加入退出自由，我七八亩田园二间房屋，充股入社去，而今拿回来的一两余米的粥，就算过分了吗？”言下亦就影射到退社自由，无奈哑子黄连，有苦说不出。我另吟味潮谚语有句：“粟石写入庵堂，向和尚讨无一碗米汤！”此际听聆之下，个个交头接耳，踊跃领回各自的分米，仿同卸了缰绳的马，活泼轻松，舒了一口闷气息。人们心里有数，逐次领回快就完蛋了。一个中年妇人，自言自语地说，这条巷口，今晚才又见到炊烟了！

今夕巷口起炊烟，一向圈牢吁可怜。毕竟人情比红杏，出墙沾着自由天！

过去食堂初办，一家入门不见鼎锅连盖，听悉公家拿去公用。以后私人炉灶都要拆毁，不许擅存，自然鼎锅是该征用的了。身受者哑忍无言。后来办法变通，食堂连雨带晴缺乏燃料，发米给人家自煮，这一家只好徒呼负负，仿佛燕子归来不见旧宫墙！

旧家一支烟囱，不觉潮湿起来，等于础润而雨，并恍然于童年生活，雨天惯会有的一个象征。可是久矣不露炊烟了，灶是大而无当的，而灶突烟囱的灵验还会有，却很奇怪。

回家以来，肉证时常得到照顾，油脂将就应付，还不太紧张。而今疏于觉察，怎知油坛已经告罄了（以后肉证免提，改为每人月发豆油一两八钱而已），一时如缩手脚，如欠宿负，眼看一些蔬菜摆在面前，而竟无法炮制。梅雨天气，镇无聊兀坐家中，日食咸菜以送稀饭了事。亦正忆起斋厨索然，“兴味萧然似野僧”之境界。

成分差的戚属们，大概也不会较佳的，正如同病相怜，传来音声，但来谈谈，这儿还不比乡下紧张，三两天的粮食供应，是不成问题的。言者由衷，听者心受，生涯落寞之中，总算有些人情味，回旋荡漾着。

《唐·吉诃德先生传》中有句：“魔鬼之侮弄人是不会一息停止的。”又口头诗：“袈裟未著愁多事，著了袈裟事更多。”都可见无事忙，弄得团团转，那么磨折困煞人。树欲静而风不宁，倦鸟归林，而风雨飘摇，枝栖靡定，等是无可奈何地不作美不由人之憾事。东坡于惠州西湖默养堂题跋，便是说，当地风景优美，四时如夏，但使牧民者不扰民，则物自然涵育滋长，不假外求。柳柳州一篇谈种树的，亦就说到顺其天，才能发荣，不措意和似太顾惜，时时搔抓起视，一样命令传宣，吩咐这，吩咐那，实在只有骚扰罢哩。再，尘劳苦行之下，时时如临战场，倾耳打听，不敢落后，喘息未休，偶然一个空隙，“又得浮生半日闲”，这启示，静言思之，可是什么酸甜味道呢！

昔人有“无花无酒过清明”和“今年寒食月无光”之句，意兴萧疏可想。而今算是端阳，一点过节的意味都不会有，卖菜蔬的，手提一束交给了我，仿似有了同情不足之感，苦笑着。今番过节，斋也似的，连猪都不宰一只呢。返来家里，人送了粉粿，我略略申谢，还是你们有些节样。他却慊然吐露，大家什么也没有，以后恐怕连这节日，都忘掉不复记了。感之掇赋成章：

肉味与鱼净却根，菜傭一束手陪喧。榴花五月徒虚语，稻实收成话庶繁。那有龙舟存仿佛，教从时节摘灵源。晚来独自青崖上，静静河流伫幻翻。

晚凉漫步

边际红云粲溪干，淡淡风帆纳影澜。坐久方知身懒起，欲泯天地入眠安。

背山面野近依稀，刚是雨余点绿衣。上有青冥云亦净，骑行将引总如飞。

浮岗架屋袅青烟，秀野萦纡泼绿鲜。倘就客游休问禁，谁人不愿受一廛。

信美仍存村落中，穆如敢是古豳风。只缘不露蠕蠕面，瓜果蠕蠕孕蛙虫。

浣溪沙

一尺东风三尺波，最怜凄戚萃庭柯，教人兀坐似头陀。　鸣镝朝朝行威令，下场旋磨总由它，也应无奈雨师何。

向日赃官去邑时，人家纸马毕途歧，俨同恶煞白祭伊。　一阵强加人头上，到临完蛋蜕毛衣，认谁将主挈将归。

半载阴笼桎梏加，只今老不说搬家，欲回人事天爷爷！　君看物态有时定，纵把当筵一树华，那配池边罣软霞。

附记： 潮州谚语有：“有千年池厝渡，无百年郑大进。”言今人煊赫易尽，不比氏族悠久无疆也。

共厌圈牢略弛经，量分谷实到燃薪，一番增灶尚疑兵。　适才好大併兼者，亦解担头兜揽频，买菜提篮别停停。

荡荡方生际岸平，无人渡口放舟横，更无帆影闪云轻。　浪来晚上经行处，湿漉合泥蔓草萦，蟋蟀跟前听最清。

记得初临人似客，点头一一认情亲，低头默默共牢频。　散场此会重来过，摊子残痕错杂陈，别矣相见亦无因！

墙阴月静韵沉沉，老去依庐寂守心，二十年前较浅深。　一事不容分明说，梦痕扰扰直而今，情知泽畔问行吟！

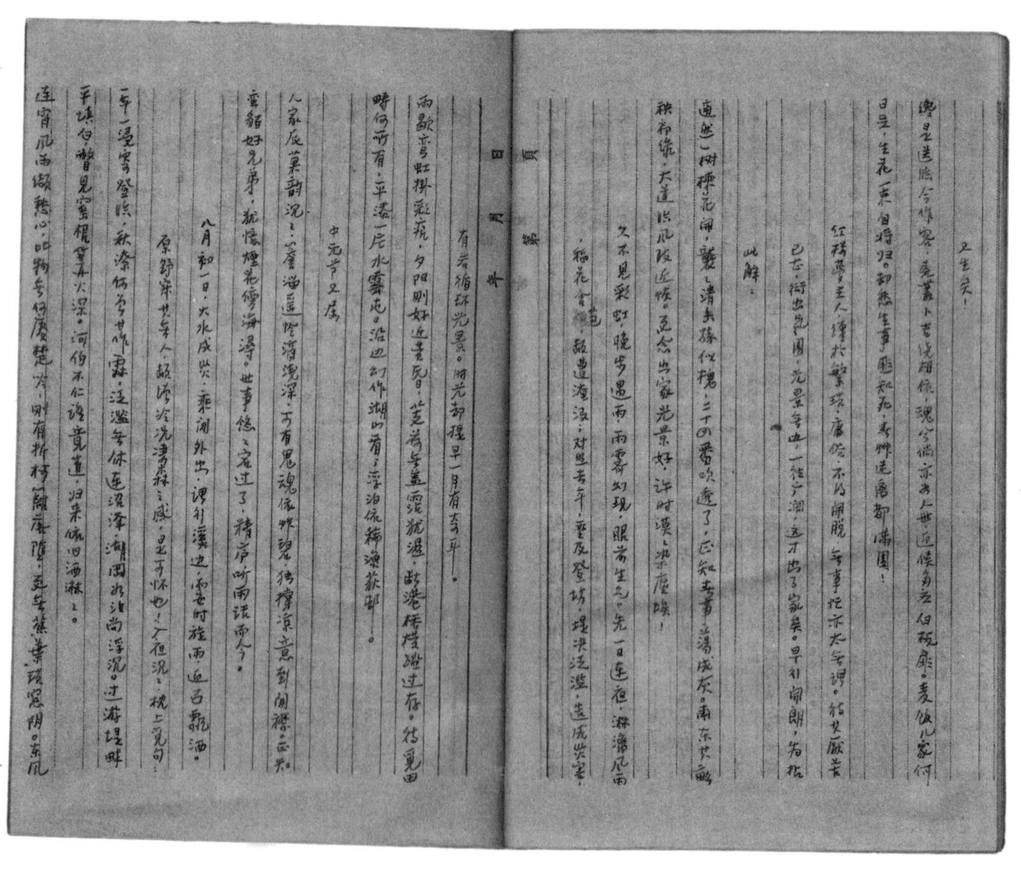

《啬园藏稿》手稿剪影之五

第二编　调寄枫林（一）

闻诸故老，吾乡昔为枫林所在地，凡十八乡，今已堙没不可考；因念“魂来枫叶青”之句，仿若有会，兼示数典不忘之意云尔。

——绪言

杂　题

月下芭蕉晃晃青，潇潇雨歇仰精灵。一年容易秋前觉，三宿在陈思可醒。
离散乍当嘶去后，是非莫把耳边停。望人不至从身始，瘦语苍凉君试听。

楚些念念替招魂，歧路亡羊昼向昏。似此发披宜野祭，冷凉心事倩谁论。
但能安处贫犹乐，击得席来俗再温。故事从头寻已杳，青灯作证有啼痕！

折取毛巾兑小元，无端又到此中存。一钱为命真堪惜，脉缩为丝管自扪。
巫峡有缘经折转，黄牛信宿未离樊。徒然前阵无非雨，珍重艰难旧钵盆！

明星有粲月痕钩，肃肃凉生霜气秋。时令诗成端易换，荆州作赋漫盈畴。
齐东野语同应少，粟里稻粱足尔谋。为问白毛洞里客，孜孜仍得到今不？

潮落潮生古渡头，失踪人去系孤舟。茫茫一片吹纹浪，无那西风话里愁。

稀疏点缀蚁痕般，大地向昏没倦还。若就瓜田逢四月，农家作息故闲闲。

拙铁编成绕指柔，插花星鬓亦堪羞。夷门冷句严于斧，八十老翁何所求！

浣溪沙

竟夕淫霖夹煞风，谁知却合天河通，晓来泛溢四边洪。　　堰叠如冈还自溃，堤横坼蚀慑鸠工，它时牙慧将毋庸。

余雨萧凄泪不干，歪斜芳树任摧残，欲扶体态分阑珊。　　最苦芙蓉夭弱质，伊人寄恨短篱间，外庭谁更与遮拦。

邻壑乍倾华浦洲，小山阑槛拍天浮，频呼将伯待扁舟。　　擂鼓催催锅上蚁，鹪鹩栖徙惹烦忧，提携棒负并牵牛。

门巷平拖匹练光，晨烟隐接水茫然，天心小巧弄沧桑。　　得鱼沽酒传佳话，数典都成鲤与鲂，泥醉无何虾米乡。

李任公挽词

全受全归还是福，最难了处了余生。山中宰相倘然有，金马从容态亦平。丛菊开时秋气爽，古原露甚湿行旌。更堪羽化丁令鹤，回首双徽十日程。

帡幪衣被凡几经，一本草茅柳眼青。闽海惊波连日下，林峦展叠复披星。云笺离乱囊中失，燕尔玉堂韵尚馨。惭愧淮王鸡犬客，不随华庑伴丧灵。

苍梧曾是驻仙槎，又退邕州品落霞。词客有灵多怨愤，英雄无奈数归鸦。汤山一浴收佗尉，三镇空传拥纛牙。真个雄姿都歇了，大江日夜浪淘沙！

重临客腊寂无哗，门雀为罗兔与罝。逐臭佥壬翻表报，时阑瘦影认枝斜。乞休只合畸人状，入幕犹怜仄席加。留得腐迁传外史，故都新梦总如麻。

悬弧前夕作

挥洒如霜静以哀，高吟不闻浸楼台。剧怜心事呆于木，未了生涯凭化灰。暖寿中郎还一女，移家张俭竟谁催？虚空瘦削头陀似，陋巷箪瓢匪望回。

毋忝所生念亦休，垂垂花甲渐平头。知非已逾十年事，残局难收一箦谋。秋影斜侵衡宇下，野原登陟古今愁。算它陶令真相失，莫倚东篱替写忧！

小园遣兴

药栏几度摘花归，指甲银藤俱已微。丛菊蕾蕾方有讯，芙蓉的的映朝晖。沤衣沃水苔余润，蹴圃羝羊狗向挥。只少鸟声啼啁哳，教人秋息占成围。

重九登狮地亚寻谒祖茔

青乌遥指笔尖锋，卜世其昌有日逢。游子归休聊点缀，满围秋草自蒙茸。只今率土锥难卓，衍得丛魂守旧封。胜地狮猫谁则是，泬寥无那任重重。

赋得黄花瘦

秋尽园林叶未稀，微微粲者绽东篱。漫怜野性萧闲似，不比虚夸城市时。人到遂初宜于止，一回秋水恰盟鹭。声华未了根同净，刷刷毛衣空尔为。

村妇自行失踪夜临大泽中未遂自杀坐而啜泣篝火照存引与俱归

月黑无人陇亩间，星光闪闪泪痕潸。羁魂不解来勾去，溪水微闻弄叫潺。只觉生涯悬一缕，何必弱绪转多般。却愁篝火犹人世，凄痛孤踪引倦还！

偶成二首

九牧十羊思可哀，牛毛擢发教追陪。泰山妇语勾牢记，果腹定然少病灾。

禾黍归家亦隐园，离离欲诉秋风魂。谁知子孙守勿弃，翻羡先人有此轩。

杂诗三首

聊得生花插满头，胆瓶日日效绸缪。适才簇蔌迎新粲，为伴幽人致更幽。

纳纳朔风贴地哀，星光灼灼弄徘徊。眼前一片昏花甚，疑是平铺雪里灰。

云海银涛一例观，惊波叠叠怯虚寒。从知沧粟渺无际，卓锡谁人飞度宽！

晚步垄干所见

溪干落日漾徐徐，一派平芜多艺蔬。汲水正知抱瓮近，习劳好是采桑余。
莫非经意行犹健，待得相看并荷锄。更有一言登记取，踏青挑菜故何如？

西　江　月

桂子三秋此际，端成林影蹁跹。故曾赓月泛回廊，的的柔荑拈上。　于世一无所与，灵扉未是荒唐。好将收拾小奚囊，亦碧亦珠模样。

偶成小纪

采摘竹芯当几筹，从边残露散初收。一条沟水仍低湿，借得阳光许踏游。
有草含生终是福，无人解识浪枝头。迢迢不尽江南意。蕴藻蘋蘩合荐羞。

阴阴雨未歇

宿雨余寒断复零，檐前雀噪亦旋停。一阳未报春消息，燕子谁来管谛听。
疹病未除牵末节，鼾眠匝月可曾醒？剩将心事漫何许，默望西陵冉冉青！

冬至后一日作

为有氤氲春气生，湿痕门巷殢人行。已令跛者能为起，底事冬眠麇尔营。
鸡歇嘶啼占昼寂，舂墟断续带余声。此时落寞君知否，酷似穷边漠漠情。

纪述三首

渺渺峰尖凭揣摩，日斜衰草飒然过。已怜人事分回解，转觉从前厥曲多。麦饭一盂儿辈是，鹿车荷锸了无它。真个晚宿谁家店，寂寞山阿待云何！

微闻蜕变渍清光，不比枯柴常在床。衣带渐宽吾亦病，鼾眠月半竟全僵。正知俯仰向多愧，聊复霜枝剩老苍。免俗未能生煞苦，倚岩那得话轻传。

留候年年草漫青，迟来满百花冥冥。反令首七望门祭，反哺伏中疑再经。世事相乘都有数，寒门支柱类晨星。韩郎密表翻然目，不觉孤鸿暗涕零！

即　　事

腾腾犹见纸灰飞，魂若有灵检点归，遇啬未知阿堵物，生涯大半坐牛衣。无多败絮行看尽，纵有余悲份已微。最是檐前鸟雀噪，这回霜霁换朝绯。

榕影小诗

溪上红酣落日头，春寒无奈透飕飕。若然过却些时许，一样逍遥似野鸥。

空桑曾是人投足，邂逅仍教面接邻。人事因缘如梦寐，回头数得几风尘！

一程经过

气息温温烟雾横，沟塍水汨灌冬耕。又来觅擿追寻处，有鸟山头浪自鸣。

大树婆娑古驿边，危亭相对歇因缘。孩儿闻说山阴去，直到今番未竟还。

百岁坟凭赭面装，族姑在亦足凄凉。龙文金水依然系，多莫唏嘘绕道旁！

斜日黏黏溪上黄，淤泥浅水泊成荒。岸边尚抱两株怪，疏散休夸旧荫苍。

踯躅频温年少时，摛义课罢是归期。一程兀兀人微倦，结个包包手自携。沮泽青芜占物候，郁伊心事泛何其？谁知意马心猿了，万转千回白已垂。

与雄邦寿在堤畔

跟寿星丈堤畔徘徊，一声雷殷，弥布冥冥，折转未几，狂飙骤至，扬尘扑面，信乎不测者天，不平凡者人事遭际也。艰难徙步，云散雨消，归而述此。

临溪纵有羡鱼情，高岸睽违数十春。一草一菁思采摘，好为征信陇头人。

北顾冥冥云向飞，下堤风迅卷成围。小桥挨过虞颠堕，山雨欲来是耶非？

得水蛟龙非我事，灌园老圃认情亲。适才蝴蝶孤飞影，春到人间展笑颦。

门巷归迟落叶多，槿篱不肯定风波。天心善变应无住，藐尔飘摇寄若何！

小 诗 遣 怀

丛林看似依山麓，古屋依稀浴日欢。物态悠悠君信道，男儿何处不青山！

一杓汲泉夏日间，行人引过亦欢颜。不贪宜识金银气，风月何曾用价还？

东篱冷艳落旋开，贴地丛边白玉栽。上有芙蓉悭露滴，经冬叶卷待将来。

与宗兄雄邦先生元宵郊游感赋

元宵昼暖，跟老寿星作郊游，渠策仗觅句云："家住枫林是古乡，青春结伴趁晴光。"于怀古幽情，宣和逸致，思过半矣。我独不能已于怀者，觉一缕脉脉悠悠，芜惘特甚。兼之久不出门，映日浮倦。形骸之不济，神思复靡宁，乌在其为安心立命也乎？！感之太息，缀就此章。

赭然山色未回苏，陌上青青闲麦蔬。溪水艳阳迎镜照，困人春息惹温余。
孤踪一失仍三月，此地重临恍故吾。更闻临流村落杳，枫林十八谁相胥。

附记：寿星老丈续邀郊游，并采药叟与俱，提篮荷斧，冉冉修髯，谓之地行仙，亦无不可。陇头生色，一树秾华，丈漫吟"桃花岁岁皆相似，人面年年不相同"之句。予何人斯，仍觉"陇上桃花谁与共，夜深风露怯荒寒"！待拾成章，已复走样，不欲滞留于兹领域焉耳。

聊得闲愁散陇干，苍茫宅思引风澜。桃华一树占春色，空谷谁堪驻苦颜。
结伴银髯连我老，隔坡童稚解呼韩。眼前灼灼归时路，人在斜阳淡霭间。

即　　景

门巷幽幽古月光，儿家爱唱秀才郎。几回朗满又还缺，才见东窗倏下墙。
待得暖和鸣蚯蚓，仍牵星点散草堂。乘除加减周而转，只是今宵冷似霜。

赋得河阳一县花

又见猩红贴地开，南天音讯快宣回。一年叶素飘新绿，芳谱遗忘坐劫灰。
但觉花时人觌面，多应故国影徘徊。进贤门外凭登眺，可有当涂的的来？

春　　旱

春旱引水灌田，汲深绠短，园中种植，分外焦枯，田则须赶插秧矣。因忆儿时故事，诗以纪之。

处处秧田足水柔，蛙鸣直是播春讴。牧童笳管双声吹，楝树吐花沟上头。
水塍爱自徜徉过，露重因何年少愁？光景不殊亦既异，赤风夹日斗吴牛。

浣　溪　沙

犹忆玲珑八角门，颓垣今只迹空存，潭边亦是积沙吞。　断港绝潢缘旱久，渔夫垂钓窑洞根，荒凉解道谁家墩？

岸边浅草没蹄生，楝树摇风叶渐盈，毕竟临流易惹情。　过眼桃华芳未歇，山村原自有余春，含蕾香柚涣将迎。

木竹稀疏点绿芯，红涂为窟故深深，欲回髫稚捉鸣禽。　弄砖弄瓦场中物，田舍翻翻客子耽，春雨犁烟讵可寻？

行行涂路上颇有春寒意

雨后郊原仍带凄，萧青点缀已含滋。余寒最是小坪驿，指黑方嗟风约时。谁料炎威容易褪，好凭消瘦素心期。等闲更绕螺山侧，年少回纹怃漠思。

待院有感

待院之际，阅壁间画，见有老归侨领得投资股息之后，亲切谈心，共祝晚年幸福。微微有感存之以当比兴。

侯门亦云插秧先，鸦雀兼它示档悬。坐令沉沉耽漏滴，方诸溅溅引江天。不图刍秣人争企，敢论耘耔别有田。座久山移须信道，只缘老大得天怜！

木棉向有英雄树之称，种丛木中，必高出其他些许；羊城早就定为市花焉。山居僻左，何来一朵依稀，养之净水并款芜词。

红棉何事落山村，昼寝一枝几上存。已份焚余甘草木，休关风雨欲黄昏。英雄问字输佗辈，饮啄无俚泥鸟暄。还忆沙河路畔过，凄烟沾着素馨魂！

三月初五日有作

晦雨凄凄天溢寒，出无雨具况衣单。秧田老汉刚横地，蓑笠人来背去还。山中樵采情怀恶，拦腰收没彼何人。潇潇门巷衣衫湿，看汝及门诟谇频。帘洞潺湲习爬搔，一朝舍去不告劳。猴孙猴子任抛撇，只余一棒是躬操。粪上英宜不耐观，旧污回合总冥顽。佛门此外无清净，清净唯心份自寒！

即　　事

不闻鸡啼犬吠声，更堪豚也晕频频。丰登似此徒虚语，菜色殊怜面是真。故有召巫能止谤，从知以力胜编氓。西方彼美光如烛，待照流亡尽已尘！

黄白花披满架香

萧舍无花不当春，小园藤蕊假诸邻。几回采摘临窗下，赢得幽香一味亲。宝剑双飞征倩影（《草木春秋》描金银花为女郎舞双剑），阳光护惜恰宜人。雨余作态寒犹浅，婉曼须寻似欠伸。

入室芝兰韵味余，怀哉时令伴园蔬。老翁脱口成新咏，小鸟依人狎近初。纫佩有心存比洁，状头无份莫摊书。相将好便樊篱过，也复浮生半日余。

峚寮顶坝

峚寮顶坝，足迹俱未曾经；西河水闸，算是来过。途中历历，老寿星口占一绝云："清晨伴引入山丘，曲径透迤致近幽。一面蕉柯看又到，坡陀倚伏似奔流。"我亦随缘点缀，拈四绝句。

大榕树下小神龛，山谷则灵向所参。相彼露珠蛛网敛，如轮毒虺定眈眈。

山阴洼底剖梯田，绕径弯弯漱石泉。一样邃幽清穆界，恍然不复类人间。

野花窈窕数多尼，厥曲迷羊接迹之。失笑儿童那解识，休关闲雅更非痴。

亘浸渠成最尔顽，山村沮泽一般般。池塘生草连鱼鳖，猛忆初来濯濯颜。

清明偕二老朝山

飞舄飘飘沟水流，不烦缭绕傍山陬。新坟雨蚀成穿罅，瓦缶盛存残蜡留。百日豆苗都出土，一盂乌有对荒丘。迩来意态销沉尽，去往俱非揽白头！

浣溪沙·纪述五月十五日风雨成灾（十首）

慽慽东风卷逝波，平添雨讯恣滂沱，教人无奈天心何。　擂鼓鸣锣催堰急，登时佛脚抱宜多，还疑一霎水盈科。

未遂登场会涨时，稻花稻芽信有之，高抬市价庸何其？　布谷安排超又慢，秀而不实坐人为，立标束带所应知。

耒阳水绕一诗囚，好事端将脯与馐，宛亦盈樽归妇谋。　世故盈虚那易臆。但看绿染照回眸，草茎和露莫轻投。

永夜沉沉雨乍停，寂寥不辨四三更，铅灰惨淡漫云萦。　　牛角湾头呈险象，传呼直与点编氓，闺中女敢避宵征？

推门烈烈是何风，十一级都引靡穷，六月飞霜曲未终。　　向隅为有莎鸡泣，墙外人过语默中，晴怏旱干雨泛洪。

旋嗥豚犬迫迁除，水浸成灾旧里闾，匹练平拖式样如。　　飒然一阵淋漓雨，畚锸犹怜罗蚁夫，笠盖关它有也无。

阴霾卷缦不知晨，和雨和风阵阵兢，瞥见潮痕占满盈。　　檐前鸟雀声仍噪，剩得穹庐一份亲，老屋荒荒许结邻。

山巴篱落写晕痕，风拆雨横竟溢盆，怪底樵林孕钓村。　　几间败屋勾除去，这度崩颓越外樊，邻壑谁知罄与存。

遗石青崖隐憾生，诗心恰在一生贫，欲寻补缀费精神。　　凡海递看天顿变，陆况此会逐迷津，有酒不醉真痴人。

耐辱书生情可知，司图六七退含斯，乐天作传并前规。　　微特梅酸溅牙齿，一回扣舷舷转悲，殢雨孤蓬没影迟。

梅　　雨

梅雨犹零，午节时近，孩儿来信，早尝荔枝，此间却一无所有，但闻催开会声，急于星火焉已耳。

节近端阳雨歇霏，年时生息浸稀微。自看余物如遗蜕，未必生涯尽昨非。薄晕常存征已老，缁尘乍拂抚无衣。迟徊恰亦无家别，把柄戋戋付与谁！

一雨凉生喟不禁，未尝粽子敢抛衾？闲阶欲赋苔空鹤，漫卷非帘浪自阴。觳觫牵牛忙里过，抽收腰带定交深。迟迟向日那易得？莫抱枯枝彻苦吟。

十六夜未央大堤横决

浩浩洪波彻耳喧，汪洋一片薄云屯。已怜月窟灰穿透，还望潮头别到门。

底处崩颓催落户，不同渔火照江村。里闾大事此其一，我亦迟徊默过存。

堤决无何雨却晴，到头一样转心平。正知泥守总非计，聊亦瓜期实落生。戏水群儿方似鸭，稻田谁与卜垂成。从今丰啬都定矣，况复后图苦战兵！

十八日凭临溪边看决口

乍见无家栖徙样，向前沙觜仍奔流。临罾拗起鱼沽市，粒食无收人弗忧。对岸横斜声叱犊，青苗泥淤尽低头。浪来许作登临客，风日晴光淡荡愁。

伫立移时思悄然，水痕历历笔添鲜。担簦没膝浮将过，草偃风狂宿昔天。闻道旧墩能止水，眼中残阁惹人怜。缔因瓜豆何曾了，忧患无端漠漠牵。

闲中小景

沟塍修竹竟何之，晚凉纳纳袅风丝。田畴静美都依旧，不管刚逢溃泛时。

一番斑驳损容仪，色褪浑如梦里窥。若就自然征默识，须知残缺尚清奇。

甘蔗为篱夹密花，水流汩汩寂中哗。您家都在空庭际，还是饭余烹好茶。

两个池连架石桥，波痕涨满光摇摇。楹窗待得月初上，故事焚香默坐消。

宿雨初晴花如着露小园伫立一晌怡怀

雨余好是花含露，小立低回看色鲜。为有旧时金壳子，翻飞舞蝶会童年。篱边菊已同芜绿，宿径枝仍结粲然。生意满园还默默，传来布谷近诸天。

浣溪沙·湖山即事

入夜汪洋水涨湖，庞然两武不知趋，渔罾恰好岸边呼。　依舨随声于止样，情亲一是匪模糊，时方急难况奚如。

一夕鱼龙跃进游，虹桥牵蚀当行舟，平翻薮泽与荒丘。　辟径掀满千百尺，空棺滚滚似奔牛，随波逐浪载沉浮。

陵谷登时一片心，颓垣潭水勾痕深，低回无那竟前临。　　泪湿声嘶牵老屋，莺迁原是呀雏禽，百年垂尽划而今。

陌阡水没剩潮痕，牛首山前基址存，恍忆童年迹尚温。　　横塘绕过石桥是，曲径无多已傍墩，样子荒荒莫故园。

穿篱自采花

只自穿篱采撷花，不妨瞒却主人家。东风撼撼吹将雨，芜径茸茸并茁芽。指甲沿边偏彩胜，双徽浥露显清加。问君底事闲情减，愠锁南熏若蔽遮。

喔喔稚鸡啼

试汝啼声应未健，满园寂寂定谁雄。仰看星斗何辽廓，大地溟蒙指黑中。那有风兮来比德，更无人与报筹终。但当喔喔茅檐下，陡觉清宵孤磬同。

六月十九夜无眠作

月影循墙渐已低，鸣鸡将请再须啼。何来屋角传音器，一样马牛不得稽。敢是寸阴充护惜，还牵刍秣浪提撕。这回欲向上清诉，云翳飘飘度却迷。

晚间散步溪边山原默望得小佳趣

静静溪干皱细漪，青青柏岸影低垂。楝树不同折腰柳，昂首临风致自奇。天际红云忽起遮，渐看渐绮散流霞。里人可是神仙侣，亦自划船若泛槎。如茵席地坐些时，冥漠悠风浑可窥。怪底山灵多寂寞，凭谁流转共襟期。明星有粲借光浮，相彼鸠工在渚洲。仍有轻歌堪听处，教从靡靡荡清愁。最好坡仙人不识，更无麋鹿讶将存。江潭缓缓吾行者，大地无邪昼向昏。

偶成二首

紫燕墙阴不更移，料应憔悴怕孤飞。眼前炎炎热尤甚，何处丛林着一枝！

待得江头有所思，无风叶脉欠离披。时阑一样推将隐，静静临流不闻嘶。

京华一程诗纪

浣溪沙（十首）

时则南方水灾，北方苦旱，缀词各半。

古寺罗浮话圣真，只今俗子犹风尘，偶然一触山之门。　亦知鞅掌非王事，欲探灵踪迄未能，愧尔东西南北人。

毛雨霏霏近麦天，平添数尺水浮梁，乘舆无奈泊江边。　不知底事洪连野，兀煞火蛇与修航，兴叹须君且望洋。

霎时报道犯台风，雨讯蒙蒙小站中，秧绿盈畴首载逢。　又来陌地敲门户，无家栖徙忆飞蓬，旧垒丸泥总未封。

数枝红艳不知名，春鸟无闻空山青，寂寞途中一段经。　灵扉久闭信然是，膏雨绿茵碾翠萦，野畔驱车管送迎。

入帘草色晃青青，沮泽平铺水似银，两部田蛙啯啯听。　还是夕阳无限好，替人随伴傍渔汀，幽幽古道旧人情。

几处水车引灌田，溪流恰是剩涓涓，旱干有象热浮天。　午倦无眠聊倚眺，葱茏绿缛遍四埏，盛时草木份宜然。

故事小奚客乘连，交争驴背纳微凉，吓煞奔啼去无方。　解渴这回停梨子，主不暇给夺者先，老愿坐隅差可怜。

大地不殊南北皆，似仍雨讯此中来，车行忽悠浸凉飔。　计程千里晨夕至，隔别异时浑劫灰，前度刘郎费浪猜。

百年上计身心闲，急急忙忙常苦颜，败絮蒙头一般般。　荡涤山灵疑宿昔，怡怀餐秀调轻弹。移情好在渺无间。

典籍勾稽易得名，为坪为驿转青青，凭栏今古此时情。　爱向自然添一着，虫鱼花鸟共为朋，夕阳刚好涣将迎。

浣溪沙（又二首）

宫中鹭序竞前临，仍有鸣蝉络树荫，潋滟波光漏影深。 率舞嵩呼呈活面，为圭为璧一条心。天颜咫尺式如金。

幻转洪音许毕宣，来斯直上君子堂，尔牛濈濈复尔羊。 斑白随人左右望，青毡兀兀热还凉，羲和可道快施鞭。

西园胜日一回转

又见摇摇湖上光，绿烟杳处卧虹连。尔时正复秋瑟瑟，为有伊人水中央。

斜风细雨唤将归，花草时阑浸式微。应把前波瞻后浪，莫忘溪谷话非非。

浑朴亭宜寄膝安，从菁入眼足怡颜。这个那遂山林趣，无奈方衷太易瞒。

镜里颓颜自怯看，一回来便一回孱。玲珑苑囿翻生色，冷漠心弦不住弹。

故馆黄鹂曾听取，诗灵歇煞欠遑安。画中游合屧廊响。今夜阿谁扣转盘?

雨夜过稷园

过雨曾来礼药王，潇潇好把堕欢偿。三年人事都依旧，景物凭临爱近鲜。灯晕有怀蒙宿雾，草芯含露照清寒。一言一滴调凄切，各对梅花诉断肠!

也知韵味借惺惺，湿漉花香入院屏。种菜须侵三径废，满园恰是少人行。露葵高与屋檐并，擫笛声从墙外听。漫转沿洄仍伫立，雨余悄悄仰天青。

小　诗

薄暮此闲憩，古柏郁苍苍。更无人与语，默对旧宫墙。

晚　凉　生

中元节届亦中秋，风紧凉生晚更幽。踯躅荒郊何所望，低回旖旎不曾游。芸窗迟月应东上，一躺行窝待起不。正尔老年人态样，心随形役踵烦忧。

振衣冈上渺渺愁予

秋草茸茸眼欲花，风飘白浪艳阳加。向时一勺涓流水，巨浸悠悠荡以遐。还忆负肩成撮土，只今指顾不知处。大人先生续续来，故有上林悬禁墓。废兴转眼主者谁，亢龙有悔所应知。漫怜噪倦瞻红垩，宛若垂人眠在斯。更牵禾黍秋风里，寂守山灵何太悲！

羊坊店探亲人

出城直是柳垂阴，画栋还从闲密深。廿载君堂征咏句。鹪鹩生息故巢林。枝头飞上非凡侣，秋水穿劳客子心。手折梅花逢驿使，情亲悒怏并骎骎。

平临烟月致娟娟，记取垂髫学播钱。也复羊肠周折过，多应针线抚安然。兰阶色秀群如玉，仁里频传鞭着先。我亦随缘堪寄处，旧家认得最清圆。

泽甫同十三叔八宝山献花顾余不在不克与偕怅然者久之

先生灵爽何式凭，莫待幽花慎仪型。凉秋瑟瑟风荐至，八宝山前漫草青。也应有泪流知己，寂寞门墙空已矣。乌衣斜日荡飞飞，山有椒兮坛有李。小别经年揽鬓华，替念往者转咨嗟。御沟栏楯依然凭，灯晕蒙蒙眩靡涯。天街一夜车流水，谁道东陵故种瓜！

天未曙

经时却见窥窗月，肃肃凉秋人不眠。只觉风吹帘幕卷，递闻啼彻大罗天。宵分宁静原无几，到处车尘掩市廛。倘亦屠门能素履，斯人金马定蹁跹。

即事

来时淅沥阳行辀，脉脉风波不自由。匝月为期刚白战，还偷围解在宽柔。盈延畴昔是非薮，狙辈群居三四筹。载过退斋闲话罢，灯花和雨落清秋。

小诗二首

底处园林不密深，毵毵傍引又鸣禽。山阴占得无穷趣，任是无心亦有心。

种瓜种豆两无欺，绿荚累累缀满枝。小立跟前一片浪，四山闲煞日斜时。

再过稷园犹然飘雨

横风将雨欲来时，人在旗亭斟酌之。入世无欢赓别调，退居偏与拣寒枝。
棼丝看手终归乱，丘壑胸中寄小诗。三载犹怜如宿昔，漫漫可道有穷期！

巡回地下宫殿

问讯魂兮安在哉，人心不断续将来。长明灯蚀膏盈钵，棺椁牛眠伏隐哀。
不觉过临深自震，信然帝力有余恢。一丘一壑风流改，荷锸何从死便埋！

昆明合是劫灰飞，风雨荒台锢未非。三数百年仍暴露，珠襦玉柙显幽微。
死生大矣谁能一，千古无端话钓矶。但就当前凭胜概，苍苍景色莫相违。

如培佳树看含青人事讵堪逆料耶

当时只道略支撑，帷幕人间翻转身。井里居然称大姐，俳优终竟换逢迎。
为楣正好清华阁，一室除将棐几明。叹息我今何若汝，巢林风雨类怦怦。

铁狮子坟边述感

一样寻常百姓家，两椽瓦屋是生涯。暖炉非复迎新制，容膝何曾带碧纱。
居室越来占越小，高门自昔有啼鸦。不须更问兴亡事，似此前临堪叹嗟。

迟徊不见伊人面，明灭灯光寂寞加。野外秋来先觉省，恍然孤雁落平沙。
扶篱物色穿而过，修影萧疏望引赊。正是迢迢成直矢，载人离恨到幽遐！

归　途

宿句迷离拾已赊，安阳驿与草桥遮。十年一梦寻知道。赢得当涂满鬓华。

楼居那便弋仙踪，饮啄磨砻恼煞侬。只觉匆匆旋又去，宛如梦里一相从。

脱羁马群喜可知，移情不似小圈时。先生默默还依旧，闲倚晴阑寄所思。

入夜风凉拂有棱，路台灯焰吐丝青。漫漫可道何时旦，人自酣眠我独醒。

河滩桥引何修修，黧黑灯光水上头。仍有红窗人不寐，看来已是傍山陬。

游魂舞影两蹁跹，笔直车驰星载悬。贪看鬼燐萤火异，苍茫野旷总无边。

衡门之下偶成

芭蕉原自作秋声，飒飒墙边伴月明。已似人家吹榾柮，仍看星斗卧斜横。
风波一失鸦惊树，樵采侵宵处靡宁。最是劳劳亭上望，几人沧海竟余生！

偶成之二

飞红韵事也，晴雪雅致也。烟灰蒙黑，滚滚当门，无乃太煞风景，于以见芳邻晋接为何如哉！

北窗可是飞晴雪，非红非白变黧然。但看盐也有时黑，况指鹿乎近诸天。
灶突烟腾端可畏，檐牙雀噪巳无前。闭门却扫百回转，多莫勤劳课一篇。

句

雨讯方寒花约住，故教小室胆瓶开。

九日沿果园溯莺仔地岽迄于黄竹坑池稍停

树荫一憩胜吾家，野外风吹闲绿麻。樵采人归当傍午，茱萸可道视山花。
如冈如阜拈来是，脉息灵幽待云遐。却笑岩岩冠样子，早经劈破断乌纱。

花甲沉沉晚届生涯索索收藏记取
重重九日人在枫林旧乡

果然月色令人惨，霜素交辉玉宇高。显见人家委遗蜕，时传树杪声萧骚。

枯鱼定是过河泣，一室私怜育卵巢。周甲返当堕地处，首丘狐解奠劳劳。

步兵残泪一齐收，琐琐拘牵不自由。斯世岩幽谁托足，敢嫌柴水效绸缪。
里门频倚原余憾，星鬓花枝着也羞。将隐为文参透未，诗笺题罢尚淹留。

十月十七日过临狮地亚新家

寥寂山阿里，幽忧尔许期。斯人良云倦，宿草总含悲。
撮土成封罅，残阳着力衰。相看仍默默，遗恨在临歧！

一水绕山坳，夜台咽泪潮。何心孤蝶影，洞口晃飘摇。
庙貌荒冈小，苍松隐树苗。无憀人倚立，古道却迢迢。

冬至述作

合是太阴余，更长云只且。青灯萦旧梦，黄叶纳居诸。
儿引声归歙，垣深月堕初。寂寥消受得，投阁恰相如。

连日寒威袭，星光浸曙光。肃征衣带缓，霜气马蹄忙。
往事知多少，萧疏落一方。师师垂后感，哥板暗河阳。

老农非我素，榨蔗亦非寮。陡忆宵深际，呼牛声韵遥。
人家趋末节，萝卜助乎苗。封蜡一丸在，嘤嘤总市桥。

幼安东徙去，默尔已无言。俯仰宁周粟，栖迟赋白门。
冷凉占物候，毛血浪茹吞。侧听怀刨雁，飞鸣觅其群。

元日小纪

老树红芽发最鲜，傍它浓绿大榕边。经冬不剪怀南国，兼得新春入旧年。

这回恰对陇头梅，叶掌巴菰并茁哉。物候悠悠终有致，沍寒那得锁将来。

未遂心痕一抹删，有人犹想识荆颜。庐山烟雨原非别，多恐还来只等闲。

草堂宛亦移文过，上国衣冠拜杖年。元是汉家修盛事，枯荄早已没食烟。

十二月初一拂晓纪之以诗

半园消息彻萧萧，菊未尽随霜后凋。采摘数枝如已出，移将斗室近风标。不须再赋台空鹤，余韵都于淡处描。叠数一年加十八（氏殁刚一周年她则逾十八载），好凭髫稚慰迢遥。

有泪偏从枕上飘，郁陶心事共嘤嘤。寒鸡约住宵依永，搬运酸缠苦未饶。待剔残花灯炧后，更堪篱落啜啼娇！此情可是成追诉，人世如舟晃荡摇。

人日易过鬼易七（俗谚人易过日鬼易过七），婆娘浅语合参详。结邻饶有平生分，蔬笋递看绕砌长。话到粮荒频以目，每虞腹痛不成行。人生道苦归时好，肯信明年结业场（术者言我六十一而告终）！

皋垧闲引

龟山背伐大夫松，气象犹存古朴风。浑觉向阳光可爱，不须策杖转而东。

绕过一株桃下蹊，去年花发此离披。东君作态嘘将醒，看取疏疏蕾着枝。

一朵花红映水涯，移跟憔悴解辞家。离魂此际当归去，人引道旁让过车。

过墟社

探得山坳尚可登，沿边裂石卜停停。怪来心事都如鲠，览胜披襟讫未曾。

温温脉息春将又，漠漠烟笼雨欲霏。一面羁愁年少事，绮怀如梦迴相违。

一行作计燃眉睫，凡百都休付马牛。安得闲愁宽几许，寒梅天使并凌幽。

携女巡墓登坡折梅以归

看汝花枝手上擎，阳光煦惜恰生春。相将斜谷旋村落，多恐翘翘易惹人。

一回去后添惆怅，暗里生涯只自知。也是吾衰情绪恶，非关惜逝复提携。

漫山野况定恢宽，登陟乍知脚力艰。向有浮云看已淡，眼前蹊径绘如盘。

岭上放牛连小童，分明苍瘦画驼峰。家山不比岩幽闭，还有槎枒泛白蒙。

滴溜穿云弄叫湲，耳根偏静沃清颜。峑寮有约同攀止，野叟山花一例闲。

偶成二首

游蜂小小偏先觉，度入琐窗嗅朵花。静里油然生意转，可道春色到侬家。

蒙蒙雨意含春意，惜惜桃华带叶开。久不出门盎然是，欲行陌上审低回。

句

含生小鸟终归噪，一室灯光致自幽。

红光烛天

一面通红透亮光，顿教黑夜亦堂堂。人家争说天门启，斯世真成望幸狂！
匝月膏油仍避地，新炊藜藿肯名荒？呱呱最苦声侵寐，干湿偏劳弄席床。

农旦傍花果山折得数枝

梅花成串并桃栽，灼灼秾华叶子陪。沾着一年经始样，适然春色下樊来。
边行野畔微嫌冷，雨后云痕镇不开。闻道今天日有食，谁人恰见狗衔才？

寂寥门巷雨霏霏遣怀之作

滞雨苔痕映绿滋，春寒料峭可应知。未逢寒食先愁煞，相彼条梅发几枝。麦要温和方结子，蔬仍未熟怕人窥（时园圃盗窃之风甚炽）。算它花果山前过，梅白桃芳正盛时。

即　　事（二首）

残年依计拙，觅食在槐安。甘露偶然降，端成棒玉盘。既叨云外泽，多惭体格孱。一饭拜阿母，千金何日还！鸿鹄时振翅，回翔泛微澜。检点家珍似，粒粒认盘餐。有麦堪为粥，有糖助燃汤。况有脂膏液，浸润到枯肠。金拾窭人子，福薄挂书郎。夜久应垂涕，安稳度年荒！

东邻西舍尚情亲，海外有人眷顾频。一事脂膏充润色，伙颐饭颗足疗贫。捧书我亦物长在，患得方知老是真。广厦千间何所望，凄凉两袖愧无能！

途中偶成

烟霭迷蒙春意多，道旁嫩绿茁交科。只因未了人间事，尽几回来教转磨。

化绿秧苗渐满芜，麦田结子欠敷腴。最难少艾同挑粪，不比当年馌乃夫。

句

桃花早已随流水，留得亭亭一树青。

送悼星叟

星叟昨才晤面，一霎归化，叹人事之靡常，独思君而自悼！是日也，荷锸刘伶，桃山安息。天宇沉阴，雨冷云愁，主家苦辞勿送远道，惘惘将归，从兹永诀！因而缀此

细雨霏霏天盖阴，春愁无那结沉吟。人生有命莫非定，陌野还元何竟寻。隐觉尘寰多寂寞，欲回魂梦指枫林。情知去日同游衍，只度苍茫变古今！

桃花人面去来今，时去时来一片心。肯信秋坟赓别唱，漫联猿夜剩狐音。家山曾是浮瑞色，涉足都难涤烦襟。渭水问年兼陈蔡，牵牛负轭并人禽。

一跌成尘化已多，机锋斗接果如何。但看赤脚地行者，若有人兮山之阿。荦寮雅负平生约，载籍谁堪春梦婆。信是悠悠都往矣，倘来容膝会庭柯。

经年人事最分明，室迩人遐卜乍惊。聊得相怜凭慰语，谁知代谢反将兄。旅途濡沫心犹憾，井里鸤鸠待日晴。料峭余寒人亦窘，一犁烟雨欲春耕。

听雨更阑

节近清明雨向纷，还添雷殷耳边存。沉沉一枕幻凉夜，杳杳人间占断魂。谁把死生残局了，浪抛丝素落心猿。斜风细雨伤情切，故是无言脚无根！

晚步溪干迟徊野畔

相彼水滨楝九株，青青标缀好风俱。晚凉一样闲将过，造化小儿态云殊。静守山岚存紫气，向前云彩只斯须。撩人管是虫蛙奏，习习行裾堪首途。

感　赋

距今不过经年零三月，时则室人引发，叔母送上山头，白衣飘飘。剧幕轮番，送人人送，仍遵遗命，共此一围，羁魂有伴，应不孤寂。宿草离离，春又生矣！

才是送临今作客，荒丛卜吉绕相依。魂兮倘亦如人世，迎候多应白板扉。麦饭儿家何日足，生花一束自将归。却愁生事匪知死，春草迷离都满围！

适　然

红楼梦主人，缠于烦琐庸俗，不得开脱，无事忙亦太无谓。待其厌苦已甚，冲出氛围，光景无边，一往广阔，这才出了家矣。早行开朗，为拈此解。

适然一树楝花开，袭袭清香胜似槐。二十四番吹透了，正知春事荡成灰。南东其亩秧初绿，大道临风致近恢。更念出家光景好，许时漠漠染尘埃！

药　叟

采药叟亲自荷锸，率龟山下，聿胥厥宇。伊人昏迷待尽，手摘金银花一束，垫置枕边，通神明辟秽恶也。魂兮归去，亦宜少慰焉。

黄白芽花遍外庭，采将盈掬荐婴灵。形前影后终归去，物是人非剩眼青。数十年间看伙伴，回抛几日是清明。真个物候悠悠转，荷锸龟山揽老伶！

雨　　歇

久不见彩虹，晚步遇雨，雨霁幻现，眼前生色。先一日连夜淋漓风雨，稻花含苞，顿遭淹没。对照去年，垂及登场，堤决泛滥，造成灾害，有若循环光景。时光却提早一月有奇耳！

雨歇弯虹挂彩痕，夕阳刚好近黄昏。芰荷无盖沾尤湿，断港桥横踏过存。待觅田畴何所有，平添一片水云屯。沿边幻作湖山看，浮泊依稀渔荻村。

纳 凉 所 见

傍晚霓黄渲染加，平畴秧绿沃生涯。远山眉黛填云满，若有人兮曳素纱。

夹道青青拌两行，长林丰草数蛮荒。愿君不用怀空切，已自归休过一场。

中元节又届

人家瓜果韵沉沉，檐溜遥怜滴浅深。可有鬼魂依草碧，独撑凉意到闲襟。正知蛮貊好兄弟，犹忆烟花傍海浔。世事悠悠宕过了，精庐听雨话而今。

溪 边 偶 立

有待终非适，无愁只自宽。但看流淼淼，容与钓竿还。

大水成灾枕上觅句

八月初一日，大水成灾。乘闲外出，谓行溪边，霎时旋雨，迎面飘洒。原野寂其无人，顿增冷况凄森之感，是可怀也！入夜沉沉，枕上觅句。

一年一浸寄登临，秋潦何曾甘作霖。泛滥无休连沼泽，湖岗如泊尚浮沉。过游堤畔都填白，瞥见窑根篝火深。河伯不仁谁竟道，归来依旧洒淋淋。

连宵风雨缬愁心，比物无何赓楚吟。刚有折柯笆篱堕，更无蕉叶琐窗阴。东风慽慽吹添雨，客思遥遥莫好音。真个黄台瓜再摘，销沉之后继销沉！

雨歇皋原带野烟，梯田草色络芊芊。一边水涨痕浮顶，四际云山空悄然。笔直无人占远道，余怀昧遣倚风前。牵牛挂树同身寄，多莫颠波未了缘？

冒着荒丛情可知，衣裳溅湿首迷离。影魂入暮原多畏，笠帽飘蓬信有之。敢道雅人深意致，料应淫雨有阑时。载瞻前路浑无据，独立苍茫阿是谁！

雨霁偶成

倪蛙一部也宣和，滞雨兼旬此闻歌。聊得晚晴犹路湿，教从水里渐抽禾。拍堤看取罾遥举，傍地伸将叶似梭。待过蔗园些子屋，丁东声隐带星罗。

阅邸报相喻于心乍凉回忆遂并及之

积雨兼旬一日晴，分明凉讯此中更。中秋节近露垂白，北国宵寒袭有声。粉墨茶亭征故事，消闲方技与风筝。倘来不是侬知了，时俗滔滔浪得名。

中秋前一夕

瓜果犹然节届中，不时风雨向长空。墙阴但令容光照，童稚几家喧笑同。记得彩灯迎素月，漫怜时序转商风。凉秋八月来时早，报道西山枫叶红。

中秋无月

撩得晕痕灰溜然，雨余欲雨酝愁烟。碧翁有憾难为写，金井惊飞又怕年（俗谚月怕十五，年怕中秋）。事到无言怀壁立，株如可道云胡迁？嫦娥肯顾随圆缺，彼美煞将心事传。

子夜沉沉转玉盘，天高云朵印清寒。但寻声处虫依永，亦觉韵回影阑干。古屋百年牵已老，枝头一着会都难。下阶我欲深深祷，叵奈迷藏羌不还。

顾曲之夜

（诗题一作《榕城顾曲之夜》）

昏后平拖匹练灰，入园莫辨草与莱。闲街溜跶哪容易，此是旋乡第一回！

六朝靡靡尚潮音，揽物怀人触古今。宛亦心弦酸溜样，胜它郁塞满尘襟。

灵根一拂未能平，屋角滩头弄奏声。最是伤情胎息地，千丝万缕难为情。

杂　诗

浊浪排空人逼仄，低头为伍学步趋。正知鲍肆诚何事，向日翘翘盍启予？

山径树苗吹有致，迎人风息是三秋。登高记遂重重九，前度刘郎今白头。

此地经过凡几回，卢前王后巧安排。少年直似鼠闯角，老去骑驴父斯台。

庚寅吾降征前夜

西风一夕卷秋冥，星月交辉定仪型。夜半谁人呼孺子，遥空无雁度前汀。剩将心事奈何许，纵学蹇修管滞凝。等是重重高日会，故事凄凉不可听！

附记：某年京华，偕二老有约联欢，恰值生日，因之有句："登高记遂重重九，未必后回此会同！"果也风流云散，存殁迥隔矣！

打个包包俟苇航，修文何往复何乡。频频催我于涂炭，瑟瑟风愁赋底忙。滴露笑蓉仍几钵，伊人秋水渺无方。怪来顿忆欧阳子（六一居士），愧尔亲邻祝寿康。

句

只问耕耘莫收获，昔人俭德何如哉！

不是伤情偏宋玉。

虚旷时维九月初。

凭临北堤所见

如冈如阜带铅痕，溪水凄凄自幻翻。物类寒凉添怨抑，伊谁孤影镇黄昏。昔年岁晚初归塾，北向风狂市集存。一角楼阑嗟已杳，更无渔火写江村。

小诗二首

渐近黄云接素容，陌阡踏踏散烦慵。移时侈说千斤者，一斗童谣尚可舂。

冷风一吓小儿啼，生怕衣单老可知。更有夜深古巷月，不堪零露立须时。

旧亭长花甲称觞追忆畴昔诗成四韵

记得茶亭坐憩时，主人清旷并怡怡。树荫隅锁行依盖，古驿犹红谁使之。
永夜星辰浑异致，草茅耆旧赓来迟。而今垆下成陈迹，宛曳残声过别枝。

堤畔重行行

不见水滨楝几株，料应次第伐其余。晚凉一样遥将过，脉脉风于态已殊。

穿梭无那亦无心，却对茫茫江水浔。水上风凉凄寂感，芦花枫叶漫题吟。

黄竹坑送归去

清朝属纩昃成埋，寂寞山阿存隐哀。弱照栖魂行处是，时阑衰草绕低回。
人生草草一缘了，世事悠悠总劫灰。正自尘劳归宿好，问年挨比兔狐猜！

行看水滨剩楝一株亦既枯萎

剩将枯干表遗痕，此地曾经脉脉存。天色阴笼端欲暝，舟行估客有声喧。
云缝看取月穿漏，人影依稀脚印翻。车吼如牛侵向迩，平添一道光林园。

早起凉寂月色犹明绕过郊干依稀有会

小桥流水尚涓涓，月色迷离未曙天。畴昔沟塍此宕过，芒花簇簇鸟飞翔。

亦既黄云着扫光，野田疏落乍收藏。卬须种得畦畦麦，赛比先农四月忙。

古树浓荫井有栏，柴扉仍掩露孤光。静观叠叠连云绕，灵谷从知肇纪年。

沟头一棵渐婆娑，浅水平沙月淡磨。宛亦幽人科踞处，到来清赏恐无多。

对菊仰怀

稀疏点缀剩东篱，接迹荒芜不可治。一面金华推色粲，更堪银烛夜中姿。看花刚好征象外，种豆多应落为箕。为问愁颜衰鬓客，冷风禁得几经时！

晚村

无边如醉渍红痕，新月未明一抹存。至竟细流低落去，沙洲偏与过船喧。

望里平芜吐麦青，沿村濯濯绕孤垌。虽然已没桃李笑，暮霭微茫步乍停。

闻吴参事实患不治之症抚今思昔情溢乎词

生人作死别，遗恨寄音容。人事诚难测，膏肓一伏中。曩时怀铁老，肝癌不可治。君既重开辟，封藏术莫施。弟也附书告，囫囵不肯详。方期花王日，觌面奉诚园。正知红芽句，昔是今未非。不祥同鹏鸟，乍觉素心违。宦海茫茫甚，萍梗两沉浮。我归沦永谪，君留更干尤。还忆来时节，户牖效绸缪。归者云以免，留者卜未休。相对如梦寐，相迟今在不？夜雨调凄切，园花稔泪流！

农旦偕乡老二人作郊游

和吐阳光便有情，一丘一壑恰将迎。无言聊复赓能赋，广土多应活众生。桃蕊岁寒方约住，陌头荠麦正抽菁。泥鳅地傍小坪过，大道开时迹已平。

视野分明佳气浮，教从晴霭漾丝愁。江山依旧真为主，过往人情寄小舟。新鬼庞然思自大，故衣洗淡莫轻投。但看绿绿红红里，戏马台前竞出头。

即景

簇束墙头桃李花，我来采摘野人家。昨宵一阵雨余湿，料峭风吹衣袂斜。

陇首不见桃花

向时一树此夭夭，昏冷枯枝剩几条。小立低回君与我，不知春讯坐无憀。

薄寒溪干

也知严冷非吾分，得遂幽栖自可人。云淡天边浮一苇，沙洲白水荡纹鳞。

一年之计在于耕

麦田含穗亦含青，谷子赶将泊里停。待得插秧蛙跳跃，一犁烟霭雨冥冥。

晦雨酿春寒

凄凄苦雨渐更阑，一穗残灯愁未安。池上水痕应浪满，陌头桃李落几般。
旱干有象谁欤说，麦垄为期方怕寒。任是天公亦难做，何来下士皆欢颜！

折花小景

探得桃夭尚尔仪，黄昏陇首赓来迟。儿童觌面话阿母，有个人来折花枝。

擎将昭展并堪珍，为有香魂挽住春。屋角寻时蒙叶子，沟干落尽委流蘋。

杂忆四首

一回夜雨把书摊，寂寞灯窗只乱弹。为道无能人一个，分明此调欠遑安。

春草春花洒外郊，沙河路上郁迷陶。白云仍是汉时物，雁阵初横声正高。

园林慽慽雨和风，叶素飘然一径中。间有徘徊轻蝶舞，晌晴昵就小丛红。

屏山烟雨即潇潇，坐对旗亭仰寂寥。百尺元龙依晃荡，扶余一帜定风标。

寄臆黄岐

少小曾探竺与光，有明遗老此投荒。别有月容侣云寺，春秋佳节磬钟忙。几度沿涸峰塔下，却无蜡屐更攀缘。去日清明人作古，殁而为神享斯土。结习微言未可忘，文采他生那终负。何当桃李会翩翩，访故登临赋一篇。升沉休用君平卜，老去飘萧占断肠！

附记： 邻里传言，吾乡雄邦先生，卒后却为竺岗岩伯公爷爷，显有异征。因念先生一霎归化，正自神奇，生时过从，谈言微中，于黄岐山故实三致意焉。谓罗庸庵之隐于此也，备尝艰苦，仅容小口出入，倒行三步，始克回旋。一夕山门人马煊赫，瞥见郭之奇跨策而至，诘问胡为乎来？随声幻灭。后乃知其梧州殉国，盖即返为兹山之神耳！兹山既为揭阳之表，民具尔瞻，而事虽大小有殊，回环有时竟若符节。是可兴观，并当咏叹！时在壬寅正月廿五日沉阴雨中。

偶　成

雨余点点润新芽，桑叶犹偏浑绿遮。生意小园朝日换，变音时鸟带枝斜。胆瓶剩插未残菊，别处移来小桃花。算是天公施惠泽，等闲春色到侬家。

寓　言

阴阴小雨溢春寒，影桂征途席未安。入世无欢抛稚子，畏行多露况衣单。欣荣草木怜陶写，寂寞中年感谢弹。纵使新亭收拾得，几人稳度马猿关！

雨　霁

凉意侵肢骨，朔风动角隈。浮云经扫荡，圩日涌楼台。
浑觉天光净，还逢笑口开。人心斋沐竟，清浅近蓬莱。

放歌行

连朝苦雨放晴天，麦要温和光照怜。亦似人情须煦惜，更于洗濯得鲜妍。本来旱象春头见，园艺嫌干生不长。却从雨泽此经过，浸润直到野坡上。乃知失者反为得，烘云托月语堪摘。富人如驼穿针难，贫者清缘天上觅。君不见浮云得意凡几回，无源行潦易成灰。又不见乐园之乐只望中，待追及时无那浓。的莫入怀徒冰炭，闲来何事不从容？

新燕来近花朝

时令诗裁强自宽，到来真个太阑珊。杏梁一样投梭燕，耳畔啁啾弄底蛮？明日花朝登记省，临将古屋若为欢？主人漫比乌衣客，四载哓音话细盘。

友言夜行光景实获我心替赋浣溪沙一首

夜凉如水水悠悠，安澜桥畔泊小舟，故有庙门在上头。　　轻讴小调渔家唱，寂寞灯光几点浮，接迹而来致近幽。

惊蛰占春候

蛰未惊时已破眠，早从蛙鼓动洼田。闻雷此日莫须有，向晚南风一洒然。但觉温和春欲染，几牵人事会多偏。心旌宛自磨旋里，何处人间结静缘？

采　山　人

蓐食晨炊夜气清，星光闪闪月斜横。山门幸好无豺虎，垂及寮前天始明。

附庸春兴

蛙蚓声宣蕴着春，一年容易数芳辰。也同月子弯弯唱，几家欢乐几家颦。东邻西舍瓮已空，望麦真成急煞侬。有如望梅图止渴，野蔬充膳恰常供。今年番薯断不续，米珠薪桂翻然目。卖却故衣买湿柴，釜中稀粥那易熟？闻道榆钱莫疗饥，黑市上升级级梯。十千一饭匪异事，寄幸都于天水涯。不然仰屋徒兴嗟，守株终乏兔与罝。阴晴不定天将雨，浪卜枝头老叫鸦。

无　　题

憔悴行吟过草塘，养花微雨浥桃穰，鸟啼俱寂依空荡，屐齿无人度自芳。山鬼纵归迷处所，胆瓶添插只幽凉。阴阴昼闭魂深锁，万汇无情老更荒！

二月十四社日过访山丘

雨后山原依旧愁，轻阴笼罩漠悠悠，清明节近递灰冷，花白梨魂爰照浮。从葬荒冈归影寂，一盂麦饭素心留。剧怜两度花朝日，便是穷年一局收！

附记：先妣生于二月初二，终于二月十五，按古典，初二十五，俱号花朝。抗日期间，故家零落，时则汕岛沦陷，最前线划为揭属之砲台，友人双木氏长揭，相与聚首。一夕堂弟匆匆奔告，母病垂危，赶归已不能言，一面永诀。算来二十有三年矣！正当离乱之际，地方不靖，半夜归途，友伴林赞，短枪护送，春雨连绵，月痕隐现，水田汩汩，喔喔蛙鸣，相将引过一程又一程，一坡又一坡，逶迤曲折，状至凄紧！垂及里门，刚报鸡啼！

新阡又是一年春

非干太上尽忘情，此地前临易感生。雨溜穿时如破屋，瓷瓯盛在凡几庚。一枝红颗山中物，摘去清供管照萌。仍有闲愁消未得，年年春草漫纵横。

清明雨歇旋霏侧寒阵阵有怀琼岛

雨脚云痕只黯愁，清明撩得冷光浮。樊笼直是囚君处，紫燕不来份独幽。尚想长亭称永别，可堪暮雨湿茵柔。春花春草年年事，海外徒闻更九州！

蒲节拈毫写照

梅雨乍晴午日天，奋奄隐几困无眠。如丝微命续残缕，未了心情棼过绵。已觉曾参无胜理，欲平骚楚只潇湘。晚来还傍青崖上，一样泛翻亦几年。

惙惙东风仍有酿成灾意

淫雨犹怜起煞风，淋漓夜漏将毋同。三年此际洪偏泛，稻实收成指顾中。况有兵车萦耳畔，更兼菜色尔瘝痌。忧心悄悄啜其叹。老我何能学转篷！

次夕不寐成吟

溪水平添几尺潮，野田汩没半禾腰。但祈雨霁天容惨，隐见月痕沁寂寥。海上散归存弱眷，途中行李尚迢遥。分明一幅流人状，乌鹊南飞愁见招！

已份身如霜后叶，庭柯欲静转飘摇。旧巢一失堪回首？衣钵无依认赤条。不敢劫灰思世道，多应灶女剩余焦。从今漫卷成何用，风雨柴门却暮朝。

亦既喓喓听草虫，青蛙蚯蚓韵冲融。何心殢雨刚如带，浪卜金钱总未通。永夜沉沉怀壁立，当空晕晕复宣风。飒然一阵阶前滴，哪有工夫唱恼侬！

小诗存记

如虫蚀叶卷黄云，仍现水田汩汩痕。淡月疏星天未曙，蛙鸣伴我绕边村。

浴沂水涨共儿嬉，也似浮鸥逐浪移。信步堤干聊云倦，竟无情思立些时。

片帆溪影近清湘，入暮云山带野烟。此际栖迟须信美，空弦有鸟儿回还！

半天霞彩又溪干，如血如鲜只觉顽。仿佛那回心里事，悠悠忽忽不知年。

有　感

偶然一蹶便成伤，霜后徒看叶近黄。为羡同侪偏老健，怜君出语太颓唐。

二犹不足彻何支，处顺难安况变时。援我比君情更怯，捉襟露肘老头儿！

忏　悔

犹婴童习会而年，忏悔端从暗里量。一回往哭荒坟去，有怀潓恨托诸天。

三娘扭犊心先痛，孟氏屡迁教云贤。正复德孤兼理障，恼人人恼定由缘！

呱呱坠地不逢时，二纪前头脉脉思。门户倾颓唯仰屋，雏坐几日促哺糜。
贫无余力罗糕饼，地陷海滨奏鼓鼙。叹息这回滑过了，迢遥途路让栖迟。

若女若男业已多，蛮天回首迴蹉跎。绝无人理偏为祟，坐令魔高向尔挝。
秋草日斜多瘦影，衡门计绌管催科。但教形解忧忘后，亦遂萧然靡葛萝。

担当苦难况若何，负轭牵牛慢慢过。忍以穷途累汲水，分明微力张无那。
飞霜六月鸦嫌厉，风雨同舟鬼跳歌。说与旁人谁解得，心伤黑海学维摩。

三女亭亭算馆孙，宛临阶砌惠兰存。万千里外人横海，垂廿年来一片痕。
亦既抱提思骨肉，故怜弱息扇风暄。只今息影个僧似，兀兀萧萧退院门。

外患内忧夹以伸，乖离无份到情亲。负涂有豕斯为寇，山雨欲来都满尘！
且闻海堧气候恶，何当下里万夫陈。相将于野惶惶甚，一室不详浪是真。

咨嗟无计卜资生，炊爨油盐日迭更。一钱为命望穿眼，三宿在陈君怎行，
最是情伤常腹痛，怀哉羸病暗然惊。伶仃只度形和影，那许药炉缔结盟！

日近衔山袅绮烟，青光渐染草宜芊。聊凭高处虚帆影，正尔溪流静婉扬。
叫渡有人声引接，园中雏鸟弄啼喧。此时一幅荆关画，添得红云丽眼前。

夕阳还带软光和，叵奈顽钝漠漠过。与物淡交如此水，向原一转浑无它。
乃知生事行看尽，纵有余情薄似罗。同是晚凉闲信步，儿人风下尽婆娑。

穷探消息入渊源，作达先民亦偶言。耐辱头衔登六七，性刚龃龉始渔村。
退而不散原多事，烈士暮年迹尚温。我自九天遗石块，人间淤薮抱空存。

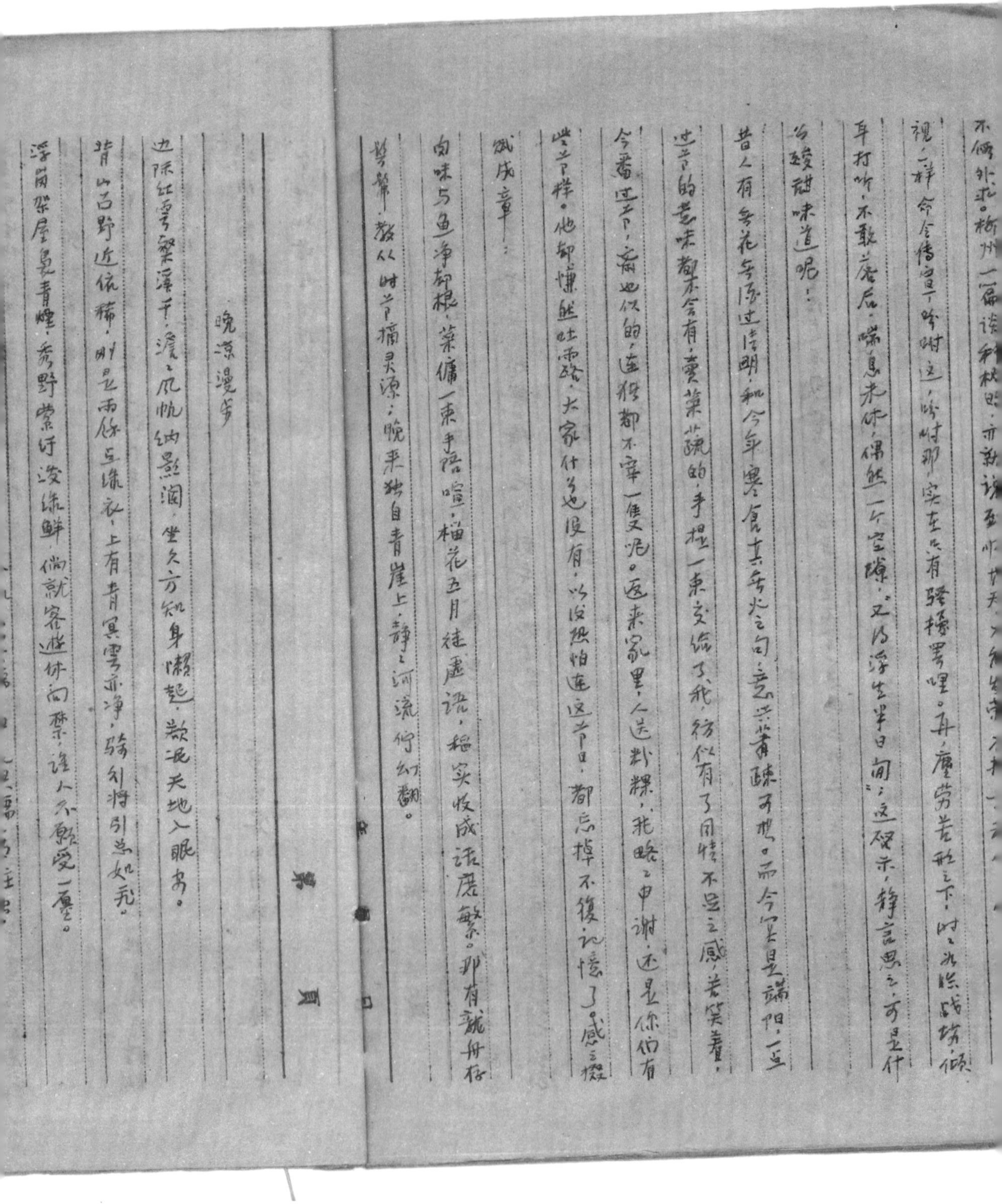

不僅外出。杭州一篇談秋柳日，亦就說到昨天[illegible]

裡一樣命令傳宣吩咐這，時時那宴生只有踏樓釋哩。再塵勞苦輾轉下，時時能跳戰場傾耳打聽，不敢落后，喘息未休，偶然一个空隙，又得浮生半日閒，這時候，靜言思之，可是什么酸甜味道呢！

昔人有無花無酒過清明，和今年寒食真無火之句，竟無蕭疏可想。而今又是端阳，一些过节的意味都不会有，卖菜蔬的手捏一束交给了我，彷彿有了同情不忍之感，若笑着，今番过节，就也似的，连粽都不宰一隻呢。回来家里，人送些粿，我略略申谢，还是你们有些节样。他却慷然吐两句，大家什么也没有，以后恐怕连这节日，都忘掉不复记忆了。感之擬綴成章：

肉味与鱼净却根，菜傭一束手陪喧，榴花五月徒虚语，稻实收成话屡繁。那有龍舟存替帮，数从时节搞吴源，晚来独自青崖上，静静河流何幻翻。

第 頁

晚凉漫步

边际红云絮漾平，澄澄风帆纳影阔，坐久方知身懒起，欲将天地入眼来。

背山古野近依稀，时是雨余上綠衣，上有青冥雲亦净，[illegible]

浮[illegible]屋[illegible]青煙，秀野[illegible]綠鮮，倘就客遊休问禁，让人不敢受一廛。

《啬园藏稿》手稿剪影之六

第三编　调寄枫林（二）

八月八日有作

露从今夜荐秋凉，溪干弥望云为乡。一番浮潦退除去，寂寞怀人并蒹苍。此地沿洄无重数，忧患已多如败絮。难返宿昔秀而苗，一草一花含泪吐。伤情伤感宁几时，天鸡隐隐透明规。回头再诵云收句，河汉无声匪可知。

堤上重行行

潋滟临流晃逝波，秋风乍起袅如梭。古人不见今名世，幽怨微茫唤奈何！后生入水似牵牛，山脚云铺亦轻柔。还是软凉天气好，野旷人归致悠悠。向晦疏林鸟哢投，朝喧大树一回稠。过从不觉两征候，迟徊策杖认前修。九十卫公成故事。总有时阑到尽头！

附记： 乡耆老年登九十余，每天仍过溪边于其手创灰窑一转，当成活动，非徒恋旧。客岁乃告终天年。

花　　妖

八月桃花数树开，有人刚道看花回。催花擂鼓倘然事，为异为灾胡乱猜。别有乌尾狼出现，更兼硕鼠茹婴孩。天心善变仍逞怪，笔阵神奇扬劫灰。光景小园花久闭，抱瓮有人嗅花蕊。秋风萧瑟芙蓉稀，哪来顷刻花开意？

浪淘沙·冬日过湖墟

新麦茁苗初，密密疏疏，野田一片光有无。正自残阳冬可爱，犹卷风呼。　　咫尺湖山区，也欠游余，者来恰似试新途。如此庄家晴信美，赶集归欤。

待去访衡居，穿插焉如，老人虽爽恇其躯。风范旧家仍逝影，只度回苏。　　引出小方壶，堤上只且，长桥挂步敢中趋？为有溪流怀冷瑟，渺渺愁予！

寄赠某上人

夫子宫墙域外传，过桥点化现龙莲。帝阍如响莫须扣（指泰国王优予敕封事），缁素凭依讵万千？自是济人寻筏子，多应印证指前川。其南吾道思君又，献佛罗花合粲然（“子临川上”及“吾道其南”，均儒家典故，姑引用以为借花献佛之意云尔）。

忆昔燠嘘梵阁偏，音波耿耿十余年。风寒北国思归日，书剑飘萧倚旧椽。世味已谙如止水，生涯可奈便华颠！从知昂首青天外，无限襟期逊尔贤！

浪　淘　沙

薄雾散荒郊，仿佛花朝，春心一失总难描！好是天南偏独厚，草未曾凋。　　不自隐鷦鷯，野况浮漂，迎眸一色水迢迢。留着晚凉秋意永，月上花梢。

花甲重周又纪年

平头过二漫引年，呱呱斗室缔生缘。无言有恨终归晦，凡百灰残逊似绵。免俗未能牵末节，委蛇竟日殊多焉。泥君鹿鹿庸何故？那得江湖会洒然！

三秋暑气未全消，一夕阴霾风失调。平地临头惊乍觉，退居烦琐转终朝。盈虚看取经前定，左右何劳尚弋描。合是委心撒手罢，昔人到此总无缪。

片墙迟月挂孤光，叆叆云层断复连。出含无依魂得似，去年此际晃虚寒。途穷发白相侵并，北上来朝何所望！（预定明年春晋京，仍参加一次例会）真个曲终人已杳，寂寥门巷老吾乡！

斜月胧明昧曙天，果然高处不胜寒。湛湛零露草苏醒，晰晰清音人语喧。流水穿桥仍带响，驱车一线落无边。此时夜气清森煞，卷袖无何便去旋。

榕　影

雨后灯光接水光，潮逢十七浸陂塘。天然添得活旋画，树荫仍穿故垒康。且自凭栏静者相，这回夜色古城方。进贤门也如悬塔，点缀疏星现惘茫。

即　事

株兔相迟讫未休，停停等等踵烦忧。正知执着原多事，那得飘然泛自由？泉石潺湲仍曲折，凌霄窈窕傍枝头。谁人不仗东风面，叹息衰残此经秋！

不安垄亩去投荒，彼处农场略饱餐。况复盈盈望异域，容有一苇渡慈航。转眼征人今退伍，辍耕太息思起舞。虽然不合跃冶金，抛撇糇粮存孤注。照对文移莫点行，登车拦阻多苦辛。关市稽而齐闭置，待得放归风袖人。从知出路寻匪易，低头默默作编氓！

龙颈纪游

稻实垂垂露未收，溜车掠过正西畴。只缘陌地添生趣，蚁垤人间数点浮。

五经富去向柴扉，漱石涧溪弄浣衣。入山回护炊烟减，默望遥遥展翠微。

蓄水天池一苇航，溯洄宛亦阻且长。群峰叠叠浮云表，故是蛮儿此为乡！

定知地僻寡樵苏，筏子捆将当别途。结个巢窠人不识，泬寥多恐问津无。

日色山阳尚炙人，垂裳飘白爱依邻。若逢雨过天青际，静锁淋漓一幅巾。

恰似乘舟江际行，拍机轧轧岸青迎。山家一自人归后，不闻临流步此声！

浪柑上京写韵

穗园一转叨尝蛇羹夜阑属句

迎面坡窗风欲开，飒然一阵雨吹来。悠悠归静真如水，渺渺予怀唤不回。契阔仍征山水影，园游低绕畹梅才。庄生舞蝶情知幻，仙馆几曾共此杯！

都门杂咏

苍茫直是到幽燕，结托寒梅韵倍鲜。我也闲云野鹤侣，得回翔处且回翔。

笙歌曼舞恰撩人，调入清商惘惘情。谪居欲问白居士，如听仙乐耳渐明。

佛牙精舍旧曾参，击鼓撞钟犹所谙。今日锡阑僧莅止，当年口赞纵清谈。

凭着故都传腊八，兼从下九证虚寒。马后桃花马前雪，昔人吟影展相看！

杂诗四首

绨袍深，故人怜！朔漠萧萧入暮年。忍以穷鱼思汲水，分明负下稔寒蜇。长安敢卜鸡筹近，襆被难安杜屋偏。老去纵征玄草阁，八千归路盼乡贤。

倏闻呼呼风卷来，疑从树杪袭楼台。凭轩看取过江鲫，密雾时笼未摆开。暖室栽花何处是，枝条露秃只余灰。残冬寂灭君须记，不把寒鸦戛一回。

月明夜静溜天街，腋下风生刮人腮。聊有帝阍存仿佛，非干樵叟梦将来（前人诗句“帝乡明日到，犹自梦渔樵”语借用之）。玄冰沼沚东门近，弄影滩头步履回。正自无言默默意，茫茫沧海付涓埃。

万家灯火帝王州，一样森然星点浮。可有车声辚过阙，莫将陌柳牵盈眸。琼楼昔已伤寒近，词客犹应易白头。但看沉沉连大漠，都诉不尽古今愁！

赠某某先生

先生吾乡先进，业绩斐然！于一期社会主义学院，好学不倦，忝附雅谊。今兹来京，别已五年，娓娓清谈，健康更胜，知先生之修养多矣。为言二子分工渝蓉，故乡亲友，满拟重见，有日双亲徜徉川粤各地，看看建设功成，亦一快也。忆揭阳故事，往时贤达从省道来临。邑人迎之效驿，进城特辟一门，号为进贤门，先生其犹是矣乎！爰致芜词，用当预约。时公元一九六三年一月十一日。

一夕清谈赓夙缘，先生风概胜当年。盈庭花木人闻雅，赤帜前头老弥坚。桃李成蹊先结子，川原有约待联翩。更堪古驿枌榆地，缓缓鞭丝策进贤！

二园独步景物萧然漠不成欢遣怀之作

三径就荒木已凋，穷阳一袭太萧寥。低洼乍看滑冰上，密坞还应展翠翘。教道梅花开得意，又于仙客怪名标（一种花名仙客来）。几回绕侧成新句，故是离魂脉脉招！

夕阳刚好带微温，着地鹅黄景尚存。一面冰封临北阁，不曾石子掷儿群。茶烟虚左思何限，浪迹而来触有痕。莫更枝条忧冷秃，幽忧多少未归魂！

奉怀某上人

为有南天一朵云，湄河之水故沄沄。菩提叶落知空寂，烟霭方茫对蓟门。何日随缘征雪爪，许时山茗衍清芬。人间此际仍多阻，待得春光粲细论。

风呼又一题

虎虎风呼彻耳鸣，醒时顿觉吓然惊。销磨力弱难为御，人世风波最不平！渐闻车声穿过却，旋窥残月挂窗棂。沍寒如水衾儿敝，永夜沉沉尽此更。

难友邂逅相逢惆怅往事

迟过两天定已亡，毒手尊拳吓煞旃。今日凭君话畴昔，多历年所感沧桑！飞狐狡兔群戾止，瘴雨蛮烟无逾此。娥场一掷遂千金，一炕横陈数之子。彼哉为首号少鸿，虚与委蛇有名东。菁菁攫夺露凶相，逆知布网方隅中。一朝细雨洒霏霏，遮伞郊行尚掩扉。景栋回首纷愁雾，直入山深消息微。化险为夷浑在斯，前尘如梦冷凄凄。却笑马上曳兵客，亦赋闲居缀小词。

车上偶成

片月心星宛在流，车行兀兀遂沦幽。曰归早已无贪恋，却教风真若马牛。

策蹇有人蒙缩首，枝杈端合布荒丘。昨间一幅寻诗画，待要题诗又转不。

眉山隐隐静含烟，白着茅棚是雪霜。还有残灯明未灭，野原风色倩君详。

沙滩漫阵蚁缘似，意态安闲算小庄。绕过坡陀烟雾减，松苗设色易苍苍。

荞麦青青接汉南，池塘水绕鸭犹谙。人情向暖援亲近，指点前川闪片帆。

长虹飞跨正晴光，圯下汤汤水溢黄。黄鹤楼头闲引眺，应知霸气属今王！

广土平芜一望间，登楼王粲络千般。当时刘表虚名士，北顾眈眈有阿瞒。

清商一曲总伤神，丝竹东山老不胜。为问围棋谢太傅，中心底事未能平！

浪淘沙三首

草动掠风吹，低吻圃畦，斜阳冉冉淡烟迷。只自山前山后地，绿未全衰。　　腔播逐车驰，古道依稀，歌喉入寐总为悲。顾曲周郎须未得，却寄相思。

报道岳阳楼，往事悠悠，洞庭波澜木兰舟。路转峰回才一片，水泽余愁。　　风卷慢藏收，数点行讴，生涯休向画中求！岁晚回巢方踯躅，匪是清游。

大地认情亲，簇簇青青，桃林那有旧仪型？一自种花人去后，省却迷津。　　沧海寄余生，何事求赢，得闲且自弄鸥盟。不信烟波寻故侣，还剩几人！

岁暮抵家逢春述感

剩得霜花插胆瓶，春王正月照清神。种瓜坐废何消说，贺客盈门且自亲。巷口鸡豚温旧课，桃符优属解怀新。谁知日近长安远，洒洒风襟尚染尘！

应无作计定于冥，虱处裈中略停停。诗话觅题偏过激，江村依约欲含青。遂初寄语宜孙绰，儿女徒烦莫向平。正是游丝低挂处，沧浪焉往濯吾缨！

附记：《文选》寄语兴公，何不寻遂初赋，而必与人家国事？兴公，孙绰字也。

奉和穗石友兄

槛外风音觅雁群，冷怀刚好莫飘分。尚征山水留余影，等是江南落使君。寒约春花未肯放，天怜老健缀斯文。何须更话人家事，矮屋疏林合有闻。

花果山摇桃花

采采桃花红最鲜，枝头才着数点然。奈花白却珠连串，一样游蜂花底忙。今年孤负东君意，雨水犹干寒久闭。闻道长城飞雪花，彼其之子饶奥丽。迟来还作下巴人，炊爨油盐日日登。聊得栖迟郊外坞，休和光景恰宜春。生花一束扑轻尘，窃窃仍稽旧赛神。大地无闲人碌碌，掩映嫣红只自亲。

采花又一回

帘纤雨洒酿春寒，花果山前徒步看。绿野成荫含泪湿，桃穠焉往别红颜。枝头残朵魂宛在，梨白稀微未忍攀。萧散踏青时节也，屐痕故故逗回还。

曲里善人马少游，折花插柳外何求。儿童色笑迎新粲，野老相逢话道周。只度幽沉天莫问，倘来蝴蝶灰化浮。君今笠帽情无那，一个先农旧匹俦。

田间偶成

栏坝溪干渐一泓，仍迟引溉入沟塍。丘园抱瓮纷成阵，赤地艺蔬露点青。
自笑盱衡只便面，亦知物候借春耕。秧田乍播芜芜绿，差欠鸤鸠宣雨晴。

坐牖下

冷禁幽幽二月天，牛毛阴雨散旋绵。珠帘不卷伤亡客，精舍兀听老煞缘。
一幕行藏堪寂守，向阳花木几华年？且凭槭槭纸窗响，又复凄风吹度偏。

咏兰

野茁茎抽宜□兰，春来花发俨登坛。只因一度吹竽过，犹作徘徊幕府看。

沉沉臆

入夜悄深还带雨，摇摇灯影怯衣单。应无余绪摊诗卷，好向巢窝觅息安。
生意到来牵逾减，寒威一袭感都难。畏涂况是千千万，有虎踞隅鬼把关！

推枕披衣为底忙，吟成一字泪千行。那容市贾求沽价，直欲通明奏绿章。
入世无欢伤己拙，戴盆何处略窥天。但看海上同飞侣，犹得支机织锦裳。

瓦檐一阵雨潇潇，指日春分景易描。汩汩水田声叱犊，苏苏浅草没蹄骄。
桃花接替宜梨白，楝树风于引叶蕉。细数心期君且住，莫忘踿踖是今宵。

四边垂静雨声收，唧唧莎鸡韵近幽。忍以无眠招反侧，平添浮想泛中流。
谁人得遂收竿早，大限来时索罢休。叹息无才能解脱，治丝逾乱踵烦忧！

胜日行

三月三日仿清明，无限心期付踏青。花果山坳荡又过，绿叶成荫桃乍生。梨花零落芽茁抽，一树偏成柚香幽。枯枝不道好颜色，聊缀春魂点滴浮。此际阴阴还永昼，欲雨不雨轻寒逗。谢公墩上看棋枰，山水萦纡都若绣。它时结构碧山头，新旧何须声啾啾！

楝　　花

楝树亦花春欲晚，可怜二十四番催！已无余绪寻春梦，恰遇阳敷吐者回。绝似丁香含紫碎，好凭宵静沁将来。品花不道闲功课，为有心心绣样猜。

岁暮却见梅花

寒梅着花数点装，轻烟淡日浅清扬。这回瞥见令人喜，为有春心含土宣。园林闲绕乍停足，一树叶黄花影然。野趣不成工设色，迎春花瓣比谁妍！（往日在京见过迎春花，花即叶，纯黄色。北人谓之迎春，即南人谓之木笔。又一名辛夷）飘萧玉立人近远，蜂蝶无知寻悄悄。折将香嗅聊自贻，等闲傍得好花枝！

落片有题并引

半农寄示牡丹残片，触绪茫茫，好些兴感！忆昔在稷园，闲步药栏，有一看花人，近前相语，谓于某处见过崇效寺遗存一株，数百年前物，花大如盘，的是罕见。言时指指点点，殆以我为行家同好也者。附并志此，当成小小故事。

返魂无术任悠悠，花事飘零蹙尔眸。数百年前崇效寺，如盘花瓣足风流。看花人过疑相识，往事如风岂堪摘。移情解语两翩翩，燕雀篱樊窥未得。繁华转眼易成灰，聊复余闲片片猜。柴门月静春正寂，算来得意几人回！

修庐主人移玉奉酬

檐雀喧时一径敲，顿教生事引迢迢。昔年人面桃花换，夫子临川惜逝遥。老去为文征雅健，半身归计话渔樵。但能安处少游是，款段何妨过里桥！

偶 成 二 首

草色油然宜软照，连帆接影慢推移。若然临得荆关画，添着蠕蠕黑点儿。

小丘闲止亦栖迟，往下递看沃圃畦。薄晕微怜欠适外，天公覆育本无私！

挽则真伯

故老凋零剧可伤，迩来还共与回旋。同凭桃李伴分露，况系公门盈满千。
袖短生涯缘日积，南薰叠奏已无年。饰终嘉贶翻君谱，头白冯郎泪几行！

附记：则真伯邓氏，印尼老归侨，与予俱挂名揭阳华侨中学副董事长，并任南山华侨中学副校长，合所谓公门桃李也。回国日久，囊蓄渐悭，生计颇可虑；曾请再出重洋活动，兼助筹学费，但当轴考虑之下，念其年迈，劝止成行。予枨触多感，不无狐兔之悲焉。

虞美人·即景

花林具在人间了，蜂蝶纷飞绕。莫将心事比春风，人在楼阑懊恼将谁同？　　池塘春草年来许，燕子温情语。独怜糅杂漫荆榛，冰炭胸中熨帖何时平！

感　　事

寒凉风日影萧萧，垂老难安旧板桥。何处头陀归退院，雅怜业障滞心苗。
行人街上都飘舞，我自病丝一缕条。看到杜鹃刚似火，愁深溅泪不成娇！

漫凭细雨客行先。小别无家宛自怜！入年谁知翻不顺，新愁有蒂兆残年。
一篙水涨寻春早，几处嘤鸣卜野烟。只有冬眠人未觉，桃僵李代尽茫然。

浣　溪　沙

牛毛疏雨天沉幽，犹在途中赋未休，计拙营巢问老鸠。　　小站下车密一阵，有人笠帽戴吾头，相逢陌树亦飕飕。

杀豚啖汝是邻家，生意微萌夹笑哗，春巷撩人卖杏花。　　曲有终时天云转，何须郁结了无涯，吾衰不耐梦痕赊。

雨丝霏洒酿春寒，润湿墙阴更不干，老屋如人泪点斑。　偶来鸩鹊色然喜，浪卜灯花惯自瞒，望幸无憀寻倚阑。

妪家儿并读书灯，数月相迟欠羽鳞，踏雨不辞访问人。　同惦舐犊仍偏胜，小户量才尚克伸，天道何常欲揾巾！

燕　归　来（六言）

呢喃燕子归来，一片春心宕开。替念主人寂寞，荒村古屋徘徊。
儿童真个相识，色笑将迎佳客。软语许共商量，因风飘过檐隙。

述　事

风雨飘摇信所之，漫漫况是无穷期。忍看炎突延梁燕，一任沙虫滚作泥。
望幸容光疑向背，见人惕息雅应知。忧心悄悄鸠逢日，东徙奚遑话尔私。

门外大有人图侬，雀角鼠牙伤采风。一领青衾飑累叶，怎知累叶瓜蔓封。
天心早已儒冠误，章甫还应蛮貊穷。试向村墟问鸡犬，喧嚣敲扑一般同！

浣溪沙·纪事

淅沥声沉暝欲昏，驱车人自向古原，也同羁野未归魂！　舐犊情怀深逾苦，倘容默默欲言冤，栖身已到地无门。

魔鹰爪下宛转雏，午夜眈眈蜡泪枯，缓颊摇头云已无。　益信人间窗一口，不从也要从馋夫，依然理出拳头粗。

世风泄沓了无它，柔者茹茹刚敢摩，驯伏羔羊共一窝。　思王思霸伤曹刽。止渴饮鸩急则那，拒虎明知狼更多！

奔流到海只沄沄，八字门开慢慢吞，不是侯门是墓门。　众生多莫自求是，落叶飘飘傍又根，衡宇荒凉尚尔温。

雨湿芳园草茁蹊，不来已复几几时，一丛夹竹朵红欹。　浪迹无人还怅怅，自然物色总含凄，频浇杯垒泥阿谁？

青衫陪泪故非夫，弱袖织光今座隅，滴落无声灯焰孤。　　诗人争道风波恶，一局未收一局铺，叠叠枫岚展画图。

八八闲人九九日

穿插园林话采薇，草芯含露未曾晞。桃绯拾片花逢闰，蝶冷侵晨□已归。
漠漠轻烟笼起早，涓涓流水坐浣衣。农家怎用樊须问，浪转居然猎一围。

滴残疏雨到梧桐，老去诗人云已空。古巷影斜占共寂，维摩面壁将毋同？
未知生尚奚嫌死，弄得西来到又东。却扫闭门七年事，末日如何免终穷！

休干触绪倘然事，琐琐形骸似土牛。何日沉埋纤入海，竟谁密约引渔舟。
无题制作伤词客，夹竹花丛别小讴。自从此后门深闭，月冷阑干人倚楼！

霜降叶黄审肃秋，有人快着鹔鹴裘。尚堪老大无怜份，兼赋褐衣我欲愁。
毕债向平难了愿，前穿鲁缟索除休。从知粒粟频频数，沟壑填怀命不犹！

有所思行

岁月不居数零落，曹公指望亦人豪。杜陵绝笔停舟日，朗朗钦止赛鸣皋。情知友生正风发，意气一掷明星高！传云患难人常有，羑里以降忧伤牢。易犹忧患抚弦胶，薄帷明月鉴清操。音徽渺渺郁伊陶，庄周蝴蝶梦游翱。

偷　　渡

年少心声带歇温，生花别恨故销魂。好凭前路寻知己，莫向枯鱼坐夕昏。
春水方生孤引去，公田雨我漫耕耘。山溪草树芜芜绿，寂寞莺啼有泪痕！

第四编　采采一段风

俯拾笔记

在一个会上，主持者宣称，大家比一比吧。登时有人发声，几年前物资紧张，华侨是个宠儿，大家都喜欢它。某某叔回乡不久，恰有近邻的大侨户，赠送了一大批物资，他坚不受，终以却不过人情，勉强拿个碟子，拈取一些猪膀了事。这席话当场传开，主持者加意渲染，你们看，上层干部是有原则性的，生活是多么的严肃！岂比于今，当地的贪污成风，像什么样子！事后有人述之某某叔，他不禁一阵赧颜。实在夸张得太过火了。声闻过情，君子耻之。因之属句："为问沾沾颡合泚，可怜血染簪缨红！"

美服患人指，高明迫神恶。昔人是悬为警戒的。听说一个时期，大布之衣，尤其破烂之衣，顶风行，你如不这样，就难免悠悠之口，太不光彩了。更进一步，人们生活水平，只限在稀稀的稀饭和番薯，将就充肠算数；那肉、鱼和鸡蛋三者是当成禁品的了。这一来外间传说，"大锅清水汤"，可不为过。一回北风凛凛，公路旁戏耍小儿群，偶有一个衣着稍为整齐点，却招来当前同志的注目和盘问，人们告以侨户，呢衣还是前些时老番回唐带下的。是否能够消失了这位同志的问号，和接着而来阶级问题，不得而知。念念诗为证："褴褛不成钦指异，儿曹慎莫泣芦花！"

一个中年妇人和她的女孩，连哭带骂，闻者心酸。据了解：她是贫苦人家，一向体力勤劳，终年不倦，祸因向山坳掘了一些荒地，私自种番薯，垂及收成，一道文件宣布，统统没收，不准自发私有财产，这也是没可奈何的事。但妇人无知，道理委实想不通呢！恰好有句品题："荒山无用终王土，谁予饥躯窃自耘！"

"妻孥怪我在，惊定还拭泪。"当此之际，实够辛酸。眼前合添一句，"拭泪未干还别离"！抚景茫然，不知所谓。这个人，是我所知和所爱的弟弟，犯罪问流，才卅零岁，一直十余年了。遇赦之后，蓄存旅费仅三十元，应他妻子一面的召唤，买车票而返。返抵里门，气氛霾恶，家室笼罩一道阴影中，又所谓什么类也者。挂步问禁，草木皆兵，略停信宿，还须别赶征途。但这遭盘费，却成问题，勉强由其老头，移凑将事，另后寄还。而今冬粮食超支，已经无法弥补，肩舁入仓，号为周转，留待逐月备价，再一升一斗地领出。老人叹气，谓如勿来，岂不较好？妻子默默，可无一言。一幕行藏就此草草告闭。姑为写成四韵，用志创痕："拭泪未干还别离，旧巢覆后只心知。流年十数呈枯槁，赤稚伊怀换绿枝。双袖龙钟催速去，气氛门巷罩如斯。更怜粒食成差距，虚废盘川汝不宜！"

"明净溪心带浅沙，斜阳点染递生花。洋洋乐只泌之水，沃沃都忘楚苌芽。一自牵缠人事瘁，几回堤畔徙啼鸦。端有老尼最堪羡，身世闲闲兼绩麻。"斜阳溪干，显得明净可爱，天气已进入隆冬，北风乍停，阳光霭霭，令人亲昵。但谁则真能忘情事物，冥心孤往，以与造物者游乎？念着："衡门之下，可以栖迟。泌之洋洋，可以乐饥"；又"蒹葭苍苍，白露为霜。所谓伊人，在水一方"等句，不觉悠然神远。亦就是得者自得，不得于己，仍是挥之门外，无从皈依。牧斋句："耦耕旧与高人约，带月相看并荷锄！"还不是托之梦寐而已。而归熙甫小阁题记："明月半墙，花影斑驳阑珊，小鸟时来啄食，人至不去。且何谓阁子。人去楼空，一树亭亭如盖矣。虽则静致有余，也复黯兮惨悴！"近则一介老尼，年登九十，早蠲俗累，健康胜常，手自擗缕，闲闲度日，乃真所谓方外人也者。对之宁无愧煞乎！

一个当会计的自杀了，身后区处清楚，遗物一件一件标字，分赠某一个人。还有一条等于遗嘱，说将来调查结果，如彻底了解他，对某项并无差错，并不贪污，那么死也无憾。如仍屈煞诬蔑，则他做鬼是不甘心的！看来他的自信，爱面子，一死明心，颇类似日本人的剖腹风气。真是士可杀而不可辱呢！

潇洒学随园之论，和仲滔先生得来隽句，轻重之间，至堪玩味。我亦有时感觉，何须徒自苦，清谈如晋人足矣。无妨放轻松点，“人生安得长无谓，得随缘处且随缘”，但总限于力弱，未能本居高临下，行所无事之态度以出之。而仍似困于所遇，处处为难，撑持不开，殊觉可笑。近顷巡檐小品，略仿闲易，用呈清粲。偶有失题一首，不求甚解，就诗论诗，以与小品对照，又似较为沉郁焉耳。

临鸦口而望，“岭树宜遮头上日，晴川容与偏帆悬”，写在悠久静致上，曩已有之。而今却是山深无觅处，无计避征徭，并且无计免斗争，一道巨灵之手，阴影怖人，笼罩周遭不肯去，教你心不得宁，连气候也都变态了。聊用述句：“洒洒风骚叶懒飞，隆冬到竟陇头违。都缘逆臆吾犹病，一样流泉响着矶。故事援琴能解愠，可怜有物滞心微。清平不道山家份，还向柴门逐是非！”

《礼记》：“……墓，有宿草而不哭焉。”哭可不行，但我太忘情，一度观徊，多生枨触，谓之何哉！冬来了，春天还会远吗？这怎么说的！我就只遥遥一转过来，路是归时行过，景物却现生疏。那年登八十的老丈，引游为伴的，不可见了。采药叟银髯飘飘，亦以牵于活计，无暇一如旧惯，闲游清玩了。独自个人，游兴已懒，算来疏阔良久。这一遭，无意之间摇晃过，北风犹厉，霜露未晞，登临瞩目，顿觉萧清。再如宿草这边，占地无多，大都枯黄萎败了。伫立些时，阳光笼照，正所谓对此茫茫，不觉百端交集！新近一个声音，母没了，物更无所谓。小妮子性情乖僻，话说时，想见盈眶含泪欲滴呢！记得先师有句：“幸免芦花向我泣，各调琴瑟慰卿望。”而我自视缺如，家私琐屑，何时方休？把人生境界，缩小到此地步，还是缠传沉沦，莫能了局。纵欲安于林下，坐茂树以终日，濯清泉以自洁，也复相去尚远。言念及此，宁不慨然！也是先师剩句："劳生反羡长眼安！"魂兮归来，多莫共喻。继声有作："一任残阳泥草枯，许时敲碎剩将盂。谁知麦饭悭酬答，几阵荒丛唤鹧鸪。人事波翻如此日，行骸敝矣恰愁予。可能觅得挥锄伴，顿足肩挑两泪俱！"按姬氏因掘草皮触暑致命。而室人则曾挑肥滑倒，泼臭遍身，哭哭啼啼，去向泉边洗濯。附并及之。

冬日杂咏

以下杂述，信手拈来，有类里巷舂谣，当然不那么率真，而仍邻于枯燥和苦涩，所谓鸣杀之音也欤？不令标题目，姑存引照云尔。

古巷乍经微雨湿，阴阴至竟逗春寒。周遭管是冲邪气，冻雀噤吟愈觉单。

三径萧条已就荒，叶残萎败写孤光。玉楼桃杏重相讯，蒙昧多应蜡底藏。

石桥流水暗涓涓，欲曙未曙依静缘。不辨筥筐谁氏面，相逢宛在梦河边。

麦子青青渐引抽，嫩苗蚕豆沃光浮。愿君业此耕余课，好教备荒添一筹。

疑云疑雨暗前川，斯世分明忧患牵。每觉江南狱起处，及门收者蔓株连。
梅村憔悴缘情甚，风雪虞山弄影偏。更有道人堪寄托，晚枫愁对胡不眠！

附记：①吴梅村自谓为天下大苦人，每江南狱起，常惧收者在门，如是者十年。

②某上人称虞山钱牧斋，风雪当门，孤立不惧。

③宿句"道人不是悲秋客，一任晚山相对愁"。

不知何罪画衣冠，于役倾囊债莫完。粒食肩舁成抵负，仍添两缚鸡声酸。

室如悬磬拆支床，卧具今宵草就将。婚媾前时粗涂抹，此物传家数十年。

有母有母死无棺，公家体恤卅元倾。而今倒是莫须有，直教九原赤足还。

君王明圣罪当诛，扫地出门信有徒。合诵昌黎章句道：天街细雨润如酥！

供者累累求者单，衣囊倾出满街摊。缊袍羞涩企售脱，叵耐西风特地寒！

无何去向戚家商，邂逅山门意已传。姊荷篓糠求鬻价，甥儿卧疾药须尝。

钗裙变了仅戋戋，眼晕如桃酣欲然。看取家徒四壁下，一堆藁荐覆墙边。

闻道支撑唯充肠，钱多贾祸训由先。尽教人作今朝醉，妙手空空乃云贤。

百二山河萃此关，鸡鸣狗盗度应难。一夫把守虚声唱，底下牛羊濈濈般。

英雄惯作欺人语，蝼蚁从知逐所欢。海外九州我语汝，莫抛心力滴加餐。

人人心上阵云遮，鸡犬无声怖孔加。忍以春谣委巷曲，翻成蛇影杯弓斜。
毒殴甚矣如仇寇，喷血交加一笑嗟。向日堕游轻薄子，赐衣一袭赛袈裟。

新入王正合岁除，岭南气暖透休嘘。麦田引水肥犹啬，春种防寒计已疏。
形式图成实逾减，人心风雨浪啼吁。童年却忆斯时节，结彩熙熙态有余。

抄家此际略云云，好将物品录照存。它时兄弟凭分爨，待赔一半认账根。阿弟舍悲默不语，入耳怆然对兄许。时也命也夫何言，何兄幸免独心苦！稚子数辈偎倚门，母老斑斑隐泪痕。但愿人存物奚恤，母也叔也喻后昆。霎时风卷片云残，檐雀惊飞转探看。一室沉沉幕垂闭，无声之哭逾辛酸！

今冬萝菔小，施肥原草草，技起待制干，无人替管好。本来专管酬工分，责司一系转心烦。不见麻烦因任事，便恐工多惹祸根。迩来百业呈瘫痿，正坐人心劲不起。蜚蜚横祸一旦倾，微利有谁上眼睛！

此日足可惜，新正白日头。大堤凭引眺，溪水淡悠悠。淘沙云卜筑，涉足褰衣浮。觅句渡旁渡，牛山濯濯愁！陟彼岵兮多烦忧，临波光兮沁梦游。野蔬掇兮鱼虾羞，春秋佳日满汀洲。鸡犬之声相闻兮，短笛山歌叠唱酬。纵非羲皇以上兮，亦复静穆和平兼自由！日月忽其逾迈兮，枫林变此陬丘。揽旧乡而太息兮，恍王粲乎登楼。步偈仄而修阻兮，曾何足以少留！

去年例比似包公，管领纷纷皆沙虫。曲终才返旧窟宅，按已临门旋阵风。入主出奴类盈虚，请君入瓮待何如？侵人做作仍分寸，不道被剥彻肢肤。含眶泪湿亦妇人，阑珊倦态下楼辰。欲赶墟期冲热闹，怎奈空空莫一文。

挂肩行李蓬样飞，行迈摇摇羁客归。越海递看成古戍，残棋故在着灰微。穷年抛撇宜悬绝，落雁方寒照夕晖。替报家山阿母道，望儿勿用泪沾衣！

折取几枝梅萼先，迟徊只觉是残年。乡园笼日此枨触，可道青崖古驿边！

螺蛤居然充肉刑，苞簪剥后及亲人。商君未到无投宿，肯信自焚玩火身？

如涂涂负剃面光，不比从前现色庄。落水凫游儿戏耍，堕渊加膝本寻常。

缊袍卸脱太伧寒，换着妇藏敝又宽。范叔一贫讵至此，阴阴愁锁可遑安？

阳光漠漠轻寒褪，浅水微漪似不流。一样幽怀人伫立，问君能有几多愁！

一阵萧骚屋瓦音，醒来更漏想沉沉。邻儿饥哭旋休歇，剩得寒蛩相对吟。

情同猛虎审愁予，席不怀温浪起居。旭日前临照颜色，严君已甚彻肢肤。满园气败飘黄叶，三径就荒乍弄锄。行傍近时低问讯，红芽稍稍未曾无。

杀人屡至母投梭，失色相看近始讹。叹息人心如鼠小，剧怜密布阴霾多。南山有虎方衔畜，门外兔罝管设罗。底处畏涂容托庇，古来时命信由它！

依稀淡月绕墙阴，峭峭寒风搅客衾。也是天公低调曲，却教人世共愁吟。年关贬节今垂近，叔夜荒鸡尔素心。颇闻梯山凿邃孔，羊肠荆棘废推寻。

画地为牢门以封，施人毒算甚于蜂。不图浪点朱衣笔，一面春残狼藉红。煮豆燃萁声啜泣，含沙射影迹迷蒙。齐东野语兽相食，夫子何须叹道穷！

余寒映日苏模样，绕步行行又溪上。瑟瑟光中有底愁？教人寂寞堕遐想。

村墟岁暮促宵春，枕上声疏捣愁侬。如此萧森寒阵阵，远山有火吠也龙。

闻讯沉沉有隐哀！一番昙影泛然怀。旋牵几日不曾食，便道阳关唱别裁。话到是非如对木，应怜债迫上高台。葫芦之内弄何诀，锻炼末由已化灰。

经时面接带余温，年少悍廉话雨言。向采山家争立足，前抛蛮子合回魂。
从头薄晕知非健，绕指能柔庶可存。讵意萧条关塞上，凭栏创雁落纷纷！

获罪于天弗敢呻，低层耳语窃频频。横尸许是无拘检，寝处居然当息停。
蛮触移时遮护力，过从翻忆绿杨新。陪君一副伤情泪，褴褛妻孥最证人！

月上疏林夜气迢，谓行多露独摇摇。此间会有幽灵道，四十年前旧板桥。

不见花红不信春，桃花影里赫然惊。可怜弓鸟楼上望，敢是寻芳款步辰？
冬至过来常燠燠，寒梅一阵已蓁蓁。天心肯予人方便，莫漫淫幡挝满城。

梨园步出夜亡踪，翌早女尸裸露中。不意南山雷殷殷，荒唐率兽一般同。

吓煞儿啼怖畏笼，安排鸣镝一条风。仍兼典故贻今用，天下英雄入彀中。

于田号泣面涂泥，儿女交稽誓诀离。井有仁焉连下石。更无公道与恩私。

又听白石有戕身，仰药投环毛比轻。不是途穷宁跃冶，谥他一个不祥名。

云雨翻翻类转盘，维时早晚价诸般。浅人不用轻觑着，毒草多应汁乱弹。

琐琐稽牵免俗难，虽然慵困视年关。过从小市都如鲫，肉食者流汇满摊。
家祭已非宜示俭，亲人俱杳莫须攀。野梅正好频开放，移上一枝祝岁寒！

淅淅潇潇昼乍寒，遣怀无那罢书摊。邻人又报恶消息，坏屋崩颓骨肉残！

八千子弟驻汤盘，浩大阵容忒壮观。但愿征调相率去，以邻为壑转平安！

四三摆布狙公愚，肖我螟蛉祝亦迂。一袭戎衣登域圣，过江士定化为鱼！

数尽残更雨未终，檐前响答戚悉侬。人情迥异浑如面，华甫殊怜入越中。
得死已应称上客，求赢无乃类童蒙。蓬蒿皓首知何限，迢递不闻报晓钟。

淫雨沾濡遍野垌，软凉谁是采青人？儿童七样逢人日，憔悴无华雅负春。
老去兴怀会日促，世途厥曲何由平？钓游纵也相迟过，直似浮萍欠着身！

严霜阴雨叠经过，劳止小康卜则那。本自无稽熏穴窟，还期一诺赦洋河。
灭门县令官虽小，郭索横行谁敢摩？但看飙风一阵过，沉沉水定不扬波。

忧能伤人云已然，遣怀无计欲问天。如何耳顺难调伏，懵懂多应并岁年。
每觉春封易染恨，恰于秋感托鸣蝉。更拈一事堪惆怅，寂寞生涯差可怜！

贾母暮年须热闹，天音雨湿鬼亦愁。情知背面无生理，几见艳阳色除休。
故事兰阶称厚福，僧庐听雨转沦幽。教从域外寻宗主，夜半钟声宕引柔。

怨毒于人甚火牛，风波激荡几回休。但乘一点尸余气，巨蟒他生浪转头。
话本相安同土壤，聿来越俎夹图谋。蚩蚩可道亦刍狗，听取群魔丝暗抽！

拊掌欲鸣语颇豪，只今谁借将军刀？世间能了不平事，补石无须尚仰高。
公理已凭箝众口，孤家有店制风涛。刚柔吐茹重看是，曹郐徒闻声暗号。

附记：前人伍子胥庙题句："世间多少不平事，愿与将军借宝刀。"

时乎枯朽皆为难，去后豺狼奈尔何？涉世依违宜秉烛，本来慧业苦无多！
欲寻鹿梦穿幽幻，待处裈中未刮罗。一事更觇水俟定，莫因凌乱堕金波。

邻家爱说十三夜，篝火腾腾光烛宵。为有神权号召力，直教人海信如潮。
尽情挥洒元宵闹，急管繁弦子弟骄。算是一年风景异，灯花吹梦落迢遥。

稽古穷愁始著书，观人观我况奚如。一回镜子空中相，蚀叶眠蚕吐尚疏。
已份僧归寻退院，应同沼沚转游鱼。此身正自难排遣，敝帚千金事总虚！

谁信当年卫武公，过关还是不从容。一生行检吹毫发，要看有无劳乃躬。

当年一部烂账司，更番补缀搴为旃。朱衣浪点无情笔，郑婢阿谁陷入泥。
除却红名新贵者，一般黑籍俾群黎。春风合是多惆怅，童子何知管问沂。

屋外堤防高过脊，鸠工直似顶上行。淘沙揭厉凉宜水，远望绿红女亦兵。
聊自沿洄原泽畔，好将晴日暖精神。沟头谛听涓涓汩，新起田蛙又数声。

宿草苏回步以先，静怀脉息软风偏。声闻叱犊传幽谷，影着闲踪示眼前。

树色连云思悄悄，野花飘白自翩翩。清明墓节不曾扫，替探春山有杜鹃。

啁啾端忆旧巢居，侧侧春寒懒起初。聊复轻阴延户牖，趁将微雨弄蘼芜。寻芳暖树登晴况，寂守枫林老一株。动定有时衾帱异，慈航得不渡相如？

静里从教沁耳听，松音渺漠调初醒。向阳又是光煦惜，山不曾深便可人。

虫声令夜透窗纱，浸浸春和靡有涯。时节清明看又到，这回休更雨横斜。

三月初五日有记

六年前事颉今朝，冷浸淫霖兀煞樵。百日回灵噙泪血，蓬门归路引萧寥！纥干饥冻痕犹在，节后清明雨共飘。乍向凄凄原上望，纸灰蝴蝶会迢遥！

春暮侵怀四首

闻讯谁都喜尔行，风波辗转试初平。为经忧患余心苦，兼复暮怀叠感生。乍对无言应逾万，低飞燕子刷衣轻。岭南春好刚三月，此别如何不惹情！

送爱子兮沾罗裙，安排肠断到黄昏。拈来前调岂欺我，借却蚕心一缕魂。桃李艳阳都过隙，初三下九带余温。惭予鲜薄缘更啬，不比群英粲随园。

花果山前枝叶繁，登临故故弄啼喧。迟人不至仍重觅，待及来时已转辕。片面因缘原前定，省将别泪赛雨纷。缄情更遏怀中絮，好有秋娘挹一尊。

花落鸟啼春又深，生生认取路旁阴。移情浅草跟前露，出岫白云空复心。愿得晴光同煦惜，几看鸿雁点家禽？山长水复憬然会，引顾茫茫讵可寻！

浴佛节话雨

绕树扶疏鸟变音，雨声淅沥酝愁深。山中甲子蛮荒外，十七年前许过临。

衣衫冷湿最关情。望幸饥肠辘辘声。绵蕞为仪终草草，山寮革故小朝廷。

驮背看成巢幕居，仙人硐口晃群狙。东边日出西边雨，刺竹河流弓鸟余。

觅柴添火烤生蒣，寂寞蛩吟山更墟。尽日劳劳无数影，此身已倦莫寻余。

还忆寻春陬水涯，生刍采撷当花枝。东风故故吹惆怅，惨绿愁红逗尔时。

大道披梳古墓边。山花红欲泣杜鹃。焚余可道依寒食，等是饥躯年复年。

帘外潺潺一影俱，黄梅时节兼有无。儿童羌亦成衰老，向日呻吟迄未舒。

深巷杏花语不喧，青衫沾缀尚飘分。三春去后群芳尽，各自须寻各自门！

春暮侵怀三首

人方起水独沉沦，命也不齐可奈君！为有赭衣悬一套，羌如沙影落颓垣。
穷年治病功非细，黑籍勾缠眚尚存。稽首慈云何日夕，竟怜无妄累后昆。

附记：潮谚语：观音娘劝人着吃鸦片烟，勿留钱银累子孙。以见有财为累，有身份缺点，今更累矣。

苦战四天炮烙同，废寝忘餐坐交攻。果何罪状凭挥斥，敢是钦条许逼供。
两发祠中存暗影，十字架上透虚弓。君其履道深深证，烈火焚余乃克终。

暮云天气昼常阴，向晦迟人总滞淫。我亦伤怀犹宿昔，君堪白首弄蹄涔！
一身苦难甘低受，九族膺惩讵可任？每念劳劳容得救；且凭萧素式如金。

晚 凉 二 首

片片风帆静不飞，水嬉人语傍渔矶。我来徙倚大堤上，乍觉凉凉吹绉微。

草长平芜豆绕棚，晃然孟夏百滋生。年年地面车轮换，只有苍头不再青！

鹧 鸪 天

回牵梅雨艳阳天，可有榴花红欲燃。路上果园遮不去，还添一本俗尘缠。　　非闭户，懒巡檐，话到诗人节堪怜。山翁悄悄闲情寡，管道龙舟嬉水边。

记曾此日涨沄沄，叨受人家玉粒分。故事满城歌屈子，谁从篱落问征君？　　朝来异，鸟蔑喧，殷殷南山落又纷。臭味海边行逐处，清词丽则隔前闻。

小清清洗入互乡，向黑骰子色宜颤。包管轮回空即相，阿谁鸡犬得安眠？　　寻黯黯，困恹恹，云澜罅漏逗斜穿。趁将日昃盆仍鼓，端好晚晴剩影妍。

怪底遍搜及寺人，花繁不利四时春。从今别唱多男子，唯是批风纳化钧。　　食常足，象有盈，观言观行目胥成。老僧教取冥心法，言说纷纷尽息停。

雨余田亩亦怀新，浮潦溪流泛浊清，乘得晚凉闲信步，云山静锁总关情。　　伤情调，沁虚灵，退院僧归未许宁！犹有刺痕涂墨客，摇摇欲坠闪愁身！

春暮侵怀二首

喃喃张口不成音，直视光芒散弗禁。永诀知君仍有恨，回头报道已跨禽。
自崖一面千金价，寰海飘萍话素心。尔后蹉跎才得救，竟无余晷雪涔涔！

素车白马待阿谁，臂助无能窃自私。替问世途方扰斥，多应乡曲尚钟期。
播间草碧连春暮，荷篑人过一影遗。算是生前身后事，枫林魂附忒含凄！

公路旁边亦有木棉花比却越王台畔逊色多矣和韵

迢迢望幸寄氤氲，笔直星驰迥不分。茂树两行连野碧，红霞数朵夹扶云。
谁人省识高标格，那得安排款段君。管向涂边萦蔓草，回黄转绿几斜曛！

山村小景薄言往游仍次百兰山馆春兴之韵

一丘一壑引前临，时鸟交交晴复阴。底处为欢聊遣兴，寻春可是广尘心。
青衫点着仍依旧，云物幻虚浪照今。莫道浴沂当此际，沙洲于役转难禁。①

① 作者注：时则淘沙筑堤，堤高，登陟殊艰，役者苦之。

蝗瘟将送雨纷纷

群飞刺天徙雨盆，翘首江枫有泪痕！本自清和存栗里，无因斧凿及柴门。还抛蘖只丛中种，留得乱丝治愈棼。委道圣人衣钵是，一般刍狗视元元！

人如物殖任涂栽，榜示城隍休再来。犹有鬼魂刚避舍，却教猫鼠哭迫陪。雨余草色迷芜绿，乍涨溪流潋滟猜。聊复大堤叠古调，百年多病独登台！

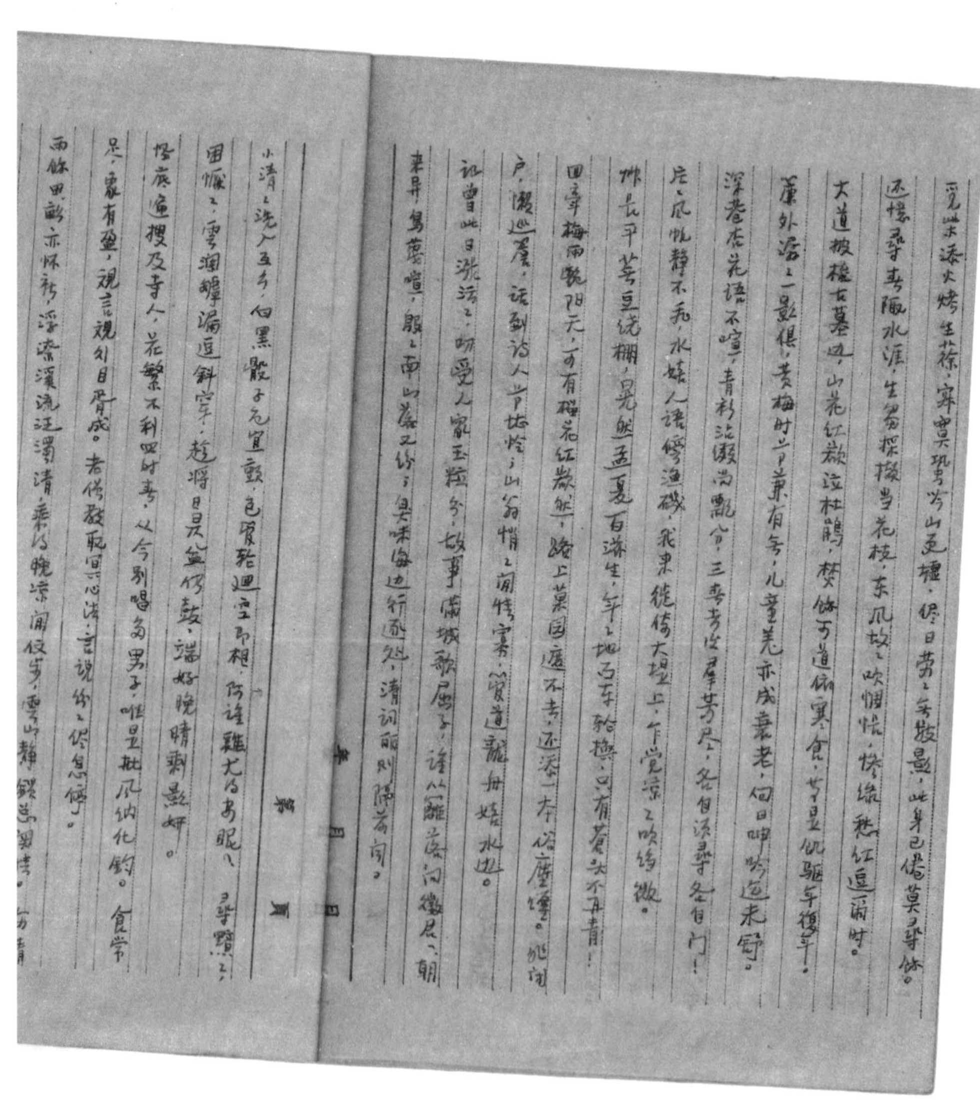

《啬园藏稿》手稿剪影之七

第五编 窗 草

散记之一

他人酒杯，自己块垒，一样可供陶醉，正不必区区其在己在人也。“当其欣于所遇，暂得于己，快然自足，不知老之将至。”斯其盎然之趣，淋漓尽致，霎时间谓之迷迷入寐可是？

得于己而无待于外之谓德，昔人为己为人，沟界划分，君子学以为己，夫复何求。但求自得，求其放心，湛浸醲郁，含英咀华，恰合醰醰滋味，游泳其中。彼乎犹有外慕，以为有鸿鹄之将至，思援弓缴而弋之，皆其植根不深，不入其室之故。

故曰：“新诗改罢自长吟！”能够沉吟，斯可与言诗也矣！

散记之二

往日在京，一位穷朋友说：中秋诗以东坡为最。我经他这一提，回味：“此生此夜不长好，明月明年何处看”的是低回有致，朴质而有力量，赛过一些彩藻浮响多多。古今来，唯沉挚近乎朴拙，才更显出真挚真性情。《孔雀东南飞》尽管有些俚俗不工整之句，正愈率真，磅礴洋溢而出，不露斧凿痕，均其以质胜者。一经矜炼，便失之已远。

由今荒落无成，有味乎苦行途径，峣瘠岩幽，风敲落木，古寺萧清意味，蠲除外缘，禅悦简栖，以自得所。猛然顿忆“暮云收尽溢清寒，银汉无声转玉盘”为学道有得语也。“大道本夷旷，高情亦冲虚”。湛然凄寂，却断断不属于伤感一类。以视“秋风清，秋月明，落叶聚还散，寒鸦栖复惊。相思相见知何日？此时此夜难为情”，不更有上下床之别乎？

伴 儿 歌

飕飕嘘息特地寒，教人起做不遑安。柴门添得呱呱泣，意味新尝抚育难。女也生长凭娇养，家计操持欠习践。只今夫婿在外头，疏散何日续绸缪。归哺乡园非得已，飞蓬两鬓阿曾休！娘家还有余温恋，抱提邻妪兼母半。老我也学春梦婆，绕屋牵缠缘日转。人生恩爱似妖魔，家乎隐合小囚窝。喔喔鸡鸣漫未旦，促织娘效催眠歌。

散 记 之 三

石湖赠别一诗，郎朗可诵。“事如梦断无寻处，人似春归挽不留。”非身世阅历已深者道不出。记得少时阅《汕头公言报》，有一律诗中间二联云：“掌上剑花寒欲落，楼台月影静无痕。事难了处惟生死，身不由我况子孙。”想都出自客家老前辈手笔，均可见其感怀切挚，兼具词调胜也。

寥寥山水，停舟柳下一幅画，缀以“杨柳岸，晓风残月”词句，顿觉摇曳清神，引人入胜。日昨某君偶尔回乡，枉驾过访，出示其在穗城偕友游越秀公园，倚北秀湖栏杆，联袂小影，默然联想其地与人，故曾相识，不无同感。过后漫题七言四韵：“湖滨栖止剧清幽，人在山阴信步游。旧雨难逢刚把臂，生涯落寞几经秋。白云有系丁晴日，海国方遥引客舟。莫道凭阑同惘漠，春红添着树枝头！”于以一例春梦短景，别后难寻踪迹焉。

散 记 之 四

友人冬晚步园云：“四郊冬至已无花，野草枯黄落日斜。飒落园林铺满径，不妨俯拾助烹茶。”朴素可喜，虽山谷诗派，何以加之。又西埔桥过，有梅数株，方春花放，清香扑鼻，偶经其下，盘桓久之。

制题如此，已是绝妙小品，亦正一首素描小诗。

夜来膏雨，春意阑珊，软绵绵情调，写成四韵："杏花春雨春江南，时节清明竟不堪。几处平芜看霡霂，谁家新燕啄商参。旧巢合是枝头借，往事端成泡影探。殊令年年花与蝶，一盂麦饭野乌衔！"语本千家诗清明祭扫。播间回旋，一往情深，伤亡悼往。但未若先师"野棠枝上杜鹃啼"一句，来得更为清隽也。

三月三日郊行有纪

"故园也有青青草，何憾东陵自种瓜！"偶尔绕遍郊坰，顿觉有了这些意态。说到自然美，当然乡村好过城市，田园胜却廊庙。有一回，一位女老教师，针对某些人说："有的在听更鼓，有的是听鸣蛙。"不用说，分明有了城乡沟界，上下床之别呢！我乃是个农家子，委实体会不出城市有何比较农村优越之处。还觉得丝竹管弦之盛，的确逊色天籁多着。听更鼓嘛，可未免六根混浊，俗尘满面罢了。怎用"吓"得了人哉！

话说踏青和挑菜，前人命名佳节，恰恰联在一起。我不能多识于鸟兽草木之名，只觉春草碧色，绿茸茸地富满了生意就是。花生伸出地面，未免有情；和它闲种旁边，仍高出些许，可便是绿豆了。绿豆先扭摘，花生直到白露才收成，儿时早有这般常识的。"蛇颇"野草，实肖桑葚，吃亦可口，儿时惯就篱边岸畔去找找，这一来，依稀还有点余痕。只是种类认得，果实那就不容易找得了。有鸟有鸟，但听清脆啼声，不见形状怎样。昔人说轻鲦出水，白鸥矫翼。再古远的说，鸢飞鱼跃。结合现在，鱼还是一样的游，鸟还是一样的飞，若问飞潜动植个名堂，那我是贸贸然不知所对了。不求甚解，以相搪塞，姑不限于读书方面。

暮春三月，江南草长，杂花生树，群莺乱飞，数语描摸得很有情致。至如"暮春者，春服既成，冠者五六人，童子六七人，浴乎沂，风乎舞雩，咏而归"。那分明是一幅生活小品呢！莫怪连孔老夫子，也要为之色霁颜开，说声我和你结个伴侣吧！景物怡人，向来如此。无奈好景不常，几人能够长在春和景明，波浪不惊上面，从而优游涵泳，春和若水，和气当春了呀！来了游丝花絮，缀成韵语四章：

漠寒正自晓晴初，好是阳光淡淡铺。春水方生孤引去，到头幻作辋川图。

问草阳明偶寄之，儿家情趣袅如丝。算它大块文章富，认取生生逗尔时。

倘来脱却人间锁，独立苍茫是我师。数点黑牛闲莫过，含生芳草尚知时。
平看砥矢饶分数，此际云烟撒绿披。故有越王台畔树，吟哦苦道未相宜！

一阵淋漓雷殷殷，多端变化诚难窥。从兹布谷须啼了，却遣修蛾懒展眉。
闻讯墦间来猾盗，珠襦玉匣闪残徽。百年兴废谁能说，死去仍堪重致词！

附记：乡邻近有一则风动新闻，为丁禹生中丞之夫人墓，在白塔公社附近红老碑地方，久经夷为种地，只剩废圹依稀，祸因乡民时见一恶蛇出入穴隙，因导一演巴戏者往捉，发掘之下，真相毕露，珠宝宛然。死者口衔明珠，尸体不变，另挂一串累累，仍有金银等物。事鸣于官，不了了之。百年兴废，应作如是观。

偶　　成

未曾春雨已涓涓，小立石桥听管弦。怪道常青依满树，看将新叶着红鲜。
荷锄乍歇遥相讯，东令无花负过旋。我是兹山客不速，倘来踏遍草芊芊。

月淡如烟晓寒微袭徒步大堤上看溪干景色

蒙蒙密密雾中天，残月鸡声荡悄然。大地与人同一气，微生以外更无缘。
杜鹃惯是迷魂阵，桴乘何人委逝川？合道岭南冬气暖，缊袍着破得天怜！

散 记 之 五

三日不看书，面现伧俗相。颇可微信，尤其在初学般人。反而是井水不日汲，何以发清其？如切如蹉，如琢如磨，昔人都过一番苦功夫的。在佛说，分为渐与顿。是苦行头陀，不是一旦豁然贯通为一面，和拈花微笑对照，及其成功则一也。

入定终竟有出定，犹之夜气虽然湛淑，也一定转过此而为朝气锐，午气倦，暮气归。事物应付纷繁，谁能长坐书斋里面，当个书呆子而已矣？况物以变而淬砺风发，假如一成不变，一味滞留，也定腐败不成样子了。所以相反相成，将飞者翼敛，屈者伸之机，祸兮福所倚，谁谓浪子不会回头？谁谓狂夫一念不会作圣？于是乎又觉无平不坡，无起不伏，保持一定绿清色素，是不可能，不符合事实，有亦不足为贵。

先儒问学，先用烈火煎，继用缓火温，说法较有分寸。夜气要求尽量多些占得，以至大人考不失其赤子之心者也。相戒在一曝十寒。甚者旦旦而伐之。变成牛山濯濯，变成夜气不足以存，性漓情乖，不可为人。也就是其人的灵魂断送，成为顽钝无耻之土木形骸焉耳。

散记之六

主张心为主体者，便斤斤于不失其赤子之心，以为极则。平时扫除驰骛纷扰，所谓无事渊然，有事专一。其失也，便是汲汲顾影，不敢越雷池半步。真是把舵放船，无开阔手段，硁硁哉一介小丈夫哉！

主张环境衬托之力者，亦曰“致”。便是自自然然地形成，教你不知不觉而转到那个地步。所谓蓬生麻中，不扶自直，白沙在泥，与之皆黑是也。学齐语而让众楚人咻之，自然无成。反之置身齐人街坊，虽日挞而求其楚，亦不可得矣。

事物都是相对居多，只在有心人取裁运用，要紧也就在不失其本心。《孟子》七篇中，有一段设譬，假如把食物呼尔而给人，途之人一定不会接受，蹴尔而给人，连乞人都不屑矣。所以然者，有其自尊心，即本心也。于以连类推之，向为身死而不受，到了妻妾之奉，宫室之美，以至外之复外地所得于贫乏者得我而为之，而接受向来不屑的倘来物，是亦不可以已乎？是之谓失其本心，自尊心，自觉性。一味喧宾夺主，心为行役可是？此其最为尊重心灵宗主之说法。另有一段，却是探取了外围条件：“天之将降大任于斯人也，必先苦其心志，劳其筋骨，饿其体肤，空乏其身，行拂乱其所为，所以动心忍性，曾益其所不能。”这就是要在大洪炉中，经受一番锻炼，等于刮垢磨光，玉琢成器。世间断无无经过克服险阻困难，而轻易取得成功者。就如环境较优，明窗净几，安常守静，以读其书，也不见得若何长进，还不是暖室盆花，樊笼小鸟，燕雀焉知鸿鹄志，贻笑大方而已乎？从来文人狡狯，不示人以璞，但示人制出成品，看似容易却艰辛，正面发挥，有如于忠肃石灰诗一首云：“千锤万击出深山，烈火焚烧若等闲。粉身碎骨全不怕，要留清白在人间。”

无论是外铄匡助，还是良知良能由衷挥发，正如车之两轮，相辅相成，缺一不可。时下辩证法，虽极倾向“存在决定意识”，亦正着意主观能动性，因之一面事事向群众商量，一面恢恢其谈，把群众意见综合集中，抽出原则性，用以指挥群众，谓之民主集中制。灵活运用，变化多端，从底于成，自有其政治家一套，不须具论。姑就学术上面，虚实相生，桴鼓相应，还是无以易之。善乎前人项羽句云：“仁敬居然百战中！”百战火热当中，居然穆穆静寂，不慌不忙，机锋毕凑，运用之妙，熟极能流，神乎其技。仍套合一句：胜似“立马吴山第一峰”矣乎！

散记之七

好为文学概论的，多不是作家，好定原理原则的，亦多不是实行者。道在迩而求诸远，事在易而求诸难。但看里巷歌谣，都充上乘。一介正气磅礴匹夫，就不是诗书门第中人。所以然者，天地灵性所钟，无所往而不在也。故夫豪杰之士，虽无文王犹兴；公等碌碌，因人成事，规矩绳墨，不踏刻舟求剑之讥，亦坐宋人度足取度，而不亲自把足较量之为可哂。稍有才气者，怎肯受此圈套，自陷泥涂？明人诗坛八病，自矜发明独得之秘，即对老杜诗史，解剖几于体无完肤。可笑有瑕者不失其为玉。朴拙古句，愈益显出其本真。三百篇定无以易。杜陵亦宜不失一代诗宗，明并日月。有明病学家，却连名字都不见经传，让它草木同腐，其故概可不言而喻。诚然，六经供我注脚，法也者用为若辈设焉耳。

散记之八

宋儒语录，太过枯燥，不是好文字，也不是好功夫。凭语录以探索，使人视为畏途。最少也觉得蹊径狭窄，枯槁无华，偏近理智而陷理障，不是平易近人，盎然生趣，鸢飞鱼跃，活泼天机，令人欢喜。这个分教，法家者流，惨核寡恩，齐之以律，总不若齐之以风，陶冶人情，感人深致者也。

地质学者测勘一个地方，土色山质，维石岩岩，毫无动于中。虽则另有他所事事，但在一般人情感染，投合大自然怀抱，了无干涉。倒不如“风乎舞雩，游泳而归”；“落花寂寂啼山鸟，杨柳青青渡水人”，来得低回入胜也乎！

散记之九

闲暇乃力有余，谓纡余为妍近是。尽日在东奔西走，客场酬酢过生活，定觉太浊，没有什么情趣。还觉得人是被动，授权于物，一任抽丝牵引，绕得团团转而已。往时有个记录：某公者忙人也，宴会烦多，莫与伦比。酒杯沾唇，不过旋踵，起而推辞：“对不起，兄弟还有别的应酬，只好失陪了。”这样一边转过一边，真是席不暇暖，食不甘味。夜里回家，老妻炖好一盂粥，姑以待之，还觉适口了些。似以浪费时间，在新社会是一去不返了。但亦有一般滋味在心头，某种场合，拖泥带水，拖得不亦乐乎！欲罢不能，尽管拖下去，冷板凳滋味，默默自知！一直到归依林下，才庶几免乎！偶亦尝试一下，浅尝即止，返我敝庐，着我敝衣，漫步溪畔，伫立些时，看沙洲如月，浅水寒沙，小鸟时而飞过，水牛悠悠闲踱，傍岸啮草，分外显得闲相。这一来，纵然没有什么枨触，老去欢疏，灰灰漠漠，一片不着色的样子，聊且栖迟，用以忘饥。再如有兴，仍可临清流而写写，不一定有，因为根本不同五柳翁之雅致也。

散记之十

星辰之丽于天，有其精也；一旦精亡，堕地变成一块顽石耳。

人之生，也贵有其精，精光耿耿，肝胆照人。便觉其人可亲可敬，望之俨然，即之也温，听其言也厉，君子人也矣哉！

反之，苶然疲困，枯槁以邻于灭，往往因愤懑而不得其正，忧惧而不得其正。乃至困于境，腐于心，索然萎败，颓然坐废，麻木不仁，面目可憎，乃如之人，人性全失，没有生命没有灵魂的动物类而已矣。

俗语有句“日曝老”。为其槁项黄馘，苍髯老贼，皓首匹夫，似人而实非人，便到百年，以与草木同腐。蚩蚩者氓，芸芸众生，其是之谓乎！

散记十一

国于天地，必有与立。也就是谓其信义精英所存，有如英雄烈士一股劲气，塞乎天地之间，可以顶天立地。传记载：东晋初期，旧都沦陷，士大夫相率流亡，到了江左新亭，有一愁叹唏嘘说“风景不殊，举目有江河之异”，因之牵惹个个堕泪痛哭。王导大声呵斥，国社播迁，正需大家戳力以图恢复，而乃效儿女子一味流泪可哂耶？从而扭转这一颓风。说者谓东晋延长百余年之宗祚，实赖于此。

抗日时期，一般情绪低劣，末日感特地浓厚，今朝有酒今朝醉。司机阶级大揩其油头，每逢歇站，嫖赌饮吹无所不至。记得过金城江时，小小山隈，一个驿所，目睹这般情况特地过火，以为非非世界也。战事结束，遵途言旋，不意到达这个旧地方，变成一片焦土；火劫剩余，不过零落几间而已。正知天道好还，从头收拾去矣。

散记十二

《论语》有句：“人而无信，不知其可也；大车无輗，小车无軏，其何以行之哉？”从来都承认这个定理。连权术家商鞅，推行新法，亦以徙木立信，做个号召，纯正儒家，更不用说。所以逼不得已时，宁可去兵，去食而不愿弃信，等于老孙手头一支棒，成为始终相依之法宝，断然无疑。事态发展，亦真奇怪，有时偏偏有狐埋狐掘，朝令朝改，和朝四暮三，予取予求，活像一个粗汉子，凉热塞进血口中，仍是便便扪腹，一点不会发生毛病。算是天地之大，无奇不有，而数千年来之文化遗教，尽可推翻宣告破产了！

散记十三

中庸之道，大都老老实实，安分守己。所谓命也者，即事听其自然，由天安排，虽然也尽了分内应尽的人事，到了人力尽时天公听，三分人事七分天。诸葛武侯也就是做到鞠躬尽瘁，死而后已。对外层环境，只有委委，凡是如此，殊难逆料，莫奈之何也。

推而内层心理状态，“毋适，毋莫”，避免操切，自寻苦恼。因为事物发展，都有一定限度，不照客观规律，但凭主观愿望，“爱之欲其生，恶之欲其死”，是惑也。话来恰到好处。固违事实，执着以求，便似拗相公，不知天命。归之是重在保守。“仍旧贯，如之何？何必改作”，作为这方面的代表论调。

至如愚公移山，根本冲破这个矩范。按照实际办法，当然说不通。推此类也，倘非意外神来援助，仅凭自己之力，卤莽灭裂，暴虎冯河，定是古歌谣所咏叹的“公无渡河，公竟渡河！堕河而死，将奈公何”，如是焉已耳。挟太山以超北海，勇气虽则十足，其奈太离现实何？但是欲人效命，强调之，不只可能，还认为必胜。待及无济于事，算是成仁亦得。况事物从来不一定，有时出现奇迹，不可想象之幻想，亦正有过一段时间，转为事实，从而生出一些突破现实，不安分守己之英雄好汉，唯恐天下不乱，天下从此多事。再推以求，不单人事，直溯天命，郭璞究治方术者，可久连寿命祸福，都要夺过手来。米丘林主张，无论动植物类，都可由人为的强迫干涉下，一变本来面目，而恰如人所要的那样出现。上帝对此，真当拱手让位，退归于无权，尽把宝座第一把交椅，为莽丈夫篡窃高踞也矣乎哉！

散记十四

记取看朱成碧，是丹非素，色彩因人而异，因眼光不同而呈现种种颜色，生出爱憎，颇不可以常理量度。昔人有指鹿为马，不过极粗之表面化。其实天下事鹿马混淆者正多，不用说蕉鹿梦，更进而入悠悠幻幻难摸索也。我有一个场合，偕友郊行，自称农家子，友漫借跟前青苗以为难。却实在分辨不出是菽是麦，哑然失笑。在无所为无关痛痒之处，尚且贸贸然如此，到了人事糅杂前头，定更有你的纷扰。同一株树，南枝向暖北枝寒；同一弯月，几个外头几欢畅；自然界有的是缺憾，不能自圆其说，勉强安排搪塞一下，吃亏只好吃亏，只好叹一口气，“实命不犹”！

食肉不食马肝，不为不知味，事如不了解，我劝你还是将就将就，多闻阙疑。事非干己，“慎莫近前丞相嗔”，况入境问禁，不议所居停之大夫，礼也！通古今中外人情一也。“少安毋躁”，是为得之。

散记十五

古语，我欲载之空言，不如见之行事之为深切著明也。具体抒发，人是一首史诗，以此表现已足。天道不言而品物欣，圣人不言而条理贯，皆其本身作则，相忘于无形，不在区区言筌，有取乎空匣子。言者实之宾也，我将为宾乎？凡子所言，其人与骨皆已朽矣。是之谓当头棒喝。

善谈兵者无赫赫之功，扫除外缘假缘，归依静寂，端有个我存在，是亦不二法门。曾有个小插曲：一回偕同海外来访友人，稷园漫步，藤花筛架，清风徐来，我谓友，此际时光，才是咱们的。友油然反应，尽在尘途奔跑，征逐过旋，哪容有我有真之省识？偶然搴去外衣，法缘净洗，赛过一服清凉剂，赤裸裸荡着端倪，忘我忘机！是之谓得大解脱。

散记十六

动态之美差易，静态之美殊难。人情迎新弃旧，一忽接触，往往有其新奇锐感，纵极荒凉简陋，也会发生一点残缺美；三家村，路旁店，在流徙途中还觉有种土香气息，为城市所体味不到。于时有对对子：“未晚先投宿，鸡鸣早看天。”活现山寮野况，差近原始人风味。但如继此住下去，那一定有你的难奈。有人说，燕子翩翩，唯其凌空飞舞，才觉可爱，停定下来，可是怪丑的。推此类也，“物各有用，过则为灾”。一霎相逢，易生好感，长期相守，就很难有终。连琼楼玉宇，高处不胜寒，实在令人害怕。诗人代替神女想象，“嫦娥应悔偷灵药，碧海青天夜夜心”！亦不是一味虚构，好像恰合人之常情，神也有血有肉，人格化了一般。回转头来，“江山代有人才出，各领风骚数百年”。动以数百计，未免过分夸大。其实早晚时价不同，草木繁英之飘风，鸟兽嗥音之过耳。曾几何时，声消影息，另有新的接替，胜似轮蹄番转，不管你愿意不愿意，尔总跳不出这个法轮。所以及时行乐，“花开堪折直须折，莫待无花空折枝”又成为一部分人生哲理。功成身退，时令行藏，直恋栈滞留下去，可就变成无味，惹人厌烦而已。

日常生活中，对“客不至疲”，“朋友数，斯疏矣”，都是小常识。

得时既驾，得饶人时且饶人，时过境迁，再来不复一文值。机会不会第二度叩门，稍纵即逝，肉眼钝根，失之在笨。剑南引退，仍有这番懊恼，“只恨衰翁见事迟”！追怀往躅，晚年冷漠，插东篱，补书巢，怡然自得。不妨更进一解：遣子穷愁天有意，云山商略要新诗！

子亦到我地步，此境未易居也。即景凉凉，思欲属句以赠，而涩于思，当俟异日耳。前人沉挚余音，朗朗可听，等于是一个冷格。亦颇配合永常，所谓“余独好修以为常”和“人有常情耐久看”，其然其信然乎哉！

散记十七

有个朋友说，他的伯父自谓一辈子都不会“烦恼”。潮语“烦恼”即操心的意思。这个老人家，日间田园劳碌，太忙，不暇转转念头，入夜疲劳之下，放倒床便睡着了，更不会胡思乱想的。这一来，活现一个空空洞洞，不识忧不识愁为何物的蠢相，渲染得十分足够。

按照道家者流，无思无虑，其乐陶陶。有知不如无知，圣人不如野人，野人不如鸟兽草木，乃至土块顽石，更荡散之以为轻尘和一阵清风。无形无相，方为极则。有是理乎！一笑可也。但看芸芸众生，含生之伦，一般小市民，大都饱食终日，无所用心，找些小把戏玩玩过日子了事。间有欲望刺激，于是而逐步上进，“百忧感其心，万事劳其形；有动于中，必摇其精。而况思其力之所不及，忧其智之所不能；……宜奇渥然丹者为槁木，黟然黑者为星星。奈何以非金石之质，欲与草木而争荣？念谁为之戕贼，亦何恨乎秋声”！《秋声赋》写得淋漓尽致，令人感想无限。后人说垂钓，也有类似的寄慨，而出以闲闲体爽，颇为隽趣。略云：“劳神侥幸之门，忍苦风尘之路，终身无满意时，老死而不知休止，求如此之日暮归来，而博妻孥之一笑，岂可得耶？”最上乘文字，合推漆园庄叟。如说尧让天下于许由，许由不受，以谓“鷦鹩巢于深林，不过一枝；鼹鼠饮河，不过满腹。归休乎君，予无所用其天下为”！即是说，用不着这么多余的庞然大物也。常言道“鱼目混珠”，拿珠和鱼目对比，似乎珠为贵，但用珠来和鱼换目，谁都晓得鱼是一定不答应的。物无美恶，适用为贵。反躬而诚，是真非假。唯不肖子乃好“贫穷夸祖德”，其实祖宗虽贵显，干他底事？终竟拯救不了他的饥寒！视身外物更属外围，更无干涉矣。所以“衡门之下，可以栖迟。泌之洋洋，可以乐饥”！诗人咏叹，为有己之存在，认识了本真吧。惝恍迷离，亦黠亦惠，则如东坡一引：“若言琴上有琴声，放在匣中何不鸣？若言声在指头上，何不于君指上听？”教人推敲，今有个是处。我是个钝根人，仍有取于朴茂清趣，反映点睛。有如《山中与裴秀才迪书》略云：“辄便往山中，憩感配寺，与山僧饭讫而去。北涉玄灞，清月映郭。夜登华子冈，辋水沦涟，与月上下。寒山远火，明灭林外。深巷寒犬，吠声如豹。村墟夜舂，复与疏钟相间。此时独坐，僮仆静默，多思曩昔，携手赋诗，步仄径，临清流也。当待春中，草木蔓发，春山可望，轻鲦出水，白鸥矫翼，露湿青皋，麦陇朝雊，斯之不远，倘能从我游乎？非子天机清妙者，岂能以此不急之务相邀。然是中有深趣矣！无忽。”

散记十八

世事也真不可解，“有意栽花花不开，无心插柳柳成荫”。因之俗语有句“痴汉等婆娘，急煞了哥哥”也！

顺逆无常，但能于困时站得住脚跟，等到风帆打转，那就沛乎顺流而下，活现接替生机。所憾者，量小易盈，一霎浮夸，态度更其难看。向者处困，尚有其挚性，值得同情，待及桥过板抽，趾高气扬，反而令人望望然不欲观之，尊范不堪承教。人道买臣“富贵徒夸一妇人”，大可不必。

日本人纂录中国观人哲理：“大事难事看担当，逆境顺境看襟度，临喜临怒看涵养，群行群止看识见。”凭此几个角度以测量人，定是不中不远。所以居高临下，行所无事，和喜怒不形于色，的是夐乎不易企及。人之度量相越，岂可以道里计之哉！

散记十九

由“窗外日迟迟”联想到“苔痕上阶绿，草色入帘青”都合静深境界。得者自得，失意般人处此，亦颇难奈。以谓一行珠帘闲不卷，终日谁来！从来儒家者流，爱说“德不孤，必有邻”，因而“谈笑有鸿儒，往来无白丁”。陋室当然不太陋，也不太寂寞。所以然者，有其人之因素也。抗日时期，城市疏教，一些赁屋荒村，连同日用品，都很简单陋劣，但一般年少往旋其间，却胜似一朵花枝，无所往而不呈生色。“草房寂寂月华明，银河斜挂夜气清。”纯用法眼观，便都含艺化意味。真乃“人生何处不青山”！

入狱当年，麇集一窝，处庭亦有莳花草坪点缀，但不容许越过；日长似岁，兀坐低洼，看看重阴入暝，仓难挨守，又是长宵，漫漫待旦，何时方亮；偶尔偷递一张报纸，恰阅及周作人许时囚禁在北平一段生活小史，已经翻过一部《汉书》，不觉有何烦躁。上溯钟仪幽而奏南音，和西伯囚于羑里而演《周易》，所谓事有旷百世而相感者，予不知其何心，孰为使予唏嘘而不可禁。于以消磨永昼，遣愁滋味，差近似乎？“谪居正好相调伏，佛法今为鹦鹉禅。”前人是居易以俟命，遁世而无闷。我何人斯，敢以混充解人，聊亦例于“贫者得救”之一分子，如是焉耳。

除夕诗一束

又报阴阴酿雨寒，岁时欲渡恰名关。天无三日经晴好，人本何心独倚阑。
花果山前桃未放，泥泞道上步初艰。小窗兀兀仍孤寄，老去无欢合等闲。

大寒时序是终天，岁暮几人滞路边。正尔京华荡返日，低回陈迹已三年。
游鱼曲沼虽非鲋，风雨飘摇但一椽。检点敝庐连夜漏，求安那得便蘧然！

村墟夜春落近偏，人家蒸粿露息宣。鱼当竭泽水车接，麦要微寒现碧阡。
一切有为婴扰扰，心花如火自然然。伤情最是淋铃曲，挑尽残灯人未眠！

儿饥儿哭忆年丰，此际乡心几处同。坛者端成自了汗，扣门只度拙秋风。
类多扪虱休嫌痒，隐合胶舟不系中。白昼难寻遑秉烛，人心如面诉终穷！

小草都含雨露恩，海风阵阵透苏魂。寻常鸟雀宜知噪，叵耐荣枯别院门。
大道何亲缘日转，时乎一失坐黄昏。沾沾三四群狙侣，肯信纥千冻不喧？

收拾云根逗午晴，向阳冉冉占近情。也知春暖舒方贵，聊复郊垧好踏青。
临水乍添霜满鬓，短吟休傍眼前人。一丘一壑长为伴，末日离愁遣尔清。

还是幽幽零雨飘，一般煞气困鹪鹩。大寒令下为今日，世说相传已后饶。
闻道盈虚谁敢信，眼前反复殊多条。起居欠适慵添注，喜怒无常奈彼骄！

莎鸡振羽自嘤嘤，屋角更长晃荡摇。潦草一年将尽夜，曳拖驹隙云何娇？
浮生已觉如瘤赘，苌楚都怜有沃夭。七十司空耐辱耳，解人末日太无憀！

浊酒一杯亦既醉，茶汤十盏不嫌频。清凉只得门如水，食肉多应相彼人。
聊有孤鸿声致贺，竟叨末令馈嘉宾。杖乡杖国酬家语，谁与苍茫省识真。

畴昔桃花俎上斟，神来神去定歆歆。春王正月交云织，配白俪红簇影林。
故事油然如水淼，回头荡着少时心。钓游叠过亦灰漠，怎比灵踪倚梦寻！

燕子又来了

乍听呢喃檐外声，主人与汝缔情亲。不须细雨才双舞，但觉春心已盎盈。
此别经年何处歇，重来胥宇莫新陈？调糜量水分司主，却扫柴门旧葛巾。

纷纷雨过清明

料峭慎重春雨寒，野垌应是绿痕般。不图倚盼成归计，无复蝶灰待引还。
似水生涯原寂寂，梦阑情调溢潺潺。风檐那比轻飞燕，鹊窘徒然长闭关。

草坪初拟面周魂，子息孙枝略指存。却怕歌泥牵屐齿，犹怜啼血密篁村。
黄台已甚瓜休摘，麦饭新尝血尚温。叹息流年奚以久，樊笼传语我偏闻。

雨 怀 将 记

苦雨潇潇，令人闷煞。正忆古人嘲笑，“闭门造句陈无已，可怜无补费精神”，真觉徒词费耳。曾湘乡谓以咿嗄蹇浅之语，而视为钟彝不朽之盛业，多见其不知量也。语可同参。

野丛蝴蝶自翻飞，自然生物，栩栩饶有生意态。再引申之，绿满平芜，草木知春，绕屋扶疏，时鸟变声，“细推物理须行乐”“暂时相赏莫相违”，可谓一是。不过“木欣欣以向荣，泉涓涓而始流”，连放达人，抚躬之下，相形见绌，不由有了歆羡，有了感触，不大好过。正知艳阳桃李之年，而怀风霜冰雪之操，定力端不易得。学道人于物无累，枯槁形骸，另是一套。所谓“道人不是悲秋客，一任晚山相对愁”，仔细体味，还似不免胸中交战，勉强战胜而已。未若安排笔砚对溪山，来得平平闲易清趣也。

寄情山水，总较可人，“智者乐水，仁者乐山”，昔人已有道着。“惟江上之清风，与山间之明月，耳得之而为声，目遇之而成色，取之无禁，用之不竭，是造物者之无尽藏也，而吾与子之所共适。”坡仙栩栩饶有仙姿！同时撰述方山子“独来穷山中，此岂无得而然哉”！后人套合一句：“五湖烟景有谁争。”一涉争字，便觉人事诸般，多带烟火气味，摆脱未能，因亦有句：“闲能有几人来。”待得无求于世，闲闲自在，超超乎如遗世独立，羽化而登仙焉。

“四时皆是夏，一雨便成秋。”语出俚浅，却也质实。最忆一个雨季，联骑瘦马，淅沥山阿间，傍午依止造饭，饭后又须赶途。但秃驴畏畏缩缩地，鞭之不动，伙伴说，它是怕冷，想就这儿休歇吧。真个物犹如此，人何以堪？同样记起，中原腹地，漂泊旅行，惯见过的荒村野店，惹人情绪直到原始上去；曾于影印本《四库全书》中一卷诗册，忘却作者姓氏，中间有句：“秋跨蹇驴风尚紧，静投孤店日初沈。”殊觉苍凉之至。通首表现一个逐客骚人，自春徂秋，长安居不易，只好彷徨径去。恍觉唐诗另一首：“淡淡长江水，悠悠远客情。落花相与恨，到地一无声。”同深叹止。

滞雨投荒，自记一首：

苦雨迷途昼也寒，荒烟历历转千盘。云飞绝顶无穷际，人比流泉涩下滩。
霞客有怀都已杳，鹪鹩可是一枝安？不知夫子何为者，长径漫漫竟未还！

小诗偶寄

甘蔗叶稠残雨珠，路犹沾湿越泥涂。到来崖上临溪水，一样沄沄态尚舒。

渡头不用柳垂阴，烟霭微笼旅思深。还是承平太古调，寂寥无那啭娇禽。

掂得南强俏小香，白芽盈掬赛茶汤。眼花倘亦物能解，菊制颓龄已千年。

绿遍田畴秀色餐，盈科结子露枝芳。仙人衔穗衔芦雁，一样悠悠引梦长。

南风解愠纵未能，堤畔凭临羽衣轻。仍复浴沂三数辈，相逢问讯不知名。

宿雨初晴景色开，谁人呆得住阴霾。放鸡修卉闲功课，又向墙阴扫绿苔。

北风祭起漠天云，瑟瑟萧萧底处闻。刚有儿童提篮去，路旁落叶正纷纷。

微花采采重探园，索煞风凉秋影存。人事可怜都过了，从头收拾小柴门。

蒲　　节

又是淫淫雨，连天闭不开。田禾低折穗，墙角沃青苔。
谁弄溪中兴，三村店亦灾。黑旗翻阵阵，骚蕙尽勾埋。

粽子小家物，柔荑轻扎裁。元宵同有数，丸颗巧安排。
荆楚消时记，韩江座闻谐。劝君仍漱采，古道赛氛埃。

赋得燕将雏

四月杨梅熟似丹，将雏燕子度姗姗。归巢正是难为姆，衣鬓蓬松刷未闲。
盼煞依违多懊恼，微怜娇小又心酸。分明风雨无凭准，莫道汍澜空向栏！

即　事　二

闻道冯河事可伤，鬼门中有几人全。乍惊芦苇仍栖士，陡觉翻腾已网张。
得失从头都定矣，路途牵曳郁伊行。秋风正尔吹愁急，逆鹢退飞待过场！

适然贻我好花枝，倏报坛边尽毁夷。凡事看来轻转烛，沧桑可道具如斯！
铜仙含泪灾难越，佛法随缘信所之。鹦鹉禅参终不解，教从残影酷相思。

友人整抄诗稿感赋

犹有穷愁堪著书，不知人世竟何如。楼头风雨挝成阵，适越衣冠计尽输。秋水芦花凉瑟瑟，归飞鸿影度疏疏。相逢沮泽讴吟客，莫问樵渔问大夫！

重庆生还语有之，一回痛定溢横颐。圣人真以为刍狗，山啸倘来无静枝。自是书生消薄福，非关岁歉聊哺糜。衣囊九月愁看敝，挹注遥遥天水涯！

老去行藏管名山，都缘识字兆忧患。秦坑一把亦干净，掩袂如同割爱难。物有聚时应有散，人方美好变苍颜。霜花抗节天怜健，萧散斜阳蔓草间。

无可奈何空过却今年添附时令诗

子夜鸡声啼最清，月光泻地信如银。凉风习习衣飘动，不敢伫立在中庭。返寻微温羌不寐，犹背吟蛩一壁灯。恰亦君心如明烛，但照家村白屋贫！浮生心事宁有几，琐琐稻粱觅食频。迄今余年盈鹿鹿（叶六六），向平私愿何曾伸！迩来长吉悲牛鬼，欲扣帝阍魂梦萦。袖短衾寒引修竹，不是闺人总酸辛！岁岁年年昧昧思，重重九媲花生时。自是落荒开较晚，微绽霜篱三两枝。男子佩兰非我事，采撷瓶巢缀楚词。赋归陶令宜止此，此外纷纷安尔为？

即　景　二

数雏粥粥小尤真，点缀今番一越生。山家原也无他物，零朵鲜花解笑人。

醒梦依稀闻叫娃，遥天此际静无哗。记得二十傍母起，妆镜莹莹月正斜。

散记二十

目下拦路要人读语录，小公子哥儿，令人望而生畏。难为了城市的主妇们，既不免天天出街，提篮买菜，偏偏碰着他们，东一组，西一阵，硬要你背诵一下，背诵不出，就不辞劳，当场面教，非全如往日小学生背书还老师一样不止。这一来，人家哪有许多闲工夫？更有哪些闲心情，闹个小玩意呢。但又出声不得，哑忍而已。

回忆旅途栖止，停在缅属景栋地方，一回恰遇他们的泼水节，生怕出门，出门辄遇及小儿女，结队成群，手提自制的喷水器，迎面淋漓，包管你像个落汤鸡近似，惹得大家一场哄笑的。时当炎暑，火伞遮天，习俗相沿，用当取乐，无论尊卑老少，到这会一视同仁，一律平等，尽都嘻嘻然，伊其相谑，泼来泼去，不以为介。自然个中夹杂一些男女情调仍多。我们异邦人氏，摸鱼应无其分，省却落水殃及，只当作壁上观，胜似观风问俗，见识见识，但是日一定相戒勿出门，出门一定要东望望、西望望，幸免碰上那些欢喜神、恶谑鬼，还是紧要的。

两个印象对照一下，迹颇混同，不过一是戏要，随觉逸趣横生；一是教条，强加人们头上。用流行语调来说，毫无共同之处呢！

散记廿一

只有江山无尽藏，一面登览一凝思。旧说，用法眼以观，便处处都觉有妙谛。我何人斯，尘氛扑面，由来已久，乃仍不能以已者，一似微微脉息尚存，说不上什么兴怀也。“道人不是悲秋客，一任晚山相对愁。”唯其有道之人，道高魔伏，心地通灵，一任晚上峰青，愁者自愁，我却把柄自在。殆即所谓战胜也乎！荡来荡去，脉脉悠悠，大自然分明有了静穆迷茫之感，言愁信愁。沙痕明净，邃古汩流，岸上行人和青草，和早晚映照霞红，正不知几回几换几转，曾不若一瞬过却。“袅袅兮秋风，洞庭波兮木叶下。”撩人尽在幽深，无可奈何之处；所以春草碧色，春水绿波，一经点醒，送君南浦，便觉伤如之何！总是无言有恨，“念天地之悠悠，独怆然而涕下”，自家洒涕会心，固不在乎向谁诉也。伫立移时，徘徊竟去。过旧日烹茶一处店舍，已经变个样子，微漠幻上心头，有了人面桃花，小小沧桑之堕绪存焉。人世间何者是永常，高岸为谷，深谷为陵，宗庙之牺牲，一变而为牧野之耕牛。人乌在其为不变哉！七十老翁何所求，又不啻是夫子自道之耳。

散记廿二

日暮天寒，谁都有了踽踽凉凉之概。王勃“关山难越，谁悲失路之人？

萍水相逢，尽是他乡之客”，衬托一个羁旅孤踪，感慨系之。大抵旧时人，偏于神经质者多，感情用事，浓烈真挚，万里之行起足下，以悲以壮，正其本色，性情挥洒，可泣可歌。“欢愉之辞难工，而穷苦之言易好也。”偏于后者，自较余韵悠扬，不同凡响。亦有气力充沛，凌厉可喜，而不落空壳子，浮响乐。此则根基足够，也许更有其清真素养，以畅其机为里因也。“天寒远山净，日暮长河急。解缆君已遥，望君犹伫立！”音调清越，廉悍棱棱，煞是正宗。唐音胜处，宜即以此之故欤？

散记廿三

半醒半眠状态，似觉萦绕心弦：“来时短影照长城，去并雪山深没胫”，假如有意诪张为幻的话，也胜似《随园诗话》里面“来时衣服多成雪，去后皮毛尽属泥”，一样萧寥无奈之鬼诗吧。《聊斋》女鬼属句：“红颜力弱难为厉，黑海心悲只学禅。”最为凄厉，还是合乎情实。妖由人兴，烘托而出，鹤鸣于皋，声闻于天，斯道寥远恍惚，虽圣人不能以是必信，端合存疑。粗糙者乃一并抹杀焉已耳。

《全唐诗》有句：“翠华南幸万里桥，元宗始悟坤维转。”注引《纬书》云：“僧一行尝奏明皇曰：‘陛下行幸万里，圣祚无疆。’故。天宝中，岁幸洛阳，冀充盈数。及上幸蜀，至万里桥，乃叹谓左右曰：‘一行之奏其是乎？’”并录存照。

散记廿四

冬来了，纵不至凛若霜晨，也差近露结为霜，早起踯踯踖踖地，顿觉一阵萧清了。年少时光，这次第，即临“过冬纸”，名目习俗相沿，谅系坟前烧纸灰之简号吧。一早朝山，山岚宿草，都带上了露气，微冷含清，兴致颇浓，等于是一回登临览胜。扫墓不列首要主意，总亦漠漠挂上幽怀。添注一番慎终追远材料。另一则是，北风起了，景物萧索，学校则放寒假回家，依于敝庐，算是离群索居，又正遇凿，服用欠舒，踽踽凉凉，如何才能赶上前途。它日得有个较为适意的地步？不无怅怅，一面噤寒，虚飘飘，软怯怯的怀抱，连连绵绵分外脆弱。背人黯黯，充满啼痕！当此之时，弱调低弹，挣扎不起，力不能张其军，映入意识领域，无非是牢骚没落之类。传来县城老辈诗钟有一则：“年亦名关愁暗渡，欲真如海苦难填！”这样子，陷在水平下下。似水流年，怎容易跨登以上彼岸去呢！

稍驻为佳。步自雪堂，将归于林皋，霜露既降，木叶尽脱，人影在地，仰见明月，顾而乐之。印象鲜明，乐在髯苏。读之者未必同其乐也。老远以前，儿童时分，灰埕晒曝，糊粉残存，露珠沾湿，竹马迷藏，依稀犹在一阵间。都往矣，而且一经转变，却如狂风涉浪，渡海穿山，“风寒塞远雁无侣，露冷松枯鹤不知”，星相家之言如是，是可觇我之行藏也矣。

散记廿五

“乞与贫儒换骨丹！”记得元遗山诗，有这么一句，前后句俱都忘了。唯其有之，是以似之，唯其境况差不多者，夫而后风以类聚，物以群分，心心相印，弦索共鸣。胜似清晰落叶，滴落愁心。也恰如秋讯啼雁，孤客最先闻之也。子亦到我境地，此境未易居也！信然信然。

古文词有一小段：“秋风起则惊，扑笔起立，徘徊焉。复钞书，竟老于家。”记载一个志士暮年，壮心未已，殊令人想象得之。有人却扫闭门，吟哦不辍，过惯颇同此类生活，邱嫂姗笑以谓：风烛残年，更阑漏尽，还有何希冀而自苦若此！一经点出，不觉酸溜溜，活灵活现，浮现眼前来。凡此外缘蠲尽，莫之为而为之，之死靡有他，清得门如水，贫惟带有金。风泉生道心，风泉满清听。举于是乎深深领略，一一纳入诗句，也即凄清醒醉魂也矣哉！

杂　诗

聊就轻阴草上茵，阳光冉冉近情亲。儿童定有相怜份，道我常穿叶径行。

四肢席野一舒伸，隐隐荒鸡缀结邻。大地无邪卉气息，休关埋没许多人。

南溟树早发红芽，征兆严冬免冻加。老农指点都灵应，风飙只看结巢鸦。

引亢鸡啼午倦初，沉沉门巷老居诸。客儿怪问燕消息，那有乌衣镇旧庐！

赓和苏子卿歌

五言开山祖，啮雪故孤忠。乃知文章伯，却是真英雄！大德不逾闲，小得奚不可。胡地自玄冰，草原夹花朵。同是豢胡儿，子卿与文姬。鞠之育之不知耻，胡笳遗恨玷青史。节旄不比染啼痕，易地纵观良已矣。剩将青冢月昏黄，野老传言草犹芳。上林弋雁空消息，北门锁钥怅茫茫！我凭长城一引眺，千回兴替热中肠。疏狂更话性博士，马窟终宵独彷徨！

接示南冠诗草题句奉酬

故有诗瓢逐水流，随波泛浪云谁求。文章憎命思良苦，摇落声骚审肃秋。顾我清门存假借，知君行迹类藏收。桑榆末日俱堪念，二士真同蚍与蜉！

忆少时于竺岐岩月容墓畔

庵号侣云弧小丘，香魂应是此皈休。冯生亦是多情分，妒妇津头讵挽留？话本双溪浮皎月，端成鳄渡覆渔舟。世间何限佳山水，儿女低回宛转愁！

新　霁

雨后郊原闻鹧鸪，水痕深绿映平芜。石桥有韵涓流汩，炊爨谁家烟袅初。人可意时聊漱省，物牵情处信咽呜。思量不用沉沉去，春草春花尚启予。

烘日夭桃红最鲜，枝头湿漉共缠绵。儿娃小鸟交成织，撷藻摛词宛自怜！不欲过谈卿底事，依稀丘壑喘残延。是非过往纷如鲫，便落当涂大道边。

丁未试笔

雏影相随拂也艰，怜它鴃舌哢绵蛮。池塘鸭子春知觉，可是新来陈阵寒。陇梅有讯得春心，归插净瓶水浅斟。疏影灯窗聊仿佛，故曾相识尚孤吟！

无　题

怅怅从知占尔情，将离病态两交萦。欲寻余勇云谁贾，此际凝阴愁暗生。
掩袂无人偷润湿，萌芽雏小倩敷荣。人生代代堪轮转，默望长亭更短亭。

寂寞无欢只自知，无因触绪衍离披。一番厮守也缘分，换得伤怀类少时。
乍觉眼波噙泛泛，恰同阑夜冷凄凄。浮生消尽灾和劫，还是飘飘一叶危！

冱寒端的酝愁根，随着萧萧近已昏。末日孔怀存怖畏，心旌何处觅苏魂！
朝华逝后春无主，薄劣仍教犬吠村。剩得颤凉孤只影，有谁相识款柴门。

只当日久渐相忘，即景茫茫度自伤。谁则西风不缠树，有怀月影静依旁。
软凉心事偏能会，弱愫迷离转泪行。当空只看随阳雁，不是闺人亦断肠！

折转而来吓煞旃，可堪临去尚回缘。术家道我今年促，多莫牵裾此日偏。
麇聚也应无好处，分离如割岂期然！吾衰甚矣心情怯，黯黯春愁管付眠！

可为不为应有憾，人事尽时意也消。泫明珠蚌原是泪，剩将残蜕浑无聊。
天何善变阴兼雨，夜有幽光顶上描。只凭一片深深愿，愿得慈航送海遥！

冷　雨　怀

细雨霏霏逗峭寒，有人路上正蹒跚。信知溘浥行多畏，怜尔孤雏口未干。
客思暮怀侵黯惨，旧游淅沥可遑安？冈回涧复恍然又，少不如人调竟弹！

散记廿六

夜谈间，谈及邻乡山湖岗，一位老师，年纪比较大，学校方在修建，附近人家嚷着需要替他们贴上“安胎符”，以保平安。校内同事都是年轻，不晓“安胎符”怎样画法，初是拒绝，说出破除迷信等话头，但耐不过人家的纠缠，推来推去，推向老老师身上，他才有这些经验。但他不会傻瓜，怎肯单干傻事？后来还是大家共同商量，敷衍应付，即由老的念念，年轻执笔，一挥而就，解决了这个小问题。事隔多时，“四清”运动掀起，同事们揭开旧盖，编入在老老师的账，一面洋洋数说，什么传播迷信，什么思想根源，可了不得，大斗特斗，斗得不亦乐乎！

接触过现实社会，若此类真同九牛之一毛，俯拾即是，按下不表。我联想起“四清”末期，重新划阶级，由本人自述，大家评评。轮到我家照样。工作组同志提提，大家可有什么意见？却鸦雀无声，一个不响。久而久之，仅仅某某兄一人，仗义执言，对所自述，表示差不多吧。无异议，作为完场了结。这一个生死关头，人情世故，尽量暴露出来。即仗义者仅仅一人，余的纵不同一群老师的损人利己，卖友求荣，陷害立功，也一定正义感稀薄到极，采取旁观消极态度，免踏回护之嫌；照时髦是“宁左毋右”，大家心照不宣。

呜呼！人与人相与之间，何以会刻毒无情至此！所贵乎社会组织联系，守己以忠，待人以恕，讲信修睦，而今乃是抛之九霄云外去了。剩下来，尔诈我虞，按剑相防，你咬我一口，我抢先要咬你一口，这就是所谓新社会新道德也欤？！

散记廿七

贾浪仙戏赠友人：“一日不作诗，心源如废井。笔砚为辘轳，吟咏作縻绠。朝来重汲引，依旧得清冷。书赠同怀人，词中多苦辛。”虽云戏言，而实已经道着个中甘苦。不仅仅是浮表游戏之作。似乎欧阳永叔也有几句说道：“人情贵勉强，习惯成自然。井水不日汲，何以发清甘？”都从困学中来，并且标出辛苦境界，也即严肃态度。由此亦觉和平淡闲逸者，成为对照。“人到能穷自可人”，诗境能淡，也定高人一着。不过，从热锣密鼓过来，夜阑弦索，此时无声胜有声，饶有咏叹滋味。若一开头，便落微弱，力不足张其军，平铺曼衍，搔不着痒处，旧话说，深人无浅语，反之浅人无深语，平庸肤浅，说如不说，像邵康节一流的顺口溜，那是无论如何，不足以扣紧人的心弦的！如此低能，还有所谓回肠荡气的一回事吗？太羹味淡，元始音希，穆如清风，都合木鸡养到时，令人神领意飘，挹之不尽，断断乎不合庸俗者流，鱼目混珠，同日而语。前人句云：“成如容易却艰辛”，“莫把金针度与人！”正是深入个中三昧，甘苦有得之言。征之陶谢，谢诗雕琢，藻缋殊工，陶诗自然，适如口语。一代名家，不当轻为轩轾，向来爱好，后者居多。但究其实，读书不求甚解，天分自高；性刚才拙，与物多忤，一般委蛇无骨者，怎不望而走且僵呢？

剧本悲剧且不待言，就是喜剧，一定有许多曲折顿挫，感从中来，为其背景，而后柳暗花明，衬托出阳春境域，教人喜从中来，分外激切，淋漓尽致。非然者，见惯习腻，一定没有什么锐感，所谓久处寒者不知寒，长居富者不欣富可是。这么一来，所以空空道人，要让青岚嶂下那块顽石，去历遍人间富贵繁华，风情旖旎，一场春梦之后，再回头大彻大悟，方才修成正果的。玄奘取经，同样折磨了无数灾难，夫而后白马讲坛，莲花舌粲了呀！

悠悠且住，话归平实。诗境做人，原无二致，不是认真严肃，奠下根基。怎会有水到渠成，瓜熟蒂落，行所无事呢？仁敬居然百战中。战阵不同戏耍，掉以脱略而了事，一定要有其定力主持，运用之妙，存乎一心。更进而只手亲提百万师，纶巾羽扇，绰有余裕，舒卷自如，自然无所用其剑拔弩张，金刚怒目，转而换成菩萨低眉，轻扬婉约，飘飘欲仙。闲暇乃力有余，平淡却是提炼中得。庄叟托为许由之言曰："鷦鷯巢于深林，不过一枝；鼹鼠饮河，不过满腹。归休乎君，予无所用其天下为！"何等闲雅风度！诗云："采采芣苢，薄言采之。采采芣苢，薄言有之。"恰亦象征一个女神，幽娴绿野，拈枝怡悦之清致。是可风也哉！

散记廿八

"入定之后仍须出定，仔肩挑起亦要息肩。"偶尔集成这一对对子，颇为经验之谈。前者属之修养，参照佛家坐禅入定，冥然寂然。比对儒者存心养性，宜有过之而无不及。《黄州新建小竹楼记》上说："公退之暇，被鹤氅衣，戴华阳巾，手执《周易》一卷，焚香默坐，消遣世虑。"这个作用也复一样。但仅仅限于奉公退食之余，即佛门清课，亦不能尽舍生活事事，入定移时，免不了出而应付些些事物。有一个例子：曾去参拜广济寺玄奘头骨，寺僧巨赞亲自接待，我说，到此地来，顿觉一片清净。他立即回答：佛门无清净，更无清净地。还说到人人都有佛性，相信我由衷之言。又说他本人，日间出街，嚣尘扑面，不无噪烦，待回到寺里，也正如我所云云，顿现清净境界也。这一段香火缘，算甚难得，印象只今犹存。记得唐朝诗僧齐己，告诫其门弟子，即是说："丰衣足食处莫住，圣迹灵踪好便寻。忽遇文殊开慧眼，他年应记老师心。"可知刮垢磨光，孜孜不倦，盈科而后进，渐进也；一旦豁然贯通，顿悟也。迟速不同，及其成功则一也。参也竟以鲁得之，我非斯令徒与而谁与归！

后者恰合仕途进取，有进必有退，所谓四时之序，功成者退。知足不辱，知止不殆。更阑未休，日之昃矣，鼓盆而歌，则大耋之嗟凶。前言往行，不可一二数也。亦有一个活例子：曾在一室闲谈，世故人物谈及同乡某公，晚年收罗名士，纂修《潮州志》，倡办潮州大学，算是对头。人不能一世老于做官，须要归真返璞，全锋敛气，方成其高。惜其限于环境，半途而废，还以官僚政客，浮沉人海之间，攀不上大雅君子之林。抑亦有命也乎！我又翻阅章太炎一页传记，他是肇述师门俞曲园的。称俞是，晚乃衣学术之华衮，粹然成为儒者之大宗。迨及其身，恰如夫子之自道，特立独行强哉矫。君子哉若人，尚德哉若人，一代衣章，后有述者，一定不会抹杀。语有之，久居盛名者不祥。名尚不可久居，况势与位，众目睽睽，高明之家，鬼瞰其室。"美服患人指，高明逼神恶。今我游冥冥，弋者何所慕！"总是盈虚隐现道理，要作如是观吧。"茂陵他日求遗稿，犹喜曾无封禅书。"慎之哉！修身洁行，不只限于生前，而且一直贯彻到了身后也矣乎！

寒　食

雨溜连天春水生，晚来还自绕堤行。剩存草湿兼微冷，几部鸣蛙宜放晴。船泊岸边宜点缀，人过坝上带苗菁。只需漠漠迷烟树，寒食今番识此情。

片时春梦中

夜雨淋浪春韭登，沉沉枕上凑嘤嘤。番船正是倘来日，店舍觅将一息停。久已归休无此况，有怀髀肉偶然惊。鸡声不管天方黑，第一啼时无限情！

修庐诗稿编成有赠

闻道半山返服时，小奚款段紧追随。书生本色贫为素，守缺抱残各所司。尚想村桥曾过我，多应麦陇远风吹。安排闲治濡文藻，彩笔添题秉一支。

述作平生卅载余，大欢稚子味园蔬。灯窗兀兀鱼其伍，寄寓悠悠兴亦如。自是乐天体易晓，教从栗里赋归欤。来年更好遣将散，一任婆娑山水区！

以事上帝

朝朝朝，朝朝拜，晨起撞钟暮击呗。问君何事阿尼陀，若有人兮把身卖。我犹记得鮀之滨，倭寇巍巍踞上棚。入市行人都稽首，天皇有诏钦哉氓！尔时人觉“无所为”，宛亦生殖奉图腾。得钱活命方为要，腰肢哪管屈和伸？呜呼万岁万万岁，一岁计值些蚊零！

此日足可惜

两年之间三叠音，亲故交流忧思深。迟徊一一宛然目，酒杯块垒任浮沉。我昔退休返乡邑，八十当门时向揖。还有修髯卖药翁，鸢飞地岽翩来集。明年荆拙赋凋零，宿草未干转照人。唁言恳款犹在耳，相互酬对两家春。未及清明旬差近，老君殂谢踏泥泞。药翁嗟妪继而后，迭闻鹧鸪啼声声。今年寒食雨已纷，北风其凉透柴门。水田汩汩秧飘拂，麦饭尚赊熟未匀。邱嫂冥辰七一标，无忘家祭值清朝。小园合有蠕爬叶，金银花发漫条条。许时席地披枕畔，生刍一束魂见招。苍颜药叟仰天叹，它日葬侬总寥寥！人生一幕谁了了，别恨啼痕翻多少？阿是尘寰坐殢人，伤情伤感净无因。孩提临去萦怀抱，此会茫茫暗示曾！凄凄复凄凄，垂尽不须啼。只见风吹花落地，几见花飞飞上枝！

缮写后记

每一回整抄旧稿，积若干时之写作，做一番检校重温，较为明晰了了。有很不惬处，好些流于庸弱，确未能隽和遒。间亦有近情致，伤感激切，挥洒淋漓，比较润实，但都难免枯燥。欲求中边俱甜，枯而实腴，真不容易。

这些窗草，前后亦以三年。“四清”过后，颇有一段冗长时间，不曾执笔。抄写人家诗什，以自吟哦。等之酒杯，浇愁破垒。委实显出自己之贫乏，牛山濯濯，心情笔阵，俱已艰枯，力不能张其军也。后来稍稍习写润泽，文从字顺，由滞涩转为比较清圆；要亦局限性所囿，孤陋酸寒，何须多此一举哉！

揆之进德修业，差距犹多。内而心灵，愈不见清粹精爽，外而生活环境，乃至社会环境，翻觉每况愈下，苦苦挣扎，应付维艰。似此而不沦胥以败，载胥及溺者几希矣。纵剩下一面镜子，虚空式照。“阅世兴亡疑有眼，辨人好丑总无声。”亦正无关宏旨，遑论现实作用。至于学殖荒落，滋养太差，悉索敝赋，如是耗绌。“宁静成功，虚枵致败。”宁有它乎！

萧寥之下有堕音，聊以采掇，消磨永昼，所谓拙者之为政焉耳。

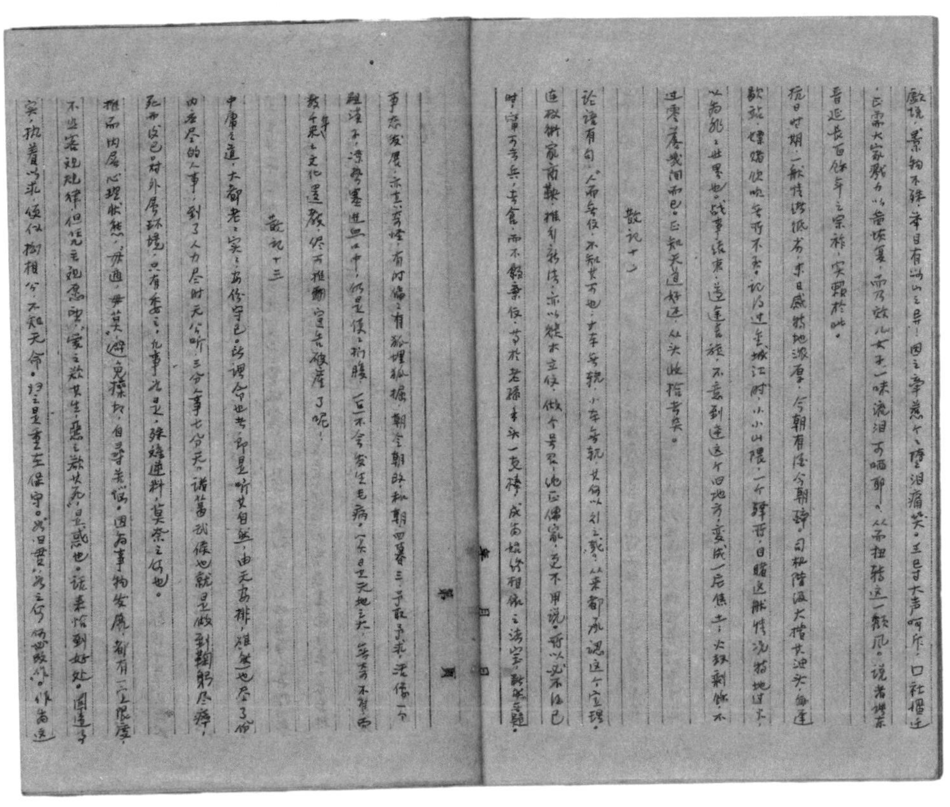

《啬园藏稿》手稿剪影之八

視之样命令傳宣，吩咐这，吩咐那，实在只有驿騷罢哩。再塵勞苦趾之下，时之沉浸战场，頓年打听，不敢落后，喘息未休，偶然一个空隙，又乃浮生半日閑，这啓示，静言思之，可是什么酸甜味道呢：

昔人有无花无酒过清明，和今年寒食其无火之句，竟然兼疎不想。而今又是端阳，一逕过节的意味都不会有，卖菜蔬的，手捏一束交给了我，彷似有了同情不足之感，若笑着，今番过节，斋也似的，连猪都不宰一隻呢。还来家里，人送粽粿，我略之申谢，还是你们有些节样。他却慷慨吐出来，大家什么也没有，以後恐怕连这节日，都忘掉不復记忆了。感之擬賦成章：

肉味与鱼净却根，菜佣一束手陪喧，榴花五月徒虚语，稻实收成话屡繁。那有龍舟存声響，数从时节摘灵源，晚来独自青崖上，静之河流何幻翻。

第 页

晚凉漫步

边际红云架溪干，浪之风帆纳影阔。坐久方知身懒起，欲泥天地入眠中。

背山古野近依稀，月是雨余点缀衣。上有青冥云亦净，骑斜将引出如飞。

浮岚架屋息青螺，秀野丛竹没涤鲜，倘就客游休问禁，谁人不愿受一廛。

《啬园藏稿》手稿剪影之九

第六编　溪山鳞片

怀　古

军笳何代遗名屯，蛮徼定婴哨所存。倘掘坑渠多古树，向时荒冢有将军。枫林设色宜伊郁，地脉金汤带滚源。凭道南来其一岭，相看只在渡前村。

附记： 山村在明代前，谓为枫林十八乡，近毗如军埔，军屯，显系戍迹，名迄今存。

又据记载，南来五岭，其中一为揭岭，即从大庾以入揭阳。今之明、巾、独三山，恰当里门隔溪而望，里人谓之面前山是也。

清平乐

梦魂扰扰，踯躅关山道。人事缠怀抹不了，影剩兽蹄芳草。　孤舟一系何心，晚凉矶上沉吟。合是吾衰软怯，群飞引噪投林。

笔札之一

溪边看落日，煞是可观，山头衔将金丹，闪闪飘动，荡着边际红云，不一会儿，可就溜下去了。照修词句："夕阳红湿，苍苍凉凉"，昔之人尽量渲染。我曾补充一句："霞彩江天一抹红，总是撩人无限。"

刚有一股蓝气色，笔直划痕，从边脚冲起，起而渐渐扩放，以迄中天。人家说是"风拐"，作为下雨象征，老农经验之谈，也许有是。入暮痕迹，淡漠潜消。一转眼便看不见了。

笔 札 之 二

青梅杏子次第登场，玉蜀黍含苞，定是累累粒粒快成熟了，那么墟期也许有人抢先提篮兜卖了。旱园中随步踏闯，密密丛丛，花生和绿豆，都在嫩绿敷繁，甘蔗抽茁，看看齐裾，行过惯会绊住缠绕人的。新生事物，周而复始，如环无端，展望周遭，配称绿野佳号。笔直公路旁边，不会忘怀去看一株两株木棉，红的花朵落尽，绿叶滋长，风来摇曳生姿。岭南人相呼为英雄树，便以其同一种区，又高出其他些许。但是落在这回，已不见得；比诸龙眼各株则是，较之前后拂云桉树，可真瞠乎后矣。它是外来移植蛮壮，根本不同旧家风格一例看呢！

笔 札 之 三

明天是青年节，一般青年赶着去峯寮种树，已尽一天的忙。

记得前些年间，正同老丈两人，闲行闲步公路畔，却逢学校老师帮，忙于掘土栽插，一面打招呼说，将来让你们老人，乘乘阴，免戴笠。老丈亦报以一笑，扬长引过。十年树木，果然绿已成荫。前人宿句“绿叶成荫子满枝”，又“无心插柳柳成荫”，又“树若有情时，不会得青青如许”，最不堪卒读的，要算桓公出塞，以谓“昔年种柳，依依汉南。今看摇落，凄怆江潭：树犹如此，人何以堪”！一经夹杂些人事在上面，便酿成悲欢离合，低回宛转，不能自已，果真有生之伦，合该缠缚，受累受罪也矣哉！

笔 札 之 四

旧传某巨公溪口扫墓，地师赠送一对对子，悬之墓门云：“两个空拳握古今，握住了还当放手；一条竹杖挑风月，挑到时也要息肩。”对于某巨公白手起家，风云叱咤，上下古今，笼括俱到。归之是讽示罢手，也即道家旨趣所存。而撰语苍茫奇倔，颇不易得，为可异耳。

广西一位将领，女儿为失恋而自杀，疼爱之余，记其挽联，上下联各下半截云：“半世生涯难付汝”，“伤心怀抱更何人”。却含无限情致，情之挚语亦自工也。

彭老临终前神思清晰，撰自挽联相示，谓老友无他嘱托，将来代为留意，追悼会上，并题这一对挽联。厥后临场，看是照办。但后半却被篡改。原撰还有低回往事，感慨系之之意，改者直换成“生生不息，何以悲为”。一味积极乐观调子，浑不像其为挽矣。时代所尚，我欲无言。间亦缀下一条尾巴，混于渊明之自挽：“蕞尔虚声，劳劳以赴；人言禄尽，草草当归！”尚属征实！亦颇蕴藉。不过几时转徙沟壑，何劳此捞什子为？一笑复一笑。再溯三十年代，大母病逝，时羁海上，冒昧言旋，心酸暗写：“母也天只，儿归何迟！”可是不曾张出，存之胸臆而已。又时则旧家零落，过了新年，亲堂要我替旧宝泉字号挥春，我稍推敲一下写：“宝气东来虽尚隐，泉源尔日又逢春。”无乃自欺欺人矣乎！

笔 札 之 五

当我得请退居敝庐，人家说，住惯城市的，落乡怕不习惯。但我谢谢他们的好意。一心想，农家子并且不曾享受过惯寂寞生活，有何大不得了呢？一直度过，将近十年，所谓“历遍风波到故乡，此中别有盘涡石”，经受了多少惊险和不愉快。还算得天独厚，人家照顾有加，无灾无难，独树迥殊，没有什么不满可说的。由今越来越淡，亲朋音信极稀，窗外日影，看去迟迟，唯一等候的足音，只是派报纸的。虽则报纸已经形成不感兴趣，也不便停止，好让一些人来，看看谈谈，添些话柄，不太岑寂。老去无欢，一息尚存，聊摊诗卷，等之逃荒，等之“寻得桃源好避秦”如是焉耳。

即景小诗二首

三月廿九是栖神，小庙山门略已平。尚有村氓忱福德，地龛香炷漫腾腾。

雷殷南山风飒然，浮云收拾现蓝天。星空闪闪信如海，刚有一萤流这边。

即事偶拈四首

入夜沉沉雨也阑，索无佳趣只偷安。未尝粽子裘休放，谚语直教五月寒。

乍晴乍雨似今天，乍见杨梅照眼圆。饥渴人家图口腹，山村何事卖花鲜。

风下高柯隐闻香，登盘我爱小南强。溪边寂寂门空掩，采摘丛中端细详。

洋边冈上两区区，水引开关架小庐。祸起乌龙声乱吠，一叉刺杀荷柴夫。

散步归来述片

四月闲人少在家，才匀禾穗插篱笆。帘前燕子依空荡，陌巷迟迟日影斜。

乍现碧蓝云脚收，艾旗蒲剑漾中流。放牛堤畔青青草，为问行人得似不？

园花采采号灯笼，笑索一枝有小童。晴窗只好花供眼，可无剥啄待飞鸿。

沟流汩汩复涓涓，雨后茸茸草地偏。叹息几回人过却，家山形态故依然！

临江仙·忆京东堂子寄居时也

梅雨才收庭院闭，丁香袭透沿痕。琐窗寂寞蔑啼喧。飘然风叶碎，展转弄回纹。　　聊有西邻诗瘦客，一枝凭寄胥存。漫无好思伴云云。满城歌屈子，谁问陶征君？

端节侧影

今天翻起日历，还是印红笺，标出端午节字样，等于例行节日，放假一天的。但时代跨入“文化大革命”，已把旧的风俗习惯，通通废除。近来猪肉供应紧张，恰在这两天没有供应，恍同禁屠也者。于是而斋斋斋，兴味肃然似野僧焉。

过药叟那边，意在向小园采摘鲜花，他忙个不了，一早已在采桑叶，掘茅根，说是“五五”圣日，采药特地有灵验。还说老道吾，早就送来“薄荷”盈堆，仍荷锄入山发掘药根去了。本来乘得晴日，临水登山，也可人意；无奈人事牵缠，身体又羸弱，望“阳”兴叹，只好把游踪雅兴，收起免谈。至如圣日之例，溪水是龙须之水，旧时更其特地取汲的，贮藏于家，以当圣水活用。而今奇怪，大谬不然，前些时不知哪里来的神符默咒，谓是日也，不要出门，不要泅水，连井水都不许挑，还须整天斋戒，违便灾难不得了。这一道勅令，速于置邮，信者大有人在。往时节日作客，络绎载途，今果碰见寥寥，奉令唯谨，赛过皇皇政令可多着呢。

溪上小乘

清溪沙鸟，风帆往来，风景总是优美的。虽则现在在滩浅岸高，两旁赤濯濯地没有些竹树之属，估船也少得很，不比从前川运如织的了。

记得少时有一次，即乘这些船入县城，需要中间宿夜，便泊在丛竹荫下，绿水成渊，时听隔邻的桨声泼泼，显有节奏，天宇冥冥，星辉闪闪，漏落一些野旷的虫吟之声，人也胜似度过一个不平凡的生活片段。

傍乡一个古渡头，由对岸小村掌渡，收取微利，而对我们大乡则免，以示尊重。还在我儿童之年，传说一个夜里，那边呼渡，渡过这边，冠盖三人，恍然作客样子，待要其渡费，却说是本乡人。跨上沙滩，一呼不见。渡夫吓得一身冷汗。后来神巫降说，大乡某某祖宗，为抢救了他的卧病后一代，而已赶不及了。

恍忆月夕苍凉，跳白小舟，溪水浮涨，故事重重，何限鬼魂萦绕着。女人投水，是古已有之，今亦宜然，却有 个例外。一个女的，被印上阶级烙印，虐待至无虚日，仅仅一件用铁火钳，烧得红红地，可就令她魂不附体。她一次二次三四次，都乘夜偷偷地爬上溪堤，寻求短见，望汪汪而下泪，凭漆黑以怆神，但念及藐尔孤雏，无所依靠，又是舍不得，死不得。哭哭啼啼，还是踱返来，低头默默受罪！这一幕漫漫掩过，迄今十有余年，新近听说四个孩子俱已长成，盖建了一间瓦屋，女的已经四十多许，垂垂晚景，差慰迟暮。江山才是主，人们都是过客，几番鸡声茅店，憧憧过来，所见甚为局限；若乎甜里生，苦里长，盛衰兴替，人世沧桑。除却江神水滨，才能够历历如绘呢！

我自赋闲无俚，晚凉散步，由有所感，渐渐习腻，淡焉漠焉，以至于麻痹钝化，浪转一番，筋肉活动而已。其余不知所谓也。稍觉异样者，一向闲闲缓步过来，沿公路绕堤顶，风吹飘衣，凉凉一阵，可是很少很少碰到一个同路人。昨晚引望，堤上隐隐有个蹲着乘凉悠悠仪态，临近还是上了年纪的，可又不曾相识，后来听说是缶窑聘来的老技工吧。聊与点头招呼，他也一声回礼，这样扬长引过，过后还觉脉脉有点余痕。这之际，闲人可少，雅人更其谈不到了。

唯江上之清风，与山间之明月，念来总有点飘飘然；更有一解，五湖烟水有谁争！附会垂钓者说，我将唯鱼之求，而无他钓焉其可也欤！

溪　上　吟

溪上鱼虾那可寻，岸高滩浅到而今。一群小鬼水嬉处，数幅蒲帆云影深。
但闻风凉如傍笛，休期月夕倚遥吟。牛山故故多惆怅，为问水滨感不禁。

展望平畴熟闲灰，蹄豚向祝凡几回。山村竟亦勤王事，南亩虚矜嘉种栽。
阵雨野原虽润色，登场干湿费安排。天公作美晴晴去，扣釜人家待粒来！

卜卜小轮溯内溪，方生夏潦洽丁时。水牛浮鼻泅差拟，倦鸟投林着旧栖。
闻道三山曾翼主，共看明月是天涯！石桥引过沟流影，一样迷离声正嘶。

乍起朔风瑟瑟吹，漠云弥漫没朝曦。天何善变互开阖，人本无常惯诈欺。
小伙搴旗纷夺嫡，鸣蛙两部只为私。“稻花稻芽”行堪惧，谁予凶年哺肉糜！

一角小楼纳夕晖，溪风绕树影依依。过从清夜时方泰，亲故家常聊合围。
尔后沙虫充浩劫，伤心浊浪卷渔矶。鹊巢至竟非鸠份，占住年年弄是非。

雨后郊原景色新，丛边茉莉吐芳馨。窑翻人事今无主，溪际凌波教独行。
默默云山相对语，萋萋偃息若而人。白云苍犬君差胜，犹复游闲得此身。

咏　蟋　蟀

汝本同族类，振翅作昂鸣。还牙各以口，拔草云谁撑。多应鼎折足，也复覆公羹。逡巡仍蛮触，蚩蚩嗟尔氓！何曾勾文化，直是妙莫名！怎如儿女伴，穴隙默张灯。宫中添秘戏，一笑显输赢。圣人视刍狗，刍狗乃圣人。

中元有怀拜好兄弟

送罢织郎瓜果幽，羁魂南国此淹留。投荒正好称兄弟，井渫何因尚寇仇？
文教失宣动以武，弹人台上吼如牛。赤城一夕蔚霞起，战绩煌煌话阿侯。

椰风蕉雨弄移柯，室迩人遐今则那。裹足不前秋士困，举头飘荡白绵多。
忧来零影任分散，老去因缘只旧窠。最是西楼曾倚遍，月圆月缺引如梭！

秋　夜　曲

渐觉以虫鸣，兼又晨风引。时序来依稀，枕簟更凉讯。炎威宁久侍，处暑虽尚劲。水渌绕山青，迢迢侵眉鬓。一年好景君自知，阿是摇落雁南飞。愁红惨绿归净扫，月影帘栊湛寂时。

即 事 二 首

半墙明月欲窥天，弗见彗星斗柄悬。自是人心萌乱起，精灵幻化并传宣。

附记：汤坑人称，每当子夜，辄见彗星出现。我未曙起视，迄未之见。

刁斗宛如针里毡，隆隆一夕恶当年，谁知南岸花源地，也复风波倏变迁！

附记：记穗城华侨新村也。

有感于盂兰盆

《盂兰盆经》中，是时目莲母得脱一切饥鬼之苦。旨哉是言，庶几乎近道焉。推此类也，得脱一切魔鬼计缠，得清净界，得自由身，不亦乐乎！

《畏庐诗存》末一首，描述城府村朴两处人家，前者例同衙参，后者不离粗犷，意拟从后所好。此固久居城市厌烦，才有了这般感觉，其实易地同然，家道不齐，麇集窠里，变成活生地狱，从千百中能够调叶一致者几稀。

且言家外环境，湫隘嚣尘，前人已有道着。妇人长舌，啰啰唆唆，一句没相干的话，可以重复至百数十遍，不必要的纷争，愈来愈吵，愈闹愈凶，非至筋疲力竭不止。渠自在练嗓子，不如此不舒服也。太平观念，浑觉无聊，非拚出一身臭汗，泄泄臭脾气，不过瘾子也。再推而上，皆此类也。比却众楚人咻之，奚啻加百数十倍讨厌呢！偏偏于此，习与为邻，日与共处，屠场市声，兼而有之。陶渊明句：“马队非讲肆，校书亦已勤。”真是呢！千金买宅，万金买邻，还不是慨乎言之呢！如以朝衣朝冠，坐于涂炭，其是之谓乎！

唯盛德者为能居高临下，风化自南，人与同化，但是此曲不闻久矣。孟母三迁，见机而作，不俟终日，还是拣择一个适宜环境，可以和平共处为已足。无友不如己者，节其语意，亦既争取上流，勿自沉堕，勿受不良感染腐蚀为所事事，所见未曾不对。提相反一说，我之大贤欤，于人何所不容，我之不贤欤，人将拒我，何得而拒人哉。所谓徒唱空腔，不合情实者耳。

物质条件所限，只有依倚先人之敝庐，那么结茅三间，门临秋水，变成可望而不可即之领域，也即过分的奢侈欲望了。又知前人安贫乐道，所得于居移气，养移体，和大自然之探讨为多，“补填积雪成新径，展拓闲云架小庐”，今之径，今之庐，果安在哉。普天之下，莫非王土，贫无立锥，安容展拓？“任是深山更深处，也应无计避征徭。”似此之下，苟苟过活，斯斯止足，遑望其他藻饰，更哪里求“广厦千万间，大庇天下寒士俱欢颜”也哉！

黄霸受业于囹圄，陶侃运甓于斋外，古之人尚矣，不择时地，一样修养，但能安处即为乡，钱塘苏小是乡亲，若是乎善自得师，困以求之，是在“明知”！是在“不懈”！风泉满清听，风泉清道心，会须有日，“慈帆吹渡过江浔，托却尘丝烦恼障”呢！

附记：

“四禅”解释

《异出菩萨本起经》：“太子便得一禅。复得二禅。复得三禅。复得四禅。”《大佛顶首楞严经》：一切苦恼所不能逼，名为初禅。一切忧悬所不能逼，名为二禅。身心安隐，得无量乐，名为三禅。一切诸苦乐境所不能动，有所得心，功用纯熟，名为四禅。沈约诗“四禅隐岩曲”，按四禅尚非真解脱处，故未尽免缚。李义山诗：“贞吝嫌兹世，会心驰本原。人非四禅缚，地绝一尘喧。”意致颇近晚年。

闻乐写照

子华子称：撞钧石之钟，六乐合奏于庭，所以写乐也；而隐忧者临之而逾悲，不主乎乐故也。郁摇而行歌，促弦而急弹，所以写忧也；而安恬者得之而逾欢，不主于忧故也。然则忧乐在外也，所以主之者内也。内之所感，赭苍互色，东西贸区，而昧者则不之知也。故曰："观流水者，与水俱流。"其目运而心逝者欤？

从闻乐之感受，言人人殊。上之为孔子在齐闻韶，至于三月不知肉味，其所感殊深。后人常见言及。余音绕梁，三日不绝，等是慕悦，心心相印也。水上希音，有如"楚客欲听瑶瑟怨，潇湘深夜月明时"，合算上上乘。下之乃为山歌与村笛，讴鸦啁哳难为听。此间雅俗相去，正自不可以道里计焉。

个人不敏，如所闻闻，最难堪为在港九羁留时节，生活煎逼，湫隘嚣尘，溽暑托栖，不离枯燥。此时街上大声叫卖凉茶，更添播音器，响彻户庭，哪里有音乐意味？一阵一阵噪聒过来，当此之际，逾觉心烦，愈觉困倦而已。京华于止，古典为邻，夜间街头响乐，播奏及昆腔曲调，游人驻足而听，我亦在其间，神与俱引，脉脉清忱，幽幽古道，确是顶饶兴趣之一息。若是乎此曲只应天上有，昭闪春星带草堂，同其静远深致。另后一例，榕城过恍，旧乡音乐，只令人愁，令人意消，令人丧沮，靡靡之音，鸣鸣情调，不会起劲，不合清神，若是之谓潮音，六朝遗音，拟不为过。生斯长斯，沉浸丁斯，怎会有好怀抱哉！纵尚非亡国之音，却亦未亡人近是。顷再一度邻居携带半道体收音机，播送些时下鬼歌，"俺死俺死"连连叫嚣，盈盈充耳。分明是人家比较安静环境，却一任破坏无余，恍然又榕城里面，楼阑独凭，分间操交响乐，吵个不停，令人烦躁万分，不也大可哀哉！又知这一来，真真跟不上时代，连所谓音乐细节，偏偏不感兴趣，反而起厌烦情绪，谓之何哉！安得一声雷震，尽把这些扰扰，下里巴人，群魔率舞，一扫清光也哉！时在秋晴日，牢牢记取。彼此彼此。

杂　诗

一自长围困绿苔，游踪嗣是歇将来。儿童为报花消息，山后山前桃又开。

秋风词调引悠悠，索瑟凉生羌欲愁。正好昨宵霖雨降，放晴而日等闲休。

一年过半是中秋，人家却怕月当头。醉仙抱海非干事，难把生涯问拙鸠。

风荡柚园沁绿香，行人口渴转骄阳。旅愁仿佛斯时节，便欲重临天一方！

又古体

林檎柿柚果咸宜，月饼同圆绕所思。刚好晴光湛露滴，悠风乍觉庭树枝。今年尘土浸非非，剽掠喧呶动满围。那得吴刚劈大斧，青牛了却玉关飞。共看明月应垂涕，衰草离离千万里。楼头花下恰愁人，天仙难解人间事！忆赛灯蝈品艺精，灯前儿女总舒神。此曲不传传古邈，梦魂休着许飞琼。

梦仍在港某巨室中

夜雨沉沉更漏残，恍然帘外对潺潺。欲寻往事成重世，谁令退飞觅旧关。事业浑随川上水，楼阑空忆海中山。故交可道资知己，洒泪绨袍亦以寒！

久违花果山步绕篱边

槿篱回绕尚依依，雨湿丛条探惘微。休闻鸟啼凄里寂，带些桃片淡疑飞。空桑昔过翻余恋，荒径蹄痕久合围。总是无聊厮守也，不经人处漫无归！

绝　句

旋磨汩汩节奏兮，磨坊辛苦夜何其？世间多少撩清梦，等是鸡声与马蹄！

儿哭儿饥旋悄然，有生生物信由天。人家炊爨随缘起，揽辔羲和赶着鞭。

杳霭烟蒙一望中，更行堤上透丝风。当时意态翻然好，只觉迷途类已穷。

村野水流笼画同，书经百读不嫌重。鳏生此外容何有？沟壑填时愿亦终。

丁未中秋纪实

晴空月影下墙阴，帘外清幽虫在吟。聊闻方场儿女粲，算它一夕广寒心。少时贪候天门启，村陋还无斗煞侵。不出户庭等闲度，休关长好与琼林。

露白虚飘草际生，尚无佳果座上陈。人家过往意仍厚，翘首十年梦暗惊。槎客不随八月候，桂华可道九秋辰。相看岁序骎骎去，肯信一钱莫浪轻！

此日小诗

漠霭笼空曙未分，途边勾起抹痕存。自然一派荆关画，爱月迟花逊似君。老去无欢树已枯，一些生意看新雏。门前竹马诸儿戏，赛比蟠桃暖寿图。免俗未能嫌多事，避灾叠九竟非夫。池塘水亦蓝蓝浸，几见白清养得鱼？庐前王后片鸿音，迢递山家秋正深。犹有跫然将色意，不同修竹倚寒吟！

夜阑有作

浮云漠漠月仍辉，只是夜阑光照微。陋巷迟徊人几度，鸡声咿喔召魂归。百年有恨谷何极，九死投荒迥已违。老大身名如土芥，正知影落坐牛衣！

激情无奈顺天何，耐辱流年居士多。忍以低眉泥菩萨，更堪眢井数星罗。清溪沙鸟时非旧，落叶霜篱调亦过。为问古原枫树怪，何时招手俨头陀！

手札三通

时维九月，序属三秋，兀兀蜗庐，可无佳思，孤负当前之茱萸令节。转忆前人自嘲，无聊只作时令诗。似乎此等兴会点缀，有亦无妨，无亦不为不可。又正想，过惯无聊生活，退居九载有余，所谓的藏山诗稿，又臭又长，把它删汰整抄，归之比较明净，不亦可乎？半月以来，即在做这番笨功夫，老眼昏花，自讨苦吃，迄未完工。抑亦仅有的身后长物也矣乎！诸容后罄。仍再伸述一句，惯迟作答爰书来！

奉函领略诸多花絮，如临山阴道上，应接不暇，顿添眼福。爽然于憧憧虚影过前川也。末一节，从蜀棉吴絮补修完兴起，也复联忆及乡下佬，那件短小外套，少陵雅抱，广厦千万间，尽使天下寒士皆欢颜。不是过哉！说来闲话颇多。季子黑貂之裘敝久矣，但年复一年，聊以遮蔽酸寒，缝补漏绽，有的是针线，好在乡村僻陋，莫之羞也。套《战国策》赵威后维持养活之资“恃粥耳”一语。亦正可云恃敝褞袍耳。近有柬埔寨一位女客，馈赠一些见面礼，中有六尺乌绸，喜出望外，交媳代旧装套。她笑说，太薄，耐不多时。我却执固，人寿几何，不犹愈于破破烂烂乎？退居生活就是如此，原不足怪。由今见到乡人盖建一间平房，动逾千金，相形见绌，活动力微，实已穿不过鲁缟，可谓之：“臣之壮也，犹不如人；今老矣，无能为也已。”无以异。不过，请祈释注，我自能解。念念有词，“相逢都是秋风客，担着清霜且过桥”！

抄示《离骚解序》，费了不少精神，把玩低回，洋洋洒洒，知得于醰醰滋味为已多也。另有进者，昔人称得韩文一鳞一爪，都可名家。词章家祖述三百篇为诗之根柢，楚词为词之渊海，亦即南方之强北方之强所由分野别拌。些些沾溉，瓣香有在，冷暖自知。香草美人之思，缠绵悱恻之致，上天下地，帝喾齐桓，浪漫作风，神秘化，对大自然之怀感，都相当浓郁，合是上古娴于词令者所优为。有如“袅袅兮秋风，洞庭波兮木叶下”，又如“念天地之悠悠，独怆然而涕下”均其状物之无穷，而感人之不可聊者也。诗圣之怀宋玉云：“摇落深知宋玉悲……萧条异代不同时。江山故宅空文藻，云雨荒台岂梦思。”亦其神领以得之。不然，故宅荒台，在钝根者，现实感者看来，直不值钱物耳。纪晓岚曾泛舟严濑，浮岚掩映，清波见底，萧寥有世外意，以为胜西湖金碧山水，因有句：“何须更说江山好，破屋荒林亦自殊！”

即事二首

但见临岐拭泪痕，生涯命也复何言。却牵垂尽同枯蜡，未就慎终冷几分。
蛮貊迢遥仍返旆，廿年离恨照孤村。只今雪色阴阴锁，合是关山送客魂！

不应消受故人恩，乞食渊明尚语温。可道穷鱼偏易足，分明砧杼昧将门。
南番倘予一廛借，蜷伏何因吓鼠存？生事念来憔悴甚，未填沟壑浪啼喧！

附记：陪送一位女客，感不绝于予心。七八年前其夫一返，旧谊尚存，此次轮给女的回来探亲。哺乳老姑，年逾九十，亲生女儿，育子累累，手头非裕，应付支绌；却接受了她一份推衣让食之隆情。弥觉惭愧！亦算是一回事矣。

冬至有作

雀噪庭除昼又阴，一阳敢是梦中寻。夜长枕上都闲过，岑冷朝来宛独深。
哪有余光存壁绩，欲凭陋巷倚闾心。自生自灭终虚幻，抱膝迟徊付楚吟！

附记：俗言夜长冬至，是夜好似特地长；实即夜长到此为止，翌日一阳以生，又渐渐转为日长矣。前人句“荷钱出水日初长”，又“日长似岁闲方觉”是也。

冬日即景七首

庙貌榕荫漏日光，神之云杳对荒茫。分明一片陈陈迹，也是侬心更不扬！

潭水泱泱今淤塞，日中为市转颓墙。姓刘故是此间主，相率流亡过别方。

砥道长林漠漠遮，微嫌燥息弄交加。南番便合斯情调，道是天涯靡有涯！

蠕动劳劳运小康，尔羊濈濈待居王。蔗园风引飒然过，声细耳根偌许长。

东家杀豚啖尔无，信有三月不知欤。古来竭泽供王税，枵腹多应落佃夫。

乍觉鸡声喔喔时，四边定后夜何其。人生正尔无题处，茅店月痕送马蹄。

鸭鸭娓娃语颇真，池塘春暖兆先萌。暮年生草那佳句，聊亦含饴混俗情。

寿 药 翁

十载归来依旧偕，小园丛菊几徘徊。等闲陶令修情话，卖药韩康手别裁。
故有桑榆存晚照，仍添兰蕙绕春台。人生七十称稀罕，许伴酡颜共一杯。

避俗避喧两未然，教从尘里觅息肩。生身只好为人役，入世何曾语尽圆？
冬日孔怀宜暖背，野芹欲献足丰年。却看物理须行乐，赢得康强胜似仙！

鸟鸣喀喀

沟流汩汩透春心，老树榕阴喧彻禽。喀喀向来将客至，迢迢可道倚闾音？
列风有待终非计，樵采凭槐坐殢淫。叹息斯人胡不竞，岁聿云暮关河深。

萝 藨 谣

月里临郊野，露宿聊结茅。时方陈菜窟，防有攫其巢。朔风凄以厉，兽走失叫嗥。冱寒当此际，野旷天何高！怜汝衾儿薄，竟乏帽着牢。蓬头真草草，襆被似速逃。粒粒农家苦，一钱苦中挑。悄悄营卒岁，卒岁亦已劳！

家 畜 谣

养豚被克扣，越境售价添。乘夜捆载途，仿似走私盐。耕者不得食，织者无以衣。向日挖墙脚，滔滔放厥词。三鸟悬任务，人纳同剥抽。谓之所负欠，颜厚安知羞！

梦

梦一将领，拥兵入朝，盈庭震沸，听他朗朗宣读谏草，至于，奈何以些小外夷之故，欲尽变先王法度，使膝花鲜艳，不免凄寒；庭槐落风，为之憔悴！忽然醒，记存语句，颇觉俏丽，为足此章。

故事萦怀类已沉，山人无那式愔愔。如何梦寐通王国，诵习槐安一抗音。
昨过小园摇落后，欲凭白菊瓣芳寻。得毋虚幻原相属，影串宫槐戛戛金？

天　　色

天色阴阴锁，幽寒难挨，阳舒阴惨，人情大抵同然；尤其老年人，撑持匪易，寂寞空袭，万念俱灰，只有睡乡是吾乡耳！今日晴赋此。

阴霾昨似笷垣深，今早晴光竟照临。三日不常天善变，那教摹捉圣人心！

即　　事

岁月萧寥运已余，南山莫固恨衔珠。阿谁肯负川边骨，义士应无博局徒。

附记：隔乡十里许，间有一古墓。曩时灵异有征，号虎地。点字赌花会者，忽呈厉鬼谴责，可能带其骸骨返四川故乡，则如赌愿以偿，卒之不果。顷被掘起，形相俨然，咄咄怪事，传遍遐迩。

冬令乍见月光

月痕委地又微光，乍别旋逢在者边。已是春墟传蜡节，迟来鸡唱落篱荒。无言有憾虚穿隙，弋雁明凫仰宿章。光景沉沉人牖下，营巢偏忆老冯唐。

附记：谢和兄朴学之士，一向尚穷，有子克家，侨屋自买，垂垂蔗境，卜居羊城，至足为老友叹羡也。

对月异乡情

皓然月色遍天涯，袭袭凉凉霜气加。闻道通衢难逾蜀，多应膏尽出无车。思齐北阙方悬冻，还是瘴乡匪蔽遮。真个欲垂白傅泪，空明一夜客心遐！

由贺寿诗联类及之

披阅抄示乡贤诗什，首列吴雨三，因想其弟泽庵，对此题必有制作，前承姚翁惠赠泽庵诗集，翻出一首，题云《蔡瀛壶遐龄集题词》，并录参照：

“多文为富更何祈，展卷琳琅讶夥颐。天外鹤声收一一，眼前今雨识丝丝。真成才子兼诗福，独以狂夫傲数奇。我也操觚从座起，抛砖佩笑首题辞。”

就腹联“才子诗福，狂夫数奇”二语，概把主人翁行藏风格标出来。事隔数十年，正当民元初纪，清末风气未尽删除，文人结习，吐属摛词，都堪衍裔。我亦依稀微闻有这一番故事胜况也。

瀛壶托兴，自然旧名士之流，怀才不遇，诗酒狂歌，为其本色。故已有之，伤情调不一而足；如“懊恼襟怀偏泥酒，支离情绪怕闻莺”，又如“春雨楼头尺八箫，何时归看浙江潮？芒鞋破钵无人识，踏过樱花第几桥”？皆此类型之代表作也。就贺诗中句，如“落花如梦入西湖”“瀛壶小筑隔红尘”。此物此志，人我两忘，只当作为一例看。时代运会升降所趋，逊清遗老残声宛曳。一般温文尔雅，近弱近肤，不够深刻浑厚，简淡唐音，合所谓“未遒”和“诗少幽燕气”也已。仍渲染一些新潮流，新术语，不堪入诗者，也复渗入之，以炫新款，此项以《人境庐》《饮冰室》为其作俑，真像脚力粗伕，混进缙绅堂上，不伦不类，破坏风雅之处，确非浅鲜。内中如“亡国奴”之类是也。

再从头复按，雨三以画兰名家，字尤酣恣，得天独厚，至如诗作平平，切题而已，余韵盖寡。“最喜阶前添报喜，栽培应手得佳儿。”陷入俗套魔障矣。要之雨三在夷惠之间，谓之老妪俚讴不宜，列入隽逸清新尚远。乃弟题辞一首，等是应酬之作，还较流利疏畅如颈联“天外鹤声收一一，眼前今雨识丝丝”，情韵信美得多。

苍雪诗名，以豪纵称，倚马恢恢，不带生涩。郑板桥云：“题高则诗高，题矮则诗矮。”若寿诗之类，虽欲求高得乎？

“故应觞咏占梅先”较之“定应海屋看添筹”差胜。“人生识字成忧患，老去营巢卜市廛。”句自蕴藉着力，是为得之。余可不复推敲也。

日昨药翁七十寿庆，人与言微，胡诌二首，凑凑热闹，抑所谓未能免俗焉耳。诗附录后（已在上面，兹不另抄）。

丁未除前夕二首

鸡声如雨落诸天，长夜漫漫倦又眠。道是劳薪充爨下，归名关隘卜斯迁。鱼因竭泽轮番歇，桃未抽红关节鲜。惭愧山中清淡味，梅花一插便成年。

敝车羸马泛长征，晚景骎骎俨欲零。婚嫁泥谁称向子，添丁福薄累鳜生。

蚕心作茧丝仍缚，桑叶新来眼吐青。鸦口晴临方怅望，离离宿草几输赢！

乍　觉

乍觉桃未抽红贻憾，元日客至，却送两束鲜桃花枝，云自黄竹坑池边采摘，爰为赋此。

咏桃故在《风》诗上，灼灼其华语堪夸。不出户庭那解识，有人折赠山水涯。正知物候风轮转，静好犹然处士家。便欲属句酬君赐，苦思蹇浅乏烟霞。早弱晏强经市井，阴晴变化仍兼加。宫袍亦有墓门拜，莫道前人见识差。呜呼放翁休怨嗟！家祭何须乱似麻！

附记：随园：“望儿终有日，道我见无年。……果然宫锦服，来拜墓门烟！”

放翁：“死去元知万事空，但悲不见九州同。王师北定中原日，家祭无忘告乃翁。”

即　景

晨烟酿雨一阵宣，陌上青芜已沃然。也是天心人世换，只嫌卒岁没晴干。

漫　步　谣

忆昔蛮荒避地时，荞麦摇风白披披。斜阳又是多噪息，空谷无人足音稀。今者绕行溪边曲，砥道叶齐云际绿。无端冉冉缠树飔，何日归巢并乌啼。失意情怀本萧瑟，狂花客慧安尔为！世事浮云人影促，一天酬对罗尘俗。欲凭洗耳探清忱，敢辞爱患宅思深？

遣　怀　二　首

为有庭前啁啾声，聊破漠阴冷雨情。生事流年凄瑟感，剩余长物羽毛轻！春寒无限过来影，檐滴还从枕畔听。最忆潺潺帘幕客，罗衣一袭数残更。

低低调引总凄然，寄守无欢末日年。份本无能勤礼塔，话如可道托诸天。寒威惯会凌人弱，嘶马何堪思故乡？北辙南辕经已判，孤灯挑尽漫成眠！

苦　雨

底事幽幽溢雨寒，彼苍有泪不曾干。经旬真不见天日，越日越来只苦颜！家禽早就弄毛病，看来燥湿失调整。檐前雀噪夙已停，天色非非便入暝。老我衰羸坐不成，无端壮者薄晕生。少妇喉头似作梗，永夜愁闻喘息声。家乎家乎靡有宁！凡百俱废恶心情。沙沙掠屋雨又过，隔个窗儿滴到明！

杂　言　一

撞车惨死血模糊，旗亭雨湿听呜呜。邻妪云亡当遥夜，双抛池畔曳山孤。世间何物久已悄，绘影绘声忘不了。今旦圜丘是降辰，膜拜纷纷真不少。我念神兮有若无，见豕负涂载盈车。人头畜鸣俨充斥，安得汝斧凭劈除？

杂　言　二

畴昔投荒蛮貊天，雨季淋漓断野烟。幕转帝乡飘雪色，沉沉大地白于绵。当其在时湛寂抱，争知幽谷啼莺迁？泼水堂坳浮蚁芥，依稀围绕杜由沿。浪花静时方始定，翻然一碧如平田。

杂　言　三

输钱都由赢钱起，破家敢是好儿子。早出日头没好天，阴锁逾寒今果然。人生翻覆诚难料，无道悠悠胡浪搴？

几通笔札存照

诗以陶养性情，和平养无限天机，均其修养有得之言。兄富情感，凡所流露，肝胆照人，粹然真挚，人生难得之秉彝，珠光玉洁，可以无憾。四书有句：“礼云礼云，玉帛云乎哉？乐云乐云，钟鼓云乎哉？”由礼乐以例诗，当可作如是观。至于求学环境，实在亦需要一个静致，方为得所。

陶渊明讥诮其同时人，“马队非讲肆，校书亦已勤”。孟子针对学齐语者：“众楚人咻之。”等是无成可知。近顷有一疯人烦扰，不免担心提防。生活便弄得不正常，此其瓜皮蒜叶，微不足道者，尚且如此。看来没有安定之社会环境，一切建设事业，都无从说起。缩小而如家内不顺，生活都无从安排，钱尚其次，有亦解决不了问题。鲁哀公说：“虽有粟，吾得而食诸？”其信然哉！

兄是得天独厚，福慧双修，安常处顺，自可优游到白头。兄只记得杜甫“白头搔更短”之句，何不翻及“老妻画纸为棋局，稚子敲针作钓钩。但有故人供禄米，微躯此外更何求”之为熨帖？而况故人比之儿子，不可同日而语。又且风水接受外局，远水过堂有情，非乎天上星辰展，曷克臻此乎？至于我，备承锦注，肺腑相看，良深心感！我但朴素自持，量入为出，腊底暹批寄来，折合百元之谱，已属多余，春节供应，也算客气，人们视之，不可多得。前函拉得太长，涉笔到人家盖建新屋，以资对照。忆初来时，仿似居高临下，今适倒转，居下临高，生活水平，活动能力，算是一个标准尺，寒暑表，如鱼在水，冷暖自知。而实则从未做过非分妄想也。我躬不恤，遑恤我后；身之将隐，焉用“屋”（原作文）为？聊亦浮生半日闲焉已耳。

元宵刚过，冷雨又霏。天无三日晴，令人郁煞。还好午后放晴，雨过天青，虽则朔风凉冽未减。此愿无心开阖，不要太突兀，太无常，太那个“民亦劳止，汔可小康”。共是之谓乎？寂寂楼中，弦诵不辍，尚友古人，信乎“久处寒者不知寒，常守约者长为素”乎？临风无任仰企！

前函阅及玉树琼枝，今兹参见苍松景柏，恰亦联忆儿时听听潮州歌词唱“活灯看完看纱灯”也。另有喜讯报道：元宵佳节，埔仔寨特地游神，游花灯，四班大锣鼓，通宵达旦，熙熙攘攘，漪欤盛哉！其他拜神香火，随处颇旺，赌风亦炽，红白旗飘，房界乡界，古香古色。上半年如狗肚之与石门池，近蜡月底，玉联之与分水，都是动员阖族丁壮，杀豚誓师，驻军力加遏止，有伤无害。而案则虚悬，不了了之。说者谓此时，机关大都陷于瘫痪，未审确否？倘有生花之笔，定可描成洋洋大观，惜乎郁达夫氏往矣！（来函称述郁氏文豪，九种日记，山明水秀，为之生色，合照附和）

旧日迎神会于米枋糖盘上添插鲜桃花时来感兴

却见红红白白英，春王正月是佳辰。芳园岁久靡涉足，没径茸茸铲又生。园丁告我园中赏，怕触邪魅步不展。花有妖兮草有魂，迩来迎赛何纷纷。埔寨花灯夹鼓乐，通宵达旦犹耳喧。玉窖标旗顶鲜丽，锡场整套贻别村。相应送神牲粿备，客家十五合上坟。自从破旧若波奔，果何主义漫云云。昙花一霎类飘云，礼俗千年讵可扪？以食为天民命存，生活生存盘阙根。

纪　梦　痕

每日溪边尽绕行，今番恰遇潦潮生。跟前小草浮痕湿，折转蹄涔已照盈。收队鸠工争荷具，向前傍岸忽稽征。相看盘问挟何有？遍索枯囊笑我贫。

晨　　起

晨起凄寂邻家报丧妪年七十有八我挨次一轮亦八，触绪茫茫，不无兴感聊用引怀。

霏霏细雨织春寒，邻舍伊人晏举烟。老去已无须一哭，问年刚比十年强。崦嵫落日总难免，驽马悬崖易感伤！为问梵林撒手外，谁欤脱壳似金蝉？

春王正月掇述八首

匝月曾无数晷晴，教人虚度过新正。秧田下种还噤冷，划脚天边似露萌。唤妇鸠呼征节候，黄云麦秀卜几更。迢迢望渴含生事，敢道翻腾物价声。

浮光筛洒满汀洲，浅水寒沙低按流。故有浣衣依古渡，更堪没胫托行舟。岗头残缕迷烟绿，堤畔无人伴嚼牛。我但闲栖闲歇者，几回凭对话沧州。

一灯如豆隙中窥，伐石山家夜燃藜。似此生涯颇不恶，谓新时代仍伙颐。

逢人跪哭流民影，一哄冲开煤厂基。道是共和民主制，章疯所见有同疑。

清早鹧鸪逗尔啼，春寒稍杀可应知。坡田雨歇涵芜默，沟壑水流兆叫澌。
秧种冻僵翻不起，花生落土便成泥。农夫亟盼关头是，开首茫然尚缺肥。

几人得到古来稀，少小相看并老衰。结业算将雏哺茁，春蚕未了管抽丝。
庸言庸行思犹愧，多寿多男怕却窥。一叶孙枝吾已病，摇摇欲坠似丁时！

谢家可羡是佳儿，因果幽微印证之。衣钵及身君子泽，泪痕空染霜竹枝。
过庭偶尔亦常语，隅反何如自得师？人事尽时天听取，夭之沃沃本无知！

采采桃花一束鲜，软凉入暮等华妍。一天功课容何许，聊亦浮生混过旋。
老去侵寒差厌苦，有人传说旦斯迁。众生望幸如望岁，叵耐新年逊旧年！

推枕披衣又擘笺，苦吟刚好缔因缘。虚窗作赋虫声唧，夜雨迟人侧耳眠。
索乳儿啼更漏永，生身梦锁奈何边。教从物外寻方物，得句春星带草堂。

附记：《儒林外史》作者有句："严霜烈日皆经过，次第春风到草庐。"语可同参。

花朝为先母生辰郊游述感

为爱繁英陌上看，如流云在度回环。花朝有日初晴放，野旷谁人得少闲。
母氏劬劳连影杳，曰归多莫只丘山。卅年人事经成世，宛亦如娘鬓已斑！

沟塍中采摘小紫茸

小红随掇两三茎，休用涉园去问津。宽幕迟徊唯我相，晴光伊迩份情亲。
成蹊不会来村落，桃李无言管笑颦。漫道上林花似锦，恼人多事是芳辰。

女名慧卿自杀诗纪

矿湖水涌一尸身，静碧波臣引与邻。人世已无同乐国，爱河端合杜迷津。
母也天只于胡底，叔季人兮尚女贞。信是淤泥盈沼沚，白莲不染着丝尘！

山村杂述十首

圃畦中有菜根香，白白黄黄色逾鲜。省个丈人荷筱过，却添蜂蝶尔时忙。

田洼引去白迢迢，麦垄痕齐带绿腰。刚有池塘嫌水满，汲车好便畜鱼苗。

片月浮光淡以幽，满天星点照明眸。虽然仍着鹴裘敝，春夜宜人算一筹。

琐琐夙闻蚁旋磨，呱呱乍听儿堕音。人家本是寻常事，我独彷徨触绪深。

的搭表行有底忙，蛩吟墙脚总未央。鸣钟过影浑无谓，付与幽人端细详。

鬻鹅四处觅儿郎，郎在暗室猎蛾场。一怒挥拳鸟兽散，不知蹊径落何方。

这个寻山去不归，适才耗尽妇亡医。覆巢之下剩老幼，对此如何不泪垂！

失金兜券夹阿飞，市井骚然共一围。闻道棉花收成好，至今春尽赋无衣！

一夫病困何缠绵，索食儿饥恼煞娘。养豚又是不解事，长喙勾倒浆淋浪。

昨夜温回候鸟飞，[①]海鹅巡秧绿依稀。家山饶有佳时节，儿女宽怀哺尔糜！

有　　感

何须辛苦抱残书，白发饶人自苦无。晓得钟前陈马影，只当牖下倚风余。
晨凄雀噪来旋去，屋角日临恍又虚。怪道清明时节近，较量邱嫂计偏疏。

旧园引过已无花

园林雨歇未曾干，梨剩残花仰却攀。行傍桃穠先结子，鞠为茂草径由盘。
幽幽雏鸟声俱寂，脉脉余痕调暗弹。此地重临存我相，十年生事已阑珊！

所 谓 伊 人

檐滴潺潺彻夜喧，有人明发越山村。三家店落频经眼，一派秧田谱织纹。
爱子罗裙沾乍湿，陌头柳色度回温。尘根正尔重重缚，莫道子规唤客魂！

---

① 作者注：潮谚有“海鹅巡秧”一语，象征春暖秧发，不减衡阳回雁峰之雅致也。

公路上迭见木棉花开

一年又见木棉开，涂路悠悠荡几回。聊有春风骚驴背，更无绮梦落大槐。英雄建号唯花棣，定霸真王浑劫灰。才过清明收宿雨，困人天气艳阳来。

邻舍呱呱坠地上月间才吊其新丧也

触绪茫茫漾隐哀，生生死死一轮回。慈乌头白翻隅湿，少妇蓐缠讵免灾。轻蔑门楣敢望幸，寂寥鸡唱信将来。当年马乱兵荒际，我亦玉田检覆灰。

燕子呢喃漫啄闾，昨疑余瑞今宜虚。移巢端的偏飞去，一巷呼卢类已输。天道无亲怀漱省，枫林剩叶怯风于。迢遥好是云边雁，即景苍苍尚启予！

即事二首

田稻端成祝满瓯，北溪水涨芥浮舟。谁家釜底泥邱嫂，数粒盘中话楚囚。枯木朽株皆为难，风刀霜剑引穿眸。一钱为命真堪惜！回首覆翻转未休。

乘风有待竟非非，株兔迟徊猎几围。强弩末时须莫致，河鱼着地沫应微。连绵苦雨居犹病，物植濒荒奈乏肥。蠢尔众生同一相，鲰生安用独相违！

怯春寒杂述

沉沉夜雨酿春寒，早起冷风拂袖单。但见天边浮痕白，声闻树杪叫阿蛮。清明节近宜凄瑟，禾黍黄时向陇干。只是臣心为水淼，迢迢不断又回环。

三春过五僵冻人，故事茫茫稔夙因。门有新丧刚挂白，妮仍恼煞冒淋铃。黄粱未熟梦边过，庭树无风叶亦零。最苦年年灰蝶舞，一盂莫访故家春！

琐琐油盐庶务牵，一灯坐冷喟诸天。向平不果寻山去，尘网何由得洒然。牧野奔腾休外慕，鸡栖引盼只余粮。更拖三月迟尺布，之子伊谁与缝裳？

贾勇寻幽兴已殊，野蜂收纳闷葫芦。岚深饶有脾为蜜，雨猛不闻润如酥。暮夜担簦泥滑滑，近村篝火警呼呼。山中七日话王子，合信人间是畏途！

苦语成诗吕本翁，吾衰不待病交攻。寻声淅沥来空谷，帘幕虚飘正怔忪。
自是植根儒弱甚，百无一用老头童。蓝田旧塾犹堪记，某水某山吓尔容。

淫雨霏霏夙引叹，尘生甑釜果然难。狂风一阵刚吹却，扫落残红委地般。
不教诛时曷日丧，生民粒数废汤盘。何当更束腰间带，立傍清锅盟水寒！

平添产育一重关，嫁女仍教阿母难。此去车行风习习，鹧鸪声里转空山。

绕朝赠策别征骖，花果山前牵郁蓝。结子成阴知有日，当年辛苦泪都含。

山脚薄云顶上空，曳裾披素一般同。野田占得秧芜绿，雨未霁时色染浓。

牛毛疏雨伞边飘，路上行人显寂寥。只度凄凄谁得似，疑是羁魂手向招！

时雨霏洒六月犹凉人已同参有诗为证

雨霁苔痕着地青，墙边初旭漾澄澄。教飞雏燕依空荡，雀噪缘何浪奏声。

乍暗旋明翳可知，天无一直朗开时。蓬门滑滑碍方步，不比幽怀咏絮泥。

心恬体适剧堪思，莽莽丛中待卜谁？收点鸡栖完晚课，呱呱索乳傍啼饥。

人生识字始忧患，高束犹然一慨叹。垂暮生涯如此水，何曾勺蠡转波澜！

有人夜半敲门报生男以占时刻也

为有呱呱过户辰，尘劳席暖迄未曾。生男育女了生事，洒泪临风定夙因。
喈喈鸡唱时方觉，昧昧绿匀又一春。姑妄生之姑妄养，叹是桂珠养得成？

闰七偶疾述感

一年添得七相逢，金井虚飘落叶风。天若有情供惆怅，人间多畏密云缝！
仅牵凉燠已云悴，不让安排乃病躬。启视今朝开霁也，苔痕日影伴帘栊。

不思饮食是阿翁，拍手儿童强过从。应付倦时宁舍爱，笑啼无那仰西风。
残躯剩在知何日？堕泪碑前只自封！纵使它时有灵鸟，声声召唤冷雕笼。

秋感八首

再过旬日是中秋，金风玉露沁沃优。野旷坡陀翻陨箨，溪山独抱古今愁！今夕何年兼得句，柿黄柚荡审旧游。袈裟谁着还多事，似此生涯迄未休。

七十定稿石船山，劖刻蹇修味自姜。老病迟人堪一哭，家山剩在迹余荒。骚兰楚产偏宜激，曳尾濡涂混已茫。最苦梅村翩翰客，十年忧惧欲僧装。

遥遥望幸妇人羞，此语针砭管泪流！力不从心支饘粥，主也得救遽妄求？穷亦有命征萧选，步固自封学楚囚。凭语重洋仰飞侣，羽毛憔悴怯经秋！

西游火劫复刀山，戈戟森森光怪寒。不道宰夫工切蒜，可知洗伐出村蛮。山城骈首逾千计，列座春风遑以残。汝本州闾同命鸟，相逢忍见镞痕瘢！

一雨凉生枕上听，萧萧飒飒满空庭。当它帘外愁人耳，不但芭蕉奏苦声。怪煞宵来瞻廖廓，四围星点带斜横。天家善变原戏耍，咨尔下民涕泪零！

千金买宅万金邻，湫隘嚣尘萃一身。那得三迁同孟母，更无绿荫两家春。迎春燕子来旋去，入室堕珠添了丁。欲治蓐食呱呱泣，里许牵裾尚有仁。

大树将军几百年，晨烟暝引鸟声喧。人生饮啄寻常事，安得飞鸣自在天。眼底平畴占碧绿，草芯会露润清圆。愿君早起消闲冶，莫待纸窗竿影悬。

只有大江流日夜，多应春草年年青。倘来过往纷如梦，管复何谁叠恨声。大良岗上今痴钝，众鸟丛中奈屏营。等是悲秋时节也，山阳裂笛殢鸿征！

杂　感

溪水悠悠风慽慽，仍有数辈浴乎沂。久违堤畔凉凉过，真个沙洲月样窥。返璞十年寻旧迹，一回相见一回思。秋节柚香记空荡，春初扑鼻今则亡。兼复十株几株楝，风引离披仰夕张。人生在在车轮换，莫道斯人不久长。

飞鸢跕跕堕水中，毒炎蒸时将毋同。出门遮笠等闲话，也会莽接太阳红。

金山场圃弄区区，绵蕞为仪治学徒。此去阶下囚得似，当年师表况奚如？

月杪微微魄有光，寂寥古巷蓐炊忙。传语山神须护惜，采山妇子负筥筐。

的嗒的嗒小钟忙，夜静声稀便过场。世间多少催人老，岂特鸡啼茅店霜！

蚁阵爬山刈草图，蚩蚩活计预燃储。乘得天时八月爽，过去寒阴雨湿途。

新月迷微现有光，天边一角笼鹅黄。小立村桥频借问，我比东坡人未忘。

面对田畴一界青，晨鲜淑气教神宁。携儿来就沟墘上，我忆儿时亦此曾。

茨瓜欲尽又吐花，蜻蜓栖徙歇仍赊。嘘生物物都有态，我独颓然隔一涯！

中秋小纪

柚子黄时月正圆，人家香案罗庭前。却被天狗衔将去，黧黑赛比濛屯烟。渐渐星辉占朗满，不期亲故都粲然。斯人斯宅仍今夕，得非独厚系诸天！鱼肚鳞鳞逗痕明，做客时阑点头行。倚傍墙边聊引眺，云破天蓝浸镜清。此夜何如赓长好，人生几见月当头。拖泥带水仆亦病，还期一枕付归休。

附记：是夕月全食，黄昏郊行，见大半轮明，浸假沉黑，竟为清明寒食天，夜间不辨涂路。入夜十时顷，回复重圆。东坡："此生此夜不长好，明月明年何处看。"以浑朴胜。惜乎古人远矣。

偶摘存记

人处困境，莫能自拔，一心想："何处是英雄，迎侬归故宫！"情实可悯，也最率真。至于连此种希望都断绝，但觉长日恹恹，"一行珠帘闲不卷，终日谁来"，则更萎败萧瑟矣。

子亦到我境地，此境未易居也。即景浪浪，思欲属句以赠，而涩于思，当俟异日耳。想见暮年人，软凉心绪，苍茫景色，言愁信愁。

年逾七十，未为非幸，无容局促萦心。姜齐就其友良规，默然心感。正尔蔼然仁者之言，有以蠲除隘陋，而张其军，一本和平养无限天机也。

修辞立其诚，我见如是。姜齐又云："高岑李杜名家，所传诗皆仕宦后所作，阅物多，得景大，取精宏，寄意远，自非局促名场者所及。”知言哉！

豆棚瓜架下谈诗

先师说诗，曾谓古今七夕诗，以只有生离无死别，果然天上胜人间为最胜。由于透过悼亡，情词惋惘，语自明晰。但看义山七夕之作：“鸾扇斜分凤幄开，星桥横过鹊飞回。争将世上无期别，换得年年一度来。”正自同一机杼，而兼含蕴厚，显然是唐人浓郁之音，与后代清裁刻削者有别。“一代正宗才力薄，望溪文集阮亭诗”，意可知也。

吾友称道历来中秋诗，唯东坡“暮云收尽溢清寒，银汉无声转玉盘。此生此夜不长好，明月明年何处看”一首为最上乘。亦正以其近朴近醇，饶有思致，读之殊觉元音希微，大气鼓荡，浅浅语而具深深情，令人得之于牝牡骊黄之外。同时如王荆公“京口瓜洲一水间，钟山只隔数重山。春风又绿江南岸，明月何时照我还”一样浑沦郁结，挹无尽藏。夫岂摇曳生姿，桃花轻薄，所以而颉颃比肩也哉！

留京日，浑觉无俚，楼前绿柳成遮，柔条曼衍，日日轻阴坐翠微，却不外一行珠帘闲不倦之别写。尤其夜里，月圆月缺引西楼，几于日居月诸，等闲度过。到了旧家门巷，寂寥之下，更觉光景迟迟暮复朝，从无好怀。背诵先师句：“明月半墙阴，孤桐漏影深。灯花双穗笑，床脚一虫吟。”同调共喻，不啻若自其口出焉。

月之一字，多少锦绣才人，绮怀掉泪，伤情调不一而足，随手拈出如：“他乡见月易思家”“人生几见月当头”“同来玩月人何在”“共看明月应垂泪”，以至“闻道欲来相问讯，西楼望月几回圆”，渺渺余怀，呼之欲出。李义山于此一首：“过水穿楼触处明，藏人带树远含清。初生欲缺虚惆怅，未必圆时即有情。”总是失意之语。末两句恰道着失意人无聊心事。缺时存感，圆亦枉然，现实无情，烘托总无好处也。最浅显之例如：“月了弯弯照九州，几家欢乐几家愁。几家夫妇同罗帐，几家飘零在他乡”又：“思悠悠，恨悠悠，恨到归时方始休。月明人倚楼。”还是古人质朴浑厚，日月光华，旦复旦兮。一语已定，无爱与憎。

状元林东莆，童稚知名，文采可未窥见一斑。得兄绍介，脉脉心仪，恬适淡远，萧然自放，自是神会之按语。我尤以“野色摇春日，秋云度晚风”为其秀绝句也。前承琳翁抄示《瞻六堂集》及《百兰山馆诗》，觉乡贤前辈，饱经忧患，沉郁苍凉，无限酒杯块垒之慨。兹对绮年人之吐属，却近老成，器度安详，闲闲结托，微嫌平易，肇自宗风，略略放舒，亦不过“从今难却春风意，日日花前醉酒卮”。书生福薄，命之不永，得毋是乎！

梁氏一序，于刚甫之为人，阐发恭详，生同里闬，更饶感切。就如送梁剩句：“前路残春亦可惜，江南四月有啼莺。”又“他年独自亲调马，愁见山花故故红”。均属蕴秀，玉溪生之流亚也。五羊负笈之日，广安逆旅，铮如室中，亦曾见过《蛰庵诗钞》一册，叶恭绰题签，因故不愿发行，时既外行，复无时间细阅，只觉影印本，字极苍腴可爱，忆其书法，犹与范家驹相仿佛也。前辈修己笃实，之死靡它，一面镜观，此物此志。在《石遗室诗话》中，还见一则传述刚甫，为度支部参议十余年，俭俸所存，尽付官产石田一券，书生结习，治生计左，晚景萧疏，身后残篇，无有存者，人生至此，天道宁论！可堪一洒同情之泪也乎！

惠示前辈乡贤诗，感染殊深，以时代接近，地又毗邻，捆缊气息，间多共同语言。弟整抄一遍，装成小册，好自观玩。亦正一点凄清凄清滋味在心头，赢得清樽夜夜倾也。《百兰山馆古今体诗》十余首中，弟尤服膺其罗庸庵题词，景仰前徽，异代同心，兴起“百树梅花扑鼻香，盘湖地是证禅场”，真觉清冽芬芳之致。下联“故国云深千里梦，空山秋老满头霜”，分外苍老。明末诗僧苍雪有句：“六代萧条黄叶寺，五更风雨白门钟。”正堪辉映。结以“留得樵衣挂茅壁，夜深残月一痕凉”，更其苍凉备至，字有余棱。

梦中最乐是还乡，前时来信述及，为之惘然。“故乡亦是惊魂地，只恐山禽尚未知！”语可应和。时代如螺旋，越进越深度，兄于曼殊诗“中原何处托孤踪”！知已实验之矣。

有功力深稳句，如“若得幽人话正长，二千年事太茫茫”及“世间涂抹总陈陈”是也。有分量沉着句，如“霸气何妨钟草木，异才直欲列烟云”，“轮囷岭外谁肝胆，阅历人间几酒杯”；又“海国鱼多愁引鳄，仙人鹤少且骑羊。东南霸气余黄蒿，今古潮声送夕阳”是也。有伶俐飘治句，如“一江风日葬花魂，鲛人珠尽泪空流，风鹤年年易白头”和“游客太忙山太静”之类是也。

有明才子李卓吾曾谓，风行水上之文，不在乎一字一句之奇，旨哉斯言。公具字可疗贫珍积券，言难尽意，悔干人之本质，沉深蕴厚，植其根基，所以虽致显达，犹拜苏髯笠屐身，不啻书生清寒本色。况宦海风波，缘分深浅，春兴八首，抚物陈词，隐隐有人，呼之欲出。谅系英法联军过后，兵燹余音，国弱民贫，兴亡感愤，举可窥测一二。有心人未始不欲见之建树，而总尚徒托空言，要向诗书觅消遣，岂知穷老苦吟诗，不亦重可慨哉！

读杜绝笔诗述感

久想写一篇杜诗绝笔读后感，而总卒卒未果，时作朗吟，以当饥渴，聊也过屠门而大嚼之意云尔。

诗题是《风疾舟中伏枕书怀三十六韵奉呈湖南亲友》。编者以为最后一篇，诗人就在此耒阳地面，结束了他的生命。将死鸣哀，看他半身不遂，蹉跎徙步，而又寄居江上小舟，飘泊生涯，仅仅伏枕作书，奉呈亲友，等于一纸遗嘱余音。分析领略，也许更有一些沾溉。用公的话来说：“摇落深知宋玉悲……萧条异代不同时。”意拟心心相印也。

落笔和结句，均有总括人生意味。人到穷途兼之残废，挣扎不起，光景凉凉，以知五音和，八方平，律吕调匀，琴调和畅，揆之以身，徒虚语耳。飒然有如风雨之骤至，无限兴怀，近而舟泊依震，湖平见参，江上风音，惹人凄瑟。异乡风物，冬炎枫岚，敲鼓鸣弹，疑神疑鬼，归之是“生涯相汩没，时物自萧森”！回顾一下，草草行藏，不得于君，不得于时，几如中风狂走。却于此而感到同调其人，不太落寞。而由之错综映照，马迹蛛丝，一以见生涯之萧楚，一以见友谊之珍贵，与乎前前后后，情绪之悲凉。王孙芳草归不归，渲染之为有根沉埋，草封没骨，分外黯然！最突出为一贫至此，“乌几重重缚，鹑衣寸寸针……十暑岷山葛，三霜楚户砧……应过数粒食，得近四知金”。结乃“哀伤同庾信，述作异陈琳”。无可奈何，却又自负，多得知友救助，令人感激涕零！

老杜于这一方面，比较任何人都更畸形，一生穷途潦倒，类出故交馈赠，以维生计。其兴到时说："但有故人供禄米，微躯此外更何求？"又"厚禄故人书断绝，恒饥稚子色凄凉"！都可灼见一二。初不只严武幕府草堂栖迟，纯出良朋好友之赐已也。"怀当暮雨易沾衣，人愈穷时暮知己。"绨袍折赠，一饭千金，确是难能可贵。联想颠沛流离之际，因人之力，图报无门，挂剑徐陵，真挚挥洒，永留深刻印象。觉人世还有余温，还有同情共感，而不尽冷酷丑化，一往意气相投，感怀激越，岂在同气连枝之下！所谓生我者父母，知我者鲍叔也！岂欺我哉！杜老于兹，感切知音，津津乐道，不厌其详，不失其真，正自人与人相与之间，所为最可宝贵处。耒阳县令划船致送酒食，依旧故人情，满有人情味，相得而益彰。此外则干戈未息，频年鏖兵，火氛环境，令人闷煞。亦以见流离转徙，"畏人千里井，问俗九州箴"，一样生活寄在动荡震惊上面之苦恼。有非局外人所能隔靴搔痒者耳。

又昔人词笔，动见兴怀，不禁感慨系之。滕王阁一序文耳，也复引起"关山难越，谁悲失路之人？萍水相逢，尽是他乡之客"，况于杜老，例同获麟，掩袂陈词，感伤身世，皆其自然而然之流露。抑亦草根化为白乳，最后心声，吐露而出，字字珠玑，斑斑血泪也乎！

末乃引亢悲歌，自知不起，无力再度播迁，别寻新生活路，"葛洪尸定解，许靖力还任"亦已焉哉！等是无结果，未了局，人生至此，堕绪茫茫，谓之赍志以殁，庶几近之。借用《海藏楼诗集》诗句作结云："杜陵一生百不就，到死不为天所佑。谁知历劫行人间，造物安能如汝寿！诗者一人之私言，或配经史垂乾坤。丈夫不朽当自致，假手功名安足论。"

第七编　小西山房除草

自　　题

一年尽届，草草如斯。方忆少时读《天演论》中有句："于前事多无补之悔吝，于来境深不测之忧虞……如絷犬于株，围绕踯躅，不离本处。"又不知何处笔记载高念东语云："泉下回首，或能莞尔，发愿一出头来，必了因缘大事，另作生活。方是英灵男子；如尚悲思不已，生既狰狞，死复沉滞，再来依然故我耳！万劫黑海，尚有分在，可忧也。"二节作为自伐针砭，鞭辟近里。以视温柔敦厚之教，斯已远尔。别录过了年头，元宵灯存照一首："元夕灯花夙尚萦，纱罗俊俏恰关情。州闾传绘幗方粲，庙貌存时俨带青。景物云殊纷过隙，岁华容易送人生。春阳认得凭琼岛，耕凿遥牵烟陇平。"匪补报也，便以为真能化淡也，聊当夜阑灯灺，追思如泣如诉，如怨如慕之风，仍有存焉否乎？

春王正月，抄缮既竟，显然于精力之衰退，兼之琐屑牵缠，人世应无百岁人，感之太息！念念"犹忆黄梅时节，含泪整行装"，伤情调推而永别，更堪想象。稽之古典，以求出脱，端只合"焚香观化，付断简于埃尘，隐几闭关，等一楼于宇宙"。不其然乎？难言之耳。有友戏拈清人李笠翁赠友诗，以为转赠，何曾不可？诗云："高踞黄山第一巅，几多朝服羡高眠。百钱每挂杖藜上，五岳尝游婚嫁先。家少田畴真富贵，诗无烟火愈神仙。代耕不尽由书画，书画如君尽值钱！"阅罢一笑，从表面看，依稀形似，而实距离远甚。姑亦落实作答一首："迹冒罗浮一半间，枫林堙没只丘山。过从市集均非故，溪畔踏荒自往还。写韵十年蛩唧唧，生涯幽雨调潺潺。玉溪差近终何用，晦涩须怜绊鸟蛮！”自分绵蛮黄鸟，止于丘隅，百啭无人能解，一味晦涩，西昆近之，究何补于现实之饥寒也哉！新年爱说好话，适乡邻有人惠赠芝兰，借题抒写较为静致之忱，摒去噍杀之音，雅望和平养无限天机，进德修业，仍图晚盖。附并识此：“一年伊始接芝兰，兴味油然韵佩珊。敢为修辞充鄙背，莫矜诗格尚酸寒。漏残局促萦心甚？半路袈裟蜕化难。愿得杨枝枝上露，洒将下士皆欢颜！”

元日试笔

倦鸟归林犹一枝，黄昏偏与逗迟迟。泥途欲湿行人履，蒙昧冲开便醒时。叹息尘劳连梦寐，春王正月落何其？倘凭元日寻征兆，漠漠笼阴晦雨疑。

聿来胥宇燕飞初，算是围欢共此炉。向日窗含西岭雪，这回鹅步蹴园蔬。下锅掬米昭其俭，补屋牵萝计未舒。一事惊心差比拟，贩缯卖炭已全输。

最难风雨故人来感怀属句因以为赠

絮酒辛盘聊尽欢，主宾都道会时难。庸言正好家常味，相对真成鬓发酸！井上李残添过半，楼头雨骤几曾阑？思量欲套前人曲，醉把茱萸仔细看！

霏霏细雨织春寒，厥曲迷阳路尚漫。庙貌不存须下拜，幽灵依旧荡空山。阽危棋局频输子，七十稀年迄未安。等过陇头芜默望，梅花端倚故人颜！

花非花絮非絮写入春时

沮泽方寒下种初，蛙鸣咯咯透窗虚。出门端的怀孤怯，始信颓然是老夫。

儿女伊怀七样菜，踏青提早作郊游。效颦也有东施子，锦缎披披挂上头。

人生不若鱼腥好，冷炙偏尝嫩叶包。岩石旧游思往事，鮀江寄跡尚能豪。

不只十户中人赋，里閰卜筑逾千金。一廛得请庸何所，唯鹊唯鸠吁尔禽！

甲子冥冥雨响飞，兆征赤地是耶非？老农蹙额有余怖，年少矜夸掌库矶。

若而人兮扮翅飞，敢侮从知吾道微。谁料当年专阃寄，伶人困之陷重围。

庙谟无事话里巴，受命多应万万加。粒食蒸民当此外，漫怜恇怯杯中蛇。

不到黄河昧死心，松呼鬼啸逾丛深。但看春水方生也，只度涓涓合陶吟。

父兮母兮放四方，撑持门户小儿郎。十龄五龄互蹩扭，偷儿窃窃姿其旁。

脆骨易摧互斗伤，目击武功总未忘。作法于凉兼作俑，端成似锦好文章。

如涂涂负陋屋姿，梅花小白傍樊篱。贫家倘亦含春色，除却女娃敢是谁?

桃李芳园久不攀，绕篱依旧水成湾。出墙占得一枝杏，行看灼灼龈欢颜!

属　　句

探信贷社之门未启，方拟托其代领微薪，姑出郊园，以俟，是日也，适递海上鸿音，话及花果山若有预兆若合符节，喜而属句。

隔岁不曾到此来，王正雨歇散烟才。故人千里花山句，刚好刘郎扣复开。

唯叶蓁蓁梅已稀，绿苔着径片沾泥。迟徊未可湛芳甸，为有燃薪趁午炊。

绪苗抛出摇曳成丝

溪声和雨姿清弹，剪剪轻风阵阵寒。入梦多应笼小景，醒时只觉泪痕干。
解人末日翻愁滞，燕子何曾审幕安？总是浮萍能蔽水，从教尺锦跃波难。

伏雌烹却炊扊扅，天谴斯人微贱时。浊酒无言元是泪，龙钟双袖今应知。
一团昧理丝犹乱，接淅方行雨又滋。送汝出门情得似，寥寥竟自检寒衣!

辛苦闭门觅句安，一弹一怨步前山。芭蕉含恨叶方卷，沟水凄鸣逝不还。
伫看木棉红卓卓，竟随飞影路漫漫。问君能有愁多少，一样春蚕倦未阑!

荒鸡何事向人啼，夜如何其揽裳衣。正自春寒勾病困，阿谁踧踖治蓐炊。
微微白逗穿窗漏，悄悄幽禽渐树枝。岑冷清朝端记取，野原芜默肃征时。

西　江　月

道是一盂麦饭，临风挂纸灰翻。侵朝风雨忒销魂，枝上啼禽喧愠。　不如意事丁世，平添嗺杀袭人。梅村忧懼扣门辰，漫管凄寒阵阵！

小园涉趣

花红蝶依恋，嗅嗅歇仍飞。飞来飞去教儿唱，为有春心共一围。桑葚熟似醉，儿食话犹甘。好是朝来鸟争噪，闹得小园十分酣。一弓地尚隙，莳药匪花园。容与髯翁此栖徙，等闲我也涉篱樊。

遣怀四首

残书蛀蚀便成灰，意味缯窗略比裁。不爱今人遑论古，何曾解愠况生财？仰槐薪叶添良苦，白屋阴霾罩隐哀。聊有风檐鸟雀噪，更无消息此间来！

灶突炊烟一阵忙，如三吐握缘儿郎。安排无地归闲静，琐屑缠人类靡常。闻道有朝忧乃克，狂飙终日匪无伤。从今肯信挡风草，碾叠冰轮凡卅年。

海客倘来话惘然，向时风物逾骈阗。根荄不系“涂良”果[1]，业绩终随风线鸢。赚得番船一席费，换将衣锦旧乡旋。谁知啄食沿虫蚁，尚是当年跃马先？

含生道左现无余，敝赋药囊两检疏。纵入洋场方贵少，竟无结网枉临渔。残灰一熄燃难并，壮志金销风舞雩。真个穷蛩哦到老，古来时命信非虚！

率成两律

二月廿三日递来鸿，恰赶及君家廿四悬弧之庆，春来游屐，偏相失秀才人情纸一张，率成两律云尔。

端的洛阳有故人，洋场尔日又春申。万人如海栖常稳，歇浦凌波白似银。绕合繁华堪隐遁，恰逢岳降会良辰。翩翩裙屐同新雅，一笑焉知孰主宾？

① “涂良”，南洋一种珍贵果品，味极香浓，号百果之王；但新客初尝不惯，转觉其腥臭刺鼻耳。侨谚谓不吃涂良，不可以为番客。予偏不吃，宜其不获生根于南国也。

苦语成诗本率真，蒙蒙春令冻疑冰。既成春服穿犹未，旧补吴绵话岂陈？时下炎凉翻只影，楼头风雨倚归人。别无好句为君赠，只对青山暗卜邻！

七　律

新火无花过令节，插花今已属畸人。马牛刍秣奚须此，沙影迷离伺扑频。刚有片云浮阵黑，从知草木尽疑兵。是非入耳庸何道，以栗前头合战兢！

高明之家鬼瞰其室凭将燕语遣愁解愠抑亦吟味着寻常百姓家飞入之者容有幸欤

苔痕古巷引风偏，不比呢喃度翠帘。沤侣同根亲正切，低微力弱简栖缘。下民敢侮旋将及，冷漠心期一线天。我亦身轻差两翼，敢辞遮护任悬悬。

时命端成爨下薪，兆焚取辱岂无因。二三其德彼哉幻，阶座轮番捉弄人。谁信摇摇靡所骋，更堪悄悄逊思怦。人生道苦供枨触，隐合针毡坐此身！

不是愁中是病中，忧能伤人此会同。感时溅泪花如醉，镇日无言态已慵。祭起黑云心作恶，及门恍惚人图侬。相逢恰对楣檐燕，软语暄和交远风。

寄寻征兆入虚玄，即景应无善可填。五世百年安得见，生前身后尚何牵。乌衣昔就辞门第，塞雁衔芦亦偶然。更有随阳遗孑影，怀创引去堕寒烟！

以当诗话数则

偶尔几个亲友聚首，谈到家山小学，旧时书屋，分外深静，琅琅书声，入耳不烦。友说，即此二字吐属，便是书香气息。我因联想到“深院静，小庭空，断续寒砧断续风。无奈夜长人不寐，数声和月到帘栊”一首词来。又再联类十六字令“寻，帘外无端堕玉簪。笼灯去，休待落花深”。前人生活环境，不离闲静幽忧，坠钗坠珥，闺中腻友，落花寂寂，月影帘栊，人亦于是浸入古愁古欢，洵然静美境界，迹近颓废，实即通灵。一般诗人，更从而淡化之，爱寻僧话，宿僧寮与乎山中白云里，隐者自怡悦，无非潇洒出尘之想，用以挹注浸润于其间。所以诗什自然清雅，不落人间烟火气味，何莫非一片通灵之赐得诸天，也复自得于心之谓之诣归乎？一入资本社会，铜臭熏天，灵性盖寡。更其次焉者，闲置一个小框框，不让闲情雅致一点透进，人而木偶，闭聪塞明，唯唯诺诺，黄钟毁弃，瓦缶雷鸣，如此等类，正所谓“自郐以下曾无讥”。

一个说得天花乱坠，茶叶也，柴杉也，目下控得多么紧，犯者抓起来，不稍宽贷，本土就拘禁了百余人，情节较重，解送公社，从此风气为之扭转了吧。但我日昨，却亲见小童，手提布包，装下炒茶，兜售到门，是何也？人面漏洞，不言而喻。住在公路旁边的一位告诉我：每逢夜深，一儎一儎自由车，满载松柏柴捆，源源而来，无非伺隙关卡松懈，一涌闯过，习以为常。上下争夺战，内幕如斯，而昧者则不之知，自欺欺人，盲目乐观可是？

又当其水头新锐，气焰熏天，触者倒霉。及其退汐，针过线过，视若等闲。旧话一鼓作气，再而衰，三而竭，恰恰近似。所以人而无常，人而无信，古谓之非，今却成是。其间消长之权，只合静以观之，变以处之，事有得闲，人有偷生，得非天假之乎？陈师曾句：“自笑裈中能处虱，心悬枝上独承蜩。”信然知言也。

《贾氏谈录》：李赞皇（德裕）平泉庄，周回十里，建堂榭百余所，今基址犹存。天下奇花异草，珍松怪石，靡不毕具其间。故德裕有《平泉山居草木记》，后人有句“平泉无碑记花木”。又词有云：“平泉行乐地，红罗买笑，碧玉供筵。”

《元城语录》：温公居洛，于国子监之侧，得故营地，创独乐园，自伤不得与众同也。

宋季萧冰崖题陈氏西园后半截云：“独乐风流今寂寞，平泉言语谩悲辛。两家子弟材智下，撞破烟楼有几人。”全用典故，借古喻今，他人酒杯，自己块垒。初时诠释，不知出处，姑以抽象意思解释独乐，而平泉虽明知系故事，仍以为旧主人陈氏之泉下语耳。因陋一何可笑！由今正知连结末二句，还是札上二文，子不克家，撞破烟楼，等之荒废，却不是突出外面，仰首伸眉也者。于以见古典之妙用，一直讽咏前人往行，而身世之悲凉毕露，所谓“为念往者，躬自悼耳”。不然能够世守其园，勿图外慕，云何过哉！并志于此，附庸学然后知不足，过则勿惮改之义。

史称李自成迁帝后梓宫于昌平，昌平人启田贵妃墓以葬，迨清兵入京，始以帝礼改葬焉。《逸史》赵一桂传载，崇祯甲申年三月，一桂以省祭官署昌平州吏目。营葬思陵事竣，列其状申州。略曰：“职于三月二十五日，奉顺天府伪官李檄昌平州官吏，即动帑银雇夫穿田妃圹，葬先帝及周后。四月戊午朔，贼用夫三十六名举先帝梓宫至州，越三日日庚申发引，翌日辛酉下窆。时会州库如洗，又葬日促，监葬官伪吏部主事许作梅束手无策。职与义士孙繁祉、刘汝朴等十人，敛钱三百四十千，僦夫穿故妃圹。方中羡道长十三丈五尺，广一丈，深三丈五尺，督工四昼夜，至四日寅时羡道开通，始见圹宫石门。工匠以拐丁钥匙启门入，享殿三间，陈祭器。中设石案一、悬万寿灯二，旁立红紫锦绮缯币五色具，左右列侍宫嫔生存所用器物袭衣奁具皆贮以木笥，朱红之。左旁石床，床上叠氍毹五彩龙凤衾缛、龙枕。又启中羡门内，大殿九间。其中石床高一尺五寸、阔一丈，陈设衾缛如前殿；田妃棺椁厝其上。申时，帝后梓宫至陵，停席棚，陈牲牷粢盛金银纸币祭品；率众伏谒，哭尽哀，奉梓宫下。职躬领夫役，奉移田妃柩于石床右、次奉周后梓宫于石床左，然后奉安先帝梓宫居中。田妃葬于无事之日，棺椁如制；职见先帝有棺无椁，遂移田妃椁用之。梓宫前设香案祭器，职手燃万年灯，度不灭。久之，事毕。掩中羡门、外羡门，复上与地平。初六日癸亥，又率诸人祭奠，哭号震天。移时，呼集西山居民百余人，畚土起塚；又筑塚墙，高五尺有奇。”近年莅京见明十三陵中之神宗皇帝地下宫殿，内中陈设历历恍现，总觉一段黯然！况如上述，亡国之痛，故君之思，良堪想象。不用题咏，已觉无限苍苍凉凉！

摘吴梅村句：“自古豪华如转毂，武安若在忧家族……麦饭冬青问茂陵，斜阳蔓草埋残垅。昭丘松槚北风哀，南内春深拥夜来。莫奏霓裳天宝曲，景阳宫井落秋槐。”

花村看行侍者谈：崇祯十四年，周延儒再相，信用吴昌时，特擢为文选郎中。十六年六月，延儒归里，西台蒋拱宸，疏计昌时同延儒朋党为奸，招权纳贿，赃私巨万。七月廿五日，帝御文华殿，亲鞫情事。昌时铜夹折胫，一一承认。帝愤恨气塞，拍案叹噫，推翻案桌，迅尔回宫。锦衣官虑时复审，悉系之狱。至十二月初七日，五更，昌时弃市。延儒亦赐自尽。

按其中数语，描绘崇祯之暴跳如雷，气急败坏，形态毕露。莫怪在位十七年，而任用宰相至十数易，临阵换马，急躁如斯，不亡可待？君非甚暗，臣尽亡国之臣，闯贼具眼，仍矜大体说法焉耳。

又昌时拥有鸳湖之胜，家居时，极声伎歌舞之乐，后既以墨见法，籍没入官，湖冷烟消，吴梅村《鸳湖曲》一曲，抒发淋漓，可歌可泣。录其后半段云："那知转眼浮生梦，萧萧日影悲风动。中散弹琴竟未终，山公启事成何用！东市朝衣一旦休，北邙抔土亦难留。白杨尚作他人树，红粉知非旧日楼。烽火名园窜狐兔，画图偷窥老兵怒。宁使当时没县官，不堪朝市都非故！我来倚棹向湖边，烟雨台空倍惘然。芳草乍疑歌扇绿，落英错认舞衣鲜。人生苦乐皆陈迹，年去年来堪痛惜。闻笛休嗟石季伦，衔杯且效陶彭泽。君不见白浪掀天一叶危，收竿还怕转船迟。世人无限风波苦，输与江湖钓叟知！"

吴梅村诗，其少作，才华艳发，吐纳风流，有藻思绮合、清丽芊眠之致。及乎遭逢丧乱，阅历兴亡，激楚苍凉，风骨弥为遒上。暮年萧瑟。论者以庾信方之。钱牧斋诗，自壮迄老，物情事变，哀乐忧虞之故，阅历已多，无不足以兴其感遇，而重其留连者。故其诗托旨遥深，庀材宏富，情真而体婉，力厚而思沉，音雅而节和，味秾而色丽，散华落藻，文泉涌裔，风发云流。晚乃禅悦简栖，心空味外，算想冲灵，有非尘步所能追跋。两人同时，恰好媲美，而吴之清才浏亮为胜；往后如龚定庵以迄苏曼殊，望尘迥不及焉。

纪晓岚评苏诗，指出其乃知真诣本精微，不比狂花生客慧。谓当盛年精力充沛，字字珠玑。晚徙儋耳，平肤曼衍，花猪肉，猪肉粥之类，可以无讥。附并及之，以见宁静虚枵，相去尚远。

就中苍凉激楚一段，人生生命之最高峰，情词洋溢，悱恻缠绵，允为真绝。等诸曹孟德偶然一曲亦千秋，长短歌行出入愁也。诗无闲言。而每每题前引述，亦正诗意葱茏，扣紧心弦。胜似姜白石词中小序，同是词林佳话也。撮录数节于此借鉴：

《阆园诗并序》略云：不谓平原鹿走，一柱蛟飞，始也子鱼，已下虞翻之说；既而孝顷，遽来周迪之军。浪激亭湖，兵焚樵舍，马矢积桓伊之墓，鼓声震徐孺之台，将仙人之药臼车箱，俱移天上。岂帝子之珠帘画栋，尚在人间！云卿弃药圃而不归，少陵辞瀼溪而又往，放舟采石，浪迹雷塘，爱子则淳甚元规，故园则情同王粲。望匡山而不见，指章水以为言，嘿嘿依人，伤心而已！

《过东山朱氏画楼有感并序》云：东洞庭以山后为尤胜。有碧山里，朱君筑楼，教其家姬歌舞。君每归自湖中，不半里，令从者据船屋，作铁笛数弄，家人闻之皆出。楼西有赤栏干累丈余，诸姬十二人，艳妆凝睇，指点归舟，于烟波杳霭间。既至，即洞箫钿鼓，谐笑并作，见者初不类人世也！君以布衣蓄伎，晚而有指索其所爱者，以是不乐，遣去，无何竟卒。余偶以春日过其里，虽帘幕凝香，而湖山晴美，楼头有红杏一株，傍檐欲笑。客为余言，君生平爱花，病困犹扶而沥酒，再拜致别。诸伎中有紫云者，为感其意，至今守志不嫁。嗟乎！由此足以得君之为人矣。

《矾清湖序》云：矾清湖者，西连陈湖，南接陈墓，其先褚氏之所处也。矾清者，土人以水清，疑其下有矾石，故名。或曰范蠡去越，取道于此湖，名范迁，以音近而讹。世远莫得而考也。太湖居吾郡之西，北有大山冲击，风涛湍悍，而陈湖诸水渟泓演迤，居人狎而安焉。烟村水市，若凫雁之著波面，千百于其中，土沃以厚，亩收二钟。有鱼虾菱芡之利，资船以出入，科徭视他境差缓，故其民日以饶，不为盗。吾宗之繇倩、青房、公益兄弟，居于此四世矣。余以乙酉五月，避难，仓皇携百口投之。中流风雨大作，扁舟掀簸，榜人不辨水门，故处久之始达。主人开门延宿，鸡黍酒浆将迎，洒扫其居，前荣后寝，葭芦掩映，榆柳萧疏，月出柴门，渔歌四起，杳然不知有人世事矣！是时姑苏送欸，兵至不戮一人，消息流传，缓急互异，湖中烟火晏然。予将卜筑买田，耦耕终老。居两月而陈墓之变作，于是流离转徙，慬而后免。事定将践前约，寻以世故牵挽，流涕登车，疾病颠连，关河阻隔，比三载得归。而青房过访草堂，见予发白齿落，深怪早衰。又以穷愁茕独，妻妾相继下世，因话昔年湖山兵火，奔走提携，心力枉枯，骨肉安在，太息者久之。青房亦以毁家纾役，旧业荡然。水鸟树林依稀如故，而居停数椽，断砖零瓦，罔有存者。人世盛衰，聚散之故岂可问耶？抚今追昔，诠次为五言长诗，用识吾慨，且以明旧德于不忘也。

《晋书·嵇康传》：嵇康，字叔夜，谯国铚人也，拜中散大夫。时刑东市，索琴弹之，曰："昔袁孝尼尝从吾学《广陵散》，吾每靳固之，《广陵散》于今绝矣！"

向秀《思旧赋》序：余与嵇康，吕安居止接近，其人并有不羁之才。……其后各以事见法。嵇博综技艺，于丝竹特妙。临当就命，顾视日影，索琴而弹之。余逝将西迈，经其旧庐。于时日薄虞渊，寒冰凄然。邻人有吹笛者，发音寥亮，追思曩昔游宴之好，感音而叹，故作赋云。

释分顿渐，南宗尚顿，而北宗尚渐，及其致则一。学道无成且闭关，苦心人语也，但求寂守孤光之死靡它，慈航有日，会引而归诸海，直达彼岸也。不过枯禅意味，颇不好过，有时启迪，还仗乎人。人未有自致者，必也亲丧乎？正唯一向尘蔽，夜气不足以存，待及亲丧变故，雷震一般，于是雨如春来启蛰，萌发嫩芽，悱恻心弦，银瓶乍破，外铄内蕴，交相为用。谓予钝人，两俱失之，彷徨歧路，终不得其门而入也。

宋有痴人，度足取度，入市买履，偶失其度，偏不信其己之足试度，迂拘乃尔。生而眇者不识日，问诸有目者，隐括其形象，揣烛而得其形，扣盘以求其声，便以为日也，一何可笑！道在迩而求诸远，事在易而求诸难，卒之丈八金刚，摸不着头脑，茫然真愧赧耳。好为文学概论之流，推敲备至，八病丛生，受缚坐困，灵既逃之夭夭，天机活泼流畅，只好期之别面。

留得凄清滋味在心头，自家消受，受用无穷。蹿离伊甸园，恶蛇喑喑，尘垢蒙头扑鼻，傍午躁烦，何尝有"胜日寻芳泗水滨"之慨？推而人事牵挽，愈撑愈远，虽欲长为姊煮粥，庸可得乎？所以谓父母俱存，兄弟无故，一乐也。不出户庭之外，优游自得，蜜咏恬吟，学问之道，其庶几焉。鸡鸣喔喔风雨晦，此恨别久君自知。信乎外缘删尽，叶落归根，伤心人别有怀抱，抑亦拙者之为政也已矣。

我所思兮郑所南

《广宋遗民录》：郑思肖，福之连江人，初名某，以太学上舍，应博学鸿词科，寓吴之条坊巷。德佑北狩，愤恨若不欲生，遂改今名，字忆翁，号所南。作《臣子盟檄》两篇，目之曰久久书。遂与所作《咸淳集》一卷，《大义集》一卷，《中兴集》二卷，及杂文诗，总为心史。入之铁函，投承天寺井中。崇祯戊寅年十一月八日，狼山中房僧达，始因旱浚井，启而得之。计先生藏年，至是三百五十六春秋矣。不濡不灭，完好如新。

吴梅村句："埋书草没松根史，洗钵泉流石磴琴。万事几经黄叶梦，三生难负碧潭心。"呜呼！事有旷百世而相感者，予不知其何心；非今世之所稀，孰为使予唏嘘而不可禁！并缀数言，作为续盟心录焉尔。

仍当诗话数则

在潜意识中，听到生女消息，总不免有点不足之感；同时由于生计局促，可以不太费力张罗酬应，转而微微感到惬适，也是不能否认。念及"心忧炭贱愿天寒"一句，正知是若何酸辛味道也！

人固有能有不能，人一能之，己十之；人十能之，己百之；拙者也。拙者之为政，将勤补拙，尽日在忙碌中，如驴旋磨，老不惮烦，实在也是欲罢不能，除死方如归寝息，生事缠人太苦，几人能得死前休哉！"时来天地同同力，远去英雄不自由。"同一不龟乎药，而一则以封，一仍不免长为渔户。事半功倍和事倍功半，其谓之何？其射尔力，其中非尔力，一语道破。即如区区微小经验，几曾是出诸自力更生，而不是出诸友朋助力，方才得救，冲破重围，引渡彼岸，结束了一个段落？凡此，端可为知者道，难与俗人言也。

前人咏范蠡句："却嗟爱子犹难免，霸越平吴事总虚。"具见人生何者是充实？骨肉之不保，遑论身外功名？到头方知落得一场空也。我由之细味范蠡后人，长子自属平庸，守钱虏。中子一朝之忿，触犯杀人案，非有出息者可知。少子目见富厚，享受，一味挥霍，大约纨绔气味可多。以视淳于意生子不生男，缓急无可使者之感叹，还是差不了许多。其觉得长男已不中用，无可奈何，转而属意少者，明知亦非机智明敏，有乃父之风，姑取其惯花钱一节，能够奉命承教，依样葫芦斯可矣。却又环境拘牵，事不由人安排，曲尽弥缝人事，其实违拗不过：岂非天哉！岂非天哉！

圣经"贫者得救"一语，为其灵魂深处，一番洗礼明净也。反之崇尚现实，主张自力争取，人定胜天，却无一定之把握。以其限于外头环境，不是一心情愿，所能片面主宰之也。我姑卑之无甚高论，但凭情感用事以观，得者时而失者顺，两句最为平允。问谁人不由时会，果能旋乾转坤矣乎？况其白面书生，百无一用，神经质多，懦弱坐困，田蟹居处，不是螃蜞，甲胄金光，横行霸道，偏偏不食嗟来，索性饿毙，是之谓气节，正义感，实际乃是孤介，不合求生之道。至多只能尽其在己，力求守约，像欧阳修母所言，吾儿不能苟合于世。俭，所以处患难也。如是而已。每想孤城落日，苍苍凉凉，君王掩面救不得，君臣相顾尽沾衣，当此之际，颠沛淋漓，灵魂升华，现实没落。一得一失，兼而有之。平分沟水东西流！

蜂儿采窗引

莲子心良苦，蜂影偏追陪。净瓶窗下供，生意未全灰。昨逢六月六，鬼节听安排。果然风雨晦，惙惙疑成灾。天心亦善变，入夜粲星台。小园刚又过，丛密傍幽怀。月痕添淡致，墙阴长绿苔。已矣陋居处，不咏帘与陛。尘嚣逼湫隘，马肆匪陶裁。焚修一席地，天泉洞久埋。所以普天下，无计避烦埃！去去庸何道，悠悠此日才。紫燕门前荡，起居注谱开。斯人虽不作，吹送仍将来！

吟索千篇竟何用，可怜无补费精神。浪抛灯窗事旋磨，益复伧父萃厥身。吁嗟乎！张羽煮海传话神，枯鱼过河泣而人。一瓢一勺系潮汐，沙虫猿鹤总陶甄。不闻不问哪有此，青牛洗耳信夙因。今人不可见，缅怀古之人！

框框图称意，付仰而孜孜。倘有木强人，病困累腰肢。曩时有天马，拔足凌风飞。下士闻之讶，羁绁安所施。冥鸿亦高翔，弋者徒慕之。杞柳自有适，杯棬空尔为。

乐游原有是，晚凉漾清漪。似荷叶如盖，水面何披披。蛮番乍回首，巢幕淹岁时。一廛关缘分，归来掇园葵。陶然有真趣，貌言其实非。本非婵娟子，却坐效颦施！

原湿散平楚，绿荷蓄水池。中间深没顶，花发去年枝。采摘聊之子，胆瓶影依稀。夏日停火伞，未忘雪藕丝。一瓯亦既漱，于以漱心脾！太息重太息，方衷素莫移！

采菱新唱晚，西湖匝周遭。福州邕宁连潮惠，更有榕阴挂名曹。逐客迁人行处是，何曾烟波一棹吹笛弄云璈？就中归里郡城西，沙洲明月水云齐。回栏曲映柳新绿，渔歌教唱渡头低。本来光景绕清淑，春花觌面红簇簇。闻说乡贤隐笠岐，作达何嫌并贞福！都回人事惨不舒，顾曲梨园靡靡余。楼台星点烟犹漫，汲水河梁绊归欤。尔后哄斗声浪起，裹足不前年凡几。镜里凭谁鬓已枯，针毡坐困门如水！不知苦难伊何堪，受缚四禅问瞿昙。浑觉沉沉天院闭，梦魂将影落溪潭。

飓风引

虎啸风呼一例豪，淋雨非淋但淅嘈。慑人最是飞云阵，海上青袍胥卷涛。遥看侧影羌无数，人生苦乐纷飘雨。一椽迹寄港之涯，永夜撑转阖窗户。溯洄经始出门间，一肩行李打包如。欲前仍却物停寄，八二灾来殃及鱼。亲人有嫂赴韶关，刚出海屿阻风澜。颠簸推船依山脚，觅径转返百千盘。我时株守尚丘园，只觉震荡屋疑翻。侵晨走访绕村曲，拔木飞盖遍鳞痕。谁知巨浸兼天涌，摧毁噩耗历久闻。人世风波何曾了，五十年间添多少。从头故故伴将存，莫道跋前疐□后，一生怀抱是孤根！

杂诗十首

涂附经淋剥已甚，疾风作态等鸿毛。生民粒食当此际，更何一息营其巢！

凄厉似蛤蚧，缘何凑将来。雨中夹声怪，吓煞夜啼孩。

柯干连毛轻卸地，群儿拾取如探囊。申申而詈殊多事，安有膏粱肯踏荒？

江山一洗寻归静，历劫成灰尚靡常。不信陆沉还仿佛，栈道淋铃意味伤！

不出户庭图方便，畏难苟安雅自怜。却看拆屋扬尘又，血战玄黄混一场！

夜雨潺湲迄未安，天教六月浸余寒。故有黄埃末日倡，罗衣揾透泪痕干。

薄劣瓦飞竞成群，阽危涂附处处存。古人聊以蔽风雨，珍重话言仔细温。

彻夜檐前漏雨声，鸡啼许报天将明。邻家此际起偏晏，不治荐炊免采薪。

积谷防饥谁应知，累人可是小娃儿。看他戏耍陪欢笑，破涕微微一解颐。

雨阵交催思靡宁，似还风讯未肯停。起来待访坡陀去，定是盈盈注水经。

衙前水浸成渠

入市划船纪竹书，斯民微禹果其鱼。嚣嚣莫待重安土，逼迫乃兄俨割裾。既庶嫌多阉寺便，赤鞭一把羔羊驱。黄岐山合征灵爽，城郭令威载归欤？

魏碑仆地

夹道牌坊表贞多，官柳掩映影婆娑。福州曩者旧游地，帷箔不修将奈何。还忆抗日金城江，山坳驿站忒喧厖。下乘烟花连博嗜，人间污浊应无双。剥极则复有常数，八年抗战亦终古。一朝具炬彻底烧，浪转来时成焦土。仍有魏阉炙手时，干儿献媚竞生祠。路旁满缀牌坊似，牛鬼蛇神符箓施。本朝万年蛊百世，讵知天怒猛风嘘。扫除齐仆地，荡涤更无余。人事存变化，天道安可逾？谓如时日指曷丧，射杀挥戈尚无庸。善恶到头原不爽，会须天火一把红！

仆碑又一章

元佑党人碑，石工乞免镌。时移碑毁名不灭，安民故事赫然传。事无大小义则一，人无贵贱在秉彝。牡丹纵好称国色，茉莉偏俏亦幽奇。庞然自大有夜郎，星陨为石坐亡光。祖龙差免及身败，万世落实笑一场。老而不死类无稽，王莽谦恭盖已迟。末流之水匪如山，蔡京八十瘁于蛮。古来功德纷披道，千金立碑石皓皓。他人柱下正需材，汝削汝批弄几回，化为异物委沉埃！

又是一次灾难

风急水掀波，森森鬼啸歌。海滨刚如鲫，沙虫化奈何！闻讯群黎不及走，数千漏落十零口。另有大堤防卫军，携手堵塞典型存。果然浪涌卷将去，淹没黑海鱼鳞吞。屋庐榱桷掠风飞，不仅草堂乘偷儿。人情枭獍彼哉彼，趁捞无辨到官私。园林稼穑纷徒然，一劫荡洗累万千。寄语尘劳须醒眼，多莫开豁了心田！

晚眺

灾后余痕浸不鲜，活流涨涨远浮天。袭人铅泪句幽思，敢道沧浪棹去船？堤畔迟徊旷日久，家山离落故含烟。江花江草寻相诉，尚是人间未了缘！

一脉沄沄黯不喧，江头独立最销魂。弄潮儿去都归寂，禽鸟无言影已昏。剩得小楼怀故主，凭临物色叠几番。陆沉此后天然闭，拂袖风于有泪痕！

重来波撇放声澌，渐渐沙洲仰面窥。也有人疏依渡口，恍然柳歇待归迟。日中为市圈墟落，渔火无眠唼水涯。此调不弹弹已邈，教从夕照忧崦嵫。

残月笼照

月临华阁桂疑踪，故事选楼缀已空。只今寥落唯阶砌，淡痕如梦苔阴笼。仿佛亦似归魂隐，日居月诸伴夜春。绿章可待通明奏，捧砚濡磨有我佣。秦皇盖已关天下，坑焚无复遗雕虫。

燕将归

渐渐声稀了不见，知尔秋讯返天涯。南海观音故有坞，流涎吐沫敞毛衣。一生旅程觇历历，阿谁净慧如尔仪！老我衰残非王谢，不吊兴亡赓我私。乌衣巷口斜阳下，仍堪觅句怅丁时！

咏史

魏其退居不自晦，征逐权门便已忙。彼自王侯兼帝里，事难以已热中肠。终日谁来守帘栊，亢龙有悔类无从。盼煞援手返故宫，俚谚当之飞来虫。藐尔诸孤存比拟，退谷谁寻话之子。人生道上一战场，亟须会师落比肩。无能无用天各一，除却闲情挹酒浆。多病故人自应疏，冷热场中将焉如。纵有飞来仍眷顾，迹近浪掷双明珠。得者以时失者顺，疏密交相毕竟殊。还是鸤鸠拙，待兔守空株。笙竽不同好，望幸宁非愚？清得门如水，安用长者车？草木有本心，莫道美人寻！

狗尾之章

只影条条晕厥身，始知末日亦夕晨。百年有限谁能免，纵到百年若而人。一事堪嗟不值得，尽日麻烦疲驴客。本自原林散野人，苦乏幽闲漱泉石。出不如人处更非，琐琐牵缠陷重围。时时难过时时过，愈撑愈远云何归？憩息敝庐计否然，劳劳收获何戋戋。走马沉沉山四面，寥寥不教一雁宣！

未抵稀年友先驰祝为其已衰怕不及见触绪凉凉赓和云尔

担簦畴昔共蓝田，垂暮引归并岁年。顾此茫茫思过半，邛须命命系诸天。日中则昃非终曜，人世及稀尚偶然。敢道林泉初服下，行吟觅句寿而康。

一蹶难期灰有光，山庄作苦漏偏长。夜深休忆少年事，风雨潇楼炊枕凉。得失沙虫归永劫，向前草木溅文章。相逢不管俱头白，容与渔樵话毕场！

附记：有人适去山庄，递来佳什，自伤不久，提前一年，替我写寿诗感之太息！抑亦史无前例者欤？阿好溢美之处，自然不克当心领而已。春初客临，移樽就教，时当苦雨，渺渺愁予，缀成二章等于即事。兹亦添凑如仪，合成一串，觅便呈阅。匪报也，永以为好焉耳！

每想琐碎入情，一本率真，曲曲传达，恰是诗话。即如一字推敲，亦以此故，至易入胜。承商“又比肩”和“同一年”孰妥？自然前者近晦走样。未若后者敞显浮雕也。和作准此故实，发抒鄙见，一番虚笼，仍近晦涩，姑不暇计。诗经“卬须吾友”，卬须口头衍词，别无意义，犹之“粤若稽古帝尧”，粤若为开口腔调已耳。又命命二字，由我联缀制造。论语道之将行也欤，命也夫；道之将废也欤，命也夫！拉入运用，不嫌生硬。将所谓艰深文其浅陋矣乎！

顷阅文云前广州出版一本唐诗选释，述李义山“永忆江湖归白发，欲回天地入扁舟”，以为要绕过一个大弯，建树一番事业之后，才返江湖扁舟，温其旧梦。大概亦无不对。但以此奇崛句，纯用现实作为注脚，庸俗乃尔。王荆公挑出赞赏，定不如是之敷浅也。钝根人仅就字面，犹将联想到须弥纳之芥子之奇妙悠幻，融会贯通，可以意会而不可以言传；无题诸作类此。而东坡以适怨清和解释《锦瑟》言情之什，盖亦浅乎其为味也矣。

乍觉凉秋渐至

连雨濡迟褪炎威，北窗下卧软风吹。一年容易秋先觉，七姐人间瓜代期。

暄肃移怀都记省，忧伤入魅是残衰！坡仙至竟非真放，兜着梅黄橘绿时。

送九十四龄西归客

也应礼佛尽西归，岁月遥遥曳影微。阅世伊怀须满百，含生道左莫忘机。十年相近犹沤侣，两度熏风透入帏。生事良堪天各一，谁人得赋老莱衣。

昔同海客胥厥居，地带青葱阴岭余。先德灵当东道主，山花红比杜鹃如。望乡关尚无多远，数人事应叠累嘘。但愿有情归造化，幕天席地任蘧蘧。

水　涨

淅淅潇潇夜未央，应知溪畔芥浮天。秧苗才插仍茎稚，泽国移捋满望田。人道舶来肥尚缺，已输甘蔗落今年。且看眼底成何解，秋水茫茫白一篇！

中元素描

瓜果节临秋夜长，清辉渐渐挂东墙。人家节物传粿制，摆设中庭沐月光。此时竹马纷儿戏，点缀闲易非当忙。亘古及时须行乐，仰见告朔存饩羊。我也生斯茹毛血，敢辞数典凭弃捐？只今仿佛邯郸道，醒梦寻时都草草。风雨飘摇泣一枝，刺触频频催速老！迩来天气呈酷暑，畏人泰山炙如虎，银汉天孙浸成虚，穿针巧乞谁家妇？天时人事变已多，金风玉露厉带梭。不道菱华灯又杳，待攀桂圆将奈何！

附记：家山饶有佳时令节。七月半古称中元，在南洋各地，用以纪念同侨客死，羁魂无依，当门飨祭，为况甚盛。等之故乡施孤并恍然释氏，目莲救母，水上放莲花灯之旧习；引人入胜，耐人寻思。兹什略述人家月下做粿遗风，却亦联缀现实情况，无限苍凉，鞭辟近里，非乎泛泛景物，无聊只作时令诗者比。到今旦无地可投，栖迟梵庑，过端阳，过七夕，不久又逢八月中秋！这般弦调，我见犹然。

秋　月　篇

居然秋气息，月色白于银。荒鸡啼咿喔，卢沟结句新。上天下地知何极，南北天门跃马尘。返来依旧蜗庐下，炊爨油盐兀煞人。独对寒烟将远神！吁嗟乎，独对寒烟将远神！

附记：“秋风清，秋月明，落叶聚还散，寒鸦栖复惊。”前人淹淹语，读之令人有种静深寥落之慨。我却有感于墙阴古月，猛又忆起卢沟晓月，帝子题诗，茅店荒鸡咿喔鸣，苍茫野寂，兼而有之。是成此篇。

红阿姨[1] 飞也飞

六鹢何知省画图，只缘风劲拗不如。平添陨石星辰改，陡觉人事亦模糊。我今沉冥带草草，池塘水浸临清早。蜻蜓成阵绕旋飞，瑟瑟凉秋伤远道！正知不竞是南风，乍前仍却首飞蓬。寒蛩泣露昭其俭，几人凭唱大江东？

怀哉越裳氏

奠边一捷爪缩枭，得陇争攀到趾交。傀儡何如纤两线，生民涂炭土为焦。废墟缔造鱼终醒，厥曲瑶台鹊搭桥。搬运尽时登七九，红河秋瑟不宜潮！

附记：此为挽“胡伯伯”作。隐括越北稳定后，抗美援南，兵连祸结，滥炸废墟，终于走上“巴黎和谈”之路，下文未悉。隔年患心脏病而卒，时年登七十有九。道家以人体血脉流转，为河车搬运。红河则北越主要河流，因以起兴，恰值凉秋，微微透示作意。

溯一九五四年，京邸有作，题曰“日下题襟”。时适胡氏率领访问团访华，街道欢腾，洋洋国宾。感忆一九四四年春，在柳州一度机缘接触，印象良深。往后日本投降，河内一转“越南之友”，盘桓累月。属句以谓：“十年故事都休矣，伫看先生舞风姿！”深深致其芫慕。两作相距又十六年，人事变化多端，前尘更堪回首！对照之下，一尚轻清，一入冷涩，斯可异焉。

---

① 民间传说，呼一种红色蜻蜓为“红阿姨”，每有成群围绕飞飞，兆征水浸将至。虽不尽灵验，但当秋风瑟瑟，景物萧然，晴空点缀，惹人遐思。阶砌吟蛩，差相比拟，谓之姊妹花也亦宜。

己酉中秋

凉月随人底处归，渟泓一碧仰支机。玉盘未许登宗庙，今夕髯苏句惘微。
下土舂墟传犬吠，鹑衣百端莫砧非。丈夫肯洒风前泪，多恐褒烽卷四围！

鸣镝一掷绕耙搜，殃及鱼鳞敢出游。枕簟凉生人慕困，啼饥岁稔命为仇。
霓裳谱自流天国，跬步端成泣妇舟！橘绿蕉黄柚又荡，圆圆好便过中秋。

旧道月痕晕而风，只今憾憾将毋同。泬寥隐觉四边惨，幽咽墙阴一脉蛩。
大地无情同刍狗，圣人划策在终穷。訾言气象休奇中，盼煞新尝下月中。

晶莹无奈漠云遮，不露月明灰色赊。也是州闾成语谶，应征元夕沃灯华。
鸡鸣合是衔天诏，人事都从卜社爷。说尽纷拏浑别恨，柴门聊自把瓯茶。

即　　事并序

医劝常服菊饮，以愈头风，时正重九，未免有情，陶句“酒能祛百虑，菊解制颓龄”。又加一重九日，便是生辰，触绪朗朗，留衣拜赐，感不绝于予心焉。因之抒怀。

篱菊未开聊掇叶，莫掣颓龄且治风。年年细数重重九，鲰生芜默将毋同？天涯凭寄堪叹息，里闬秋侵怯懦躬。人生几个抽身早，宛亦袈裟尘更蒙。吁嗟乎！长安向日何纷纷，飞鸢堕水跕跕闻。诗瓢心史倘然事，遗恨无常况子孙！明年许跻希峰道，到此乘除真草草。留衣亭上逢故人，一勺新尝泪盈把！为念庚寅合有诗，题糕无奈管襟期。黄花疏雨分明记，惭愧人丛着一枝！

秋　风　引

一夕凉飔起野中，晨曦翻出绿茸茸。天心明净凝秋瘦，我见萧然惨淡容。
里塾归时生计啬，黄云收割近残冬。少年时事寻登记，清楚黔雌共此风！

北溪叠恨悄无言，草色青青两岸存。徙倚以时凭吊影，夕阳虽好近黄昏。
吟成一字几茎髭，日有九回不外樊。叹息伏生名古邈，抱残守缺竟谁论？

秋草斜阳觅旧痕，流花桥畔粤山根。园林胜日千盆展，羁客倘来鹤梦温。

信道失时非少壮，元龙百尺镇禺番。白云宫观汉家物，叠句凄凉尚典坟！

附记：宗先生公武，撰五层楼长联，甚豪迈，有“百尺元龙”等语，惜全文已不复记忆。又明展曾氏集句云：“五岭南来，珠海最宜明月夜；层楼远眺，白云仍是汉宫秋。”

相彼晨风一洒然，藤萝靡曼雅堪怜，南来孤鹜依篱下，载访东皋踏陇阡。堕泪碑添卖字客，黄槐冷煞墓门烟。旧游目送沙河道，白素馨媲红杜鹃！

附记：偶然回忆，有时印象特地鲜明，于以遗形取象，恰亦有当。殆即心理学家所称潜意识或再现之谓。东山丝竹岗一段寄迹，垂暮犹再题为体味依篱生活，藤萝烟月，触绪彷徨。所与过从人物，大都过时退气。一时高院，列席岭南，听任后生小子之教导。某也教授，不烦任教，美其名曰深造，坐领临时干薪，寿命不长，谁都共喻。楼上楼前，日光清影，寂寞无哗。元旦拜客，旧家风范，酬对如仪，没落而已。往后每况愈下，自然不堪闻问。还好再度扣阍，我乃闲曹安置，藉沾“清福”，亦云幸耳。心绪萧瑟，不想多拉，一霎昙花，存之雪爪。

立冬即景

冬日苦短倏已曛，庭柯飒飒冷先闻。芙蓉搴落缘霜露，篱菊蕾含未放芬。一年容易将尽盖，恶氛妖雾时哉沛。顿教弦紧扣毫毛，穿墉兔窟三而再。莫近棋局抚中心，翻翻只手几升沉。所嗟厉鬼当残夜，犹攫鹰爪到雏禽！

采药须采桑叶稠，饮服净洗有余休。往后隆冬剥落了，满园萧瑟便藏收。毕竟不如苑囿好，四时艺花都杲杲。雁来红是老来娇，即叶即花同一道。陡觉斯人散野姿，有叶无花亦相宜。何必濠梁方为泳，日暮投林各所栖。

纪　　梦

风雨飘摇夕，槐安得暂便。故传缩地法，相次茑萝烟。
问讯存知己，情亲尚俨然。无因分手罢，已是别星躔。

下机凭戏要，一束掷成虚。鬼话联庆共，游洋羡子如。
回瞻市若死，行业迫萧疏。宛亦倭侵日，啼鸡倦午余。

纪实

连纪梦篇，都成两个对照也。

一阵朔风劲，冷冽晓侵凌。稻田遭扑克，刈之恐未匀。饮啄皆前定，独客含吐呻。寒灯呷苦茗，相对倍怆神！刚有不速吏，咀嚼到村氓。昆明灰死样，搅扰徒厌憎。孔怀宿昔句，幽篁坐如茵。深林寂无哗，明月来照邻！此调须可爱，斯人竟不陈！

五谷娘生日作

小雪临时稻亦收，雀舌粿像粒粒稠。岭南风物饶堪味，容易少年今白头。家山零落依草木，敢比幽人度空谷？已怜邱嫂浪霍羹，更数株兔待不足！生涯似水低咽滩，野渡舟横匪钓竿。来朝点着浣衣样，寒影飕飕只苦颜！

冥然罔觉钝根人

暗云零雨伴残宵，天与斯人共寂寥。细数昨非今未是，过从丘壑总无聊。可知心死同黄萎，岂比寒梅带韵飘！儋耳髯苏亦云尔，花猪肉等市门萧。

鸡声茅店最先闻，和月和烟夹冷魂。今日家山无啥子，劳劳底下徒纷纷！

闲话连篇

明人以小品著称，清代因仍，随笔之类特盛，阅微草堂、春在堂、闲情偶寄、香祖笔记等其尤也。此等文字，飒起飒落，不修篇幅，撮其突出之点，兴来信笔直书，如人随便班荆话旧，较之特地排场，起承转合，大袍大褂文章，转为适合人性自然之趣；所谓少少许胜人多多许者欤？

王维《山中与裴秀才迪书》句云：“近腊月下，景气和畅，故山殊可过。足下方温经，猥不敢相烦，辄便往山中，憩感配寺，与山僧饭讫而去。北涉玄灞，清月映郭。夜登华子冈，辋水沦涟，与月上下。寒山远火，明灭林外。深巷寒犬，吠声如豹。村墟夜舂，复与疏钟相间。此时独坐，僮仆静默，多思曩昔，携手赋诗，步仄径，临清流也。”如此等类，清粹质实，语不惊人，而自然入胜，移人情思，感染良深。无论新旧观摩，总合上上乘之文心诗素。

孔子曾终日不食，终夜不寝，从事思索，觉得无谓，不如积累学问之为愈也。凡此等处，着之则泥，容易陷入理障之讥。孟子肇述儒家道理，求其放心一语，更其精微。前者吻合一个“致”字，所谓盈科而后进也。后者亦根自发发光，不假外铄他求，均其收敛返照。子归而求之有余师之谓也。但流衍为宋儒语录，陆王理学，都觉艰深而枯燥乏味，离却自然人之精神面貌已远。是何也？动陷理障，而不缘血肉人情焉耳。

清末遗老有句：“毕竟乞灵文字好，生天成佛总无灵。”等于天涯历遍，依旧故园心。觉得泛泛驰骛，无有是处，时运不齐，功名有数，连乞灵于学道凌虚，还是海上三山，看似近焉，风辄引之去；一样虚无缥缈，不可妄求。到头只有菜根香，文字因缘，落得清闷渊静，醰醰滋味，允合书生消受；所谓不出户庭之外，回也不改其乐。亦即名教有乐地，园林无俗情。一味消极语，亦归真返璞语。钱牧斋“学道无成且闭关”忧患过来，同此一套结煞。

寄情花鸟虫鱼，不无玩物丧志之诮。另一方面，绮缛芊眠，大可发人意兴，焕乎其有文章。词华司马，衍为六朝，一字珠玑，耐人寝馈。但如炳炳琅琅，务采色，夸声音，再其次，便酒祓清愁，花销英气，惨绿愁红，倍习斯下，可无讥焉。常言道：“深人无浅语。”所为寄托者遥深，所为探讨者有在。纵他人酒杯，移之自己块垒，借助它山，一番浇醉，亦云过屠门而大嚼，虽偶不得肉，实且快意。又如“梁甫吟成恨有余”；又如“鹤鸣于九皋，声闻于天”，均其桴鼓同心，同声相名，同气相求。可为知者道，难与俗人言也。

尽日在咿嚘蹇浅讨生活，就如书蟫穿插其间，日累五言七言，无何新鲜表现，千篇一律。前人讥归熙甫为文，不复忆天下有曰海涛也者，神乎味乎，徒词费耳。可为寒俭者当头一棒！通体以观，自家数十年诗作，无大差异，不是有不得已于言而后言之概。搬来搬去，腔调宛如，有何不可以已乎？倒不如敛而藏诸默，优游于古作者之林，总觉言人之所欲言，内蕴修辞，观人观己，若是乎蜜咏恬吟，有自得心，所得为已多矣。不啻若自其口出，何以已为？

“天何言哉？四时行焉，百物生焉，天何言哉？”以见一切运行，皆有其自然之准则，不必假言以传。历来实行家，端坐乎此。而思垂空文以传世者，类多不得志于时者之所为也。左丘无目，孙子膑脚，思垂空文以自见，其心情弥足悲悯。陆放翁岂其马上擒王乎，哦诗长作穷蛩鸣，自嘲得彻骨。就以修养论，咿嘎蹇浅之语，何关钟彝不朽之盛业？能撮其精华，则简朴可以镇浮一语，思过半矣。帘栊深静，水木明瑟，善自得师，无往而非入德之门，尚取断简残篇之为力哉？断简残篇之梗其衷，此真吾面目之所以不晃现也。

《左传》一句，实逼处此。环境困人，在在皆然，过去生活阴影，属在弱者，何曾不是啼饥号寒，寒凉时节，人在途中，何处才是一枝托足；风雨飘萧，蘋香旧馆，一杯酬对，半壁青荧。诸如此类，令人气馁！于以见亡国大夫，寄身绝域，政治活动之谓何？一旦赵孟放弃，孤掌谁依？向日白俄，即其显例。真不知何以善其后焉。现实底下，更加枯窘，试想想，兵荒马乱之际，行不得也哥哥，但欲住又如何住下去？两头驴，陷枯井，天地为愁，草木兴悲，谁能一道收拾去，莫非厚幸！

现实无情，生涯坐困，尽日在身心缺罅，修修补补，便觉沾沾自喜，而又慊慊常若不足，其实到此地步，“置身江海应无用，七十老翁何所求”？宁有重考状元之希冀？却似还汲汲顾影，真是何苦来！真是其愚不可及耳。

沉浸在古潭的哀音，把人生推向洪荒幽邃境界，实在非人所堪。惯吃人间烟火者，经过一番洗礼，未曾不可以静寂一回，却尘明镜。但浸假而悲从中来，不可断绝。无他，不习惯之故。正知尘根未净，非所语于法门也。

山尚不深，林尚不密，烈日照临，人在树荫暂憩，总觉悠然静谧，言愁信愁。再过山丘彼面，是蕉坷，是鬼仔坷，恰是杳无人迹，鸟啼叶树，一味绵蛮。随园游栖霞洞句：“万古不知风雨色，一群仙鼠依为家。”这其间，具体而微，于以顾盼移情也有是处。一叶落，一踏枝，都可清晰谛听。岭上松苗，领受风于阵阵，胜似一枕波涛，松楸幽韵，假然非复人世，别有天地也者。虽仅仅一息，而一息何殊悠久无涯？采于山，美可茹，钓于水，鲜可食。出入无时，唯适之安，坐茂树以终日，濯清泉以自洁。觅句伊迩，还不陌生。至如古歌：“登彼西山兮采其薇矣。以暴易暴兮不知其非矣。神农虞夏忽焉没兮，我适安归矣。吁嗟徂兮命之衰矣！”自然太荒邈了，不可得而复追，聊存万一之仿佛而已。

笔法有迅疾凝练两种说法，用迅疾以描写静境，殊不配称。至如“嫋嫋兮秋风，洞庭波兮木叶下”，神来之笔，不须多也。一着不须多，多便转成滞矣。陈衍称古豪杰之士，虽无片词轶句，精悍绝伦，诗意横溢，但不得便谓为诗人也。此中分别，明眼人自能摸触之。

“自抛官后睡常足，不读书来老更闲。”从过来人身心体味，甘苦有得之言。语亦劲朗洒脱，佳句也。以视元亮五六月间，北窗下卧，遇凉风渐至，自谓是羲皇上人。一样闲适有差，而实更为深度。亦可谓玩世不恭也。非常人之品汇匹俦也。家山有祠，外匾题为于斯室，当然义取生于斯，哭于斯，聚国族于斯之旨。向时联语，一味矜夸祖德头衔，庸俗化，我为之转一语云：“于雅言力田孝悌，斯承泽门第春风。”似还蕴藉。又得月楼读书处所，亦复指望科名，缀为冠首，即景改窜云：“得句池塘生草，月华冷照帘栊。”于读书人本色，颇合静幽之致。等于清和冷月到帘栊也。但均属温润而已，简朴拗硬，敢所望哉！恍忆西汉文章，古朴浑厚，一入东汉，流俐疏畅，风气所趋，有不知其然而然者，是可以观矣。

沍寒之下，加以零雨愈觉厌烦，缩缩瑟瑟做一团，谁愿出门半步。

于此见出一个分水岭。盗贼兵家，正认为大好时机，“风雨纵横乱入楼”也。而窗下穷蛩，舟中嫠妇，却愈凄凉备至。常人与非常人，固不可同日语也。老我无俚，贱躯孱弱，纵欲挣扎，久矣不尝灯窗苦读滋味，老眼昏花，有时写回尺牍之类，仍觉费力勉强，正知羽书旁午，翩翩记室，匪易人任，况舍笔砚而跨鞍上马乎哉！田光自觉，已嫌不是壮盛时！臣之壮也，尚不如人；今老矣，无能为也矣！

天有不测风云，穷则变，变亦会则通，循环之理，殊不易解。昨夜雨歇，蒙头而睡，翻觉气息温温，今早放晴，继以日出嘹亮，还带春温意味。古语：“十月小阳春，冬至一阳生。”斯时离却冬至已经不远，自堪想象。方其征兆胚胎，脉脉蒙蒙，挽之不来，推亦不去！大化转轮，有其一定程序。只是人命危浅，不任颠簸，不容等待。“望儿终有日，道我见无年。……果然宫锦服，来拜墓门烟！”随园诗句，善可供证。予欲无言。

闲话同诗话

石湖“若有一廛供闭户，肯将篾舫换柴扉”，这和东坡“我谢江神岂得已，有田不归如江水”同一机杼。等于西风鲈脍耐人寻，曷日予旋归哉！人生尘劳苦形，频频厌倦，叶落归根，归真返璞，未始不是自然而然，受此自然律之支配。老猴纵会一个筋斗，翻它十万八千里，到底逃不出如来五个指尖，令人笑煞。前某巨公溪口扫墓，地师赠之以联云：“两个空拳握古今，握住了还当放手；一条竹杖挑风月，挑到时也要息肩。”语隽神闲，道家者流。对诸热闹场中，一盆冷水，亦胜似一服清凉散焉。

李笠翁清明扫墓，“人泪桃花都是血，纸钱心事共成灰”！凄冷流露，兼之蕴藉，佳句也。文徵明风木图为其先人温州小祥而作，情词并挚，全录以观：“肝肠屠裂恨终天，已抱深悲过一年。门户渐乖非复旧，儿身善病只如前。春风手泽庭前树，夜雨精魂陌上阡。做上清明寒食节，又垂双泪看新烟！”

遗山“百年世事兼身事，樽酒何人与细论”，感旧情浓，怀人道远，两得之矣。正知山林朋友之乐，造物不轻予人，有甚于富贵功名利禄者，此语良非虚也。又况百年心事，感切肢肤，“抽刀断水水更流，举杯消愁愁更愁”；“念天地之悠悠，独怆然而涕下”，昔时人神经质偏多，对此茫茫，不觉百端交集。一般词客敏感赓歌，如待歌声散尽，更须携妓西泠。又如可惜流年，忧愁风雨，树犹如此，倩何人唤取，红巾翠袖，揾英雄泪！均其哀感顽艳，无人会登临意，知音寥寥，风尘寂寞。既乏同调友生，话雨细论，转而寻求小道狭邪，以自陶醉。将所谓“温柔不住住何乡”者欤？

童年听塾师讲故事：一个卸职候补，久不他调，栖迟古寺，生涯蓁窘。适上司行香到庙，见庑旁门首，张贴对联，全文不复记忆，上联叙述科场得意，“连捷即升三江县令”，下联对照所寓，无限凄酸，挨“过端阳，过七夕，不久又逢八月中秋”，因而召问，机缘凑合。断章借用后半写实，姑谓我见犹然也。覆巢之下无完卵，一语堪惊。负下未易居，几人能够老者安之，少者怀之，沐浴圣人清化者哉！越鸟摇摇无定枝，问君能有几多愁。基上现实。因亦有作：“天涯何处驻行踪，春去秋来燕与鸿。恍觉随阳回有讯，更探鲈脍挂秋风。倦游已灭烟霞气，绕树仍惊扑朔烽。额角低檐行踯躅，可能又是莫相容！”

故人情重，千里相邀，一缕清忱，微微温熨。“海内存知己，天涯若比邻”也。古旧经典有句，所愧于朋友，先施之未能也。又愿肥马，衣轻裘，与朋友共，敝之而无憾。此其爽朗之怀，霁风亮月襟度，令人挹之于竹林酒垆之间可是。唐人诗：“终南有茅屋，前对终南山。终年无客常闭关，终日无心长自闲。不妨饮酒复垂钓，君但能来相往还。”余韵悠然，得无尽藏。观人观其所与，可谓相得益彰。降之犹不失为相濡以沫。得闲能有几人来，于以相期渺云汉焉。伊予不敏，门外大有人图依，恰亦一转而为域外大有人念依，脉脉同心，弥足珍贵。推之为秋水伊人，徐陵挂剑，宜无以异前。《随园诗话》载：康熙初，吴汉槎兆骞谪戍宁古塔，其友顾贞观华峰馆于纳兰太傅家，寄吴《金缕曲》云云，太传之子成容若见之，泣曰：“河梁生别之诗，山阳死友之传，得此而三。”

太傅闻之，竟为道地。时方宴客，手巨觥谓曰：“若饮满，为救汉槎。”华峰素不饮，至是一吸而尽。太傅笑曰：“余直戏耳，即不饮，余岂不救汉槎耶？虽然，何其壮也！”呜呼，公子能文，良朋爱友，太傅怜才，真一时佳话。

“伐木丁丁，鸟鸣嘤嘤。出自幽谷，迁于乔木。”古歌诗寻别有会焉。友寄书，最真挚处，为怜我贫，托词海外亲属，转寄衣包，辗转因循，生怕稽格，终于陆续报到，不负苦心，复示欣慰。仍再有赠，准拟年关，披衣燠寒，聊以蔽体，岂特“千里寄鸿毛，物轻情意重”云尔哉！话及流年，时逾北海，我入古稀，居合耳顺，海内知己，寥落殆尽！故乡归处，强谓含饴，天各一方，星河尚远；亦复苍茫飞渡，趁此一阳前晖，室迩人遐，独抱残更酬对。是可以风，因为赓赋，题曰《冬至孔怀嘤嘤》：“鸡声啼不掌司晨，浪扣残更粲有星。欲为治丝梦愈乱，未堪羸马转难平。绨袍折袭存牖下，云水沧波徙南溟。永忆故林同燠煦，而今真个异乡人！”

王英公姊病，为之煮粥，火燃其须，姊曰：“仆妾多矣，何为自苦如此？”应以姊年老，勣亦老，虽欲久为姊煮粥，复可得乎！两俱恻然。郑伯伐许取羸，而曰：寡人有弟，不能和协，而使糊其口于四方，其况能久有许乎？忏悔语亦真挚。古人已杳，如闻其声，人情之不可以已也。鸟之将死，其鸣也哀，人之将死，其言也善。风尘寂寞，世莫吾知，魂魄一去，有同秋草。迹其状，甚悲之，类庶几焉。生人作死别，怅恨何如？但看气息奄奄，人命危浅，崦嵫一线，苍苍凉凉，人生道苦！轮回道苦！绕树南枝复北枝，南枝向暖北枝寒，伤情调不一而足；不信斯人也，而有斯疾也；斯人也，而有斯疾也！圣人一唱三叹，亦云哀哉！“有鸟有鸟庭树枝，晨风飘引却纷披，堕茵堕溷何须问，大难来时各自归！”

附记：为一寡姊瘫痪年余，淹缠床笫，在在需人，值其生日，感而述作，后半月竟卒。

冬令时节，南方并不太冷，有时还似杜老所云“郁郁冬炎瘴”也者。不过，清早森寂，露浥未晞，漫步去向郊垧，总有了异样感受。山村人等，正在赶制萝菔干，遍地有人语响，仍觉薄雾迷蒙，引望不清。谚有之：“不见青山面，但闻流水声。恨无一布袋，扑杀两畜生。”描写早行恰肖。又再联想到“人语出短篷，缆没溪桥树”等是一般晨曦未出，溪干情景；算来已成陈迹，当其澜沧流徙，山深林密，有个猛朗坝，达旦偏多白云，漫山铺谷，浸成一片云海；天边间或浮现一些痕爪，云树依稀活像大海茫茫，停泊着小舟子。扑朔迷离，摇摇晃晃，竟不知身在山岚叠嶂间也。听说，清晨临望，如其蒙昧，却兆征放晴，如明朗化，反而是不好天气，招来今天下雨。至如东边日出西边雨，实属寻常，毫不稀罕。天有不测风云，信然信然，人事靡常，更不用说。而古语朝气锐，午气倦，暮气归，一日之内，一宫之间，沟界分明，一字针砭，教人好自领略，寻求需要，私淑移情，多点清缘，减少尘累。虽尚未能尽脱，用当清斋勤礼佛前灯，不亦善哉！

清代吴汉槎戍宁古塔，行笥携徐釚《菊庄词》，成容若《侧帽词》，顾梁汾《弹指词》三册。会朝鲜使臣仇元吉徐良崎见之，以一金饼购去。仇元吉题《菊庄词》云：“中朝寄得菊庄词，读罢烟霞照海湄。北宋风流何处是？一声铁笛起相思。”良崎题《侧帽词》《弹指词》二词云：“使车昨渡海东边，携得新词二妙传。谁料晓风残月后，而今重见柳屯田。”以高丽纸书之，寄来中国。《渔洋续集》有“新传春雪咏，蛮徼织弓衣”。指此。渔洋专主性灵，尚神韵，宜其暗合。其自题露筋祠句，门外野风开白莲，即其表征也。溯北宋王荆公题仲子旁诗，雅有同调，以谓旁近有诗云：“杜家园上好花时，尚有梅花三两枝。日暮欲归岩下宿，为贪香雪故来迟。”俞秀老一见称赏不已，云绝似唐人。旁喜作诗，如此诗甚工也。诗有飘逸一格，读之总觉一阵清标气氛，盘旋于意象间，倏忽恍现，而又不可捉摸，稍纵即逝矣。凡此等处，信手拈来，似不经意，蜻蜓点水，浮上云烟，轻轻笼水，浅浅笼沙，纯以神行，蠲除理路，脱去粃实，与乎一切枝叶，感兴而已，率真而已！恰所谓“成如容易却艰辛”者欤？

田园诗什

寒梅着花顷已然，岭南气暖占春先。可怜一树飘香雪，却在沟头篱落边。
浴日荒郊漫以步，麦苗新野茁而鲜。路痕数得几回转，为问归田逾十年！

人家萝卜晒成干，片片披翻讫未安。副业一冬递望眼，盘中奚止话酸寒。
从知入国禁须问，千古才人爱纳欢。聊有悠悠青草地，牛羊日夕引坡还。

一夕朔风劲且哀，顿教冻雨挟阴霾。暮年马齿偏多畏，人事靡常怕近灾。
濡沫移怀宜涸鲋，纵思望幸及寒灰。适然性命轻蝉翅，敢道犹人归去来！

枯木朽株滞难频，只鸡供奉费将神。都缘布网侵无间，况复鸿毛托足轻。
顾此蚁群扛饭颗，望中驼背致千钧。划淮橘枳凭看了，命不由我管由人！

沟流坪仔觅跟前，生产小虾沙比肩。晨起提篮兼戏水，捕来盈掬胜当筵。
岭边原合离离草，砥道平堙曲曲迁。陵谷静观仍暗换，钓游旧侣更无缘。

坡陀傍过越陇阡，稼穑年年老圃传。甘蔗榨糖称上乘，番薯果腹现当先。
古原坐憩归森寂，名号溯洄觉惘然。未卜浮生几俩屐，应无三万六千场！

触绪凉凉自悼云尔

孩儿道我快辞家，无乃斯文将丧耶？死便行埋随荷锸，身之不恤管鹿车。
酒徒至竟茫茫甚，浊世谁堪惘惘加。薤露还应自唱罢，枫林蕙帐漫啼鸦！

告疏遗文趁尚生，两丸为燧赛幽燐。送穷惯抱蓬为守，山鬼何曾眼不青！
亲戚余悲嫌多事，他人行乐已歌声。悠悠莫问人间世，古往今来尽转轮。

小雨含春气息

渐看播种落秧田，岁序如环活转旋。爱道时穷终有变，何如发白返无缘？
金蛇容易常趋壑，梅柳江春入旧年。更是撩人萦望处，摇摇帆影闪孤光。

便应小雨润如酥，困恼人间逼岁除。净洒门楣诹吉旦，休干纸马换桃符。
已残陇首闲芳讯，未放苔痕长绿芜。比似山僧情更寂，心田方寸外无余。

杂咏八首

几时寻得定心经，人世风波总未平。管自围棋袖手罢，中年以后泪纵横。

月中修斧忆吴刚，进出丛林何乃忙。帝曰不忠黥其面，蛮荒驱遣猝下方。

相彼君王乌喙张，仍数功狗叱阶前。衣冠原合兼臣虏，肯向雕栏觅稻粱？

仕不为贫故已然，士无恒产守弥坚。而今一一非前例，渭叟相逢汲汲尊。

治生之具尚纹缗，搔首更无善可营。卖卜卖文浑不是，枉抛心力作通人。

吁嗟长铗食无鱼，学习还偷孔氏书。当日逆鳞惯批却，翻身转效牛羊趋。

凛若霜晨果应知，闻声寂寂鸟清啼。出林出岫游仙侣，那比人间缩首龟！

读画斟诗雅侣频，兼怀同调赛皋鸣。草茅那得傍秦柳，亦复微微温感生！

小园夷毁为屋怅然者久诗以慰之

乱砍药园当束薪，春红秋粲会无因。芙蓉搴露经前滴，丰泽翻然感不胜。我谓叟也休叹呻，人世变迁几谷陵。子孙相望斐然盛，结构巢痕鸠鹊鸣。期就三年完葺了，益复一廛授编氓。繁殖都如春后笋，竹林伐尽影可征。螽斯有咏亦云得，好是叟也个中人！从来市廛方滚滚，万人湮海藏厥身。何须丘园限樊圃，开门踏出向皋垌。砥道拂云列平树，青山素约簇云屏。玉簪螺髻供环拱，溢为花鸟省识真。药栏花韵倘回护，仍当梦寐奏通明！

寓　言

琐屑复琐屑，用当儿女缘。柴门倚寂寂，家珍数毕酸！南北两天门，相去万里长。迥非展骥足，忧患在糊粮。刍豢不餍口，绳索勒弥张。岂不望当归，还祝毋归焉。嫁女怀威后，音旨何琅琅！宿昔追远游，猿马转大荒。休干投笔侣，功名安所望？岁月亦云迈，旅愁不舍旃。鸡声茅店月，于以付诗囊。只今余泪血，点点落纸筐！遇人斯不淑，世道两茫茫。却顾蹊径殊，异曲而同伤！从前作诗苦，来斯困鞭缰。总合为人役，贫者得救便。肃慎祀上帝，纶音播下场。

大寒即事

大寒之下厉行威，闻道暄和征入时。退密行藏须有意，孑遗蒲柳恐难支。休居所赖馂余食，克煞谁人与哺糜。瘥旅伤情犹若也，投缳只看老画师！

纪事一

拂拭啼痕讵忍陈，宛然有鬼昼窥人。更堪一发成奇祟，黯黯蒙尘记不清。

得救姜汤故有神，耿如流水荡青蘋。扶持荷叶珍珠泣，稽首慈云一瓣馨！

纪事二

一室青荧闻扣扉，桃红携客供清依。山门隐合饶春色，潜德都应怀采薇。不尚弓弦宜佩韦，莫嫌同调赋无衣。独怜岁暮翻愁思，人事何如倦鸟归！

小乘二首

宰肉均匀陈氏子，日中为市向相依。二事攸关今活计，烹炮伏腊怯腰围。

偶过陶渔思竭泽，仍堪卖炭攘鸡飞。异同坚白何由辨，只觉蒸民粒食微。

年关际尽漫题吟

夜永星罗尚带温，草堂春息觅将存。一年容易看除了，九转还当表字元。物尽无情图变幻，阿唯冀幸卜晨昏。人生岂合供长策，局促都成驽下辕！

荒鸡相与雅堪听，碌碌栖埘喔喔频。尽日埋头人事悴，长林丰草岁华新。蜜蜂含喽先零令，桃李催开已是春。有客传言飘冶习，曩时烘托赛迎神。

沙洲痕片望中明，滩浅水流不闻声。一带蜿蜒长是主，百年身世竟何人！徘徊修竹风吹箨，领略金黄菜圃新。抱瓮灌园今已矣，悠悠日影总如银。

故游子弟来相拜，往事从头感不胜。南国征航亦水手，后方接触负伤人。竹林谱序称兄妹，莲浦分门缔契邻。几度雁鸿递有讯，只今宿草俱尘因！

朝阳旋软会应思，风讯几番弱不支。麦秀油然都未熟，云英着绿远方窥。
寒梅隔水枝摇曳，漂白宜人莫探梯。等过重添七样菜，儿童跳跃踏青时。

偶值门开入故园，三径就荒落叶存。记得桃夭红欲灼，这回独树杏无村。
兽蹄不践逢冬令，蹬足稀时合鬼喧。白昼行来浑没趣，仿同域外赋招魂！

祭起黑云漫太空，霎时冷袭是南风。君心不测有如此！膏沐懒施若为容？
闻道以邻为壑也，可堪天诏口衔中。东边日出西边雨，一样厖奇安适从！

物候温温近者天，立春恰傍夕除前。庄家欢喜走相告，秧种兆征好下田。
陡觉丰年啼稚子，平添孟晋益双肩。装成两面镜花谱，好话都从反处诠。

布谷啼将榕树阴，春耕端候汝来寻。青阳有约枝初吐，尘网无庸萦乃心。
一席焚修诸事了，余生焦爨忒知音。游鸿别鹤太痴绝，元亮还挥本色琴！

勺酒沾唇久未经，伙颐却坐我常贫。微醺看取烧残烛，有客及门逾密亲。
信是一年将尽夜，莽然关塞冒长征。翻翻蝶梦寻何处，落得荒鸡喔喔鸣！

春雨恹恹病困

抱璞长吟匪自伤，臣心如水浸犹凉。春愁看守宜新霁，陇畔灰飞兆纸烟。
鬼倘有灵嫌份薄，时何所跂任推迁。酸风宜是射眸子，如束湿薪然未然？

望幸无何眼已穿，从知适莫等焚煎，一生濡沫偷多少，那得江湖各洒然！
故有纥干饥冻雀，新来燕子舞檐前。风回不便周而转，人夜淋浪雨复宣。

苦雨朝山

重访丘垅暗泪痕，生无余力枉犹存。非关狡兔穿凭窟，直是饥蚕蚀叶吞。
雨后山原沾弥湿，含泥沟水绕成浑。踏青挑菜问童子，转入篱藩扣荜门。

山人好客管烹茶，老妪欢颜熨帖加。淳朴这回风近古，笑谈我自倚为家。
杀鸡为馔如宾至，微雨□零有酒赊。邂逅班荆情得似，结缘好是水天涯！

雨讯犹零欲暮遮，出门惘惘探途赊。差成一蹶赖凭手，凝睇墦间果是耶？
策蹇投荒时可念，蛮方接淅人无家！门闾倚望知多少，生死无端引啼鸦！

披卸鳖衣踵敝庐，盘飧具在待将哺。为言游子莫归讯，底处须寻急煞渠。
檐溜未阑怀孔切，一椽粗庇迹迁蠕。生涯寂寞今如此，争堪野处问穴居！

附记：一节先室死葬狮地亚祖茔唇沿之下，历有年所。先是周围近边，为人乱插绿肥树苗，以地瘠不任栽活自然罢手。上年又有开掘为园，至坟背面愈逼，以植树番薯者，曾与族叔某谈而痛之。叔富情感，邀与共视，以为如出之蟹地村落人等，无论集体或个人，均可片言解决。询悉情况，前系该村童稚所窃掘，后经政令不准私人开垦，拟拔归林业机构而不果，转而收归大乡某生产队管理，附山一带皆属焉。似此周折，不觉惮烦，方当运动期间，不如稍俟其定。是日也，过临蟹地村，人情恳挚，如接嘉宾，返时犹雨，益复凄其。久不出门，又乏交代，家人盼望，眼为之穿！绵绵情绪，感怀寂寂，因而有作。时清明前十日事也。

又一节：人事波翻，不可穷诘，说易也易，说难也难，有时由复杂而归之简单，仍有本已简单，而枝枝节节，牵缠无休，麻烦备至。于兹二者俱经受之，感喟何限！总算人家好意，亲故多助，对己虚声，相当客气，迎刃而解，不待请求。至于尔私俗套等等，欲言不尽，不忍多言，落得心安，于理亦得。作为余生对死者，多尽一点力，保护泉下安眠，完了一番心事，斯已可矣。夫复何言！余怀渺渺，并赓四韵诗，章如前数，用奠诸后。

环解赓赋

十二年来百事乖，今朝荷锸护泉台。避舍耕耘人犹善，桐棺咫尺托康哉。
露珠软湿含青草，晴霭峰尖拨雾开。别恨悠悠休记省，愀然还似在山斋。

妖星乍觉有欃枪，为问余生尚短长？大事不闻偏畏小，岁时伊始计无粮。
一盂麦饭和酸落，片纸灰飞莫见怜。心事不堪儿女并，清明寒食尽年年！

人事也应有淫霖，泄沓缠人感不禁。忍以无聊充曼衍，坐令弩末促消沉。
家私何在原虚构，云雨凭施视掌心。那得简栖域外地，松筠猿鹤称讴吟！

家祭山头展望同，晨解寂寂鸟啼风。昨宵烂满星辉粲，故事关心芫默中。
旭日未升蛙咽咽，秧田透爽绿茸茸。何当一语回天阙，莫遣纷纷节雨逢！

寒食清明节日志

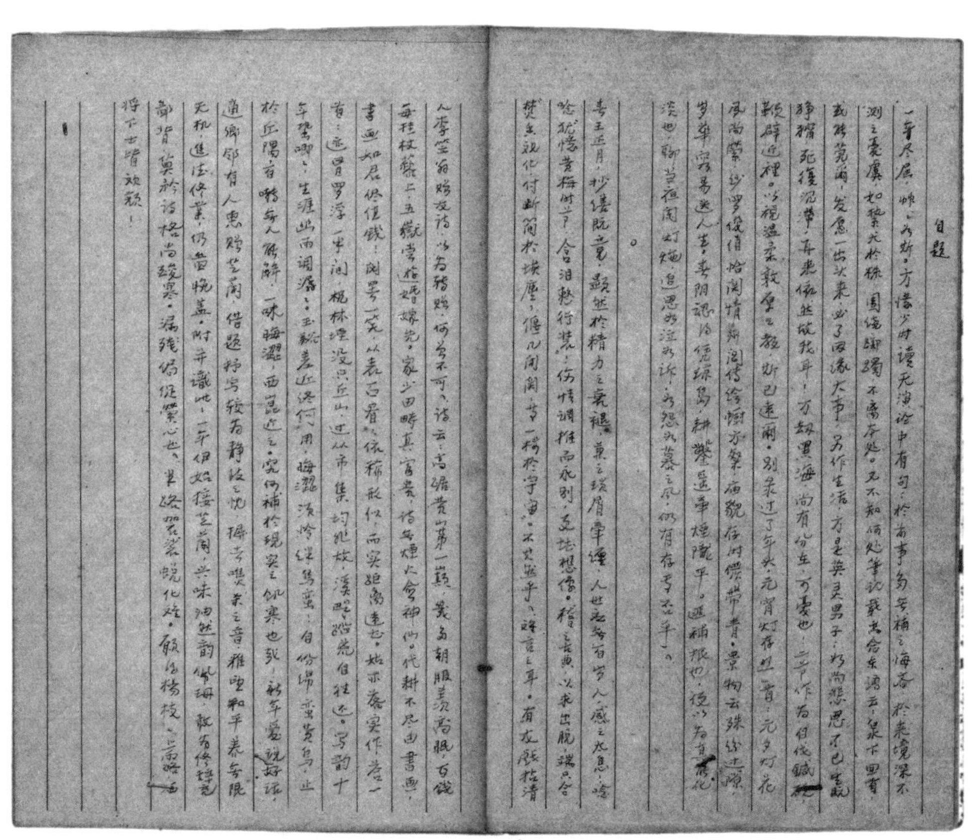

《啬园藏稿》手稿剪影之十

《小酉山房除草》封面

回乡续集

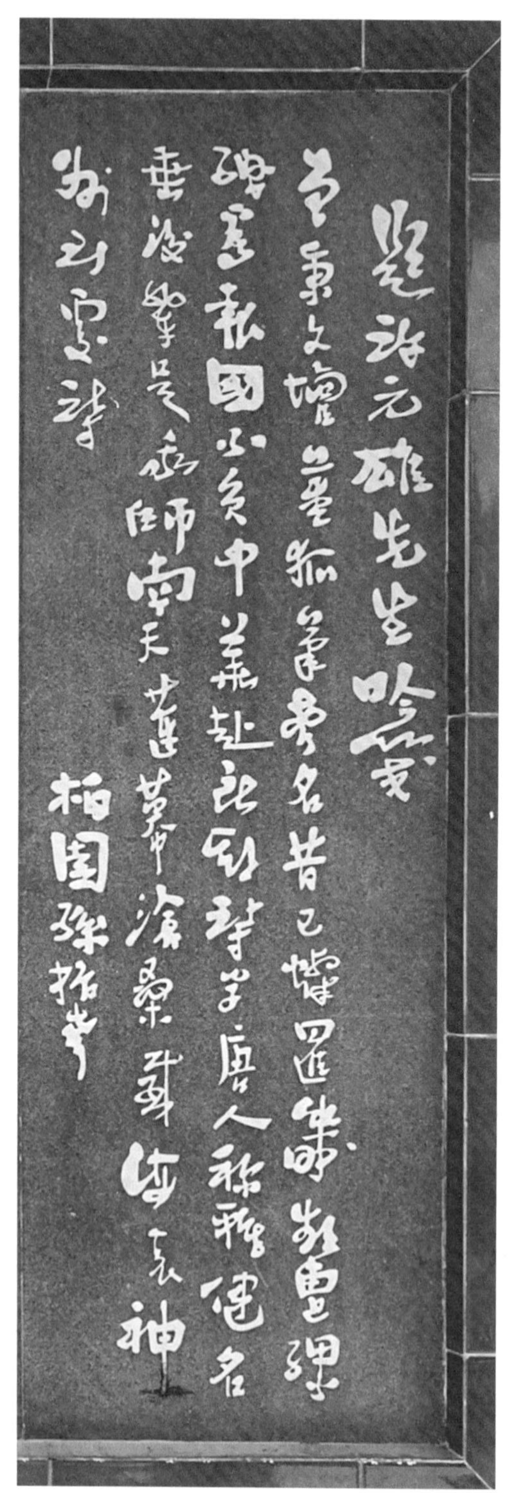

许元雄先生纪念亭的碑刻之二

第一编　回乡偶拾

编者按：《回乡偶拾》原题《回乡诗话》，为作者晚年回乡之后所撰，因其中多为随笔，故改现名。篇中有很多章节与《回乡集》中所载相同，因选《回乡集》未载者共计七十余篇，续载如下。

随笔若干首

故乡有座黄岐山，山上有岩名竹岐岩，乡贤罗庸庵晚隐于此。又丁雨生前辈。故里汤坑，寒灯苦读，后来庙堂告归，重访旧塾，感怀题一对对子云："古佛又来参，五千里外初归客；旧题何觅处，四十年前此读书！"总是州闾之间流风余韵。我景仰前徽，低回留之，偶成一首，并录呈粲：

穴窟悠悠赋遂初，竹岐涵影两相如。归来漫忆八千里，挂壁闲寻古篆书。
时令资君新得句，大欢稚子撷园蔬。从前一树榴花发，门巷番风几岁除！

四月七日

有现量能自发光，有比量借助他山，反映出来，下乃妄量，那就混入魔障而不知不觉。援这例而广用之，那正面文章着笔难，转而为咏古之类，更泛及花鸟虫鱼，不落窠臼。何莫不是比较聪明的办法？

我是懦弱的，动辄鼻流鼻涕，担当不起，看背负十字架和骆驼般的莽莽征途，他们是一无所有，身无长物的，蓝缕开山，提携稚弱，却一点不会流出酸泪，这是什么样的做人道理？至少同其类型的，书也没有教了，垂老还乡，依于敝庐，今后生计如何着落？他是在这水平线下的挣扎边缘，而我庶几免了，不仅仅命运差胜罢了。其实易地则皆然，对之只合惭愧，只有森悚！

海藏题《杜陵画像》云：“杜陵一生百不就，至死不为天所祐。谁知历劫行人间，造物安能如汝寿。诗者一人之私言，或配经史垂乾坤。丈夫不朽当自致，假手功名何足论。”其为诗人争占地步，唯我独尊，委实给穷愁吐气不少。但现实无情，穷总是穷，想它十亩草堂，兀自独自，不一定当时便有那么自信吧。《红楼梦》主人，到了回归燕京，潦倒落拓之下，其挚友属句云：“石归山下无灵气，纵使能言亦枉然。”真是困人一个，无可奈何。“岩穴之士，趋舍有时，若此类名湮没而不称”的，何不胜数！

往时看过一出越剧《杨乃武与小白菜》，这和梁天来“七尸八命案”都是清代轰动一时的公案。我只觉开首印象特佳，杨到她家相访，勾起一段故情，有如云烟不即不离，而亦虚无缥缈，令人惆怅，最富淡淡地绵邈地诗情诗意。以下发展，却变成乱哄哄的了。由散文而进入论文去了。

源泉滚滚，不舍昼夜，是生生不息的天机，需要静淑涵养以蓄其机，无失其本来元素，所谓夜气，端的近是。一涉浮浅粗糙，便不知何处去了。“乃知真放本精微，不比狂花生客慧！”东坡此语为得之矣。

想来不过是余波余影，实际已经缘尽，再也接续不下去了。再作冯妇，也就是再来不值一文钱。人家以礼相送，完满了结一幕，我也落得个洒脱干净，如此再来个尾巴，便是蛇足，也且变成庸俗一套了。有人指出《红楼梦》于宝玉出家作结束很好，倘如和黛玉成其好事，试想想以后生活，生儿育女，能够免于庸俗吗？能够维持那个残缺美的最高峰吗？真是盛名之下，其实难继，和神龙见首不见尾，和“美人自古如名将，不许人间见白头”总合神而明之，可以意会而不可以言传的呀！又如暹罗一幕，恰于被捕出境作为完场为最不平凡，最值得人有点余味。假如机缘许可，再度过临，混迹征逐，那也一般化，不感觉得什么了。所以放聪明点，还是勿顾堕甑，好自挂单到另一个境界去敲敲月下门。

四灵诗多瘦语，徐玑“清得门如水，贫惟带有金”一联。尤为瘦削。作者一贫至此，自然不落几近。偶亦忆及业师黄铭初先生有句：“明月半墙阴，孤桐漏影深。灯花双穗笑，床脚一虫吟。”于萧斋岑寂之况，衬托至现，景象至幽，总亦适如其分地一介穷书生之写照，瘦即系其本色。又曾有句：“积雨兼旬天懒霁，落花满地客销魂。”一懒字亦定推敲之后得之。本来都无异语，皆人所知，特人不能道而已。灯窗回首，垂四十年，先生早归道山，聊志一些鸿爪于此。

“正知负下未易居，垂白髡钳衣赭如。问字劬劳甘茹素，佳人作贼宁非虚。曰归划地同窝守，寄恨营巢望只且。便欲过谈那可得，含沙射影怀其余。”

这是替一个人的写照，不必再加注释。总之人生渺茫，命运捉弄人，委实难道。彼其之子，业无得就，六十之年，今后生活向题，可更迫紧。前同辛苦蓄积下来的一落房屋，算是丢了，现下系由分配了一间土屋，日来出现他的影子，苍瘦得很，在沟头野畔散荡着，可未曾找过任何人。社会一个圈圈，一道墙壁，已把人隔得远远了。

刺激多时，便成麻木，落得模模糊糊，蒙混过去，欲其保持一点凄清滋味在心头，那是灵性灵根不可多得的了。想来还是不谈为佳，说穿了反落第二义，或者索然乏味。

偶成之作二首

一阵狺狺吠所之，腰肢舞困犹嫌迟。闲花野草同辛苦，何似涧溪未放时？

主家一姓匪由它，艺祖出言示则那。愁煞南唐翩翰客，泰阶拜舞尽婆娑。

附记：南唐李后主，派其词臣向宋纳贡称臣，讷讷声称江南无罪，江南之事上国，犹子事父，无以复过。不料招来一阵雷霆反应，大大训斥一番："江南那有何罪何罪！难道父子异姓吗？"这一来，真相大白，原来"狄人之所欲者，吾土地也"。算他还坦白，老实交代，不用什么花样托词。

古语有句居移气，养移体，和习俗移人，贤者不免，都可为环境影响之佐证。所以清代才子进一步地说："题高则诗高，题矮则诗矮。"也许有然。据我见，那些困于俗客，对客至疲，真是苦恼，连什么才情绮思一定抽绎不出的了。听说某巨公并非住在紫禁城里，却是去西山挹其白云，这个道理，也就不难理解。

顾亭林于明亡之后，卜居关中，一心想着，平时尽可闭户读书，一旦天下有事，出来亦自方便。但终其身是不能再出来了。东陵侯既废，过司马季主问卜，说了一篇盛衰兴废大道理，以为久伏思起，应有征兆，却不提防当头一棒："且君侯何不思昔者也？"便是盛极而衰，正合道理，只好终于种瓜罢了。

"熏风自南来，殿角生微凉。"这些境界，自然高人一等。稍涉粗豪者根本要挥之门外。有之，就是静深微妙，蜜咏恬吟，和短歌微吟不能长的，才庶几乎近之。

"为有凄然一色浮，拈将华实浸盈畴。荆州作赋思犹胜，牧野放归逊似牛。此日膏肓牵逾瘦，传来啁哳急捎收。绨袍纵把故人份，无奈余波锁客愁！"

不知所谓，只好列为无题吟。

向在诗话中见到一则托为禽言云："鹁鸪鸪，鹁鸪鸪，帐房遍野相喧呼。阿姊含羞对阿妹，大嫂挥泪看小姑。一家不幸俱被虏，犹幸同处为妻孥。但愿相怜莫相妒，这个不是亲丈夫。”极人事之变，哀音似诉，令人不忍卒读。却从侧面“相怜莫相妒”一语，挑出儿女子之心，既软弱又狭窄，容易哭哭啼啼，直到此时此际，还是互相斗角，不能相依共命，斯真可为唏嘘愁叹的呢！

传钟馗有个妹子，很俊俏，曾缚一个鬼和一罈酒，叫另一个鬼挑送她哥做点心，附书说：“哥哥若嫌礼物少，连挑担的是三个。”果然吩咐一并交给厨房烹了。被缚的这时对挑担的才开口：“我是无办法的，老兄亦何苦来呢？”

乡下人要爬上城市绅士阶级，可不容易，况于京都统治所在，一登龙门，身价十倍，一向都是忍耐着，希望万一攀得上阶梯，那便进身青云有路了。可是不第归来总占多数，幸运儿没有几个。由这一来，怨叹连声，如说长安居不易呀，乃至非长安而无可居呀，又如“午门待漏四更天”，比对“日高犹掩水窗眠”。自然苦乐判然两样。而“朱门那比蓬门高”，拙句尤为沉痛跌宕出之，而今而后，更要截然两橛，乡下人不容易流进城市，而城市人员下放之后，恐怕转回头的亦不会太多。

山林朋友之乐，造物不轻予人，有甚于富贵功名利禄者。这是旧话不当真确。但姑就朋友一项来说，戛乎其难。在京时，习闻两句流行话：“上班则公事公办，下班则老死不相往来。”尤其在每一次运动之起，大家都有戒心，都避之若浼，生怕社会关系复杂了些，说不定对方有什么毛病，那就影响麻烦了。连两下子相信得过，也以少见为佳，怕被人目为“小圈子”或来“摸底”之类，总是不妥当。所以，谁都形成为孤零零的了。

彩毫一画竟何荣！况其并非凌烟阁上挂像，连退食委蛇的雅相都不会有，仅仅自打嘴巴，充胖子，充伴食，而卒之亦不可得。当其向辞行之际，座上主人初若拂然，继亦释然，往后一阵回旋脑际，说不定更有了悄然而悲，萧然而恐，凛乎其不可留也欤？

即事二首

又见圆圆粲荔枝，门悬角黍午风吹。人生往事真如梦，稻实看成毕获时。重拾笤筐儿辈起，一番侧影拥青丝。昔年憔悴何消说，更莫铅灰逗尔仪。

沟头流水何汤汤，夏潦登时夹过场。委道河清应有数，晚凉野旷尽流连。从军弟也年俱壮，相将殊难各一方。留得怡然心境在，榴花开处并端阳！

附记：上一首下半截，为反映抗日时期，拮据出门，长女绮年绿发，掩袂啜泣，景至凄绝。少女许时初生，而今也复身段一般高，黑头略相似，偶尔见其手提菜篮，去自耕地采摘，却另换一番活泼之情态，自然勿以怀旧灰黯话题，重相感染为是。

随笔五则

文中子之论元亮，归去来有避地之心焉。《五柳先生传》则几于闭关矣。由兹挑出“闭关”二字，好自消受。虽则湫隘嚣尘，但犹有人之面，憧憧过往，与乎门巷天光，入夜月影半墙，蛩音夹奏。不犹愈于“铁桥”一个处所，杳不见天日人烟也者？又不犹愈于某等辈，被动的窝守一间土屋，家人父孺翁媳，相对默默，那么哑巴子近似，虽不谓之闭关而实闭矣。

再回头看“肉麻”先生一般人的嘴脸，实在毫不感兴趣。不必说到百年之后，但就目下违纪已多，让他去装其小丑，戴其瓜皮小帽，瞻之在前，忽焉在后吧。

牢牢记起勉翁一句话：“去也得，日来小组空气紧张，应付好不容易。”有心哉若人，长者哉若人呀！

戚家使其小孩来假借，还太幼稚哩，遥遥廿余里程，真太磨累了他。

坐定，从侧面观影，却恍然于眉眼嘴鼻之间，活像在暹初时接到的第二个孩子那么样。再以前，连同他姊，不也是一样地去向戚家沿门托钵过，而今回环反复，人事无端，有因于前，果随在后，不差檐水点滴。人世冥冥中，遂可问耶。

偶听人家去山间樵采，一个女的，刚被当地男人狠狠地打一顿，为的不过草皮木屑这些问题。这也有个恍憶，便在暹罗监狱里，一面天色未明，斜对面的监房，突现一阵急促脚踏声，夹上喧呼惨叫声，加以同其坐牢的手足无措，徒呼负负之声，混做一团。等到看管的开启锁门喝止，把将肇事的两个带去，一个已经鲜血淋漓，奄奄一息了。真相也就弄清楚，那是他们俩的寻仇报复罢了。人生何时何地不可以触踏危机！况其生活生命的最前线遭际，何乃相煎太急了呢！

缀述杂诗四首

急管繁弦久厌闻，清音不合闹中存。阿谁寻得无人处，肠断空山只啼猿。

儿饥儿溺岁丰天，肯把前尘堕惘然。才是垂髫身万里，到头重见恐无缘！

十年问禁不曾宽，一玷白圭云已难。为报同根各有托，南枝向暖北枝寒！

五月渡泸赛爬山，飞鸢跕跕毒淫间。边摇蒲扇边流汗，宿昔多应注两环。

杂诗三首

月地芸窗念也劳，含英咀华文上钞。吟诗点诗一枝笔，兼复塾童声嘈嘈。

世事浮云双转毂，皓首归来颜相熟。我才差二君近稀，门引离离风满竹。

闲临鸦口认山坳，两处营巢总未遥。故有迟徊宵达旦，只今清况便寥寥！

偶　　记

往时风俗淳朴，两个村舍相隔五六里程，以宗亲而兼友谊，过从甚密，传有一则：相送闲步往来，互为宾主，不知东方之既白。

月地角书斋，聘掌教席，我犹记得，挥春题字有：“含英咀华”一语。又曾背诵乡贤句云：“吟诗与点诗，各技一支笔。能知吟者苦，方知点者逸。”静言思之，已属一幕故事，杳之又杳。

露重未晞草色滋，月痕收散待晨曦。一朝最是临皋望，引去犹然闭置时。聊有清宵蚯蚓续，教从别畔鹧鸪啼。故卿更许归何处，却恐山禽亦未知。

前人有句：“故乡亦是惊魂地，只恐山禽尚未知！”清早偶闻啼声，惹人深思，用探进一层而咏叹出之。

鸡栖于埘，和驱鸡缘树木，此风由来已久，我家养二伏雌，尚乏设备，日夕听其自投自宿，篱落纷飞。一回拟纳入鸡笼，但仅笼得其一，而一不知去向，时已昏黑，亦遂置之，翌早开门，见罩在笼底的，自然雌伏无聊，另一却站在旁边，宛似和它对语，依依模样。微物也，而亦有情致焉者！

七夕浸步野旷

光炯穿林一直驰，风扬草际幕天垂。南冥只度恍然觉，宛亦情亲觌面伊。

惘芜有憾却难宣，夜气清森省外缘。物物幻虚如此陇，衣冠都不觅当年。

附记：族中始祖，茔地颇阔，相传并无瘗骨，此次不另迁葬，但把坟土铲平了事。

今夕星河伫混茫，分明久不罗天章。踏车姑嫂翻轮下，柔草茸茸绕过场。

附记：儿时记忆，展望星星，有所谓姑嫂踏车和箕与斗之属，为农家所最熟悉，我今一并茫然。刚适夜里出勤，无闲妇女，车声轧轧，引水灌田，亦许上下通作一例观矣。

随 记 二 则

同小女踵门一个女生，人很徇实，长得很不错，同是考进了高中。

听她对我称呼为祖叔，后来女孩告诉，她住赤坎，父亲叫林然，我一时很觉耳熟，但已记不清楚了。再后同辈过谈，才述说林然就是市兄的独子，年纪和我们差不多。我恍然于市兄、落兄连同雄海兄一联串的影像来。在房亲中，雄海兄最为照顾了我家，在我早孤，一段很长时间，不啻为我的保护人。他赴过科场不第，而已习礼知书，也掌任过教席，是乡俗的优秀者。市兄是他亲堂兄弟，出入其门，连带也就对我亲昵。他目不识丁，吊儿郎当，有时做中佣赚些零头，一个儿子早就分爨出去，一目失明，兼有了宿疾，家境总是贫困的。事隔这么多年，雄海兄后裔零落不堪，林然却还健在，不胜孱老，生活算过得去，三个儿子都成人，一个女儿并进了高中了。人事翻覆之间，谁也不能逆料的吧！

摘王摩诘论陶一则：近有陶潜，不肯把板屈腰见督邮，解印绶弃官去。后贫，《乞食诗》云“叩门拙言辞”，是屡乞而多惭也。尝一见督邮，安食公田数顷，一惭之不忍，而终身惭乎？此亦人我攻中，忘大守小，不阙其后之累也。

摘《中州集·辛愿传》一则载：辛愿字敬之，博极群书，于“三传”为尤精，杜诗韩笔，未曾一日去其手，作文有纲目不乱，诗律深严而有自得之趣。性野逸不修威仪，贵人延客，敬之麻衣草履，足胫赤露，坦然于其间，剧谈豪饮，旁若无人。高献臣为河南治中，闻其名引为上客，及献臣为府尹所诬，敬之亦被讯掠几预一网之祸。自是人以敬之之名为讳，绝不与交，不二三年，日事大狼狈。田五六十亩，岁入不足，一牛屡为追胥所夺，竟卖之以为食，众雏嗷嗷张口待哺，雅负高气，不能从俗俯仰，迫以饥冻，又不得不与世接，其枯槁憔悴，流离顿踣，往往见之于诗。元光初，予与李钦叔在孟津，敬之自女几（山名）来，为之留数日，其行也，钦叔为设馔，备极丰腆，敬之放箸而叹曰：“平生饱食有数，每见吾二弟必得美食。明日道路中，又当与老饥相抗去矣。”会有一日，辛老子僵卧柳泉韩城之间，以天地为棺椁，日月为含襚，狐狸亦可，蝼蚁亦可耳。予二人为之恻然！敬之佳句极多，如“自怜心似鲁连子，人道面如裴晋公”“万事直须称好好，百年端欲付休休”“院静宽留月，窗虚细度云”“浪翻鱼出浦，花动鸟移枝”之类，恨不能悉记耳。《木栖》云：“吟窗醉几秋风晚，只许幽人个里知。”《三乡光武庙》云：“万山青绕一川斜。”到其处知为工也。

仿竹枝词

辚辚车马彻萧萧，尘埃不见咸阳桥。毕竟儿娘故挥洒，放声一哭仰荡摇。

有吏扣门兴太粗，那比僧敲月下如。唐宗纵囚须自返，画地为牢不敢逾。

乍见新月半墙阴，瑟瑟凉生秋又深。墙外行人墙里泣，任它鬼也莫关心！

平地倒影覆将来，一室无言漠漠哀！妪仍充备晨炊去，老我生涯笃清斋。

积谷何曾解防饥，情亲一道掷人为。我王明圣普天下，古调今弹信是谁？

年无长物尚蚍蜉，过得今天份已优。以栗前头兼以柏，载籍纷纷稔诵不？

合道飞沉俱可矜，入山深处不饶人。适才牵牛坡下过，旋闻猪坑荷锸频。

点鸭篙头赛点兵，乡村岁月无闲人。盏灯饥鼠交临下，为问老头住得成？

杂　　记

一头榨奶的母牛，值千余元。一头母羊，也要六十多以至百余元，市面仅存一口棺材值一百七十元，即速被人舁去。新近一个丧子的，草草薄板收殓，还须卅五元，这是目前的标准市价。而一般收入，顶高级的月给六元二角，低级一二元不等，人的价格比对悬殊。套合古典上说：“屦贱踊贵”“生王之头不若死士之垄”和“千金小姐当作丫头”，不觉有点爽然自失。

今天是十二月十二，按照三月三、九月九之例，也该是良辰吉日，或可谓之重腊吧。又况真的向阳日丽，把昨天满面阴霾，淫雨霏霏，一扫而光了。又昨当未雨时，天气阴而近暖，早起还闻新燕啁啾，俨然有了叫破阳春消息。怎知渐晏渐冷，以至于雨降幽寒，人家一并担心着，刚拔下的萝卜制脯，生怕天不作美，为之奈何。又怎知一夕翻转，另是一番境界了。天有不测，人也庶几，“一事最奇君记取。明日新年”。新年不当奇而奇之，话来恰亦令人解颐。

日本占领香港期间，军令森严，不准人家晚上关门而睡，以便他时时闯进来检查，一般地渐渐也成为习惯了。再以前所谓廿一条款，传说亡国之惨，三家共用一把菜刀，唤醒同胞起来挽救，当然都是少见多怪的了。人是橡胶性的，可宽可紧，大有伸缩余地。比如异族入侵，高压之下，包管你动弹不得，而且习以为常，逆来顺受，浸假而不少同化了去，言之痛心！司空表圣《河湟有感》云：“一自萧关起战尘，河湟隔断异乡春。汉儿尽作胡儿语，却向城头骂汉人。”

有个道理，叫作饥者易为食，渴者易为饮，引而申之，像望梅止渴，画饼充饥，亦聊以过过瘾之意。逃空谷者，闻人足音，则跫然而喜，何曾不是太孤寂了的反应？尽日峰回路转，崎岖山径上走走，杳不见人烟，偶尔到了沟头茅屋，微微吐露几朵红花，胜似寻得亲人，那么欢喜心情，不是过分的。而今幽寒里面，索居无俚，听着檐前冻雀声喧，亦觉为之仰止，赛过一阵友声了呢。

“自是老怀多寂寞，非关儿女尽分飞。”只有这样的自解。还好儿女都是心理健康，不识忧不识愁为何物，那么我也何必透露衰飒情绪，去影响去渲染了他呢？

昨间送回来一小包衣物，触绪凉凉，幻起“削骨还父，削肉还母”，那么妄想，自然是不必要的。可是悲怀却是实在。恰好少女这时刚刚入室，添凑一些暖意，仍带上他们合影的一张照片。附题送别一行小字，作为他们的小小一幕观。

天色阴阴锁，大的一早引去，陡闻隔座人们喧叫声，心知迫迁消息底下，免不了的阵痛，后文多的是。来日大难，世途多艰，谁也没有把握得住，谁也要把命运交给天和人，黯然一阵，也恰如现下周遭，“薄雾浓云愁永昼”！

“世事如舟挂短篷，或移西岸或移东。几回缺月还圆月，数阵南风又北风，岁久人无千日好，春深花有几时红？是非入耳君须忍，半作痴呆半作聋。”词极俚浅，可是在这可怜的心情幻转底下，就像似引人幢幡，清磬木鱼一声声地敲人清韵，教人依皈！

风雪当门，孤立不惧，果能具此本领，赛过苦行头陀多多！多愁善感的弱质书生，诚恐未易语此。但能安处即为乡，和能为画家还是福，所谓不得而求其次焉者。“毕竟乞灵文字好，生天成佛总无灵。”平实无华，差近“是”吧！

迩　　来

迩来家室靡宁，殆有一股乖戾之气作祟，故事化为毒蟒，亦许有然，因于梦雨，寄以长谣。

夜雨沉沉枕上寒，几番转侧欠眼安。生离一霎菱花影，别后重临稔泪澜。
寒食时来依宿草，帝魂衔恨只空山。负人负己成修阻，我亦何心续老残！

侵晨结思总恹恹，端为宵分泪易缣。问卜君平刚甲乙，及门海燕话帘纤。
小庐乍觉衣衫薄，琢句还婴纪律严。好是头陀何处也，心悲黑海竟叉尖。

甲戌除将火后阴，潇潇淅沥近秋霖。荒烟叠嶂愁经又，湖海十年老此心！
故有丢人无底洞，怎知共命与冤禽。伤心直到无言说！语可申时困不深。

有女慰情聊胜它，时当困瘁汝来过。菁菁便是园中秀，漠漠何须灰里啰。
韫椟潜藏心化碧，春阳教放叶盈科。但看靡靡关山道，转绿回黄待云何！

散　　记

肚饿哪顾羞耻，改天就去公路旁店，等着吃碗稀饭吧。一个向来世家人氏，也在里巷同人家交头接耳这般说。同时却听说某某老兄，昨天便是牵携幼小孙儿三四个，跟着到那儿地方去，要求大家照顾，让小孙们也都分给一杯汤！看样子，就恰恰像个老乞丐的神气了呀！

一个透过内里的低声说，某单元计算，到早稻收成现存的谷仅仅达到每人三十市斤，这么着，还有漫漫几个月风景，自然十八市斤的定额是保不住的了。看样子，再缩小成十市斤，都说不定。工资则已经定为半义务，即仅仅一半劳动力去计薪。但不比旧时那么笨，说成减薪减饷。

《听秋声馆词话》载：周美成制《六丑调》，杨升庵嫌其名不雅，改称《个侬》。实则宋人廖莹中自有《个侬》本调，词系廖作，升庵所作，虽用周韵，而句读参差，其为窜易廖词，窃为己作可知。相传升庵未贬时，每阑入文渊阁，攘取藏书，妄意似此单词，世无传本，可以公然剽掠；初不料二百年后，原词复行于世。余尝谓升庵得志，决非纯臣。盖自视过高，意天下后世皆可欺，其不为无忌惮之小人也几希！按升庵我所爱，上述词话，直括隐微，录而存之，以为聪明人做蠢事者当头一棒喝也。

从前暹罗入境，对诸一些外侨的身体检查，是应有尽有的。但乘飞机客，可不在乎。另从小地方角落进去的，那儿略略“点油”，也不费麻烦而顺利过关。最倒霉是从汕头香港搭商船的大舱客，一上岸赶入“牛栏”，有的停在“牛栏”候至一星期以上，才算办完手续，让他出来。其中检查手续，有一项是“验粪”，用一支玻璃管子，长约一尺许，由肛门一直插进。有个婴其锋的事后复述，为之苦笑一下，我问他痛不痛？他回说：“痛是不很痛，他们用以对‘唐人’的一种侮辱罢了！”

从前潮谚有句“圣君嘴”，意思表示经他圣口一开，便无不应验，特地通灵，不可能的事物也都活现出来了。有个朋友特加新解释：不是这样的，那是“唯其言而莫予违”，“臣罪当诛兮，天王圣明”。他高高在上，无论什么话说，什么乱命，一定马上施行贯彻，谁也不会说声“不”字，这一来，口衔天宪，命令变成法律，朕即国家，乃所谓“圣君嘴”也。

故事新编，在经过低头默默，含污忍辱，仿似鸭竿当头一点的鸭子那样，看看成群鸭阵，要它横便横，直便直，无不颐指气使，举嬉嬉然奔走献技于仁慈的上帝替身的主子，代天行道的天王奴隶主之脚下靴前，岂不盛哉！岂不懿哉！

历史陈迹有的及今才证实相信。比如取悦于一个心爱的人，把整匹丝帛撕掉以听其破裂的声音。甚而乱发烽火警报，让救援的人马奔涌前来，扑了个空，博得美人心花怒放以为笑乐。一般糊涂哪会至此？同样的，从楼上一早看见背负妇人渡河的老年人，心怪他何以不怕冷。必系胫骨蛮劲，特地拉来解剖当试验品，以满足其好奇心。这些事信而有征，那不过头脑发昏的当着玩玩罢了。到了现代，像日军侵华所摆布出来的把戏花样，可更多了，比如：叫你亲属两人对坐，互向对方力批其颊，务要打得声响，自然痛也由它。有时强迫乡民去掘战壕，绕过一回冤枉路，施工于绝不必要地方，尽使人们精疲力竭才算数。当掌管的大都仅派一两个兵士，也会感觉无聊，有时抛些烟支给人们争抢，和人家鬼混一场。这定是他们不够的地方，倘再严肃点，任何滑稽戏都当成正经，任何捉弄人侮辱人都说成德政教育，或出之人家的自动要求，这样做，“之死靡它”，却满口欢愉高兴之至，御人之技，神而明之，进乎道矣！

子瞻《志林》，于智勇辩力般人受委屈当中，特地提起农民，不知其能槁项黄馘以老死于牖下乎？抑将辍耕叹息俟时也。总括一句，纵百万虎狼于山林而饥渴之，不知其将噬人，世以始皇为智，我不信也。我为之更进一解：虎狼如果放在山林，那是不好惹的，反而在槛阱之中，索性加以饥饿，或掉点花样，朝四暮三，一定只有摇尾求食，乖乖地听凭人家的摆布。所以弄猴的，偏偏抓住这一点饥饿政策，作为武器，这真教古人望尘不及的吧。

刚刚写着饥饿字样，而食堂里传来一个孩童的哭声，问讯之下，知是手提靡钵，因其热而失手堕地，并且是他好意替我家代拿的。他家长加以一番呵责，我赶到两边慰解，才算平息了事。

顷间食堂料理猪务的行过，邻家质问所饲既售，何以未发给酬劳的一斤肉证？他只回说不是给饲养的。而邻家以同一样领到的事例为口实，回说者心里有数，暂不欲下结论，态度总是温和的。兹事亦就牵连到我来。我家原来有猪一只，外加一只，湿淋淋的，干部为了照顾我，牵过隔邻这一家。前几天食堂来说，猪宰之后，有一斤肉证给业主，我一想，不妥当，未便接受，当晚过食堂交代，让给饲者享受。时适连长以下几个人在座，有了这一着，还算措事小心，不然的话，今天径说肉证交给了我，那邻家这一刺激，反感，定当何如？

又早上听说过，八十老翁被他小孙儿破口野骂，他气得怎么似的，正想过去疏解疏解，而他老太婆赶至，称说如此这般情节之外，还说老人家一动气，关倒门，要拔剑割颈子，吓得大家鸡犬不宁。我过去当作没事般的，手提一册和尚诗相赠，拉他出来聊聊天，一直聊到他自己说出今天气愤不过，而今围解不以为意了。我也就略略点睛，世事不必太当真，半作痴呆半作聋算了。

叠来三请，谁说平地不会起风波，况在神经衰弱的我，仿觉得胆战心惊，眼前一阵昏黑，有快要倾陷了陨越了下去般的！

曹子建《求通亲亲表》中云："近且婚媾不通，兄弟乖绝，吉凶之问塞，庆吊之礼废，恩纪之违，甚于路人；隔阂之异，殊于胡越……每四节之会，块然独处，左右惟仆隶，所对惟妻子，高谈无所与陈，发义无所与展，未尝不闻乐而拊心，临觞而叹息也。"帝王家猜忌成性，人为地隔绝，务使其陷于孤立，无与联系互通声气，然后不致造反云尔。又其《赠白马王彪·并序》一首，清词洋溢，摘录以观：

黄初四年五月，白马王、任城王与余俱朝京师、会节气。到洛阳，任城王薨。至七月，与白马王还国。后有司以二王归藩，道路宜异宿止，意毒恨之。盖以大别在数日，是用自剖，与王辞焉，愤而成篇。

谒帝承明庐，逝将归旧疆。清晨发皇邑，日夕过首阳。
伊洛广且深，欲济川无梁。泛舟越洪涛，怨彼东路长。
顾瞻恋城阙，引领情内伤。太谷何寥廓，山树郁苍苍。
霖雨泥我涂，流潦浩纵横。中逵绝无轨，改辙登高岗。
修坂造云日，我马玄以黄。玄黄犹能进，我思郁以纡。
郁纡将何念，亲爱在离居。本图相与偕，中更不克俱。
鸱枭鸣衡轭，豺狼当路衢。苍蝇间白黑，谗巧令亲疏。
欲还绝无蹊，揽辔止踟蹰。踟蹰亦何留？相思无终极。
秋风发微凉，寒蝉鸣我侧。原野何萧条，白日忽西匿。
归鸟赴乔林，翩翩厉羽翼。孤兽走索群，衔草不遑食。
感物伤我怀，抚心长太息。太息将何为，天命与我违。
奈何念同生，一往形不归。孤魂翔故域，灵柩寄京师。
存者忽复过，亡殁身自衰。人生处一世，去若朝露晞。
年在桑榆间，影响不能追。自顾非金石，咄喑令心悲。
心悲动我神，弃置莫复陈。丈夫志四海，万里犹比邻。
恩爱苟不亏，在远分日亲。何必同衾帱，然后展殷勤。
忧思成疾疢，无乃儿女仁。仓卒骨肉情，能不怀苦辛？
苦辛何虑思，天命信可疑。虚无求列仙，松子久吾欺。
变故在斯须，百年谁能持？离别永无会，执手将何时？
王其爱玉体，俱享黄髪期。收泪即长路，援笔从此辞。

各家从新派给一头猪，饲料向食堂价领，养肥之后，由食堂连同猪苗成本扣回，再计算猪价纯利，公私作二八摊分。这一来，刺激人家的私有欲，当然比较热切了些。又如前些时，一律收回自耕地，以为斩断了私有制的最后尾巴，而今也复灵活运用，依旧发给了。我家缺乏劳动力，对此只合心领。门口猪栏尚存，但不想再麻烦了。一个小孩行过，天真地动问，你们猪栏怎么不养猪？我随便扯说，要养鸡的。聊以博小孩一笑罢了。凑巧食堂于下午拈阄买鸡，人们替我家代拈的，竟拈了第一阄，获买顶大的一只雄鸡。猪婆子好久阴沉沉地，这会也倘开了脸色，随手在栏底下安放了去，恰恰应符了刚才一句语谶呢。

泰山虎叠句“昔者吾舅死于虎，吾夫又死焉，今吾子又死焉”。永州蛇套其句法“吾祖死于是，吾父死于是，今吾嗣为之十二年，几死者数矣”。又马伏波忆述军行之际，溽暑毒淫，仰视飞鸢，跕跕堕水中。真觉物尤如此，人何以堪！而今不是身边挨近，多灾多难，一个个倒了下去？

城市食堂，定为每餐征收六两米证，菜钱一律三角，不多不少，清客亦只照办，从前点菜花样，算是不存。大家生活，回复到近乎原始状态，简单果腹了事。

乡下人家，鸡蛋买不到，连洗衣的肥皂，点灯的火油，根本无从找到。别的不说，像焚膏油以继晷，当此之时，就恰恰是个陈迹，不可复追。

一个新从医院出来，预作归计，目睹市面伙颐，摆在玻璃橱里的糖果，为之涎羡，要了几样，售货员不慌不忙，先向他要有无糖证？这一下，茫然说声没有。那货亦只好免问。

感之叹息，引不成腔，缀存断句：

跕跕飞鸢堕水中，者般光景将毋同！
粗蔬份饭咸哺歠，笼底鸡栖恶恶啼。
浣衣膏火寻常事，亦似开门七样愁。
君知阿堵成何用，便欲含饴靡券通。

一涉情亲感不休，等人惶急煞烦忧。母兄樵采山深处，淅沥声沉夜近幽。料得泥涂修路滑，更兼狼戾栏腰收。众生何日方无碍，耕凿从风浪自由！

附记：邻妇胆小向少出门，顷以食堂一再宣布燃料不继，发给各家份米，带回煮吃。这一来，谁也需要自备燃料，按邻家，买是不能够的。只得同其次子入山砍柴。时适霖雨，也正抽空，怎知一去之后，久等不归，天已昏黑，雨讯犹零，剩下女孩稚子，守着空阶啜泣，以与阶前雨声互相应和。顿忆起入云南边境，时正雨季淋浪，入幕山中，人烟荒杳，望不见投宿处，雨泥滑滑雨潇潇，越走越不得前进，心里焦急，分外恐慌。照对此际邻人，兼之肩挑一担，足力加疲，困难可想！我想来系路滑难行，说不定中途滑溜了去。却闻其他邻妪，抚慰双雏。

要吗，就是那截路收购的不作美之故。这个题材，更非我意料所及的了。总之怕兵怕贼，劫难重重，众生何日方才无碍呢！感赋此章，用纪其事。

李兆芝丈《七六书怀》，句如“价贱文章费定评”及“自嗟衰老时何补”，颇涉叹老嗟卑，不合时宜之一套。但亦正朴实近情，庸言庸行，自然流畅。我意遗形取象，犹有足多，寒来暑往，物旧者新。隐隐落在人丛后面，与乎新八股，对之不感兴趣。皆其两个世界之分野，活像沟水东西流也。容何足道哉！应和一首：

呼马呼牛浪嘲评，书生白水揽为盟。修途莽莽都行迈，暮雨潇潇乍忆卿。为有凄沉存一象，眼前沟浍易春生。陇头便是龃龉处，不用临波魂暗惊。

偶话暹番故实，缀小诗二首

蓝缕开山份已劳，偶因旱曝另爬搔。一肩粗具兼妻子，四十流年着未牢。

小集几家蛮貊村，兜舟叫卖绕将门。投荒结子无余事，巴里亦同鱼与豚。

话旧在山村二首

泉水涓涓认钓游，曩时地脉接灵幽。鱼如涂负纷无数，若有人兮缘以求。

相逢邂逅与班荆，野色青芜向照荣。侬自闲居没敢荡，人家作苦难为情！

漫　　记

淋漓一阵，邻家特地诅咒不休，听她说，笠被头目拿去了。许时说是异地来的干部，方在食堂用膳，临走权且借用，而一借便不回头，催问也不得要领。公家有的是，如货仓盖缸面就有许多，却不拿一项来抵偿，真真岂有此理！

一个少妇，咒骂啵啵，无柴无草，巧妇难炊，人要吃，猪要吃，羊又要吃（其实更细地说，还有狗和鸡都要饲）。欠债！讨债！后头埔（往时的义冢）在等你们！转念着，教人速死了事！赶快完蛋！

自耕地重新分发之后，还分给各人管理一株两株芋，限定收成缴纳公家一定数量，余归人家受用。一个怂恿邻妇，好好栽培，可有一顿饱吃。她回说得很有趣，芋是要等到八月中秋的，倘如七月半中元节，即来个临时通知，“一律收归公有”那项子伸得满长，还不是白白“不尝新”了吗？

成分差的戚属门大概也不够漂亮的。正如同病相怜，传来声音，但来谈谈，这儿还不比乡下紧张，三两天的粮食供应，是不成问题的，言者由衷，听者心受，生涯落寞之中，总算有些人情味，回旋荡漾着。

《诗经》：“纤纤女手，可以缝裳。”说者谓其细已甚，国将亡矣。我想个人的生命，也复同然，所谓拘谨和走入牛角尖。又如二豪在侧，议论礼法，是非蜂起，而在大人先生视之，宛若蜾蠃之与螟蛉，二条昆虫的呶呶多事而已。曾有时困顿一如辕下驹，局促靡所骋，同时困于心，衡于虑，教你起居生活都不得宁处；待及转过一个地方，从隔岸回头以观，方才明如观火，那是多么闲气，无谓，根本不值得一提，不消计较。一算细数，明察渊鱼，那就显得你的无聊，所见者小，不识大体，并且与之为伍，快堕入畜生道上轮回以去了。

李任公有一回，家里小孩患急症，需要即在夜间送入医院，家人交代司机备车，而按照制度，汽车只能给主公个人使用，家人连小孩在内，是没有其分的，司机提出不同意。任公态度雍容，说声由我送去。这一来，汽车问题解决了。故事：一介元老早朝，衣冠整肃，其家老夫人要观其器度，使婢子捧茶，却失手淋湿了一大片，他只说另换一套。喜怒之际，难得维持平衡，不致冲动一朝之忿，却非常人所易及。尤以堂堂之家，倘来压制，司机下人，不啻若自其口出，一种森然光芒，一触即发的祸机隐伏着；而仍从容不迫，应付裕如，大事化小，小事化无，因势而利导，消弭于无形。人生何往而不贵乎这样宽柔以教，不报无道之南方之强的哲理呢！夫何容匹夫见辱，拔剑而起，挺身而斗，那么浮情躁气为哉！

浣 溪 沙

沉沉夜雨恣滂沱，乍觉窗棂点滴多，败絮一堆恰放过。　　西潦丁时疑骤至，街心划桨宿如窠，凭轩架渡小天河。

八二风灾话昔年，羊城负笈着鞭先，一肩行李泊鱼殃。　　旧塾式维寻经去，断残雨歇剩萧然，倾斜拔木黯云天！

共厌圈牢略驰绳，量分谷实到燃薪，一番增灶尚疑兵。　　适才好大并兼考，亦解担头兜揽频，买菜提篮别停停。

荡荡方生际岸平，无人渡口放舟横，更无帆影闪云轻。　　浪来晚上经行处，湿漉含泥蔓草萦，蟋蟀跟前听最清。

膏沐野原色逾青，休嫌岑寂断人行，芭蕉吹陨都几茎。　　小浸汪洋潮正似，除将鸭子况无声，骑驴赢得此时情。

非虎非狐扑若人，数它樵采躲劳形，须知旦旦背犁耕。　　乡间只有柴堪卖，姑老儿号待支撑，百日九原目岂瞑！

飘飘一叶渡河洲，天际云屏幻九头，岛屿连湾弋旧游。　　屹立浮冈标咫尺，掘薯引蔓雨中收，微闻寝息傍松楸。

枕藉相牵陷盾矛，谁家不是假缘留，但看鱼也浑中游。　　淹没蕉林零乱甚，淤泥萎败叶仍稠，几曾赓雨琐窗幽？

姑娘宫里妪为家，泽畔无依夜听蛙，豢养由它堂子加。　　一自炊烟成闲歇，开门七事乱如麻，旧巢又是没蔽遮。

记取初临似客人，点头一一认情亲，低头默默共牢频。　　散场此会重来过，摊子残痕错杂陈，别矣相见亦无因。

收召散亡濯积山，教人几不辨颓颜，旧家遗是一挂单。　　就列依稀儿往事，苟完如素尚盘桓，音波调引荡清弹。

墙阴月静韵沉沉，老去依庐寂守心，二十年前较浅深。　　一事不容分明说，梦魂扰扰直而今，情知泽畔问行吟。

附记：抗日时期，汕头沦陷，困守敝庐不出者年余。

《默记小册》封面

第二编　默记小册

散记二十三篇

一

清明前后，往往转为嫩寒，雨声凄断，以成时节雨纷纷。兼之一般联想，上坟扫墓，纸钱焚化，配合“杜鹃枝上杜鹃啼”，顿觉此时野况，寒芜浅草，陟岵兴悲，涕泗涟洏。人家情绪，容易软下去，所谓黯然魂销也者。待寻出脱，昔人端只有酒，酒祓清愁，花消英气，让一醉昏昏罔觉了事。但醒转来，眼看酒帘、旗亭、河梁、幔青、杏花村馆、牧童短笛，一切都是酿愁滋味，荡漾着诗愁、旅愁、重重缚住。芸芸众生，恰于此绕圈子，吐露诗声，亦就悱恻缠绵，愁不可聊，汇成伤情伤感之一个凡海，虽则一花有一花之境界，不能尽同，其实人生代代，往歌来哭，江月年年望相似，浑不知江月照何人，但见长江送流水已耳！

二

偶然忆及一句，“草色青青送马蹄”。再联想，“落花寂寂啼山鸟，杨柳青青渡水人”，又“柳边人歇待船归”“柳色青青莫上楼”，都很有致。诗家遗形取象，得气之清，卜以追逐于虚无缥缈之间，不落凡近，以视人世浮器，直尘滓耳。当然雅气和凝练，硬语盘空，和柔波荡漾，金石卉木，各自殊科，各其气韵，不必定为轩轾，要在虚灵，乃其真宰。

过分拗调，适入魔道，不可为训。能自得师，则子临川上，会心不远，“离愁渐远渐无穷，迢迢不断如春水”。犹之送君者自崖而返，君自此远矣。万里之行起足下，至今仍有万里桥，令人心情脉脉，远挹于山水津渡之间也。“此地别燕丹，壮士发冲冠。昔时人已没，今日水犹寒。”象征挑出，风神特擅，即此乃其所以为唐音也欤！

三

午睡后，浮上一句，“倦亢引鸡啼”。眼前景和过来人，合并深深印证。我想夫“苔痕上阶绿，草色入帘青”，在安贫习陋者看来，饶自得所。可是无聊人对之，却不甚好过。只觉日影迟迟，漏长漫漫，虽生之日，犹死之年。跳不出只个小樊笼，更不会有一些声影挑逗，管自悠悠岁月中，迟迟赓度，入暮复朝，终日谁来，孤身坐困，此时此际，端只有无精打采的午鸡，引亢歇啼，越发倦怠而已。“更有梅花是知己，小窗斜度两三梢”清句也，非乎倦引鸡声所得而匹俦也。正知人是在灰色中，灰溜溜地生活，谁则能够有声有光者哉！

四

一个在外面任事的，颇有厌战情绪，久客思乡，待要归而乏栖身之所，弟弟建议，祖遗一间基址尚存的破落屋，加以修葺，还可适用。计值一人负担不起，那么由你筹凑二百元，洋畔要求帮助四百元，他亦勉力筹出一百，如此便可完成了吧。其实月仅得数十元之工薪，积蓄大不容易。犹记得几年前，柬埔寨华侨，居之不安，有个写信以问家内，将他旧墙尚存在的二间破屋修盖，以备不时之需，需费多少？老头和我商量复信，大概需有千元之谱，洋畔相对默默，形势随转和缓，兹事亦遂搁起。一般人，当其盛壮时，伸手摩天，气可吞牛；可是蹉跎岁月，旧我依然，落叶归根，还是不很容易，区区起码数目，修补破漏之费，已不是咄嗟立办，而是竭尽九牛二虎之力以赴之，还怕不够。正知风飘屋茅，偷儿取窃，是很难堪的现实，不会那么轻松。叹息何人返敝庐！况兼它生计日用，开门便七宗，难为了巧妇，郁煞了哥哥也乎！

五

邻舍一个庄稼人家，向来粗健，年未六十，突患脑充血，医生告其家属以不治，舁返来家，不会即死，换成瘫痪，人事半省，饮食有加，再拖延多少时日，尚说不定。邻妪为之愁叹，不意斯人而有斯疾也！另有一老妪，患半身不遂者经年，饮食在床，便溺亦是，家人厌苦之。还忆曹大姑上书，乞兄骸骨，谓超年已七十，两手不仁，耳目不聪明，扶杖乃能行，非不欲报塞天恩，逼于岁暮，犬马齿索。果也。事不宜迟，人命危浅，六十不过夜，七十不过更，疾病之来无端，谁能自作主张？推之死倒不用怕，唯其半生不死，虽生犹死，奄留床榻，在在需人，谓之僵尸，气仍未断，潜存意识，更要如何难过、难挨？信是人生一大苦恼！问谁能解脱得来，一干二净，以归乐土？念念微微喟叹！

六

古文一篇《卖柑者言》："金玉其外，败絮其中。""吾业是有年矣……而独不足子所乎？"妙语解脱，大可参透一些人情世故。圣人换成伟论，"君子于其所不知，盖阙如也。""邦有道，危言危行；邦无道，危行言孙。"总而言之，天地之大，存而不论。庄周古怪，宁愿为曳尾之泥涂龟，而不愿为身被锦绣之宗庙牲牛。并且片言揭开盖子，乱世不可与庄语。是则然矣；无乃不大浑融，有失和光同尘，不若上述中庸之道，明哲保身之为得当？好些年前，军阀内哄，如走马灯憧憧观影，茶楼酒馆，怕惹是非，张贴墙壁一条字条："勿谈国事。"似此大可衍成一对对子："肚皮放宽得吃饭，国家大事管他娘！"

七

云南澜沧附近一个土著势力李希哲，曾过其家，堂座俨然，尚阔绰样子。不久听说其被新兴势力挤走了。一队人马尚数百人，附带了搬行李，舁家眷的滑干七十多乘，摇摇摆摆，行道迟迟，以出缅甸境界，方才解散。后来台湾召开的国民大会，有了李希哲一名，亦算是物有所归了。试想想，一路遥遥的七十多滑干，多么累赘，倘使遇敌人追兵赶到，怎么办？

再溯洄历史剧，明永历帝失败以至云南，一夜顺流，不知不觉地流入缅甸地区，清晨惊觉，乖乖缴纳武装，受尽凌辱，卒之当俘虏一般交献给吴三桂，便在昆明五华山下殉国。我踯跶街头，还见过这一块遗碑也。“人有悲欢离合，月有阴晴圆缺，此事古难全”，但当素位而行，顺变而已。欧阳修母谓其子不能苟合于世，像乃是处患难之道。牧斋晚年禅悦简栖，皆此一例。短衣匹马，何往不前，彼乎狼跋其胡，载踬其尾，乞儿过溪，行李偏多，可为苦笑。人之材器高低，遽可以道里计之哉！

八

看到人心歪曲，恬不为怪，比如在人家中，见素不讨好的对手方在座，一哄侮辱，主人劝阻罔效，继以冲突，力数主人不讲真理、堕落、反动等，主人回答一声，请问先生，在你们的京城，听任旁人涂抹你们的贵宾乎？这般好汉在家里，一样横冲直撞，见不如心所欲者，打它一个稀烂。最奇则如《智取威虎山》，套之为智取，寡君夫人，诱她出宫，施加讨伐，人身起码的保障蔑如也。尤可笑，最近谴责洲际的实行法西斯，闻者失笑，何不反躬看看，亦有言论出版各等自由否乎？新近有个城市青年学生，和其同学回到小村落，见其每餐稀稀跳跃，掺合杂粮共煮，不适口，因问田畴可多，为何粮食低限至此？待弄清楚，不是耕者得食，扣克有在，剩存无几。这个义愤填膺地说，你们何不造反？造反有理！真是天字第一号的大天真！有此模样的后一代，何患天下不太平哉！并且了然于现实国度，地大物博人蠢！什么货色市场都有，有冒险家，何愁不当成乐园哉！

九

旧有记载，洛野有人披发夜祭，有心人早就预感，此地即将沦为犬夷之窟宅矣。果然导致五胡乱华，乱靡有定。说近虚玄。但国于天地，必有与立，地维不立，天道不张，正气消沉，邪气道长，举昏昏然一塌混沌洪蒙世界，令人不可以一朝居，如鸟兽蛮夷之不可接触。人生道苦！信如鲁哀公说的：“君不君，臣不臣，父不父，子不子，虽有粟，吾得而食诸？”君子见机，不俟终日，毋过乱门，少见大吉，佛言善哉！

十

公路上走杉一项生意，显然可观，昏夜连同白昼，川流不息，用单车载，亦有肩挑的，总不下以数百计。它们是来自客顶，丰联，上溯兴梅，甚至江西，该处公开买卖，价格便宜，但至汤坑以下，即成为禁品。走过去，利市颇优；走不过，便被没顶全亏。司其事者市管，也有军队协助，下至地方民兵，三五成群，抓起来，收入私囊，不闻上缴。可谓之政出多门。相对一方面，却由于求生驱策，无任顽强，当其雷厉高潮，触礁累累，而不旋踵，逐渐蔚成旧观。并非禁令撤销，乃系当成赌博，以与当局者追逐比赛，少挫勿馁，求其胜利。看来这一股潜力，虽经种种横加压力，还是莫奈伊何。套句潮谚："有千年池厝渡，无百年郑大进。"当地人相喻于心，不用解释。况其是非曲直，反转过来，民不畏死，千夫所指，看汝横行到几时！官与民竞，竟是谁家之天下？

十一

淫雨霏霏，登场受阻，纵抢割一些湿漉漉的稻谷，而仍无法弄干，变成米食，眼睁睁看着日长饥饿，一餐挣过一餐。青黄不接之际，告贷无门，大家同样，米又溢出五角一斤，家中一些土产萝卜和老稻草，捆担上市，卖不出，出亦不值钱。生活紧张，蚂蚁热锅，即此真真是苦度，度日如年！《论语》记载一节问答，年饥用不足，如之何？对策者翻谓盍彻乎？即十取一之征税。问者哀叹，二我犹不足（十已征二），如之何其彻也！所谓不讨好，不对头，开窗门说漂亮话，令人摇摇头，道不同不相为谋，也就是没有共同之语言也。故事望梅止渴，画饼充饥，再迂阔则如贫穷夸祖德，究何补于子孙之饥寒？理论空夸，形势大好，总无奈最现实之肚子问题何耳。

十二

"我有万古宅，嵩阳玉女峰。长留一片月，挂在乐溪松。"又："终南有茅屋，前对终南山。终年无客长闭关，终日无心长自闲。不妨饮酒复垂钓，君但能来相往还。"恍然别一世界，不吃人间烟火者。常言道：

"人到无求品自高。"对此终日无事心自闲，更浑成无迹，境界亦愈高。即此是静字上面。议论未定而金兵渡河。"两岸猿声啼不住，轻舟已过万重山"，乃系动态。事物变动不居，恋旧情浓，跟不上形势发展。故曰："智者乐水，仁者乐山；智者动，仁者静；智者乐，仁者寿。"昔人可是交代清楚也矣。

十三

今天是夏至，日长到夏至为止。迩来雨多气凉，没夏天炎热模样，夜亦好睡，不觉其短，日又琐屑牵缠，忙个不了，仍不觉其长，算是一切不正常，寒暑表弄翻变态。由今念念，"日长似岁闲方觉，事大如天醉亦休"。所谓伤心人别有怀抱者乎？"闲看儿童捉柳花"，无非浅漠乎人生意味，百无聊奈而已。

十四

古书待文王而兴者凡民也，若乎豪杰之士，虽无文王犹兴。推此类也，可以说待外间刺激，以为精神食粮之补充者，一般也；若乎有道之士，不出户庭之外，而有至乐。颜子箪瓢陋巷，即其一例。所谓求诸己。相对即为外铄。贾母亦说："耐得寂寞者，方可以享繁华。"关键之言也。

犹记得长松深谷，风雨凄凄，行道之人，凉凉踽踽，山径绝没有人行，谛听鸟啼，耳边滴沥，迥非人境，废然思返，凛乎其不可久留也。东坡《方山子传》："独来穷山中，此岂无得而然哉？"倘于此栖迟得住，其人之造诣修养可知。不然，只有随俗浮沉，在浑浊之环境讨生活，十足的尘里人焉已耳。

偶拈集句，"饮满一杯亦既醉，得闲能有几人来？"其实"不用闭门防俗客"，那"雪满山中高士卧，月明林下美人来"，境饶清绝，容有会心。独至乎栖迟衡宇，湫隘嚣尘，乃更"淫雨霏霏，连月不开"，"鸟无声兮山寂寂，夜正长兮风淅淅，魂魄结兮天沉沉，鬼神聚兮云幂幂"。此境端不易消遣以去。待挞开而图自解的话，湖山自有佳时节，艳阳桃李，二月芳辰，亦正适合出门俱是看花人，不谓之凡尘万丈而不可得焉。呜呼！上清下浊，判若两轮，其可忽乎哉！

十五

萧冰崖《赠周材叙能画号苍崖》有句："君言诗画本一律，等以造化供娱嬉。闭门磐礴天耆定，往往清气流诗脾。急将画意入诗律，兔起鹘落无由追。有声无声强分别，妙处正不差毫厘！"数语得气之清者也。"诗家清景在新春，绿柳才黄半未匀"，等是"美酒饮教微醉后，好花看到半开时"。初写黄庭，恰到好处，便在于此。与可画竹时，见竹不见人，岂独不见人，然忘其身。神而明之，艺而进乎道矣。问君何能尔，心远地自偏。欲辨已忘言。凡此等处，着之则滞，养成天机活泼，只可自怡悦，随缘寄托，亦复"悠然见南山"。

十六

上面演了一出《收狐狸》，下面也就套演了《将军落网》，均以智取，用当生擒，上有好者，下必有甚焉也。听说山头两寨，壁垒依然，山酋二把交椅，开口叫一声，吩咐六条事，本藩奉王命，亲自来督师。西寨听着不对头，有偏差，走马朝王，询实不符。返来设了一局，恭请藩爷咨尔多士，藩也者，带同马弁，赳赳莅场，场中有众，万头攒动，藩见势欠佳，人无心听，径自下场欲溜，但来得容易，去却甚难，夹挤排山，推拥上楼软禁焉。携械马弁，目瞪口呆，莫奈之何。会场纷乱。藩酋得讯，派出一支人马解围。话分两头，挟藩副上楼台，褫夺衣帽，有人代替穿着，闪一闪地临轩广播，兄弟们，好好归去，本藩不久回营。一面被置安歇，不得下楼半步，缓缓交代话说。现场则海上渔民，愈同赳赳武夫，一阵呼啸，来并合围。酋众见势不是大好，相率引归。一场风波，如同退汐，低落下去。谈者谓是役，西寨逞强，兵不厌诈，智尤足尚矣。据说，哪里有矛盾，哪里就有反复交争。东寨倚傍官衙，紫气之来，得天独厚；西寨者造反也，论功行赏，禄亦弗及，以故悻悻然若小丈夫也哉！

十七

“一栏秋思是谁诗”，神化之笔，融情于景，羚羊挂角，无迹可寻。向曾有句“画野苍茫谁着笔”，嫌太着迹；“一片鲛绡泪写成”，亦犹是耳。《秋声赋》：“星月皎洁，明河在天，四无人声，声在树间。”于无可着之处，烘托而出，便觉满围寂寂，一片萧骚，绘影绘声，活现在眼前。《楚辞》：“袅袅兮秋风，洞庭波兮木叶下。”何其状物之无穷，而感人之不可聊者，乃知悲哉秋之为气也欤！“泛楼船兮济汾河，横中流兮扬素波。箫鼓鸣兮发棹歌，欢乐极兮哀情多。少壮几时兮奈老何！”天矫游龙，点睛一煞，景非虚设，人在倚栏。天将赋予持螯手，对酒当歌讵偶然！元曲：“碧云天，黄花地，西风紧，北雁南飞。”说者谓其写至此，构思太苦，嘘息中断，知言哉！后人方为之添续：“晓来谁染霜林醉？只是离人泪。”姑衍而凑之，表而出之。迥非微波荡漾，元眇希音，水际风回，有余不尽之致之慨。

十八

“我比老僧犹计短，只贪今夜一枕凉”；“又得浮生半日闲”。从白描以观，亦自轻松疏畅；再用法眼以观，便合入定移时，留得凄清滋味在心头之谓。揆之人间泛泛，何者是真吾，乘得外缘蠲尽，剥茧抽丝，愈剥愈真，赤裸裸一丸晃现。“梦中最乐是还乡”，真也。“叫一声，哭一声，儿的声音娘惯听，为何娘不应？”亦真也，挚也。都有个我之存在，一片真忱可是？霜露既降，木叶尽脱，人影在地，仰见明月，顾而乐之。也唯于此“明月来相照”“山月随人归”，一样去处，物非泛泛，人却是真。成连子随师去渺，师去不归，此时此际，山陬水涯，海风荡荡，山鸟悲鸣，愀然以谓，此殆师之移我情乎！盖无限清醒而愈孤寂，人生受用，入定三昧，得毋以此，稍纵即逝。聊得优游浸恣，一曲清商，汪汪湖海，不为太多，一勺堂坳，不为太少，尽其在己，自得于心，穿过绿荫复绿荫；如是焉尔。外乎此，严霜烈日，令人烦躁，衣冠涂炭，闷氛孔多，徒令人恶心而要作三日呕；是之谓非人生活。前人谓之失其赤子之心。

十九

苦雨连绵，石亦润衣亦霉了。一般人家，真是十室九空，数米下锅，眼睁睁地看着田稻变黄变熟，水浸半禾，有的脱落，有的发芽了。割之不可，无地晒干，无屋库存，还不是一样尝不上口？教人急煞，真似蚂蚁缘热锅，不知如何是好。

老泡一户，好久以前告罄，而今米也没有，薪也没有，和人借得一把稻草，却又儿子拿来不小心撞倒缶缸，怦然一声破碎，还让他碰伤流血。今天小队特地冒雨去掘番薯，薯还很小很小，可是不得已，也许即是照顾了老泡七口之家。俗语说，巧媳妇难为无米炊。滇诗僧亦云："旅食惟艰莫弃瓢。"人而到了一瓢一钵，舍弃不得，苦苦保持撑过，一钱为命，不敢浪用，借贷无门，活生生仰屋兴嗟，有生道苦！这般滋味，我亦是"憧憧虚影过前川"也。

记得京剧一出《评雪辨踪》，描写一个落魄书生吕蒙正，窑洞为家，雪夜归来，炉火熄灭，再也燃不起火，索性偃卧了事。妻先醒转，替他盖下一条裙，还预留一点稀饭给他吃。他惊觉丢裙，发了一本正经脾气，俩下闹撇扭之后，辨认雪上行踪，不是人而是兽，这才放心。拿起饭碗，而又絮絮叨叨，发挥什么书生志愿，说得兴高采烈，手舞足蹈起来，随把手上稀饭弄翻，湿淋淋地满衣脚，终竟吃不上口，口福缘悭。人生失意时，惯会有的穷鬼相，可怜可叹！而今老泡其犹雏形缩影矣乎！

二十

"夕阳无限好，只是近黄昏。"对照那"天意怜幽草，人间重晚晴"，自然后者差胜。为有一点生生气息，不同黄昏没落思想，那么待尽，无希望也。人情毕竟是向阳、向暖，古书说，阳舒而阴惨是也。但物之初则较锐，浸假而习腻，不甚觉得。待转一个环境，夏天酷热来临，又渴望有了调冰水，雪藕丝，以供消遣，也就不可必得。旱天之盼甘霖，雨季之望晴干，理无二致，而当其未然，求之愈切，撑之越远，爱之欲其生，恶之欲其死，管在主观愿望，外物还是依然，老天还是冷笑不动，急煞了痴汉子乎。

唯世故深者，冷眼旁观，耐心等待，深知事物有个发展过程，不会一直地滑下去而没转环；最少也要大跌小回头，更进却是港友说的，不经过一番雷雨，哪会有今天之晴光碧野？商场隐语，相喻于心，好友淡友，行市看准。世态回环，寒来暑往，均此类也。不过话头打转，艳阳桃李之年，涧谷苍松之操，两两相形，一般倾向在前，幽人还是抱守于后。后者刻深，前者肤浅。古今来巴山夜雨，动人清听，非乎桃李芳园望得而比拟也。推之“欢愉之辞难工，愁苦之言易巧”，造物者截长补短，啬彼丰兹，殊不可解。亦合是“民生各有所乐兮，余独好修以为常”，屈子之言，其可宗哉！又古人修己有素，乐然后笑，人不厌其笑，一朝开霁，雨过天青，何憾斯人未展眉乎？此际放晴，举欣欣然有喜色，等是人情之常，我无闲言。

廿一

孟子曾说到学齐语者，众楚人咻之，虽日挞而求其齐也，不可得矣。反而置诸齐之都邑数年，习与俱化，虽日挞而求其楚也，亦不可得矣。用现代语腔，即所谓形势比人强。习惯势力远超过主观愿望。请看旱天假雨意，看似黑云欲布，山雨欲来，而终假焉而已。反而雨天，恰似患脾泻者，欲止不能。今日割五城，明日割十城，起视四境而秦兵又至矣。此皆人所常见，数见不鲜之事例。虽极端不惬人意，可是无奈伊何也。乡间不久以前，隔邻十余里间，有个疯妇，名纤凤，死而复生，能知幽眇阴阳之事，能治病，怪话连篇，灵异效验不爽，因之其门如市，邻居厌苦，本人亦很麻烦，常躲避往求之群众，而终人尚尾其后也。此风漫延一个时间，浸归静寂。而今门堪罗雀矣。又前后乡村，社庙土神，类此者多，香火时旺，目下亦就寂寞无闻。大概神亦有气运，有旺季淡季。“时来天地皆同力，远去英雄不自由。”道理同然，岂独一介区区也哉！

廿二

新近划片开会逾一周，谓之学习班，乡间有的仅开半日会，亦谓之办学习班。办班之款式可多矣。课目有抓典型人斗争，各乡分配任务数一名或数名不等，用新式手梏扣紧，有的只手伸肩，只手反背，从而扣之，颇酷虐。有一妇人，年四十许，拖斗成群，缚绳曳之，状似狗，亦似鼠，管她伏地不起，哭不成声，人家视之，不当一回事。女儿高中生，闻讯赶到，口诵语录，连遭毒手尊拳，是亦斗争中之一花絮也。移置旧民主旧政治范畴，恐怕有案不经法律手续者绝少，径由群众一起摆布者未之前闻，甚而群众也者派别之爪趾、鹰犬而已。故夫“宰相入牢狱，方知禁子尊”，暴民手下，多少完蛋，是可理解的。稽古礼乐征伐，有自天子出，有自诸侯出，递降而下乃自庶民出。太阿倒持，各自为政，予取予求，难予言而莫予违；求天下之不紊乱，不可得也！君不见乎武斗当前！

廿三

“众生一日不成佛，我梦终宵有泪痕。”宏愿偈也。“我志未成人已苦，东南到处有啼痕。”英雄感慨悲歌也。“一代沧桑经我眼，东南文献有谁肩。”同乡秋叟语亦俊伟。时当金陵残破，兵燹余生，作者瓣香师门闽侯林纾，颇以古文家一派宗风自任，谁知更数十年后，天翻地覆，瘐死狱中，人事悠悠，讵堪闻问？“而今听雨僧庐下。鬓已星星也。悲欢离合总无情，一任阶前、点滴到天明。”赘语续貂，仍较近实，取譬无赊。

本人传略

为便行文衔接，每一段项目，叙述较紧凑；实则都有一定距离，赋闲坐困，对于人生况味，和一些写作，多萃于此，所谓精神生活者。姑漏略之。

余出生于广东揭阳之浮山村，村傍北溪，山仅丘陵地带，聚族而居。十岁失怙，家有祖母，母氏，及一姊一弟，伶仃怯弱，赖二母劬劳，鞠育以底成人。十五入蓝田高小，继而完婚，就傅锡场，习经史文学。廿二赴广州，入法政专科，四年卒业。返汕曾任教职，兼一海外团体文书。旋复仆仆省港途中，栖迟逆旅交困。友人筹办《汕头日报》，参加编辑。报停，转港，仍参加《南方日报》编辑，不久亦停。随缘以赴北平，参加“扩大会议”反蒋，相率至太原，局终返沪，更窘。时则祖母新丧，促归。翌年出港，沿缘参加反蒋组织之“非常会议”。正适“九一八”事件发生，促成和局，随至南京，折返广州，创办一种活跃旬刊刊物，约经半年，困于经费，另偕友出港，访候李任潮先生，自是留港，筹商抗日工作。福建人民政府，揭橥反蒋大旗，李先生为其领袖，因之入闽，担任侨委会秘书长，方当迁厦办公，海口利便联络，忽而厦门倒戈，船泊鹭江，依寄鼓浪屿凡半月，然后返港，愈困顿焉。西南反蒋，广东由内变而收场，桂系仍倔立于广西，以有“六一运动”之举措，迎李先生入南宁。留港诸人，联袂偕去，竟亦无成，归港。另友人方组抗日挺进队，隶于潮汕范围，相应莅汕，衔命出洋活动，先赴暹募集，成立救护总队，设于潮州。再过星、越、马来一带。游踪历阅，大有可观，但实际效果甚微，聊以率领一队星洲华侨青年回国服务算事。船抵汕头，自受欢迎，警报频传，街灯黯惨，搭小轮渡入揭，返乡，依然是手提小提包，踉跄踏步，一介旧我归人也！无何，潮汕沦陷，困守家园者逾年余。母氏病逝，家亦分爨，延至秋季，一肩行李跋涉启行，以至韶关，时为省府迁徙所在地，麕集人多，觅食不易，赴桂转衡，恰亦栖迟门下，终以李先生桂林幕下相依。如是垂及半年，乃改赴渝，投友寄居岁月，由其介绍投入远征军幕下。过昆明，出印度，返滇弥渡一段时间了结。羁昆，折桂，柳江清寄移时，竟亦无成。桂柳疏散，仍返昆明旧地。间衔柳营委托任命，代填越南革命同盟会云南分会同志出动之证明文件。日本投降，留滇、越人号召回国，遂乘此机缘，直向河内。所凭借旧谊萧君，却受掣肘，不得有为。但转介广东省府，派一参议名义，过暹推动救荒。是为剧幕一大转折点。即此掀开波澜，一抵暹，由左派人物，相推相拍，蔚成当时闻人，担任职务为：中华总商会秘书、曼谷商报社长、教育协会主席、南洋中学创校主席、中暹文化协会委员等。飞港参加民革成立大会，声气有加。终于一九四八年“六一五”大捕民主人士一案暴发，银铛被系，递解出境。中间一度出境飞港，横被扣留，解返暹罗，再度监禁。后乃由国际友人帮助，分批引搭过缅甸，以入云南边境。昆明解放，始克来昆。承当局接待，护送抵京，以归民革。时为一九五〇年五月。入京之后，又复出京，广州羁困，踵扣帝阍，闲曹安置，以为华侨事务委员会参事。从此六七年间，生活安定，至五八年四月，得请归休，所谓晚景，优游林下行逾十年。照旧计，今为六十有八。生年恰值一九〇一开端，贱辰农历九月十八日是也。行藏草草，平凡之至，实在无容渲染，像煞有介事，突出政治诸般。应命而写之自传，自顾亦觉赧颜！八字风水局限，其谓之何哉！向有个星相家批云：“富家事业忧心早，不得安闲子息迟。”信而有征。不说贵而说富，尤具只眼。诚然，谈不上显达，而确是汲汲顾影，为生计忙，为柴米油盐费煞苦心，低能坐困，一贯如是，不离寒酸，不离下里巴人本色，真个“蓬门未识绮罗香”，仰视官僚，相差太远，滥充学者，还欠好些。半路出家，写作汇抄《啬园藏稿》一部，当然藏之而已。只自怡悦，一样野狐禅！

戊申秋季贱辰将届聊用志此于家园

补充三节时在己酉暮春

曳残声之一

山谷之间，有伍其人，麇集孜孜。粤若诏示：胜朝人等，不论谁何，扼杀毋赦；其各举所知，揭若过，众默然。于是而天朝历数以前，远适异国者，身死已久者，甚而佐命比肩，歇卸鹭行者，皆入黄藤榜，莫之或脱。今人黑藉烙印之谓，惶惶惴恐，宛若笼鸡，行就烹炰。

夫心之精微，口不能言，言之精微，笔不能道，史传阙如有闻，间有野乘，托诸涵泳，他人有心，予忖度之，略存仿佛，弥足珍已。

上国传徽，宫廷有士，夙秉前茅，却于兹幽困凡十数月，始释焉，天王圣明，臣罪当诛，况其外其次焉者，凌辱曷足怪哉！幸而获存，君子顺变，诗不云乎：“贵戚深闺陌上尘，吾辈飘零何足数！”

曳残声之二

秀才遇贼，道理说不清，旨哉言乎！斯言曲尽一切受钳制于环境而莫可如何之描绘；既生动迫真，也复幽默有趣。

嗟予遘阳九，天边矰缴不能逃，谓予前身尚玄，今生虽白，白入鹭行，是亦黑而已矣，于是乎黑藉含冤大可怜哉，为此说者，起于目下二月前，低洼之部落，前此庙堂之上无有也。得请旋乡，逾十有一年，一向优礼有加，谁道佳人作贼？所憾者，数典忘祖，予圣自雄，企图邀赏，不惜血染缨红！刚又政出多门，秘莫能测，凌迟威福，不在官而在管，人莫如我何，端只有俯首以为竖子牛焉耳。

事偏无独有偶，当此之际，阴霾阵阵，忧心忡忡，加上生活负担，经济压迫，廪饩所存，匝月不发，问其故：烦忙也，手续也，外人不得而窥也。但看望梅止渴，待兔空株，延颈举踵，彷徨终日，亦良苦焉。充其量，还不过数十缗元，中户五口之家，仅支饘粥之费而已。况并此而不兑现，油盐柴火之需，举为告急，一钱如命，仰屋兴嗟。家家户户，应付月间供给之肉食，炫目以过我前，布证甫发，亦多改换衬衫，不同个侬之破烂。追溯曩者柳柳州，谪贬堪怜，以谓牛医夏蛙之鬼，犹得享其后嗣一盂麦饭之祭扫，己独不逮，望云兴悲，感时陨涕，实属下下，乌在其为士大夫也哉！真当五谷不熟，不如荑稗，如鱼在水，冷暖自知！

降任徒托空言，劳其筋骨，饿其体肤，空乏其身，行拂乱其所为，数者兼之，是何也？得非命与仇谋，鲜民天谴而已矣！何日解脱，其柄在人，其命由天，非乎己之所能张主者矣，可不痛哉！

问题总是要解决的！当日羁愁无告，李任公一席蔼然仁者之言，拯我于危知更苦，“迹君行事最难能”！借展堂句，牢牢记忆，景仰前徽！

曳残声之三

姜老先生，笃实君子也，夙为李任公之上宾，入京未久，受困囹圄，凡百廿日，老先生言，一天都差不得，命也夫！当其被逮，正当公辖下，供清职，公不能庇，恚憾谢客累日。古道今人，恍然默识。

《文选·运命篇》突出一语：“何则？贫穷亦有命也。”当头棒喝，教人震惊。谶纬之学，诚意伯尤其卓著，《食饼歌》流传人间，迄今勿替；而躬罹仰药之厄，抑亦有数存也。所以谓，一饮一啄，莫非前定，沙虫猿鹤，遇劫灰飞，夫孰知其善与恶？行见“满目蓬蒿共一丘”！

近征诸身，顺逆以时，殆不可解，凡事如是，殊难逆料。赐不受命而货殖焉，间有忆则屡中之自信取赢，为有生之道所不能废，终竟三分人事七分天，虽其师亦安能免掩袖获麟之悲恸乎！

且患难人之所常有也；忧患过来人，其操心也危，其虑患也深，疏忽浮华，概不适用。虚矫乘气，徒为不祥跃冶之金耳。况负下未易居，哑子黄连苦，外缘勾尽，助力无从。落日孤城，苍茫一线，君臣相顾尽沾衣，“惟有南来无数雁，和明月、宿芦花”。当此之际，不是田光壮盛时，颤凉力弱，不堪一击，端只有委心任运，鞠躬尽瘁，清斋勤礼佛前灯，留得虚明，照人无寐。待得救，何莫非天乎！

所愿者，劫亦有时尽，碧亦有时灭，世固无漫漫长夜，永无旦时，却会有一阳载转之来复也。君不听乎俚谣：“湖山自有佳时节，儿女宽心且莫愁。”

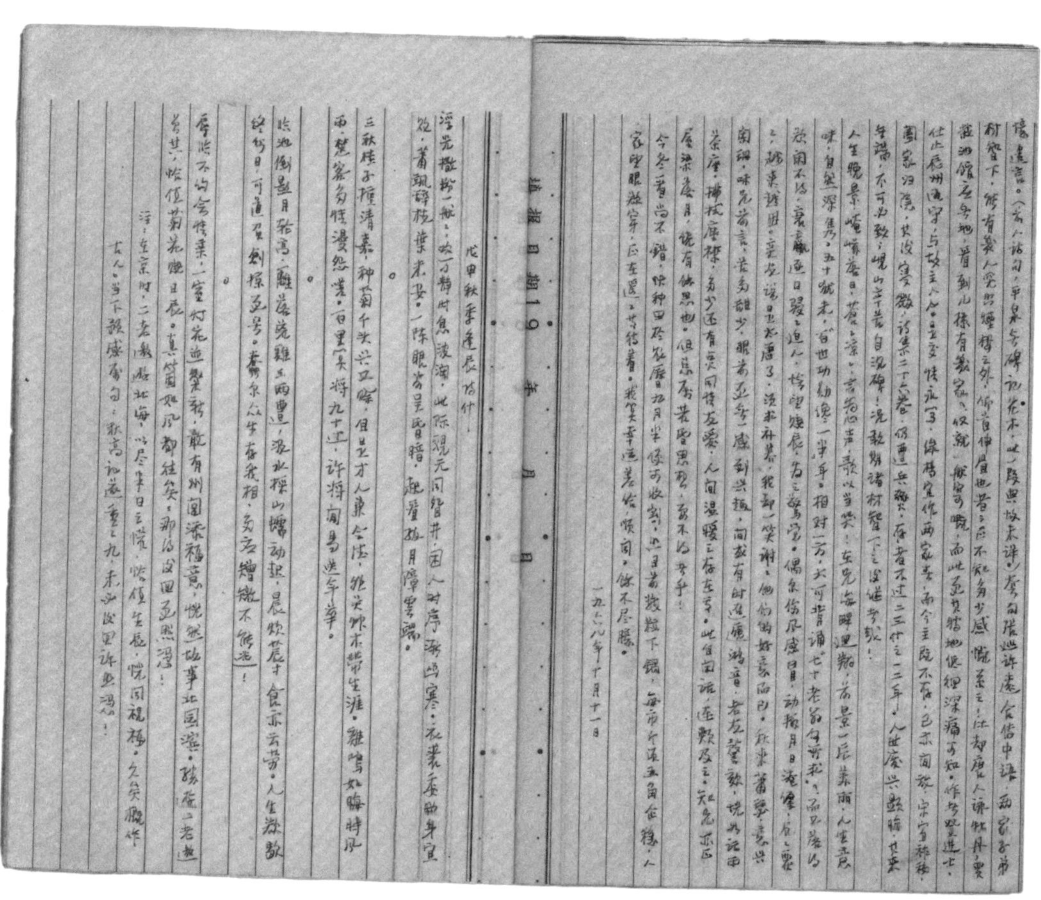

《啬园藏稿》手稿剪影之十一

《唯真选集》手稿封面

第三编 唯真选集

编者按：本编为作者20世纪60年代于家乡整理在京时部分旧作、回忆在京一些往事的诗文及两件信札。原有部分政治学习笔记未收入。

引 子

简朴可以镇浮，修辞立其诚，言无实不详，昔之人盖三致意焉。所以挚性文字，可以使人堕泪，脉脉同心，心心相印，非偶然也。风行水上之文，行乎其所当行，止乎其不得不止，亦正以其如实表现，曲罢峰青，自有一种大气磅礴，元始音希。言神化固亦神化，言情实，却自一般人情流露，甜苦酸咸，具有真味，鸢飞鱼跃，活泼天机。无何虚无缥缈，凌空架屋，一味悠幻之可言也。

人与人相与之间，是真是伪，是貌言之华，是苦言之药，均可以当即立判，诉之直觉，诉之感官。巴山夜雨，联床话旧，谁都油然心生。豁然开朗，相喻于无形。绝非恢恢其谈，涛张为幻，削足适履，一样拂耳飘风，哪得同日而语？不过，人心不同，各如其面，面之修短美恶万殊，是丹非素，看朱成碧，逐臭有光，嗜痂有癖，亦难言矣哉！

时代八股，言不由衷，或已顺非而泽，失其本心。而恶岁子弟多暴，耳食从风，偏与相得相煽，汇成滔滔浊浪，亦各从其志焉而耳。

修己未遑，休论楼头鸿鹄，取自怡悦，率由旧章，凡所选辑，仅凭记忆，存架无多，言人心上之所共有，状物之景如在眼前，用资借鉴，漱省方衷。先诗后文，遵选体也；有韵为文，无韵为笔。前人概作一例看也。风雨如晦，隐约鸡鸣，文不在斯乎？我斯之未能信。

小品杂抄

在此间看不见像江南重镇一些女子的柔媚莺声，有的是古朴、健康、豪放，语言沉重的燕赵胡番的男儿，体干魁梧，穿着黑色，红绿色的长棉袍，反穿的羊皮衣，满面风沙，矫健的长腿，在满铺着石子的街头巷尾，踱着鹅行鸭步。

一个古朴的重镇，配合着四围雄伟多石的高山，与配置着那种健康，朴质的北方民族，在张家口，我们就好看见塞外的高大魁梧的胡儿，呼吸着蒙古民族一些强悍耐苦的气氛。

北方有名的绿杏，近清明前后，正累累挂满枝头，绿叶掩映，非跑近细看，你将辨别不出绿杏与绿叶了。中午天气炎热，土地干燥，这树上的绿杏，才是你唯一解渴的青果珍品。

爬上万里长城的跑道，向着西北瞭望，只见万山重叠，山势雄峻，山岭的蜿蜒起伏，正如四月在渤海湾上，看黄色奔腾的波涛的奇观。那气势是如何壮大！如何奔放！

江南的山多生草，文秀；北方的山多生石，雄伟。江南的平原，多河沟湖沼。春天到处，看见草长莺飞；北方的平原，脚行万里，只有看见黄河运河。春天北方的平原，是碧海无垠，壮丽无比。从南北两个地区的山川河流景物的各异，而孕育了不同的民族性来。

在一个十分寒冷的冬夜，行军经过遂溪的一个小村，全村只有三间茅屋，那时已是深夜了，屋里却隐隐透出火光；觉得奇怪，叫开了门，才知道他们全村人，都无钱购买一张棉被，天寒不能睡觉，只有烧火取暖，围坐待旦。

《战国策》中有个赵威后，提及于陵子仲，申申而詈地说："是其为人也，上不臣于王，下不治其家，中不索交诸侯。此率民而出于无用者，何为至今不杀乎？"换句话说，只怪他不向外面活动吧。他是有点古怪，有现成的世禄而不接受，纯靠夫妇俩，灌园织屦，自食其力，连井上果实，让虫啮过大半，方才摘下来咽了一口。这么孤零零地与人无忤，与世无争，谁想到还会得罪了功利主义者，看不顺眼，而必欲置诸死地。何其不仁乃尔！

宫廷艺术到民间

湘绣于五十年前，还不过是宫廷里的点缀品，只偶然从慈禧太后的宫服，与宫娥的绣帕上，看到一些花巧而已。在它流入民间以前，早已有了锦织品与苏绣了。这种绣艺跳出北京巍峨的宫墙，带还给人民大众的第一人，是个湖南籍的宫女，名叫吴彩霞，她带回这项宫廷艺术，返回故里后，就在长沙开了一间彩霞湘绣店。

她们的厂地，设在距城四十公里的沙坪，那是一个山明水秀的小村镇。记者曾怀着那么一份雅兴，趁空儿去沙坪溜了一次，那确是一个好地方，简直不大碰到粗手粗脚的乡姑娘。在沙坪所能看到的女郎，都穿着整洁雅丽，在这远离市廛的村壤里，别有一番典雅的风光。她们都是些优秀的女绣师，以自己的手艺，换取生活。因为刺绣还带有几分高尚的兴趣。所以有很多待字闺中的富家小姐，怀着消遣的心情，也经常为湘绣分得一点工做。一两耐着性儿的姑娘，整天坐在窗前，手不停绣，制成一幅团龙被面，也得要个把星期，照目前的代价，却也拿得四五块银元。

某氏谈文艺病态

为什么我们的工作效率低弱？于是我回来观看自己，寻找其中参差。因为只有自我最好说明失败的原由。我发现我这类人，有三个缺点：一个是生活匆促，时间不够使用，这是一般的。在苦难的今日，能够专心殚思去探讨这个问题的，根本难得其人。一个是书斋气息，把自己和活生生的社会割离，走不出诗人的寂寞，妄想供应广大群众的精神食粮。一个是充满真实多方的生活经验，然而又和技巧隔离太久，失掉灵活运用的方便。我相信这三种现象，相互为害，相当普遍，不止我一个人的缺憾。

某画家谈画三则

新时代也可以画山水，但一定不是只管看山看水，而不看山中人。山中也有山中的生活，他们不是幽灵，不会穿起大红袍，飘然遗世；也许他们在山中，满足快活，恬静而亲近看自然，他们真正享受自然的供养，一切都好。可是你要画他，一定得是真实生活着的人。但这样真切地做到，也只是一个自然主义者，虽说画家有他的自由，可是艺术如不把握一个时代的感情，尽管画的"气韵生动"，而生动也是不切感兴的，只是表面的气韵而已。深刻的气韵，应该从感情发露出来。而感情是有时代性的、阶级性的、风土性的，一个人的感动、喜怒、沉思，息息生根在他的身边，他的环境，和生活里面。能把握着这点，便写山水，也有其人间味。

我们常常听说，某人到贵州的苗区，溜了一转，某人在西康的倮夷区，住过一个时候；又说，某人到云南的夷区搜索去了，而且确曾画了些东西回来。是些什么东西呢？是难以得见的服饰、器具、建筑，是些舞蹈场面，墟集场上一些断片。而人物则不离少女，一望而知，我们的画家，是在为满足少数有产者，和外国顾客的猎奇心理，干着一桩买卖！虽然也有一些朋友，诚心诚意地，想从这些少数民族的原始的艺术的形式上，探取些好的东西，来丰富自己；但均之于失去对少数民族所遭受的非人生活的真实面底深刻了解和描绘。这种形式上的所获，也就微不足道了。

敦煌壁画的形式，一样可以应用到现代的壁画上。我在那里住了很多时候，我研究了敦煌的壁画，从北魏到元代，都有某种不同的风格，这证明艺术和时代的关系。例如画上笔墨飞舞者，即代表系乱世作品，天下太平时的作品，线条即规矩整齐，至晚唐五代，天下大乱，笔法多潦草零乱。及至宋代，则又呈呆滞之状。更值得我们注意的地方，是每个画家，都保持自己独特的风格，绝不摩效抄袭，例如在一千幅以上的观音像中，就表现出一千个不同的面貌和姿势，足见当时画家的独创精神。

记火焰山

火焰山是在离吐鲁番二十里的地方，常年冒火，遍山皆火舌，贪婪地舔着整个吐鲁番，使这一带像灼火坑中。当着晌午，人们真见远处火山中，舌伸浮更长远的时候，如果再在地面呆跑下去，便非热死不可。不得不避空袭似的，跑到窖子里躲着不出来。男子还可做点小手工，女人们也在地窖子里做点缝纫工作，等到太阳西落以后，方才一群一群地爬上地面，登在帐幕里，喘息一下。像这种的日子，每年要有三个月，靠冬季的雾幕，或雪山的冷流，才可以使热度稍为调和一点。而《西游记》说是，借罗刹公主的芭蕉扇来扇，便有清风细雨来呢！

夏丏尊艺术生活

艺术生活，是以观照和享乐为基础的生活，是立在善恶是非邪正利害的彼岸，而如实感味世相的生活。

春来花开了，秋来叶红了，这是善呢，还是恶呢？是正呢，还是邪呢？是是呢，还是非呢？是利呢，还是害呢？双亲因传染病死了，孤儿在病床啼着，这是善呢，还是……恐怕对此事实，谁也不能下何种判断吧。超出了道德法则功利的范围，率直地真挚地开了心胸去感受，这种世相，那就是所谓观照。浸入于可悲可喜的世相中，去玩味、去领略，这就是所谓享乐。观照和享乐的生活，才是艺术的生活。

林黛玉死了，贾宝玉出家了，曹雪芹没有说什么道德的批评，只把这世间所有的大事实揭示我们，叫我们感受玩味。立了道德法则利害的圈外，去感受玩味世间一切，然后对世间一切会有同情，不羼什何等的成心，不憎恶，不恶邪，去和流动无已的宇宙大生命共鸣，这才是人趣，才是爱，才是大道德。艺术生活，也因此才有提倡的价值。艺术作品，也因此才有存在的意味。

艺术生活，不在艺术作品之中，只要有感味世相的能力，在一切世相之中，就到处都是艺术生活了。大艺术作品，和新闻纸上的社会琐闻，日常目击的家庭波澜，在有艺术趣味的，能感味世相的人看来，价值是一样的。这就是所谓生活的艺术化。

世间尽有许多人们，对于世相不知开了心胸去如实感、领略，只知用了自己的传袭的道德法则利害的见解去量度，甚至于将本来在道德法则利害以外的艺术品，也用了浅薄的道德法则功利的见解去看、去估量。佛不能度无缘的众生，像这种俗物，是无从救济，应该驱出艺术管领的王国以外的。

附记：夏丏尊此文此意，多串取厨川白村博士底出了《象牙之塔》一书。

唯美派文学独创论

当一个文学家底生命里，孕育了创作的冲动，要把他的所见所闻所感所想，凝成浑然体，结晶为有机的新生命，而用文学艺术把它创造出来的时候，这位文学家必须有他自己的独创力。

这种独创力，是古今中外的大文学家所共有的。但却不是一般庸俗的文士、词章家，和所谓博学之士所能具有的。

此中道理很简单，我们虽然能够大体了解生物的构成元素和组织方法，但是我们没有什么人能造出一个活人来。不，连一株小草，一只昆虫也制造不出来。同样的道理：一般文士，词章家，博士们，虽然也能大体了解文学的构成元素和组织方法，但是他们却只能摹拟出形似的文学，而创造不出有生命的文学。就像我们只能制造形似的蜡人纸花一样，不管怎么像，总是缺少那么一口活气。因此，我们便不得不承认：能够创造人的只有上帝，能够创造音乐的只有音乐家，能够创造诗的只有诗人，这些都不是方法和博学所能为力的。唯一可靠的是上帝，音乐家，诗人的独创力。勒美脱尔曾这样说过：我相信一本书的真美，存于内在而深奥的东西，即破坏了修词学底和习惯底规律。也不足损及它。我又相信一个作家的价值，端在他的看物、感物，与乎措词底法子之全由自创。

毛姆在论巴尔扎克时说："大家都承认狄更斯底英文并不怎样好。"一位有文化教养的俄国人曾告诉我说："托尔斯泰和杜思退益夫斯基，所写的俄文也是拙劣的。"很奇怪的这些举世闻名的大小说家，他们写得都很坏，好像写得好，并不是小说家的素养的根本部分。而更重要的却是气势、活力、想象、创造力、观察力，对人类的丰富的知识，对这些知识深感兴趣和同情心。

古尔芒也有一段话说："在小说的开首处，即通套如'这是一个光明的春天底早晨'一类句子里面，也许是含着一种真正的情绪的。"我们从这一类句子，确然可以见到那个作者不是一个眼力家，也不是一个艺术家，只因他不能用一种独创的有风格的文句，来使他个人底感情状态具体表现。所以他只得采用那些曾经一度使他感动的词句，因为他相信这些词句也能感动人的。

单是靠一个字眼和一种情绪的巧妙结合，决不能有一种料得定的效力。文字是没有意义的，除非靠着它所含蓄作者当时所使它代表的感情。

那些具有独创力的文学家，如屈原、陶潜、李白、施耐庵、曹雪芹、果戈尔、屠格涅夫、托尔斯泰、柴可夫、雨果、王尔德、萧伯纳等，每人都有他独特的，而又独立的人格，因此便也有他们自己的独创力。我们可以说，他们既有独特的天赋，又有独特的人格。因此才能养成独特的观察力，感应力和表现力。最后才能产生独特的创造力。

很显然的一件事情，文学家的人格，一旦失去独立性和独特性，便不管在词藻上和情节如何变化，他创作凭借的大本原，（便是那基本的气质）早就成为庸俗的公式主义的了。

摘某氏一段回忆

沿着武大农学院的背后取道回家时，天色已近黄昏，一带黄褐色的山岗，寂无生气，东湖的水，青铅似的凝固于灰黯长空之下。北风已停，归鸦不噪，寒汀浅水间，枯萎败荷，萧条满眼。西边的天上，一轮将落未落的太阳，殷然作暗红色，河山大地映于这惨淡斜晖中，混茫一片，像浸在血海一般！

也许由于我当时的心理作用吧，我只觉得当前这一幅《寒山落日图》，给我的感觉，不止是寂寞凄凉，而竟是一种恐怖，一种令人毛发欲竖、灵魂解体的原始性的恐怖。又像是一种极大的不祥的预感，紧紧抓住我的心灵。我不禁打了一个寒噤，浑身颤冽起来，宛然置身世界末日的境界，呆木地立在荒野间，竟“怆然而涕下”了！

意象和心灵话片

意象，就是意识上的景象。譬如：我们见到一枝梅花，这枝梅花是感官上的景象，等到我们把眼睛闭上，此时那梅花虽然看不见了，可是我们用心一想，它却仍然在我们意识上浮现出来。这在意识上浮现着的梅花，便是意象。换言之，意象就是外在的（客观的）景象，透过我们心灵的观照而浮现出来的东西。

要知道：一颗沙可以包含四大海水，一粒粟可以涌现大千世界，只需你具有心灵的眼睛，所谓慧眼也者。在这些表面似乎近于风花雪月的小文里，仍可以看出血泪模糊的时代悲剧，仍可体会到悲欢离合的人世的辛酸，更可味尝到一种成熟的智慧所结晶的人生哲学意味。

王维《叹白发》诗摘记

“宿昔朱颜成暮齿，须臾白发变垂髫。一生几许伤心事，不向空门何处销。”

按：所依借虽是寻常，而顿悟却自真挚。逃现实者，类多出于荏弱，人方容易度过，而彼已不胜情，谓之敏感，亦无不可。作者其他一段话：“近有陶潜，不肯把板屈腰见督邮，解印绶弃官去，后贫，《乞食》诗云‘扣门拙言辞’，是屡乞而多惭也。尝一见督邮，安食公田数顷，一惭之不忍，而终身惭乎？此亦人我攻中，忘大守小，不阙其后之累也。”

颇不获人之同情。只因五柳清格，加以推敲评价，自伤此类人格美，过拂人家下意识故耳。若论道理，原自相当，偶然行乞，演为佳话，接踵前来，谓之何哉？现实生活无情，清风亮节，殊不易把持得住，比如母老家贫，而降志辱身者何限？所以《货殖传》于感慨之余，而谓身无岩穴之操而耻言利，亦可耻也。涉猎世故过来，对此类透辟入里之话说，不能遽加抹杀。但由此而遵循实际，不敢拂袖鸣高，自然显得趑趄，亦即基于荏弱。劲朗之不足，突破之未能，而又清夜不昧，不甘混化，就只有出于逃避，遁迹空门，为其皈依。一脉相承，人情大抵如此。

德国一段史实摘记

德国一九四五年五月八日无条件投降以后，已经成了人间地狱，好像在物质方面与精神方面都垮了。数不清的工厂、家庭、教堂、交通设施，都被夷为平地了，到处是残垣断壁与瓦砾场。

在人类史中最大的一次战争中，德国在前线有三百万士兵战死了，二百九十万人失踪，五百万人受伤，三百五十万人成了战俘，另外有二百五十万老弱妇孺牺牲于空袭之下。当时社会法纪荡然，食物供应不足，疾病到处蔓延，恶棍们结党到处暴乱。解甲归来的败阵士兵，只有失业，匮乏与饥饿，商店早已无货可买，这真是德国有史以来罕有的悲惨结局。

但是，祸不单行，德国东部省份的一千四百万人民，却被赶出了东普鲁士老家，踏上流亡的道路，徒步的、骑脚踏车的、坐车的、骑马的，一直涌向西方。这次大规模的逃难，正值一九四五年冬天，大约有两百万难民冻死在结冰的途中，三百万人被阻流在东德，其余的九百万人，历尽千辛万苦，终于到达了凄惨残破的西德，在那里等候他们的却是悲惨、饥饿与死亡！

曾经有那么一段时期，好像德国人要活下去的意志已经丧失殆尽，而德国的历史文化也像完全一扫而空！

然而德意志究竟是个倔强苦干的民族，大家痛定思痛之余，一起咬紧牙关，束紧腰带，把复兴大业从头做起，他们是绝不自暴自弃，绝不屈服于现实环境的。千百万名吃不饱穿不暖的德国人，几乎是赤手空拳，勤奋地工作，靠自己的力量来创造光明的前途。女人们更了不起，在操持家务教养子女之余，也率领着幼年的孩子，帮忙男人们从废墟上建筑乐园，忘了疲劳，忘了失去的丈夫与家园，她们只知道一件事——必须坚强地活下去，为了自己也更为了下一代。

只有短短的几年，德国已从死亡的边缘挣扎过来，而且逐渐走上欣欣向荣的康庄大道。

附本人一些鸿爪

京邸逢辰素描

落英秋菊赋登时，写入园林乍见之。未遂严装留粉本，忆将前度粲千枝。
晨兴袅袅都含露，浪转拳拳尚尔仪。却过疏篱闲歇处，茶烟招引一丝丝。

临轩水畔漫寻思，响彻萧萧落叶时。许傍黯兮风下立，更堪梳柳荡成漪。
去年莫把酒垆面，残稿新裁捆束丝。留得夕阳赓度影，苍茫凝睇隐离离！

看花都与共徘徊，故道垂杨拂酒杯。世事弄来恍有意，修途沾染未全灰。
晴光正好迎人爱，节序分明剥一回。满架叶黄方记省，那时串串紫藤开。

楚水流年旷度身，古公辖下二毛人。朱颜镜里愁非我，遗躅岩幽觉已陈。
碌碌真当何日足，悠悠不假逗渔津。僧寮鸵鸟原虚负，憔悴还牵莽莽尘！

附记： 近顷过周口店，览太古猿人遗蜕，追感洪蒙，一阵灰黯。僧居退院，生活近似，亦不好过；况只自欺，有同鸵鸟，实际还是未能免俗也。又首句借汨罗五五之数，以征马齿，并与结句憔悴行吟为暗相照。

默记画中题诗

参观近代四人画展，其中一为古典诗人陈散原之子陈师曾作品，记存自题一诗云：“避人避世总无憀，昼寝南窗朽不雕。自笑裈中能处虱，心悬枝上独鸣蜩。纷纭世局风云幻。喜惧亲年定省遥。岂为丹砂勾漏令，巢林聊得借鹪鹩。”不知有无舛讹，归而默写，以志兴耳。又记存一句，系王渔洋题唐伯虎者云：“能为画家还是福。”语饶有味。唐氏破格才子，恰仗画而提高也。

彭老庭轩即景

“豆棚瓜架下吟诗，鹤发酡颜并仙姿。世事樵枰闲指顾，活人仁术故优为。问年渭水直垂钓，种得河阳花满枝。宛亦杏梁胥厥宇，轻风紫燕日迟迟。”此诗竟未呈阅，而彭老入医院告终矣。

梦醒存照

现实浅陋，幻境朦胧，梦寐之间，得回启示，你不晓得，淡淡就得！当中意不自足，待要追问下文，梦也随而破灭了。晨起阅报，见有张伯驹词一阕云：“一梦懵腾六十年，人间何处不乡关。鸡虫得失去如烟。春意渐苏新草木，白头喜见好河山。心潮平静少波澜。”旋于国画展览，见其题婴园写生属句：“婴园秋菊三千种，当日陶潜梦不成。”恰巧都说到梦。不过他是舍梦而趋向现实，和我所谓的成个对比。

嵩祝外诗

任公华诞，嵩祝年年。记曾于五二年间，为六八大寿。恰逢孙中山先生八六诞辰纪念，相距一日，因以有“明朝重拜中山堂”之句，援媲美也！今年宕忽愆期，未陪末座，过两日得讯，感赋此章：“一年光景丽清秋，落帽风高花影浮。青鸟不传臣朔耳，蟠桃会上坐曾偷。长松千尺霜方健。沧海波澄寄远眸。更复山中消息好，碧云红日并当头！”时下正推借民主党派，对中山先生评价有加。

人去后落片空阶

下午时分，就南馆废园兜转。行人殊稀，日光斜照，躺在一边枯黄的草地，悄悄儿歇息。总觉有种寂寞荒凉之感！时节也正侵袭了人，令人为之虚怯怯。软飕飕，心头不任的缭绕着。隐合唐人句云：“秋草独寻人去后，寒林空见日斜时！”

“事到无言，人犹有恨”二句恰好成对。衍绎下来，索然意尽，只有向往于那么“隰有苌楚，猗傩其枝，夭之沃沃，乐子之无知”。

“心地如濡花气暖，家贫还是老妻贤。”好久以前，把这两句投赠了他，博得满怀兴赏，认为知人之言。

引绳而绝之，其绝必有处。总是到了油尽灯枯，随时随地都可以吹熄灭的了。君今得请归故乡，我却石径荒凉徒延伫。

“如见亲人面，迎来拭泪痕。”是当日的逼真情景；人生难得肫挚处，况其本来就是天涯同路人！

梦中分咏小大格得句

纸窗冷落添幽韵，海上鲲鹏搏浪声。

句

芦花瑟瑟满汀洲。

黄叶萧疏露破屋。

一树叶黄色逾金。

乍觉晴和光可爱，更无水际露残荷。

对　　句

寒雨一来仍带雪，夕阳虽好只烘花。

戊申秋季逢辰诗什

浮光撒粉一般般，吹万静时息波澜。此际观天同智井，困人时序渐幽寒。
衣裘委敝身宜败，萧飒辞枝叶未安。一阵眼前呈昏暗，起看孤月障云端。

三秋桂子擅清嘉，种菊千头兴又赊。自是才人兼令德，非关草木带生涯。
鸣鸡如晦时风雨，楚客多情漫怨嗟。百里算将九十过，许将闲易送年华。

临池倒影月轮高，篱落荒鸡三两遭。汲水采山蠕动起，晨炊蓐食亦云劳。
人生欲歇终何日，可道负创掠更号。蠢尔众生存我相，多应矰缴不能逃！
辱临不约会情亲，一室灯花并粲新。敢有州闾添福意，恍然故事北园滨。
胜游二老邀曾共，恰值菊花贱日辰。真个如风都往矣，那得后回更照凭！

附记：在京时，二老邀游北海，以尽半日之欢，恰值生辰，恍同祝福。久矣概作古人。当下预感属句："秋高记遂重重九，未必后回许照凭！"

寄香江友人信一

几年不曾通信，消息中断，厚爱如兄，每一念之，殊觉怅怅。顷与怀天兄复信中，得悉基业稳固，一向泰然，文旌星驾。年时飞渡于香港雪莱之间，大令嫒并经毕业，与同学完婚，双双返泰定居，回游乐土，此后又替兄种一不解缘矣。均堪额慰，用申奉贺！

由于两个不同世界，无缘会晤，恍同隔世，上了年纪的人，前尘如梦，零落星稀，都有同感。所愿"君自星斗莅中天"，成功不必自我，总合为朋侪吐一口气。下里巴人，年近古稀，万般休想。亦只有安贫守拙，寂寂柴门，力求简单，以终余年。不过"树欲静而风不止"，仍时不免有些烦恼耳。

给怀天兄信，告知此次大的儿子回家授室，了却一段心事。至大前年兄所鼎助玉成之少的一个婚娶，已经产下一男三岁，新近又育一女婴。添丁凑趣，忙煞阿翁。欲闲不得，欲罢不能，一波未平，一波又起，为之苦笑而已。年来此间生活，不善安排，受困于物，受困于境，每每如蚁旋磨，琐屑征逐，儿饥儿哭，应付无休，清操逐变而十足落俗。鸡皮猴脸可憎，仍有时不忘推敲，会保持一瓣心香，勿太伧俗相耳。记得香港和柳亚子先生等周旋，许时问满五十未？他们的扶余诗社，不招纳年轻者，以免引诱之嫌。又谓作诗如吸鸦片，只好自家趣味，不可以教子弟。由今验之诚然，还可添凑一句，不可以卖市场也。从前退而想做老师宿儒之希望，亦宜于此撤销作罢。剩下来，将成怎样人等，不是一个老废物矣乎！人生失败，遂至于此！忧心悄悄，蠕动爬虫，“仰视飞鸢，跕跕堕水中”，而已还庶几免之。但实已退化至动物类，甚则寸步难移，为植物类。由今而遥遥引盼，琼楼玉宇，浊世翩翩，“三秋桂子，十里荷花”，不几如天上人，可望而不可即也哉！七十老翁何所求，我还是颇能应付得了。粗衣淡饭，敷抹过去，乘得晚凉，溪边散步，人家视之，客气有加，环境相处尚易，请兄尽释廑注！来日无多，通信次数恐亦无几，故不觉言之不足，喋喋长言，知兄亦不以为怪焉。所幸故人常健，佳景无边，南风得意，“好传音讯到窊庐”也！余不尽尔缕。

一九六八年六月十二日

寄香江友人信二

六月间寄复一函，忽忽亦已数月，许时正广州交易会开后，而今接替春季，又来一次秋季交易会。旋忆令媛和乘龙，连同小宝宝，拟于秋季回港省亲，想来会逢其适，在商运正常之下，秋高气爽，人境双清，吉门之内，其乐融融，敬堪额手称庆！

乡间亦算平平，幸免锦介。由于两个不同世界，兼之上了年纪的人，每念劳劳，恍同隔世。数月前曾和卢蔚民互通一次信，他在抗日时，于昆明呈贡，办一所育侨中学，亦有过大华访谢和兄，后同在暹，交游较密，再后来港，代理外国商品，很有成就，朋侪中算是成功者。其复弟信，富满情感，仍以弟信苍劲有力，句句如诗称之。自然虚夸鼓舞，要亦惺惺相惜，甘苦有得之言也。

忆王船山得友赠言，年逾七十，未为非幸，无容局促萦心。渠以孤介遗老，自认为良规。移之我辈，树欲静而风不宁，未能平心静气，颐养余年。闻之尤觉语重心长，仁人之言蔼如也。

间曾披阅断简残篇，随手摘记一则，以兄同好。无妨一并抄出以观：宋季萧冰崖《题陈氏西园》七律一首云：“旧赋西园墨尚新，西园风物又精神。子孙相望百年事，宇宙重回一气春。独乐风流今寂寞，平泉言语谩悲辛。两家子弟材智下，撞破烟楼有几人。”前半旧曾品题，已非泛泛，风物如是，光景常新。后半缅怀主人，流风湮没，空忆遗言（前人诗句，“平泉无碑记花木”，此一段典故未详）。套句《张巡许远合传》中语：“两家子弟材智下，能有几人突出烟楼之外，仰首伸眉也者。”正不知多少感慨系之！比却唐人咏牡丹“买栽池馆恐无地，看到子孙能几家”，仅就一般寄慨，而此更其特地低回深痛可知。作者登进士，仕止辰州通守，与故主人合是交情永笃，“绿杨宜作两家春”，而今主既不存，己亦闲放，宋室祚移，阖家归隐，其后寖微。诗集二十六卷，仍遭兵燹，存者不过二三，什之一二耳。人世废兴显晦，其来无端，不可必致。“岘山辛苦更沉碑！”况敢期诸材智下之后继者哉！

人生晚景，崦嵫落日，苍苍凉凉，言为心声，歌以当哭！在兄海畔回翔，前景一片美丽。人生意味，自然深隽，五十犹未，“百世功勋才一半”耳。相对一方，大可背诵“七十老翁何所求”，而又落得欲闲不得，衰羸逐日骎骎逼人，怃望贱辰，为之惊觉。偶尔伤风感冒，动辄月日淹缠，反反复复，越来越困。亲友说是太虚了，须求补养，我却一笑谢谢他们的好意而已。秋来萧瑟，意兴阑珊，味兄前言，苦多甜少，眼前更无一感到兴趣，间或有时迢递鸿音。老友謦欬，恍如话雨茶座，拂拭尘襟，多少还有点同情友爱，人间温暖之存在焉。此自闲话，连类及之。知兄亦正屋梁落月，饶有余思也。但总属黄昏思想，要不得者乎！

今冬看尚不错，快种田于农历九月半便可收割，照目前数粒下锅，每市斤须五角企稳，人家望眼欲穿，正在遥遥等待着。我算幸运差给，顺闻。余不尽臆。

一九六八年十月十一日

《诗话拾遗》手稿封面

第四编　诗话拾遗

编者按：此编为作者部分历代诗话摘录，可见其读书之兴致及对历代诗学的孜孜以求。

山房随笔

元遗山北方文雄也。其妹为女冠，文而艳。张平章当揆，欲娶之，使人属裕之。辞以可否在妹，以为可则可。张喜自往访之，觇其所向。至则方自手补天花板，辍而迎之。张询近日所作，应声答曰："补天手段暂施张，不许纤尘落画堂。寄语新来双燕子，移巢别处觅雕梁。"张悚然而出。

古今诗话杨柳枝

樊素善歌，小蛮善舞，乐天赋诗有曰："樱桃樊素口，杨柳小蛮腰。"至于高年，又赋诗曰："失尽白头伴，长成红粉娃。"因为杨柳词以托意云："一树春风千万枝，嫩于金色软于丝。永丰东角荒园里，尽日无人属阿谁。"及宣宗朝，国乐唱是词，帝问永丰在何处？左右具以对，因遵命取永丰柳两枝，植于禁中。白感上知，又为诗云："一树衰残委泥土，双枝荣耀植天庭。定知玄象今春后，柳宿光中添两星。"洛下文士，无不继作。

乐天不能忘情

乐天既老，又病风，乃录家事，会经费，去长物。妓有樊素者，年二十余，绰绰有歌舞态，善唱杨柳枝，人多以曲名之；由是名闻洛下，籍在经费中，将放之。马有骆者，籍在长物中，将鬻之。马出门，骧首返顾，素闻马嘶，惨然立，且拜，婉娈有词，词毕涕下！予亦愍然不能对！且命反袂，饮之酒，自饮一杯，快吟数十声，声不成文，文无定句。予非圣达，不能忘情，又不至于不及情者，事来才觉，情一动，不可柅；因自哂，题其篇曰《不能忘情吟》。又二首云："骆马悲鸣顿玉珂，停杯重听柳枝歌。做成一段闲公案，转觉香山长物多。""杨柳新声满洛阳，尊前风味老难忘。笔端拈出新诗句，似为樊姬作嫁装。"

词苑丛谈

谢五娘，万历中潮州女子，有《读月居集》一卷，多怀人寄友之作，其风怀放诞固可知也。赋《柳枝词》一阕云："近水千条拂画桡，六桥风雨正潇潇。枝枝叶叶皆离思，添得莺啼更寂寥。"曾被逮系，不知所坐何事，或以为父受二聘，遂致雀角云。

司空图独坐

"绿树连村暗，黄花出陌稀。远陂春早绿，犹有水禽飞。"东坡云："图诗得味外味，如绿树一联最善。"计敏夫云："司空图辈，伤时思古，退己避祸。清音泠然，如世外道人，所谓变而不失其正者也。"

姜斋晚话

科场文字之蹇劣，无足深责者，名利热中，神不清，气不冒，莫能引心气以入理而快出之固也。况法制严酷，几如罪人之待鞫乎？汉晋以上，唯不以文字为仕进之羔雉，故各随所至，而卓然为一家言。隋唐以诗赋取士，文场之赋，无一传者。诗唯"曲终人不见，江上数峰青"一律而已。燕许高岑李杜储王所传诗，皆仕宦后所作，阅物多，得景大，取精宏，寄意远，自非局促名场者所及。经义本儒者分内事，而一行作吏，则置之如隔年历，间有作者，只为子弟作嫁衣裳，陈启新诮为敲门砖子，非诬也。

写韵楼中墨客

明人杨慎，成都人，官修撰，谪居永昌四十余年，通儒李中溪雅器之；诗文亦见李修《云南通志》。

其叙及己之言云："慎也恩谴裔土，流戍滇阴，紫城苍麓，夙尝授馆僦廛香界王？回岑，昔饶解鞍横枕。"哀致某巨公云："走自流戍，获奉清尘。""卜筑草堂，烟霞独盛。"于以知其遇焉。

《次姜梦宾登洱水浩然阁韵》唱和之作："谁赋风光草际浮，谢公佳客尽诗流。紫城云树迎江阁，白国烟波送海舟。南浦移樽消旅恩，西园飞盖记仙游。愁来独减登临兴，病骨先惊一叶秋！"

又《太华山之什》："野外鸣钟报夕阑，危峰暝色酿余寒。春愁窈窕回青女，乡梦依稀到锦官。渔父舡舷空外唱，化人宫阙海中观。天教金碧供图画，谁把丹砂驻老残！"

秦少游之死

《独醒杂志》云：少游谪古藤，意忽忽不乐。过衡阳，孔毅甫为守，与之厚，延留，待遇有加。一日，饮于郡斋，少游作《千秋岁》词。毅甫览至"镜里朱颜瘦"之句，遽惊曰："少年盛年，何为言语悲怆如此！"遂赓其韵以解之。居数日，别去。毅甫送之于郊，复相语终日。归谓所亲曰："秦少游气貌大不类平时，殆不久于世矣。"未几果卒。

《千秋岁》词煞句："春去也，落红万点愁如海。"后晁无咎和而吊之云："重感慨，惊涛自卷珠沉海。"

《宋史·文苑传》云：至藤州，出游光华亭，为客道梦中长短句，索水欲饮，水至，笑视之而卒。

《好事近·梦中作》一阕："春路雨添花，花动一山春色。行到小溪深处，有黄鹂千百。飞云当面化龙蛇，夭矫转空碧。醉卧古藤阴下，了不知南北。”

《七修类稿》云：少游曾于梦中作《好事近》一词云云，其后以事谪藤州，竟死于藤，此词其谶乎？贺方回作《青玉案》悼之云：“凌波不过横塘路，但目送，芳尘去。锦瑟年华谁与度？月桥花院，锁窗朱户，只有春知处。飞云冉冉蘅皋暮，彩笔新题断肠句，试问闲愁都几许？一川烟草，满城风絮，梅子黄时雨。”山谷有诗云：“少游醉卧古藤下，谁与愁眉唱一杯。解作江南断肠句，只今唯有贺方回。”

送汪水云诗一串

王昭仪清惠序云：“水云留金台一纪，琴书相与无虚日，秋风天际，束书告行，此怀怆然！定知夜梦先过黄河也。一时同人以‘劝君更尽一杯酒，西出阳关无故人’分韵赋诗为赠。他时海上相逢，当各说神仙人语，又岂以声律为拘拘耶？”

王清惠：　朔风猎猎割人面，万里归人泪如霰。
　　　　　江南江北路茫茫，粟酒千钟为君劝！

陈真淑：　天山雪子落纷纷，醉拥貂裘坐夜分。
　　　　　明日马头南地去，琴边应是有文君。

黄慧真：　高叠燕山冰雪劲，万里长安风雨横。
　　　　　君衣云锦勒花骢，此酒一杯何日更？

何凤仪：　十年燕客身如病，一曲剡溪心不竞。
　　　　　凭君寄与爱梅仙，天理现时人事尽！

周静真：　燕山雪花大如席，马上吟诗无纸笔。
　　　　　他时若遇陇头人，折寄梅枝须一一。

叶静慧：　塞上砧声响似雷，怜君骑马向南回。
　　　　　今宵且向穹庐醉，后夜相思无此杯。

孔清真：　　瘦马长吟蹇驴吼，坐听三军击刁斗。
　　　　　　归人鞍马不须忙，为我更釃葡萄酒。

郑惠真：　　琵琶拨尽昭君泣，芦叶吹残蔡琰啼。
　　　　　　归向林逋烦说似，唐僧三藏入天西。

方妙静：　　万里长城风淅淅，一望苏州云幂幂。
　　　　　　君今得旨归故乡，反锁衡门勿轻出。

翁懿淑：　　金门夜醉紫霞觞，乞得黄冠还故乡。
　　　　　　一似陈抟归华岳，又如李泌过衡阳。

章妙懿：　　一从骑马逐铃銮，过了千山又万山。
　　　　　　君已归装向南去，不堪肠断唱阳关！

蒋懿顺：　　十年牢落醉穹庐，不用归荣驷马车。
　　　　　　他日倘思人在北，音书还寄雁来无？

林顺德：　　归舟夜泊西兴渡，坐看潮来又潮去。
　　　　　　江草江花春复春，山青水绿元如故。

袁正淑：　　抱琴归去海东滨，莫逐成连觅子真。
　　　　　　十里西湖明月在，孤山寻访种梅人。

附记：读此一连串诗，直似汪汪水上行云，又似“一帘春雨润如烟”，无词不婉，无句不活，越浅近，越入情，其一种无可奈何之唱叹，正唯饱经忧患之余，兼之儿女子衷情缱绻，冲积渲和，淡化净化，故乃娓娓徽音，宛然瑟兮锉尔！盖艺也而几于道矣。

从云随笔载：十月师与济游蜀，登峨嵋山，师吟诗云：
楚歌缺舞今何在？惟见寒鸦绕树啼！
又游汉阳，登晴川楼，师吟诗云：
江流犹呜咽，林霭叙离愁！
致身录载：甲辰秋，杨往云南，八月十三日自家起行，九月二十二日，入湖广界，投宿旅店，主人云，内有两道士，可与俱。杨入见，一道斯，杨上，视之师也。伺其觉，师喜曰，来此何为？曰来访师。杨又曰师欲何往？曰访故友。言及榆木川（成祖崩于榆木川），皆泣下。杨备道路艰危状，曰近来颇似，稍觉异常。明日即偕下江南。
汤显祖题莹台云：方家女沦落教坊，每登雨花台上，则望而悲之曰此我祖翰林公墓也。予曾为封植其墓，有田奉秋祀之。俶郎李三才，脱其女籍，嫁南人。诗以纪之：
碧血谁将双树栽，为萤相近雨花台，心知不是琵琶女，寒食年年挂纸来。
表忠记载：王资以杞县人，以指挥防河北有功，壬午六月与出亡之约，易服为道士，自号若玉

华山樵，有姓王姓宗元诗一篇云：
七年浪迹走闽越，白袍思亲鬓成雪。回头往事付空花，形影相怜衣百结。当时恨不日千见战，扁舟一棹江南归，西风尘土障天热。秋水鲈鱼也自肥，即今寄食荒村里，佳士出游多倜傥，当歌对酒思整频，握手话山魏无已。老师岂能忘故山，神游往往于其间，先君写此转惆怅，片云零落何时还！
从云随笔载：冬至蜀，宿永庆寺，师吟诗云：
锡杖南游岁月深，山云水竹傍闲吟，尘心消尽无些子，不受人间名利侵。

《啬园藏稿》手稿剪影之十二

第五编　续流水账

四月四日纪事

床前一视倏成尘，欷语稀微省识真。可是毕生行永诀，留将遗迹印亲人！七年蚁垤风犹撼，四月黄梅味正辛。依旧绿衣来报道，凌朝便是草斯辰。

寄复麟兄信

惠函喜出望外，快何如之！许久音讯中断，不无悬悬，而今正知杞虑实属多余耳。兄自福慧双修，前程无量，事业称意，人劳而心不烦，想见应付裕如，行所无事，一种手挥五弦，目送游鸿之雅，至足遐慕佩然之至！

旬日来，大儿适自京回里探亲，媳所生女，恰一周岁，家中添得多少冲喜气氛，算是近况。说亦奇怪，连年燕子都来门首营巢，今春巢痕依旧，燕偏不来，为之警惕。事有之。“皇天无亲，惟德是辅。”分明德薄能鲜，怎敢徼福于冥冥之中？又况现实无情，春尾大家愁眉苦脸，环境映带，云谁能免？只合一笑置之。

养生之说，更不敢当。客腊广州友人戏拈清代李笠翁赠答诗，以为转赠。未尝不可。诗云：“高踞黄山第一巅，几多朝服羡高眠。百钱每挂杖藜上，五岳曾游婚嫁先。家少田畴真富贵，诗无烟火愈神仙。代耕不尽由书画，书画如君尽值钱！”阅罢一笑。从表面看，依稀形似，而实距离远甚。姑亦落实作答一首：“迹冒罗浮一半间（里名浮山）枫林堙没只丘山（乡里旧名枫林乡）。过从市集均非故，溪畔踏荒自往还。写韵十年蛩唧唧，生涯幽雨调潺潺。玉溪差近终何用（李义山），晦涩须怜绊鸟蛮。”自分绵蛮黄鸟，止于丘隅，百啭无人能解，一味晦涩，以自怡悦，究何补于现实之饥寒也哉！“今老矣，无能为也已。”古语针砭，鞭辟近里。令人啼笑皆非。兄有心人，阿于所好，莫非笑煞人焉罢了。

黄梅时节，乍晴乍雨，人事变化多端，“天无三日晴，地无三里平”，“阴郁时多，开朗盖寡”。贱躯粗安，家小托福平善，差堪告慰，乞舒锦注！今届小满，田畴茂密，再过个零月，指望早稻又获大丰收也。顺闻。

一九七〇年五月廿二日

三月初九即景

断简残篇只自供，几多轩鹤逊雕虫。时方虐炎舒榴火，一雨凉生放懒躬。此去好同鸡鹜食，薄言应讶泥涂中。蛮边隔世犹堪忆，霡霂程途盼出笼！

附记：廿年前，由缅转入澜沧，当地雨季接淅泥泞，山岚叠嶂，兽蹄鸟迹，因之属句：“旅途良不易，何日到长安。而今听雨僧庐下，鬓已星星也。”适大儿探亲匝月，仍复出门，两个世界，彼此彼此。

寓言一室

勺米躬操釜欲鸣，磨人琐琐不由经。乃知自主非吾分，敢道嗟来一视轻。六月北窗刚下卧，窥天智井数零星。悠悠惚惚原无那，比似鸿毛尚有仁。

寄泽宝兄信

接信并大白米三十斤，曷胜心感，别逾廿年，故人情重，联安酒公司变化，略有所闻。所望兄儿女成人，运筹顺遂，一片心香如此祝愿。兄拟最近来港办货，遥遥祝福，约晤一节，恐已缘悭，弟行年七十，体质孱弱，久不出门，不问世事，唯借退休金，安养余年。大家爱惜，生活平平。近顷以长媳急症入县医院，不免忧烦，亦幸庶几愈矣。刻下申请出港者，大都无可能，一般华侨回国，亦不比从前特殊照顾。泰国近颇有人来，但匆匆数天即返。兄府属揭西（我乡属揭阳玉湖公社浮山村），交通很不方便，虽不成问题，但兄生意前途要紧，其余限于环境命运，殷殷盛意，幸勿过为重视也。言念及此，感极出涕，“但愿人长久，千里共婵娟”！谨致区区向往芜慕之忱，余怀心照，言何能尽！春初明苏来批说，叔及子端先生过访她家，甚表感慰，顺致谢忱。耑此佈臆奉复。

一九七〇年七月十七日

谈诗札记之一

生儿育女，俗语有之，一场空，亦有之。夸用以入诗句，便觉俚俗，难登大雅之堂。老杜“玉女洗头盆”句，何义门诸大家，为之惊讶。东坡到儋耳后，精气消磨殆尽，句如“五日一见花猪肉，十日一遇黄鸡粥”，鄙俚至此，在纪晓岚视之，亦不能为之讳也。古语，出辞气斯远鄙倍，不当与淳朴浑厚，混为一谈。

十年前事，伤痕殊深，漫漫衍伊于胡底，一鳞一爪，如实表露，免再雕饰，都可发人心弦跳荡，感慨系之。聊用涂抹，足成拙章，以共质证欣赏何如？标题改作：移巢安置，十有二年矣。“栖徙山寮土垤中，更无跫足此相逢。积肥孺子甘为役，樵采随从乡上峰。儿女避人堪异世，结绳文网尚熏笼。遣愁那用墙边唧，十二年来一叶风！”

末句颇本渔洋神韵之说。如《再过露筋祠》句：“门外野风开白莲。”于以避实凌虚，方不近腐近滞，韵致悠然自远，不落凡臼。甚矣化板为活之难也。曾过燕子矶，见前人题联一对：“读书寻得活句，看水直到长江。”又记得不知何处磨崖对子云：“此水可当兵十万，昔人空有客三千。”飞扬展拓，别开生面，均此类也。

小游踪笔记

迩来多雨，人事牵挽，尚少出门。今晴，一早笼烟，偶出闲步，乍知麻豆之属，已经茁长如许高了。稻穗累累含露，赛比珍珠颗，令人心生爱羡。时方饥饿，一般望眼欲穿，反映出来之情绪，总亦有之。行抵溪畔，烟霭依稀，笼水笼沙，油然爽适。怪底久已失去之心弦，榕江城郭，水绕波澄，晨烟夹着划橹，泼泼作声，小汽笛催荡其间，背人径去；惯会有的勾起绮罗香草之情调。也许城市向日繁华，伤情失业交织，出身村舍，托足无门，又是向往，又是惆怅，对此微茫，百端交集。即所谓弱绪也者。畴昔江心月白，商妇琵琶，宜不外乎人情味。折转来，而今已是一扫而空，连对大自然虚无伤感，也复冲化淡漠，“悟因空后得，心向死边休”。虽未能至，恰近似之。但有一层：“风景依稀似去年。”似城边白水萦照，似泼墨渍纸画图，用法眼以观，一丛竹，一边树，无非浓浓着笔，静静这回。“江山代有人才出，各领风骚数百年。”似这般其实何止数百，将是悠久无疆！不过明眼人自能见之，其他尘垢蒙蔽，端的视而不见，听而不闻也。所憾者，久不出门，贱躯逊昔，颇觉有些喘息兼薄眩晕，还不是老之将至！“夕阳无限好，只是近黄昏。”黄昏末日思想，其谓之何，身之将隐，总属平平淡淡，无复酸酸溜溜。可亦不容否认，微微清韵，透上心头，活现一缕天机。征之稼轩“欲说还休。却道天凉好个秋”，仍似较近自然之致矣乎！

谈诗札记之二

杨恽《报孙会宗书》谓：“夫西河魏土，文侯所兴，有段干木，田子方之遗风，凛然皆有节概，知去就之分。顷者足下离旧土，临安定，安定山谷之间，昆戎旧壤，子弟贪鄙，岂习俗之移人哉？于今乃睹子之志矣。”我人惯称习俗移人，贤者不免，其典故实肇于此。作者嬉笑怒骂，痛快淋漓，其中饶有至理，不纯全感情用事也。除却特殊人物，能够移风易俗之外，芸芸众生，类此实繁，造物无情，人至藐小，春女思，秋士悲，何莫非受自然环境之支配而已？

却有第三者，无如物何，又不愿同化，狷介自持，颓然坐弃，以保其真，古人有行之者，竹林七子其尤也。王渔洋题唐伯虎“能为画家还是福”庶几近之。近人陈师曾画展，其移居属句云：“避人避世总无聊，昼寝南窗朽不雕。自笑裈中能处虱，心悬枝上独鸣蜩。纷纭时局风云幻，喜惧亲年问省遥。岂为丹砂勾漏令，巢林容与托鹪鹩。”挥洒近情，颓放自任，内中有人，呼之欲出。虽则未可为训，抑所谓弱者之为致矣乎！

寄怀天兄信

三月二日，接获腊底所寄小包二个。九日即奉上一函，联并蔚兄在内。鹄候示复，心殊悬悬，不敢续去询问。但窃忖度，兄必如期返港，运筹遂心。去函或者失之洪乔亦未可知，非有他故。即如小包三个，终不果接，谅已退返，或没波中。凡事常出意外，俗语说的“番畔钱银唐山福”也。近顷接泰联安酒公司故人寄一小批，称说最近要来港办货，问我能否到边界晤面？我自审年老体弱，不合出门，省却麻烦，多一事不如少一事，回批辞谢而已。清明前后，大儿回里探亲，兜留匝月，一贯表示高兴，但邻居告诉我，渠私室流泪，迹近牛衣！入夏来，家颇不顺，两媳次第病倒，一则由救护车急送入县医院，差幸未久出院，逐渐痊复。晚景忧烦，身非木石，人生问题，推勘过半，耿耿不寐，仍作此书以相联系，亦非有他意，久违之下，冀幸得达兄览，“诗成知我尚为人”也！蔚兄吉人天泰，云树心驰，不另奉函，均此祝福，耑此顺颂

清安！

一九七〇年八月一日

传友介弟柬埔寨遄归十年前远辱存顾衔兄命也

芭蕉雨滴是秋心，悉恻东风宛转深。门巷空庭声泪落，荒台乔木恍前临。十年前忆留衣处，一苇还婴急暮砧。花甲酸寒今又甚，恰教六月欲披衾！

晨　　兴

开霁云阴兆晚晴，和平一线漾波生。晨兴却见蹄涔水，入夜余邪夹带轻。人面以时呈变异，天心何日不狰狞。说空经合妇人语，秉烛休从城上行。

谈诗札记之三

文人寒素，由来已久，唯其安贫，方始乐道。内向性偏多，身外物置之可也。乡贤林东莆云：“不出户庭之外，而有至乐。”所乐物质方面，本极寻常，但深寻自得，静致而已。“苔痕上阶绿，草色入帘青。”其

征也。归熙甫记其小斋项脊轩，亦不过“修葺古屋，筑以粉墙，日光迎照，室始洞然。庭中杂植梅杏竹桂之属，三五之夕，花影满墙，斑驳可爱。小鸟时来啄食，人至不去。静深自可想见。妻方归宁，小妹问姐家有阁子，且何谓阁子也。又云银杏一株，妻死之年所手植，今已亭亭如盖矣”。浅浅语道出深深情，不管珠箔银钩之下。等是沼沚蘋蘩，可荐于鬼神，可羞于王公。安在乎“琥珀方为枕，珍珠始是车”也哉，《庄子》“鹪鹩巢于深林，不过一枝；鼹鼠饮河，不过满腹”，哲理诗意兼而有之。宋道学家，染于头巾气，诗意不多，但如“闲来无事不从容，睡觉东窗日已红。万物静观皆自得，四时佳兴与人同”，又“云淡风轻近午天，傍花垂柳过前川。时人不识余心乐，将谓偷闲学少年”，均其白描清致，闲易之风，不概属着深色道袍者比也。田园诗人陶元亮：“至味止园葵，大欢止稚子。”“采菊东篱下，悠然见南山。”不求工，不求深，而自然淳朴浑厚，元始音希，得诸天者多焉故耳。

反一方面：何曾日食万钱，犹叹无下箸处。金谷“一代豪华擅此园，朝朝暮暮最销魂。美人绝色原妖物，乱世多财是祸根”，再推之如“酾酒临江，横槊赋诗”，偶然一曲亦千秋，长短行出入愁。浓烈处，的确有其境界。但恰所谓驰骛外慕，未闻道焉者乎。君子之德风，风贵绵邈淡泊，所以宁静者致远，富贵于我如浮云。一位当朝兖兖，随园称谓钱塘苏小是乡亲。怫然不悦。氏谓千百年后，恐人知有苏小，而不知有巨公也。一位社交活动家，左来一个约会，右来一个请宴，酒甫三巡，迟立谢谢，对不起，鄙人还有其他应酬。奔忙过点歇休，接受老妻留下一盂炖粥，才觉津津有味。看来人生何者是实，真我所存。何者是虚，不着边际，应从头处，配合岸柳墙花，草桥茅店，梦阑时，酒醒后，思量着。

谈诗札记之四

宝玉穿插大观园花间，琐琐屑屑，牵缠备至，久而生腻生厌，非走不可。一出家门，顿觉天地广阔，视野无边，心旷神怡，殆堪想象。“设想英雄迟暮日，温柔不住住何乡。”下一转语，便成“解人末日总无憀，不向空门何处销”。软红尘逊却空空世界，可多可是。

历览“美人黄土灯船散，金粉原来易寂寥”。又“秦淮一片呜咽水，都是风流酝酿来”。盈虚有数，炎炎者灭，故曰：“酒极则乱，乐极则悲，万事尽然，言不可极，极之而衰。”又曰：“箫鼓鸣兮发棹歌，欢乐极兮哀情多。少壮几时兮奈老何！”人情历历如绘。“何以解忧？唯有杜康。”连顾盼自豪人物，仍不免出此一着，以求解脱。也即是一切暂且撇开，争取顷刻现在，及时行乐，聊用飘飘然陶醉了事。一般还是失意时多，成功盖寡，加之忧能伤人，世人无限风波苦，自非酒袚清愁，花销英气，其谁与归？无办法中之办法，逃禅逃酒，未尽释然，于以陶写性情之隐，于是有托而逃焉耳。

稽诸汉曲：“田彼南山，芜秽不治。种一顷豆，落而为萁。”人生行乐耳，须富贵何时！唐人诗句：“劝君更尽一杯酒”，“与尔同销万古愁”，概属此类，苦中取乐，谓之颓废派亦颇近之。

马伏波功既成日，述其从弟少游告语：“人生敝车羸马，出入里闾，乡里称善人，斯可矣。求益盈余，但自苦耳。”当我在澜沧江，虏未灭之时，毒炎熏臻，仰视飞鸢，跕跕堕水中。追思少游平生所言，何可得也！人情味，肫挚语，确无以易。不说是壮志全消，抑亦踟躇萌退，曳尾濡涂，安雌守溪，老庄之流亚欤？清古文家一篇《说钓》，更淋漓充沛乎言之。由钓而联想及科场猎取，感彻心脾，以谓大之上有大焉，得之后有得焉，劳神侥幸之门，忍苦风尘之路，终身无满意时，老死而不知休止，求如此之日暮归来，以博妻孥之一笑（归而妻子劳问有鱼乎？余示以篮，而一相笑也）。庸可得乎？妙谛解颐，鞭鞭见血，邯郸一枕，醒人神思。其实风尘里敲敲，随在都可发人猛醒，胜似木鱼清磬一般。“鸡声茅店月，人迹板桥霜”。在三家村路头店中，重温旅途滋味，谁不对大自然之神秘。一枝托足未安，“懊恼襟怀偏泥酒，支离情绪怕闻莺”，随拈清人赵翼诗一首，更其幻惘渺于怀矣。诗云：“晓觉芳檐片月低，依稀乡国梦中迷。世间何物催人老？半是鸡声半马蹄！”呜呼！若是而言不弱绪萦回者，吾不信也！黄昏末日思想，得毋谓是乎！

谈诗札记之五

人生三部曲，由少而壮而老，大都缘此区分，任是腾踔万千，终免不了叶落归根也。辛幼安词，以听雨一个角度，描述人生过程有如是者：“少年听雨歌楼上，红烛昏罗帐。壮年听雨客舟中，江阔云低、断雁叫西风。而今听雨僧庐下。鬓已星星也。悲欢离合总无情，一任阶前、点滴到无明。”此外断简零缣，时有发现，如少日书痴，中午病酒，晚岁诗愁。其表率也。入新时代，吻合现实，换句话说，少年恋爱，壮岁功名，老来哲理。提起少年恋爱，前人早就注意及之，列为血气未定，戒之在色。及其壮也，血气方刚，戒之在斗。但及其老，血气既衰，戒之在得。对诸年老无能力而贪得无厌者，痛下针砭，令人肃然警惕。古典，四时之序，成功者退。春华秋实，即其由少至壮，秋收冬藏，乃其老而归休，象征恰好。另有一则谓朝气锐，午气倦，暮气归。从大自然程序，正适合三部曲之规律，概括乎言之也。

仕宦而至将相，富贵而归故乡，总算功成身退，踌躇满意，一般郁郁不得志者可多。所谓时运不济，命途多舛。甚则抵死困于生计，沦落只龟年，师师垂老过衡湘，如此等类，不胜指数。即以有“等是有家归未得，杜鹃休向耳边啼”之咏叹也！人生何日是归巢，暮气应归，却归未得，仰屋兴嗟。几人能得死前休，沐浴圣人清化，老者衣帛食肉，黎民不饥不寒，颁白者不负戴于道路，举熙熙然有喜色，而不是疾首蹙额以相告也者。田舍翁克勤克俭，挣得一份自给家当，生男育女，嫁娶完毕，作为向平愿了。尚有一些理想的话，亦只和平共处，少者怀之，老者安之，鳏寡孤独者皆有养也。合就是馨香祝愿。揆之现实，求田问舍，既犯天条，天赋人权，云谁答应。至于文绉绉之生涯，曼引轻歌，更是行不得也矣。今夕何夕，不得食，不得栖，红巾翠袖，壮志凌云，高车驷马，都往矣，往事如风不堪摘也已矣。剩下废时老物，却不是听雨僧庐，幽雅别致。而总是栖迟潦倒，湫隘嚣尘，如蚁旋磨，如束湿薪。乃如之人，“七十老翁何所冀，未填沟壑敢忧贫”。截吴梅村一曲歌以奠之云：“王郎头白何所为？罢官岭表归来迟。衣囊已遭盗贼笑，襆被尚少亲朋知。……吁嗟乎，十上长安不见收，千山远宦终何益？君不见，郁孤台临数百尺，恶滩过处森刀戟。历遍风波到故乡，此中别有盘涡石。”

时适七夕俯拾成文

谁见双星渡河汉，都缘儿女此相猜。立秋燕子应何处，不薄巢痕倘又来。
胆小如鼷盖可知，平安两字绣丝丝。天心若许相怜份，渡海星槎占尔仪！

晨迟即景

乍起凉飔瑟瑟吹，欲雨不雨云游移。一年容易传秋讯，金井梧桐阽堕时。
篱落鸡声须独唱，野田人语定含滋。中元故是瓜果节，看取茨花架漫垂。

戏　　赠

闻讯石榴开满庭，累累坠坠结流型。儿童欢喜频窥眼，鼓舞枪旗讲陆经。
事有难言征瑞气，盘容方朔坐芳辰。俱存无故君家乐，何患黄金输入秦。

谈诗札记之六

李小青千古伤心人也。遇人不淑，其人慑于河东，不能庇护一红粉佳侣，虽尚爱怜，左支右绌，听任摆布而已。同僚某夫人，同情体会，讽示其去。氏答书谓：“去则弱絮风中，住则幽兰霜里。兰因絮果，现孽谁深？”其吟哦句：“夕阳一片桃花影，知是亭亭倩女魂。”弥足伤矣。向来君臣朋友之际，多取譬于香草美人，小青一格，恰近沉沙。其志洁，其行廉，不为直寻而枉尽，不然舍其旧而新是谋者多矣。以彼其才，游诸侯，何国不容，而自毁若是，全乎贞也。古今二臣，固自以为识时务，明智见机，入新范畴，更无所谓忠贞节操，但鄙薄无行，人尽可夫，当在人时，欢欲其诽己，一纳螺黛，偏欲其为己拒人，毋谓士也罔极，二三其德，女自不淑，不采罔行，权宜诱拐于一时，安见奉宗庙为命妇乎哉！此还后话。方其伊始，何去何从，宁混水以摸鱼，抑风襟而独抱？上述类型，无拳无勇属之弱者，但却孤贞，幽篁色素，不求闻达，淡泊明志，“空谷无人草自芳”，是之谓独善其身者欤！

谈诗札记之七

《楚辞》“若有人兮山之阿，被薜荔兮带女萝”句轻轻着笔，山鬼之神态毕露，要眇宜修。同样，“袅袅兮秋风，洞庭波兮木叶下”和大自然神秘接触，言有尽而意无穷也。《卫风·硕人》由“手如柔荑，肤如凝脂”，以至“螓首蛾眉”，并不觉其堆砌，一点睛“巧笑倩兮，美目盼兮”，顿觉神观飞越！古人艺术手腕之高如此。富春江上，钓台高并云台，“云山苍苍，江水泱泱，先生之风，山高水长”，亦摄其神。不过语调重实近拙，不当与前者同日语也。我意遗形取象，合是更上一层，笔锋常带情感，扣紧心弦，和泪洗过，分外明净，乃属其次。而已不可多得矣。悠悠天下，困于柴米油盐，抗尘容而走俗状，除却夜气，丝丝仅存，尚友古人，注兹悒彼，其间贫乏为何如乎！形而下焉，敢望得气之清乎！正知闻道亦有命存，不可强而致也。为之搁笔一叹！

谈诗札记之八

《左传》：“国将兴，听于民；将亡，听于神。”昔时神权势力充沛，偏有如此说法，从可理解，神者荒邈难征，未若民力摆在眼前，较为现实可靠也。时至今日，人事变幻，转成不可捉摸，明明可操左券者，也复其柄在人，随人掌上翻翻覆覆，以施云雨。“东海无龙王，鬼仔搞东风”，又如小儿捉迷藏，骗他无数次，扑了一场空，意存戏耍而已。或者戏本无心，只缘信用不存，职责安在。随便抛撇脑后，兴到抓抓，书头戏尾，不了了之。于是乎吃亏者只在眼前人。时下流行一句话说，“开后门”。夫后门者狗窦也，找关系，走捷径，讨便宜。如得其门而入，包管马到功成。否则碰碰运气，毫无把握。呜呼！命运之说兴，鬼神其再用事乎？鬼神让位几多时，民到于今，仍要受其管理支配，真真岂有此理！但信不信由你，人事实已退归于无权，人力尽，天功听，三分人事七分天，连诸葛公亦正慨乎言之。读《后出师表》至“然后吴更违盟，关羽毁败，秭归蹉跌，曹丕称帝。凡事如是，难可逆见”，一例“无常”之感，不几几声泪俱下也矣乎！“我亦伤情如此日，不依天命却依谁。无可奈何缘底事？个中总有冥冥司。”

步农家乐

瓜果中庭只等闲，谁家妇孺齐开颜。宰炖有幸才哺歠，蔬菜入城类已难。月下分秧非别致，较前密植遽加餐。农村至竟无休歇，了却花生便采山。

小景二首

有鸟有鸟递声声，幽篁茂草映前汀。儿童欢喜大堤上，指点拖船慢慢行。

月色墙阴旧典型，满天辰宿绣青冥。一星圭角光独灿，雅忆人呼孔明灯。

谈诗札记之九

曾游故宫见一幅中堂，描摹时辰钟之作。当时此物才入中国，宫廷当成鬼斧神工，惊奇骇异。着令御用文人歌赋一番，刻画愈细，谜底推敲，适以自形其陋，刺刺咻咻，毫无诗意。以视古来待漏之际，夜静更阑，沉沉漏滴，赛过暮鼓晨钟，醒人神思为何如乎？乃知咏物写景，不宜苟作，有情感以融洽其中，便觉息息生动，物也景也而人格化，有生命。罗隐写鹦鹉："莫恨雕笼翠羽残，江南地暖陇西寒。劝君不用分明语，语得分明出转难。"谁都可以理解不是为鹦鹉说法，实即夫子自道也。其咏牡丹："买栽池馆恐无地，看到子孙能几家。"仍较蕴藉，有人情味。岂比乎看杏无味，芍药近侍之类，鼓舌弄唇，说物是物，又如猜谜，铢两适称者哉！随园咏钱有句："解用何尝非俊物，不谈未必定清流。"寓物感兴，犹有在焉。唐人《赤壁》："折戟沉沙铁未销，自将磨洗认前朝。东风不与周郎便，铜雀春深锁二乔！"又《台城柳》："江雨霏霏江草齐，六朝如梦鸟空啼。无情最是台城柳，依旧烟笼十里堤。"融情于景，韵致自深，"鹤鸣于九皋，声闻于天"，所奏在此，所应在彼也。善乎东坡之言曰："作诗必此诗，定知非诗人。"古之人未闻出题目以写诗者，大都兴到即写，鸟啼花落，飒然起止，风行水上，焕乎其有文章。允合解人自得之。缘木求鱼，刻舟求剑，高叟钝根，果不可及。

谈诗札记之十

“一度西风几许愁，恍然天气不宜秋。清脆鸟声休闹树，乌衣影逝谁家楼。杲杲骄阳充燥息，云阴靡漫锁山丘。新鬼旧鬼莅中元，盂兰会约审蛮番。歉我无能布施舍，翻思枯槁润鱼恩！尘劳草草亦云瘁，何日还招离舍魂！共堪摇落滋感慨，日夕牛羊对冈村。人间网逾重重缚，谁与斧劈开篱门？”

偶尔挥洒，都含凄瑟之音，沉思亡国之音，哀以思，不几近乎？说好听，则深人无浅语；不讨好，仍合狗嘴长不出象牙也。呜呼！一入凡尘，便成苦海，闲易襟度，苦乏其人。忆曩者某处座联云：“清言如晋人足矣，浊酒以汉书下之。”的非易易。由之联想：拥鼻叉手，踱方步，哦八句诗，配合承平时代，人情优闲，起居生活，不露忙逼，有以使之然也。非然者，接淅皇皇，安有是哉！从知闲暇乃力有余，不假剑拔弩张，而已居高临下，裕如适应，行所无事。一样宽衣博带，纶扇雍容，汪汪叔度之风，澄之不清，挠之不浊，令人鄙陋之意也消，古之人远矣，敻乎不可企及。长日唯消一局棋，恰恰有是。“耦耕旧与高人约，带月相看并荷锄。”心向往之，聊志我过云尔。

谈诗札记之十一

君子素其位而行一语，最为踏实。身在江湖，心悬魏阙，未免越俎代庖，丧失其立场真吾者也。旧时传说：奕秋诲二人弈，其一人专心致志，唯奕秋之言是听。一人以为有鸿鹄之将至，思援弓缴而弋之。迄今心驰鸿鹄，犹播艺林。郑康成婢，一被处罚，立足泥沼，一借经词加以戏嘲，胡为乎泥中？应声亦本诗句，薄言往诉，逢彼之怒。语俱贴切，令人解颐，宜乎其为诗家婢也。近人郑洪年有句：“记得儿时风味好，寒窗寒夜一寒灯。”素朴可喜。老去仍寻少年苦读，灯窗滋味有得于心，低回留之，一唱三叹。是皆不失其本心者也。唐诗“日高犹倚纸窗眠，枕簟清凉五月天。置身江海应无用，忧国朝廷自有贤”。亦犹乎是。安贫守拙，不自矜，不外暮，负暄闲日，采采野芹，全乎其为闲居赋也。我亦觉得一切都非我分，手把一编，静寂这回，时间属我，心悦神怡，聊合栖迟，其余概属身外物耳。岂若骑两头驴者，进不进退不退之为何哉！再如虚矫乘气，有何必要？退居以求其志，不比田光壮盛时，应无军书旁午，羽檄星驰，株守而盼游鸿，便以为有鹤书赴陇，志变神动，欺人不足，实只自欺，无乃失却自知之明矣乎？征诸李陵深入穹庐，疲兵再战，扶乘创痛，死伤遍野，余不满百，而皆扶病，不任干戈，到了兵尽矢穷，手无寸铁，当此时也，尚何望哉！既乏自力，希冀外来，如一末代皇帝，引领盼切，何处有英雄，送侬还故宫？适成一笑谈资料而已。孟子曰“此之谓失其本心”，又曰“求其放心”。拳拳服膺，于斯二者，唯微唯危，实获我心。

小景二首

秋夜微凉月挂墙，人家粿制粲庭芳。哝哝唧唧耳边话，我却蘧然躲睡乡。

瓜节叨尝也已忙，兴之所在定无妨，犁烟耕月仍清趣，未若中庭把景光。

即事二首

孩提疾疹起无端，息息相牵遂已繁。老去形骸偏累悴，百年心事仰夫蛮。无言有恨沟中断，刍秣驽骀转未安。默望中元凭寄语，长幡何日得追攀。

绿蒂戴盆朱顶般，宛然犹系匏瓜看。敢图玩物此时份，宁与吉占好自瞒。哈蜜贻怀空北向，葡萄征伐始西还。世间究竟容何择，留守灯花伴老残。

谈诗札记之十二

今天书桌底下，重新堆了好些番薯，便有一些气味熏蒸上来，坐落其间，颇不好过。猛忆初赋归日，亦就有这般景象，当时人口还稀，人事尚简，不喂猪，不多吃，停之稍久，不觉抽发红芽，由之微微感想，此物到这地步，原无生理，而总是随化一缕生机，生生不息，顺其自然，尽其所以。姑算是一回事也。而今跨过十几个年头，实足十二周年，即是一纪。时间并不算短，人事变幻已是多多。向之日，儿女分飞，家中剩下两头，翌年拙室便先辞世，孤零零，冷清清，日夕过从，略略点缀以有邻右亲故在耳。自家却是闯过几个关头，冒过一般风浪，总算平安度过，儿女成人，婚嫁完毕，生男育女，简茁身边，牵缠备至。于此忽忆赵佗一番故事，椎髻跣足，习与蛮化，抚今思昔，亦且抱孙，垂垂老矣。归真返璞，托之黄老无为也亦宜。这自然拟之不伦不类，但“采葑采菲，无以下体”，仍有同焉者欤？“十二年来委琐挨，比诸吾友信悠哉。一身差免为人役，乡里相看俾上阶。生计无何仍局促，笑谈何限拨残灰。棋翻庭户知多少，九十问途凛半才。”

谈诗札记之十三

“在山泉水清，出山泉水浊。”此一解也。折转而为“流水何太急，深宫尽日闲。殷勤谢红叶，好去到人间”。又一解焉。由水常流不住，人却寂寞深宫，兴起无端，凭叶飘怨，曩时闺中，大率坐此。“云母屏风烛影深，长河渐落晓星沉。嫦娥应悔偷灵药，碧海青天夜夜心。”合更沛乎言之。缠绵歌哭，说愁说恨，动便离情满纸，千回百折，移步换形，文字狡狯，有如是者。却说，再一转而为“水流心不竞，云在意俱闲”，又是一解也。仍复引申：“道人不是悲秋客，一任晚山相对愁”，道行修到，清静无为，定力足够，一般水流湿，火就燥，随在转移，而彼却大浸稽天而不溺，大旱金石流而不热焉。推之所谓无生，至人无梦，恰是不痛不痒，顽然木石而已。又不知其所谓也矣。呜呼！太上忘情，临风犹愧，谓予不敏，人物曾传晋永和，音旨朗朗！聊并录之，以备镜照。

夫人之生于世也，“或取诸怀抱，悟言一室之内；或因寄所托，放浪形骸之外。虽趣舍万殊，静躁不同，当其欣于所遇，暂得于己，快然自足，不知老之将至；及其所之既倦，情随事迁，感慨系之矣。向之所欣，俯仰之间，已为陈迹，犹不能不以之兴怀。况修短随化，终期于尽！古人云：‘死生亦大矣。’岂不痛哉！每览昔人兴感之由，若合一契，未尝不临文嗟悼，不能喻之于怀。固知一死生为虚诞，齐彭殇为妄作。后之视今，亦犹今之视昔。悲夫”！按悲从中来，不可断绝，人情有所不能已者，宜将有感于斯文！

素描小诗

月痕犹着溪水流，漾漾孤光气韵幽。柔淑这回何所见，浣衣村女傍矶头。

密绿拂云大道边，人来人过任阗阗，南番更是好风景，覆荫遮叉伞样张。

芒鞋沾温尚洒然，无人寄与柳屯田。晓风残月情输柳，何似修篁态自便?

半岭白云露碧颠，晨曦未出恣清鲜。在山泉水仍涓洁，流放人间便不常!

谈诗札记之十四

刻画无盐，适以自形其丑，何必也乎？只身固陋，如蚁旋磨，如狗缚株。日居月诸，不外如此，起居注释，安有是哉！苏颖滨少年求见韩太尉一面，便以为日常进出，不过百数十里间，所见不过邻里乡党之人，无有足以激发其志气也者，其故可得而知也。昔人讥评春秋为一部断烂朝报，虽属不讨好之言，要亦鞭辟有灼见者也。我意，可以言，可以无言，言伤滥。吉人词寡，躁人词多，即其龟鉴。“五四”后上海滩上，新文人如春雨笋，身在亭子间边，无力自拔生活窘境，一心情愿，卖文取酬稿费，之后一跃成名。但其实，芝麻绿豆，不足齿数，蚊响蝇号，尽是嗡嗡之声。甚而搜及所知亲友家庭秽琐，投充黄色报刊，个人滥竽色情，亦云情书一束。诸如此类，穷斯滥矣，向有御用文人，而这降之又降，活现无聊无行，吹箫市门之行径，完了！揆诸千百年前传统文化观念，有德者必有言，文者天地之精英，日月经天，江河行地，与乎惊天地，泣鬼神。即卑之无甚高论，亦正传斯人之质素，凭情绪以讴吟，有得于心，兴观群怨。不仅仅有为而作，不平则鸣，斑斑血迹，点点泪痕，播艺林，留青史而已焉。凡此皆属老生常谈，朴实无华，而仍稍知自爱的话，所谓“苟自救也”。亦即苟自遣也，敢有它哉！不为无益之事，何以遣有涯之生，伤心人别有怀抱。既不求沽价，不兜市场，一本山林性真之姿，残缺美恰仍有是处。纪晓岚云：“何须更说江山好，破屋荒林亦自殊！”

身边纪事二首

几度迟徊眼欲穿，何尝佳讯到廛庄。守株犹待频心躁，天道无亲尚悚然。
那有凭陵存假借，独怜毒炎冒生烟。中元节季骎骎下，大半问年快过场。

时令休寻忒景光，阿谁临得好衷肠。迎头委琐消磨甚，随化兔乌一例忙。
三日烧天擎火伞，霎时阴雨锁魂凉。世间何物还如此，人豕负涂见亦慌！

楩　　楠

旧传邱濬五指山诗，童稚喜诵。句如“撑起炎州半壁天，想是巨灵伸一臂”，颇崛隽。但“雨余玉笋空中现，月出明珠掌上悬”。直小儿语耳，且亦盆景小器，以视“日出云中鸡犬喧”。诗意葱茏蕴藉，相去奚如？至于夜盥、朝探、摘星升，均欠雅醇，全凭俗套，求其贴题，匪行家吐属也。闲来拟作，终不称意，兹别裁缀，突出作风，以备玩观。

楩楠竹箭会蛮边，并有唬猿声彻天。仓颉象形开境界，古来窟宅定神仙。
暨南巨擘摩星岭，指臂谁人解用权，一代英灵谁则是？越王台问老同乡？

无 题 二 首

角弓涵影杯中蛇，悄悄忧悬鬼一车。向日珍珠扶叶盖，许时兰室乱交加。
解愁无计闲方着，弱质漫怜实尚差。呵护冥冥宜上帝，不堪再摘黄台瓜！

忧能伤人故已然，一身委顿定由缘。蜾虫派下非唯我，腐蚀瓜中每独先。
浊气四围薰未艾，针毡一室废安眠。余怀刚比浮痕淡，怕是钟鸣漏尽天。

谈诗札记之十五

《红楼梦》开卷第一回，作者自谓云云，至于岸柳墙花，草桥茅店，亦复润人笔致，令人一陈忱爽，以其清粹近情也。历览前人作品，可当一面镜子，观人观己，他人有心，予忖度之，成一对照，顿开灵境，等是风梭露杼最关情！

桃花源结句“不足为外人道也”。缘遇凑拍，相得益彰，缘悭从而失之交臂，“春来遍是桃花水，不辨仙源何处寻”焉。

夫子之墙数仞，得其门而入之，鸢飞鱼跃，一任天机，濠梁荇藻，唼喋涵泳，乐此不疲。可谓“朝闻道，夕死可矣”。如不得其门而入，纵外面车马阗阗，于己何与，人面冷生，无情草木，毕毫虚枵，孤独于尘途之中，转徙于沟壑之际，抑所谓终其身未闻道，失所凭依者欤？

每于静寂其间，寻常蒙蔽不记省者，类多一触恍现，豁然开朗。若是者何？无乃知机其神乎？要之夜气清忱，回光返照也近是。文乃天地之精英，而诗更其文之精绝，诗心恰似禅悦，神乎其技，可远观而不可亵玩，可以意会而不可以言传。得鱼忘筌者非，买椟还珠愈妄，所以解人自得，欲辩忘言。二士在侧，议论礼法，是非蜂起，直多事耳，一何可笑！此就其浮表言之，进而触及心灵活动所有事，简朴可以镇浮，苦语自成诗。何终日兀兀大类女郎也。换我心为尔心，方知相忆深。古之人浩歌待明月，梁父吟成恨有余。相期渺云汉，相喻于夤夜山水清音。取足怀抱，不假外求，醰醰滋味，岂与取精多，用物宏者，较一日之短长也哉。因以谓子归而求之有余师，又谓自求多福。贫者得救，富人上天堂，比骆驼穿针孔还难。无非清浊两途，天壤别判。再说，更上一层，是为天分。天分之为物也，父不能夺于其子，无核之种，造化不能使之生芽。世固有通体无一雅相者，不能脱胎换骨，强教之歌也，前人宿句：“天下黄金有，人间好句无”，又“吟成一个字，撚断几根须”。言有大而非夸，其信然哉。

“我有万古宅，嵩阳玉女峰。长留一片月，挂在东溪松。”幽闲寥敻，不可具状。仍近取譬，则“床前明月光，疑是地上霜。举头望明月，低头思故乡”。真吾耿耿，明月一般，容光必照，无闲华屋之与茅茨也。说神化，亦颇虚无缥缈，不可捉摸，照现实，却犹人耳，日常咫尺之间，那回蓦见“正在灯火阑珊处”！

金匏终为力者攫去一笑成吟

尤物不宜充宝库，绿珠堕毁一楼空。所欢指索多多许，天下英雄独我公！

事往如风匪可追，明珠珍重解分携。河阳盼着移新柳，候鸟迟人二月时。

寄蔚民兄信[1]

廿七日接到惠汇人民币四十元，故人情重，顿觉一番温暖，未敢言谢！春初曾奉一函与怀天兄，探问其星洲之行，是否如期返港？该函未获示复。本月一日，另奉一函申问，两函并及我兄，人事变化常有，心殊悬悬，恐俱不得达览也。兄吉人天相，事业日臻，前曾闻令嫒在新西兰，同一位同学结婚，双双返泰定居。零星佳讯，忭慕而已。迩来各节，谅都胜常。往事如风，回首动辄十年廿年，兄亦花甲过来人矣。弟衰老落俗，对之人生意味，无言可表。亦唯海外时有鸿音过耳，借以拨动心弦，算是一点愉慰之情，未尽灰败焉耳。怀兄现况究竟如何？有便望给德音示悉为感！余怀不尽一一。敬候

康祺

八月卅日

谈诗札记之十六

“柳边人歇待船归。”秀句有致。“微云淡河汉，疏雨滴梧桐。”淡而有致。“熏风自南来，殿阁生微凉。”则更微细入晦，非秀整雅人，体会不出来也。“卧闻榕叶响长廊。”亦犹乎是。深院月明人静，植其根基，所以滴落一些消息，都能微妙觉察，神而明之，连绣花针清晰可辨焉。《十六字令》“寻，帘外无端堕玉簪。笼灯去，休待落花深”。深闺寂寞，伊人幽韵，由今坐对，仰若天仙，以见昔人心灵之私淑处。

芸芸众生，习焉而不察者多；如以朝衣朝冠，坐于涂炭，在人视之，以为不可一朝居者，而彼固贸贸然也。湫隘嚣尘，市声充斥，烦杂不堪其忧，亦正居之安，行其素也。用现代语，周围充满炭气，没有一点氧气冲透其间，若是圈牢，宁可以久？照古典说，绿清不存，阴笼无所，濯濯牛山，枯燥寡欢，于以谓之生活，非人之生活也。冥顽不灵，尸居余气，尚得谓人之性也哉！从知坐茂树以终日，濯清泉以自洁，栖迟衡下之风，此调不弹久矣！人事鞅掌，劳劳苦形，虽生之日，犹死之年，求如此之日暮归来，以博妻孥之一笑，庸可得乎！

[1] 此信原手稿未署年份，似为1970年。

再步农家乐二首

不见芋茎里可知，今番没喫总相思。算来五谷薯居次，那比题糕饼画之。
风荡柚园悬宿影，日临红柿晋丁时。商声渐透秋容瘦，牛山莫道泪沾衣！

溪畔谁人急渡船，追呼匪寇征夫忙。一挑筐筥需田料，此地耕耘盼煞旃。
推堕奈何仍缩手，凫游涉水弋无方。世间多少鱼吞子，厮杀频频影过场！

寄怀之计

不假差卑叹老频，只缘身已属编氓。一天都在劳劳过，乌兔交相送夕晨。

泥犁底下逾沉深，门内挑将一颗心。焦灼焚余安所用，乌鸦直盼白头吟。

一苇裴航匪可追，鸿音秋讯恰相思。天涯信有盟心侣，“不是闺人亦泪垂”！

田光壮盛便华颠，老去酸酸显飒然。伫看暮云收尽夜，缅怀千里共婵娟！

续寄蔚民兄信[①]

续接手札，油然心生，凭兄挚爱之情，奖饰处，亦正给人一番鼓舞；同心之言，其味如兰也。又喜获怀兄之讯，安业如常，用舒一口气。谅必不日，仍有鱼雁递来好音也。中秋快到，又是秋风，忆在京时，一位诗友谈及古今中秋诗作，应以东坡一首为最，以其浑胜。我默念：“暮云收尽溢清寒，银汉无声转玉盘。此生此夜不长好，明月明年何处看！”亦觉磅礴荡旋，情调恳挚。其他《水调歌头》一阕结句：“但愿人长久，千里共婵娟！”均同一机杼，浑而不漓，浓而能隽。证之明人小品有云：“学问到精绝处，其言语皆近情。”意思殆即同此类型也。伊予不敏，习作区区，曷敢望其项背？乃所愿，如实烘托，性本率真，表现力微，坐天分耳。寄怀之什，难见方家，聊博莞尔：（诗录如上）诸不尽罄。耑此顺颂康祺。

九月二日寄发

① 此信原稿未署年份，似为1970年。

水滨公园夷为田亩于以兴于以观焉

忆昔故都倡议时，牡丹花下掘为畦。艺麻种菜都虚构，宛亦辛勤鞠育之。枌榆东郭有广场，维时波及辟园田。麦秀油油一片似，时过境迁尽已荒。十余年后公园里，咨尔众庶颡有泚。花木无碑记平泉，茸茸争道丰收矣。岸谷以时感废兴，功利孰多话弟兄。茂陵他日仍丘陇，征诛一局太分明！

寄复麟兄信[①]

黄梅时节，曾奉尺素，转瞬便已秋深，一年容易跨过半矣。还忆上年，令嫒归宁，含饴笑弄，忙煞阿翁。兼之港地尺土寸金，限于舒展，炎夏方隆，团团旋转，忙上加忙，降幡欲竖，笑煞了人也。好戏不知曾否重演？但如内地，今年雨多，六七月间，偏不甚暑。缅想雨过天青，生意看旺，在兄驾轻就熟，人劳而心不烦，定是一帆风快可知。全家迪吉，就学就业，安排循序上进，概可知也。正深驰慰。

舍下大致平平，农村无一息闲，琐屑缠人，尚少欢趣。二三月前，颇叠不顺，小的有小毛病，壮者亦壮毛病，仅仅老头不当言病。但暗里自知，风吹落叶，飒然虚怯。上月间，暹罗前做酒生意的一位朋友，来函说，要来港一行，甚要和我晤面，能否申请出港？或在边界碰头？我沉吟之下，出港无可能，出门奔跑，亦觉精神体力不济事矣。叹息函复，歉谢而已。于此亦可一生行藏已经注定，人世岂有百岁人哉！

外间朋友通信极少，大家各有所事，各有环境方忙，而如百无一用之书生也者，业务无缘，刚好“不才明主弃，多病故人疏”。可就是了！

过几天白露，又过几天便到蟾圆，一年好景，念念有词:“但愿人长久，千里共婵娟！”

谨以此致其祝愿。

觉初兄想仍健康否？好友无多，旧游零落，垂老自不禁时存怀旧之感耳。诸不尽罄。

九月三日寄发

---

① 此信原稿未署年份，似为1970年。

谈诗札记之十七

杜甫《曹将军》歌行一首，分外淋漓挥洒，主人翁“于今为庶为清门”，善画有神，“途穷反遭俗眼白，世上未有如公贫。但看古来盛名下，终日坎壈缠其身”。联想文士生涯，下场落得黯淡者居多，加之坎壈，其尤焉耳。老杜绝笔，亦正写其栖徙湘江之上“舟泊常依震，湖平早见参”。卒之风疾，伏枕奄然长逝。白乐天亦罹风疾，足不能行，摒挡身后，长物须去，樊素引别，未能忘情。后来姜白石大都类似，其友吊诗所谓“幸是小红方嫁了，不然啼损马塍花”也。王阳明荡平宸濠之乱，被谗转徙，苍梧返棹，夜泊荒滩，病亟心悸，门生方告以早有预备，棺随舟次，免用忧虑。此情此景，冷漠何如！所谓坎壈缠其身者欤？吴梅村自谓天下大苦人，死嘱殓以僧装，题曰“诗人吴梅村墓”足矣。同时诗伯钱牧斋，人固讥其欠一死者也，但阅有明遗老黄宗羲所记载，一贯师门不二，最后代笔替人撰墓志文，借其润笔，供治丧费。盛名之下，酸寒可掬，正自给人吟味无尽。还忆宋 代四灵之一，临终而目未瞑，含糊不断曰：“争，争，争。”其妹抚之曰：“何争？”渠奋余气吐出一句：“争名耳！”呜呼！此即文士下场之典型也！悲凉无告，赍志以殁，身后微名，维系丝丝灵魂深处，不亦重可哀哉！

本来生不得志于时，死有闻于后，魂兮归来，亦宜稍慰。身后区处，似不可少。世有自营生圹者，近达而实蠢，何如死欲其速朽之为愈乎？精神遗产，仅托虚文，韩昌黎有婿李汉，为之亲编文集行世，城南有宅一区，亦觉差强人意。但传不传亦有幸不幸焉。“翁子穷经自不贫……行年五十功名晚，何似空山长负薪。”更进一解。又如昌黎撰柳碑文，称引其谪贬南荒，萃精文事，假如得志于朝，以彼易此，知子厚所不愿也，诚知言哉。留连咏叹于同声相应，同气相求，知音寥寥，安可多得？举例一为杜过宋玉故居云：“摇落深知宋玉悲……萧条异代不同时。”又一为温飞卿过陈琳墓云：“曾于青史见遗文，今日飘蓬过此坟。词客有灵应识我，霸才无主独怜君。”是一而二，二而一，他人酒杯，自己块垒，浇淋尽致，一唱三叹，余音绕梁，死而有知，定应苏醒！刘长卿句：“湘水无情吊岂知。”似还泥于现实，知不知何干湘水？贾生才调，有类屈原，触绪伊怀，自不觉鸣其胸中郁陶耳。伤心人别有怀抱，长卿等是同一机杼，故赓之以“怜君何事到天涯”是问贾生乎？抑自问谪宦之长卿乎？不言而喻。酒杯块垒一例观也。有诸己而后求诸人；有诸内自然形诸外；“鹤鸣于九皋，声闻于天”，何曾有求闻达于人，而人之听之，宛若暮鼓晨钟，木鱼清呗，心心相印。故曰：“不患莫己知，求为可知也。”好名，好为人师者，皆坐昧于此解。冥心孤往，自守孤芳，“人间亦有痴于我，岂独伤心是小青”！

谈诗札记之十八

杜诗“露从今夜白，月是故乡明”。融情入景，水乳交融，撩人深处，余音尚永。四灵诗清得门如水，贫惟带有金。变成瘦削矣。宋诗非不深刻，而元音已希，淳漓升降，运含使之然欤？清人有句“诗合唐音自不知”，知所鉴赏者也。

基上截成两环：沿情景交融，复合而出，迹近朦胧，语非整晰，“淡云疏月自来去”，“草色遥看近却无”。诗境依稀似之。义山于此最为擅长，无题等作，调浓味永，触绪无端。衍之则为西昆，艳体带腻。崇之者说：“世人皆道西昆好，可惜无人作郑笺。”其实此等处笺注不得，宜其览者自得之，所谓“诗到朦胧诗意长”也。相对一面，硬语盘空，昌黎应推巨擘。讥之者说：“昌黎于诗无解，仅以古文琢句行之。”求之骨重神寒天庙器，灵魂蔑有也。有之，却有简朴镇浮之功用。句如“安得康强养德性”，又如“丘坟满目衣冠尽，城阙连云草树荒。犹有国人怀旧德，一间茅屋祭昭王”，均足以称此。江西诗派，老气横秋，笔重千钧，但愈钝朴而差欠劲朗，往往流入晦涩，回顾温柔敦厚之教，斯已远耳。

予钝人也，也复软弱属之神经质，一向读诗，都有感于“者我往矣，杨柳依依，今我来思，雨雪霏霏”和“蒹葭苍苍，白露为霜。所谓伊人，在水一方”各等句，气韵悠扬，词调流畅，言愁信愁。虽非慧心秀口者流，但自吮毫劈纸，漫步沉吟，颇觉玉溪差近，一若离情渐远渐无穷，迢迢不断，如春水之致也。稚气消除，老去欢疏，仍然未闻道，臻淡化，出之闲易襟度。非然者，一样虚飘恍惚，宅意浑沦，而如“松下问童子，言师采药去。只在此山中，云深不知处”，竟何等闲放洒脱也乎！

三步农家乐二首

浮云浮雨霎时过，七八月间禾奈何？沐泽看成望岁似，劳生都比赪鱼多。入山樵采禁扰厉，爨下燃烧费着罗。那有余钱堪哺汝，宰炖孟母莫传讹。

一度莘莘去垦荒，移将城市纳农庄。轮回灯马走相绕，加减算来输蚀光。此地桑田无闲隙，人家俯仰费周章。问君底事营营甚，民亦劳止汔小康！

晨起小诗四首

认得溪声小汽航，连朝雨涨信浮天。近村烟雾蒙犹未？曾是这边绕那边。

沟洫疏流好润田，只闻细语出东墙。人家蠕动起常早，岂特鸟鸣在树颠。

唼喋池塘鱼戏兮，干卿底事托先知。青青含露多边草，莫数幽人放厥词。

嘲风弄月也寻思，花鸟虫鱼不入时。但看古来文小品，大宗不管管些儿。

某巨公诚人也，咏菊有句：联想到菊花解寃仇，突兀出来……

竟是成此章：冰脂玉骨满枝头，魏紫姚黄同斗眸。愿以和平同济日，共凭菊花解寃仇！魏紫姚黄，虽属牡丹，但菊花大者盈盌，嫣美宜不多让；其它品种优异繁多，不祇种菊子头而已。以见百花齐放，心旷神怡，一般心地，清平有象，把酒临风，其喜洋洋，并不为怪。聊示珍缝宣饰以国花意云尔。

之九

碧纱窗下拆缄封，尺素从头彻尾空。知是箫郎离别恨，辣言终寄不言中。人世间竟有投递空邮，宜乎惊哉。马上相逢无纸笔，凭君传语报平安。匆促口授，差强人意。要之不由张主是也。吾友永别，莫遗一言，皆念死者，躬自悼耳。爱赓四韵诗纪实：果然过他类黄冠，廿分钟坏铜金刑，情景遗憾俱胡底，人世何由着挂额！一旦玉楼休作驾，几人马上探丽渊？为范、安庆占来日，生死无端调载弹。

之十

艺林谈佐：王勃安滕王阁序，落霞与孤鹜齐飞，秋水共长天一色，神观飞越，当筵阁公已服其佳。殁后水上常若有人吟哦此句，一狂生叱之曰：落霞孤鹜齐飞足矣，何须与及共为？声遂杳然，终不复见，殆服其当裁欤。其实加缀一字衬词，才觉婉折不追。欧阳永叔仕宦而至将相，富贵而归旧乡，初时已以少一而字，生硬不惬，追改原稿乃行，可为互证。王荆公采洲云淡，星河影起画当筵，尽词华隽絜，并地嫣美。大抵古人修辞，无一字无出处，而又惟古于辞必己出，降而不能乃剽贼。初唐承六朝之遗风，文情并懋，融冶生姿，绝非平易枯槁者比，所以与幼安同时骆宾王檄文：一抔之土未乾，六尺之孤何托。连被辱骂者亦为之首肯色笑，是可知也。讵偶然哉！

之十一

有人以宽清明诗作衍成长短句云：清明时节，雨纷纷，路上行人，欲断魂。借问酒家何处，有……

……结旋。雨季绵绵，摇渐泥泞，欲行不得，而又

《啬园藏稿》手稿剪影之十二

第六编　杂　记

偶　忆

偶忆战时深入贵州腹地，合以阳明《瘞旅》一文，无限感喟！重温遗集，其谪龙场驿时仍孜孜讲学不倦，非乎道学战胜而何？追为赋此。

《瘞旅》文成引自伤，龙场驿长岂徒然。连峰际日苗儿境，毒虺轮风邃古烟。谪贬非人生事瘁，索途泥我见犹怜！载吟万顷海涛句，飞锡早参无量禅。

西关旧有五仙庙少年就学时犹及见之今定不存矣

畴昔荒烟岭表墟，五羊衔穗一童驱。有人瞥见化为石，庙貌象征香火如。还是担簦存访过，只今历劫数回刍。稻粱信是天家物，呼尔嗟来敢问渠！

白露八月八日也

永夜淫霖迄未停，今天露白缘何生。俚俗相传宜亮相，换将晦雨漫云冥。此际吉祥兆已少，缺肥田稻忧思早。谁人有数盘胸中，秋收莫比春耕好。且如芋实在中秋，家家户户遽取求。客冬示禁营诸己，坐令一掷委中流。从知殷鉴良已多，生生道左匪由它。圣人直以为刍狗，宁有当门割雀罗？咨尔樊笼味喙残，南枝向暖北枝寒。果然不合凭分晓，晓得分明厄孔艰。

秋窗拈影之一

“酩然直到太平时。”出语含悲，自然对现实已无办法，混过算了之意。但也一线曙光，希望太平有象也。人生有情泪沾臆，一草一花，都撩意绪，不能自已。放达观点，别说尚有期待，一心以为有鸿鹄之将至，思援弓缴而弋之，而分散了冲淡了郁结的一阵心思。就只目前搪塞得过，即如终日长昏饮，非关养性灵，眼看人尽醉，何忍独为醒！一笑置之已足，合配上“对酒当歌，人生几何”之劲朗派也。东坡一则寓言：“泼水堂坳，浮荠其上，蚁缘叶片，茫然不知所措。须臾水涸，遁出遇其同侣曰：几不与子相见！”话来令人解颐。昆虫短见囿于目前，安能看透一层，还有康庄大道也者？人生类此实繁，处屯潦倒，一旦稍得意，又复趾高气扬，皆所谓量小易盈者耳。画荻教子之贤母，当其子登仕宦，仍教以守约。谓我儿不能苟合于世，俭所以处患难也。倬然饶有丈夫气，保持寒素家风，立于不败之地，不易跋也。一般颇难把握得牢，光景移人，尤其负下未易居，实难遣此。“望儿终有日，道我见无年。”亦其由衷之言也。总算有了展望，遂觉聊以慰情。最突出如沙陀首领，兵败之余，灯前泪落，旋顾及婢妪抱儿在侧，帐下顿觉生风，后十八年代我战于此地者，必是儿也。气为一振，含笑以殁。呜呼！英雄失路，托足无门之悲者累累，况其“两家子弟才智下”，后继无人，斯真喟然气短者欤？书生懦弱，酸寒毕至，崦嵫落照，苍苍凉凉，及已至此而言不灰败颓丧者，所谓强颜耳，曷足贵乎！

秋窗拈影之二

得一善则拳拳服膺，唯恐失之。又有兴一善念，则投一黄豆，兴一恶念，则投一黑豆。又有沾沾自喜，慊慊常若不足。皆所谓把舵放船，无开阔手段者也。对照“刘毅从来布衣愿，家无儋石输百万”，真当寒酸态十足，窥镜而自视，又弗如远甚。司马温公亦拘谨中人，同有一士大夫，开口向之借贷数十万，温公惊讶不已。自审微薄，那有巨资惠及疏远，喋喋不休。想在彼开阔惯者，亦仅一笑置之，狂者进取，狷者有所不为，两方面概括尽之。亦自各有千秋。

学问之道入门綦难，诗城割据，墙高奚止数仞，前人声音面貌情性迥矣，却于诗中抽绎而出，微微恍现，结缘深者得之较多，挹彼注前，他山攻错。亦并不在乎此，于以兴，于以观，白水盟心，却尘明镜，会文会友，进而神与造物者游，其有当乎！但实稀微细屑，醰醰滋味，即之也温，稍纵便逝。因之拳拳服膺，优游渐恣，自不为无见焉。东坡“始知真诣本精微，不比狂花生客慧”。纪晓岚极叹赏之，称为名句。此外虚浮客气，安所用哉？大博局，赌输赢，移山倒海，窃国负舟，豪则豪矣，岂所语于灯窗萤火，肃慎清操，进德修业也哉！

有怀黄城根暮府率赋

晨星零落尽已稀，式瞻嫠母尚无归。城根向日傍宫阙，太液波翻怀采薇。
挂籍名曹同赝品，东楼栖徙亦乌衣。梦阑怕是森森柏，馆使徒闻此伏机。

影逝苍梧十几年，副车踮踮仰飞鸢。类跨八秩非为夭，遗憾四书忝挟肩。
豪气喧呼时不再，委蛇全保想犹贤。黄花九日仍飘荡，难觅自由神像边！

投老心期一息闲，当筵袖短舞阑珊。小星熠耀份犹薄，檐下低昂迹已难。
残弱俱非笑我戆，岁时一度喻开颜。长安不上宜无悔，孤负虚声在貊蛮。

两三向阙踵归游，闲阻七八度春秋。人世惊回方贵少，从知文物不相谋。
枫林坐困无来兔，弱水含沙肯探头。却苦劳薪兼琐琐，行藏端比抱衾裯。

月淡无光话旧

迟月临阶痕渐明，暮云浮逗掩空星。凝秋亢爽看犹未，原隰风回尚带腥。
那有聚餐欢室迩，莫提虚度及稀龄。人生每下寻无际，对此茫茫一欠伸！

仍有情亲相念依，天涯咫尺一般同。感时溅泪花含露，寥落襟期溪畔风。
吾往穷途嘶瘦马，两家子弟诮材庸。余怀欲了沿何了，影匿云中月又朦。

漫　　题

天容云黯惨，陆沉势未央。拂树波浩瀚，方知异管弦。谁登衽席上，赤子亦可伤。不识飓母心，台嗣太枭张。檐溜应声急，巷口溢沧浪。

伤　　叟

敝庐早迟踱野边，为沐自然愈药方。叟今形骸如枯蜡，给养轮番尚粥饘。一媳口舌逞蛮强，叟当三反赔罚钱。鬻金蚀及嫁时装，要把药橱充箱囊。叟也一生剩标底，摩挲不让勃溪起。本来分爨两儿家，嗟来之食仰天只！人生有命匪由它，竹马同年叠叠过。相看头白添我一，苦行输君老头陀！

秋窗拈影之三

昔人迅雷风烈必变，所以敬天畏天，殆即萧然端坐之意。人至脆弱，骤然临之于大泽其间。暴风雷雨而不逃，此舜之所以有过人处。一般是“念天地之悠悠，独怆然而涕下”和对此茫茫，不觉百端交集。尚在乎平时状态，至于一旦突变，精神受震，更为何如？可堪想象。

“凄清醒醉魂，荒怪入诗句”尚矣。江神见怪警我顽，“摇落深知宋玉悲”，恰近不能自持也者。予亦悄然而悲，肃然而恐，凛乎其不可留也，和盘托出之矣。连前赤壁客吹，洞事箫呜呜，所透露“与子渔樵于江渚之上，侣鱼虾而友麋鹿，驾一叶之扁舟，举匏樽以相属。寄蜉蝣于天地，渺沧海之一粟。哀吾生之须臾，羡长江之无穷。挟飞仙以遨游，抱明月而长终。知不可乎骤得，托遗响于悲风”！何莫不是人之常情乎？大抵神经质者流，软弱居多，工愁善感，不可究诘。对之静里深寻，缠绵蕴藉，乃其所长；一遇变动，措手不及，转成呆相，也其所短。所以“时来天地皆同力，远去英雄不自由”也。“方其盛也，举天下之豪杰，莫能与之争；及其衰也，数十伶人困之”，至于誓天断发，泣下沾襟，“而身死国灭，为天下笑”，均此类型也。

下焉者，居常铢黍计较，汲汲皇皇！唯日不足。霎时大风起兮，折木拆屋，田园稼穑，淹没摧残，功败垂成，毁于一旦，感想又当何如？虽至钝根人，亦定觉得造物无情，人至藐小，无如命何也。及已至此而犹夸夸其谈，人定胜天，岂人之情哉！漫漫长夜，会有阑时，风雨如晦，鸡鸣不已，信其为君子。静如处女，动如脱兔，一任机锋，抑所谓豪杰之士哉！然而居易以俟，端的不易，非可幸而致焉者耳！

摘存诗话一则

王孟之诗，平远之山川也；温李之诗，金碧之楼台也；元白之诗，洞达之衢市也。即太白之奇景别开，少陵之中峰独峙，然皆有门户之可倚，崖径之可寻。唯韩诗如高山乔岳，无不包孕，洪波巨浸，莫可端倪。局声调者，病其艰涩，踏空虚者，厌其精详。故学韩诗难，读韩诗亦不易。

论昌黎诗者，或有以文为诗之诮，至直斥为不工。其论始于陈后山，自宋讫明，更相附和。而先生之诗，几为其文所掩而不能自伸。文人相轻，自古而然。昔宋景濂讥刘辰翁，于杜诗轻加批抹，如醉翁寱言，终不能了了。此亦论古者之通病。

巨浸第一遭

邻壑形成自较宽，滔滔还是卷狂澜。历年不见如崩面，泽国移来一大观。
入室淹临声正厉，人家收拾抟先搬。上天下地愁忙里，微禹其鱼定已难。

危坐端如竖降旌，等它寇至城下盟。向前将影憧憧甚，猛雨淋浪阵阵倾。
不信天心如此醉，直教鼓灭黯魂惊。漫漫盼煞更长夜，未卜何时鸡一鸣。

永夜徒闻雨倒盆，横南不出靖妖氛。毒龙底事冲金索，人世纵横任覆翻。
一局未终淫弥甚，几回缺口弄迸奔。田园鱼鳖原多物，谁遣斯民孑尔存？

引水灌城版仅存，水能亡国转回魂。亡人智伯食其果，天道依稀尚可遵。
古调从来都可爱，这般灾难自将门。载弹一曲河渠怨，受益受灾面野村。

不堪此日话中秋，风雨飘摇棚上头。绿竹无心空过节，蟾圆几个在凝眸。
乡心一夕凭分处，凿井耕田罔自由。怨苦啼痕君且住，鸿音迢递日明楼！

八月十六夜作

逝过中秋月始明，四边静寂悄无声。人家劫后将息影，甚矣巢毁向飘零。面望田畴白一片，水浸几天禾怎生。缺肥之下兼残害，蒸民粒食忧思频。有鸟有鸟哑树枝，问凶君子恰相宜。外内交煎了不得，如蚕在茧缚丝丝。但看哀鸿行处是，生事一掷陷涂泥。哺歠艰难常日里，家园重建竟何时？衢市通达元白诗，信手摇来匪所思。愿得承平占有象，我背十架甘如饴！

漫忆儿时宿影

凉秋瑟瑟至，沟畔芒吐华。蜻蜓旋来去，山村日影斜。纸鸢爱缠树，牧童漫及家。苟苟便居室，袖短裾靡加。农父浑不觉，淡淡送生涯。

童年生事啬，无计探繁华。攻苦灯窗味，脾蜜一线赊。攀笼引外垫，岁时返栖鸦。凉飔吹我裳，田畴芜默遮。感之怀郁伊，恍若怯幽遐！少小只伤悴，未解赋黄花。

秋窗拈影之四

新文学有“再现”一词，原即回忆追思之意，无它异也。不过值得注意者，当前情景，稍纵即逝，有的太紧张，太郁塞，呼吸存亡之间，自无暇托为词调，形诸笔墨，倚马挥成也者殊多。待过了一回，较为放松了点，然后寻思蹊经，抽绎遗痕，所谓痛定思痛，未始不稍为褪色，也或渲染更浓。遗形取象，一视其人之感受如何，印象深浅而定。“最是仓皇辞庙日，教坊犹奏别离歌，垂泪对宫娥。”何曾减煞本来色愫也乎？固哉高叟之为诗，方始刻画分刌，不越雷池半步。有人阐释《左传》，至赵盾弑君一节。使锄霓贼之，而感其庄肃，不忍下手，触槐而死。因以谓人既死矣，谁与述其临死之言，自诩灼见。而实则此类不可证者正多，“芦中人，芦中人，岂非穷士乎！”又谁与听而证之？大抵现前躬受其一，过后幽思其二，他人有心，予忖度之，推想而得，尚其三也。文章境界，不太局限，全赖乎尔。不然固步自封，视野所限，安有波澜壮阔可道耶。

所怜者、悲者不可为累唏，思者不可为叹息，身在困顿之中，日以眼泪洗面，何暇濡毫擘纸，为此不急之务呶呶为！迨其稍杀，有事乎文，文字技巧又足以副之，于是而短歌微吟，长歌当哭，或竟无声之悲，甚于痛哭，悱恻淋漓，自我表露，便不啻一首史诗。此之谓言以人传，人以言传，交相反映，如影与形，如苍松之本色，如秋月春风，遇圆成珪，有扣则鸣者也。所以成功者不在乎区区之文，能文者，如其人之分量遭际，烘托以出，相得益彰。能退一步而从容咏叹，穆如清风，斯上之上者也。几人得如马伏波，功成之后，告其部曲："当吾在浪泊、西里间，虏未灭之时，下潦上雾，毒炎重蒸，仰视飞鸢跕跕堕水中。"人生意味！恰近鬼门关，盖已至此而始松一口气耳。语不矜夸，人情恳挚，信乎文章伯，却是真英雄，佛言善哉！令人低回景仰无尽藏焉。

秋窗拈影之五

一阵水灾，颇多神奇怪诞之传说，死者累累。汤坑有一排屋，水浸没膝，人栖棚顶，其中一家小孩，讶见蛇爬窗入，其父取笞下而追击，载沉载浮，妇孺相率俱下，同来看看，最少一个最后出，甫离门口，而屋全倾塌，幸免于难。似此人家，端拜蛇神之赐，无乃祖先化身所引，扬长竟去，何其巧也！

桥墩水冲稍缓，兜住尸首，长绳牵曳，共有八人。查悉系其上游，水淹及顶，一家老少，虽攀缘屋上，茫茫洗脚，呼天不应，遁地无门，自知已无生理，缚成一串，顺流而下，同归于尽，生不同衾，死当同穴，其谓是哉！

天灾叠叠，人其流离，况有凶年，殷忧启圣，未见其然，吾民何辜，遭此毒殄！老年人基于虚弱，听天由命，初则灰心，继而默认，冥冥中似亦不偶然也。但黑海心悲只学禅，浪卜金钱都未准，谓之何哉！柳宗元畴昔伤心人也，称述盈虚倚伏之下，仍归之斯道玄眇寥廓，虽圣人不能以是必信。存疑而已。读至此，尤觉 阵惘然！

给诗忱信[①]

九月廿日接来汇单十五元，为之一喜！知您如常在原岗位也。等您续有来信，而今过得几天，心殊悬之。不知是否情绪欠佳，懒于执笔？抑仅系工作忙之故？迢迢远隔重洋，无机会晤面详悉，惦念何如！

自三月间，接您从广州寄来一信，提及对淡玉下放农场一节，悬而未决，待返决定。但返去竟无来音。人事变化常有，不幸时碰到事故，两个孩儿安置困难，和您俩之间，问题均可臆测。五月初寄去一信询问，并附布证，不知收到没有？尤切忧烦。好凭上帝主宰焉耳。你素富情感，如碰意外，知更难堪。所愿念念语录："在困难的时候，要看到成绩，要看到光明，要提高我们的勇气"就是了。再，我们有勇气正视现实，情况如何？无妨都写来知也。

家乡此次水灾消息，谅已传达海南。浮山损失较轻，田稻完好，倒屋一百八十余间，连大厝内水浸数尺，我家人上楼棚，为开创所未有。硕榕地势低洼，更形严重，兼之面前堤溃，淹浸时间较长。谅家内平安，唯物质不免损失。以少有人上落，详细无从询悉。大兄必有家信告诉一切也。

其余平平，我身体亦尚如常，免挂。琼惠七月间，一度虚脱不省，入揭阳医院，幸好迅速出院，迄今仍在打 B12 补针，粗重工作亦未敢做。知注顺并及之。

苏东坡洞仙[②]词句："但愿人长久，千里共婵娟！"顺致区区祝愿！秋凉，盼望鸿音，以慰遐想，余后谈，不尽一一。

九月廿五日

送半农诗侣归道山

爱过西湖皈梅仙，六桥疏柳雅堪怜。百兰旧馆乡心远，残月贻怀粉本先。洗却尘凡汪叔度，递将坟典郑家笺。如何黄鹤矶头引，华表迟来迴岁年！

---

① 此信原稿未署年份，似为 1970 年。

② 应为《水调歌头》。

往矣清明寒食天，轮蹄于止不曾宣。只今野老传幽讯，惜逝洋场桂未圆。
越鸟摇摇惊宿影，鱼书昧昧诫词偏。情知注籍逾商鞅，法网苍龙一线牵。

繁华裘马总徒然，兴赏阑时阴影填。造物于人何太酷，君恩可道薄如绵。
休提笠帽莫须有，但看土司一手权。此去冥冥安用诉，江南沦落遍龟年！

病宜心脏识交煎，愁比黄花俱瘦焉。君自袖长兼羽翼，我仍鸡口啄篱边。
廿年故事桃潭里，足迹遗痕花果前。感旧怀人霜后叶，迩来吹送何翩翩！

并录前二回诗作参照

岁暮琳翁自沪返穗卜居诗以纪之。

天涯何处驻行踪，春去秋来燕与鸿。恍觉随阳回有讯，更探鲈脍挂秋风。
倦游已减烟霞气，绕树仍惊扑朔烽。额角低檐行踧踖，可能又是莫相容！

江汉寄怀之什

扑朔征尘又挂鞍，一椽栖托不遑安。入门悬禁今犹厉，仰送游鸿此避弹。
旧物摒除当箧笥，三春草树渍愁颜。霏霏细雨矶头过，崔颢题诗再谛看！

濡染词华点艺林，眼前风物古和今。横江击楫几人是，运甓斋前逾苦心。
流水清音调尚远，乡贤落第句偏寻。数来人事多骚屑，留取江蓠改佩襟。

仍堪老健得天怜，五岳曾游话本鲜。不予宁居应有意，数粘百卉酿为饧。
诸天观幻须臾定，怡悦从心佳句编。霞客雅称天下士，奥区光景尽搬传。

附记：

来书片段云：

此来仍与山妻同行，先抵武汉，寄宿新华路戚家，寒雨霏微，阴森天气。过汉阳伯牙台，即钟子期听琴之处。游黄鹤遗址，楼已拆毁，名存实亡，有一锥形小塔，谓是孔明灯模型。值清明日，并与女主人一家，雇部小汽车，到武昌东湖去，湖山信美，不逊杭州。院校建筑宫式洋楼，都在珞珈山上，远望似沉浸于东湖烟波浩渺中也。

又云：揭阳曾月樵，春闱报罢，南旋过伯牙台，怀古属句：“昔闻流水高山曲，今上先生百尺台。湖上行人湖草长，春深三月海棠开！”

上述搁笔后，旋接广州友人来信，略称：

我最近过访华侨新村罗宅，罗老先生儿子，要我转向您告知一个极其不幸的消息，宗琳先生于八月卅一日，在上海因心脏病，突然与世长辞，九月五日，已经在上海火葬。他老人家一向健壮，更无发现心脏病迹象，八月卅一日中午，他突感到胸部闷闷，不到廿分钟，抢救无效，就像平时一样安详地睡着。生前总是念念不忘亲友，经常说到您，好久不曾通信了。由于太突然，一点遗嘱都没有，家人都感到很悲痛！

秋窗拈影之六

偶然起了一阵北风，渐透渐凉，虽则过了八月杪，份属秋深，刮风宜不为厉，但已不是袅袅兮秋风，兼之秋云不雨常阴，凑合此际，就觉得分外萧寥，惹人情绪伊郁。语有之，北风其凉，烈烈北风，萧条西北风，甚而朔风劲且哀。都不止摇落缠树，凄凄切切而已，恰正是黯兮惨悴，风悲日曛者焉。自然底下，人事前头，最突出一句，蛮夷中无可与语者。天时人事交织，显得无限孤独的深心！幽阒寥敻，苍茫独立，兼而有之。于以见遁世无闷綦难，不以物喜，不以己悲，一任天机流畅，光景无边，乃如之人，得天独厚！予村人也，藐小形骸，加以气氛恶劣，不能自持，不能自拔，等是蒲柳之质，未秋先零，沙虫猿鹤，适所归化，如是焉已待怨谁来。

寄罗英大信

接上彻来信，惊悉令尊琳翁在沪仙逝消息，事太突然，定知家人悲痛为何如也！今春清明前后，接尊翁离穗到武汉时一函，称说此来仍与山妻同行，历述逛游胜迹，娓娓清谈，末谓以后行踪未定，暂勿复信。遂未便寄信询候，殊不料此信便成最后永诀，言之感叹何极！但念诸世兄俱已卓自树立，尊翁历年亦正享受优游清福，撒手西归，如同蜕化，人生修行，更无可比，亦复何憾。敬祈节哀顺变，为幸为祷，耑此致唁。顺候令堂健康！阖第平安！

一九七〇年十月一日

秋窗拈影之七

蒋士铨《落叶》律云："零落霜枫覆藓痕，小帘风紧欲黄昏。诗成有女秋题恨，酒醒无人夜打门。梦入旧宫寻古井，愁生野屋见孤村。一枝别后应难借，好向墙阴觅断魂。""古道无人拾堕樵，啼乌来往独魂销。一林冷月露山寺，十里清霜生板桥。故事几添摇落感，离情不记短长条。高楼试奏哀蝉曲，满耳秋风咽玉箫。"恰是一番离魂曲，羌无故实，而又曼靡旋律，声声都从灵魂深处勾出，可以意领而不可以言宣。"夕阳一片桃花影，知是亭亭倩女魂。"其特地烘托者欤？更直接标明《赋半面女髑髅》，如梦窗《思佳客》词云："钗燕拢云睡起时。隔墙折得杏花枝。青春半面妆如画，细雨三更花又飞。　轻爱别，旧相知。断肠青冢几斜晖。断红一任风吹起，结习空时不点衣。"是才鬼，是鬼才，幽怨沉沦，俱兼三矣。知我者谓我心忧，不知我者谓我何求，悠悠苍天，此何人哉，真个隐隐有人，呼之欲出，教人愁不可聊，"念天地之悠悠，独怆然而涕下"之慨焉。

北林风讯，寝归稀微，晨早凉爽，十分深秋气息，改着夹衣，夜来条被，是免不了的。再过几日，合就落帽之风，"高空却指南来雁，知是衡阳第几群"，古之人往矣，区区向时冷抱，犹有闲情咏落花，而今尚有存焉否乎？开朗时寡，伊郁苦多，寂守搜寻，酒杯块垒，是用一唱三叹，作如是观。

复照城批信

接来信，同时家中增添大白米二百斤，知悉暹中亲姆以下，大细安康，如常纳福，至为欣慰。一年一度，容易秋风，容易白头，念到处都是生涯，希望各自努力，前途光景无量，是所衷心祝愿。家内亦都如常愉快。中秋期间，大水成灾，我乡损失较轻，但大厝内我们巷厝，已经水浸数尺，人上楼棚顶，为从来所未有。幸水退较速，恢复安居，免挂。泽宝兄曾来信，说要来港，约与晤面，友情良厚，我以身体已不如前，久不出门，辞谢而已。如有见面，请并代致意，道达歉谢之忱也。诸孙儿均活泼可爱，大的孙女，还曾抱过，即象依稀，已否定亲，尤雅盼之。耑此函复，余容后谈。顺祝亲姆福安！

家宅平安！

一九七〇年十月一日

秋窗拈影之八

其巨公武人也，咏菊属句，联想到菊酒解前仇，突兀出奇，对菊描写，尚不连贯。略为点窜，足成此章："冰脂玉骨漾枝头，魏紫姚黄同豁眸。愿得和平开济日，共凭菊酒解前仇！"魏紫姚黄，虽属牡丹，但菊大者盈盆，媲美宜不多让，其他品种优异繁多，不只种菊千头而已。以见百花齐放，心旷神怡，一般心地，清平有象，把酒临风，其喜洋洋，并不为怪。聊亦弥缝润饰，以圆其意云尔。

秋窗拈影之九

"碧纱窗下拆缄封，一纸从头彻尾空。料想仙郎无别意，忆人长在不言中。"人世间竟有投递空邮，岂所愿哉？"马上相逢无纸笔，凭君传语报平安。"忽促口信，差强人意。要之，不由张主是也。吾友永别，莫遗一言，替念死者，躬自悼耳，爰赓四韵诗纪实："果然过化类黄冠，廿分钟顷网全删。情亲遗憾伊胡底，人世何由着挂颜。一旦玉楼休俟驾，几人马上探回关？茫茫后顾占来日，生死无端调载弹。"

秋窗拈影之十

《艺林谈佐》说：王子安《滕王阁序》"落霞与孤鹜齐飞，秋水共长天一色"，神观飞越，当筵阎公已服其佳。殁后水上常若有人吟哦此句，一狂生叱之曰："落霞孤鹜齐飞足矣，何须'与'及'共'为？"声遂杳然，终不复见，殆服其剪截欤？其实，加缀一字衬词，才觉婉折不迫。欧阳永叔“仕宦而至将相，富贵而归故乡”，初时正以少一“而”字，生硬不慊，追改原稿乃行。可为互证。王荆公“彩舟云淡，星河鹭起”，画图难足，词华隽㓗，并堪媲美。大抵古人修辞，无一字无出处，而又唯古于辞必己出，降而不能乃剽贼。初唐承六朝之遗风，文情并茂，融洽生姿，绝非平易枯槁者比，所以与子安同时骆宾王檄文“一抔之土未干，六尺之孤安在”，连被辱骂者，亦要为之首肯色笑，是可知也。讵偶然哉！

秋窗拈影之十一

有人点窜清明诗什，衍成长短句云：“清明时节雨纷纷，路上行人欲断魂。借问酒家何处有？牧童遥指杏花村。”机调俊俏可爱。因忆蛮边转徙，雨季绵绵。接淅泥泞，欲行不得，而又不得不冒雨涉征，偶见沟头桃花，犹觉情亲近似，使有樽酒，慰藉何如？人情有所不能已者，若此类正多。而今寂寥门巷，其雨其雨，顿觉人穷志短，马瘦毛长之概焉。缀以长句四韵：

秋雨其霖渐觉烦，渊明苦道酒盈樽。解愁何与杯中物，旨味多应属寓言。
草木缘情羌有托，户庭不出类栖魂。酒徒合是清规外，不住糟丘住何村！

秋窗拈影之十二

世俗传说，白露有水，寒露也要有水，虽不尽然，而农家习惯经验，往往信而有征。犹之近冬见树抽芽，可知隆冬免有霜雪奇冻。春初见乌结巢高低，以决有无风灾信号。再推而月晕而风，础润而雨，均其历历不爽者也。为念时令移情“蒹葭苍苍，白露为霜。所谓伊人，在水一方”，顿觉一阵悠然意远焉。

目下气象台，观天测海，听说大自然都操在人家手里，如操左券。证诸事实，尚不一定。通常还是不验居多。昨天出勤种萝卜，有个笃信的说，气象台广播，明天大雨，不宜下籽。旁的不顾，播种了事，剩下信者一坵没动。当晚改口称，明天不是大雨，今晚要刮八级台风，快则九时，迟即终点到达本地，当局已在搬运电池等，准备防洪工作。听者鼾然就睡，了无它异。在场谈及上月水灾，事前台上并不报道，教人防备。十四五两天出险之后，漫宣传十九再来，而竟不来，仍说廿三、廿七重演，亦不果有。老实人说，还好幸运，风向转过别地方去，信心终不动摇。狡黠者言，此殆当局有意教民，提高警惕，所谓降水警予，要人们下定决心，鼓足干劲，对所溃决之堤，赶快完成填筑任务也。情况迷离，我非当局者流，不便代为臆说。不过忆起权谋术数之老话头，而归结一句："政策之于人甚矣哉！"背诵正经云："言忠信，行笃敬，虽蛮貊之邦，行矣。"言不忠信，行不笃敬，虽乡里行乎哉？

诸葛公谓"凡事如是，难可逆见"。柳柳州亦称"虽圣人不能以是必信"。持此二说以衡量事物，存一不可知之数，大抵近道。夸夸其谈，一切操在人的手里，夫谁与信之？照当前以骗立极，十九售欺，符箓终会失灵，亦复有时不幸言中，天心难测，人心难测，居常作为无形威胁可多。使人炫惑，不能自由抉择，处处要留余地，以俟无常支配。旧的习惯，新的教条，天时人事，齐施压力，横加干涉，人生之道苦矣。

却有一说，除借题发卖膏药，于以售欺一时者不计。高高者天，好恶悬殊，凶年肉糜，解决不了。亦正不能尽叶人情，悉符人愿，俚谚不云乎："鸠一声兮鹊一声，鸠呼落雨鹊呼晴。"又云："做天难做二月天，蚕要温和参要寒。种菜哥哥要落雨，采桑娘子要晴干。"

寄复麟兄信①

奉函藉聆诸多亲友消息，并承奖饰惠赠，感与惭并。年年此际，得到故人存注，来自另一世界之鸿音，使人心目豁然开朗。恰如久住斗室，偶然揭启窗牖，熏风南来，愉悦之情，曷可言似？明年兄便登花甲，凑合大公子完婚，灯花双笑，快何如之！日久忘记悬弧吉辰，届时敬祈示知，容许秀才人情，共申额贺。

谈及人生，晚景粗安，每际秋天，心凉似水，具见惜福谦虚，真挚袒露，敬堪仰止！乡里有些后辈，托词聚餐，相邀过去，淡月稀微，辞

① 此信未署年份，似为1970年。

谢而已。有诗纪述，无妨录出转对外间好友谈谈也。此次水灾，揭阳（连揭西）为甚。我乡损失较轻，倒屋二百余间，田稻苟全，估计可收七成冬。我所住老屋，从未淹水，这回水浸，入门及膝，家私搬上楼棚，人同上去，幸水退较快，恢复安居，叨注顺闻。并呈阅末后一诗存照。

报上标出三大名诗篇，恐系港报，内地已无此古典兴会。曩曾阅及卢仝《月蚀》诗，佶屈聱牙，无从理解。欧诗少见，家藏其一卷词，清润而不沉深。《王临川全集》有之，较窥全貌，胡展堂雅推其修辞峻洁，为中国文字之最。我觉其“缲成白雪桑重绿，割尽黄云稻正青”，“春风又绿江南岸，明月何时照我还”，均其蕴藉深致者也。写至此，不觉微微叹息，何时一樽酒，重与细论文乎？业务胜常，大细康乐，至叶祝愿。我家亦算平平，乏善可告。诸容后谈。（重阳后一日雨霁）

寄怀天兄信①

函汇次第收妥。手札奉持，如获至宝，深感肫挚，扣紧心弦。昔人云：“遇叔度之风，令人鄙陋全消也。”兄临前阵，接触繁多，手挥目送，良堪想象。弟坐井中，悬悬惴惴，亦想到兄必有情绪欠佳。抑又以浪谈暹友一些下落，泄漏天机，不知有无不便，致惹麻烦？兹幸，更悉有爽朗如静子，对于风声鹤唳，毫不讳言。而兄历历如绘，与乎生活环境，粥少僧多等等，感之太息！因忆林纾任教北大时，兼之善画，薄有收入，由其热情，远近失业青年，迭向之求援，他勉应付一个十元之后，见之诗篇，不胜感慨。好在兄亮月清风，不难迎刃而解也。

侨风不竞，蚁洁诸人，以至瑞贤之夫，风波震撼，变化无端，令人戚然，感叹何限？下畔如希明已经退职，立仰尚未获准，他们住校，一直数年。外则在侨村逍遥者，旧时三聘麟合兴老板罗宗琳，连年困于户籍移不得，栖徙靡定，近八月杪，亦在沪患心脏病告逝。“事如梦断无寻处，人似春归挽不留。”可谓此一线全垮。

俪影联翩，端详仔细，兄自轻松闲易，嫂大人亦复笑逐颜开。兼之港地旧游，如香港仔住过多时，海滨渔艇，站足岸沿，均其恍然仍旧相识，

---

① 此信未署年份，似为1970年。

引领神驰！眼前儿女长成，有条不紊，各各跨登高级领域。明年之男主婚人，连串上年女主婚人，定觉无边光景，满园春色，对对齐眉百岁人，俱在君家露头角。皆大欢喜，佛言善哉。

张老善颂，百圆百年，却之不恭，当之殊愧！乡间有些后辈，一夕过谈，亦很会说词，约期邀去参加他们的聚餐，时在水灾之前，淡月依稀笼照，酬谢属句：

迟月临阶痕渐明，暮云浮逗掩空星。凝秋亢爽看犹未，原隰风回尚带腥。那有聚餐欢室迩，莫提虚度及稀龄。人生每下寻无际，对此茫茫一欠伸。

仍有情亲相念依，天涯咫尺一般同。感时溅泪花含露，寥落襟期溪畔风。吾往穷途嘶瘦马，两家子弟诮材庸（套韩文“两家子弟才智下”句）。余怀欲了沿何了，影匿云中月又朦。

写实云尔。嘤嘤草虫，话对如斯，无妨移将外头好友，一并参详之也。目下环境，大致如前，挣扎撑持过得，“尚留微命作诗僧”耳。闯过七十大关，以后亦不想多事，舞文弄墨，苟全性命，抱残守缺而已。还是蔚兄汪汪襟度，行逾廿年，回巢燕子，颠顿之下，如大教主，频揽柳枝。人生得此盖寡，况其“相看过半百，宁添几行书”乎哉！感极不知所谓，一瓣心香，存之而已。秋凉珍摄，多爱景光，至以为祷！

十月十日

给绿乔信①

信及汇款都收到。信中充满朝气，心情愉快，至以为慰。

旧家乔木，也是一个象征，但愿年年此际，各各安顺，过得轻松生活，共享太平幸福。古诗有句：“岩前倚杖看云起，松下横琴待鹤归。”此即旧时文人学士，退居山林之后，一样和平闲易姿态也。

艳珍在水灾前两三天，晚间过去母家睡眠较好。到今差近个月，如常照样。小女孩跟外祖母睡，珍和又芳、少卿一起，自然自自由由。所以近来身体，显得健康有进步。年底如有机会晋京，自然对于住居比较

① 此信未署年份，似为1970年。

理想，设法改建一节，可以推迟。这回收集各宗项目，储存二百元没动，思遥建议在大厝内后畔旷埕，盖建一间，但我觉数目相差尚远，环境筹措亦不易，暂且勿谈。此款即预为旅费，以备如有临时通知之要需，自更妥帖。时事不便妄为推测，但可以理解，形势发展至今，民主党派实无需要，华侨机构次之，四届人大召开，一切机构，重新布置，在统战对象般人，亦定自动有所表示 ，完成历史任务之一页。有此估计，所以还希望最后一次机会抵京耳。

暹罗你姐家，安快如常，两个兄弟谅必一样。海南寄汇十五元而无附信。诗忱自春初去梧州开技术会，作为水产公司四代表之一道过广州，去侨村罗宅周旋一番，寄回来音，以后便雁杳鱼沉。绿君不知是否落去农场，更无消息，不免系念挂挂。

我身体尚好，人世总无百岁人，身后问题，有时触及，最少需要安顿一间较合理想之房间给艳珍，方慰心愿。此次生日，尽量简单，比常年更简单，世俗谓之“惜福”，自己心情，亦实不是轻松闲适也。海外故友来信，说到邱君，仅系揭狱中之历史问题，不要紧，现下因心脏病，移地休养，差堪告慰。其家属和杨世瑞、吴刚诸暹中战友，则俱落江西农场。其他风波震撼，无容讳言。从海外隔岸观火，分外清晰，令人感想无限！秋深气候转入凉爽，新近还虚传一次台风担忧，幸好过去。以后跨过寒露，亦定一直安稳到尽头！顺祝平安。

十月十一日稿，十二日寄发

题影中人

港湾阴岭转渔家，凑泊岸沿堆齿牙。此地遗痕一恍现，当年蠖落夕阳斜。
轮蹄过却无重数，蜡屐凭将探幽遐。最是闲情陈子仲，翩翩联影水天涯。

名园终竟擅豪华，洲渚搴连树荫遮。客座枪旗翻话雨，山林城市归生涯。
倦游岂是真逃世，洞口重寻倚梦耶？君也骎骎垂老日，田光壮盛兴犹赊。

附记： 吕居仁诗“不是田光壮盛时”，正面说法也。一转为老当益壮之意云尔。

秋窗拈影助燃明

胡风人告以纪念鲁迅，要其参加，胡说：“又是一次灾难！”看来人世的灾难偏多，岂独胡氏也矣哉！

敝精劳神，周旋于尘容俗状当中，大家有赠，浑同邻舍之浊与清，而乏其情，应酬而已。习俗移人，无端付了一番代价，失却平衡起居生活，何自苦乃尔？庆贺非也，灾难有是，哑子黄连一般无语。

连天闷热，夜来潇潇雨洒旋霁，淡月微明，片片云遮，只此已足。檐前默坐，况无人声。日在尘劳苦形，求如此之夜气仅存，安可多得？是用写韵：

雨霁丝风沁气清，天边云淡照微明。世间烦恼重重网，何似空阶遗厥身？

犬吠鸡啼未是忙，寒山远火尚盘旋。等闲聊得六根寂，卧听落叶响长廊！

第七编　小采风录

编者按：《小采风录》为作者晚年编撰的一本诗文小册子，其中有很多诗文与前面《燕山集》《回乡集》所载相同，这里仅载前文未载者。

杂　　咏

璀璨霜腴一阵升，小园吟冷着苍苔。有人笑道赏花事，还自摇摇步去同。

压榨机看敌火牛，善沽亦是索除休。年年针线贫家女，欲制衣裳不自由。

危巢好自费支撑，对敌从教与斗争。翻手作云覆手雨，到头倾轧几多人！

抟土为人帝所司，焚书之后吏兼师。狐埋狐掘原无信，相鼠相鼠尚有皮。

平明细雨湿流光，蕴托春心野更忙。水际微茫估客语，教人宅思近潇湘。

十余年来类转旋，斗牛牛斗共一场。药囊倾盖知何措，鹦鹉舌尖在汝旁。
卖卜非盲巡道左，女巫空谷俨形相。应知浮海输君子，荷筱文人话短长。

佛家四苦水一瓢，岁暮贴床久不雕。风影吹吹帘幕动，只今宁勿说萧寥。

儿童也似赏花人，贻赠一枝浅笑频。本自无邪寻结托，好凭活趣逗新生。
一场春梦差能解，摇引孤舟爱问津。且放五湖烟水阔，不结盟但结鸥盟。

采青小竖合挑贫，萝菔漏干费管勤。作法于凉贪未艾，如何鞭挞尚刑名？

两炷灯芯油浪多，临终叠指奈愁何。人逢瓦缶偏失色，端坐胸怀锁则那。

春声疏落响村墟，岁暮人家数粒余。但愿暗氛侵稍歇，平将光景日晴铺。

慧光刚把扫人寰，杯水寻时只等闲。若道二南风化被，还牵濮上复桑间。

附记：慧以代表扫射运动。又一杯水主义，前些时流行语。

幂幂蒙蒙晓已围，滞人天气雨欲飞。绸缪户牖谁先觉，偃卧墙阴未道非。

区外迷糊凭蠡观，嗜痂成癖各追欢。却惭咫尺和犹寡，何处藏修对我顽。

仍教微雨湿桃花，冉冉含光草有芽。最是一年车轮转，等闲胎息纳旧家。

傍午云阴低向笼，邻家糕粿转门中。人情难却费酬酢，座久寒衾披再重。
待及郊行翻觉累，且看"浸种"弄春供。从头习作跟时令，不是鸤鸠亦草虫。

入梦还应有所思，百年多是几多时。凭君一掬英雄泪，南渡苍苍旧载驰。

一程鹏翼化三千，北徙图南只偶然。却对风尘沦落者，老来听雨僧庐边。

春至黄云覆地阴，仍教生息弄沉沉。卷舒原自由天意，桃李艳阳耐尔寻。

纳币赎将身自由，出关宛亦骑青牛。不须末世行庄语，忍辱含污逗以柔。

火树花灯漾漾如，鮀江春暖群鳞趋。人生行乐时须暂，聊得偷闲窃自娱。

有女如云盍往观，竹枝词调浅清弹。虽然教作揶揶闹，葑菲由人照近攀。

习俗移人面不同，追风恰是马牛风。只今拂水低平线，悬磬储藏类已空。

依自优胜列州闾，安然度过迄无余。应知灾难头上套，伊推补得箦中虚？

迩来闭户老医师，汲水添柴话所司。平地一声雷样震，赭衣皂帽掷头儿。

幸灾乐祸者不祥，乘人于厄需索钱。更施一着黄蜂刺，贿赂为名声上堂。

十八年前廿六丁，大垢小垢记不清。而今觅取回头数，仔细推排个里型。

鸿毛千里[1]感恩私，含恨人间莫致之。只恐有情伤易老，金针欲度独迟迟。

喔喔鸡鸣欲曙天，卢沟晓月[2]忆碑传。皇舆南北东西道，亦似寻常一息缘。

鸭子溪干浮小舟，逐群呷呷不随流。分头饲养凭呼唤，傍晚回笼方始休。物类欣欣各有托，池塘水暖争先觉。诗人兴会岂寻常，民胞物与一线穿。想见和平熙攘日，无灾无难舜尧天。《礼运大同》也如此，小国寡民应犹贤。亲邻不用略分畔，鸡犬声闻篱落边。我来记忆儿时节，泛棹潮痕村坞连。梨园子弟明灯粲，渐喧渐迩泊跟前。时乎不道升平世，亦既徘徊半百年。

随记二则

来书捧读，怡然者久之。新诗如“晴日舒怀行泽畔，夜深吟咏一灯俱”。又“多谢细君能解事，蜀绵吴絮补修完”。均极韶秀，并逸趣横生也。种菊千头，黄花比洁，兄于其间，取精用宏，得益良多，更堪想象。我辈以闲散人，闲话桑麻，正适其分。有时封祝，聊备一格。而要之“退身江海应无有，忧国朝廷自有贤”，昔人岂欺我哉！

冬至差近，有些常绿树微微吐出红蕊。冷南气暖，兼值阴尽阳生，百草翻身，自然加快些。过此以往，遂将又一转轮了。但冱寒委实方兴未艾，北方的三九四九，才列入顶峰季节，那儿人家的腊八粥，正在烘炉添炭呢。总之凛冽这回，已经抛下苗头，教人知道潜伏着的一阳之长，已经有了生生气息了。

---

① 粤谚“千里寄鸿毛，物轻情意重”。

② 卢沟桥畔有碑题“卢沟晓月”，另御制诗“茅店鸡声咿喔鸣”云云。

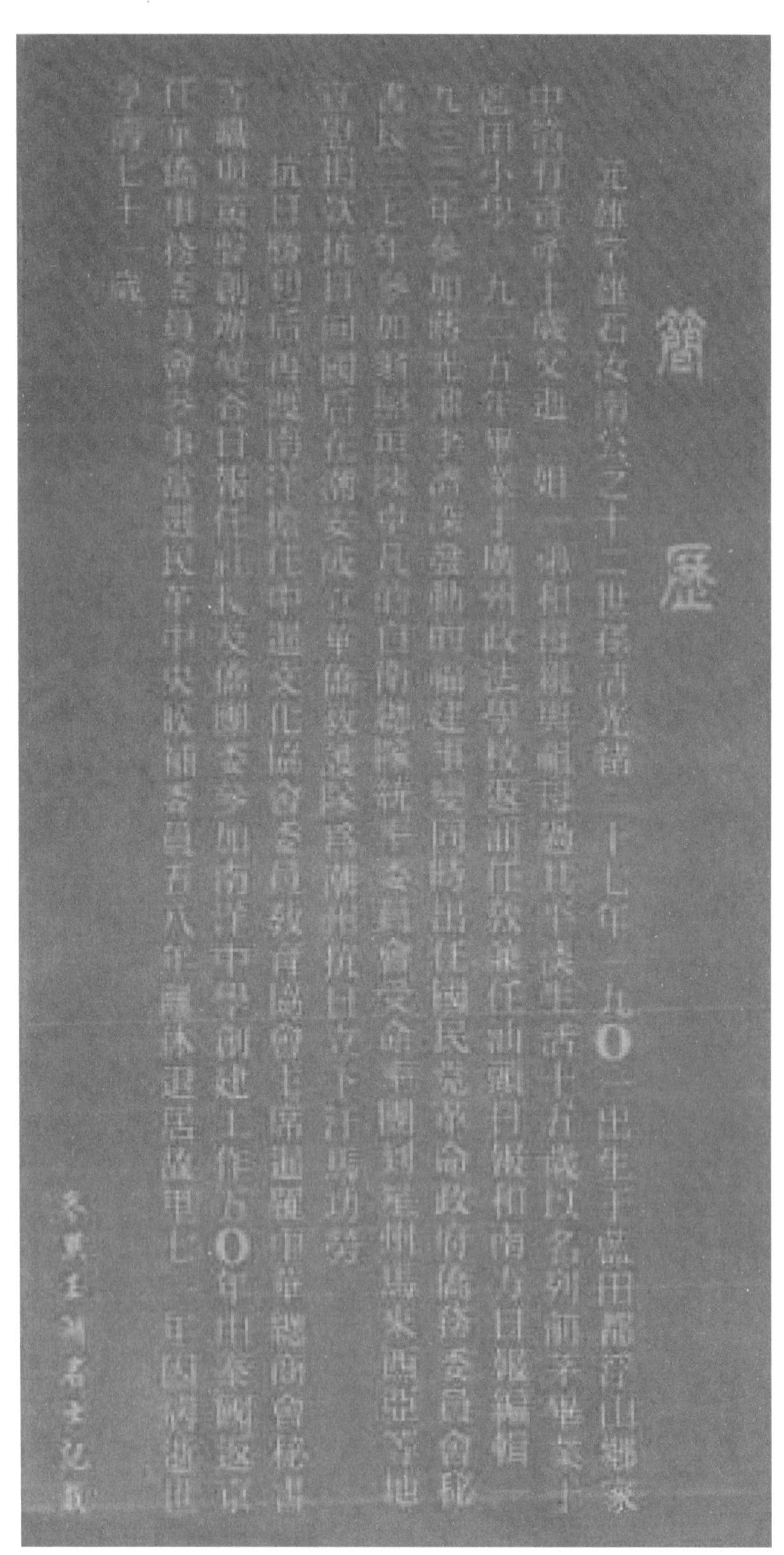

簡歷

元雄字雄石汶南公之十二世孫清光緒二十七年（一九〇一）出生于蕉田嶺背山鄉家
中兄弟排行第十歲父逝 姐一兄相繼病與剛過花甲之祖母生活十五歲以名列前茅畢業于
蕉田小學一九二五年畢業于廣州政法學校返汕任教兼任汕頭日報和南方日報編輯
九三一年參加蔣光鼐蔡廷鍇發動的福建事變回國出任國民黨革命政府僑務委員會秘
書長二七年參加新四軍陳章甫的自衛總隊統率委員會受命率團到雀州馬來西亞等地
宣慰僑胞投抗日回國後在衛支戰立兢業抗日立下汗馬功勞
抗日勝利后西渡南洋任化中華文化協會委員教育協會主席通羅市商總商會秘書
五藏回國參加南洋合日報任南洋同鄉會參加南洋中學創建工作六〇年由泰國返京
任華僑事務委員會委員華僑中央政協委員至八年退休居北京七一年因病逝世
享壽七十一歲

冬夏王剛嘉士記敬

许元雄先生纪念亭简历

第八编　读石湖诗摘记（戊申之夏）

编者按：此为作者读南宋著名诗人范成大《石湖诗集》后的摘记。括号内为作者对石湖诗句的评语。

读石湖诗摘记

别后相思梦亦难，东虚云路海漫漫。（东虚以代蓬莱，镌词甚工）

人似飞花去不归，兰昌宫殿几斜晖。（句亦秀整）

事如梦断无寻处，人似春归挽不留。（习闻之蕴藉语。不把“寻”和“挽”其列作对。具见宋人句法，已自流动生姿）

若有一廛供闭户，肯将篋舫换柴扉？（昔贤出处类此者多。“我谢江神岂得已，有田不归如此水！”东坡句可同参）

截竿避城门，不意笑林中。（一个小故事，套用于此）

（《荆公墓》二首，论带惋惜，所谓其父杀人报仇，其子必且行劫也。初首云）百岁谁人巧拙，一丘底处亏成。半世青苗法意，当年雪竹诗情。（对诸清寒操守，犹致忾慕，从而一般幻灭之感。亦正“贤愚千载知谁是，满眼蓬蒿共一丘”也）

（吾友公武先生有唱“寒光微露探梅路，明日相邀过浦东”。爱其句健。今观石湖）赏心添脚力，呼渡过溪东。（而更健矣。忆畏庐评《左传秦师遂东》句，称“东”字响，看来“得失寸心知”，隽句好是前人先得之）

新雁如故人，一声惊我起。（寓目情怀恰真。以下描述）曾云行路难，空蒙千万里。塞北多关山，江南渺云水。风高吹汝瘦，旅伴今余几？斜行不少驻，灭没苍烟里。（均属寓情于物，微眇深挚，节有余音）

汗简书青已儿戏，岘山辛苦更沉碑。（识见自高，不落凡响，亦复沉着咏叹以出之）

春晚轩窗人独困，日长篱落燕双飞。（又）微风尽日吹芳草，蝴蝶双双贴地飞。（蕴藉有致，和平之音）

天魔巧伺便，作计回刚肠。（识拔语劲，宋诗本色）

（姑恶姑恶，魂化为鸟，神话化一段故事，闻其声总觉哀怨凄厉，醒人神思。在旧礼教压伏之下，天下无不是的父母，袒护正统者居多。东坡云：“姑恶姑恶姑不恶，妾命薄！”于无可翻案中，作为自怨自艾，沁人心脾。石湖为转一解）姑不恶，妇不死；与人作妇亦大难，已死人言尚如此！（不但词怒，亦复平怯，有心哉若人也）

（《寒食客中有怀》，录全首）江郭花开也寂寥，不须绿暗与红凋。疾风甚雨过寒食，白日青春吟大招。芳景尚随流水去，故人应作彩云飘。烟波千里家何在？惟有溪声似晚潮！（语句之隽，煞韵尤响。笔钝调滞者读之，得毋“金丹一颗冲肠热”之感）

花不能言客无语，日暮清愁相对生。（活句也。“道人不是悲秋客，一任晚山相对愁。”尚无此灵活栩栩生动也）

（《宿牧马山胜果寺》六言）佛灯已暗还吐，旅枕才安却惊。月色看成晓色，溪声听作松声。（于野寺荒凉寂寞情景，逼真入昧，不是过来人，与之俱化，宛亦若自其口出焉）

不惜褰裳呼小渡，夜来春涨失浮桥。（句法倒装有致。本来是水涨桥断，要呼小渡，倘如此直叙便失之平实耳）

（《晚步西园》）料峭轻寒结晚阴，飞花院落怨春深。吹开红紫还吹落，一种东风两样心。（又《凌寒梅已零落殆尽》云）花开长恐赏花迟，花落何曾报我知。人自多情春不管，强颜犹作送春诗。（都带慧心挑出而不伤纤巧）

（制题《大雨宿仰山，翌旦骤霁，混融云。无乃开仰山之云乎！出三道中作此寄混融》，题目开阔，诗亦如之。开头）谁开大仰云，此岂吾力及。日光千丈毫，弹指众峰立。（又云）韩苏两枯鱼，出语自濡湿。人厄与天穷，底用苦封执。（识见凌峰绝顶，下视浊世，二士在侧，直如蠃蜾之与螟蛉耳）

闪闪凉萤入稻花。（状物韶秀生姿。往者拙句："草长平芜绿满围，黄昏垂后乱萤飞。"粗枝大叶，伧父可哂）

（《桂林因雪尺余，前此未省见。郭季勇赋古风为贺，次其韵》中有句云）东郭先生履虽敝，诗情却斗冰壶洁。归撚冻髭搜好句，山馆青灯对明灭。（真觉清俊可喜）

（张而不弛，文武不能，倦日纸窗，可堪静守，《缓步轩独坐》云）午日烘开豆寇苞。檐尘飞动雀争巢。蒙蒙困眼无安处，闲送炉烟到竹梢。（这和"闲敲棋子落灯花""闲看儿童捉柳花"，何以异哉？）

黄梅时节是，未可决晴阴。（眼前正值此光景，困人特甚，况又萑羹相侵，世人以谓"贫欠五月节"也。扩而充之，漫为赋此，以附续貂："梅雨霏霏洒，接迹艳阳天。田稻方含苞，角黍亦以望。岁时记荆楚，岭南风相沿。杨梅熟如丹，荔子纷粲然。日啖三百颗，坡仙欲释肩。人世风轮换，我归便十年。尚忆饘粥异，邱嫂馈粿汤。曰斋倚蒲剑，令名示不忘。时哉仍霏洒，草色陇头偏。沄沄北溪水，几曾泛龙船？眼看滚滚流，有会赛临川。叹息人已老，光景落大荒！"）

（安乡沣阳之间，自兵火后，疮残犹未复。得句云）绿苹白芷俱憔悴，惟有蒌蒿满意生。（又）茫茫旷土无人问，芦荻春深绿满川。（言愁信愁，我亦云然。以下尤真朴纪实之作）舟横攸河水，马滑潺陵道。百里无锄犁，闲田生春草。春草亦以瘦，栖栖晚花少。落日见行人，愁烟没孤鸟。老翁雪髯鬓，生长识群盗。归来四十年，墟里迹如扫。生聚何当复，兹事恐终老。

（状景如在目前）峡江微茫细如带，江外千峰青打围。（是也。写情恰在人意，水行陆走俱险艰，安得如鸟有又羽翼是也）

（在京时，闻人游山，一处名鬼见愁，合以抗日期间，过腹地，有所谓吊尸崖，廿四弯也者；今观石湖诗题《蛇倒退》，又有过之矣。如）

那知下岭处，栗甚履冰战。牵前带相挽，縋后衣尽绽。
健倒辄寻丈，徐行仅分寸。上疑缘竹竿，下剧滚金弹。
岂惟蛇退舍，飞鸟望崖反。仍逢新烧畲，约略似耕畔。
（心知人境已近，山民把茅照掷）
腰镵走迎客，再拜复三叹。谓匪人所蹊，官来定何干？
倘为饥火驱，平地岂无饭？意者官事迫，如马就羁绊？
我乃不能答，付以一笑粲。（恰恰浅语入情，令人啼笑皆非焉耳）

（前人“我比杨花更飘荡，杨花只是一春忙”活句秀句两兼之。石湖《四十八盘》云）若将世路比山路，世路更多千万盘。（较为逊色，以其近板也。另一首《九盘坡布水》云）莫惜萦回上九盘，洗心双瀑雪花寒。野翁酌水煎茶献，自古人来到此难。（却饶幽悄，韵致更佳）

幽禽不见但闻语，野草无名都著花。（真朴也复浑成。较之“山鸟自呼名”，渗入人为渲染，斯之为胜）

（早发周平驿，过清烈祠下，即屈平祠也，祠前有独醒亭云：“物色近人境，喜欢严晓装。山月鸡犬声，野风麻麦香。登岭既开豁，入林更清凉。三呼独醒士，倘肯酹我觞！”念来清绝，沁人心脾。记得《露筋祠》有句）行人系缆月初堕，门外野风开白莲。（差堪比拟）

（于《白狗峡山水狞恶》）惨惨疑鬼寰，幽幽无人声。颠沛安危机，

艰难古今情。（䌷绎概括，语最透辟。衬托作结云）白云冒岩扉，下维玉虚庭。神仙坐阅世，应笑行人行。（两相映照，悠然意远）

心如坠絮沾泥懒，身似飞泉激石忙。（拗句如此等类颇多，一脔可概）江头一尺稻花雨，窗外三更蕉叶风。（则照平常四拗三之格调，又）老去读书随忘却，醉中得句若飞来。（以其率真，殊令人眉观飞越）

（《次韵酌别》）送我弥旬未忍回，可怜萧索把离杯。不辞更宿中岩下，投老余年岂再来！（以钝朴胜。唐人“葡萄美酒夜光杯，欲饮琵琶马上催。醉卧沙场君莫笑，古来征战几人回”结句点睛，通体俱动。仍不离真朴元音，启人幽忱默感）

醉梦登州都不记，但闻风雨满江寒。（孤凄情况可想。旅人滋味，我见犹怜，“卧听潇潇雨打篷”和“中年听雨客舟中。江阔帆低，断雁叫西风”，皆此等类。推而“琵琶商妇”“绕船明月江水寒”，点景都堪入化）

（《自横塘桥过横山》云）阵阵轻寒细马骄，竹林茅店小帘招。东风已绿南溪水，更染溪南万柳条。（小诗轻清闲易之至。以视荆公“春风又绿江南岸，明月何时照我还”同用绿字，而后者分量较着，沉郁顿挫，岂其气运升降，南北宋尚是不同欤？）

（《坐啸斋书怀》）老来穷苦事相违，兀坐铃斋竟日痴。眼目昏缘多押字，胸襟俗为少吟诗。（四句于书斋寂寞，老去生涯，可以概见。四灵诗亦有句，“诗清只为饮茶多”，恰好互相印证。“解吟僧亦俗，爱舞鹤终卑”，乃为更进一步矣）

嗜书如嗜酒，知味乃笃好。欲辨已忘言，不为醒者道。（个中醰醰滋味，有得者之言）文书烟海困浮沉，不觉盘跚百病侵。偶问客年惊我老，忽闻莺语叹春深。（为其自述，老儒本色。古文辞有几句：“秋风起则惊，扑笔起立，徘徊焉。复钞书，竟老于家。”正自一个“烈士暮年，壮心不已”。恰合所谓今休矣，依人篱下，坐破青毡者也）

（《北门覆舟山道中》）苒苒霜风掠弊貂，薄书尘外访渔樵。林烟色淡如蒙雨，塘水痕深似落潮。雁字江天闻塞管，梅梢山路欠溪桥。骑驴索句当年事，岁暮骚人不自聊。（笔调温润有致，雅人之音）

（石湖自述退居后生活）如今因病得疏慵，脚底关山如梦中。重帘复幕白昼静，户外车马从西东。若问四时何以度？念定更无新与故。瓶花开落纪春冬，窗纸昏明认朝暮。（纪实也，近朴近隽）

（请息斋《书事三首》，具见社会环境，人事所牵，仍多陷于忧郁，不是什么清平调也。老杜“但看古来盛名下，终日坎壈缠其身”。清人长句：“君不见，郁孤台临数百尺，恶滩过处森刀戟。历遍风波到故乡，此中别有盘涡石。”真是忧心悄悄，愠于群小，令人累唏，令人叹息。却由之人生境界，出现沉郁顿挫，诗境亦似，不会太过贫乏薄弱，而犹然有其长短歌行出入愁焉。基于退居索守无俚，举目非非，疑非人世，对此石湖居士请息斋书事，却更有他人有心，予忖度之之同调同感也乎？诗并录存照）

覆雨翻云转手成，纷纷轻薄可怜生。天无寒暑无时令，人不炎凉不世情。栩栩算来俱蝶梦，喈喈能有几鸡鸣？冰山侧畔红尘涨，不隔瑶台月露清。

刻木牵丝罢戏场，祭余雨后两相忘。门虽有雀尚廷尉，食已无鱼休孟尝。虱里趋时真是贼，虎中宣力任为伥。篱东舍北谁情话，鸡语鸥盟意却长。

聚蚋醯边闹似雷，乞儿争背向寒灰。长平失势见何晚，栗里息交归去来。休问江湖鱼有沫，但蕲云水鹤无媒。岩扉岫幌牢扃钥，不是渔樵不与开！

（《野景》一首）菰蒲声里荻花干，鹭立江天水镜宽。画不能成诗不到，笔端无处着荒寒。（前者易道，以其有迹可寻，末句传神之笔，等是无声胜有声也。又句如）谁知摇落霜林畔，一段韶光画不成。（衬是。元遗山叠见“一片伤心画不成”，同此一机杼也）

东风马耳尘劳后，半夜鸡声睡熟时。（又）几人霜滑骑朝马，何处残灯织晓机。（笼括风物，胜似岸柳墙花，草桥茅店，润人笔致，度度入神）

（事有旷百世而相感者，余不知其何心；唯其有之，是以似之也。全录石湖晚年诗一首如下）

廛居久不见山，或劝作小楼以助登览，又力不能办。今年益衰，此兴亦阑矣。诗云：

结庐占城市，初岂卜云吉。谒医并治庖，二事便衰疾。
乘除徐自笑，翻觉此计失。经年不见山，无异处暗室。
平生痼烟霞，岁晚成俗物！安得百尺楼，屋上高突兀。
列岫拥青来，爽气助占毕。尝试与匠谋，工费猬毛出。
俸余强弩末，家事空囊涩。经营十年余，高兴竟萧瑟。
人生不如意，十事常六七。身今况迟暮，长算屈短日。
纵成此段奇，发白何由漆？且学商山翁，弯跧蛰霜橘。

后 记 一

石湖诗集三十四卷，有杨万里、陆游两人作序。杨称其诗大篇决流，短篇敛芒，缛而不酿，缩而不窘，清新妩丽，奄有鲍谢，奔逸俊伟；穷追李白，求其只字之陈陈，一倡之呜呜而不可得也。陆序突出一节，称其帅成都，地大人众，四道大抵皆带蛮夷，临制捍防一失其宜，皆足致变；幕府率穷日夜力，理文书，应期会，不得少休。及公之至也，未数月声震四境，岁复大登，幕府益无事。时从其属及四方之宾客，饮酒赋诗，盖自蜀置帅守以来未有也。姜尧章号白石道人，诗自序亦涉及云：“近世人士喜宗江西，温润有如范致能者乎？痛快有如杨廷秀者乎？高古如萧东夫，俊逸如陆务观，是皆自出机轴，亶有可观者。又奚以江西为？”又曰：“余之诗，余之诗耳，穷居而野处，用是陶写寂寞则可；必欲其步武作者，以钓能诗声，不惟不可，亦不敢。”杨序仍提及：“若夫刿心于山水风月之场，雕龙于言语文章之囿，此吾辈羁穷酸寒，无聊不平之音也，公为必能此哉。”但一转语，却说到公风神英迈，意气顷倒，拔新领异之谈，登峰造极之理，萧然如晋宋间人物。以故兼而有之。凡此几条线条，可以概见石湖之为人；可以仰窥石湖诗之兴观群怨也已矣。

后　记　二

向者在京，诗友出视陈叔通氏赠我党秘书长梅君七律二首，征我意见，我阅罢加按一字“稳”，友击节称善。诚然过去科场中人，温文尔雅，乃其本色，较深度则入沉静，较浅薄则陷庸肤，所谓非之无可非，是之亦无可是之乡愿者流而已。陈氏为清季进士，诗句已不记得，但忆其在解放初期，从东北入京，书有条幅悬挂彭老座上，结句云：“牡丹纵好称国色，与人无利负东风。”显然倾向趋时，功利色彩浓甚。盖士大夫因缘世变，不终台阁，欲以有为，而终像缠过小脚，不克突破樊笼。近世如翰林曾国藩，规视矩步，亦步亦趋。较远如状元文天祥，“堪恨西风吹世换，更吹我、落天涯。惟有南来无数雁，和明月、宿芦花”。不离乎文弱书生也。正知台阁与……山林殊科，与“酾酒临江，横槊赋诗”，或“立马吴山第一峰”者，固自有闲，不可强求。石湖以科名特达，位列上卿，奉使北庭，帅桂帅蜀，年俱在五十以前事。退居而后，石湖胜区，园林乐趣，兼之善病，恍然于风流儒雅之一格，以谓温润也亦宜。温润则近腻近晦，不够真朴凌厉无前。还好是老守霜篱，清寒独擅，写真流露，俊爽犹存。清新妩丽亦良有以，溢而美之，不无夸乎！更拈一解：曩时送客，不但送之出门，送之郊干，动辄长亭短亭，跨州越境，淹留旬日以上，以相陪对，是何也！又如宴会频频，靡费朝夕，座客无虚，长日唯消一局棋，又何其不惮烦乃尔！要亦兴到语，不尽现实之所有。故说诗者，无以词害意，以意逆志，不求甚解。是为得之。合宣偈：“山无重数周遭碧，花不知名分外娇！”

附录

《大隐庐诗别钞》手稿封面

附录一

《大隐庐诗别钞》弁言

编者按： 作者曾摘抄辛亥革命元老、诗人、学者许崇灏（公武）《大隐庐诗集》中的部分诗作，集成《大隐庐诗别钞》一册。其所编《嘤鸣集》，系原作者诗友之作品。兹选取《大隐庐诗别钞》中作者所写《弁言》及许公武吟赠作者诗、《嘤鸣集》其他诗友吟赠作者诗附录于后，其余诗作不选。

向者一位风流人物，称述先生：以儒将作诗人，犹之陆放翁，门地自高，吐谈隽快。我时记忆，未能详也。仍想风行水上之文，不在乎一字一句之奇，先生不为刻削之言，噍杀之音，而自然流畅，得气之清，乃力有余。自顾粗近玉溪生，含蕴脉脉，韵致时阑，容易冲情，转伤浮薄，所谓妇人语焉者，敢所望于西方美人，不事修饰，而仪态万方也哉！

忆民国十七年（1928）春，广东旧咨议局所在，先生方铩羽，掌案牍之劳形，我以縠雏，执抄写而傍附。不久辞去，先生旋亦赴沪。

此后音尘断续，恍若师友相存。《大隐庐诗词》刊成，不遗在远见赠。陪都几席，犹复过从。解放而后，我莅京华，先生伏处沪滨，投函探访，徽音重续，诗简无虚，一直以迄我回乡，先生归道山为止。垂十年间，积书盈帙，妥为保留，书中间夹诗什，摘抄成兹集子，文字清缘，雅宜珍惜。平生交游盖寡，算笃厚如先生者，尚罕其人。泚笔及此，愀然靡既！

戊申二月芳辰重抄

附录二

《大隐庐诗别钞》中番禺许公武吟赠

遣兴寄怀元雄

断续江天雨，凉侵怀袖中。楼头初过雁，砌下乱鸣虫。
把酒思良友，摊书对晦翁。秋风满庭圃，杞菊又垂红。

元雄宗兄惠赠佳什勉成短句奉酬

连朝酷热苦相侵，差喜庭槐借薄阴。得读君诗如饮露，清芬甘冽洗烦襟。

元雄宗兄寄怀佳什依句奉酬

春申浦畔闭门居，贫病交侵故旧疏。腕力不如腰力健，吟情犹寄醉游余。
自离巴蜀阴霾窟，爱看扶桑旭日初。喜得君诗消别恨，佳章勿忘附鱼书。

参观菊花展览后幸读元雄兄寄示咏菊佳什感而有作

满园丛菊盛开时，异品殊方千万枝（菊花共有六万余盆）。独羡西山吟啸客，持螯把酒坐题诗。

参观者千余人，排队两行，余不耐受此拘束，未入行列，只在园内绕行一周耳。吾兄于观赏之余，把盏作诗，别有兴致，羡慕之极！

元雄宗兄寄怀佳什短句奉酬即希哂正

横戈躍马当年事，枕上黄粱一梦如。老去容身文史馆，埋头再读少时书。

附录三

《嘤鸣集》中诗友吟赠

昆明陈滔——

有　赠

西域曾行万里程，归来何事又东征。将穷山海陶元亮，容与坟丘陆士衡。词好已同三影着，诗奇不俟八叉成。河山满目风流在，独立苍茫百感生！

落拓关河又岁阑，苦吟翻觉客心宽。侧身天地无刘表，遁迹林皋薄吕安。巫峡诗成航影杳，渭城歌罢雨声残。何时再放昆湖掉，残照西方弄钓竿？

江左孟重辅——

答斯人四首寄呈元雄先生

君家在南海，我住东海东。如何万余里，两两此心同。

都有燕都志，老大始成行。一生多丧乱，何日见升平。

缘定结不解，襟期在任公。漫言姜实老，竟作蹇修翁。

暑气逼人甚，蛙声渐可闻。九城歌屈子，谁问陶征君？

次韵答元雄先生并柬实老

少陵雅抱独先怜，结愿三生总宿缘。我本无才安欲杀，人犹有恨苦难宣。
半洼春水虫鱼跃，一病秋风时序迁。明日月圆应共醉，更邀姜老乐陶然。

世情诗一首寄呈元雄先生并请和政

阅世虽云久，人情识未多。动忘昨日事，何计一时他！
地小名应贱，山高鸟亦歌。清狂谁似我，门雀可施罗。

曲江燕凌——

有　　赠

十年局促牢笼里，尔本东山野鹤群。今日翩然归去也，一声孤唳入秋云！

四会彭泽民——

癸巳春节庭中水仙盛开许元雄同志来同赏吟章敬和

爱护何辞瘁此身，及时开放祝花神。冠春赢得诗家赏，花也欣荣笑向人。

最喜高朋杖履亲，啸吟乐得两家邻。群芳意致知迎客，笑脸前头韵似蘋。

榕江邬仲推——

一九五三年观图有感童年生活邀元雄同志赋而和之

观图回忆朝云岭，舐犊情深溪水边。伴牧慈颜声宛在，春晖芳草印年年。

附许元雄原章：

也曾吹笛横牛背，攀摘楝花浅水边。风讯迟徊今日是，儿家回首几经年。

广西覃异之——

和元雄兄重九前一日韵

漫将秋叶品黄丹，爽朗襟期不泛澜。觅句园林心自得，新诗如素耐人看！

明朝佳节是重阳，篱菊姗姗又上场。社稷坛前舒望眼，登临奚必定高冈。

品茗谈诗逸趣生，满园佳木翠盈盈。朝暾破雾驱寒近，碧瓦朱甍晕若酲。

漫步丛中绕画廊，游人如鲫共秋光。多君添看如花笔，浪点裙裾入锦囊！

榕江陈怀天——

奉和元雄兄有怀旧侣（节）

珠海湄河孰浅深，天南地北望骎骎。春风曳得双飞燕，振翅都成天际禽。

何图铩羽莫投林，笼底更堪报好音。功罪是非虽已矣，任渠袍笏漫加簪。

红叶有题怀旧侣，白云无奈到而今。别来风物还如许，独客行吟赓水浔。

大埔徐鹿琴——

别穗往汕寄呈元雄兄

客里时光三载过，平生壮志莫消磨。白云珠海思无限，鮀浦韩潮况若何？
经世虚怀知若谷，寸阴是惜敢蹉跎。乾坤新整空前哲，翘首云衢水不波。

福建李铁民——

小满前一日中山公园芍药盛开次元雄词长原韵

生香活色满园鲜，瞥眼真成别有天。不向洛阳争富贵，后宫更足冠三千。

名花无意占春光，倾国原饶绝世妆。直待花王归去后，上林始肯殿群芳。

元雄词长赐和病中遣怀兼报名园花讯作此谢之

燕懒莺慵力不支，人间春讯递迟迟。病中赖有高人许，为报花开写好诗。

治世无才百不成，软红十丈合埋名。滔滔言论空天下，谁似无言恰有情！

编　后　记

受编委会所托，编者经过一整年的努力，《啬园藏稿》一书编辑工作总算勉力完成，书稿顺利交出版社审核出版。对许元雄老先生在天之灵和编委会已有所交代，编者甚觉欣慰，并有如释重负之感。由于水平所限，编成的这本书，必定有不少难以令人满意之处，但无论如何，将许元雄先生以毕生心血凝成的创作成果予以整理并公开展示出来，永久保留了一部乡邦文献，圆了作者的遗愿，实现了全体浮山村人、编委会全体成员、本书的策划者和编辑者的愿望，相信这就是一件值得大家高兴的事。

本书在编辑的过程中，编者曾多次到浮山村采访，参观许元雄先生纪念亭，所接触到的浮山人，无不对许元雄先生的为人处世交口称赞。一生鞠躬尽瘁、为国操劳的许元雄老先生回乡后立即融入乡村社会，生活简朴、心地善良、谦虚谨慎、乐于助人、活到老读书学习到老、勤于笔耕的故事，至今在浮山村广为传播，传为美谈。从村干部到街头巷尾的村民口中，我们可以感受到他们对许元雄先生的深切怀念和崇敬。以许列群先生为主任的编委会，用最坚决的态度做出立即筹资为许元雄先生出版这部书的决定，既体现他们顺应浮山村的广大民意、对许元雄先生的敬重，也说明他们对保留乡邦文献和浮山村精神文明建设的高度重视。广东省教育厅处长、浮山村人许顺兴先生，非常重视本书的出版，积极联系出版社，落实出版事宜。王拥新、许树发、许赐龙、许树侨、许新鸿、许新哲、许聚宝等先生，在本书的出版过程中也给予了大力支持。上述这些，成了本书编者克服困难、不怕烦琐、日夜兼程编辑好这本书的精神动力。

许元雄先生长子许宜皋先生，长期珍藏其父的全部创作手稿和其他资料，为先辈和家乡保留了一笔珍贵的文化遗产，当编委会决定编辑出版这部书时，又将许元雄先生全部遗稿资料毫无保留地悉数献出，提供编者进行编辑，让原来藏之高阁的这些文献资料出版成书献给社会、家乡和后人，实现了先辈的遗愿，为家乡的文化建设做出了贡献，这种精神值得赞扬！现编辑任务已经完成，我们拟将遗稿资料如数交还给许宜皋先生，希望他继续珍藏保存。

本书编辑出版策划人邱瑞宏先生，热心乡邦文献，怀着对许元雄先生的崇敬之情，为本书的出版上下呼号，来回穿梭，促成乡里决策，与编者一起拜访许宜皋先生，带同编者走访浮山，于本书的出版，实属功不可没。近日又为这本书的出版赋七绝一首曰：

为国征途路漫长，毕生诗笔著文章。
钩沉此日成书后，遗稿千秋列梓邦。

前半段写许元雄先生为国为民奔走奋斗并潜心诗文创作的可敬人生，后半段点出遗稿成书出版的重要意义，精练概括，意切情真。兹特录于此，以飨读者。

最后，我受编委会的委托，对广东高等教育出版社，以及辛勤参与出版工作的人员，特别是黄红丽总编辑、钟凌翊副社长、责编李彦女士，表示衷心的感谢！

陈作宏

2017 年 7 月